Von Victoria Holt
sind unter dem Pseudonym Jean Plaidy
als Heyne-Taschenbücher erschienen:

Der scharlachrote Mantel · Band 01/7702
Die Schöne des Hofes · Band 01/7863
Im Schatten der Krone · Band 01/8069
Geheimnis im Kloster / Der springende Löwe · Band 23/26
Sturmnacht / Sarabande · Band 23/53
Die geheime Frau · Band 04/16
Die Gefangene des Throns · Band 01/8198

Von Victoria Holt sind als
Heyne-Taschenbücher erschienen:

Das Schloß im Moor · Band 01/5006
Die Rache der Pharaonen · Band 01/5317
Das Haus der tausend Laternen · Band 01/5404
Die siebente Jungfrau · Band 01/5478
Die Braut von Pendorric · Band 01/5729
Das Zimmer des roten Traums · Band 01/6461
Der Fluch der Opale · Band 01/5644

JEAN PLAIDY
besser bekannt als
VICTORIA HOLT

KÖNIGREICH DES HERZENS

Roman

Deutsche Erstausgabe

WILHELM HEYNE VERLAG
MÜNCHEN

HEYNE ALLGEMEINE REIHE
Nr. 01/8264

Titel der Originalausgabe
QUEEN OF THIS REALM
Aus dem Englischen
übersetzt von Dr. Maria Rauschenberger

2. Auflage

Printed in Germany 1991
Umschlagillustration: Bildagentur Mauritius/H. Schwarz, Mittenwald
Umschlaggestaltung: Atelier Ingrid Schütz, München
Satz: Werksatz Wolfersdorf GmbH
Druck und Bindung: Presse-Druck, Augsburg

ISBN 3-453-04876-8

Das Ende eines Königs

Wenn ich auf die ersten fünfundzwanzig Jahre meines Lebens zurückblicke und mir vergegenwärtige, wie oft ich in Gefahr war, mein Leben zu verlieren, dann glaube ich, was ich seit jenem herrlichen Tag geglaubt habe, als ich, hoch zu Roß, in einem Reitkleid aus purpurfarbenem Samt und in Begleitung meines Oberstallmeisters Robert Dudley, des attraktivsten Mannes in ganz England, Einzug in meine Hauptstadt hielt, als ich den Böllerschüssen lauschte, die zu meiner Begrüßung aus den Kanonen vor dem Tower abgefeuert wurden, und als mein Blick auf die Blumen fiel, die als Willkommensgruß auf meinen Weg gestreut worden waren –, ja, dann glaube ich mit glühender Inbrunst, daß es mir vorherbestimmt war, eine große Königin zu sein. Damals schwor ich Gott, daß nichts mich je davon abhalten werde, diesem Schicksal zur Erfüllung zu verhelfen. Und dieses Versprechen habe ich gehalten.

Ich hatte allen Grund, über diese ersten fünfundzwanzig Jahre froh zu sein – und war in der Tat mein Leben lang für diese Zeit dankbar –, denn während dieses Lebensabschnitts habe ich so manche bittere Lektion gelernt, und ich habe mich immer bemüht, niemals auch nur eine davon zu vergessen. Ich war jung damals, unerfahren im Umgang mit den Menschen und wenig vertraut mit ihrer Art zu denken und zu handeln; und wie Damokles unter dem Schwert war auch ich in meiner Schutzlosigkeit von der ständigen Gefahr der Vernichtung bedroht. Ein einziger falscher Schritt, ein unbedachtes Wort, ja sogar ein bloßes Lächeln oder ein mißbilligender Blick hätten mir zum Verhängnis werden und meinem jungen Leben ein Ende setzen können.

Ich war noch nicht drei Jahre alt, als ich zum erstenmal erfuhr, was es hieß, vom Schicksal geschlagen zu sein, denn es geschah etwas, das mein Leben drastisch veränderte. Zwar kann ich, wenn ich ehrlich sein will, nicht wirklich behaupten, mich gut an meine Mutter zu erinnern, obwohl ich mir das zuweilen einbilde. In Gedanken sehe ich dann die strahlendste und faszinierendste Erscheinung vor mir, die mir je begegnet ist. Ich spüre den weichen Samt ihrer Kleider und höre das Rascheln ihrer seidenen Gewänder; ich sehe ihr langes, schwarzes Haar, dessen betörenden Duft ich wahrnehme, und erlebe ihre ausgelassene Fröhlichkeit, die in Wirklichkeit ein Ausdruck der Verzweiflung war. Aber ein Ereignis gibt es doch, an das ich mich deutlich erinnere und das mir das Bild meiner Mutter unauslöschlich eingeprägt hat; ich werde es, solange ich lebe, nie vergessen. Ich befinde mich in einem Schloßhof, und meine bezaubernde Mutter trägt mich auf dem Arm. Da erscheint an einem Fenster des Palastes eine prächtig glitzernde Gestalt – stattlich, beeindruckend, mit einem roten Bart. Es ist der König, und meine Mutter versucht, ihm durch mich etwas mitzuteilen. Sie hält meinen Arm und veranlaßt mich – flehend, verzweifelt –, ihm zuzuwinken. Für die Dauer eines kurzen Augenblicks schaut er, gleichgültig und verärgert zugleich, zu uns herab. Dann wendet er sich ab. Diese Szene hat tatsächlich stattgefunden. Wie ich später herausfand, ereignete sie sich, drei oder vier Tage bevor meine Mutter verhaftet und in den Tower gebracht wurde. Die Erinnerung an ihre Verzweiflung und an des Königs grausame Gleichgültigkeit wird mich niemals verlassen, und ich habe mir geschworen, keinem Mann jemals zu erlauben, mir das anzutun, was mein Vater damals meiner Mutter angetan hat.

Bevor meine Mutter in Ungnade fiel, war sie eine überaus einflußreiche Persönlichkeit bei Hofe gewesen, und meine Erzieherin, Lady Bryan, die außerdem eine Verwandte meiner Mutter war, hatte sich ganz besondere Mühe gegeben, es ihr recht zu machen – ebenso wie Herr Shelton, der auch zur Verwandtschaft gehörte. Meine Mutter hatte sich stets um ihre Angehörigen gekümmert, solange sie dazu in der Lage war. Doch dann überkam sie diese merkwürdige Traurigkeit, ihre Besuche bei mir nahmen ein Ende, und schließlich wandte Lady Bryan sich nur noch wortlos ab, um ihre Gefühle vor mir zu verbergen, wenn ich sie fragte, wo meine Mutter sei.

Meinen Vater habe ich in weitaus lebendigerer Erinnerung. Er erschien mir immer als der mächtigste Mann auf der ganzen Welt – in England war er das ganz sicher. Ich war vierzehn Jahre alt, als er starb, und kann daher wohl behaupten, ihn recht gut gekannt zu haben. Er war ein Mann, der zugleich Furcht erregte und Sympathien weckte, und trotz all seiner Grausamkeit und Skrupellosigkeit gelang es ihm, nie die Liebe seines Volkes zu verlieren. Das war etwas, das mich anspornte, es ihm gleichzutun, denn mein Studium der Geschichte unseres Landes hatte mich gelehrt, daß ein Herrscher, der die Achtung des einfachen Volkes verliert, fürwahr ein törichter Herrscher ist.

Lady Bryan erzählte mir, daß mein Vater früher einmal sehr stolz auf mich gewesen und mit besonderer Vorliebe mit mir auf dem Arm in den Gärten des Schlosses Hampton Court oder des königlichen Palastes von Windsor spazierengegangen sei – je nachdem, wo der Hofstaat sich gerade aufhielt. Es machte mir Spaß, mir das bildlich vorzustellen – ich als Kleinkind, prächtig angezogen, auf dem Arm dieses hochgewachsenen, beeindruckenden Königs, der mich hin- und herschaukelte, während die Höflinge, die ihn auf seinem Spaziergang begleiteten, sich in Komplimenten über meine zahlreichen Vorzüge ergingen.

Diesem Idyll setzte das Schwert des Henkers ein jähes Ende, als es den Kopf meiner schönen Mutter von ihrem gertenschlanken Körper trennte.

Ich erinnere mich deutlich, wie ich nach Lady Bryans Rockschößen griff und fragte: »Wo ist meine Mutter? Warum besucht sie mich jetzt gar nicht mehr?« Und als sie dann versuchte, mich abzuschütteln, um unbeobachtet zu weinen, weigerte ich mich hartnäckig sie loszulassen und bestand auf einer Antwort. Da nahm sie mich auf den Schoß und sagte: »Verehrte Prinzessin, Ihr habt nun keine Mutter mehr.«

»Jeder hat aber eine Mutter«, erwiderte ich, denn ich konnte logisch denken, seit ich gelernt hatte, meine Verstandeskräfte zu gebrauchen.

»Eure Mutter ist jetzt im Himmel«, sagte sie.

»Und wann kommt sie zurück?«

»Aus dem Himmel kommt man nicht zurück.«

»Sie kommt bestimmt zurück, um mich zu besuchen.«

Da drückte Lady Bryan mich an sich und weinte so bitterlich, daß ich ganz verwirrt war.

Ich ahnte allmählich, daß etwas Schreckliches geschehen sein mußte, aber es dauerte noch sehr lange, bis ich die Hoffnung aufgab, meine Mutter je wiederzusehen.

Ich sprach mit Lady Bryan über sie und brachte sie dazu, mir von meiner Geburt zu erzählen.

»Ihr seid im königlichen Palast von Greenwich geboren«, sagte sie, »ein schöner Palast und eine der Lieblingsresidenzen des Königs und der Königin. Ihr erblicktet das Licht der Welt im ›Zimmer der Jungfrauen‹. Dieser Name wurde dem Raum erst später gegeben; vor Eurer Ankunft war er nichts weiter als ein Zimmer, dessen Wände mit Gobelins geschmückt waren, die Szenen aus dem Leben der heiligen Jungfrauen darstellten.«

»Wollte meine Mutter lieber einen Jungen?« fragte ich. Ich mußte wohl irgendwelches Getuschel der Dienerschaft aufgeschnappt haben, daß mir dieser Gedanke nicht aus dem Kopf gehen wollte. Offenbar hatte ich mit meiner Frage einen wunden Punkt berührt, denn Lady Bryan erblaßte und sagte eine Zeitlang gar nichts.

Dann erklärte sie mir: »Eure Mutter wünschte sich einen Jungen. Der König wünschte sich einen Jungen. Aber sobald Ihr das Licht der Welt erblickt hattet, waren sie beide überzeugt davon, daß Ihr und niemand anders das Kind wart, das sie herbeigesehnt hatten.«

Schon bald sollte mir klarwerden, wie wenig diese Auskunft der Wahrheit entsprach, doch ich liebte Lady Bryan dafür, daß sie diese Notlüge für mich erfand. In Wirklichkeit hatte das Leben meiner Mutter von der Geburt eines Sohnes abgehangen. Wäre ich ein Junge gewesen, dann wäre nicht jenes Schwert aus Frankreich angefordert worden, mit dem man meine Mutter enthauptet hat. Dann wäre aus meiner Mutter eine geliebte und verehrte Königin geworden – und nicht ein Leichnam in einem Grab in der Kirche St. Peter ad Vincula nahe dem Tower.

Lady Bryan fuhr fort: »Die Königin sagte nach Eurer Geburt, nun werde jener Raum zu Recht als ›Zimmer der Jungfrauen‹ bezeichnet werden, denn jetzt sei in ihm eine kleine Jungfrau zur Welt gekommen, dazu noch am Vorabend des gnadenreichen Festes, an dem die Kirche der Geburt der Heiligen Jungfrau gedenke.«

»Das hat sie gesagt?« fragte ich staunend.

»Ja, genau das. Ihr habt nämlich am Vorabend des Geburtstages der Jungfrau Maria das Licht der Welt erblickt. Stellt Euch vor!«

Meine liebe Erzieherin gab sich solche Mühe, mich zu trösten, doch selbst sie konnte mir die Wahrheit letztlich nicht verheimlichen. Es blieb mir nicht erspart zu erfahren, daß ich, die einst so wichtige und vornehme Prinzessin, inzwischen völlig unbedeutend war und daß es kaum jemanden kümmerte, was aus mir würde. Meine Mutter war tot, hingerichtet wegen Verrats am König; sie war des Ehebruchs mit fünf Liebhabern beschuldigt worden, von denen einer ihr eigener Bruder, mein Onkel George Boleyn, gewesen sein soll. Thomas Cromwell, der einflußreiche Minister des Königs hatte den Nachweis erbracht, daß ihre Ehe mit dem König gar keine wirkliche Ehe gewesen war, und deswegen war ich für unehelich erklärt worden. Und einem Bastard des Königs stand natürlich nicht der Rang seines ehelichen Nachwuchses zu.

Mein Glücksumschwung wurde mir bewußt, als meine Kleider und Röcke verschlissen und fadenscheinig wurden und Lady Bryan lange Stunden damit zubrachte, sie zu flikken.

»Ich mag dieses schäbige Kleid nicht«, murrte ich. »Warum bekomme ich kein neues?«

Daraufhin wandte die gute Lady Bryan sich ab, um mich nicht merken zu lassen, wie zornig sie auf irgend jemanden war – auf mich gewiß nicht, denn sie nahm mich in die Arme und versicherte mir, ich sei ihre verehrte Prinzessin, und daran werde sich nie etwas ändern.

Sie war sehr böse auf Herrn Shelton, der in meiner Hofhaltung eine bedeutende Stellung innehatte, denn er legte größten Wert darauf, daß meine Mahlzeiten von einem gewissen höfischen Zeremoniell begleitet waren, und er pflegte mir Wein und scharf gewürzte Speisen servieren zu lassen. Ich bekam mit, wie Lady Bryan mit ihm schimpfte. »Solche Speisen sind für ein Kind völlig ungeeignet«, warf sie ihm vor.

Und Herr Shelton erwiderte: »Dieses Kind ist nicht irgendein Kind. Vergeßt nicht, daß sie die Tochter des Königs ist.«

»Oh ja, als solche wird sie ja auch von ihm anerkannt, nicht wahr?« Lady Bryans Stimme ließ keinen Zweifel über ihre Empörung. »Da bin ich aber froh! Ist euch eigentlich klar, Herr Shelton, daß es Monate her ist, seit dieses Kind neue Kleider bekommen hat? Ich kann schließlich nicht endlos fortfahren, die abgetragenen Sachen zu flicken.«

»Ich kann nur wiederholen, daß sie die Tochter des Königs ist, und das sollten wir niemals vergessen. Wer weiß...«

»Was wollt Ihr denn damit andeuten, Herr Shelton?«

Er antwortete nicht. Ich war ganz Auge und Ohr, und da ich wußte, daß oft seltsame Dinge außerhalb der kleinen Welt meines Kinderzimmers beschlossen wurden, gelangte ich mehr und mehr zu der Überzeugung, daß Herr Shelton – aus welchen Gründen auch immer – eifrig bestrebt war, meine Gunst zu gewinnen und mich außerdem dazu zu bringen, die Zuneigung, mit der ich an Lady Bryan hing, meiner Erzieherin zu entziehen, um sie ihm zu schenken. Er schlug mir nie eine Bitte ab, soweit ihre Erfüllung in seiner Macht stand, und er benahm sich immer äußerst unterwürfig.

Anfangs glaubte ich, er sei ein wirklich netter Mann. Dann aber, als ich begriff, daß Lady Bryan mich nur deshalb kurzhielt und hin und wieder leicht bestrafte, weil sie der Auffassung war, als meine Erzieherin dazu verpflichtet zu sein, mochte ich Herrn Shelton längst nicht mehr so gern. Welcher Art auch immer die gelegentlichen Meinungsverschiedenheiten zwischen uns sein mochten, es war stets Lady Bryan, bei der ich Trost suchte, wenn ich unglücklich war.

Wie Lady Bryan war auch Herr Shelton mit meiner Mutter verwandt, und das war auch der Grund, weshalb beide meiner Hofhaltung in Hunsdon angehörten. Sie waren wie

Hund und Katze zueinander. Einmal bekam ich mit, wie Lady Bryan Herrn Shelton gegenüber erklärte: »Ihr tut alles, um der Prinzessin so lange wie möglich einen königlichen Lebensstil zu ermöglichen, nicht wahr, Master Shelton? Aber ich sage Euch eins: Es wird Euch wenig nützen. Seit Königin Annes Tod gibt es bei Hofe eine neue Königin, und die erwartet nun ein Kind, und sollte dieses Kind ein Junge werden... was wird dann aus unserer Prinzessin?«

»Und wenn es kein Junge wird, was dann?« entgegnete Herr Shelton. »Was dann, wenn Königin Jane dasselbe Schicksal wiederfährt wie Königin Anne?«

»Pst!« unterbrach ihn Lady Bryan. »So etwas zu sagen, ist Verrat. Solche Worte sollte man nie in den Mund nehmen. Alles, worum ich Euch bitte, ist, das Kind nicht so zu verwöhnen. Ist Euch denn nicht klar, daß diese scharf gewürzten Speisen nicht gut für ihre Verdauung sind? Außerdem habe ich Euch im Verdacht, daß Ihr der Kleinen außerhalb der Mahlzeiten Süßigkeiten zusteckt; wenn Ihr damit nicht aufhört, sehe ich mich gezwungen, offiziell Beschwerde zu erheben, und zwar so, daß sie auch dem König zu Ohren kommt.«

Herr Shelton zeigte sich von ihren Drohungen unbeeindruckt; wie ich später erfuhr, schrieb sie daraufhin tatsächlich einen Brief an Thomas Cromwell persönlich, in dem sie ihm mitteilte, daß ich weder Kleid noch Rock zum Anziehen und nicht einmal mehr Unterwäsche besäße, und ihn bat, etwas Kleidung für mich zu schicken. Außerdem beklagte sie sich in dem Brief über Herrn Sheltons Angewohnheit, mir bei Tisch scharf gewürzte Speisen servieren zu lassen, und regte an, dafür Sorge zu tragen, daß in Zukunft einfache, aber nahrhafte Speisen für mich zubereitet würden, die für ein Kind meines Alters bekömmlicher seien.

Ich bekam schließlich einige neue Kleider, aber ich vermute, daß das möglicherweise auf die Vermittlung meiner Schwester Mary zurückzuführen war. Sie war damals zwanzig Jahre alt, was mir sehr alt vorkam. Sie sah nett aus und hatte ein sehr ernstes Wesen; wie man hörte, verbrachte sie viel Zeit knieend im Gebet. Ein leuchtendes Vorbild für mich, meinte Lady Bryan, denn ich ginge meinen religiösen

Studien mit weitaus geringerem Eifer nach, als Mary es als Kind getan habe. (Lady Bryan war bereits Marys Erzieherin gewesen und daher in der Lage, begründete Vergleiche anzustellen.) Ich sei an so vielem interessiert und stellte einfach zu viele Fragen, sagte sie. »Dabei gibt es Dinge, zu denen man sich ohne Wenn und Aber bekennen muß«, belehrte mich Lady Bryan, »und dazu gehört der Glaube ebenso wie der Gehorsam gegenüber dem König.« Obwohl ich damals noch so klein war, kamen mir bereits erste Zweifel hinsichtlich meines Eintretens für die eine wie für die andere Forderung.

Lady Marys Mutter, Katherine von Aragon, war wenige Monate vor meiner Mutter gestorben, und meine Schwester war ganz untröstlich, denn sie und ihre Mutter hatten einander immer besonders nahegestanden. Vor dem Tod ihrer Mutter hatte Mary mich gar nicht gemocht, und jedesmal, wenn wir uns begegnet waren – was selten genug vorkam –, hatte ich, so jung ich auch noch war, gespürt, daß meine Anwesenheit sie ärgerte. Das hatte sich inzwischen geändert. Wir hatten beide unsere Mutter verloren; beide Mütter waren beim König in Ungnade gefallen und gestorben, ohne seine Gunst wiedererlangt zu haben; wir waren beide zu Bastarden erklärt worden. Marys fragwürdiger Status war auch der Grund dafür, daß sie noch nicht verheiratet war; es kam selten vor, daß eine Königstochter das Alter von zwanzig Jahren erreichte, ohne daß ein Ehemann für sie gefunden worden war. Jedenfalls behandelte sie mich inzwischen recht liebevoll, und da ich mir Mühe gab, ihr zu gefallen, freundeten wir uns zunehmend miteinander an. Wenn man schon keine Mutter mehr hat – und einen König zum Vater, den man selten zu Gesicht bekommt –, ist es sehr erfreulich, zumindest eine Schwester zu haben. Ich hoffte, Mary möge auch dieser Ansicht sein.

Ich war sehr traurig, als Mary Hunsdon verließ; sie selbst war jedoch sehr glücklich darüber, denn Königin Jane hatte sie an den Hof zurückholen lassen. Die genaueren Zusammenhänge erfuhr ich zum Teil erst später; aufgrund meines sehr jugendlichen Alters muß mir damals so manches verborgen geblieben sein. Viele wichtige Entdeckungen, die ich mit der Zeit machte, begannen mit dem Tag, als Katherine Champernowne meine Erzieherin wurde – ihr hatte ich sie zu verdanken. Katharine, die ich schon bald Kat nannte, war die klatschhafteste, unbesonnenste und wunderbarste Person, die mir bis dahin begegnet war, und ich schloß sie zunehmend ins Herz.

Allem Anschein nach konnte der König seiner neuen Frau keine Bitte abschlagen. Königin Jane, die ebenso blond war wie meine Mutter dunkelhaarig und ebenso zurückhaltend wie jene lebhaft, war das völlige Gegenteil von Königin Anne, für die der König zum Schluß nur noch abgrundtiefen Haß empfunden hatte, nachdem er anfangs in ebenso glühender Leidenschaft zu ihr entbrannt gewesen war. Außerdem war Jane sogleich nach ihrer Heirat schwanger geworden – die Eheschließung hatte nur schamlose zehn Tage nach der Hinrichtung meiner Mutter durch das Schwert stattgefunden. Königin Jane hatte also, wie es schien, den König gebeten, Mary an den Hof zurückzuholen, damit sie ihr bis zur Geburt ihres Kindes Gesellschaft leisten könne.

»Sie soll kommen und dir Gesellschaft leisten, mein Liebling«, soll der König ihr – wie Kat mir berichtete – versichert haben, und Mary folgte der Aufforderung mit großer Freude.

Ich vermißte Mary, aber wie alle anderen erwartete ich mit Spannung die Nachricht von der Geburt des Kindes.

Als Lady Bryan mich zu sich in ihr Privatgemach holte, war mir sogleich klar, daß sie mir etwas Wichtiges mitzuteilen hatte. Sie legte die Arme um meine Schultern und zog mich an sich.

»Die Königin hat einem Sohn das Leben geschenkt«, sagte sie. »Der König und alle Menschen im ganzen Land sind sehr glücklich.«

Ich spürte, wie meine Gesichtszüge versteinerten – wie immer, wenn ich mich ärgerte. Lady Bryan hatte mich schon oft deswegen getadelt. »Eine schlechte Angewohnheit«, pflegte sie zu sagen, »und zudem eine, die Euch mehr schaden als nützen wird.« Ich versuchte, mir nichts anmerken zu lassen, doch diesmal fiel es mir besonders schwer, denn wie sollte ich des in mir aufsteigenden Zorns Herr werden, wenn ich mitanhören mußte, wie eine andere Frau ›Königin‹ genannt wurde – ein Titel, der meiner Mutter gehört hatte? Überdies hatte diese neue Jane einen Jungen zur Welt gebracht – wo doch eigentlich ich dieser Junge hätte sein sollen.

»Im ganzen Land läuten die Glocken«, sagte Lady Bryan, »und der König ist so glücklich. Dieser kleine Junge wird eines Tages Englands König sein, obwohl – so Gott will – noch viele Jahre vergehen mögen, bevor es soweit ist. Seine Majestät, der König, hat Herrn Shelton und mich wissen lassen, daß Euch die besondere Ehre zuteil werden soll, bei der Taufe des kleinen Prinzen das Taufkleid zu tragen. Na! Was haltet Ihr davon?«

Ich hielt eine Menge davon. Endlich wurde auch ich an den königlichen Hof gerufen.

Wie glücklich ich doch an jenem Oktobertag war, als ich auf der Themse in Richtung Schloß Hampton Court fuhr, überaus prächtig gekleidet, wie es sich für jemanden gehörte, der einer so wichtigen Zeremonie beiwohnen sollte.

Da lag der Palast in seiner majestätischen Schönheit, die vom Fluß aus besonders eindrucksvoll war. Kein Wunder, daß mein Vater damals, als das Schloß noch Kardinal Wolsey gehört hatte, gesagt haben soll, es sei eine viel zu prächtige Residenz für einen Untertan, und sich selbst des Palastes bemächtigt hatte! Ich war wie verzaubert von seinem riesigen Torhaus, seinen Privatgärten, seinen Tennisplätzen und seinen offenen Kaminen, von denen jeder einzelne so groß war, daß man einen Ochsen darin hätte braten können. Das war die Kulisse, die mir angemessen war!

Der Respekt, der mir hier entgegengebracht wurde, versetzte mich in helles Entzücken, und ich gab mich der Illusion hin, daß dies möglicherweise der Beginn eines neuen, besseren Lebens für mich sei; ich fragte mich, ob wohl die blasse Königin dafür verantwortlich war, die den Platz meiner Mutter eingenommen hatte.

Rückblickend fällt es mir schwer zu sagen, ob ich mich an die Einzelheiten der Taufe tatsächlich erinnere oder ob sie mir im nachhinein geschildert wurden. Immerhin war ich damals erst vier Jahre alt. Aber ich weiß noch genau, welches Glück – oder, genauer gesagt, welche Genugtuung – ich empfand, unter all diesen mächtigen und bedeutenden Leuten zu sein. Der König selbst war in der Kapelle nicht anwesend. Er war im Palast bei der Königin geblieben, die, wie man erzählte, von der Geburt sehr geschwächt gewesen sein soll. Dafür waren mehrere hohe Würdenträger versammelt. Der Herzog von Suffolk, der Marquis von Exeter, der Graf von Arundel und Lord William Howard hielten den Baldachin über das Kind; die Marchioness von Exeter hielt den kleinen Prinzen im Arm. Ich hörte, unter den anwesenden Angehörigen des Adels befinde sich auch mein Großvater Thomas Boleyn, der Graf von Wiltshire, der, mit einer Wachskerze in der Hand und einem Handtuch über dem Arm, die ihm zugedachte Rolle in der Zeremonie spielte. Ich begegnete ihm jedoch nicht und war später froh darüber, als mir der Gedanke kam, daß es eigentlich ziemlich charakterlos von ihm war, an einer solchen Zeremonie teilzunehmen, nachdem seine eigene Tochter vom König umgebracht worden war, damit die Mutter des zu taufenden Kindes ihren Platz einnehmen konnte. Damals jedoch war ich restlos glücklich. Ich hatte teil an all dem Glanz und der Pracht, und das herrlich gekleidete Kind, das im Mittelpunkt der feierlichen Handlung stand, war mein Bruder.

Da ich noch klein war und die Zeremonie sich hinzog, trug Edward Seymour, ein Bruder von Königin Jane, mich auf dem Arm. Es war mein erstes Zusammentreffen mit der Familie, die später eine wichtige Rolle in meinem Leben spielen sollte. Die Heirat des Königs mit ihrer Schwester hatte den Brüdern Seymour zu einem kometenhaften Aufstieg bei Hofe verholfen. Bereits wenige Tage nach der Taufe wurde Edward Seymour zum Grafen von Hertford ernannt.

Meine Schwester Mary, die als Patin des kleinen Prinzen auserwählt worden war, lächelte mir aufmunternd zu, als Edward Seymour mich am Taufbecken absetzte. Ich erwiderte ihr Lächeln dankbar und sah und hörte aufmerksam zu, als der kleine Junge in das Taufkleid gehüllt und sein Rang verkündet wurde:

»Gott in seiner Allmacht und unendlichen Güte möge

dem mächtigen, vortrefflichen und edlen Prinzen, dem Herzog von Cornwall und Grafen von Chester, dem ersehnten und überaus geliebten Sohn unseres erhabenen und gnädigen Herrschers, König Henrys VIII., ein langes Leben gewähren.«

Trotz der Aufregung fühlte ich mich zunehmend schläfrig, denn die Zeremonie dauerte nun schon drei Stunden, und es war fast Mitternacht. Meine Schwester Mary muß meine Müdigkeit bemerkt haben; als die Prozession sich anschickte, die Kirche zu verlassen und Lady Herbert die Schleppe meines prächtigen Gewandes aufhob, nahm Mary meine Hand, um mich vor dem Stolpern zu bewahren. Ich sah, wie glücklich sie aussah. Der Grund für ihr Strahlen war, daß sie endlich an den königlichen Hof zurückgeholt worden war und die große Ehre hatte, die Patin dieses wichtigen Prinzen, unseres Bruders, zu sein. Ich hatte ihn bereits ins Herz geschlossen. Schließlich war er der Grund dafür, daß ich hier sein durfte. Seine Geburt hatte meinen Vater so froh gestimmt, daß er sich sogar dazu herabließ, meiner Schwester Mary und mir huldvoll zuzulächeln, obwohl wir doch den unverzeihlichen Fehler begangen hatten, als Mädchen auf die Welt zu kommen.

Königin Jane lag, von Kissen gestützt, in ihrem Bett. Sie trug ein wunderschönes Nachtgewand, aber ihre Blässe und ihre hohlen Wangen ließen deutlich erkennen, wie erschöpft sie war.

Als wir ihr Gemach betraten, erschallten die Trompeten so laut, daß ich, schon halb vom Schlaf übermannt, entsetzt zusammenfuhr; Mary konnte sich eines Lächelns nicht erwehren.

Und da stand nun unser Vater. Es war mit funkelnden Juwelen behängt und sah sehr prächtig aus; auch schien er alle anderen Männer um Haupteslänge zu überragen. Wie jovial er doch wirkte – ein mächtiger, wohlwollender Gott, so ganz anders als der Mann, den ich damals vom Hof aus am Fenster des Palastes gesehen hatte! Mein Vater ist der bedeutendste Mann auf der Welt, dachte ich. Seine Augen waren sehr klein, sein Mund ebenfalls, aber vielleicht kam mir das nur so vor, weil sein Gesicht so großflächig war. Während ich zu ihm aufsah, mußte ich unwillkürlich an meine Mutter denken, und so sehr er mich auch beeindruckte, so sehr ich ihn auch bewunderte, ich fürchtete mich vor ihm.

Der kleine Prinz wurde seiner Mutter in die Arme gelegt, und sie segnete ihn.

Damit war die Zeremonie beendet und wir fuhren nach Hunsdon zurück.

Die folgenden Jahre brachten bedeutende Veränderungen mit sich.

Der König zeigte sich von seiner gütigeren Seite, nun da er den ersehnten Sohn bekommen hatte. Ihm war die Freude an dem Kind deutlich anzumerken, wenngleich Edwards Geburt Königin Jane das Leben gekostet hatte; die arme, blasse Frau starb etwa eine Woche nach jener Zeremonie, die in ihrem Schlafgemach stattgefunden hatte.

Für mich war das bedeutendste Ereignis jedoch die Ankunft von Katharine Champernowne.

Lady Bryan, deren Bemühungen um die Erziehung meiner Schwester Mary und danach um meine eigene Erziehung als höchst verdienstvoll gewürdigt worden waren, war zur Vorsteherin der Hofhaltung meines kleinen Bruders ernannt worden, und eine solche Position in der Hofhaltung des Thronerbens angetragen zu bekommen, war natürlich eine große Ehre. Eine Zeitlang übte sie ihre erzieherische Tätigkeit im Schloß Hampton Court aus, danach war sie vorübergehend in Ashridge und später in Hatfield tätig. Wann immer es sich ergab, daß auch ich mich in diesen Residenzen aufhielt, durfte ich zu meiner großen Freude meinem Bruder Gesellschaft leisten, und obwohl er noch so klein war, bewies er mir gegenüber von Anfang an große Zuneigung und Anhänglichkeit.

Der große Einschnitt in meinem Leben aber kam mit Katharine – meiner Kat, wie ich sie nannte. Sie muß damals etwa fünfzehn oder sechzehn Jahre alt gewesen sein, und sobald ich ihr zum erstenmal begegnete, wußte ich, daß ich sie ins Herz schließen würde. Sie war eine junge Frau von bemerkenswerter Bildung – sonst wäre sie wohl auch kaum zu meiner Erzieherin ernannt worden –, aber ihre Gelehrsamkeit hinderte sie nicht daran, spontan und unbekümmert zu sein; sie neigte zur Unbesonnenheit, aber ihre Fröhlichkeit und Herzenswärme waren der Grund, daß ich mich zu ihr hingezogen fühlte. Sie bereicherte mein Dasein um etwas, das ich bislang schmerzlich vermißt hatte, ohne mir seines Fehlens bewußt zu sein.

Also trat Kat in mein Leben, die liebe, klatschsüchtige Kat, die mir so vieles erzählte, was mir bisher verheimlicht worden war; ich sollte ihr für den Rest meines Lebens dafür dankbar sein.

Das Leben wurde endlich spannend – und es unterlag weniger Einschränkungen als zur Zeit von Lady Bryans strengerer Herrschaft. Kat erzählte mir von allen möglichen Ereignissen, die draußen in der Welt stattfanden, und das gefiel mir sehr, denn ich haßte nichts mehr, als über etwas im unklaren gelassen zu werden.

Ich erfuhr zunächst einmal, daß mein Vater sich trotz all seiner Überschwenglichkeit zur Schau getragenen Trauer um Königin Jane händeringend bemühte, einen Ersatz für sie zu finden.

»Erben, Erben, Erben!« ereiferte sich Kat. »Das ist der größte Wunsch eines Königs. Weshalb er allerdings jetzt immer noch so verzweifelt auf einen Thronerben aus ist, ist mir nicht ganz klar. Schließlich hat er doch nun seinen heißersehnten Jungen, und außerdem ist ja noch Lady Mary da, von meiner geliebten kleinen Elizabeth einmal ganz zu schweigen. Beide sind immerhin die Töchter des Königs – das zumindest hat er nie bestritten, wenn er auch alles darangesetzt hat, ihre Mütter loszuwerden, die eine im Gerichtssaal, die andere auf dem Richtblock. Wie auch immer die Methode, losgeworden ist er sie.«

Das war Kats Art zu reden – weniger zu Anfang, während ich noch sehr klein war, aber später, als ich älter wurde. Für mich war sie damals das faszinierendste Wesen, das ich je kennengelernt hatte, und wäre sie weniger impulsiv und weniger klatschsüchtig gewesen, so wäre ihre Gesellschaft längst nicht so fesselnd gewesen.

Als mein Vater im Begriff war, die Prinzessin Anna von Cleve zu heiraten, erwies Kat sich als eine wahre Quelle des

Wissens. »Wer weiß«, verkündete sie, »diese Eheschließung könnte für Euch ein völlig neues Leben bedeuten, meine Prinzessin.«

»Wieso denn?« fragte ich.

»Nun ja, die neue Königin könnte den Wunsch äußern, ihre Stieftöchter kennenzulernen. Sie brennt sicher schon vor Neugier, sie zu sehen.«

Ich war noch keine sieben Jahre alt, als es zu jener verhängnisvollen Heirat kam, und zu der Zeit war ich längst nicht mehr das Kind, das die Taufe seines Bruders im Schloß Hampton Court miterlebt hatte. Ich veränderte mich zusehends und fand das Leben überaus interessant, vor allem dann, wenn Edward und ich derselben Hofhaltung angehörten, was recht häufig der Fall war. Wir wurden von denselben Lehrern unterrichtet und hatten viel gemeinsam, denn wir lernten beide ausgesprochen gern. Ich hatte zum Beispiel keinerlei Mühe, mir Fremdsprachenkenntnisse anzueignen – Edward ebensowenig; und mir schien, als seien selbst unsere Lehrer ein wenig erstaunt darüber gewesen, mit welcher Geschwindigkeit es mir gelang, das Französische, das Lateinische und das Italienische zu beherrschen. Ich konnte mich in allen drei Sprachen fließend unterhalten. Edward war genauso bestrebt wie ich, unsere Lehrer durch seine Leistungen zu überraschen. Er war verblüffend altklug und bereits mit vier Jahren ein richtiger kleiner Gelehrter. Ich freute mich jedesmal, bei ihm zu sein und ihn als kleinen Bruder behandeln zu können; und auch Edward genoß das sehr, denn er war ein einsames Kind, obwohl er von so viel Prunk und Pomp umgeben war. Niemand vergaß auch nur für einen Augenblick, daß er der Thronerbe und sein Leben eine sorgsam zu hütende Kostbarkeit war; schon ein Niesen von ihm reichte aus, um seine Umgebung in helle Panik zu versetzen.

»Sie haben alle Angst«, erklärte mir Kat. »Falls unserem verehrten Prinzen irgend etwas zustoßen sollte, könnten die Köpfe der für ihn verantwortlichen Bedienten nicht mehr ganz so fest auf ihren imposanten Schultern sitzen.«

»Was redet Ihr nur für ein wirres Zeug, Kat«, tadelte ich sie.

Da fiel sie vor mir auf die Knie und rief – halb spöttisch, halb ernsthaft – aus: »Ihr würdet Eure arme Kat doch niemals verraten, nicht wahr, Herrin?«

Es war schon merkwürdig, daß jemand, der so gebildet war wie Kat, gleichzeitig eine so leichte Ader haben konnte. Aber so war Kat nun einmal, und seit sie gekommen war, war mein Leben wesentlich vergnüglicher geworden.

Wir erfuhren bald darauf, daß mein Vater die Heirat mit Anna von Cleve bereits bereute. Angeblich besaß sie nicht die Schönheit ihrer Vorgängerinnen, und nachdem der König Holbeins zauberhaftes Portrait von ihr bewundert hatte und wahre Lobeshymnen auf die Vorzüge der Prinzessin ihrer Ankunft vorausgegangen waren, war er, als er sie schließlich persönlich kennenlernte, bitter enttäuscht. Er fand sie durch und durch abstoßend.

Zwischen ihr und mir entwickelte sich später eine langjährige Freundschaft, und ich habe mich oft gefragt, warum mein Vater sie wohl so sehr verabscheut haben mag. Sie war klug und liebenswürdig und keineswegs häßlich. Ich kann nur vermuten, daß er, was Frauen betraf, einen ganz besonderen – wenn auch nicht auf einen bestimmten Typ festgelegten – Geschmack hatte, und daß sie einfach nicht seinen höchst persönlichen Vorstellungen entsprach. Also trennte mein Vater sich von der armen Anna von Cleve, wie er sich zuvor bereits von zwei seiner Königinnen getrennt hatte. Allerdings hatte Anna Glück im Unglück, denn ihr blieb das Schicksal erspart, das für meine Mutter oder für Marys Mutter auf diese Trennung erfolgt war, und nach allem, was Kat zu berichten wußte, muß sie ebenso froh gewesen sein, den König loszuwerden, wie er offenbar froh war, sie loszuwerden. Ihre Ehe wurde für null und nichtig erklärt. Thomas Cromwell, der das Zustandekommen der Heirat ermöglicht hatte, verlor seinen Kopf. Er hatte sich damals als Feind meiner Mutter erwiesen und auf der Seite derer gestanden, die die Hinrichtung dieser schönen jungen Frau gefordert hatten; deshalb bereitete mir sein Ende durchaus eine gewisse Genugtuung.

»Vier Frauen bis jetzt«, sagte Kat. »Ich wüßte zu gerne, wer die fünfte sein wird. Ihr auch?«

Ich antwortete, ich fände es interessant, abzuwarten und die Entwicklung im Auge zu behalten.

»Ich glaube, da werden wir nicht lange zu warten brauchen! Der König hat bereits ein Auge auf eine Verwandte von Euch geworfen, die junge Katharine Howard. Sie ist eine jugendliche Schönheit von unvergleichlichem Liebreiz.«

»Ihr seid eine schreckliche Klatschbase.«

»Oh, heute sind wir also ganz Königliche Hoheit, ja? Nun gut, dann behalte ich meine Neuigkeiten eben für mich.«

Natürlich tat sie nichts dergleichen. Ich hätte es auch gar nicht zugelassen. Und auf diese Weise erfuhr ich alles über die Romanze meines Vaters mit Katharine Howard. Er war angeblich rettungslos in sie verliebt. Sie war ein sehr schönes Mädchen, und sie interessierte sich für mich, weil ich nicht nur ihre zukünftige Stieftochter war, sondern weil sie außerdem eine leibliche Cousine meiner Mutter war. Ich ging davon aus, daß sie ihr möglichstes tun werde, das Verhältnis zwischen meinem Vater und mir zu verbessern, und ich hatte recht mit dieser Vermutung. Sie bat den König, mir zu erlauben, an den Hof zurückzukehren, und da er es nicht fertigbrachte, ihr einen Wunsch abzuschlagen, konnte ich schon bald voller Vorfreude die Reise antreten.

Ich war gerade sieben Jahre alt geworden, und obwohl ich viel gelesen hatte und alle meine Lehrer der Ansicht waren, daß ich für mein Alter außergewöhnlich begabt sei, war ich andererseits doch noch recht kindlich, denn ich war wenig bewandert in weltlichen Dingen. Als ich die Cousine meiner Mutter kennenlernte und Gelegenheit hatte, mich von ihrer jugendlichen Schönheit, ihrer Lebhaftigkeit und der Warmherzigkeit zu überzeugen, mit der sie all denen begegnete, die sich um ihre Zuneigung bemühten, da hatte ich das Gefühl, alles werde noch gut werden. Mein Vater schien nur Augen für Katharine zu haben. Ich hörte, wie man davon sprach, daß er vor Katharine nur eine Frau mit solch verzehrender Leidenschaft geliebt habe, und das sei meine Mutter, Anne Boleyn, gewesen – damals, bevor sie bei ihm in Ungnade fiel.

Die Erinnerung an meine Mutter und ihr Schicksal verließ mich nie; wenn ich meinen Vater sah, mußte ich oft an jenen verächtlichen Blick denken, den er uns seinerzeit von dem Fenster des Palastes aus zugeworfen hatte, und dann überlief es mich kalt. Ihn so glücklich in Gesellschaft dieses jungen Mädchens zu erleben, beruhigte mich irgendwie. Sie war eine Howard und – wie allgemein behauptet wurde – meiner Mutter ein wenig ähnlich; und wenn sie auch nicht über die umfassende Bildung, die geistsprühende Kultiviertheit, den Schalk und den Witz ihrer Cousine verfügte, so glich sie diese Unzulänglichkeit durch unendliche Liebenswürdigkeit und Herzenswärme aus.

»Stell dir nur vor«, sagte sie zu mir, »ich bin deine Stiefmutter. Ich hoffe, du gestattest mir, auch deine Freundin zu sein.«

Wer hätte erwartet, eine Königin so mit einem kleinen Mädchen sprechen zu hören, dem es nur dank ihrer Fürsprache gelungen war, sein unauffälliges Leben als bedeutungsloser Bastard gegen ein Leben am Hofe einzutauschen?

Der König schenkte mir nun häufiger ein huldvolles Lächeln, weil die Königin mich in ihr Herz geschlossen hatte. Sie sprach bewundernd von meinen Leistungen und dem Lob, das meine Lehrer mir zollten, und sie erklärte mit großen, staunenden Augen, daß der bloße Gedanke an so viel Gelehrsamkeit ihre Vorstellungskraft übersteige. Worauf der König bemerkte, er sei dankbar dafür, denn für ihn sei sie vollkommen – seine Rose ohne Dornen.

Als sie zum erstenmal in Gesellschaft des Königs an einem offiziellen Bankett teilnahm, bestand sie darauf, daß auch ich eingeladen würde. Und so kam es, daß ich ihr tatsächlich gegenübersaß, unfähig, den Blick von ihrem bezaubernden, lachenden Gesicht abzuwenden, und wie gebannt von der offensichtlichen Verliebtheit des Königs, der zärtlich und überglücklich ihren Arm und ihre Hand berührte und sie mit unendlich sanfter und liebevoller Stimme seine Herzallerliebste nannte.

Kat sagte: »Nun wird alles anders werden. Nun wird uns bald der Rang zuerkannt werden, der uns rechtmäßig zusteht. Wir werden endlich als Tochter des Königs anerkannt werden, was wir ja in der Tat auch sind.« Und sie fügte hinzu: »Unsere neue Königin hat eine Schwäche für Euch, My Lady, und wenn sie den Wunsch nach Eurer Gesellschaft äußert, dann könnt Ihr ganz sicher sein, daß ihr dieser Wunsch auch erfüllt wird – so vernarrt ist der König in sie.«

Wenn doch nur alles so hätte bleiben können, dann, glaube ich, wäre uns allen geholfen gewesen. Dann wäre auch der König glücklich geworden, denn es konnte kein Zweifel darüber bestehen, daß er Katharine liebte, und überdies war die junge Königin, wie Kat betonte, nicht der seelischen Belastung ausgesetzt, möglichst bald einen Sohn zur Welt zu bringen, wie es von meiner Mutter erwartet worden war. »Außerdem«, erklärte Kat wissend, »ist der König nicht mehr der Jüngste. Aber verratet ja niemandem auch nur mit einem Sterbenswörtchen, daß ich Euch das gesagt habe, denn es könnte mich den Kopf kosten. Aber es ist die Wahrheit, und daran können auch Könige nichts ändern. Nein, Seine Majestät, der König, hat wirklich eine entzückende Frau. Hoffen wir, daß er nie auf den Gedanken kommen möge, eine andere haben zu wollen!«

Dennoch schien es unvermeidlich, daß Gerüchte in Umlauf gebracht wurden. Kat berichtete mir davon.

»Gehässige und skrupellose Menschen sind dabei, Komplotte zu schmieden, um die Königin in Verruf zu bringen«, sagte sie.

Das konnte ich zuerst nicht verstehen, doch Kat erklärte mir, daß die Königin, als sie noch ein ganz junges Mädchen gewesen war, ihrer Umwelt ein verschwenderisches Maß an Zuneigung entgegengebracht habe. Sie sei äußerst liebevoll und großzügig gewesen – und solche Frauen zögen die Männer an wie Blumen die Bienen und Honig die Wespen. Die Königin sei von Natur aus so zärtlich und anhänglich, daß es ihr schwerfalle, zu Männern, die sich um sie bemühten, ›nein‹ zu sagen. Anscheinend habe sie als ganz junges Mädchen einmal, ›ja‹ gesagt, als sie besser ›nein‹ gesagt hätte; und nun schnüffelten diese grausamen Leute in ihrer Vergangenheit, um irgendwelche alten Skandale ans Licht der Öffentlichkeit zu zerren.

»Wie es scheint, werden ihnen die Howards zu mächtig«, sagte Kat. »Wer hätte das für möglich gehalten! Vor kurzem waren es noch die Seymours, jetzt sind es die Howards. Es gibt nichts Gefährlicheres im Leben, als mit einem König verheiratet zu sein. Da kommt man als Frau besser allein zurecht. Wer weiß, vielleicht wäre unsere kleine Königin an der Seite Tom Culpeppers glücklicher geworden als an der Seite des Königs von England; dieser Culpepper soll sie geradezu anbeten – und angeblich ist er auch ihr nicht gleichgültig.«

Ich sah Katharine nie wieder. Statt dessen erfuhr ich Entsetzliches über sie. Sie wurde des Verrats beschuldigt – dieses harmlose junge Mädchen, fast noch ein Kind, das nur den Wunsch hatte, glücklich zu sein und andere glücklich zu machen. Wie konnte man nur so grausam sein? Doch selbst sie, die nie jemandem etwas Böses angetan hatte, hatte ihre Feinde. Thomas Cranmer stellte ihr Fragen, die ihre Vergangenheit betrafen, und beschuldigte sie, mit einem gewissen Francis Dereham eine Ehe eingegangen zu sein und folglich bei der Heirat mit dem König Ehebruch begangen zu haben. Außerdem war die Rede davon, daß sie auch mit anderen Männern Liebesbeziehungen gehabt habe, und auf der Grundlage dieser Anschuldigungen wurde sie festgenommen.

Kat sagte, der König sei darüber ganz unglücklich gewesen und habe die Anschuldigungen, die gegen sie erhoben wurden, zunächst gar nicht glauben wollen. Das stimmte mich zuversichtlich, und ich hoffte, er werde ihr verzeihen; andererseits muß das Gefühl, sich in ihr getäuscht zu haben, ihn ziemlich erbost haben, zumal er geglaubt haben muß, daß er selbst – und er allein – Anlaß und Ziel all ihrer Liebesbeweise gewesen sei. Der Gedanke, daß andere Männer in den Genuß ihrer Zärtlichkeit gekommen sein könnten, muß einen Mann wie ihn erbittert haben.

Katharines Schicksal ging mir sehr nahe. Es erinnerte mich schmerzlich an das, was meiner Mutter widerfahren war. Ich fragte mich, wie ihr damals in ihrem Quartier im Tower wohl zumute gewesen sein mochte – ihr, der es so lange Zeit gelungen war, der glühenden Leidenschaft des Königs auszuweichen, bevor sie seinem Drängen schließlich nachgegeben hatte. Sie muß gewußt haben, daß ihr der Tod bevorstand, obwohl die Vorwürfe gegen sie boshaft und erlogen waren. Und nun ging es der armen kleinen Katharine genauso. Auch sie muß geahnt haben, welches Schicksal ihr drohte. So wiederholen sich historische Ereignisse.

Katharine war völlig verstört und hysterisch vor Angst. Sie war doch noch viel zu jung, um zu sterben, und außerdem glaubte sie einfach nicht, daß der König ihrer Hinrichtung zustimmen könnte. Sie war überzeugt, daß alles gut werden würde, wenn es ihr nur gelänge, mit dem König zu sprechen und ihm zu erklären, was sich wirklich damals im Schloß ihrer Großmutter zugetragen hatte, deren Obhut sie als kleines Mädchen anvertraut gewesen war. Sie würde ihm von all den lebenslustigen jungen Leuten berichten, in deren Gesellschaft sie aufgewachsen war, die immer so belustigt Anteil an ihren Romanzen genommen hatten, auch – und erst recht – dann, als diese Romanzen längst keine harmlosen kleinen Flirts mehr waren, und die ihr geholfen hatten, die strenge Hausordnung zu umgehen, die von ihrer Großmutter, der Herzogin von Norfolk, festgelegt worden war. Sie muß das sichere Gefühl gehabt haben, den König davon überzeugen zu können, daß sie inzwischen älter und vernünftiger geworden war und daß sie ihn aufrichtig liebte und nur den Wunsch hatte, ihm eine gute Ehefrau zu sein. Eines Morgens, als er sich gerade in der Kapelle aufhielt, gelang es ihr, den Wärtern zu entkommen, die ihr Zimmer bewachten; sie versuchte verzweifelt, den König zu erreichen und rannte laut schreiend die Galerie entlang. Sie wurde jedoch gefaßt und gewaltsam zurückgebracht, noch bevor sie den König auf sich aufmerksam machen konnte. Ich weiß nicht, was geschehen wäre, wenn es ihr gelungen wäre, mit ihm zu sprechen. Ob er sie vor der Axt bewahrt hätte? Ich würde so gerne glauben, daß es vielleicht ihre Rettung gewesen wäre.

Jener Tag im Februar ist mir noch deutlich in Erinnerung. Seit ich wußte, daß der König ihrer Verurteilung offiziell zugestimmt hatte, mußte ich unentwegt an sie denken. Bereits zwei Tage später wurde sie zum Schafott geführt.

Wie man sich erzählte, soll das arme Kind sich ergeben in sein Schicksal gefügt haben, fast so, als habe sie gar nicht begriffen, worum es eigentlich ging.

Sie wurde ganz in der Nähe meiner Mutter in der Kirche St. Peter ad Vincula beigesetzt.

Ich fühlte mich noch Tage nach ihrer Hinrichtung ganz elend. Ich träumte von ihrem verstümmelten Körper, und es überlief mich kalt bei dem entsetzlichen Gedanken an das Schicksal, das Frauen drohte, die gefühllosen Männern ausgeliefert waren.

Im Jahr darauf heiratete mein Vater, der König, erneut, und diese neue Eheschließung hatte zur Folge, daß ich, ehe ich mich versah, von meiner Außenseiterrolle befreit und in den Schoß der Familie aufgenommen wurde. Seit dem Tod meiner Mutter hatte ich zum erstenmal wieder das Gefühl, jemand von Bedeutung zu sein; zum erstenmal in meinem Leben hatte ich das Gefühl, einer Familie anzugehören.

Katharine Parr war vor ihrer Heirat mit meinem Vater bereits zweimal verheiratet gewesen, und natürlich wußte Kat eine Menge über sie zu berichten.

»Kein sehr lustiges Leben«, meinte sie. »Zuerst hat man sie mit Lord Borough verheiratet, der so alt gewesen sein soll, daß er ihr Großvater hätte sein können... Nun ja, zumindest war er so anständig, das Zeitliche zu segnen, bevor sie älter als siebzehn war. Und was haben sie dann mit dem armen Mädchen gemacht? Sie haben sie mit Lord Latimer verheiratet, der schon zwei Ehefrauen überlebt hatte. Er ist erst dieses Jahr gestorben, und mit dreißig Jahren ist sie nun endlich frei... oder glaubt es zumindest zu sein. Ich verrate Euch etwas... Sie hatte sich bereits Hoffnungen auf eine Heirat mit Thomas Seymour gemacht... Ja, ganz recht, der schneidige Onkel unseres kleinen Prinzen, ein hochgewachsener, gutaussehender Herr, darüber sind sich alle einig, und die arme Katharine Parr soll bis über beide Ohren in ihn verliebt sein, was ja auch nur zu verständlich ist.«

»Dann muß es sein Bruder gewesen sein, der mich bei Edwards Taufe auf dem Arm getragen hat«, sagte ich.

»Wie man hört, ist Thomas ganz anders als Mylord, der Graf von Hertford. Hertford... der soll streng und ernst sein... und nach immer höheren Ämtern streben... und dabei niemals auch nur einen Augenblick vergessen, daß er der Onkel des Thronerben ist. Nun ja, vielleicht vergißt Thomas das ebensowenig... Jedenfalls ist er ein unglaublich gutaussehender Mann! Ich bin ihm einmal begegnet...«

»Und wird Katharine Parr ihn heiraten?«

»Wer weiß... Es geht das Gerücht, der König selbst habe ein Auge auf sie geworfen.«

»Das kann nicht sein. Er ist doch... alt!«

»Wenn der König etwas will, dann gibt es niemanden, der ihn daran hindern könnte, es sich zu beschaffen. Vielleicht hält das Schicksal nun eine Krone für die Witwe Parr bereit. Ich wette, ein schlichter goldener Ring von Thomas Seymour wäre ihr lieber! Eine Frau, die sich darauf einläßt, die Ehefrau Eures königlichen Vaters zu werden, geht immerhin ein ziemliches Risiko ein. Aber was rede ich denn da! Vergeßt ganz schnell, was ich soeben gesagt habe.«

»Aber es stimmt doch, Kat«, entgegnete ich nüchtern.

Mein Vater heiratete Katharine Parr im Juli, knapp fünfzehn Monate nachdem Katharina Howard ihren hübschen Kopf auf den Richtblock gelegt hatte.

Wie sich bald herausstellte, unterschied Katharine Parr sich grundlegend von all den anderen Ehefrauen, die mein Vater bisher gehabt hatte. Ich glaube, ihre herausragendste Eigenschaft war ihre Mütterlichkeit. Sie war von Natur aus dazu bestimmt, Mutter zu sein, und sehr traurig darüber, daß ihre beiden Ehen mit viel älteren Männern kinderlos geblieben waren. Daher bemutterte sie den König, und bemuttert zu werden war vermutlich genau das, was er zu der Zeit brauchte. Er war jetzt zweiundfünfzig Jahre alt; er hatte all die Jahre dem Wohlleben und den irdischen Genüssen gefrönt, und sein Alter war ihm inzwischen anzusehen. Wahrscheinlich hatte auch Katharine Howards Tod seine Spuren hinterlassen. Während der kurzen Zeit, die sie seine Frau gewesen war, war er mit ihr sehr glücklich gewesen. Zwar mag sie nicht so betörend wie meine Mutter gewesen sein, doch ihre sanfte Anpassungsfähigkeit und ihre überströmende Herzlichkeit hatten ihm gefallen; er hatte im Grunde genommen gar nicht den Wunsch gehabt, sie loszuwerden, aber er kannte nun einmal keine Gnade, wenn er überzeugt war, getäuscht worden zu sein. Von seiner unverwüstlichen

Gesundheit war nicht viel übriggeblieben; sein massiger Körper hatte Fett angesetzt, und er hatte am Bein ein Geschwür, das ihm große Schmerzen bereitete und ihn überaus reizbar machte. Katharine Parr verstand es, die Wunde zu behandeln und geschickt zu verbinden; er setzte sich oft zu ihr und legte das Bein auf ihren Schoß – das verschaffte ihm vorübergehend ein wenig Erleichterung. Katharine Parr hatte reichlich Übung im Umgang mit kränklichen Ehemännern, und sie war eine sehr tüchtige Krankenpflegerin. Der König empfand für sie Dankbarkeit und Sympathie – die Jahre der glühenden Leidenschaften waren offenbar für ihn vorüber.

Es war Katharine Parrs Mütterlichkeit, die sie veranlaßte, den König um einen Gefallen zu bitten. Sie erinnerte ihn daran, daß er eine Familie habe und wie traurig es doch sei, daß sie nicht unter einem Dach vereint sei. Mary Tudor sei inzwischen eine erwachsene Frau, aber zumindest die beiden jüngeren Kinder, Elizabeth und Edward, sollten doch zusammen aufwachsen. Sie wolle ihnen eine gute Mutter sein, und der König solle sich als wirklicher Vater erweisen.

Er gab ihrem Wunsch nach, und zum erstenmal im Leben war ich Mitglied einer richtigen Familie. Ich war entzückt darüber, zumal ich nun mehr mit Edward zusammen sein konnte, der nicht nur mein Bruder, sondern auch der zukünftige König war. Ich war zu der Zeit zehn Jahre alt und wurde mir von Tag zu Tag deutlicher der Intrigen bewußt, die um mich herum ersonnen wurden. Mir wurde zunehmend klar, daß allein aufgrund der Tatsache, daß ich die Tochter des Königs war, jedes belanglose Vorkommnis zu einem Ereignis von größter Tragweite werden konnte.

Das friedliche Leben, das ich damals genoß, hatte ich dem Einfluß meiner Stiefmutter zu verdanken. Doch ich war noch ein Kind und vergaß daher bald, wie schnell aus heiterem Himmel ein Unwetter aufziehen kann; ich kam gar nicht auf den Gedanken, daß irgend etwas geschehen und die neugewonnene Harmonie zerstören könne. Was mir an meinem neuen Leben ganz besonders gefiel, war die Gesellschaft meines Bruders. Er war ein recht blasses und schmächtiges Kind und nicht übermäßig interessiert an

Sport und Spielen im Freien, was meinem Vater mißfiel –, aber er liebte wie ich die Bücher. Oft liefen wir schon vor den Unterrichtsstunden in unser Klassenzimmer, weil wir es kaum abwarten konnten, endlich mit dem Lernen zu beginnen. Wir unterschieden uns in mancherlei Hinsicht voneinander, obwohl wir uns äußerlich ähnlich waren – wir hatten die gleiche blasse Haut und das gleiche rotblonde Haar, wir hatten beide helle Augen mit einem Stich ins Bernsteinfarbene, wache Augen, denen nichts entging und die alles in sich aufnahmen. Vielleicht war Edward der gelehrigere Schüler von uns beiden. Er besaß die Fähigkeit, Wissen in sich aufzunehmen, es zu speichern und es nie wieder zu vergessen. Er übernahm, was seine Bücher ihn lehrten, ohne es je in Zweifel zu ziehen, während ich mich mit jedem einzelnen Problem kritisch auseinandersetzte. Ich fragte ständig: Warum?

Zu jener Zeit, als Edward etwa sechs oder sieben Jahre alt und ich vier Jahre älter war, unterhielten wir uns oft miteinander; dabei äußerte ich gewöhnlich meine Zweifel, die – wie ich mit Belustigung feststellte – bei Edward immer leises Entsetzen hervorriefen. Kat pflegte uns bei unseren Gesprächen zuzuhören und zu sagen, wir seien zwei Neunmalkluge, wie sie im Buche stünden; und obwohl wir nicht immer einer Meinung waren, stritten wir uns doch nie. Uns verband eine tiefe geschwisterliche Zuneigung, die täglich größer wurde. Ich glaube, der Gedanke daran, wieviel Verantwortung auf seinen schwachen Schultern lastete, beunruhigte Edward; er war unsicherer als ich, suchte meine Gesellschaft und in gewisser Weise bei mir auch Schutz.

Da Edward ein so überaus wichtiges Kind war, konnte er nicht von jemandem wie Kat unterrichtet werden; offen gestanden fühlte sogar ich mich ihr bereits ein wenig überlegen. »Ihr wißt inzwischen mehr als ich«, sagte Kat selbst manchmal etwas wehmütig. Die Königin erkannte dies und unterhielt sich mit meinem Vater darüber, mit dem Ergebnis, daß die besten Lehrer im ganzen Land in den Palast geholt wurden, um meinen Bruder zu unterrichten; und da ich seine Räumlichkeiten teilte, widerfuhr mir das große Glück, auch seine Lehrer teilen zu dürfen. Das war zunächst Dr. Richard Cox, Leiter eines Colleges in Eton und ein sehr gebildeter Herr, und später kam noch Sir John Cheke aus Cambridge hinzu. Er brachte Roger Ascham mit, der sich sehr für meine Arbeit interessierte und mich in zahlreichen Briefen zu vertieften Studien anspornte.

Viele Menschen bei Hofe staunten über den unermüdlichen Wissensdurst, den mein Bruder und ich an den Tag legten. Sie hielten ihn für unkindlich, doch Kat erklärte ihnen, er sei darauf zurückzuführen, daß mein Bruder bei den Spielen im Freien so schnell ermüde, was bei der Beschäftigung mit seinen Büchern nie der Fall sei; was mich angehe, so habe ihre Art und Weise, mich zu unterrichten, meine Liebe zum Lernen vertieft. »Ich habe Euch nie zum Lernen gezwungen«, verriet sie mir. »Roger Ascham hat einmal zu mir gesagt: ›Wenn Ihr zuviel Flüssigkeit auf einmal in einen Becher gießt, verschüttet Ihr den größten Teil, und der Becher läuft über; gießt Ihr aber behutsam, so könnt Ihr den Becher sogar bis zum Rand füllen. Daher zweifle ich auch nicht daran, daß es gelingen wird, das Wissen Ihrer Hoheit‹ – damit hat er Euch gemeint, My Lady – ›durch stetige Fortschritte so zu vergrößern, daß das Resultat eine Gelehrsamkeit ist, wie sie umfassender nicht erworben werden kann.‹ Das habe ich mir gemerkt, und ich habe doch auch immer dafür gesorgt, daß Euch das Lernen Spaß gemacht hat, nicht wahr? Ihr und ich – wir haben es geschafft, Lernen zu einem Spiel zu machen, das wir miteinander spielen konnten... bis zu dem Tag, an dem Ihr so klug geworden seid, daß ich nun nicht mehr mithalten kann.«

Ich weiß noch, wie ich sie gefragt habe: »Und wer ist dieser kluge Mann? Roger Ascham, sagtet Ihr?«

Das war, bevor Sir John Cheke ihn mitbrachte, und das erste Mal, daß ich seinen Namen hörte.

Kat antwortete ein wenig verschämt, er sei ein Freund von Herrn Ashley, und der wiederum sei ein guter Bekannter von ihr. »Und er ist außerdem mit den Boleyns verwandt«, fügte sie stolz hinzu.

Damals dachte ich nicht weiter über diesen Herrn Ashley nach, denn das, was um mich herum geschah, nahm meine ganze Aufmerksamkeit in Anspruch. Ein neuer Lehrer war zu uns gekommen. Es war William Grindal, ein Gelehrter aus Cambridge – wir wurden also auch weiterhin von den besten Lehrern im Lande unterrichtet.

Unsere Stiefmutter richtete es so ein, daß sie soviel Zeit wie möglich mit uns verbringen konnte. Sie war eine tiefreligiöse Frau und der festen Überzeugung, der neue reformierte Glaube sei der einzig wahre Glaube. Sie sprach so beredt von ihren Überzeugungen in dieser Frage, daß Edward vor Begeisterung ganz hingerissen war; ich dagegen war weniger als Edward geneigt, Theorien kritiklos zu übernehmen – ich hatte jedoch großen Respekt vor der Tiefe und Aufrichtigkeit der religiösen Überzeugungen meiner Stiefmutter und hielt viele ihrer Argumente für einleuchtend.

Seit mein Vater mit der Kirche Roms gebrochen hatte, um sich von Katharine von Aragon zu trennen und meine Mutter heiraten zu können, war es zu einem großen Umbruch in Glaubensfragen gekommen. Es war eine Zeit, in der es als unklug galt, solche Fragen allzu offen zu erörtern, weil nur zu leicht etwas gesagt werden konnte, das der einen oder anderen Gruppierung nicht gefiel. Ich hatte Streitgesprächen jedoch noch nie widerstehen können und verkündete nun, daß es meiner Ansicht nach nur einen Gott und eine Kirche gebe und daß das ganze Gezänk um verschiedene Lehren reine Zeitverschwendung sei.

»Ich glaube an das Christentum«, sagte ich, »und es erscheint mir völlig unwichtig, nach welcher Methode man zu Gott betet, solange man ihn nur mit Andacht verehrt.«

Diese Bemerkung löste bei meinem Bruder und meiner Stiefmutter einen wahren Sturm der Entrüstung aus, und so fuhren wir damit fort, uns gegenseitig unsere Argumente zu erläutern und zu versuchen, einander zu überzeugen. Das waren Gespräche, wie ich sie liebte.

Unglückseligerweise muß mein Bruder wohl eine meiner Äußerungen jemanden gegenüber erwähnt haben, der sie seinerseits dem König zutrug. Offenbar versetzten meine Ansichten ihn in großen Zorn. Die Folge war jedenfalls, daß ich vom königlichen Hof fortgeschickt wurde.

Kat und William Grindal schlossen sich meinem kleinen Gefolge an, und gemeinsam gingen wir nach Hunsdon zurück. Ich war am Boden zerstört. Die Tage schleppten sich in trostloser Eintönigkeit dahin. Ich vermißte meinen Bruder schmerzlich. Der Unterricht ohne ihn war nicht mehr der Unterricht, den ich so liebte, denn es fehlte das freundschaftliche Wetteifern. Was war ich doch für ein Dummkopf gewesen, frei heraus zu sagen, was ich dachte! Aber ich hatte eine wertvolle Lektion gelernt: Sage nie etwas, das denjenigen mißfallen könnte, die Macht über dich haben. Ich machte mir große Vorwürfe, und mein einziger Trost waren meine Bücher und Kats Gesellschaft.

Zum Glück war die Verbannung von nicht allzu langer Dauer, denn meine Stiefmutter, die noch immer das uneingeschränkte Wohlwollen des Königs genoß – sie war eine so vorzügliche Krankenpflegerin, niemand konnte das Bein des Königs so gut verbinden wie sie –, legte ein gutes Wort für mich ein. Sie bat den König, mich wieder an den Hof zu holen, und führte als Entschuldigung für meine unbedachte Äußerung meine Jugend und meine Aufgewecktheit an, die ich, wie sie hinzufügte, eindeutig von meinem Vater geerbt hätte. Edward schloß sich ihren Bitten an und beklagte sich darüber, daß der Unterricht ohne mich nur halb so interessant sei. Und so erlaubte der König mir schließlich zurückzukehren.

Was war das doch für ein fröhliches Wiedersehen! Der liebe Edward! Die liebe Katharine Parr! Ich habe in den folgenden Jahren noch oft an diese glückliche Zeit denken müssen, und dann erfüllte mich der Gedanke an Katharine jedesmal mit großer Traurigkeit. Zunächst war ich jedoch erst einmal an den Hof zurückgekehrt.

Meine Stiefmutter sagte zu mir: »Deine Lehrer sind so voll des Lobes über deine Arbeit, daß ich das Gefühl habe, als sei dein Vater recht stolz auf seine Tochter.«

Der Gedanke, er könne auf mich stolz sein, erfüllte mich mit unvorstellbarer Freude – mehr noch als das Wiedersehen mit Katharine und meinem Bruder. Das war eigentlich seltsam, denn mein Vater zeigte sich mir gegenüber wenig freundlich. Manchmal träumte ich, ich befände mich in der Kirche St. Peter ad Vincula und sähe in verschwommenen Umrissen die geisterhafte Gestalt meiner Mutter und Katharine Howards. Auch mußte ich oft daran denken, mit welch kalter Gleichgültigkeit er vor all den Jahren auf meine Mutter herabgeschaut hatte, als sie mit mir auf dem Arm im Schloßhof auf sein Erscheinen gewartet hatte. Ja, er war grausam und rücksichtslos – und dennoch war er der große König, und sein Wohlwollen war mir wichtiger als das Lob von irgend jemandem sonst.

Unser Leben veränderte sich ein wenig, als Lady Jane Grey sich unserer Hofhaltung anschloß. Sie war mit uns verwandt, denn ihre Mutter war eine Tochter von Mary, der Schwester meines Vaters, und Charles Brandon. Jane hatte noch zwei Schwestern, Katharine und Mary, aber sie war das begabteste der drei Mädchen, und man hatte weder Kosten noch Mühe gescheut, ihr eine gute Erziehung zuteil werden zu lassen. Ihr Lehrer war ebenfalls ein Gelehrter der Universität Cambridge gewesen, John Aylmer, der sie gründlich in Griechisch und Latein unterrichtet hatte. Sie war etwa so alt wie Edward und genauso klug wie er. Edward fühlte sich von Anfang an zu ihr hingezogen. Mir war sie zu farblos, zu temperamentlos, einfach zu brav. Sie benahm sich nie launisch oder gar boshaft – was sicher sehr lobenswert und vorbildlich war, aber ich fand so viel Tugend langweilig und gab es Kat gegenüber auch zu.

»Entdecke ich da etwa eine Spur Eifersucht?« fragte Kat, und ich fand diese Bemerkung ausgesprochen empörend.

»Weshalb sollte ausgerechnet ich auf solch eine graue Maus eifersüchtig sein?« fragte ich herablassend.

»Oh, unser kleiner Prinz mag sie sehr.«

»Soll er doch!« antwortete ich. »Was kümmern mich kleine Kinder.«

Doch es war auf die Dauer unmöglich, Jane nicht zu mögen. Sie war ein solch liebes Mädchen, und ihre Klugheit beeindruckte auch mich.

Aber während wir in unserer kindlichen Welt ein behütetes und friedliches Leben führten, zogen um uns herum dunkle Wolken auf. Daß das drohende Unheil sich ausgerechnet über unserer liebenswerten Stiefmutter zusammenbrauen sollte, erschien geradezu unvorstellbar. Gewiß, der König war in Katharine Parr nicht so leidenschaftlich verliebt wie – seinerzeit unübersehbar – in die jugendliche Katharine, die ihre Vorgängerin gewesen war; aber unsere Stiefmutter war ihm eine solche Hilfe und ein solcher Trost. Er schien ihr immer so dankbar zu sein, wenn er bei ihr sitzen und sein Bein auf ihren Schoß legen konnte. Und sie war stets so sanft und immer bemüht, ihm Freude zu bereiten. Doch dann kündigte sich plötzlich die Katastrophe an – ebenso unvermittelt, wie das Unglück damals über meine Mutter und Katharine Howard hereingebrochen sein muß.

Ihr Leben war plötzlich in Gefahr.

Zu jener Zeit wurde ich zum erstenmal auf Stephen Gardiner aufmerksam, der sich in den folgenden Jahren als mein erbitterter Feind erweisen sollte. Er war der Bischof von Winchester und ein fanatischer Katholik. Meine Stiefmutter jedoch war, wie sich inzwischen herumgesprochen hatte, eine überzeugte Anhängerin des reformierten Bekenntnisses. Vielleicht war sie nicht so vorsichtig, wie sie es hätte sein sollen. Vielleicht hatte auch die Tatsache, daß sie sich so gut mit dem König verstand und er so offensichtlich von ihr angetan war, sie verleitet, sich in Sicherheit zu wiegen. Sie war ihm Krankenpflegerin, Ehefrau und Freundin zugleich. Er litt beträchtlich unter den Schmerzen, die ihm sein vereitertes Bein bereitete, und es wäre naiv gewesen anzunehmen, ein Mann wie er werde sich unter solchen Bedingungen besondere Mühe geben, sich zu beherrschen. Wenn ihm die Schmerzen zu schaffen machten, dann verfluchte er gewöhnlich seine Bedienten und drohte ihnen mit allen möglichen furchtbaren Strafen, nur weil sie auf sein Rufen nicht schnell genug herbeigeeilt waren oder sich irgendeiner kleinen Nachlässigkeit schuldig gemacht hatten. Alle versuchten, ihm nach Möglichkeit aus dem Weg zu gehen, wenn er in solcher Stimmung war.

An dem Tag, als Katharines Leben in Gefahr geriet, hielt er sich in seinem Schlafgemach auf, und Katharine war gerade damit beschäftigt, sein Bein zu verbinden, das ihm wieder einmal große Schmerzen bereitete. Sie hatte ihm schon oft mit ihren Äußerungen über das reformierte Bekenntnis angenehm die Zeit vertrieben, und normalerweise hörte er ihr interessiert zu und verwickelte sie gern in ein Streitgespräch. Solche Diskussionen amüsierten ihn, und er pflegte – wie sie uns selbst erzählte – zu ihr zu sagen: »Nun, Kate, was gibt's Neues über das reformierte Bekenntnis zu berichten? Worüber wollen wir heute reden?« Also hatte sie auch an diesem Tag unbekümmert das Thema angeschnitten, in der Hoffnung, er möge darüber so lange die Schmerzen vergessen, bis die Salben wirkten. Aber er war gereizt und widersprach ihr, was sie jedoch als Aufforderung mißverstand, die Gegenposition darzulegen. Als sie sich anschickte, ihre Argumente im einzelnen zu erläutern, geriet er in Zorn und rief sarkastisch aus: »Was gibt es Schöneres, als Frauen zuzuhören, die so kluge Gelehrte sind! Und welch größeren Trost könnte ich mir auf meine alten Tage wünschen, als mich von meiner eigenen Frau belehren zu lassen!«

Das reichte – und wie es das Unglück wollte, war der intrigante Gardiner Zeuge des Zwischenfalls. Wie Katharine berichtete, nahm er eilig die Gelegenheit wahr, für den König Partei zu ergreifen, während die übrigen Anwesenden, von schrecklicher Angst wie gelähmt, verstummten. Ein Mann, der sich zweier Ehefrauen dadurch entledigt hat, daß er sie hat enthaupten lassen, verbreitet leicht Unbehagen unter den Menschen seiner Umgebung; sie fragen sich unwillkürlich, wann sie selbst an der Reihe wären, sich von jenem überaus wichtigen Körperteil, dem Kopf, zu trennen.

Die arme Katharine! Sie war ganz bestürzt. Ihr war anzusehen, daß sie sich nichts sehnlicher wünschte, als den Mann ihres Herzens geheiratet zu haben – wie viel lieber als Henrys Königin wäre sie Thomas Seymours Frau geworden!

Sie zog sich, krank vor Furcht, in ihre Gemächer zurück, und ich erfuhr, daß die noch lebendige Erinnerung an das grausige Ende einer ihrer Freundinnen ihre Sorge um ihr eigenes Schicksal ins nahezu Unerträgliche steigerte. Anne Askew, wie Katharine eine überzeugte Anhängerin des reformierten Bekenntnisses, war kurze Zeit vorher festgenommen worden. Dabei hatte diese schöne und vornehme Frau nichts anderes verbrochen, als sich öffentlich zum reformierten Glauben zu bekennen, den sie für den wahren

Glauben hielt. Man hatte sie beschuldigt, einen verderblichen Einfluß auf andere ausgeübt und ketzerische Schriften am königlichen Hof verbreitet zu haben. Katharine war damals vom Kummer überwältigt gewesen, als sie sich vor Augen geführt hatte, welches Schicksal die arme Anne im Tower erwartete, und sie hatte ihre engsten Vertrauten unter ihren Hofdamen zu ihr geschickt, um ihr Trost zu spenden. Sie war restlos verzweifelt gewesen, nachdem sie erfahren hatte, daß Anne gefoltert worden war und daß auf Sir Anthony Knevets Aufforderung an den Kerkermeister, eine besonders brutale Form der Folter anzuwenden, Lordkanzler Wriothesley und sein Helfershelfer Rich ihre Talare abgelegt und die schreckliche Folterbank höchstpersönlich und unter Aufbietung all ihrer Kräfte in Bewegung gesetzt hatten.

Und der König hatte all diesen Grausamkeiten zugestimmt.

Katharines Freundin war schließlich dazu verurteilt worden, bei lebendigem Leibe verbrannt zu werden, und an dem Tag, an dem dieses schreckliche Urteil vollstreckt worden war, hatte die Königin sich vor Gram und Angst in ihre Gemächer zurückgezogen. Die offizielle Erklärung hatte gelautet, sie sei krank; und der König hatte dazu geschwiegen, obwohl er möglicherweise den wahren Grund, Anne Askews grauenhaftes Schicksal, gekannt hatte.

Als Katharine daher von dem König so wütend angefahren wurde und ihr bewußt wurde, welch boshafte Absicht Stephen Gardiners Reaktion zugrunde lag, wurde ihr so angst und bange, daß sie zusammenbrach und zu Bett gebracht werden mußte.

Kat wußte Bescheid über das, was sich ereignete, und sie konnte mir die Entwicklung der Dinge nicht verheimlichen. Sie wagte es jedoch nicht, mit Edward darüber zu reden, denn sie befürchtete, er könne den König daraufhin ansprechen; und die arme Kat wußte genau, daß sie allen Grund haben würde, um ihren Kopf zu bangen, wenn man sie erst verdächtigte, sich eingemischt zu haben. Mir vertraute sie jedoch, und daher wußte ich, was vor sich ging. Ich betete für meine gute, liebe Stiefmutter und war ganz erstaunt darüber, daß ich es nach allem, was geschehen war, noch fertigbrachte, Bewunderung für meinen Vater zu empfinden, der mit Worten und mißbilligenden Blicken ausgerechnet die Menschen in Angst und Schrecken versetzte, die ihm nichts als Liebe entgegengebracht hatten. So war es auch bei Katharine Howard gewesen. Ob meine eigene Mutter ihn geliebt hatte, wußte ich nicht genau, aber ich hatte Gelegenheit genug gehabt, mich selbst davon zu überzeugen, daß diese beiden Frauen namens Katherine alles in ihrer Macht Stehende getan hatten, ihm Freude zu bereiten. Dennoch hatte solch aufopfernde Hingabe Katharine Howard nicht vor dem Henkersbeil bewahrt. Ob sie wenigstens Katharine Parr würde retten können?

Was war ich doch glücklich und erleichtert, als mein Vater und meine Stiefmutter sich schließlich wieder versöhnten! Er muß ihre liebevolle Pflege schmerzlich vermißt haben, denn sie war eine Zeitlang so krank, daß sie ihr Bett nicht verlassen konnte. Ihr Arzt, Doktor Wendy, wurde geholt, und seine Diagnose lautete, daß ihre Krankheit die Folge seelischer Belastung sei. Sie wurde von herzzerreißenden Weinkrämpfen geschüttelt und zitterte am ganzen Körper, ohne irgend etwas dagegen tun zu können. Es muß meinem Vater wohl leid getan haben, so bereitwillig den Verleumdungen ihrer Feinde Gehör geschenkt zu haben, die bereits so weit gegangen waren, Katharines Tod zu planen und sich auf die Suche nach einer neuen Königin zu begeben, von der sie sich die Unterstützung der Kirche Roms versprachen. Sie hatten offenbar vergessen, daß der König alt geworden war und den Gedanken an eine tüchtige Pflegerin inzwischen verlockender fand als die Aussicht auf die betörende Sinnlichkeit, über die Frauen wie meine schöne Mutter und die liebenswerte Katharine Howard verfügt hatten.

Doktor Wendy war der Königin freundschaftlich verbunden. Er berichtete ihr, daß der König sie vermisse, und versicherte ihr, daß der König seiner Ansicht nach alles andere als glücklich über die Entfremdung sei und ihr nur zu gern die Hand zur Versöhnung reichen würde, wenn sie in aller Demut mit ihm spräche und ihr tiefes Bedauern über mögliche Verfehlungen ihrerseits zum Ausdruck brächte.

Ich sah meine Stiefmutter wieder, nachdem der König sie in ihrem Schlafgemach besucht hatte. In ihr war eine Veränderung vorgegangen, die an ein Wunder grenzte. Sie weinte nicht mehr, und auch das schreckliche Zittern hatte aufgehört. Sie erzählte mir, daß der König ein paar freundliche Worte mit ihr gewechselt und dann versucht habe, sie in ein Streitgespräch zu verwickeln. Aber Katharine war klug und außerdem von Doktor Wendy auf das Gespräch vorbereitet worden und reagierte daher sehr geschickt. Sie sei nur eine Frau, sagte sie zu ihm, und teile alle Unzulänglichkeiten, die für ihr Geschlecht bezeichnend seien. Deshalb tue sie gut daran, sich in allen wichtigen Fragen auf das bessere Urteilsvermögen Seiner Majestät zu verlassen. »Gott hat Euch dazu bestimmt, unser aller Oberhaupt zu sein«, fügte sie ergeben hinzu, »und nur Ihr könnt außer Gott mein Lehrmeister sein.«

»Den Eindruck haben wir aber durchaus nicht, Kate«, entgegnete der König. »Vielmehr ist es uns oft so vorgekommen, als hieltet Ihr Euch für einen der weisen Doktoren, die uns belehren wollen, statt sich von uns belehren zu lassen.«

Darauf erwiderte meine Stiefmutter geschickt: »Wenn das der Eindruck ist, den Eure Majestät gewonnen hat, so ist mein Verhalten in der Tat mißverstanden worden. Ich habe es immer als empörend empfunden, wenn eine Frau sich anmaßt, ihren Herrn und Gebieter belehren zu wollen. Und wenn ich mir je erlaubt habe, in religiösen Fragen mit Eurer Hoheit nicht einer Meinung zu sein, dann war der Grund dafür vor allem, daß ich mir im Interesse meines eigenen Seelenheils Aufklärung über gewisse komplizierte Einzelheiten erhoffte, die sich meiner Beurteilung entzogen. Außerdem hatte ich wiederholt bemerkt, daß ein angeregtes Gespräch Euch Eure Schmerzen und die Unannehmlichkeiten Eurer Krankheit vorübergehend vergessen läßt – diese Beobachtung und die Hoffnung, von Eurer Majestät Gelehrsamkeit und Vortragskunst zu lernen, veranlaßten mich zu der Kühnheit, Euch zu widersprechen.«

Wie klug sie doch war, meine geliebte Stiefmutter! Das war eine Antwort, die zu beherzigen sich lohnte. Wie gründlich sie ihn durchschaut hatte, bewies seine Reaktion, denn er entgegnete gerührt: »Ist das wahr, Liebste? Dann wollen wir wieder die besten Freunde sein.«

Wäre es Katharine Howard doch nur gelungen, ihn zu erreichen, als sie, außer sich vor Angst und Verzweiflung, die Galerie entlang zur Kapelle gestürmt war! Ob sie ihn mit ihrem Liebreiz hätte umstimmen können – so wie die kluge Katharine Parr ihn mit Worten hatte zurückgewinnen können? Damals fragte ich mich, ob das Verhalten meines Vaters bei all seiner Macht, die so groß war, daß unser aller Schicksal in seinen Händen lag, nicht doch ein wenig kindisch war. Aber hatte er sich wirklich von Katharines Worten betören lassen, oder waren sie für ihn nur ein willkommener Ausweg aus einer schwierigen Situation, die sein Gewissen belastete? Fest stand, daß er Katharine Parr nicht verlieren wollte. Wäre das sein Wunsch gewesen, so hätte nichts sie retten können – weder Worte noch Taten.

Die Versöhnung hatte gerade noch rechtzeitig stattgefunden. Für den nächsten Tag waren bereits Vorkehrungen getroffen worden, Katharine verhaften zu lassen. Doch nun, da die Angelegenheit zwischen ihnen bereinigt war, bat der König sie, mit ihm in den Garten zu gehen und ihm dort Gesellschaft zu leisten. Sie folgte dieser Aufforderung: ihre Schwester, Jane Grey und die Hofdame Lady Tyrwhit begleiteten sie – sie waren Zeuginnen der Szene, die sich kurz darauf im Schloßgarten abspielte.

Als sie zusammen dort saßen, erschien plötzlich Wriothesley, der Lordkanzler, mit einer Wache, um die Verhaftung vorzunehmen, der der König vor seinem denkwürdigen Besuch in Katharines Schlafgemach zugestimmt hatte.

Mein Vater war wütend, als er die Eindringlinge erblickte. Vermutlich hatte er es versäumt, sie über seine veränderten Gefühle zu unterrichten, sonst wären sie nicht gekommen.

Er beschimpfte sie rüde, bezeichnete sie als verrohte Bestien, Trottel und Schurken und riet ihnen, schleunigst zu verschwinden, bevor er auf die Idee komme, sie zu fragen, wie sie es hätten wagen können, ihn und seine Königin in der Abgeschiedenheit ihrer privaten Gärten zu belästigen.

Obwohl ich Wriothesley nicht mochte, tat er mir doch ein wenig leid, und der Königin ging es offenbar ebenso, denn sie murmelte, es handele sich anscheinend um ein Mißverständnis.

Da wurde mein Vater ganz sentimental, wie es gelegentlich der Fall war, wenn sein Verhalten besonders grausam war. »Ach, Kate«, sagte er, »Ihr seid eine so gute Seele. Ihr habt ja keine Ahnung, wie wenig er Euer Mitleid verdient. Er hat sich Euch gegenüber wie ein gemeiner Schurke verhalten..., wie so viele andere auch.«

Ja, ja, mein lieber Vater, dachte ich. Und ihr selbst? Wart Ihr nicht genauso ein Schurke, als Ihr diese gute Frau an den Rand des Verderbens gebracht habt, die Euch nie etwas anderes gewesen ist als die treueste und ergebenste Ehefrau? Ich würde niemals heiraten, schwor ich mir. Ich würde niemals einem Mann Macht über mich geben.

Der Zwischenfall schien bald darauf der Vergangenheit anzugehören, doch mein Vater konnte sich nie wieder überwinden, Wriothesley Sympathie entgegenzubringen; was Gardiner betraf, so ließ er diesen einstigen Vertrauten seine unverhohlene Abneigung spüren. Auf der Suche nach mildernden Umständen, die seine eigene Rolle in dem niederträchtigen Komplott gegen die Königin entschuldigen sollten, brauchte er nun einmal seine Prügelknaben.

Es war eine beklemmende beängstigende Zeit gewesen, und noch lange danach mußte ich, wenn beim Nähen und Sticken mein Blick auf die von heiterer Ruhe geprägten Gesichtszüge meiner Stiefmutter fiel, daran denken, mit welch knapper Not sie dem Schicksal entgangen war, dem meine Mutter, Anne Boleyn, und Katharine Howard zum Opfer gefallen waren.

In den folgenden Monaten wurde mir bewußt, wie die Ereignisse um Katharine Parr auch mich verändert hatten. Jedesmal wenn ich meiner Stiefmutter begegnete, mußte ich daran denken, in welch unmittelbarer Gefahr sie geschwebt hatte, ihren Kopf zu verlieren. Mein Vater alterte merklich. Oft war er gar nicht in der Lage, sich auf den Beinen zu halten; sein massiger Körper war schwerfällig und unförmig geworden, und das Geschwür an seinem Bein hatte sich verschlimmert. Zunehmende Besorgnis breitete sich überall im Lande aus. Edward war noch ein Kind, und der Gedanke an minderjährige Könige machte den Menschen Angst; es bedeutete immer, daß sich machtgierige Parteien bildeten, die einander die Herrschaft im Königreich streitig machten. Genau das war auch jetzt bereits der Fall, und die rivalisierenden Familien waren die Seymours und die Howards. Von all den Problemen, die sich daraus für uns ergaben, enthielt der Streit um die Religion den meisten Zündstoff; wahrscheinlich war das eine unvermeidliche Folge des Bruchs mit Rom, den mein Vater seinerzeit herbeigeführt hatte und der das Entstehen einer reformierten Kirche ermöglicht hatte. Ich verfolgte die neueste Entwicklung mit größter Aufmerksamkeit und wunderte mich immer wieder darüber, wie die Menschen nur so töricht sein konnten, so viel Aufhebens um die Religion zu machen. Meine Schwester Mary war noch immer eine glühende Verfechterin des Katholizismus, während meine Stiefmutter und Lady Jane sich mit nicht minder glühender Leidenschaft zum reformierten Glauben bekannten. Dabei erschien es mir völlig gleichgültig, auf welche Art und Weise man Gott verehrte. Handelte es sich denn nicht um ein und denselben Gott? So jung ich auch war, faßte ich damals doch schon den Entschluß, mich in meinem Handeln niemals von solchen Albernheiten beeinflussen zu lassen; ich hatte bereits erfahren, daß Fanatismus nichts als Schaden anrichtet. Aber da waren nun einmal diese beiden machthungrigen Familien – die Seymours, die den neuen reformierten Glauben verteidigten, und die katholischen Howards, die weiterhin auf Seiten der Kirche Roms standen. Die Seymours besaßen aufgrund ihrer verwandschaftlichen Beziehungen zu Prinz Edward die größere Macht, und alles deutete darauf hin, daß aus dem Prinzen schon bald ein König werden würde. Die Howards hatten miterlebt, wie die beiden Töchter ihres Hauses, Anne und Katharine, zu Königinnen gekrönt – und dann, ihrer Krone und ihres Einflusses beraubt, enthauptet worden waren. Jane Seymour – oder, genauer gesagt, Jane Seymours Familie – hatte letzten Endes triumphiert; die arme Jane hatte zum Vorteil ihrer Familie den ersehnten Thronerben zur Welt gebracht und war im Wochenbett gestorben, bevor sie noch Gelegenheit hatte, in den Genuß von Ruhm und Macht zu gelangen... Ich konnte nie vergessen, daß sie es gewesen war, die meine Mutter verdrängt hatte, deren Kultiviertheit und Eleganz von vielen Menschen noch immer heimlich bewundert wurde.

Veränderungen in meiner eigenen Hofhaltung hinderten mich indessen daran, diese Gedanken weiter zu verfolgen. Mir fiel auf, daß Kat anders war als früher. Sie war hübscher, aber auch zerstreuter als sonst, und ich spürte, daß Ereignisse im Gange waren, die sie mir verschwiegen hatte.

Ich stellte sie zur Rede und verlangte eine Erklärung für ihr verändertes Verhalten; seit man mir erlaubt hatte, an den königlichen Hof zurückzukehren und am Unterricht meines Bruders teilzunehmen, hatte ich mir, fürchte ich, ein etwas herrisches Wesen zugelegt. Edward hing sehr an mir und äußerte immer wieder ausdrücklich den Wunsch nach meiner Gesellschaft, und die Menschen seiner Umgebung waren eifriger denn je bemüht, ihn zufriedenzustellen. Wir alle sahen inzwischen weniger den Prinzen in ihm als vielmehr den zukünftigen König, und die Tatsache, daß er mich ganz besonders ins Herz geschlossen hatte, gab mir ein Gefühl der Wichtigkeit.

Also sagte ich zu Kat: »Ich bestehe darauf, daß Ihr mir auf der Stelle erklärt, warum Ihr so verträumt und geistesabwesend durch die Gegend lauft!«

»Nun gut«, entgegnete Kat, »ich sag' es Euch. Ihr kennt doch Herrn Ashley?«

»Ob ich Herrn Ashley kenne?« fuhr ich sie an. »Den erwähnt Ihr doch ständig! Es ist absolut unmöglich, längere Zeit in Gesellschaft von Fräulein Katharine Champernowne zuzubringen, ohne etwas über Herrn Ashley zu erfahren.«

»Dann wird es Euch gewiß nicht schwerfallen zu verstehen, was ich Euch zu sagen habe«, warf Kat schnell ein. »Er hat mich gebeten, ihn zu heiraten, und ich sehe keinen Grund, seinen Antrag abzulehnen.«

»Heiraten! Ihr!« Ich muß gestehen, daß mein erster, bestürzter Gedanke war: Aber was wird dann aus mir?

Sie kannte mich nur zu gut, denn sie fiel spontan vor mir

auf die Knie, schlang die Arme um mich und vergrub ihr Gesicht in meinen Röcken. »My Lady, meine liebste Prinzessin, Euch würde ich doch niemals verlassen.«

»Auch nicht wegen Herrn Ashley?«

»Vielleicht könnte Herr Ashley in Eure Hofhaltung aufgenommen werden. Ich bin sicher, daß niemand etwas dagegen hätte.«

Ich war skeptisch. Kat! Verheiratet! ›Meine‹ Kat sollte nun nicht mehr für mich ganz alleine da sein!

Natürlich war mir klar, daß es nichts Ungewöhnliches war, wenn Leute heirateten, und Kat war schließlich jung und hübsch. Trotzdem erschütterte mich der Gedanke zutiefst. Es lagen ohnehin schon so viele Veränderungen in der Luft, und ich mochte Veränderungen nicht, obwohl ich wußte, daß sie unvermeidbar waren. Überhaupt war die ganze Atmosphäre viel zu spannungsgeladen... überall am Hof, überall im Land. Ich spürte die allgemeine Spannung, wenn ich durch die Straßen ritt, denn ich war sehr feinfühlig, wenn es darum ging, die Stimmung im Volke zu erfassen.

Und nun sollte Kat auch noch heiraten.

Sie versicherte mir liebevoll, daß nichts, aber auch gar nichts jemals etwas an der Zuneigung ändern werde, die sie für mich empfinde. Ich sei ihr geliebter Schützling, ihre Prinzessin, die einen festen Platz in ihrem Herzen habe, den ihr niemand streitig machen könne. Sie gab mir das Gefühl, daß sie notfalls sogar auf Herrn Ashley verzichten würde, wenn sich herausstellen sollte, daß eine Heirat mit ihm die Trennung von mir bedeutete.

Zum Glück wurde sie vor keine solche Wahl gestellt. Meine gute Stiefmutter war der Ansicht, es gebe eine ganz einfache Lösung: Herr Ashley solle in meine Hofhaltung eintreten. »Mir scheint, Thomas Parry ist von seinen Aufgaben ein wenig überfordert«, sagte sie, »und John Ashley ist ein sehr gescheiter junger Mann.«

Auf diese Weise löste sich unser kleines Problem, und aus Kat Champernowne wurde Kat Ashley. Natürlich wurde Parry nicht fortgeschickt; John Ashley trat als zusätzliches Mitglied in meine Hofhaltung ein. Ich freute mich sehr darüber, denn er war nicht nur Kats Ehemann, sondern außerdem noch ein entfernter Verwandter der Boleyns.

Wir hielten uns in Hatfield auf, und ich war um so lieber dort, als Edward bei mir war. Wir unterhielten uns oft in lateinischer Sprache, denn das war eine Sprache, die wir beide liebten. Ich hatte außerdem ein kleines Geheimnis, mit dem ich ihn überraschen wollte. Meiner Hofhaltung gehörte eine Frau namens Blanche Parry, eine Waliserin, an, die sehr stolz darauf war, daß sie mich bereits als kleines Kind gekannt und in meiner Wiege geschaukelt hatte. Sie beherrschte ihre Muttersprache fließend, und ich bat sie, auch mich darin zu unterrichten. Dank meiner Sprachbegabung gelang es mir schon nach kurzer Zeit, mit Blanche Walisisch zu sprechen, und ich kam auf die Idee, daß es sicher lustig sein werde, Edward damit zu überraschen, daß ich mir Sprachkenntnisse in Walisisch angeeignet hate – einer Sprache, die er und die gebildete kleine Jane Grey nicht beherrschten. Schließlich hatten wir Tudors walisisches Blut in den Adern, und so königlich wir auch waren, gab es doch keinen Grund, das Erbe unseres walisischen Vorfahren Owen Tudor* zu leugnen.

Doch bevor ich Gelegenheit hatte, Edward mit meinen Sprachkenntnissen zu verblüffen, erreichte uns die beunruhigende Nachricht, daß meine Verwandten Thomas Howard, der Herzog von Norfolk, und sein Sohn Henry Howard, der Graf von Surrey, in den Tower geworfen worden waren.

Kat wußte, wie immer, genauestens darüber Bescheid.

»Wie konnte Surrey nur so dumm sein!« rief sie bestürzt aus. »Wißt Ihr, was er getan hat? Er hat sich das Recht angemaßt, das Wappen König Edwards des Bekenners zu tragen. Er behauptet, das Privileg sei seiner Familie von Richard II. zuerkannt worden. Natürlich hat das Heroldsamt Einspruch erhoben, doch was macht der gute Lord Surrey? Er ignoriert das Verbot.«

»Wollt Ihr damit sagen, daß Surrey und sein Vater wegen eines solchen Verstoßes tatsächlich in den Tower gesperrt worden sind?«

* Owen Tudor war der Großvater von König Henry VII., dem Vater König Henrys VIII. (Anm. d. Übers.)

Kat beugte sich dicht zu mir herab und vertraute mir im Flüsterton an: »Es sind die Seymours. Ihr glaubt doch nicht etwa, daß die sich eine solche Gelegenheit entgehen lassen, oder? Surrey hat ihnen buchstäblich in die Hände gespielt. Der Dummkopf!«

»Kat«, sagte ich streng, »Ihr vergeßt Euch.«

»Allerdings«, erwiderte sie.

»Ihr solltet nicht so vorlaut von dem Grafen von Surrey reden. Er ist ein sehr feiner, vornehmer Herr.«

»Offensichtlich, wenn er es sich leisten kann, mit dem königlichen Wappen zu prahlen.«

»Das war töricht von ihm.«

»Er hätte sich doch denken können, daß die Seymours nur auf eine Gelegenheit gelauert haben, über die Howards herzufallen.«

Ich war ganz bestürzt, denn ich hatte durchaus eine Schwäche für Henry Howard. Er war ein sehr gutaussehender Mann, aber was ihn in meinen Augen noch faszinierender machte, war die Tatsache, daß er wunderschöne Gedichte schrieb – es wurde gemunkelt, er habe an mich gedacht, als er seine Verse verfaßt hatte. Ich hatte alle seine Gedichte mit Begeisterung gelesen und großes Vergnügen an ihnen gefunden; daher war es ein bedrückender Gedanke, ihn sich in diesem kalten, dumpfigen Gefängnis vorzustellen. Und auch sein Vater konnte einem leid tun – immerhin war der Herzog von Norfolk kein junger Mann mehr. Er war früher einmal der wichtigste Ratgeber meiner Mutter gewesen, und obwohl er später bei ihrer Gerichtsverhandlung den Vorsitz geführt hatte und maßgeblich für ihre Hinrichtung verantwortlich gewesen war, war er dennoch ein Blutsverwandter – mein eigener Onkel.

»Mittlerweile dreht sich alles nur noch um die Seymours«, sagte Kat. »Seymour hier, Seymour da! Die sind, weiß Gott, groß herausgekommen, seit ihre Schwester den König geheiratet hat. Edward, der ältere, ist ein ganz Gerissener; der genießt das Vertrauen des Königs. Was Thomas betrifft...« Kat lächelte wissend. »Das ist ein Mann, sage ich Euch. Ich wette, es gibt bei Hofe niemanden, der ihm das Wasser reichen kann.«

»Wieso denn?« fragte ich. »Was hat er denn so Besonderes, das andere nicht haben?«

»Stil... Charme... gutes Aussehen. Er ist so groß, eine wirklich beeindruckende Erscheinung. Und er ist viel männlicher als sein Bruder. Wie man hört, soll zwischen Thomas und Edward Seymour eine gewisse Rivalität bestehen. Thomas ist noch nicht verheiratet – jedenfalls bis jetzt noch nicht.«

»Kat«, rief ich in gespielter Verzweiflung aus, »seit Ihr die Wonnen des Ehestandes entdeckt habt, redet Ihr nur noch vom Heiraten! Nehmt Euch ja in acht, sonst wird Herr Ashley Euch eines Tages noch die Leviten lesen.«

Sie lachte, aber ich konnte ihre Fröhlichkeit nicht teilen, denn ich mußte an den armen Henry Howard in seinem Verlies im Tower denken und daran, daß auch meine Mutter dort die letzten Tage vor ihrem Tode zugebracht hatte.

Damals war ich ausgesprochen gern in Schloß Hatfield, das mir in späteren Jahren eher wie ein Gefängnis vorkam. Die efeubedeckten Mauern vermittelten den Eindruck von Frieden und Geborgenheit, und in dem hohen Festsaal pflegte Edward ein glanzvolles Zeremoniell. Jedesmal wenn wir dort dinierten, saß ich neben ihm, und dann führten wir ernste Gespräche – Edward, der sich der zunehmend angespannten Atmosphäre im Lande ebenso bewußt war wie ich und weit mehr als ich unter ihr litt, entwickelte sich in der Tat zu einem sehr ernsten jungen Mann.

Ich erfuhr, daß der König sich im Palast von Whitehall aufhielt, der Herzog von Norfolk und der Graf von Surrey weiterhin im Tower gefangengehalten wurden und die Königin nicht einen Schritt von der Seite des Königs wich, der in letzter Zeit größten Wert darauf legte, sie ständig um sich zu haben.

Es war Dezember, als Besuch in Hatfield eintraf. Kat bemerkte die kleine Reisegesellschaft, als sie noch weit entfernt war. Sie eilte sogleich zu mir, um mir als erste die Nachricht zu überbringen. Wir stiegen zusammen zu einem der Turmzimmer hinauf, um die Ankunft der Reiter zu beobachten.

Ich sagte: »Sie kommen bestimmt, um uns an den Hof zu holen. Ich muß Edward auf ihr Eintreffen vorbereiten.«

»Ja«, antwortete Kat, »Ihr geht am besten beide hinunter, um die Gäste zu begrüßen.«

Statt einer freundlichen Einladung erwartete uns jedoch ein böser Schock. Unser Besuch war ein Wachposten, der geschickt worden war, uns zu eskortieren – aber nicht nach Whitehall, wie wir geglaubt hatten, sondern Edward zum Schloß von Hertford und mich nach Enfield. Wir sollten getrennt werden! Wir protestierten entsetzt gegen diese Aufforderung, wurden jedoch belehrt, daß es sich um einen Befehl des Königs handele, dem unverzüglich Folge zu leisten sei.

Das Weihnachtsfest jenes Jahres verlief völlig anders, als ich es mir ursprünglich vorgestellt hatte. Der arme Edward war ganz untröstlich gewesen und hatte, da er jünger war als ich, beim Abschied wesentlich größere Mühe gehabt, sich seinen Schmerz nicht anmerken zu lassen. Ich schickte ihm ein paar Zeilen, in denen ich ihm versicherte, daß ich über unsere erzwungene Trennung genauso unglücklich sei wie er und daß ich die ganze Zeit an ihn dächte. Er schrieb mir einen sehr zärtlichen Brief zurück. Ich habe ihn mein Leben lang aufbewahrt.

Er schrieb: ›Was mir so großen Kummer bereitet, liebste Schwester, ist nicht so sehr der Ortswechsel als vielmehr die Tatsache, daß du nicht mehr bei mir bist... Das einzige, das mich in meinem Gram trösten kann, ist die Hoffnung, dich bald wiederzusehen, sofern nichts dazwischenkommt...‹

Ein tragisches Ereignis kam dazwischen. Edward und ich sahen einander wieder, aber nur kurz.

Im Januar erfuhr ich, daß der Graf von Surrey auf dem Tower-Hügel enthauptet worden war. Diese deprimierende Nachricht trug nicht gerade dazu bei, mir die Trennung von meinem Bruder zu erleichtern. Der arme, leichtsinnige Surrey! Wie achtlos die Menschen doch mit dem Leben umgingen – mit dem eigenen, indem sie es gedankenlos aufs Spiel setzten, und mit dem anderer, denen sie es mutwillig raubten. Surrey, so schien mir, hatte sein Leben für etwas so Belangloses riskiert, für das zu sterben sich gar nicht lohnte.

Oh, mir war schon klar, daß es um mehr ging als um Symbole auf einem Wappen. Es ging in Wirklichkeit um den tödlichen Machtkampf zwischen den beiden führenden Familien des Landes, den Emporkömmlingen Seymour und dem alten Adelsgeschlecht der Howards. Der Stern der Seymours war im Aufsteigen begriffen. Wie sollte es auch anders sein! Edward und Thomas Seymour waren schließlich die Onkel des zukünftigen Königs.

Zu meiner großen Freude wurde Edward nach Enfield gebracht.

Es war am letzten Tag des Monats Januar, an einem kalten, frostigen Wintertag, als Edward in Begleitung des Grafen von Hertford, Edward Seymour, und Sir Anthony Brownes eintraf. Ich war überrascht, diese beiden Männer zusammen zu sehen, dazu noch in solch offenkundiger Eintracht, denn Sir Anthony war ein überzeugter Katholik, während Hertford der Mann war, um den sich in Anbetracht seines politischen Einflusses die Anhänger des reformierten Bekenntnisses scharten.

Sobald sie angekommen waren, wurde ich in die Empfangshalle gerufen. Dort stand Edward, an seiner Seite Hertford und Sir Anthony Browne.

»Edward!« rief ich und vergaß vor Wiedersehensfreude ganz die Vorschriften des Protokolls. Ich rannte zu ihm und wir fielen einander um den Hals.

Die beiden Männer standen stumm dabei und beobachteten uns, und es war uns völlig gleichgültig, ob sie unser Benehmen als Verstoß gegen die Etikette mißbilligten oder nicht. Es gibt eben Augenblicke, in denen das Gefühl über das Zeremoniell triumphiert.

Hertford war es, der schließlich die Nachricht verkündete.

»Mylord und My Lady, ich überbringe Euch traurige Neuigkeiten. Euer Vater, unser großer und gütiger König Henry VIII., ist in seinem Palast zu Whitehall verstorben.« Dann fiel er auf die Knie, ergriff Edwards Hand und rief aus: »Gott schütze den König!«

Edward schaute erschreckt drein. Dann wandte er sich mir zu. Ich nahm ihn in die Arme, und wir weinten. Wir hatten unseren Vater verloren, und ich war alt genug, um mir der Gefahr bewußt zu sein, der wir nun ständig ausgesetzt sein würden. Ich war noch keine vierzehn Jahre alt, aber ich hatte das Gefühl, bereits wertvolle Erfahrungen gesammelt zu haben, die mich lehren würden, die Klippen des Lebens geschickt zu umschiffen. Edward dagegen, der arme kleine Edward... er war doch noch so jung... und schon König!

Wir weinten bitterlich, und meine Tränen galten mehr meinem schutzlosen kleinen Bruder als dem mächtigen, prächtigen, grausamen und gänzlich gefühllosen und dennoch großartigen König, der soeben aus diesem Leben geschieden war.

Ein Mann von gewinnendem Witz und geringer Weitsicht

Mit dem Tod meines Vaters änderte sich mein Leben. Von nun an beherrschte mich zunehmend ein Gedanke – zu Anfang beunruhigte er mich, aber nicht für lange. Es war ein so betörender, so wahrhaft wunderbarer, so unwahrscheinlicher – und doch nicht ganz unmöglicher Gedanke. Ich könnte eines Tages Königin von England werden.

Mit einemmal war ich jemand – nachdem ich jahrelang als die unbedeutende uneheliche Tochter des Königs verachtet worden war, für die verschlissene Kleider gut genug waren und die, ohne je ein wirkliches Zuhause zu haben, von Residenz zu Residenz geschickt wurde, je nachdem, wie es anderen gerade paßte. Doch von nun an würde man mich anders behandeln. Es fiel mir sogleich auf. Ich bemerkte die verstohlenen Blicke. Von den Augen der Menschen war abzulesen, was sie dachten: Überlegt Euch gut, was Ihr sagt – sie könnte eines Tages Königin werden.

Ich erlebte, wie berauschend der Gedanke an die Macht sein konnte. Ich hatte soeben einen flüchtigen Blick von der faszinierenden Welt erhascht, die die Welt meines Vaters gewesen war, seit er mit achtzehn Jahren König geworden war: Herrscher über ein Land zu sein, ein großes Land – welch eine Bestimmung! Und es könnte auch mein Schicksal sein.

Mein Glücksumschwung war auf die im Testament meines Vaters festgelegten Bedingungen zurückzuführen. Ich sollte jährlich dreitausend englische Pfund – für mich ein Vermögen – und außerdem eine Mitgift von zehntausend Pfund erhalten. Allerdings würde ich im Falle einer Eheschließung die Zustimmung des Königs – meines kleinen Bruders Edward – und seines Staatsrates benötigen. Edward würde sicher keine Schwierigkeiten machen – doch wie entgegenkommend würde sich der Staatsrat zeigen? Aber darüber brauchte ich mir jetzt noch nicht den Kopf zerbrechen. Von einer Heirat war noch lange nicht die Rede. Sollte jedoch jemand auf die Idee kommen, meine ältere Halbschwester Mary Tudor oder mich ohne die Zustimmung des Staatsrates heiraten zu wollen, dann hätten wir alle drei mit schweren Vorwürfen und gerichtlichen Auseinandersetzungen zu rechnen. Doch noch war ich nicht einmal vierzehn Jahre alt, und nichts lag mir ferner, als um einer romantischen Liebesheirat willen mein eigenes Leben und das anderer zu gefährden.

Die Krone würde natürlich an Edward fallen. Sollte er sterben, ohne Nachkommen zu hinterlassen, ginge sie auf Mary über. Und sollte Mary sterben, dann stünde ich an nächster Stelle der Thronfolge, obwohl die Katholiken im Lande der Ansicht waren, daß mein Vater niemals wirklich mit meiner Mutter verheiratet gewesen und ich folglich ein Bastard sei. Als mein Vater etwa ein Jahr vor seinem Tode sein Testament gemacht hatte, hatte er ferner festgelegt, daß sowohl Mary als auch ich unseren jeweiligen Rang in der Thronfolge an alle weiteren Nachkommen würden abtreten müssen, die möglicherweise aus seiner Ehe mit Katharine Parr oder – wie er vielsagend und bedrohlich hinzufügte – ›mit irgendeiner anderen zukünftigen Königin‹ hervorgingen.

Ich konnte nicht widerstehen, die Situation von den verschiedensten Blickwinkeln aus zu betrachten. Edward war noch ein Kind und außerdem von zarter Gesundheit. Würde er jemals heiraten und gesunde Nachkommen in die Welt setzen? Es erschien mir sehr fraglich. Und Mary? Nun, Mary war einunddreißig Jahre alt und unverheiratet. Würde sie noch einen passenden Ehemann finden? Mit Sicherheit. Und wenn sie einen Sohn bekäme? Welche Aussichten hätte ich dann noch?

Ich ermahnte mich immer wieder, mich von der vagen Hoffnung auf den Thron nicht zu sehr blenden zu lassen. Ich konnte froh sein, daß diese entfernte Möglichkeit überhaupt bestand. Ich mußte mich in Geduld fassen und abwarten.

Mein Vater wurde in Windsor beigesetzt, und sein schwerer Körper mußte mit Hilfe einer Winde, die von sechzehn der stärksten Männer der königlichen Leibgarde bedient wurde, in das Grab hinuntergelassen werden. Die Angehörigen des Hofstaats waren um sein Grab versammelt, unter ihnen auch Gardiner, der langjährige Feind der Königin, sowie der Lord Oberhofmeister und der Lord Schatzmeister. Einem alten Brauch folgend, zerbrachen sie über ihren Köpfen ihre Stäbe, die Insignien ihres Amtes, und warfen sie hinunter auf den Sarg.

So fand der Herrscher die letzte Ruhe, der die ganze Welt in Staunen versetzt hatte, als er sich von Rom abgewandt und die größte Glaubensspaltung herbeigeführt hatte, die die Menschen je erlebt hatten, der sein Leben lang seinen Willen durchgesetzt hatte, der mit sechs Frauen verheiratet gewesen war und zwei davon hatte umbringen lassen – und Gott weiß, mit welch knapper Not eine dritte diesem Schicksal nur deshalb hatte entgehen können, weil sie wortgewandt und der König leidend gewesen war. Und dennoch trauerten die Menschen um ihn. Was war der Grund? Weil er trotz all seiner Grausamkeit und Rücksichtslosigkeit ein starker König gewesen war? Anscheinend ist Stärke die Eigenschaft, die die Menschen an einem König am meisten bewundern. Aber er hatte auch einen ausgeprägten Hang zur Sentimentalität besessen und ein Gewissen gehabt, das ihn nie zur Ruhe hatte kommen lassen. Welch seltsame Widersprüchlichkeit doch seinen Charakter beherrscht hatte! Doch wie dem auch sei, das Volk beklagte sein Dahinscheiden und blickte mit Bedauern und ängstlicher Besorgnis auf den neuen König, der noch ein Kind war.

Damals kursierte ein makabres Gerücht über einen Zwischenfall, der sich kurz vor der Beisetzung des Königs ereignet haben soll. Ich erfuhr davon durch Kat, die anfangs beteuerte, sie könne mir eine so schreckliche Geschichte nicht erzählen, und nur zögernd und gezwungenermaßen bereit war, mir Einzelheiten mitzuteilen.

»Die Leute reden hinter vorgehaltener Hand davon«, sagte sie. »Ich kann natürlich nicht beurteilen, ob etwas Wahres daran ist, aber einige behaupten immerhin, mit eigenen Augen gesehen zu haben...«

»Macht schon, Kat«, unterbrach ich sie herrischer denn je,

denn schließlich war ich ja jetzt eine potentielle Thronfolgerin, nicht wahr? »Ich befehle Euch, mir die Geschichte zu erzählen.«

Kat verdrehte – halb verzweifelt, halb resignierend – die Augen, wie häufig, wenn unsere Gespräche eine solche Wendung nahmen.

»Nun gut«, meinte sie, »den Befehlen meiner Herrin darf ich mich nicht widersetzen. Also: Auf dem Weg nach Windsor unterbrach der Trauerzug seine Reise im Sion House, und dort wurde der Leichnam in die Kapelle gebracht. Ihr wißt ja, das Sion House war der Ort, der auch der armen Katharine Howard als Unterkunft gedient hatte, als man sie damals zum Tower gebracht hatte. Das arme Mädchen, sie soll ganz hysterisch vor Angst gewesen sein – immerhin hatte sie das Schicksal ihrer Cousine vor Augen und konnte sich unschwer ausmalen, was ihr selbst bevorstand. Nun, im Sion House brach dann der Sarg auseinander – der Körper des Königs war einfach zu schwer für das dünne Holz –, und das Blut des Königs verteilte sich über den Fußboden der Kapelle. Und jetzt kommt das eigentlich Schreckliche an der Geschichte. Seid Ihr sicher, daß Ihr das auch hören wollt? Also gut. Ein Hund wurde gesehen, der herbeigelaufen kam und das gesamte Blut aufleckte, und als man versuchte, ihn fortzulocken, soll er ganz gefährlich geknurrt und sich so lange nicht vom Fleck gerührt haben, bis kein einziger Tropfen Blut mehr auf den Steinplatten des Fußbodens zu sehen war.«

»Kat, woher habt Ihr nur eine so furchtbare Geschichte?«

»Meine liebe Prinzessin, darüber redet inzwischen das ganze Land – natürlich nur im Flüsterton. Ihr könnt die Hintergründe der Geschichte nicht kennen, weil Ihr zu der Zeit noch gar nicht auf der Welt wart. Aber damals, als der König daran dachte, sich von seiner ersten Königin zu trennen, verglich ein gewisser Bruder Peyto, ein Mönch, der keine Angst vor den Folgen seines Handelns hatte, den König von der Kanzel herab mit dem biblischen König Ahab und erklärte, wie im Fall des gottlosen Königs des Alten Testaments werde das Blut des Königs von England einst von Hunden aufgeleckt werden.«

»Was für eine schreckliche Geschichte!«

»Wir leben ja auch in schrecklichen Zeiten, liebste Herrin. Die Königin aus Aragon hat Schlimmes durchgemacht. Und gilt nicht das gleiche für all die anderen Frauen des Königs? Denkt nur an Eure eigene Mutter... so schön und dabei so verzweifelt. Und wie es der letzten Königin ergangen ist, haben wir ja selbst miterlebt, Ihr und ich.«

»Kat, wie könnt Ihr es wagen, so über meinen Vater, einen großen König, zu reden!«

»Ich habe nichts anderes getan, als dem Befehl meiner Herrin zu gehorchen, die – wer weiß – eines Tages vielleicht Herrin über das ganze Land sein wird.«

Kat lächelte mir zu, und da sie nun einmal Kat war und immer solche gewagten Dinge sagte, mußte ich ihr einfach verzeihen.

Ich sagte ihr, sie sei die klatschsüchtigste Person weit und breit, und ich könne nur hoffen, daß sie anderen gegenüber mit ihrem Geplapper etwas zurückhaltender sei. In Wirklichkeit versetzten meine Zukunftsaussichten sie in dieselbe helle Aufregung, die auch ich empfand, und da sie unbesonnener war und weniger logisch dachte als ich, sah sie mich bereits auf dem Königsthron.

»Der kleine König ist ein sehr kränkliches Kind«, sagte sie. »Der wird nicht alt. Und was Mary betrifft, so kommt die mir auch nicht gerade wie das blühende Leben vor. Ihr dagegen, mein Schatz, strotzt nur so vor Gesundheit. Ich habe neulich noch zu John Ashley gesagt: ›Unser kleines Mädchen ist zu etwas Höherem geboren; das sagt mir mein Instinkt – und auf den ist Verlaß.‹«

»Ihr seid wirklich das verrückteste Huhn, das mir je begegnet ist, und ich weiß überhaupt nicht, warum ich Euch so gern habe. Stellt Euch doch nur vor, die Ansichten, die Ihr da zum besten gebt, kämen jemandem zu Ohren! Was würde der wohl denken? Man würde Euch unterstellen, daß Ihr dem König übelwollt, und Euch vor Gericht bringen. Ihr wißt genau, daß ich sehr an Edward hänge.«

»Ich glaube nicht, daß John Ashley mich schon leid ist«, entgegnete Kat unbekümmert, »daher wird er mich sicher nicht verraten. Und das werdet Ihr ebensowenig tun, My

Lady, denn ich kann mir beim besten Willen nicht vorstellen, daß es jemals so weit kommen wird, daß Ihr Eure Kat nicht mehr um Euch haben wollt – ob mit oder ohne Thron.«

»Oh, Kat, nehmt Euch ja in acht«, sagte ich lachend.

Aber Kat dachte gar nicht daran. Es dauerte nicht lange, und sie schmiedete Heiratspläne für mich.

»Nun, der Ehestand ist doch sehr vergnüglich und für eine Frau geradezu lebensnotwendig.«

»Für alle Frauen?« fragte ich.

»Für alle Frauen, meine kluge Prinzessin.«

»Da bin ich aber gar nicht so sicher. Denkt doch nur an meine Mutter! Was meint Ihr wohl, wie segensreich ihr der Ehestand erschienen sein muß, als sie den Weg zum Tower-Hügel antreten mußte? Und Katharine Howard – wie beglückend muß ihr die Ehe vorgekommen sein, als sie laut schreiend die Galerie entlanglief? Oder Katharine Parr, als sie sich, an Körper und Seele krank, in unmittelbarer Lebensgefahr befand? Glaubt Ihr, diesen Frauen war danach zumute, ein Loblied auf die Ehe anzustimmen?«

»Ihr sprecht von Königinnen.«

»Königinnen – und alle, die es werden wollen – sollten vielleicht besonders gründlich nachdenken, bevor sie sich auf ein Abenteuer wie die Ehe einlassen.«

»Königinnen brauchen sich im allgemeinen gar keine Gedanken um ihre Heirat zu machen, verehrte Prinzessin; die machen sich meist andere für sie.«

»Ich habe das Gefühl, daß ich mich später einmal selbst um meine Heirat kümmern werde – sollte mich der Gedanke jemals ernsthaft interessieren.«

»Ich wüßte jemanden, der sehr glücklich wäre, Euch zu heiraten.«

»Und wer ist das?«

Sie setzte eine Verschwörermiene auf und senkte dramatisch die Stimme; dann flüsterte sie mir etwas ins Ohr.

Ich spürte, wie ich errötete. Wenn ich ehrlich sein wollte, mußte ich zugeben, daß er mir bereits aufgefallen war und daß sein Anblick mein Herz hatte höher schlagen lassen. Er war hochgewachsen und sah ungewöhnlich gut aus; außerdem hatte sein Benehmen etwas Galantes, und er verfügte über einen undefinierbaren Charme. Am ganzen Hofe gab es nur einen Mann, auf den diese Beschreibung paßte: Thomas Seymour.

»Ah, My Lady«, fuhr die unverbesserliche Kat fort, »wie ich sehe, steht Ihr diesem überaus begehrenswerten Kandidaten nicht gerade ablehnend gegenüber.«

»Ihr habt eine zu lebhafte Fantasie, Kat Ashley«, tadelte ich sie. »Und wie kommt Ihr überhaupt darauf, daß er, was mich betrifft, irgendwelche Pläne haben könnte?«

»Ich habe schließlich Augen im Kopf, My Lady, und mir ist nicht entgangen, wie seine Blicke voller Zuneigung auf Euch ruhten.«

Ob sie recht hatte? Was steckte wohl hinter Thomas Seymours Blicken? Wenn er mir wirklich so sehnsüchtige Blicke zuwarf, wie Kat glaubte bemerkt zu haben, galten diese Blicke dann mir oder der Krone, in deren Besitz er mich möglicherweise bereits sah? Hatte dieser Mann, der Bruder jener Jane, die den Platz meiner Mutter eingenommen hatte, der Onkel unseres kränklichen kleinen Königs, vielleicht nur seine eigene Zukunft im Auge?

»Sollte er um Eure Hand anhalten, Prinzessin, würdet Ihr ihn dann nehmen?«

»Ihr seid unverschämt, Kat Ashley«, sagte ich und gab ihr eine Ohrfeige.

Sie hielt sich mit der Hand die Wange. »Und Ihr, My Lady, habt eine zu lockere Hand«, entgegnete sie.

Da schlang ich meine Arme um sie und gab ihr einen Kuß. »Es tut mir leid, daß ich Euch geschlagen habe, aber manchmal könnt Ihr einen wirklich zur Weißglut bringen. Und jetzt möchte ich nichts mehr über Thomas Seymour hören.«

»Wirklich nicht?« sagte Kat. »Wollen wir uns lieber über das Wetter unterhalten... oder über Euer neues Kleid aus blauer Seide... oder vielleicht über Eure Stickerei?«

»Das wäre für Euch zweifellos weniger gefährlich.«

Sie mußte lachen, und ich lachte mit ihr, und schon waren wir wieder beim Thema Thomas Seymour! Sie erzählte mir, Sir Thomas Seymour sei zum Baron von Sudeley und zum Großadmiral ernannt worden. »Der verstorbene König hat ihm in seinem Testament zweihundert englische Pfund vermacht, und ich bin ganz sicher, My Lady, daß Seine Majestät – wäre der König am Leben geblieben – ihm die Ehre hätte zuteil werden lassen, in die königliche Familie einzuheiraten. Der König hatte viel für Thomas Seymour übrig – wer hätte das nicht, wo er doch ein so feiner, kultivierter und gutaussehender Herr ist?«

»Ich glaube, es gibt ein paar Leute, die ihn nicht mögen.«

»Oh ja, der Herr Bruder... ich meine, der Herzog von Somerset, mit Verlaub. Der ist sozusagen die Treppe hinaufgefallen. Er ist der Vormund des Königs. Man sagt: Thomas sei ein wenig eifersüchtig auf ihn.«

»Man, Kat? Ich habe eher den Eindruck, daß Kat Ashley das – und so manches andere – sagt, und überhaupt, daß sie landauf, landab die größte Meisterin in der hohen Kunst des Klatsches ist!«

»Und wer profitiert mehr von dem, was ich in Erfahrung bringe, als meine verehrte Prinzessin?«

So redeten wir miteinander, und es verging kaum ein Tag, an dem Thomas Seymours Name in unseren Gesprächen nicht erwähnt wurde.

Ich mußte zugeben, daß der Gedanke an ihn mich sehr beschäftigte. Ich wußte bereits seit einiger Zeit, daß er sich für mich interessierte... und zwar nicht erst seit dem Tode meines Vaters. Er war der Lieblingsonkel meines Bruders, der, glaube ich, den älteren der beiden Seymours nicht so gern mochte. Edward Seymour – der Herzog von Somerset, um ihn bei seinem neuerworbenen Titel zu nennen – war ein ungeheuer ehrgeiziger und dabei äußerst skrupelloser Mann. Nun, da mein Vater tot war, war er Lord Protektor von England geworden und verfügte als Vormund Edwards und Reichsregent über uneingeschränkte Macht. Da war es nur natürlich, daß seine einflußreiche Stellung Thomas, dem jüngeren Bruder und Lieblingsonkel des unmündigen Königs, ein Dorn im Auge war.

Dennoch waren die Seymours nun die führende Familie im Lande. Von den Howards hatten sie nichts mehr zu befürchten. Surrey war enthauptet worden, und der Herzog, sein Vater, befand sich noch im Tower; sein Todesurteil hatte eigentlich am Vorabend des Tages, an dem der König starb, unterzeichnet werden sollen, aber da der König zu der Zeit bereits zu schwach war, um seine Unterschrift unter die entsprechenden Dokumente zu setzen, war auf die Vollstreckung des Urteils verzichtet worden – Norfolk wurde jedoch weiterhin gefangengehalten.

Fast unmittelbar nach jenem Gespräch mit Kat traf ein Brief von Thomas Seymour ein. Kat tat sehr geheimnisvoll, als sie ihn mir überbrachte, und als ich ihn öffnete und sah, wer der Absender war, zitterten meine Hände.

Der Admiral faßte sich kurz und kam gleich zur Sache. Er verehre mich seit langem, schrieb er. Zwar sei er ein wenig älter als ich, doch das Alter sei unwichtig, wenn es um Liebe gehe. Er bewundere meine Schönheit mehr als die aller anderen Frauen und bitte mich, ihm die Hand zur Ehe zu reichen.

Ich war überwältigt von den Gefühlen, die dieser Brief in mir auslöste. Ich mußte zugeben, daß der Admiral mich faszinierte. Er war der attraktivste Mann bei Hofe, und da ich so lange Zeit eine eher unbedeutende Rolle gespielt hatte, war ich für Bewunderung sehr empfänglich. Allerdings besaß ich nicht die vollendete Schönheit, die eine Frau in die beneidenswerte Lage versetzt, ihrer Anziehungskraft sicher zu sein. Natürlich verfügte ich über den Liebreiz der Jugend; ich hatte eine schöne, milchweiße, klare Haut und hübsches rotblondes Haar, das ich von meinem Vater geerbt hatte, dem ich äußerlich ähnlich sah. Er war ein gutaussehender Mann gewesen, aber was bei einem Mann als gutaussehend gilt, ist bei einer Frau nicht unbedingt immer ein Vorzug. Ich hatte zwar wache, bernsteinfarbene Augen, deren Farbe gut zu meinem Haar paßte, aber meine Wimpern waren zu hell, und außerdem war meine Nase eher lang als kurz geraten. Trotzdem war ich froh darüber, nicht den Mund meines Vaters geerbt zu haben – den kleinen, grausamen Mund, der in der Tat das hervorstechendste seiner körperlichen Merkmale gewesen war. Ich wünschte mir oft, ich hätte das Aussehen meiner Mutter und die Wesenszüge meines Vaters geerbt – natürlich nicht alle, nur die besten, jene Charaktereigenschaften, die aus ihm einen guten Herrscher gemacht hatten. Rückblickend glaube ich, daß ich diese erfreulicheren Eigenschaften in nicht geringem Maße besessen habe, aber wie sehr habe ich es doch immer bedauert, nicht die hinreißende, unvergleichliche Schönheit meiner Mutter geerbt zu haben! Vielleicht war dieser gewisse Mangel an Selbstvertrauen hinsichtlich meiner körperlichen Vorzüge der Grund, weshalb ich stets so erpicht auf Komplimente war, die mein Aussehen priesen. Als ich Thomas Seymours Brief gelesen hatte, versuchte ich daher sogleich, mir einzureden, daß ich um meiner selbst willen geliebt würde und daß Thomas' Gefühle für mich nichts mit der Tatsache zu tun hätten, daß ich die Tochter des verstorbenen Königs war und eines Tages möglicherweise die Thronfolge würde antreten können.

Kat war ganz aus dem Häuschen vor Aufregung und versuchte, mir Einzelheiten des Briefes zu entlocken. Das gelang ihr natürlich nicht, aber sie erriet trotzdem, worum es in dem Brief ging. Sie hörte nicht auf, sich in Lobeshymnen auf das gute Aussehen des Admirals zu ergehen, und erwähnte immer wieder, daß mein Vater vorgehabt habe, ihn mit Ehrungen zu überhäufen, und daß sie überzeugt davon sei, daß der König mich längst mit ihm verlobt hätte, wenn er am Leben geblieben wäre.

Ich hörte ihr zu und dachte über den Admiral nach. Mein Bruder Edward hing sehr an ihm; daher war davon auszugehen, daß er auch das Wohlwollen des neuen Königs genießen würde. Doch Edward wurde am Gängelband geführt, und nicht der Admiral bestimmte Edwards Handeln, sondern sein Bruder, der Lord Protektor. Es gab Augenblikke, da träumte ich wie alle jungen Mädchen den Traum von der großen romantischen Liebe, da stellte ich mir vor, wie schön es doch wäre, den Komplimenten des Admirals zuzuhören und mir einzureden, ich sei die begehrenswerteste junge Dame in ganz England.

Aber ich hatte zwei Seelen in meiner Brust – ich besaß auch die Angewohnheit, scharfsinnig zu beobachten, und diese Beobachtungsgabe hatte mich immer davon abgehalten, wichtigen Ereignissen nicht die nötige kritische Aufmerksamkeit zu schenken. Mir kamen Bedenken, während ich darüber grübelte, was die Zukunft wohl für mich bereithalten mochte, und schließlich faßte ich einen Entschluß. Immerhin würde ich im September erst vierzehn Jahre alt werden. Ich hatte noch eine Menge zu lernen und war mir der besonderen Bedeutung meiner gesellschaftlichen Stellung bewußt.

Also griff ich zur Feder und schrieb an Thomas Seymour. Ich teilte ihm mit, daß ich gegenwärtig noch zu jung sei, um das nötige Interesse aufzubringen, mich ernsthaft mit dem Gedanken an eine Heirat zu beschäftigen; außerdem sei ich verwundert darüber, wie jemand auf die Idee habe kommen können, ein solches Thema zu erwähnen, ohne darauf Rücksicht zu nehmen, daß mich die Trauer um meinen Vater, dem ich so viel zu verdanken hatte, voll und ganz in Anspruch nahm. Ich beabsichtigte, wenigstens noch zwei Jahre lang seinetwegen Trauerkleidung zu tragen, und auch das Erreichen der Mündigkeit werde nichts an meinem Entschluß ändern, mir meine Freiheit zu bewahren und mich zu keinerlei Ehegelöbnis überreden zu lassen.

Nachdem ich diesen Brief geschrieben hatte, las ich ihn nur noch einmal kurz durch; dann versiegelte ich ihn hastig und schickte ihn ab.

Ich war mit den Angehörigen meiner Hofhaltung in den Dormer-Palast von Chelsea umgezogen, den mein Vater errichtet hatte, nachdem das Schloß von Chelsea in seinen Besitz übergegangen war. Es war ein bezauberndes Anwesen, dessen Gärten sich bis zum Flußufer erstreckten. Außerdem freute ich mich darauf, mit meiner Stiefmutter zusammenzusein, denn wir hatten einander immer sehr nahegestanden, und ich war hellauf begeistert, als ich erfuhr, daß der Staatsrat beschlossen hatte, sie zu meinem Vormund zu ernennen.

Ich empfand das Leben zu der Zeit als sehr aufregend. Der Gedanke, daß möglicherweise eine glänzende Zukunft vor mir lag und, bis es so weit wäre, der ansehnlichste Mann am ganzen Hofe um mich werben würde, beschäftigte mich unentwegt. Es war eine beflügelnde Aussicht. Gleichzeitig beharrte jedoch mein gesunder Menschenverstand darauf, daß es eine große Torheit wäre, einem Verlöbnis mit Thomas Seymour zuzustimmen. Wenn der Staatsrat dagegen wäre – und ich war der festen Überzeugung, daß Somerset einer solchen Verbindung niemals zustimmen würde –, hätten wir beide mit großen Schwierigkeiten zu rechnen. Der Admiral, ein kühner Seemann, mochte ja vielleicht bereit sein, um einer Krone willen alle möglichen Unannehmlichkeiten in Kauf zu nehmen; ich war es nicht. Ich war verletzbar, weil ich noch so jung war. Andererseits verfügte ich trotz meiner Jugend insofern über eine gewisse Wahrheit, als ich begriffen hatte, daß ich zu jung und zu unerfahren war, um mich einer derart gefährlichen Situation auszusetzen. Vielleicht war ich von Natur aus vorsichtig – auf meinen schneidigen Admiral traf das Gegenteil zu. Ich hatte bereits erlebt, zu welcher Unvernunft Frauen aus Liebe fähig waren.

Kat versuchte, mich mit unermüdlichen Hinweisen auf seinen Charme umzustimmen. Er sei ein verwegener Abenteurer – nicht nur auf See, sondern auch in den Boudoirs der Damen. »Ihr werdet feststellen, daß er ein überaus erfahrener Liebhaber ist, My Lady«, sagte sie, und obwohl ich ihr versicherte, daß ich nicht entfernt daran dächte, ihn zu erhören, und ihm dies auch in einem Brief mitgeteilt hätte, weigerte sie sich, mir zu glauben. »Mylord ist ein Mann, der ein ›Nein‹ als Antwort nicht hinnimmt«, erklärte sie. »Wir werden ja sehen...« So redete sie, und ich hörte ihr zu – mit wachsender Erregung, wie ich zugeben muß.

»Er wird kommen und Euch den Hof machen, ich weiß es«, sagte sie.

Und ich machte die Entdeckung, daß ich mir bei aller Abneigung gegen die Ehe das Liebeswerben als einen recht erfreulichen und angenehmen Zeitvertreib vorstellte.

Meine Stiefmutter war sehr glücklich, mich wiederzusehen.

Ich beglückwünschte sie zu ihrem Aussehen, denn sie wirkte jünger und strahlender als je zuvor. Sie sah aus wie ein junges Mädchen, obwohl sie inzwischen vierunddreißig oder fünfunddreißig Jahre alt sein mußte. Ich war überrascht, doch dann führte ich mir vor Augen, welch ein Leben sie als Königin von England geführt hatte – eine ständige Zielscheibe der Launen meines Vaters. Ich mußte an das Verbinden des Beines denken, das sie gewiß als abstoßend empfunden hatte, und an die Angewohnheit des Königs, sein Bein auf ihren Schoß zu legen und von ihr zu erwarten, daß sie die Wunde versorgte. Ich erinnerte mich vor allem an die hysterischen Weinkrämpfe in ihrem Schlafgemach, als sie in ständiger Angst gelebt haben muß, zum Richtblock gezerrt zu werden, wo das Henkersbeil sie bereits erwartete. Kein Wunder, daß sie wieder jung geworden war!

Sie war der lebende Beweis dafür, welche Vorteile es hatte, glücklich unverheiratet zu sein. Zum erstenmal in ihrem Leben war sie wirklich frei. Sie beteuerte, wie sehr sie sich freue, daß ich gekommen sei, und wir pflegten einander beim Sticken Gesellschaft zu leisten und uns über das reformierte Bekenntnis zu unterhalten – ganz wie in alten Zeiten, als Edward, Jane Grey und ich gemeinsam in der königlichen Hofhaltung aufgewachsen waren. Religiöse Themen waren nun kein so gefährlicher Gesprächsstoff mehr wie früher, denn die Anhänger der Reformation gewannen zunehmend an Einfluß. Manchmal erwähnte Katharine Edward, und dann schüttelte sie besorgt den Kopf: Er sei noch viel zu jung, um so viel Verantwortung zu übernehmen, meinte sie.

Ich entgegnete, Edward werde doch gar nicht erlaubt, viel Verantwortung zu übernehmen; er sei von Leuten umgeben, die ihm genau vorschrieben, was er zu tun habe.

»Du meinst wohl Edward Seymour«, bemerkte meine Stiefmutter, und ihre Lippen wurden schmal.

»Wen sonst?« fragte ich. »Wer hat denn auch nur annähernd soviel Macht über den König wie seine beiden Onkel und deren Familie?«

»Es ist Lord Hertford, der jetzige Herzog von Somerset, der sich als Herrscher über uns alle aufspielt«, erwiderte sie. »Und seine Frau würde es ihm nur zu gern gleichtun, wenn sie könnte. Ich habe Anne Stanhope noch nie leiden können – eine habgierige, krankhaft ehrgeizige Frau, wie geschaffen für Somerset, das schwöre ich dir. Oh ja, unser König – das ist jetzt Mylord Somerset. Ich war schon immer der Ansicht, der Lord Admiral müsse eigentlich an der Verantwortung für den König beteiligt werden; ich bin ganz sicher, daß der König in dem Falle seinen Onkel Thomas seinem Onkel Edward Seymour vorziehen würde!«

Ich stimmte ihr zu.

Meiner Stiefmutter war die Zornesröte ins Gesicht geschossen; sie verabscheute die Herzogin wirklich zutiefst.

»Und stell dir nur vor«, fuhr sie fort, »ich glaube, die Familie des älteren Seymour schmiedet wahrhaftig Pläne, ihre Tochter mit dem König zu verheiraten.«

»Das würde ihnen nie gelingen«, sagte ich. »Für Edward sollte nur eine Frau in Frage kommen, die selbst königlicher Abstammung ist.«

»Sie reden bereits davon, wie reizvoll es doch wäre, eine zweite Jane Seymour zur Königin zu haben.«

»Dabei hat die erste Jane Seymour doch wirklich nicht viel Glück im Leben gehabt«, entfuhr es mir. »Sie hat Edward zwar zur Welt gebracht, aber es war ihr nicht vergönnt, ihn aufwachsen zu sehen.«

»Edward hängt sehr an Jane Grey«, bemerkte meine Stiefmutter zögernd. »Sie ist ein so kluges und liebes Mädchen.«

»O ja«, entgegnete ich leicht gereizt, »sie ist ein wahres Muster an Tugend.« Ich war es ein wenig leid, ständige Loblieder auf Jane Greys glänzende schulische Leistungen anhören zu müssen. Natürlich konnte ich es auf dem Gebiet mühelos mit ihr aufnehmen, aber mit ihrer Tugendhaftigkeit stellte sie mich deutlich in den Schatten, und das ärgerte mich. Jane Grey hat überhaupt kein Temperament, pflegte ich zu sagen.

Meine Stiefmutter verstand, was in mir vorging, und sagte lachend: »Edward gefällt sie so, wie sie ist, da bin ich ganz sicher.«

»Ich wünschte, ich könnte ihn öfter sehen«, fuhr ich fort. »Ich wünschte, er käme auch hierher, dann könnte alles so sein wie früher.«

»Er ist jetzt König, Elizabeth.«

»Ja, gut, aber warum sollte er nicht in der Obhut der Königinwitwe aufwachsen?«

»Wenn er ein wenig jünger wäre...«

»Alle anderen klagen ständig: ›Wenn er doch nur ein wenig älter wäre!‹ Der arme Edward. Ich kann mir nicht vorstellen, daß er auch nur halb so glücklich ist wie damals, als wir alle zusammen waren.«

Wir unterhielten uns oft miteinander, und so manches Mal lag es mir auf der Zunge, ihr von Thomas Seymours Heiratsantrag zu erzählen und sie wissen zu lassen, daß ich es für angebracht gehalten hatte, ihm einen Korb zu geben. Aber dann konnte ich mich doch nie entschließen, sie einzuweihen. Irgendein Gefühl muß mir geraten haben, die Angelegenheit für mich zu behalten.

Eines Abends saß Kat am Fenster. Es war schon dunkel, und ich war im Begriff, zu Bett zu gehen. Da sprang sie plötzlich ganz erregt auf und rief: »My Lady, ich habe ihn gesehen!«

»Wen?« fragte ich.

Sie blickte mich aus weit aufgerissenen, staunenden Augen an und flüsterte: »Den Lord Admiral.«

»Zu so später Stunde! Das glaube ich nicht.«

Ich ging zum Fenster. Kat fuhr flüsternd fort: »Zuerst dachte ich, er gehe auf den Haupteingang zu, aber dann bog er um die Ecke, als ob er dem Seitentrakt zustrebe...«

»Ich habe allmählich den Eindruck, Ihr träumt von dem Admiral. Also wirklich, Kat! Wenn Herr Ashley das wüßte, wäre er vermutlich ganz schön eifersüchtig; mit Sicherheit wäre er sehr verärgert darüber, daß seine Frau auf so unschickliche Art und Weise von einem anderen Mann spricht.«

»Aber nein, ihm würde völlig klar sein, daß der Admiral nicht meinetwegen in den Palast kommt!«

»Nehmen wir einmal an, es war wirklich der Admiral – wieso sollte er sich wohl bei Nacht und Nebel in den Palast schleichen?«

»Vielleicht um eine hübsche Dame zu besuchen... die Lady Elizabeth, die ich eines Tages mit ›Eure Majestät‹ anreden werde.«

»Kat, Ihr seid ja verrückt. Wenn Ihr nicht aufhört, so daherzureden, landet Ihr eines schönen Tages noch in einem Verlies im Tower. Seid Ihr denn von allen guten Geistern verlassen? Wie könnt Ihr ihn zu dieser späten Stunde überhaupt gesehen haben?«

»Ich würde ihn überall wiedererkennen.«

»Laßt uns einen Augenblick am Fenster stehenbleiben und aufpassen. Wenn er sich wirklich in den Kopf gesetzt hat, zu nachtschlafender Zeit einen Besuch im Palast zu machen, wird meine Stiefmutter ihn sicher schleunigst fortschicken. Ich wette, Ihr habt einen der Pferdeknechte gesehen, der um den Palast herumging, um zu den Stalljungen zu gelangen. Das Ganze ist bestimmt nichts weiter als ein Produkt Eurer zu lebhaften Fantasie!«

»My Lady, ist Euch je ein Stallknecht begegnet, der wie der Lord Admiral aussah?«

»Nein.«

»Dann laßt uns gemeinsam hier warten. Er muß jeden Augenblick erscheinen. Dann wird er sicher sehnsüchtig zu Eurem Fenster emporblicken. Vielleicht kommt er auch auf die Idee, am Efeu hochzuklettern. Wollen wir ihn hereinlassen, My Lady?«

»Kat, manchmal frage ich mich, ob Ihr meine Erzieherin seid oder ich Eure! Wenn sich herumspräche, was für ein leichtsinniges Geschöpf Ihr seid und in welchen Unfug Ihr mich zu verwickeln versucht, würdet Ihr nicht einen Tag länger in dieser Hofhaltung geduldet werden.«

»Ich werde mich um den nötigen Ernst bemühen, My Lady, aber leicht ist das nicht... bei einem Schützling wie Euch und dazu noch einem so galanten Verehrer...«

Wir blieben noch eine geschlagene Stunde am Fenster stehen und warteten, aber niemand erschien.

Ich sagte zu Kat, sie sei ihren eigenen Hirngespinsten zum Opfer gefallen.

Die Wochen vergingen zunehmend schnell. Der Frühling war gekommen und hatte Chelsea zu einem besonders schönen Fleckchen Erde gemacht. Ich pflegte mit einer kleinen Gefolgschaft durch die Felder zu reiten und am Fluß entlangzugaloppieren. Dann kamen die Menschen aus ihren Häusern, um mich vorbeireiten zu sehen. Sie lächelten und huldigten mir mit einem Knicks oder einer tiefen Verbeugung; einige von ihnen riefen: »Gott segne die Prinzessin!« Das klang wie Musik in meinen Ohren. Die Sympathien des Volkes zu besitzen, war für mich etwas sehr Kostbares. Ich liebte die grünen Felder und den Fluß, der im Sonnenlicht glänzte. England! dachte ich. Mein Land! Königin von England zu sein – etwas Größeres könnte ich vom Schicksal nicht erhoffen.

Einmal begegnete ich Thomas Seymour an der Blandel's Bridge, die im Volksmund die ›blutige Brücke‹ hieß, weil sich dort bevorzugt Straßenräuber herumtrieben, die keinerlei Hemmungen hatten, einem Reisenden die Kehle durchzuschneiden, nur um in den Besitz seines Geldbeutels zu gelangen.

Thomas verneigte sich tief vor mir und warf mir einen Blick zu, der an seinen Gefühlen für mich keinen Zweifel ließ. Ich fragte ihn, ob er auf dem Weg zum Dormer-Palast sei, und er antwortete, das sei allerdings der Fall, doch da war uns nun einmal in der freien Natur begegnet seien, ziehe er es vor, mich um Erlaubnis zu bitten, mich auf meinem Ausritt begleiten zu dürfen.

Mir war sogleich klar, daß das ein gefährlicher Vorschlag war; wenn jemand uns sähe – was praktisch unvermeidlich wäre –, würde uns das nur ins Gerede bringen, und wenn solche Art von Klatsch dem Staatsrat zu Ohren käme, was dann? Also verweigerte ich hochmütig meine Zustimmung. Daraufhin verneigte er sich respektvoll, und ich gab meinem Pferd die Sporen. Ich war ganz sicher, daß er mir folgen würde – zumindest war das eine Reaktion, wie man sie von einem verwegenen Admiral erwartete. Doch als ich mich umdrehte, war er verschwunden.

Es verschlug mir fast den Atem.

Wenige Tage später, als meine Stiefmutter und ich über unseren Handarbeiten saßen, schickte sie plötzlich alle ihre Bedienten fort, so daß wir beide allein waren, und fing an, mir von ihrem Leben zu erzählen – aber auf eine sehr merkwürdige Art; sie sprach von lauter Dingen, die mir bereits bekannt waren.

»Ich bin noch keine alte Frau«, sagte sie, »und bis vor kurzem noch hatte ich das Gefühl, nie wirklich jung gewesen zu sein. Ich war noch fast ein Kind, als ich mit Lord Borough von Gainsborough verheiratet wurde. Er kam mir sehr alt vor. Selbst seine Kinder waren älter als ich! Ich pflegte ihn bis zu seinem Tode. Man sollte meinen, danach hätte man mir erlaubt, meine eigene Wahl zu treffen, nicht wahr? Aber statt dessen verheiratete man mich mit Lord Latimer. Er war ebenfalls schon älter, und wieder war ich Ehefrau und Stiefmutter zugleich. Es schien mir bereits so, als ob das mein Schicksal sein sollte ... bis kürzlich. Ich komme dir vermutlich ziemlich alt vor, Elizabeth. Du bist ja noch so jung – denk nur, noch nicht einmal vierzehn Jahre alt! Oh, ich erinnere mich oft an die Zeit, als ich vierzehn Jahre alt war. Ich hatte so romantische Träume. Und dann kam meine erste Ehe. Ich war wie gelähmt vor Angst, Elizabeth. Kannst du dir vorstellen, was es heißt, als kleines Mädchen – fast noch als Kind – zu einem alten Mann geschickt zu werden? Aber Lord Borough war sehr freundlich zu mir ... und Lord Latimer ebenfalls. Ich hatte meine Stiefkinder, aber niemals eigene Kinder. Ein eigenes Kind – das war etwas, nach dem ich mich sehnte. Und als Lord Latimer starb, war ich dreißig Jahre alt und, wie ich glaubte, endlich frei.«

»Dann habt Ihr meinen Vater geheiratet.«

Sie nickte, und ich fragte mich erneut, was wohl der Grund sein mochte, weshalb sie mit mir über lauter Ereignisse sprach, die mir längst bekannt waren. Sie mußte irgendeinen bestimmten Grund haben. Offenbar wollte sie auf etwas hinaus, das sie nicht über die Lippen brachte. Ich faßte mich in Geduld.

»Ich sagte zu mir«, fuhr sie fort, »nun werde ich endlich aus Liebe heiraten. Es gab da nämlich einen Mann – und ich war nicht die einzige Frau, die ihn für den begehrenswertesten Mann am königlichen Hofe hielt. Er hat in der Tat etwas geradezu Betörendes. Wir hätten geheiratet – aber der König hat mich ihm weggenommen ... und deshalb mußte Thomas den Hof verlassen.«

»Thomas«, wiederholte ich.

Sie lächelte zärtlich. »Thomas Seymour und ich waren vor meiner Heirat mit dem König so gut wie verlobt. Doch dann wurde ich Königin von England. Manchmal träume ich noch von jenen Jahren...« Sie fröstelte. »Ich habe Träume gehabt, Elizabeth...«

»Ja, ich verstehe.«

»Schreckliche Alpträume, als...«

»Bitte sprecht nicht mehr davon. Es quält Euch nur, My Lady. Ich verstehe Euch doch.«

»Du hast sicher gehört, daß nicht viel gefehlt hätte, und ich wäre hingerichtet worden.«

»Ja«, sagte ich leise.

»Nur wer durch eine solche Hölle gegangen ist, weiß, was es heißt, Todesangst auszustehen. Vielleicht ist es bei einigen ja anders. Manche können die Axt... oder noch Schlimmeres vor Augen haben und dennoch gefaßt bleiben. Vermutlich ist es auch etwas anderes, wenn man für seinen Glauben stirbt. Du erinnerst dich sicher an Anne Askew.«

»Ja. Sie wurde verbrannt.«

Meine Stiefmutter bedeckte ihr Gesicht mit den Händen. »Sie war eine Heilige, Elizabeth. Aber ich bin nicht aus dem Holz, aus dem Märtyrer geschnitzt sind.«

»Vielleicht weiß niemand von uns, aus welchem Holz wir geschnitzt sind, solange wir nicht aufgefordert sind, die äußerste Bewährungsprobe zu bestehen.«

»Du bist klug für dein Alter. Darum spreche ich auch mit dir. Ich möchte, daß du es erfährst, bevor die Spatzen es von den Dächern pfeifen. Und ich möchte auch, daß du es verstehst.« Sie hatte inzwischen die Hände vom Gesicht genommen und schaute mich an. Ihre Züge spiegelten nun ganz andere Gefühle wider. Sie blickte nicht mehr zurück; sie blickte nach vorn und strahlte erneut vor Glück. »Ich wollte nicht länger warten«, fuhr sie fort. »Elizabeth, ich hatte Angst, noch einmal im allerletzten Moment um mein Glück gebracht zu werden. Diesmal mußte ich einfach das Glück festhalten... Er hat das auch gesagt. Wir beschlossen, zu heiraten und die Eheschließung erst später bekanntzugeben.«

»Zu heiraten! Ihr wollt doch nicht etwa sagen...«

Sie lachte nun ganz unbeschwert. Und sie sah bezaubernd aus, denn sie war eine schöne Frau – nun mehr denn je, da von ihrem Gesicht die Sorgenfalten geradezu spurlos verschwunden waren, die sich zu der Zeit, als sie meinen Vater gepflegt und täglich um ihr Leben gebangt hatte, als erste Anzeichen des Alters bemerkbar gemacht hatten. Sie sah fast wie ein junges Mädchen aus.

»Ja«, sagte sie, »Thomas und ich haben heimlich geheiratet.«

»Thomas!«

»Thomas Seymour, Lord Sudeley. Er hat mich immer geliebt... all die Jahre hindurch, die ich mit dem König verheiratet war. Und ich habe ihn geliebt, aber wir haben es natürlich nicht gewagt, uns auch nur das geringste anmerken zu lassen. Ich war dem König absolut treu. Aber sobald ich frei war... Elizabeth, stell dir nur vor, er hat mich bereits eine Woche nach dem Tod des Königs gebeten, seine Frau zu werden.«

Eine Woche nach dem Tod des Königs! Das muß zu der Zeit gewesen sein, als Thomas Seymour meinen Brief erhalten hatte, in dem ich seinen Heiratsantrag abgelehnt hatte!

Ich spürte, wie ich vor Entsetzen erstarrte.

Was waren die Männer doch für Lumpen und Verräter!

Es war unmöglich, die Heirat lange geheimzuhalten, und die Bekanntgabe der Eheschließung löste im Staatsrat große Empörung aus; niemand war darüber jedoch wütender als der Bruder des Bräutigams, Somerset. Die Heirat sei eine Beleidigung des verstorbenen Königs, hieß es. Welches Recht habe die Königin überhaupt gehabt, sich so schnell wieder zu verheiraten? Hoffte sie etwa, der Nation ein Kukkucksei ins Nest zu legen und Lord Sudeleys Sohn als den rechtmäßigen Thronerben auszugeben? Das sei Verrat!

Es stellte sich jedoch bald heraus, daß meine Stiefmutter gar kein Kind erwartete.

Es war schlau von Thomas gewesen, die Zustimmung des jungen Königs zu seiner Heirat zu erlangen. Ich konnte mir die Szene lebhaft vorstellen. Mein kleiner Bruder, der seinen beeindruckenden und charmanten Onkel geradezu vergötterte, stimmte vermutlich allem bereitwillig zu, worum dieser ihn bat; und so erbost die Mitglieder des Staatsrates – allen voran Somerset – auch über die Dreistigkeit des Admirals und – wie sie es nannten – das leichtsinnige Verhalten der Königinwitwe waren, sie hatten nicht das Recht, eine Strafe für etwas zu verhängen, das vom König persönlich befürwortet worden war. Sie konnten dem jungverheirateten Brautpaar allerdings das Leben so unangenehm wie möglich machen.

Zunächst einmal wurden Königin Katharines Juwelen beschlagnahmt. Sie seien das Eigentum der Krone, sagte Somerset. Damit wollte Thomas sich jedoch nicht abfinden, und Katharine, die grundsätzlich zu ihm hielt, erklärte ihre Absicht, um den Besitz der Juwelen zu kämpfen. Der Schmuck war sehr wertvoll, und mir wurde zunehmend klar – vielleicht habe ich es aber im Grunde meines Herzens auch schon immer gewußt –, daß Thomas eine ausgesprochene Schwäche für materielle Besitztümer hatte. Die Herzogin von Somerset, die meine Stiefmutter immer nur ›diese widerliche Anne Stanhope‹ nannte, weigerte sich daraufhin, bei feierlichen Anlässen die Schleppe der Königinwitwe zu tragen – eine Pflicht, der sie nachgekommen war, seit Katharine Königin geworden war. Sie verkündete, daß sie gar nicht daran denke, der Frau des jüngeren Bruders ihres Mannes eine solche Ehrerbietung zu erweisen.

Das war der Anfang der großen Feindschaft zwischen den Seymour-Brüdern, die durch Thomas' Plan, den König mit Jane Grey zu verheiraten, insofern noch geschürt wurde, als die Somersets begierig danach trachteten, ihrer Tochter Jane den Rang einer Königin von England zu verschaffen.

Thomas machte sich nichts daraus, daß nun innerhalb der Familie Seymour selbst Streit herrschte; er war einer der unbesonnensten Männer, die mir je im Leben begegnet sind.

Nun, da die Heirat kein Geheimnis mehr war, gab es für Thomas Seymour keinen Grund mehr, sich nicht unserer Hofhaltung anzuschließen, und ich befürchtete, der zwangsläufig enge Kontakt mit ihm werde mich in eine etwas peinliche Lage bringen. Wie würde mir wohl zumute sein, mit einem Mann unter demselben Dach zu leben, der einmal um meine Hand angehalten hatte und nur wenige Tage später meiner Stiefmutter einen Heiratsantrag gemacht hatte?

»Nur ein schamloser Abenteurer konnte sich so benehmen«, sagte ich zu Kat. »Wirklich, ein feiner Herr, Euer Admiral!«

Kat war bitter enttäuscht; trotzdem brachte sie es nicht übers Herz, dem Admiral Vorwürfe zu machen. Ich sagte ihr, sie sei eine sehr dumme Frau, und gab ihr – unter dem Eindruck jener Hiobsbotschaft, die mich für einige Tage zwiespältigen Gefühlen aussetzte – auch die eine oder andere Ohrfeige. Auf diese Weise machte ich meiner Verwirrung und Empörung Luft. Schließlich hatte sie unaufhörlich von ihm geredet und dafür gesorgt, daß er sich in meine Gedanken hatte einschleichen können und zum romantischen Helden meiner Träume geworden war.

Ich nannte ihn den ›Freibeuter der Boudoirs‹, was Kat sehr amüsierte.

Ich sagte zu ihr: »Nach allem, was er getan hat, nach dem doppelten Spiel, das er mit meiner Stiefmutter getrieben hat, tut Ihr immer noch so, als sei er ein Gott.«

»Es gibt am ganzen Hof niemanden, der sich mit ihm messen könnte«, erklärte Kat beharrlich. »Welch ein Mann!«

Ich wollte allein sein, um in Ruhe über ihn nachzudenken, und wünschte mir gleichzeitig, ich könnte ihn aus meinen Gedanken verbannen, aber so einfach war das nicht. Wäre sein Aussehen nicht so blendend und sein Auftreten nicht so imponierend gewesen, wäre seine Fröhlichkeit nicht so gewinnend und sein Umgang nicht so amüsant gewesen, dann hätte ich ihn hassen können. Andererseits, wenn ich mir meinen Zorn anmerken ließe, würde ich damit nur beweisen, daß ich noch genug für ihn empfand, um wegen seines Verhaltens gekränkt zu sein. Nein, ich durfte meine Gefühle nicht zeigen. Ich konnte mir die Wirkung, die ein Gefühlsausbruch auf einen Mann wie ihn haben würde, unschwer ausmalen; er war so durch und durch von sich überzeugt, daß er gar nicht auf die Idee kam, man könne ihn – ganz gleich, was er tue – jemals für etwas anderes als unwiderstehlich halten.

Kat teilte mir mit, daß Thomas Parry mich zu sprechen wünsche. Sir Thomas Parry und Kat waren gute Freunde – vermutlich vor allem deshalb, weil sie beide unverbesserliche Schwätzer waren. John Ashley war da ganz anders – er war viel besonnener als die beiden und wesentlich vernünftiger. Ich habe mich oft gefragt, was ihn wohl veranlaßt haben mag, sich in Kat zu verlieben. Vielleicht war der Grund der, daß sie so gegensätzlicher Natur waren.

Tom Parrys Gesichtsausdruck verriet, daß er der geborene Geheimniskrämer war. Seine Lippen waren zusammengepreßt, als ob die Worte nur so hervorsprudeln wollten und er sich alle Mühe geben müßte, sie zurückzuhalten, um später die Wirkung, die sie auf mich hätten, voll auskosten zu können.

Ich sagte ungeduldig: »Nun macht schon, Thomas, was gibt's?«

»My Lady, diese Nachricht... glaubt mir, sie war für uns alle ein Schock.«

Ein Schock? Tatsächlich? Ich mußte an die nächtlichen Besuche des Admirals im Palast denken. Er war also doch der Mann gewesen, den Kat an jenem Abend um das Gebäude hatte schleichen sehen. Offenbar hatte er es sehr eilig gehabt, in den Genuß der ehelichen Freuden zu kommen, der Lump.

»Nun macht schon, Parry, Ihr habt mich doch sicher nicht um eine Unterredung gebeten, um mir das zu sagen.«

»My Lady, er hat zwar die Königin zur Frau genommen, aber ich glaube, er hätte viel lieber die Prinzessin geheiratet.«

»Welche Prinzessin?«

»My Lady Elizabeth persönlich.«

»Nun hört schon auf, von mir zu sprechen, als ob ich nicht anwesend wäre. Was also habt Ihr mir zu sagen? Rückt endlich mit der Sprache heraus und windet Euch nicht wie ein Aal!«

»Es war am Tag nach dem Tod des Königs, My Lady. Da kam der Admiral zu mir...« Er zögerte.

»Er kam zu Euch? Und was wollte er?«

»Er wollte eine Liste mit einer detaillierten Übersicht über alle Eure Besitztümer und war der Ansicht, daß ich ihm eine solche Aufstellung beschaffen könne.«

»Aha«, sagte ich. »Und wieso ist mir das nicht gesagt worden?«

»Ich mußte dem Admiral schwören, nichts davon zu verraten, My Lady.«

»Ah ja, ich verstehe. Ihr steht demnach in seinen Diensten, nicht wahr? Und ich dachte, Ihr dientet mir.«

»Das tue ich, My Lady, von ganzem Herzen sogar; aber ich war überzeugt, sein Anliegen könne nur eins bedeuten, nämlich, daß er eine Ehe mit Euch ernsthaft in Erwägung ziehe – und das hielt ich für einen ganz großartigen wundervollen Gedanken.«

»Und Ihr glaubt, die Auskünfte über meine finanzielle Lage gefielen ihm?«

»Ich hatte den Eindruck, sie gefielen ihm nicht weniger als Eure Person.«

»Ihr und dieses Klatschmaul Kat Ashley denkt wohl, ich sollte froh und dankbar sein, daß mein verstorbener Vater mich so großzügig mit weltlichen Gütern ausgestattet hat, daß ich mir damit die Aufmerksamkeit des Admirals erkaufen kann, wie?«

»Kat Ashley und ich waren beide der Ansicht, er sei genauso verliebt in Euch wie in Eure Besitzungen.«

»Master Parry, habt Ihr Euch je Gedanken darüber gemacht, was es heißt, den Palast mit einer Zelle im Tower zu vertauschen?«

»My Lady!«

»Seht Euch nur vor«, sagte ich. »Vielleicht werdet Ihr eines Tages Gelegenheit haben, es herauszufinden. Ihr solltet vorsichtiger sein und Eure Zunge hüten. Ihr seid ein Einfaltspinsel, Tom Parry – und Kat Ashley ebenfalls.«

Ich verließ den Raum. Das reichte. Mehr konnte ich nicht ertragen. Er hatte mein Vermögen sorgfältig geprüft, es für attraktiv genug befunden, um sich dafür zu interessieren, und mir dann einen Heiratsantrag gemacht. Und kaum hatte ich seinen Antrag abgelehnt, hatte er sich an die Nummer Zwei auf der Liste herangemacht.

Mußte das nicht jede Frau wütend machen, ganz besonders – geben wir's doch zu – eine, der der gutaussehende, ehrlose Schürzenjäger gründlich den Kopf verdreht hatte?

Im nachhinein wurde mir bewußt, daß ich meine Gefühle viel zu offen gezeigt hatte. Noch beherrschte ich den Trick nicht, sie geschickt zu verbergen. Parry war mit Sicherheit schnurstracks zu Kat geeilt, um ihr zu erzählen, daß ich verärgert wegen der Heirat sei, weil ich insgeheim gehofft hätte, Thomas Seymour für mich zu erobern.

Die beiden waren zwei rechte Lästermäuler und brachten mich oft zur Verzweiflung. Aber es bestand nicht der geringste Zweifel darüber, daß sie mich liebten. Ich glaube, ich war ihnen wichtiger als irgend jemand sonst auf der Welt. Und daher konnte ich ihnen niemals lange böse sein. Manchmal jedoch machte ihre Unvernunft mir Angst. Schon bald sollte sich herausstellen, wie recht ich mit meinen Befürchtungen hatte.

Kurz nach meinem vierzehnten Geburtstag wurde unsere Hofhaltung nach Hunsdon verlegt. Das Leben erschien mir zu der Zeit überaus anregend. Ich hatte schon immer große Freude am Lernen gehabt und verbrachte viel Zeit mit meinen Büchern, aber auch Spaß und Ausgelassenheit kamen nicht zu kurz. Mein Leben im Hause meiner Stiefmutter verlief in der Tat höchst ungewöhnlich, denn Thomas Seymour war nun Mitglied der Familie.

Anfangs war ich selbst verblüfft darüber, daß ich es fertigbrachte, ihm seine Gewinnsucht zu verzeihen, und darüber hinwegzusehen, daß er, ohne zu zögern, um die Hand meiner Stiefmutter angehalten hatte, nachdem ich seinen Antrag abgelehnt hatte. Aber immerhin, so versuchte ich mich vor mir selbst zu rechtfertigen, war ich es gewesen, die er zuerst gefragt hatte; worauf mein klügeres Selbst einwandte: Das hat er nur deshalb getan, weil du eine gewisse Aussicht auf die Krone hast, und gerade arm bist du auch nicht.

Das nicht, aber Katharine war viel vermögender als ich, und er hat mich trotzdem zuerst gefragt, widersprach mein törichtes, romantisches Selbst.

Allmählich verlor ich die Geduld mit mir. Diese Argumente klangen verdächtig nach Kat Ashley.

In Wirklichkeit war Thomas nichts anderes als ein Abenteurer – ein liebenswürdiger, charmanter Mann, aber unbestreitbar ein Abenteurer. Er verfolgte jede meiner Bewegungen mit großer Aufmerksamkeit und nahm jede Gelegenheit wahr, sich in meiner Nähe aufzuhalten. Wenn er es irgendwie einrichten konnte, überraschte er mich, wenn ich gerade allein war. Das gefiel ihm am besten. Dann strich er mir gern übers Haar und bemerkte, wie glänzend es doch sei. Manchmal verirrten sich seine Hände auch bis zu meinem Hals. Er war ständig darauf aus, mich zu berühren, und ich wußte genau, daß er sofort die ganze Hand ergreifen würde, wenn ich ihm nur so weit entgegenkäme, ihm den kleinen Finger zu reichen. In gewisser Weise machte er mir mit Blicken und Gesten den Hof, und selbst wenn meine Stiefmutter dabei war, schäkerte und scherzte er ungeniert. Sie beteiligte sich sogar an diesen Neckereien, und ich wunderte mich, daß sie seine wahren Absichten nicht durchschaute. Er flirtete hemmungslos mit mir und tat dann so, als sei ich noch ein Kind und als verhalte er sich nur so, wie es Kindern gegenüber üblich sei. Und Katherine schien ihm das abzunehmen. In Wirklichkeit ist ein Mädchen von vierzehn Jahren alt genug, um seine ersten Liebesabenteuer zu erleben; mir war sonnenklar, daß er genau das im Sinn hatte – das war das Ziel, das er nie aus den Augen verlor.

Kat durchschaute das Spiel und kommentierte es kichernd. Wenn wir unter uns waren, erging sie sich in Anspielungen, die sie in verschwörerischem Flüsterton vorbrachte. Ich bin der festen Überzeugung, daß sie mir geholfen hätte, heimliche Treffen mit ihm zu arrangieren, wenn ich hätte durchblicken lassen, daß das mein Wunsch sei. Kat war pausenlos darauf aus, aufregende Dinge zu erleben, und verschwendete nicht einen einzigen Gedanken an die möglichen Folgen. Was mich betrifft, so muß ich zugeben, daß auch ich die gegenwärtige Situation genoß. Ich war der Ansicht, daß mir gar nichts Besseres hätte widerfahren können. Schließlich hatte ich nicht vor, zu heiraten und mich dadurch möglicherweise irgendwelcher Gefahr auszusetzen oder meine Aussichten auf die Thronfolge aufs Spiel zu setzen. Was ich reizvoll fand, war, die Wonnen des Verliebtseins zu genießen, ohne den üblichen Verlauf der Romanze bis hin zu ihrem natürlichen Höhepunkt in Kauf nehmen zu müssen. Im Grunde wollte ich mich immer nur umwerben und niemals erobern lassen.

Und genau das bot mir das Leben, das ich gegenwärtig führte.

Thomas genoß es ebenso wie ich, denn von Heirat konnte nun beim besten Willen nicht mehr die Rede sein. Er war ja bereits verheiratet! Da er die Prinzessin nicht hatte bekommen können, hatte er die Königin genommen. Und er war in mich verliebt. Darüber bestand nicht der geringste Zweifel. Vermutlich hatte der Gedanke, eine Jungfrau königlichen Geblüts zu verführen, etwas Faszinierendes für einen Mann, den zahllose Liebschaften blasiert gemacht hatten. Er neckte mich ständig und brachte auch Katharine dazu mitzumachen, und allem Anschein nach fand sie es hinreißend, daß ihr Mann mich so ins Herz geschlossen hatte. Ich sei für sie wie eine Tochter, sagte sie. Eigentlich habe sie schon immer das Gefühl gehabt, eher meine Mutter als meine Stiefmutter zu sein.

Und so verging ein Tag nach dem anderen im Herbst jenes Jahres, das mit dem Tod meines Vaters begonnen hatte.

Jane Grey lebte inzwischen ebenfalls bei uns. Wir wurden gemeinsam unterrichtet. Eigentlich beneidete ich sie gar nicht um ihre hervorragenden schulischen Leistungen; meine eigenen Fertigkeiten waren mehr als beeindruckend, und ich brauchte mich nicht einmal besonders anzustrengen, um meine Lehrer mit meinem Wissen in Erstaunen zu versetzen. Während Jane dazu neigte, ihr Licht unter den Scheffel zu stellen, ließ ich meins in hellem Glanz erstrahlen wie die Mittagssonne. Es war wirklich so. Jane war still und zurückhaltend und erweckte fast den Eindruck, als fühle sie sich verpflichtet, sich für ihre bloße Existenz zu entschuldigen. Ich dagegen wurde von Tag zu Tag gebieterischer und blühte unter Thomas Seymours bewundernden Blicken förmlich auf.

Ich ärgerte mich immer ein wenig, wenn er Jane zuviel Aufmerksamkeit widmete. Allerdings ging er nie so weit, mit ihr zu flirten. Dazu war Thomas viel zu schlau. Es war zwar unwahrscheinlich, daß Jane sein neckisches Geplänkel richtig gedeutet hätte, aber wenn sie sein Verhalten durchschaut hätte, wäre sie sicher sehr entsetzt gewesen. Ich hatte das Gefühl, daß Thomas jedem von uns eine andere Seite seines Wesens vorführte. Katharine gegenüber war er der zärtliche, liebende Ehemann, zu Jane war er wie ein gütiger Onkel und mir gegenüber benahm er sich wie der verwegene romantische Held, der bereit war, alles zu riskieren für ein Lächeln – oder, besser noch, für etwas mehr als ein Lächeln – von mir.

Ich lachte über ihn. Ich freute mich des Lebens. Ich hatte inzwischen begriffen, daß meine Art, auf ihn einzugehen, die beste Methode war, seine Gesellschaft zu genießen.

Kat wußte genau, warum er solchen Wert darauf legte, daß Jane Grey unserer Hofhaltung angehörte.

»Sie ist für unseren kleinen König bestimmt«, sagte sie. »Thomas plant, sich an seinem Bruder zu rächen, der seine eigene Tochter Jane für diese Rolle vorgesehen hat. Aber unser Thomas genießt das Vertrauen des Königs, und ich möchte wetten, daß König Edward tut, was Onkel Thomas sagt.«

»Er ist ein sehr gerissener Mann«, sagte ich ernst.

»Na und? Er ist der ansehnlichste Mann an diesem Hofe... und nicht nur an diesem, möchte ich behaupten. Er ist zu allen charmant, und solche Männer verdienen es, daß man ihnen ihre Sünden verzeiht.«

Dennoch konnte es so nicht weitergehen. Ich hätte es wissen sollen. Der Admiral wurde immer leichtsinniger, und ich verfiel mehr und mehr seinem Charme. Ich war selbst überrascht, daß ich mich trotz der aufrichtigen Liebe, mit der ich an meiner Stiefmutter hing, in dem Maße auf dieses heimliche, wenn auch unschuldige Abenteuer mit ihrem Ehemann einlassen konnte; aber seine Bewunderung war so erregend, und unsere kleinen Schäkereien waren die Würze meines sonst eher faden Lebens.

Außerdem konnte man mit Kat herrlich kichern. Sie erfand die fantastischsten und pikantesten Geschichten über den Admiral und mich; sie erzählte sie mir, wenn ich bereits in meinem Bett lag, ich hörte ihr zu, und wir lachten gemeinsam. Ich wußte, daß meine Lage nicht ungefährlich war, aber das Leben wäre weniger prickelnd gewesen, wenn diese Gefahr restlos beseitigt worden wäre.

Ich war im Begriff, die Kindheit hinter mir zu lassen. Noch vor weniger als einem Jahr hatte ich nicht entfernt daran gedacht, jemals Aussichten zu haben, die Krone zu erlangen; nun war außerdem noch der faszinierendste Mann am königlichen Hof in mich verliebt. Schließlich war ich gerade erst vierzehn Jahre alt geworden; daher kann ich als Entschuldigungsgrund meine Jugend anführen.

Ich merkte, daß wir einem Höhepunkt zusteuerten. Vielleicht begann die Krise an dem Tag, an dem ich mein neues Kleid bekam. Es war aus schwarzem Samt, von dem Kat behauptete, er mache mich für meine Jahre ein wenig alt. Aber ich liebte das Kleid. Es ließ aufgrund des puren Kontrastes meine weiße Haut noch weißer und mein Haar flammend rot erscheinen. Außerdem war es tief ausgeschnitten, so daß ich mindestens zwei Jahre älter darin aussah. Ich war gespannt darauf, was Thomas für ein Gesicht machen würde, wenn er mich so sähe. Das Kleid war eine Art Herausforderung. Nun kannst du nicht mehr so tun, als ob ich noch ein Kind wäre, signalisierte es.

Ich probierte es eines Nachmittags an und drehte mich vor Kat wie ein eitler Pfau.

»Ihr seht jetzt schon aus wie eine Königin«, lautete ihr Kommentar. »Bei Gott, aus Euch wird bestimmt einmal ein hochmütiges Geschöpf. Wir werden noch alle gut auf unsere Köpfe aufpassen müssen, wenn der große Tag kommt.«

»Laßt den Unsinn, Kat«, befahl ich ihr.

Worauf sie spontan auf die Knie fiel und mit spöttischer Übertreibung flehend zu mir aufblickte. Ich brach in Gelächter aus. »Kat, Ihr seid wirklich das verrückteste Weibsbild, das mir je über den Weg gelaufen ist!«

»Verrückte werden oft mehr geliebt als Vernünftige«, entgegnete sie. »Vielleicht ist das der Grund, weshalb meine Herrin mich liebt. Aber ich liebe sie noch weitaus mehr, und wir alle wissen, daß sie das klügste Geschöpf unter allen Christenmenschen ist.«

»Steh schon auf, du Quatschkopf«, sagte ich, »und sieh nach, ob mein Rock richtig fällt.«

Sie rappelte sich auf und ordnete mit liebevoller Fürsorglichkeit die Falten meines Kleides.

»Ihr seht wunderbar aus«, flüsterte sie. »Aber mein kleines Mädchen – das seid Ihr nun nicht mehr. Doch schaut, wer gerade in den Garten gekommen ist. Mylord und My Lady. Er blickt sie ja so verliebt an. Seht nur, wie sie an seinem Arm hängt.«

Ich trat zu Kat ans Fenster. Dort gingen sie gemeinsam spazieren, wie ein Liebespaar, Arm in Arm. Er sagte offenbar gerade etwas, und sie lächelte ihn selig an. Er war so herrlich gekleidet wie immer.

»Der Pfau!« sagte Kat mehr bewundernd als tadelnd. »Seht Euch nur die Edelsteine an! Diese Rubine müssen ein Vermögen gekostet haben. Unsere liebe Königin sieht neben ihm fast langweilig aus, nicht wahr? Die Pfauhenne neben dem prächtigen Pfau.« In ihren Augen blitzte der Schalk. »Werdet Ihr hinuntergehen, um ihnen Euer Kleid vorzuführen?«

Genau das hatte ich vor. Ich schaute Kat an, und wir mußten beide lachen.

»Laßt uns sehen, was der Bösewicht zu Eurem Kleid zu sagen hat«, sagte Kat.

Sie brauchte mich nicht groß zu überreden.

Als der Admiral mich kommen sah, machte er eine ironische Verbeugung, während meine Stiefmutter mir zulächelte.

»Was ist nur mit unserer Lady Elizabeth geschehen?« sagte Thomas in einem Ton ungläubigen Staunens. »Seht Ihr, was sie da anhat, Katharine? Erlaubt Ihr Eurer Stieftochter, sich wie eine würdige Matrone zurechtzumachen, obwohl sie noch ein Kind ist?«

»Redet doch bitte nicht solchen Unsinn«, sagte ich keck. »Ich bin schließlich älter als vierzehn.«

»Ach, tatsächlich?« erwiderte Thomas und starrte mich mit großen Augen an. »Ich mag das Kleid nicht. Ihr, Katharine? Meint Ihr nicht auch, daß es ein wenig zu... sagen wir einmal... offenherzig ist?«

Katharine sagte: »Es ist sehr kleidsam, Elizabeth. Aber es macht dich wirklich älter. Thomas gefällt es ja im Grunde auch. Er macht nur Spaß.«

Spaß! Er kam dicht an mich heran und hätte mich auch

angefaßt, wenn ich ihm nicht geschickt ausgewichen und zu meiner Stiefmutter gegangen wäre. Mit einemmal bekam ich es doch mit der Angst zu tun. Seine Augen verrieten eine Entschlossenheit, die mich beunruhigte; sie glitzerten geradezu unheimlich. Er öffnete ein wenig den Mund und fuhr sich mit der Zunge über die Lippen. Seine glühenden Blicke schienen mich zu durchbohren.

»Ich wollte wissen, wie Euch mein Kleid gefällt«, sagte ich und schaute dabei aufmerksam meine Stiefmutter an. »Kat war Eurer Ansicht; sie fand es auch hübsch, aber ein wenig unpassend für mich.«

»Sie hat sicher recht, Liebes«, meinte meine Stiefmutter zustimmend. »Aber irgendwann mußt auch du schließlich erwachsen werden, nicht wahr? Bitte laß dir noch ein wenig Zeit damit.«

»Es hat keinen Sinn, unsere Lady Elizabeth um etwas zu bitten«, warf Thomas ein. »Sie macht ja doch, was sie will, und wenn sie sagt, sie wolle schnell erwachsen werden, dann wird sie bestimmt nichts unversucht lassen, um dieses Ziel zu erreichen, es sei denn...«

Ich warf ihm einen kühlen Blick zu, doch unter meinem Mieder begann mein Herz so heftig zu pochen, daß ich schon befürchtete, er könne es bemerken.

»Es sei denn, Mylord?« fragte ich herausfordernd.

Er kam ganz nahe auf mich zu. Seine leuchtenden Augen verrieten solch glühende Begierde, daß ich große Mühe hatte, mir vorzustellen, sein lüsterner Blick könne meiner Stiefmutter entgehen. »Es sei denn«, sagte er, »wir hindern sie daran.«

Ich stand ihm stolz erhobenen Hauptes gegenüber. Dieser Schlagabtausch machte mir Spaß. Ich hatte selten solche Erregung empfunden, und da meine Stiefmutter in der Nähe war, fühlte ich mich sicher.

»Das versucht Ihr besser gar nicht erst«, riet ich ihm.

Daraufhin tat er etwas ganz Seltsames. Er nahm den mit Edelsteinen besetzten Dolch von seinem Gürtel, hielt ihn hoch und richtete ihn auf mich.

»Thomas!« rief meine Stiefmutter fassungslos aus.

»Es wird Zeit, daß diesem Kind eine Lektion erteilt wird.

Was meint Ihr, Katharine? Sollen wir uns etwa von ihr herumkommandieren lassen, wie?«

Ich stellte mich dicht neben meine Stiefmutter. Das hinderte ihn jedoch nicht daran, näher zu kommen. Er ergriff den weiten, bauschigen Rock meines Kleides und schlitzte ihn vom Saum bis zur Taille der Länge nach auf.

Daraufhin trat eine Stille ein, die ewig zu dauern schien. Meine Stiefmutter und ich waren so verblüfft, daß wir wie angewurzelt dastanden. Dann hörte ich ihn lachen, und er fuhr unbekümmert fort, meinen Rock zu zerschneiden. Ehe ich mich versah, machten seine Hände sich an meinem Mieder zu schaffen. Wenn er versucht hätte, das Oberteil meines Kleides ebenfalls mit dem Dolch aufzuschlitzen, wäre er Gefahr gelaufen, mich zu verletzen. Ich spürte, wie seine Hände an dem Mieder zerrten, und plötzlich riß es vorne entzwei und glitt von meinen Schultern. Da stand ich nun, nahezu hüllenlos, in meinem Hemd und meinen Unterröcken.

»Kommt und helft mir, Katharine«, sagte er. »Diesem widerspenstigen Töchterlein werden wir es schon zeigen. Ich werde dieses Kleid jetzt in tausend Fetzen zerschneiden, und nichts wird mich daran hindern.«

Die Königin mußte lachen. »Ach, Thomas«, tadelte sie ihn liebevoll, »Ihr treibt Eure Spiele wirklich zu weit.«

»Los, Katharine«, befahl er, »haltet sie fest.«

Daraufhin legte sie ihre Arme um mich und hielt mich ganz fest, und ich blieb regungslos stehen, während er sein Zerstörungswerk beendete. Eine unwiderstehliche Erregung hatte mich erfaßt.

»Ihr... Ihr...«, brachte ich keuchend hervor, »Ihr habt mein Kleid ruiniert!«

»Und Euch klargemacht, was ich davon halte«, entgegnete er. »Was wir davon halten, nicht wahr, Katharine?«

»Was seid Ihr doch für ein Lausejunge, Thomas«, antwortete sie.

»Ihr habt mein Kleid ruiniert«, wiederholte ich in gespieltem Zorn. »Ihr werdet mir ein neues bezahlen müssen.«

»Aber mit dem größten Vergnügen, und Ihr könnt Euch darauf verlassen, daß es eins sein wird, das mir gefällt!«

In dem Augenblick muß meine Stiefmutter wohl die neugierigen Blicke bemerkt haben, die von den Fenstern des Palastes aus das Geschehen gebannt verfolgten.

»Elizabeth«, sagte sie, »du bist halb nackt. Du gehst besser sofort ins Haus. Was sollen die Leute denken?«

»Sie werden denken, daß ich ein Mann bin, der es versteht, seinen Willen durchzusetzen«, sagte Thomas, und ich muß zu meiner Schande gestehen, daß mir die Zweideutigkeit dieser Bemerkung einen wohligen Schauer über den Rücken jagte.

»Aber nicht bei mir«, widersprach ich ihm. Dann sah ich ein, daß meine Stiefmutter recht hatte und ich mich so nicht länger im Garten aufhalten konnte; ich drehte mich auf dem Absatz um und rannte über den Rasen auf den Eingang des Palastes zu.

Dort erwartete Kat mich schon. Sie war vor Aufregung ganz aus dem Häuschen. Natürlich hatte sie alles gesehen.

Kurz nach jenem Zwischenfall vertraute meine Stiefmutter mir an, daß sie ein Kind erwarte. Sie war so glücklich, und ich empfand außer der zärtlichen Freundschaft, die ich ihr von jeher entgegenbrachte, zugleich großes Mitleid für sie. Ich konnte nicht umhin, mich zu fragen, ob sie wirklich nicht wußte, was für einen Mann sie da geheiratet hatte. Es sah nicht so aus, und mir kam der Gedanke, daß sie möglicherweise absichtlich die Augen vor seinem wahren Charakter verschloß. Was mochte sie von seinen Flirts mit mir halten? Sie nannte sein Schäkern ›Scherzen‹ und tat ganz so, als sei Thomas' Verhalten das normalste von der Welt und seine Zudringlichkeit nichts weiter als ein Zeichen der Verbundenheit zwischen einem liebevollen Stiefvater und seiner Stieftochter, die er gern hatte. Wie konnte sie nur so blind sein!

Die beschämende Szene im Garten war der Auftakt zu einer neuen Phase in der Beziehung zwischen Thomas und mir. Es war fast so, als habe er mir ankündigen wollen, daß sein Werben um mich nun das Stadium des einleitenden Geplänkels hinter sich gelassen habe, daß er nun beabsichtige, zur Sache zu kommen. Er war ja so schlau. Er wußte genau, daß ich seine Absichten durchschaut hatte, und er wußte auch, daß meine Gefühle für ihn alles andere als gleichgültig waren.

Wir befanden uns in einer äußerst gefährlichen Lage. Wenn es ihm tatsächlich gelänge, den Höhepunkt zu erreichen, dem er zustrebte, so würde er nicht nur seine Ehe gefährden, sondern außerdem ein Verbrechen gegen den Staat begehen. Ich war nicht mehr die unbedeutende uneheliche Tochter des Königs; gemäß dem letzten Willen des verstorbenen Königs war ich nun eine Anwärterin auf den Thron, falls Edward etwas zustoßen sollte. Wenn Thomas also seinen Plan, mich zu verführen, in die Tat umsetzen würde, könnte das glattweg als Verrat ausgelegt werden und ihn den Kopf kosten. Ob ihm das wohl klar war? Natürlich war es das, doch Gefahr gehörte für ihn zum Leben wie die Luft zum Atmen. Er war von Natur aus leichtsinnig, ehrgeizig und optimistisch. Was mochte er noch vorhaben – außer, mich zu verführen? Ich war schließlich nicht so naiv zu glauben, es stecke nichts weiter dahinter. Wollte er mich heiraten? Den Thron mit mir teilen? Aber er hatte doch eine Frau. Doch Frauen ließen sich aus dem Weg räumen. Manchmal wünschte ich mir, weniger logisch denken zu können!

Was mich an mir selbst so verblüffte, war, daß ich wider besseres Wissen und trotz der ernüchternden Erkenntnis, daß ich es mit einem Mann von skrupellosem Ehrgeiz zu tun hatte, nicht aufhörte, von ihm fasziniert zu sein, und mir sogar wünschte, er möge die Verfolgungsjagd fortsetzen.

Oft, wenn ich in meinem Bett lag, mußte ich an ihn denken – und daran, daß er und ich unter einem Dach wohnten.

Kat Ashley schlief ebenfalls in meinem Schlafzimmer, und darüber war ich froh, denn so sehr ich auch das neckische Geplänkel mit ihm genoß, teilte ich doch ganz und gar nicht seinen Wunsch, die Romanze den üblichen Verlauf nehmen zu lassen. Ich war entschlossen, mir meine Jungfräulichkeit so lange zu bewahren, bis ich ganz sicher wäre, daß der Verzicht auf sie meinen Aufstieg zur Macht nicht behinderte. Daher war ich auf Schutz vor dem Angriff angewiesen, und solange mir dieser Schutz gewährt wurde, konnte ich das gefährliche Spiel nach Herzenslust fortsetzen.

Eines Morgens wurde ich in aller Frühe durch das leise Geräusch heimlicher Schritte geweckt, und ich bemerkte, wie sich die Tür zu meinem Schlafzimmer langsam öffnete. Thomas! dachte ich. Ich schaute zu Kats Bett hinüber, aber Kat war nicht da. Sie war wohl schon zu meinen Bedienten gegangen, denn es war fast Zeit für mich aufzustehen. Mir kam der Gedanke, schnell ins Nebenzimmer zu flüchten, doch dazu war es bereits zu spät.

Die Bettvorhänge hatten sich geteilt, und vor mir stand Thomas – in Nachthemd und Pantoffeln. Er blickte lächelnd auf mich herab. Mir stockte vor Schreck der Atem. Ich richtete mich blitzschnell auf und zog mir die Bettdecke bis unters Kinn.

»Mylord!« rief ich entsetzt aus. »Wie könnt Ihr es wagen!«

»Es gibt nichts, was ich für Lady Elizabeth nicht wagen würde«, erwiderte er.

»Geht weg! Meine Hofdamen werden Euch sehen. Sie können jeden Moment hereinkommen.«

»Sie werden nichts weiter sehen als einen zärtlichen Stiefvater, der gekommen ist, um seiner kleinen Stieftochter einen guten Morgen zu wünschen.«

»Es dürfte wohl üblich sein, sich erst einmal anständig anzuziehen, bevor man jemanden besucht, um ihm einen guten Morgen zu wünschen.«

»Kümmern wir beide uns darum, was anständig ist, meine bezaubernde, rothaarige Elizabeth?«

»Verschwindet auf der Stelle! Ich verabscheue solche ...«

»Liebevolle Aufmerksamkeit«, ergänzte er. »Und was gedenkt Ihr dagegen zu unternehmen? Meint Ihr nicht, daß Ihr nun lange genug das Fräulein Rührmichnichtan gespielt habt?«

»Ich verstehe Euch nicht, mein Herr.«

»Dann werde ich es Euch erklären.« Und ehe ich mich versah, war er auf mein Bett gesprungen und hatte mich in seine Arme gerissen. Er küßte mich voll auf den Mund, auf eine Art und Weise, die mich ziemlich verwirrte. Ich hatte das Gefühl, um Hilfe schreien zu müssen – und dennoch keine Lust dazu. Andererseits machte mir die Situation, in der ich mich befand, Angst, denn ich hatte mir ja vorgenommen, mich von keinem Mann beherrschen zu lassen.

»Thomas!« Die Tür war aufgegangen und meine Stiefmutter stand im Zimmer.

Thomas war jedoch absolut Herr der Lage, und in dem Augenblick kam mir der Verdacht, er müsse reichlich Übung darin haben, sich derartig geschickt aus der Affäre zu ziehen.

Er wandte sich lächelnd seiner Frau zu. »Seht Euch nur dieses Kind an, Katharine. Sie ist heute morgen besonders schlecht gelaunt und weigert sich hartnäckig, ihrem Stiefvater höflich einen guten Morgen zu wünschen. Ich habe bei ihr hereingeschaut, um ihr freundlich ›guten Morgen‹ zu sagen, und was macht sie? Sie wirft mir giftige Blicke zu und fauchte wie eine Wildkatze. Was sollen wir nur tun, um sie zu bestrafen? Kommt, Katharine, helft mir!«

Und er begann auf der Stelle, mich zu kitzeln, bis ich ihn, keuchend und mich windend, anflehte aufzuhören. Um meine Sicherheit brauchte ich mir allerdings keine Sorgen zu machen, denn meine Stiefmutter war ja dabei. Er überredete sie mitzumachen, und wir balgten und lachten alle miteinander, bis wir erschöpft waren.

»Wirklich, Thomas«, sagte meine Stiefmutter, »Ihr benehmt Euch wie ein Schuljunge.«

Er bemühte sich daraufhin, so gut er konnte, wie ein reumütiger Schuljunge auszusehen, doch als unsere Blicke sich trafen, bemerkte ich in seinen Augen wieder jenes bekannte Funkeln. Es war ein lüsternes Funkeln; mit Reue hatte es nicht das geringste zu tun.

Wie lange würde dieses Theater noch so weitergehen können? fragte ich mich. Wieso merkte meine Stiefmutter nicht, was hier gespielt wurde? Aber vielleicht merkte sie es ja und wollte es nur nicht wahrhaben. Es gab solche Menschen. Sie weigerten sich zu sehen, was sie nicht sehen wollten.

Kat sagte zu mir: »Herr Ashley ist äußerst beunruhigt.«

»Und weshalb?« fragte ich.

»Er sagt, das Verhalten des Admirals Euch gegenüber sei ungehörig.«

»Und was habt Ihr dazu gesagt?«

»Ich habe gesagt, der Admiral sei nun einmal ein galanter Herr und Ihr seiet eine sehr schöne junge Dame; da sei es kein Wunder, daß solche... Zwischenfälle sich ereigneten.«

»Und was hat er noch gesagt?«

»Er wußte auch über das Zerschneiden des Kleides Bescheid.«

»Da Ihr selbst Zeugin der Episode wart, wird er es wohl von Euch erfahren haben. Denkt Ihr, ich hätte nicht gewußt, daß Ihr vom Fenster aus zugeschaut habt?«

»Nun ja, jedenfalls war davon die Rede... und auch von der Balgerei im Schlafzimmer.«

»Meine Stiefmutter war doch dabei. Sie hat sogar mitgemacht.«

»Die arme Frau! Aber Herr Ashley sagt, es sei meine Pflicht, ein ernstes Wort mit dem Admiral zu reden. Er meint, ich solle für Recht und Ordnung eintreten.«

»Was meint er denn damit?«

»Herr Ashley ist ein sehr ernster Mann. Er weiß immer, was sich schickt.«

»Und werdet Ihr mit dem Admiral sprechen?«

»Ich fürchte, Herr Ashley besteht darauf. Wenn Ihr es mir allerdings verbieten würdet...«

»Ich käme nicht im Traum auf die Idee, mich in Auseinandersetzungen einzumischen, die nur die Eheleute selbst etwas angehen.«

»Es sei denn, es geht um einen gutaussehenden Admiral«, bemerkte Kat, was ihr eine Ohrfeige für vorlautes Benehmen einbrachte. Aber sie war meine Temperamentsausbrüche gewohnt und trug sie mir nicht nach.

Ich brannte darauf zu erfahren, wie der Admiral sich herausreden würde, und schärfte Kat ein, sich alles gut zu merken, um mir später in allen Einzelheiten darüber zu berichten.

»Er sah ja so gut aus«, schwärmte sie, nachdem das Gespräch stattgefunden hatte. »Er trug ein Wams aus purpurrotem Samt, und er hat die wohlgeformtesten Beine, die ich je an einem Mann gesehen habe.«

»Uns ist bestens bekannt, wie der Admiral aussieht; was er gesagt hat, möchte ich gern wissen!«

»Er schien überrascht zu sein, als ich ihn darauf hinwies, daß über seine Beziehung zu Euch, My Lady, bereits geklatscht werde. ›Aber wieso denn?‹ sagte er. ›Sie ist für mich wie eine Tochter?‹ Ich erwähnte die Balgerei, und da wandte er ein: ›Ist es etwa verboten, daß ein Mann mit seiner Stieftochter scherzt?‹ Ich machte ihn darauf aufmerksam, daß Herr Ashley es für gefährlich halte, wenn Prinzessin Elizabeth in derartige Skandale verwickelt werde, doch darauf erwiderte er leichthin, Prinzessin Elizabeth sei noch ein Kind, das Spaß an kindlichen Spielen und Scherzen habe; nur um ihr eine Freude zu bereiten, ließen er und die Königin sich herab, sich an diesen ausgelassenen Späßen zu beteiligen. Er betonte, es sei ihrer beider Wunsch, Euch ein glückliches Zuhause zu bieten; deshalb verzichteten sie in Chelsea auch ganz auf steife Etikette und aufwendiges Zeremoniell. Ihm und der Königin liege nur Euer Wohl am Herzen. Oh, er sprach in so wohlgesetzten Worten und war so freundlich zu mir. Er bat mich, ihm die Namen der Verantwortlichen mitzuteilen, falls mir weiteres Gerede zu Ohren käme. Er wisse ja, daß ich zu seinen Freunden zählte und Euch gegenüber niemals abfällig von ihm spräche. Er beteuerte, sein Verhalten sei nichts weiter als ein Ausdruck väterlicher Zuneigung. Ich bin sicher, daß diese Antwort Herrn Ashley zufriedenstellen wird.«

»Kat«, sagte ich, »ich habe Euch sehr lieb, aber manchmal glaube ich, Ihr seid so töricht wie kaum eine zweite Frau.«

Sie sah mich spitzbübisch an. »Ach, geht schon«, sagte sie, »Ihr wollt mich nur auf den Arm nehmen.«

Es war unvermeidlich, daß irgendwann der Tag kommen mußte, an dem selbst Thomas feststellen sollte, daß er seine Frau nicht fortgesetzt würde betrügen können.

Eines Nachmittags, als im ganzen Haus friedliche Stille herrschte, hatte ich mich in einen der kleineren Räume zurückgezogen, um ein Buch zu lesen, dessen Lektüre William Grindal mir aufgetragen hatte.

Es dauerte nicht lange, bis heimliche Schritte vor der Zimmertür meine Aufmerksamkeit erregten. Die Erfahrung hatte mich gelehrt, sogleich zu erraten, wer sich da näherte. Er muß beobachtet haben, wie ich den Raum betrat, und mir gefolgt sein. Mir war ein wenig unbehaglich zumute, denn wir befanden uns in einem recht abgelegenen Trakt des Palastes, aber gleichzeitig überkam mich wieder jene unwiderstehliche Erregung. Diesmal jedoch war Furcht mit im Spiel.

Sobald er das Zimmer betrat, stand ich auf, umklammerte mein Buch und preßte es krampfhaft gegen meine Brust.

»Ah«, rief er aus, »nun habe ich Euch erwischt!«

»Mylord«, stammelte ich, »geht bitte fort. Ich muß jetzt dieses Buch lesen. Es ist eine Aufgabe, die Herr Grindal mir gestellt hat.«

»Ich kann Euch Dinge beibringen, die viel wichtiger sind als das, was der Horizont eines Herrn Grindal zu bieten hat«, entgegnete er, und schon stand er neben mir. »Nun hab' ich Euch!« fuhr er fort. »Stellt Euch vor, wir sind jetzt ganz unter uns. Meint Ihr nicht auch, daß es an der Zeit ist aufzuhören, die Zimperliese zu spielen?«

»Es ist nicht gespielt«, sagte ich.

»Das werden wir ja sehen.«

Er hatte mich gepackt, und ich spürte, welche Kraft dieser Mann besaß und wie hilflos ich ihm ausgeliefert war. Ich wollte ihn abwehren – und tat es doch nicht. Inzwischen hatte er mir das Mieder von den Schultern gestreift.

»Nein, nein!« schrie ich, denn eine innere Stimme sagte mir, diese Verfolgungsjagd müsse endlich ein Ende haben. Und dennoch hoffte mein anderes Ich verzweifelt, sie möge weitergehen.

Wieder nahte die Rettung in Gestalt meiner Stiefmutter, und ich sollte in den folgenden Jahren noch oft Grund genug haben, Gott und einem gnädigen Schicksal dafür zu danken, daß sie rechtzeitig auf der Bildfläche erschienen war; an jenem Tag hätte ich mich allerdings am liebsten in ein Mauseloch verkrochen, so sehr schämte ich mich.

Sie stand in der Türöffnung, und ihr liebes, gütiges Gesicht war gramverzerrt. Ihr Körper war bereits unförmig, denn sie war zu der Zeit etwa im sechsten Monat schwanger. All die Balgereien, das zerfetzte Kleid, das Gekitzel, die ausgelassenen Spiele und Späße müssen sie schließlich doch mißtrauisch gemacht haben. Vielleicht brachte sie es auch nicht länger fertig, sich selbst etwas vorzumachen. Vielleicht war sie zu der Einsicht gelangt, daß ihr letztlich nichts anderes übrigblieb, als in ihrem abenteuerlichen Ehemann den Schürzenjäger zu sehen, der er in Wirklichkeit war. Jedenfalls hatte sie ihn nun auf frischer Tat ertappt – und mich mit ihm.

All mein Interesse an dem Admiral war mit einemmal wie weggeblasen. Ich fühlte mich ganz elend und schämte mich in Grund und Boden. Wie hatten wir sie nur so verletzen können – sie, die uns nie etwas anderes als liebevolle Fürsorglichkeit hatte zuteil werden lassen? Sie rief: »Thomas!«, und in diesem einen Wort lag grenzenlose Verzweiflung.

Ich stand mit flammendrotem Kopf vor ihr. Thomas schwieg. Es gab nichts, was er jetzt noch zu seiner Verteidigung hätte vorbringen können. Ich versuchte, das Mieder meines Kleides wieder über die Schultern zu ziehen.

Sie sagte: »Elizabeth, ich glaube, du läßt uns jetzt besser allein.«

Ich versuchte, ihr einen flehenden Blick zuzuwerfen, aber sie vermied es, mir in die Augen zu sehen. Sie schaute nur so unsagbar traurig drein, daß ich das Gefühl hatte, die Erinnerung an ihren verzweifelten Gesichtsausdruck werde mich für den Rest meines Lebens verfolgen.

»Geh«, sagte sie zu mir, und ihre Stimme klang so kalt, daß ich am liebsten geheult hätte.

Ich ging auf mein Zimmer und legte mich auf mein Bett. Kat kam zu mir und versuchte, mich auszufragen. Ich schickte sie verärgert fort. Ich fühlte mich ganz krank, und mir war schlecht vor Scham. Außerdem tat mir mein Kopf furchtbar weh. Damit begannen jene heftigen Kopfschmerzen, die mich noch einige Jahre lang quälen sollten. Ich glaube, sie waren die Folge meines übergroßen Kummers.

Da lag ich nun, erfüllt von Haß auf den Admiral, aber von noch größerem Haß auf mich selbst.

Es dauerte einige Stunden, bevor meine Stiefmutter mich rufen ließ. Sie war sehr gefaßt, aber völlig abweisend.

»Ich denke«, teilte sie mir mit, »du solltest dich darauf einrichten, unverzüglich abzureisen. Dir ist gewiß klar, daß du unter diesem Dach nicht länger bleiben kannst!«

Ich senkte den Kopf. Ich konnte ihren Schmerz nicht mehr mitansehen.

»Du wirst sofort damit beginnen müssen, Vorbereitungen für die Abreise zu treffen. Ich möchte, daß du bis zum Ende der Woche aus diesem Hause verschwunden bist. Darüber möchte ich gleich auch mit Frau Ashley reden. Vorerst wird Sir Anthony Cheshunt dich bei sich aufnehmen. Du wirst so lange sein Gast sein, bis entschieden ist, welche Residenz in Zukunft dein Zuhause sein wird.«

»My Lady, Ihr wart immer so gut zu mir...«

Sie brachte mich mit einer abwehrenden Geste zum Schweigen. »Ich will, daß du dieses Haus so schnell und so unauffällig wie möglich verläßt. Und jetzt möchte ich deine Erzieherin sprechen. Aber zuvor bitte noch Jane Grey, zu mir zu kommen.«

Das war nicht mehr die liebe Stiefmutter, die ich gekannt hatte. Das war eine abweisende Fremde. Ich konnte nachvollziehen, wie trostlos ihr zumute war, und der Gedanke, daß ich nicht unwesentlich zu ihrem Leid beigetragen hatte, bereitete mir doppelten Schmerz.

Ich befolgte ihre Anweisung und schickte Jane Grey zu ihr. Dann suchte ich Kat auf und richtete ihr aus, die Königin wünsche sie zu sprechen.

Kat kam nach einiger Zeit zurück, mit hochrotem Kopf und offensichtlich gedrückter Stimmung.

»Was ist nur in My Lady gefahren?« fragte sie. »Noch nie zuvor hat sie so mit mir gesprochen. Sie hat mir vorgeworfen, ich hätte mich nicht genug um Euch gekümmert. Sie hat gesagt, ich hätte meine Pflichten vernachlässigt, indem ich Euch erlaubt hätte, Euch schamlos aufzuführen und ein Benehmen an den Tag zu legen, das einer Prinzessin unwürdig sei. Wir sollen unverzüglich aufbrechen, sobald wir die nötigen Reisevorbereitungen getroffen haben. Was hat es nur zu bedeuten?«

»Das müßt Ihr gerade fragen«, antwortete ich ungehalten. »Ihr wißt doch ganz genau, daß der Admiral mir den Hof gemacht hat.«

»Wer wüßte das nicht! Sich einfach so in Euer Schlafzimmer einzuschleichen! Das ist es also!«

»Ja«, sagte ich, »das ist es. Die Königin ist zufällig in das kleine Lesezimmer gekommen und hat mich in seinen Armen erwischt.«

Kat starrte mich entsetzt und mit offenem Mund an.

»Was glotzt Ihr mich so an!« schrie ich. »Ihr habt doch genauestens Bescheid gewußt... Ihr seid es doch gewesen, die ihn in seinem Vorhaben sogar noch bestärkt hat!«

»O nein, My Lady. Ich... ich habe nie gewollt, daß es so weit käme!«

»Verschwindet, Kat«, sagte ich, und als ich mich umdrehte, sah ich, daß Thomas Parry mitten im Zimmer stand. Seine unbändige Neugier hatte ihn hergetrieben; er brannte darauf zu erfahren, weshalb die Königinwitwe nach Kat geschickt hatte.

»Verschwindet, alle beide!« schrie ich sie an.

Sie gingen sofort. In meinem Kopf pochte und hämmerte es. Ich legte meine schmerzende Stirn auf meine Arme und weinte hemmungslos.

In Cheshunt ging es mir besser, aber dennoch machte ich mir unablässig Gedanken darüber, wie es wohl inzwischen auf Schloß Sudeley zugehen mochte, wohin sich meine Stiefmutter zurückgezogen hatte, um die Geburt ihres Kindes zu erwarten. Der Admiral war bei ihr. Ich fragte mich, wie er ihr wohl jenes unselige Stelldichein mit mir erklärt haben mochte und was er zu der Umarmung zu sagen gehabt haben mochte, die in ihr zwangsläufig den Eindruck hervorrufen mußte, wir seien ein Liebespaar. Ich zweifelte nicht im entferntesten daran, daß er sich nach Kräften bemüht hatte, ihr möglichst plausible Gründe zu nennen, um sich aus der verhängnisvollen Situation herauszureden; aber irgendwie hatte ich das Gefühl, daß selbst ihm das diesmal schwergefallen sein dürfte. Und da sie nun einmal Katharine Parr war, würde sie zweifellos darauf verzichten, ihm öffentlich Vorwürfe zu machen, und sicher alles tun, um nach außen hin den Eindruck eines harmonischen Zusammenlebens zu erwecken. Sie würde Anne Stanhope keine Gelegenheit geben, über ihre Demütigung hämisch zu frohlocken. Und es gab noch einen zweiten Grund, gute Miene zum bösen Spiel zu machen. Thomas' Flirts waren nicht nur ein Verstoß gegen die Moral; angesichts meines Ranges in der Thronfolge könnten sie ohne weiteres als Verbrechen gegen den Staat ausgelegt werden. Katharine würde sich darüber sehr wohl im klaren sein. Und da sie ihn offenbar aufrichtig liebte, würde sie, was immer er ihr angetan haben mochte, doch niemals zulassen, daß er in Gefahr geriete. Das galt sicher auch für mich.

Ich versuchte, mir ihr Leben im Schloß von Sudeley vorzustellen. Wenn sie auch von ihrem Mann zutiefst enttäuscht worden ist, dachte ich, so bleibt ihr doch wenigstens das Kind; ich wußte ja, wie verzweifelt sie sich immer nach einem eigenen Kind gesehnt hatte. Und ich betete zu Gott, sie möge einer glücklichen Niederkunft entgegensehen und das Kind möge ihr so viel Freude bereiten, wie Thomas und ich ihr mit unserem leichtfertigen Verhalten Leid zugefügt hatten.

Allmählich wurde mir etwas leichter ums Herz. Mir wurde in zunehmendem Maße klar, mit welch knapper Not ich einer Katastrophe entkommen war, und ich nahm mir jeden Abend vor dem Einschlafen vor, mich nie wieder nur um ein paar flüchtiger Glücksgefühle willen auf derartige Torheiten einzulassen. Das schwor ich mir damals.

Der Tod meines Lehrers William Grindal lenkte mich für einige Zeit von dem Schicksal meiner Stiefmutter ab. Sein Tod machte mich traurig, denn ich hatte ihn gern gemocht; und er war mir immer ein so kluger und treuer Ratgeber gewesen. Doch zu meiner großen Freude bewarb sich dann Roger Ascham um die Stelle, und seine Bewerbung wurde angenommen. Es machte ihm solchen Spaß, mich zu unterrichten. Er versicherte mir, daß ich das Französische und das Italienische bereits so gut beherrschte wie das Englische; und wenn ich mich in der griechischen Sprache noch nicht ganz so mühelos ausdrücken könne wie in der lateinischen, so solle ich mir deswegen keine Sorgen machen – das sei nur eine Frage der Zeit und der Übung. Wir lasen sämtliche Schriften Ciceros und zahlreiche Werke des Schriftstellers Livius miteinander und verbrachten jeden Morgen einige Stunden damit, das griechische Testament und verschiedene Werke des Dichters Sophokles zu studieren. Ich konnte es jedesmal kaum erwarten, meine Bücher aufzuschlagen, und es war fast so wie damals, als Edward, Jane Grey und ich im Unterricht miteinander gewetteifert hatten. Hinzu kam, daß Meister Ascham eine Liebe zur Musik besaß, die meiner eigenen gleichkam; daher war seine Gesellschaft in mehrfacher Hinsicht eine Bereicherung. Zu meiner großen Freude brachte ich in Erfahrung, daß er einmal geäußert hatte, ihm sei noch nie ein junger Mensch mit einer so umfassenden Bildung begegnet; mich zu unterrichten sei eines der größten Vergnügen, die er sich vorstellen könne.

Und so kam es, daß ich mir nicht mehr ganz so oft den Kopf darüber zerbrach, wie es wohl der Königin und dem Admiral ergehen mochte. Die Unterrichtsstunde mit Roger Ascham und die unbeschwerteren Augenblicke, die ich in der Gesellschaft meiner geliebten Kat verbrachte, halfen mir mehr und mehr, die Zeit einigermaßen sorglos zu verbringen.

Doch dann stand der September vor der Tür, und ich mußte an Katharine denken, denn um diese Zeit sollte ihr Kind zur Welt kommen.

»Wir werden sicher bald eine Nachricht erhalten«, sagte ich zu Kat.

Und ich behielt recht. Wenige Tage später bekamen wir Besuch in Cheshunt. Es war ein Diener des Admirals, den ich als Edward in Erinnerung hatte. Ich sah ihn kommen und eilte hinunter in die Empfangshalle, um zu hören, was er zu berichten hatte. An seinem betrübten Gesichtsausdruck konnte ich jedoch sogleich erkennen, daß es keine gute Nachricht war, die er zu überbringen hatte.

»Oh, Edward«, rief ich aus, »wie geht es My Lady? Und was macht das Kind?«

»Die Königin hat einer entzückenden Tochter das Leben geschenkt«, antwortete er. »Aber, My Lady Elizabeth, es schmerzt mich, von der Königin zu berichten.«

»Sie ist also tot«, sagte ich zögernd.

Er nickte. »Mylord ist ein gebrochener Mann.«

»Oh, Edward«, sagte ich und weinte, »nicht die gute Königin, meine liebe Freundin. Was ist denn nur geschehen? Ich hoffe von ganzem Herzen, daß sie nicht allzusehr hat leiden müssen.«

»Sie hat sehr leiden müssen, My Lady. Aber das Kind ist wohlauf. Wir dachten, die Freude über die glückliche Geburt des Kindes werde der Königin helfen, schnell wieder zu Kräften zu kommen. Doch sieben Tage später... da war alles vorbei.«

Ich war unfähig, auch nur ein Wort herauszubringen. Ich konnte an gar nichts anderes denken als an den Tag, an dem sie mich aufgefordert hatte, ihr Haus zu verlassen. Trauer und Reue überkamen mich. Ich trauerte, weil ich in ihr einen Menschen verloren hatte, den ich liebte. Ich bereute, daß ich ihr Kummer und Schmerz zugefügt hatte.

Ich wies die Dienerschaft an, sich um Edward zu kümmern, und zog mich in mein Zimmer zurück. Ich zog die Bettvorhänge zu und legte mich mit schwerem Herzen nieder.

Kat berichtete mir später alle Einzelheiten; es war ihr gelungen, sie Edward, dem Boten, zu entlocken. Erneut überkam mich große Reue, und in meine Trauer um meine Stiefmutter mischte sich ein Unbehagen, das durchaus etwas mit Furcht zu tun hatte.

»Der Admiral war bei ihr, als es mit ihr zu Ende ging«, sagte Kat. »Er war offenbar sehr zärtlich und liebevoll zu ihr und, so gut er konnte, bemüht, die Königin zu beruhigen. Und als dann das Kind geboren war – ein Mädchen... wo er sich doch so sehr auf einen Jungen gefreut hatte, nachdem ihm alle möglichen Astrologen einen Sohn prophezeit hatten –, da zeigte er sich nicht im geringsten enttäuscht und betonte sogar ausdrücklich, daß er zwar gehofft habe, einen Jungen zu bekommen, nun aber ganz sicher sei, daß dieses kleine Mädchen genau das Kind sei, das er sich immer gewünscht habe. Die Königin war sehr krank, aber man nahm an, daß sie sich schnell erholen werde, nun da sie ihr ersehntes Kind zur Welt gebracht hatte. Aber sie erholte sich nicht. Sie fing an, im Fieber zu fantasieren. Lady Tyrwhit war bei ihr und bekam alles mit. Die Königin schien keine Liebe mehr für den Admiral zu empfinden, denn sie rief in Gegenwart von Lady Tyrwhit verzweifelt aus: ›Ich bin ja so unglücklich! Die Menschen, die ich am meisten geliebt habe, lieben mich nicht. Sie verspotten mich. Sie machen sich über meine Liebe lustig. Sie warten nur darauf, daß ich sterbe, damit sie sich anderen zuwenden können. Je mehr Freundlichkeit ich ihnen entgegenbringe, um so gleichgültiger behandeln sie mich.‹«

Mich schauderte. »Das hat sie wirklich zu Lady Tyrwhit gesagt?«

»Allerdings, My Lady. Sogar vor Zeugen. Der Admiral war ganz bestürzt und erklärte, sie rede wirr; das sei das Fieber. Er setzte sich auf die Bettkante, um ganz nahe bei ihr zu sein, doch sie wich vor ihm zurück, als ob sie sich vor ihm fürchtete. ›Ich werde sterben‹, sagte die Königin immer wieder, ›ich will nicht mehr leben.‹ Der Admiral erzählte ihr von ihrem Kind, aber sie wandte sich nur von ihm ab.«

»Ich kann es einfach nicht glauben, Kat«, sagte ich. »Sie hat ihn doch so sehr geliebt.«

»Ja, aber das war vor...«

»Schweigt, Kat.«

»Ja, My Lady«, entgegnete sie kleinlaut.

Nach einiger Zeit meinte sie: »My Lady, solltet Ihr dem Lord Admiral nicht schreiben und Euer Beileid ausdrükken?«

»Beileid setzt voraus, das jemand leidet. Glaubt Ihr wirklich, er leidet, Kat?«

»Es ist so üblich, und es wäre nur korrekt.«

Ich konnte nicht vergessen, wie er mich damals in dem kleinen Lesezimmer angeschaut hatte. Und Katharine, seine Frau, hatte es auch gesehen! Was müssen das für schreckliche Wochen gewesen sein, in denen sie sich darauf vorbereitete, ihr Kind zur Welt zu bringen – das Kind ihres treulosen Ehemannes! Beileid? Wieviel hatte ihm jemals wirklich an Katharine Parr gelegen?

»Nein«, erklärte ich bestimmt. »Ich schreibe ihm keinen

Beileidsbrief, denn ich glaube nicht, daß er Beileid nötig hat.«

»Dann werde ich ihm schreiben«, sagte Kat und zögerte, da sie mit meinem heftigen Protest rechnete. Aber ich erhob keine Einwände. Sollte sie ihm doch schreiben oder tun, was immer sie für richtig hielt.

Sie schrieb ihm, und ich hinderte sie nicht daran, den Brief abzuschicken.

Woche um Woche verging. Der Klatsch blühte, und die meisten Gerüchte, die kursierten, betrafen den Admiral und mich.

Offenbar ging man weit und breit davon aus, der Admiral werde mich heiraten, nun da seine Frau tot war. Ich wußte nicht recht, was ich davon halten sollte. Wenn der Staatsrat zustimmte, spräche sicher nichts gegen eine solche Heirat. Ich ertappte mich manchmal dabei, daß der Gedanke an eine Heirat mit ihm in mir romantische Sehnsüchte weckte. Andererseits wirkte die Aussicht ernüchternd auf mich: Ich war nicht daran interessiert, mich einem Mann unterzuordnen. Ich zog das unverbindliche Geplänkel, die verheißungsvollen kleinen Gesten und die kluge Verweigerung vor. Ich hatte das Gefühl, daß während des Liebeswerbens die Frau die Überlegene sei; sie behielt sich das Recht vor, ›nein‹ zu sagen. Hatte sie erst ›ja‹ gesagt, schien es so, als habe sie ihre Macht abgegeben und sich untergeordnet. Ich brauchte nur an meine Stiefmutter zu denken, die ihr Herz so leichtfertig verschenkt hatte. Die Liebe war ein Krieg der Geschlechter, und mir wurde zunehmend klar, daß ich zu den unabhängigen Naturen gehörte, die das Erobern dem Erobertwerden vorziehen.

Und dennoch... Der Admiral war ein betörender Mann...

Wenn ich doch nur ein wenig älter wäre, dachte ich oft. Eigentlich ist man mit fünfzehn noch ganz schön jung, und die hervorragendsten Kenntnisse in Griechisch und Latein nützen einem herzlich wenig, wenn es darum geht, die Probleme zu lösen, die zwischen einem Mann und einer Frau entstehen.

Kat war ganz aufgeregt.

»Er macht nicht die geringsten Anstalten, die Hofhaltung der Königin aufzulösen«, flüsterte sie mir zu. »Vielleicht will er, daß zum Empfang der neuen Braut alles blitzsauber und in schönster Ordnung ist.«

»Vielleicht möchte sie selbst darüber bestimmen, wie und wo ihr neues Zuhause ist«, entgegnete ich kurz angebunden.

»O ja, gewiß... zu gegebener Zeit, aber für den Anfang...«

»Ihr tut ja gerade so, als ob eine neue Heirat unmittelbar bevorstünde.«

»Wer weiß?« erwiderte Kat verträumt.

Mir war völlig klar, daß sie und Parry pausenlos klatschten und tratschten. Herr Ashley bemühte sich zwar, seine Frau dazu zu bringen, ihr Mundwerk im Zaum zu halten, doch wer konnte Kat schon zügeln! Wenn ich es nicht konnte, dann konnte es niemand.

Parry besaß sogar die Dreistigkeit, mich zu fragen, ob ich den Admiral heiraten würde, wenn der Staatsrat einverstanden wäre.

Ich zögerte einen Augenblick. Ich wußte, daß ich mir selbst in meiner eigenen Hofhaltung gut überlegen mußte, was ich sagte. Daher antwortete ich ihm: »Wenn es an der Zeit ist, eine solche Entscheidung zu treffen, werde ich das tun, wozu Gott mir raten wird.«

»Der Admiral wird ganz bestimmt um Eure Hand anhalten, My Lady«, fuhr Parry fort. »Ich weiß, daß er sich mit dem Gedanken trägt, denn er hat mich als Euren Schatzmeister auf Eure Ländereien und Euer sonstiges Vermögen angesprochen und gefragt, wieviel Personal Eurer Hofhaltung angehöre und was es koste, diese Personen zu beschäftigen.«

»Diese Dinge scheinen ihn ja mächtig zu interessieren«, bemerkte ich kühl.

»O ja, das kann man wohl sagen, My Lady, und er schien sehr erfreut darüber zu sein, daß Euch nach dem Testament Eures Vaters jährlich dreitausend englische Pfund zustehen. Er hat sich so ausführlich nach Eurem Grundbesitz erkundigt – ob es sich um Pachtgrundstücke oder um Überschreibungen auf Lebenszeit handele –, daß man daraus schließen kann, daß er ernste Absichten hat. Ich sagte ihm, daß Einzelheiten bezüglich Eurer Vermögenslage sich meiner Kenntnis entzögen.«

Ich schwieg. Der Admiral ist ein Gauner, dachte ich. Aber das war mir seit langem bekannt. Hatte ich nicht selbst miterlebt, wie er sich meiner Stiefmutter gegenüber verhalten hatte? Ich wußte genau, welche Pläne er mit mir hatte.

Es wäre das gescheiteste, nichts mit dem Mann zu tun zu haben.

»Da ist noch etwas, My Lady«, fuhr Parry fort. »Der Admiral hat mich gebeten, Euch nahezulegen, der Frau seines Bruders einen Brief zu schreiben. Sie ist eine einflußreiche Frau, ihr Mann hört auf sie, und der Admiral würde es außerordentlich begrüßen, wenn Ihr Euch um ihre Freundschaft bemühtet. Was ihm vorschwebt, ist, daß Ihr sie – und durch sie ihren Mann – davon überzeugt, daß Euch sehr viel an einer Heirat mit dem Admiral liegt...«

»Parry, ich kann nicht glauben, daß er das gesagt hat«, unterbrach ich ihn ärgerlich.

»Doch, Madam, ich schwöre es Euch.«

»Dann«, entgegnete ich empört, »könnt Ihr ihm ausrichten, daß ich nichts dergleichen tun werde.«

Ich schickte ihn fort – mit äußerst unguten Gefühlen. Ich war nicht sicher, wieweit er über das– was geschehen war, Bescheid wußte. Daß Kat Ashley bestens informiert war, darüber bestand kein Zweifel, und Kats Mundwerk stand nie still.

Ich schickte nach Kat.

»Was habt Ihr Parry erzählt?« fuhr ich sie an. »Redet Ihr oft über mich?«

»Aber My Lady, er war schließlich Mitglied der Hofhaltung in Hunsdon. Er wird mit eigenen Augen so manches gesehen haben.«

Ich packte sie so fest beim Arm, daß sie zusammenzuckte. »Aber Ihr habt den Mund nicht halten können«, sagte ich.

»Ihr habt ihm erzählt, warum wir die Hofhaltung der Königin so überstürzt verlassen mußten, oder etwa nicht?«

»Nun ja, My Lady, er hat so viele Fragen gestellt...«

»Und Ihr habt sie ihm beantwortet! Das war Verrat.«

»My Lady, er würde es niemals weitererzählen. Ich habe es ihn schwören lassen, und er hat mir hoch und heilig versprochen, keiner Menschenseele je etwas zu verraten, selbst wenn er gefoltert und sein Körper von wilden Pferden auseinandergerissen würde.«

Ich ließ ihren Arm los, aber meine Furcht verließ mich nicht; sie nahm eher zu. »Manchmal«, sagte ich zu Kat, »ist mir der Admiral geradezu unheimlich. Und alles, was mit ihm zusammenhängt.«

»Ihr macht Euch unnötige Sorgen, My Lady. Er ist ein bezaubernder Herr. Darin sind Parry und ich uns einig: Es gibt keinen Mann auf der ganzen Welt, den wir so gerne an Eurer Seite sähen wie ihn.«

Die bloße Vorstellung flößte mir Unbehagen ein. Der ›bezaubernde Herr‹ verlor einen großen Teil seines Zaubers, wenn er nicht in meiner Nähe war. Dann drängte sich mir der Gedanke an alle möglichen Gefahren auf, die eine Verbindung mit ihm heraufbeschwören könnte. Und da er sich für meinen Besitz nicht minder lebhaft zu interessieren schien als für mich, zweifelte ich nicht daran, daß er zu diesem Besitz auf die Aussicht auf die englische Krone zählte. Ich wußte, daß ich mit äußerster Vorsicht zu Wege gehen mußte.

Im Laufe der folgenden Wochen sollte mir mit beispielloser Deutlichkeit bewußt werden, welch beängstigenden Gefahren all diejenigen ausgesetzt sind, die einen – wenn auch noch so bescheidenen – Anspruch auf die Krone haben.

Es war an einem kalten Tag im Januar, als ich in meiner Residenz in Hatfield erfuhr, daß Thomas Seymour verhaftet worden war. Ich zog mich sogleich in meine Gemächer zurück. Ich zitterte am ganzen Körper und bekam so heftige Kopfschmerzen, daß ich mich hinlegen mußte. Kat kam herbeigeeilt und legte sich zu mir aufs Bett, und dann sprachen wir über den Admiral.

Kat sagte: »Das hat er seinem Bruder zu verdanken. Der war schon immer eifersüchtig, weil der Admiral so viel besser aussieht und wesentlich beliebter ist als er selbst.«

Ich antwortete: »Mir scheint, der Admiral ist auch nicht gerade frei von Neid auf seinen Bruder. Aber hütet Eure Zunge, Kat. Ein allzu loses Mundwerk kann gefährlich werden – jetzt mehr denn je.«

Ich glaube, sogar Kat leuchtete das ein.

Wir erfuhren schließlich, welche Anschuldigungen gegen ihn erhoben worden waren. Wie sich herausstellte, hatte er in der Tat mit dem Feuer gespielt. Ich wußte, daß er immer schon den Wunsch gehabt hatte, den König zu bevormunden, und daß es sein Ziel war, ihn mit Jane Grey zu verheiraten, die sich als ebenso gefügiges Werkzeug erwiesen hätte wie der junge Edward; beide zusammen wären geradezu ideale Marionetten in den Händen Thomas Seymours gewesen, der sich danach sehnte, das Königreich zu regieren.

Doch man regiert ein Land nicht mit gutem Aussehen, wohlklingenden Worten und forschen Manieren. Man braucht dazu Scharfsinn und Weitsicht, und es sah ganz so aus, als verfüge Thomas Seymour weder über die eine noch über die andere dieser beiden überaus nützlichen Eigenschaften.

Er hatte sich seinen Bruder zum Feind gemacht, der als Reichsprotektor der mächtigste Mann im Lande war. Er hatte nicht einsehen wollen, daß Somerset Einfluß auf den König ausüben sollte, nur weil er dessen älterer Onkel war, während er, Thomas, des Königs Lieblingsonkel war.

Wir erfuhren auch, daß er versucht hatte, den König gegen Somerset aufzuhetzen. Edward verfügte über wenig Taschengeld und Thomas hatte ihm heimlich Geld zugesteckt. Somerset hielt Edward absichtlich kurz, weil er Zucht und Ordnung und eine strenge Hand für unverzichtbar in der Erziehung dieses so überaus wichtigen Jungen hielt. Thomas hatte Edward besucht, ihn bedauert und die unvorstellbare Kühnheit und Torheit besessen, mit ihm Möglichkeiten zu erörtern, Somerset loszuwerden – ihn notfalls zu töten, so wurde berichtet –, damit Edward endlich als richtiger

König regieren und Onkel Thomas als seine rechte Hand ihm dabei helfen könne.

Somerset hatte bereits einige Zeit zuvor Streit mit seinem Bruder wegen dessen übereilter Heirat mit Katharine Parr gehabt, und nach Katharines Tod entbrannten die Auseinandersetzungen um ihre Juwelen erneut. Sie seien Eigentum der Krone, sagte Somerset. Doch Thomas weigerte sich, sie herzugeben.

Thomas hatte geglaubt – und sein Privatleben lieferte hierfür hinreichend Beweise –, daß sein Charme ihm immer helfen werde, sich aus brenzligen Situationen zu befreien. Er hatte stets mehrere Eisen im Feuer und hielt sich gern ein Hintertürchen offen. Er konnte versuchen, Edward zu seinem willigen Werkzeug zu machen – oder mich zu heiraten. Daher hatte er auch keinerlei Bedenken, es mit seinem mächtigen Bruder aufzunehmen. Er begann, eine Schar von Freunden um sich zu versammeln, die sich Vorteile davon versprachen, Somerset zu stürzen und Thomas an seine Stelle zu setzen. Er prahlte damit, er wolle ›das schwärzeste Parlament einsetzen, das England je gehabt habe‹ – Worte, die von Leuten aufgeschnappt wurden, für deren Ohren sie nicht bestimmt waren, und die daraufhin Somerset und dem Staatsrat zugetragen wurden. Er begann, im Schloß von Sudeley eine Waffensammlung anzulegen. Er ließ sich mit einem gewissen Sir William Sharington ein, der Vizeschatzmeister und Leiter des Münzamtes zu Bristol war. Wie später bekannt wurde, hatte Sharington einen Betrug ungeheuerlichen Ausmaßes begangen, indem er goldenes und silbernes Tafelgeschirr und Altargerät aus Kirchenbeständen aufgekauft und zu Münzen hatte prägen lassen, die zu zwei Dritteln aus einer Legierung bestanden; außerdem hatte er die Akten des Münzamtes gefälscht und so die Krone einer Summe von etwa viertausend Pfund beraubt. Der Admiral hatte den gigantischen Schwindel aufgedeckt, aber anstatt Sharington vor Gericht zu bringen, hatte er ihn erpreßt und gezwungen, mit dem Betrug fortzufahren und den Löwenanteil des Gewinns ihm selbst, Thomas Seymour, zu überlassen, damit er mit Hilfe dieser Summe ein Söldnerheer aufstellen könne. Sharington jedoch ging nur zum Schein auf diese Bedingungen ein. In Wirklichkeit suchte er Somerset auf und gestand ihm den Betrug, dessen er sich in der Vergangenheit schuldig gemacht hatte und den zu begehen der Admiral ihn gegenwärtig zwang. Somerset verzichtete darauf, Sharington zu bestrafen. Er war nun im Besitz des Beweismaterials, das er benötigte – und das ihn berechtigte, seinen Bruder wegen Verrats festzunehmen.

Sir Thomas Seymour, der Mann, der so gern mein Liebhaber geworden wäre, saß im Tower.

Ich dachte viel über ihn nach, und böse Vorahnungen machten mir das Herz schwer. Ich war alt genug, um mir darüber im klaren zu sein, daß auch für mich Gefahr bestand, in die Angelegenheit hineingezogen zu werden, aus dem einfachen Grunde, weil allgemein bekannt war, daß er mich heiraten wollte, und weil ich gewisse Aussichten hatte, irgendwann einmal die Thronfolge anzutreten.

Ich kehrte von einem Ausritt in die Wälder zurück und war in Gedanken noch bei Thomas Seymour. Ich fragte mich, ob der Lord Protektor wohl tatenlos zusehen würde, wenn man seinen Bruder zum Tode verurteilte. Schließlich waren die beiden blutsverwandt. Gab es Menschen, die vor lauter Ehrgeiz vergaßen, daß sie gemeinsam aufgewachsen waren und als Kinder miteinander gespielt hatten?

Mein Bruder Edward hatte vor dem Staatsrat ausgesagt, daß Thomas ihn tatsächlich mit Geld bestochen habe, und bestätigt, daß jene Gespräche über Möglichkeiten einer Verschwörung gegen den Lord Protektor wirklich zwischen ihnen stattgefunden hätten. Ich wunderte mich über Edward. Er war doch ein so besonnener, ernster Junge, und ich hatte immer angenommen, er habe Thomas gern gehabt. Wie hatte er ihn dann nur verraten können – dazu noch, ohne mit der Wimper zu zucken? Ich verstand meinen Bruder nicht. Als kleines Kind war er mir immer so anhänglich erschienen. Andererseits stand fest, daß Thomas ihn für seine Zwecke benutzt hatte. Und es war lange her, daß ich engen Kontakt mit meinem Bruder gehabt hatte. Man hatte ihn mir ja damals weggenommen und einen König aus ihm gemacht. Man hatte ein Kind zum König gemacht, das den Listen und Intrigen dieser gerissenen Seymours, wie ich sie alle inzwischen nannte, schutzlos ausgeliefert war.

Als ich den Palast von Hatfield erreichte, fiel mir auf, daß eine unnatürliche Stille herrschte. Die Stallknechte nahmen mir meine Pferde ab, und ich betrat das Haus. Dort kamen ein fremder Mann und eine fremde Frau auf mich zu, um mich zu begrüßen. Der Mann verneigte sich; die Frau machte einen Knicks, während ich beide mißtrauisch von der Sdeite ansah.

»My Lady«, sagte der Mann, »ich muß mich Euch vorstellen. Ich bin Sir Robert Tyrwhit, und dies ist meine Frau. Wir sind vom Lord Protektor heruntergeschickt worden, um die Leitung Eurer Hofhaltung zu übernehmen.«

»Ich... verstehe nicht.«

»Es sind gewisse Änderungen vorgenommen worden«, fuhr er fort.

»Änderungen! Ohne mich zu fragen?«

»Ja, My Lady.«

»Ich erwarte genauere Erklärungen.«

»Eure Bedienten John und Katharine Ashley haben zusammen mit Thomas Parry Hatfield verlassen.«

»Hatfield verlassen.«

»Hatfield verlassen! Aber sie waren doch noch hier, als...«

»Sie gingen, als wir kamen.«

»Sie gingen! Ohne meine Erlaubnis! Mein Herr, dies ist meine Hofhaltung. Ich habe hier zu bestimmen.«

»Nein, My Lady. Ich handele auf Befehl des Protektors und des Staatsrates. Meine Frau wird Frau Ashleys Aufgaben übernehmen.«

»Wo ist Kat Ashley denn?«

»My Lady, sie befindet sich auf dem Weg zum Londoner Tower, um dort einige Fragen zu beantworten.«

Mir war, als ob sich die Halle vor meinen Augen drehte. Meine Schläfen pochten, und ich spürte, wie jene schrecklichen Kopfschmerzen wiederkamen.

Er fuhr fort: »Frau Ashleys Ehemann und Euer Schatzmeister Parry sind bei ihr. Sie sollen ebenfalls vernommen werden.«

»Aber... wieso denn?«

Dieser Tyrwhit war mir durch und durch zuwider. Er warf mir einen verschlagenen Blick zu. »Diese Frage könnt Ihr vielleicht besser beantworten als ich, My Lady.«

Der Mann war unverschämt. Wie konnte er es nur wagen! Und dann begriff ich plötzlich, was der Grund für sein dreistes Auftreten war. Was ich die ganze Zeit über befürchtet hatte, war eingetreten: Ich stand unter Verdacht. Seine Anwesenheit bedeutete nichts anderes, als daß ich in meinem eigenen Hause von ihm bewacht werden sollte.

Er wandte sich an seine Frau. »Bitte, begleitet die Prinzessin in ihre Gemächer. Die Nachricht war ein Schock für sie.«

Lady Tyrwhit kam auf mich zu und legte ihre Hand auf meinen Arm. Ich schüttelte sie ärgerlich ab.

»In dieser Angelegenheit ist das letzte Wort noch nicht gesprochen.« Ich besann mich darauf, daß ich immer noch die Tochter des verstorbenen Königs war. »Ich werde weiterhin auf einer Erklärung bestehen.«

»Ihr werdet sie zweifellos bald erhalten, My Lady.« In seinen Worten lag eine Drohung, und mir brach der Angstschweiß aus. Obwohl ich durchaus meine Befürchtungen gehabt hatte, war die Entwicklung der Dinge doch eine böse Überraschung für mich.

Meine Kopfschmerzen nahmen zu, aber ein Gedanke übertönte hartnäckig das Dröhnen in meinem Kopf: Sei ganz ruhig. Sei auf der Hut. Du bist in akuter Gefahr.

Wie unglücklich war ich doch ohne Kat! Ich hatte die leichtfertige Person nun einmal gern und machte mir große Sorgen um sie. Und Parry... der Wirrkopf Parry, der nicht einmal in der Lage war, die Übersicht über die Buchführung zu behalten, wie würde er ein Verhör, vielleicht sogar die Folter überstehen?

Ich haßte Lady Tyrwhit, vor allem deshalb, weil sie nicht Kat war. Ich starrte sie feindselig an und weigerte mich, auch nur ein Wort mehr als unbedingt nötig mit ihr zu reden. Sie war eine geduldige Frau und ließ sich keinerlei Verärgerung anmerken. Eigentlich benahm sie sich ganz so wie ein Gefängniswärter, und selbst bei ihr bemerkte ich jenes fast unmerkliche Zögern, jene Zurückhaltung, die die Menschen im Umgang mit all denen an den Tag legen, die einen Anspruch auf den Thron haben. Sie geben dadurch zu erkennen, daß sie im Grunde ihres Herzens nicht glauben, daß man jemals diesen hohen Rang einnehmen wird, daß die Vorsicht sie aber veranlaßt, kein Risiko einzugehen – für den Fall, daß es einem doch gelingen sollte.

Ich weiß nicht mehr, wie viele Tage vergangen waren, als Sir Robert Tyrwhit mich in meinen Gemächern aufsuchte. Er hatte ein Bündel Papiere in der Hand. Diese Schriftstükke, erklärte er, seien die Geständnisse von Parry und Katharine Ashley.

Ich nahm die Dokumente und las sie durch. Nichts fehlte. Die Balgereien im Bett, das Kitzeln, das Aufschlitzen des Kleides, Thomas' morgendliche Besuche in meinem Schlafzimmer, sein Erscheinen im Nachthemd und mit bloßen Füßen – alles kam vor. Sie hatten alles verraten. Und Parry hatte noch beteuert, er würde selbst dann nichts ausplaudern, wenn wilde Pferde seinen Körper auseinanderrissen. Wie anders sah doch die Wirklichkeit aus!

Ich machte ihnen jedoch keine Vorwürfe. Ich stellte sie mir nur vor – vor allem Kat –, wie sie in einem düsteren Verlies zitternd vor Angst auf die Stunde des Verhörs gewartet und zweifellos mit Schrecken an die grauenhaften Instrumente gedacht hatten, die oft eingesetzt wurden, um Geständnisse zu erzwingen. Der bloße Gedanke daran, daß man Kat auf der Folterbank mißhandelt haben könnte, war mehr, als ich ertragen konnte. Ich verzieh ihnen – nur zu gern –, daß sie alles preisgegeben hatten, was sie gewußt hatten.

Ich wurde krank – und war froh darüber. Denn so konnte ich mich mit gutem Grund in meinem Schlafzimmer verkriechen und brauchte mit niemandem zu sprechen außer mit Lady Tyrwhit, und auch nur dann, wenn es unbedingt nötig war. Mir fiel ein, daß sie Hofdame bei meiner Stiefmutter gewesen war und ihr in ihrer Todesstunde zur Seite gestanden hatte, als Katharine den Admiral beschuldigt hatte, ihr Böses zu wünschen und sich nur danach zu sehnen, ›mit anderen‹ zusammenzusein. Damit hatte sie mich gemeint.

Sobald ich mich daran erinnerte, konnte ich mir den heimlichen Triumph in Lady Tyrwhits Verhalten mir gegenüber erklären: Nun endlich litt auch ich, nachdem ich ihrer geliebten Herrin so viel Leid zugefügt hatte.

Gleichzeitig wurde mir bewußt, daß Lady Tyrwhit auch ihre guten Seiten hatte; jedenfalls gefiel sie mir besser als ihr widerlicher Ehemann.

Das ganze Land redete über Thomas Seymour. Er hatte mit seinem imponierenden Auftreten und seinem guten Aussehen schon immer die Aufmerksamkeit der Menschen erregt, und jetzt bestätigte sich erneut, was mir längst aufgefallen war, daß nämlich den Leuten kaum etwas größeres Vergnügen bereitet, als Zeugen des Mißgeschicks ehemals Mächtiger zu sein.

Sie redeten weniger über seinen Verrat an der Krone als über seine ehelichen Eskapaden. Der Skandal im Münzamt zu Bristol war nicht halb so interessant wie sein Leben mit der Königinwitwe. Ihm wurde nachgewiesen, daß er zuerst sein Glück bei mir versucht hatte und daß er, wie ich zu meinem Erstaunen und Entsetzen erfuhr, außerdem ein Auge auf Prinzessin Mary und Lady Jane Grey geworfen hatte – ausnahmslos junge Frauen mit einem gewissen Anspruch auf den Thron. Hatte er etwa seine Frau vergiftet? fragte man sich. Immerhin hatte sie ihm auf dem Totenbett vorgeworfen, er wolle sie loswerden. Und hatte er nicht der jungen Prinzessin Elizabeth schöne Augen gemacht?

Es drängt sich die Frage auf, wie es kommt, daß solch private Angelegenheiten immer wieder an die Öffentlichkeit dringen. Nun, wie jede Königstochter weiß, lauern überall Spione. Und das betrübliche an der üblen Nachrede ist, daß ihre Verbreitung von Ausschmückungen begleitet ist. Sie breitet sich aus wie ein Krankheitsherd. Sie wächst wie eine bösartige Geschwulst.

Sie machte auch vor meinem Ruf nicht halt. Seymour und ich seien ein Liebespaar gewesen, hieß es. Ich hätte sogar ein Kind von ihm bekommen. Einem Gerücht zufolge soll eine Hebamme ausgesagt haben, sie sei in einer dunklen Nacht zu einem Haus gebracht worden, und zwar mit verbundenen Augen, so daß sie den Weg nicht habe ausmachen können. In dem Haus habe sie außer Kerzenschein nichts erkennen können, aber sie sei ganz sicher, daß es eine blonde junge Dame gewesen sei, die sie von einem Kind entbunden habe. Es kursierte sogar eine noch gräßlichere Version dieser Geschichte. In der wurde behauptet, das Kind sei gleich nach der Geburt fortgebracht und getötet worden.

Nun sah ich ein, daß es eine unglaubliche Torheit gewesen war, dem Admiral zu erlauben, mir den Hof zu machen, solange er mit meiner Stiefmutter verheiratet war. Ich war auf ihn hereingefallen und hatte mich zum Narren gemacht. Aber was mich ungeheuer empörte, war die Abscheulichkeit der Anschuldigungen, die gegen mich erhoben wurden.

Ich überlegte hin und her. Dann nahm ich meinen ganzen Mut zusammen und verfaßte, wenn auch mit bangen Gefühlen, einen sorgfältig formulierten Brief an den Lord Protektor, in dem ich meine Hoffnung und mein Vertrauen darauf ausdrückte, daß er mir wohlgesinnt sei. Ich bat ihn freiheraus, dafür zu sorgen, daß keine weiteren Unwahrheiten über mich verbreitet würden; den Menschen müsse klargemacht werden, daß die Gerüchte über mich nichts als Lügen seien, erklärte ich, und ich sei ganz sicher, daß es sein und des Staatsrates Wunsch sei, die Schwester des Königs vor solchen verleumderischen Anschuldigungen zu bewahren.

Der Staatsrat reagierte auf den Brief, indem er mir versicherte, daß alle diejenigen, die Lügen über mich verbreiteten, angemessen bestraft würden, sofern ich die Schuldigen benennen könnte.

Das war immerhin ein kleiner Trost.

Aber ich sorgte mich um Kat. Ich sehnte mich nach ihrer Gesellschaft. Ich vermißte ihre Freundschaft und ihr Geplauder. Und ich beschloß, den Protektor zu bitten, sie zu mir zurückkehren zu lassen. Ich konnte den Gedanken, daß sie als Gefangene im Tower festgehalten wurde, einfach nicht ertragen.

›Mylord‹, schrieb ich, ›ich wende mich mit einer Bitte an Euch. Auf die Gefahr hin, daß Ihr und der Staatsrat vielleicht denkt, ich hieße die Verfehlungen der Person gut, für die ich mich einsetze – Katharine Ashley nämlich –, flehe ich Euer Gnaden und die übrigen Mitglieder des Staatsrates an, ihr Milde widerfahren zu lassen. Meine Fürsprache bedeutet durchaus nicht, daß ich das Unrecht, das sie begangen hat, etwa beschönigen möchte – das wäre in der Tat ein Unrecht meinerseits, das ich bereuen müßte –, sondern gründet sich auf Überlegungen ganz anderer Art, die, wie ich inständig hoffe, Euer Gnaden und der Staatsrat als aufrichtige und einzige Beweggründe anerkennen werden. Erstens ist Katharine Ashley schon seit langer Zeit bei mir und hat in den vielen Jahren alles in ihrer Macht Stehende getan, mir Wissen zu vermitteln und mich Anstand zu lehren, wofür ich ihr aufrichtigen Dank schulde. Wie sagt doch St. Gregor: ›Weitaus mehr als unseren leiblichen Eltern sind wir denen gegenüber verpflichtet, die uns eine gute Erziehung angedeihen lassen; denn indem sie uns in die Welt setzen, erfüllen unsere Eltern nur ihre natürliche Bestimmung, unsere Erzieher jedoch sorgen dafür, daß wir in dieser Welt ein gutes Leben führen.‹ Der zweite Grund meiner Fürsprache ist meine Überzeugung, daß Frau Ashley, was immer sie im Zusammenhang mit den Heiratsabsichten des Lord Admiral an Ungeschicklichkeiten begangen haben mag, in gutem Glauben gehandelt hat: Da ihr bekannt war, daß der Lord Admiral dem Staatsrat angehörte, ging sie davon aus, daß er bezüglich der geplanten Heirat mit mir keinerlei Schritte ohne die Zustimmung des Staatsrates unternehmen werde; ich erinnere mich, daß sie wiederholt betont hat, für mich komme nur eine Ehe in Frage, die mit Euer Gnaden und des Staatsrates wohlwollendem Einverständnis geschlossen werde. Der dritte Grund ist meine ernste Befürchtung, die Menschen könnten glauben, ich selbst sei nicht minder schuld an dem, was Katharine Ashley vorgeworfen werde, und bliebe nur aufgrund meiner Jugend und deshalb vor Strafen verschont, weil meine Erzieherin, die mir so viel bedeutet habe, an meiner Stelle in jenem schrecklichen Gefängnis leide...

Ferner ersuche ich – wenn ich mir diese Kühnheit erlauben darf, ohne Unwillen zu erregen – Euer Gnaden und die Angehörigen des Staatsrates, Milde gegenüber Master Ashely, dem Ehemann Katharine Ashleys, walten zu lassen, denn er ist mein Verwandter und sein Wohl liegt mir am Herzen.

Ist meine Macht auch gering, so versichere ich Euch dennoch meiner aufrichtigen Freundschaft.
Elizabeth.‹

Ich hoffte, meine Bitte werde nicht auf taube Ohren stoßen. Irgendwie vertraute ich Somerset. Zwar besaß er nicht im entferntesten den Charme und das gute Aussehen seines Bruders, aber ich hielt ihn für gerecht und anständig – soweit man das von Menschen sagen kann, für die das Streben nach Macht das wichtigste Lebensziel ist.

Ich war wie betäubt, als jemand, der mir freundlich gesinnt war, mir zuflüsterte, der Admiral sei zum Tode verurteilt worden. Ich konnte sicher sein, daß der Spion Tyrwhit mich genau beobachten würde. Daher mußte ich mir vornehmen, keinerlei Gefühlsregung zu zeigen, wenn mir die Nachricht von seiner Hinrichtung überbracht würde.

Sie erreichte mich an einem stürmischen Tag im März. Ich war gewappnet. Als Tyrwhit mich aufsuchte, war er nicht allein. Er benötigte Zeugen dafür, wie ich die Nachricht aufnähme, so daß er seinen Auftraggebern glaubhaft würde Bericht erstatten können.

»My Lady«, sagte er, »heute hat Thomas Seymour seinen Kopf auf den Richtblock gelegt.«

Sie beobachteten mich genau, jeder einzelne von ihnen. Ich faltete die Hände. Sie zitterten nicht.

Dann erklärte ich klar und deutlich, denn ich hatte mir längst eine passende Antwort zurechtgelegt: »Heute starb ein Mann von gewinnendem Witz und geringer Weitsicht.«

Daraufhin empfahl ich mich würdevoll und begab mich in meine Gemächer.

Die Gefangene im Tower

Drei Jahre waren seit Thomas Seymours Tod vergangen, und es war mir, glaube ich, gelungen, durch untadeligen Lebenswandel die Skandalgeschichten, die über mich verbreitet worden waren, in Vergessenheit geraten zu lassen. Ich war damals sehr krank geworden. Offenbar waren die Auswirkungen der seelischen Belastung, der ich ausgesetzt gewesen war, erst nach dem Tode des Admirals in vollem Umfang zutage getreten. Dabei hatte ich ihn im Grunde gar nicht geliebt – welcher Art genau meine Gefühle für ihn waren, kann ich, offen gestanden, auch heute noch nicht präzise beschreiben –, aber der Tod ist etwas so Unwiderrufliches, daß die Nachricht vom Hinscheiden eines Menschen, den man gut gekannt hat, unweigerlich ein Schock ist, um so mehr, wenn man selbst um sein Leben hat bangen müssen.

Ich zweifelte nicht daran, daß meine Jugend und die Tatsache, daß man in mir keine politische Schlüsselfigur gesehen hatte, meine Rettung gewesen waren. Doch ich war mir darüber im klaren, daß mit fortschreitendem Lebensalter auch die Gefahren zunehmen würden, die rings um mich lauerten.

Während der Monate, die dem Tod des Admirals folgten, war Lady Tyrwhit sehr freundlich zu mir, und ich faßte eine aufrichtige Zuneigung zu ihr; dennoch konnte niemand Kat ersetzen. Wie es schien, war der Protektor ein wenig um meine Gesundheit besorgt, denn er schickte mir Doktor Bill, einen guten Arzt, der mich untersuchen sollte. Doktor Bill erkannte, daß die Ursache meiner Krankheit nicht allein physischer Natur war, und er verordnete die Rückkehr meiner früheren Erzieherin, die inzwischen aus dem Tower entlassen worden war, aber strikte Anweisung erhalten hatte, mich nicht wiederzusehen; er war überzeugt, daß ihre Gesellschaft meiner Genesung förderlicher sein werde als jede Medizin.

Zu meiner großen Freude erklärte der Protektor sich einverstanden. Was war das ein Jubel, als wir wieder vereint waren! Wir fielen einander um den Hals und weinten vor Glück und mußten einander immer wieder versichern, daß unser Wiedersehen nicht etwa ein Traum, sondern Wirklichkeit war.

Die arme Kat! Sie hatte Schreckliches durchgemacht, und sie sprach mit mir über die Ängste, die sie ausgestanden hatte, als man sie von Hatfield fortgebracht hatte. »Der Tower, My Lady... und dann haben wir Euch auch noch verraten. Parry und ich haben Euch verraten...«

Ich nahm sie in die Arme, gab ihr einen Kuß und sagte zu ihr, sie sei wirklich eine ganz gräßliche alte Verräterin und ich könne selbst nicht sagen, warum ich sie so gern hätte, worauf sie mir ganz ernst versicherte: »Für Euch würde ich mein Leben hergeben.« Ich wußte daß sie es ernst meinte, und hoffte inbrünstig, es möge ihr in Zukunft erspart bleiben, die Folterbank auch nur von weitem noch einmal zu sehen.

Kurze Zeit nach Thomas' Hinrichtung begannen dunkle Wolken über dem Protektor aufzuziehen. Das Land befand sich in schlechtem Zustand. Im Norden gab es Ärger mit den Schotten, die bereits mehrere Burgen im Grenzgebiet zwischen England und Schottland eingenommen hatten, und die Franzosen erklärten uns den Krieg; die meisten Spannungen schienen sich jedoch aus den Glaubensstreitigkeiten zu ergeben, die im Lande selbst für Unfrieden sorgten. Hinzu kam, daß infolge von Fehleinschätzungen zuviel Ackerland in Weideland umgewandelt wurde, was eine wirtschaftliche Notlage und eine Währungskrise zur Folge hatte. In Oxfordshire, Buckinghamshire und Norfolk kam es zu Aufständen, und vor allem die Unruhen in Norfolk entwickelten sich zu einer Revolte, die mehr als nur ein Bauernaufstand war. Die Rebellion wurde schließlich erfolgreich niedergeschlagen, und zwar von John Dudley, dem Grafen von Warwick, einem Mann von ungeheurem politischem Ehrgeiz. Sein Triumph in Norfolk war der Beginn seiner Kampagne gegen den Lord Protektor; offenbar wollte er Somerset aus seinem Amt verdrängen, um es selbst zu übernehmen. Ich kannte John Dudley selbst nicht, aber ich erinnerte mich an einen seiner Söhne, dem ich einmal begegnet war, als ich ungefähr acht Jahre alt gewesen sein muß; er hatte damals einen Besuch bei Hofe gemacht, und wir hatten miteinander getanzt. Er war etwa ein Jahr älter als ich, und irgend etwas muß uns gegenseitig fasziniert haben, denn wir hatten uns sogleich zueinander hingezogen gefühlt. Ich glaube, es lag daran, daß wir beide ungewöhnlich selbstbewußt waren, obwohl wir noch Kinder waren.

Nach seinem Sieg über die aufständischen Bauern von Norfolk suchte John Dudley – damals noch Graf von Warwick – zusammen mit zweihundert Hauptleuten Seymour auf und forderte mehr Sold für die Arbeit, die sie geleistet hatten. Als der Protektor diese Forderung ablehnte, drohte Warwick damit, eine Truppe von Männern zusammenzustellen, die der Herrschaft Seymours überdrüssig geworden seien, und den Protektor mit Hilfe dieses Heeres zu stürzen. Somerset gelang es jedoch, selbst ein Heer von zehntausend Mann aufzustellen und sich mit dem König nach Windsor zurückzuziehen. Aber zu der Zeit war der Staatsrat seine Herrschaft längst leid – Somerset war trotz seines persönlichen Ehrgeizes zwar ein fähiger Mann, aber er regierte mit eiserner Faust und war, im Gegensatz zu seinem Bruder, barsch im Umgang mit anderen; das hatte ihm nicht gerade Sympathien eingebracht.

Sein Stern war eindeutig im Sinken, und es dauerte nicht lange, bis auch er des Verrats beschuldigt, verurteilt und in den Tower geworfen wurde.

Wie froh und dankbar war ich damals, in sicherer Entfernung vom königlichen Hof zu leben! Ich fragte mich, welche Rolle mein Bruder wohl bei der Verhaftung Somersets gespielt haben mochte. Ob auch er sich voller Groll der Zeiten erinnert hatte, als der strenge Somerset die Daumen auf dem Geldbeutel gehalten und ihm nur ein knauseriges Taschengeld bewilligt hatte?

Warwick übernahm das Amt des Protektors, aber er konnte sich nicht dazu durchringen, Somersets Hinrichtung zuzustimmen – andere übrigens ebensowenig; vermutlich war ihnen der Gedanke gekommen, daß ihnen leicht dasselbe Schicksal widerfahren könnte wie Somerset.

Dieser wurde also freigelassen, und als seine älteste Tochter, Anne, Warwicks ältesten Sohn, Viscount Lisle, heiratete, sah es so aus, als hätten die beiden Familien ihren Streit beigelegt. Vielleicht hoffte Somerset, seinen früheren Einfluß wiederzuerlangen. Vielleicht fürchtete Warwick auch nur eine Rückkehr Somersets an die Macht. Jedenfalls dauerte es nicht lange, und der Onkel des Königs befand sich erneut in großer Gefahr.

Zwischen Somerset Seymour und John Dudley entbrannte ein erbitterter Kampf. Beide hatten einflußreiche Anhänger, aufgrund seiner verwandtschaftlichen Beziehungen zum König schien Seymour jedoch im Vorteil zu sein, obwohl Edward diesen Onkel nie besonders gemocht hatte. Edwards Lieblingsonkel war stets Thomas gewesen – andererseits hatte er trotz aller Freundschaftsbeweise gegen ihn ausgesagt. Ich wurde aus meinem kleinen Bruder nicht recht schlau. Er hatte etwas Kühles und Abweisendes an sich. Wenn er sich einmal etwas in den Kopf gesetzt hatte, war es außerdem schwer, ihn davon abzubringen, und er hatte sich mit zunehmendem Fanatismus dem reformierten Bekenntnis zugewandt.

Vielleicht hätte das Schicksal es noch einmal gut mit Somerset Seymour gemeint, wenn er nicht krank und bettlägerig geworden wäre. In Somersets Krankheit sah John Dudley seine große Chance. Er legte sich auf der Stelle einen Titel zu, der weitaus imposanter war als der eines bloßen Grafen von Warwick: Aus John Dudley wurde der Herzog von Northumberland, und Dudleys engste Freunde wurden unverzüglich in den hohen Adelsstand erhoben.

Einer seiner Anhänger, ein gewisser Sir Thomas Palmer, der seinerzeit meinem Vater treu gedient und außer dem Ruf eines mutigen Kämpfers ansehnliche Besitztümer erworben hatte, gelangte eines Tages zu der Auffassung, daß ihm das Seymour-Regime nicht den erhofften Wohlstand und Einfluß gebracht habe und daß es gescheiter sei zu versuchen, unter John Dudley Karriere zu machen. Also stattete er dem Herzog einen Besuch ab und bat ihn, mit ihm einen Spaziergang in seinen Gärten zu machen, wo sie ungestört würden reden können. Der Herzog willigte ein und Palmer weihte ihn in etwas ein, daß er ›die Verschwörung‹ nannte. Er sagte, er habe Beweise dafür, daß Somerset Seymour beabsichtige, den neu ernannten Herzog von Northumberland zu töten. Jeder Zweifel sei ausgeschlossen, denn er selbst sei einer der Verschwörer gewesen. Er habe jedoch seine Meinung geändert und inzwischen nicht mehr die Absicht, Somerset in seinem Vorhaben zu unterstützen; daher ergebe er sich Northumberland auf Gnade und Ungnade. Ziel der Verschwörung sei es gewesen, das Land gegen Northumberland aufzuwiegeln und so seinen Sturz herbeizuführen.

Kurz darauf wurde Somerset Seymour erneut festgenommen und in den Tower gebracht.

Sechs Wochen lang wurde er dort gefangengehalten, während belastendes Beweismaterial gegen ihn zusammengetragen und geprüft wurde. Dann wurde er beschuldigt, die Zerstörung Londons geplant und Vorbereitungen getroffen zu haben, den Tower und die Insel Wight in seine Gewalt zu bringen, um sich und seinen Nachkommen die englische Königskrone zu sichern.

Ich konnte kaum glauben, daß der Mann, der so lange Zeit ein ehrfurchtgebietender Machthaber gewesen war, nun selbst ein Gefangener war.

Bereits einige Monate vor diesen Ereignissen hatte ich mich aus der Abgeschiedenheit meines Lebens fern vom Zentrum der Macht hervorgewagt. Ich ging davon aus, daß die alten Skandalgeschichten inzwischen in Vergessenheit geraten waren, und hatte wenig Lust, für den Rest meines Lebens auf dem Lande begraben zu sein. Es mochte schon stimmen, daß ich dort sicherer war, aber nachdem fast zwei Jahre der unfreiwilligen Zurückgezogenheit, die der Hinrichtung des Admirals gefolgt war, verstrichen waren, fühlte ich mich so sehr von der Außenwelt abgeschnitten, daß ich mich nach Abwechslung sehnte, wie gefährlich sie auch sein mochte.

Meine Schwester Mary war ein paar Tage vor mir in London eingetroffen und herzlich begrüßt worden, aber Mary war eine so überzeugte Katholikin und hielt so kompromißlos an den alten Bräuchen fest, daß die Menschen ihre Schritte doch mit einem gewissen Argwohn verfolgten, und als ich kurz nach ihr meinen Einzug in die Hauptstadt hielt, war deutlich zu spüren, daß die Freude der Bevölkerung, mich wiederzusehen, groß war.

Es entging mir nicht, daß die Menschen sich zuflüsterten: »Wie sehr sie doch ihrem Vater ähnelt! Es kommt einem ja fast so vor, als reite der große Henry persönlich durch die Straßen! Genauso muß er als junger Mann ausgesehen haben.«

In der Tat hatte ich sein rotblondes Haar und seinen Teint geerbt. Und ich machte zu Pferde eine gute Figur. Ich hielt mich kerzengerade im Sattel, doch während er massig von Gestalt gewesen war, war ich ganz schlank. Das Volk jubelte mir zu: »Lang lebe Prinzessin Elizabeth!« Diese Worte klangen mir noch in den Ohren, nachdem ich längst meinen Ritt durch die Straßen der Stadt beendet hatte. Die lieblichste Musik hätte nicht betörender sein können. Nach den langen Monaten der Zurückgezogenheit konnte ich von der Bewunderung der Menschen nicht genug bekommen. Ihre Sympathie löste in mir ein überwältigendes Glücksgefühl aus. Ich konnte mir nichts Schöneres vorstellen, als mich mitten unter ihnen zu bewegen, in ihre lächelnden Gesichter zu sehen und zu hören und zu spüren, daß sie mich liebten.

Edward konnte es kaum erwarten, mich wiederzusehen, und tat sich keinen Zwang an, seine Zuneigung zu mir zu verbergen, was alle Anwesenden in Erstaunen versetzte, da er sich den meisten Menschen gegenüber so distanziert verhielt. Ich mußte ihm in allen Einzelheiten von meinen Studien mit Roger Ascham berichten, und wir unterhielten uns angeregt über Cicero und das griechische Testament, und bei alledem legte er eine Begeisterung an den Tag, wie er sie für die Belange seines Landes mit Sicherheit nicht aufbrachte.

Ich berichtete ihm vom Leben in meiner Hofhaltung und von dem neuesten Klatsch, den Kat Ashley in Erfahrung gebracht hatte, was ihn sichtlich amüsierte. Ich erzählte ihm ferner, daß zu meiner großen Freude auch Parry zu mir zurückgekehrt war, fügte aber hinzu, daß ich es nach allem, was geschehen war, vorzog, die Buchführung der Hofhaltung in Zukunft persönlich zu überwachen.

Wir lasen einander vor, übten uns spielerisch in lateinischer Konversation und verbrachten eine sehr glückliche Zeit miteinander.

Edward erwähnte den Konflikt zwischen Northumberland und Somerset mit keinem Wort, und ich war klug genug, das Thema nicht anzuschneiden, wenngleich ich nur zu gern gewußt hätte, wie Edward dazu stand; immerhin war der Gefangene, der im Tower seiner Hinrichtung entgegensah, sein eigener Onkel. Vielleicht war es ihm gleichgültig – ich mußte unwillkürlich daran denken, wie sehr er an Thomas gehangen hatte und wie wenig ihn allem Anschein nach dessen letzter Gang zum Schafott berührt hatte.

Ich war sehr beunruhigt, als ich einen Brief von Somerset Seymour erhielt, in dem er mich bat, beim König ein Wort für ihn einzulegen. Er schrieb, er wisse, welche Liebe der König mir entgegenbringe, und er sei überzeugt, daß ich sein Handeln beeinflussen könne wie niemand sonst. Er wäre mir dankbar, wenn ich den König an die enge verwandtschaftliche Beziehung zwischen ihnen beiden und an die Zuneigung erinnerte, die sein Onkel stets für ihn empfunden habe...

Ich dachte gründlich über dieses Anliegen nach. Natürlich hätte ich den Menschen gern bewiesen, welch großen Einfluß ich auf Edward hatte. Doch die Erfahrung hatte mich Vorsicht gelehrt. Denk an Thomas Seymour, warnte mich eine innere Stimme. Was auch immer geschieht, laß nicht zu, daß man dich in anderer Leute Streitereien verwikkelt. Wie würde Northumberland reagieren, wenn er erführe, daß ich für seinen Feind Partei ergriffen hätte?

Nein, ich durfte mich nicht in ihren Konflikt hineinziehen lassen.

»Da ich noch so jung an Jahren bin«, antwortete ich ihm, »habe ich keinerlei Möglichkeiten, irgend etwas für Euch zu tun«, und fügte erläuternd hinzu, daß der König von Beratern umgeben sei, die es übelnehmen könnten, wenn ich mit einer solchen Bitte an ihn heranträte.

Ich war so froh, dem zurückgezogenen Leben den Rücken gekehrt zu haben, und glücklich darüber, daß so viele Menschen sich drängten, mir ihre Reverenz zu erweisen. Ob das nun darauf zurückzuführen war, daß der König seine Zuneigung zu mir so offen zeigte, oder daß so manch einer bereits an die Zukunft dachte und daran, daß ich unter Umständen eines Tages Königin sein würde, konnte ich nicht mit Bestimmtheit sagen. Dennoch empfand ich all die Aufmerksamkeit, die mir erwiesen wurde, als große Genugtuung.

Im Jahr zuvor war Marie von Guise, die den König von Schottland geheiratet hatte, Gast in Schloß Hampton Court gewesen. Ihr war, nachdem sie in Joinville ihre Mutter besucht hatte, für die Reise von Frankreich nach Schottland sicheres Geleit versprochen worden, und als schwere Stürme ihr Schiff zwangen, den Hafen von Portsmouth anzulaufen, beschloß sie, ihre Reise zu unterbrechen und dem König in Hampton Court einen Besuch abzustatten. Ihr zu Ehren wurde ein großer Empfang gegeben, und obwohl sie sich mit ihrem Gefolge kaum länger als eine Woche im Lande aufhielt, beeinflußten sie und ihre Hofdamen doch ganz entscheidend die hiesige Mode. Alle Engländerinnen bemühten sich plötzlich, den französischen Kleidungsstil zu kopieren, und gingen dazu über, das Haar gekraust und lockig zu tragen – genauso wie die französischen Damen.

Die Folge war, daß alle unsere Damen ziemlich gleich aussahen. Ich beschloß daher, diese Mode nicht mitzumachen. Ich trug mein Haar glatt und bestand darauf, auch weiterhin schlichte, einfache Kleider anzuziehen. Das wiederum bewirkte, daß ich Aufmerksamkeit erregte, wo immer ich mich gerade aufhielt. Mochten die feinen Damen der höfischen Gesellschaft mich auch für altmodisch halten, den Leuten auf der Straße gefiel mein Aussehen. Überall machte man mir bezaubernde Komplimente – ›unsere durch und durch englische Prinzessin‹ nannte man mich, und die Zustimmung der Menschen auf den Straßen bedeutete mir mehr als die Schmeicheleien der oberflächlichen Gesellschaft bei Hofe. Vielleicht war der Beifall, der mir gezollt wurde, die

Bestätigung, daß ich erfolgreich begonnen hatte, ausschließlich ich selbst zu sein. Vielleicht war dies ein Vorgeschmack der Anerkennung, die mir dafür zuteil werden sollte, daß ich stets unbeirrt zu meiner persönlichen Meinung stand und mich von kurzlebigen Modeströmungen niemals mitreißen ließ – mochte es sich um Kleider oder um wichtigere Angelegenheiten handeln.

Die Dinge nahmen ihren Lauf, und schließlich trat das Unvermeidliche ein. Somerset Seymour endete auf dem Schafott – drei Jahre nach der Hinrichtung seines Bruders, des Admirals.

Unser Herrscher war nun John Dudley, der Herzog von Northumberland.

Ich erinnere mich noch deutlich an das Weihnachtsfest des Jahres 1552. Die Feierlichkeiten sollten in Greenwich stattfinden, und ich freute mich darauf, viel Zeit mit meinem Bruder zu verbringen.

Sobald ich ihm gegenüberstand, fiel mir auf, daß er einen erschöpfteren Eindruck machte als gewöhnlich, obwohl er nie wie das blühende Leben ausgesehen hatte. Ich erkundigte mich besorgt nach seinem Befinden, und er gestand mir, daß er sich mit einem scheußlichen Husten herumschlage, der ihn nachts um den Schlaf bringe.

Auf meine Frage, was seine Ärzte davon hielten, antwortete er: »Sie umlagern mich ständig.«

Die Weihnachtsfeierlichkeiten verliefen nach altem Brauch, und den meisten Anwesenden schienen die Veranstaltungen auch Freude zu machen; dennoch fiel mir auf, daß viele offensichtlich nachdenklich gestimmt waren, darunter auch der Herzog von Northumberland, und es war nicht schwer zu erraten, daß es vor allem der Gesundheitszustand des Königs war, der Anlaß zur Sorge gab.

Auch ich machte mir Sorgen, und mir war gar nicht wohl bei dem Gedanken daran, was geschehen könnte, wenn Edward stürbe. Nach dem Testament meines Vaters würde Mary Königin von England werden, doch seit vielen Jahren schon war die Bevölkerung in Glaubensfragen zutiefst gespalten. Mary war fanatisch in ihren religiösen Überzeugungen und hatte bereits erklärt, daß sie bereit sei, für ihren Glauben zu sterben; daher war davon auszugehen, daß sie, falls sie Königin würde, nichts unversucht lassen würde, England erneut dem Katholizismus zuzuführen. Gegen ein solches Bestreben herrschte im ganzen Land erbitterter Widerstand. Edward selbst zum Beispiel lehnte eine Rückkehr zum katholischen Glauben entschieden ab – sollte es allerdings soweit kommen, daß diese Frage ernsthaft zur Diskussion stünde, wäre er nicht mehr in der Lage, seine Meinung zu äußern!

Für den Fall, daß Edward sterben sollte, sah ich große Probleme auf uns alle zukommen. Ich mußte mich in allem, was ich sagte und tat, zu äußerster Besonnenheit zwingen, denn jeder meiner Schritte wurde genau beobachtet – daran würde sich auch in Zukunft nichts ändern. Falls Mary die Thronfolge antreten sollte und England wieder katholisch würde – was dann? Würde die schreckliche Inquisition auch in unserem Land Einzug halten? Immerhin war Marys Mutter Katharine von Aragon gewesen, und sie hatte Mary nicht nur nach spanischen, sondern auch nach römisch-katholischen Prinzipien erzogen. Meine Freunde versicherten mir, daß viele unserer Landsleute sich der Säuberungswelle widersetzen würden, die im Falle einer Thronfolge Marys dem reformierten Glauben drohte. Ich war jedoch entschlossen, in Glaubensfragen nur das zu tun, was ich für richtig hielt. Und jede Art von Fanatismus war mir gründlich zuwider.

Solche Gedanken drängten sich in Anbetracht der schlechten gesundheitlichen Verfassung, in der Edward sich befand, unwillkürlich auf. Und mir war durchaus bewußt, daß ich aufgrund meiner protestantischen Erziehung gefährlichen Zeiten entgegenging, mochte ich auch in religiösen Dingen noch so anpassungsfähig sein.

Ich war auf der Hut, in ständiger Alarmbereitschaft – dieses Weihnachtsfest war für mich in der Tat ein denkwürdiges Ereignis.

Ich weiß nicht, ob Edward spürte, daß es mit ihm zu Ende ging. Jedenfalls begann er in den folgenden Monaten, sich mit großem Eifer um die Armen und Bedürftigen zu kümmern. Er erwähnte sie mir gegenüber und sprach davon, daß es ihm in der Seele weh tue, ihre Leiden mitansehen zu müssen. Er habe die Absicht, etwas für sie zu tun, und sei fest entschlossen, diese Absicht zu verwirklichen, ganz gleich, wie viele Hindernisse ihm dabei in den Weg gelegt würden.

Wie sich herausstellte, stießen seine Vorschläge auf keinerlei Widerstand. Möglicherweise fühlten die Menschen seiner Umgebung sich verpflichtet, einem todgeweihten Jungen seinen Willen zu lassen.

Als erstes stellte Edward der Stadt London den Bridewell-Palast als Armen- und Arbeitshaus zur Verfügung, damit zumindest einige der Armen und Beschäftigungslosen der Stadt, die andernfalls obdachlos wären, ein sicheres Dach über dem Kopf hätten, solange sie die Regeln der Anstalt befolgten. Er verfügte ferner, daß das Christ's Hospital, das ehemalige Greyfriars-Kloster, in ein Heim für verarmte Gelehrte umgewandelt werde und daß das Spital von St. Thomas in Zukunft der Behandlung der Kranken unter den Armen Londons diene.

Diese Maßnahmen schienen ihm große Befriedigung zu verschaffen, und ich versicherte ihm, daß noch in Hunderten von Jahren davon die Rede sein werde, wieviel Gutes er getan habe. Das zu hören, beruhigte ihn und gab ihm zweifellos das Gefühl, etwas Wertvolles geschaffen zu haben, das seinen Tod zu überdauern versprach, ganz gleich, wie wenig er als König bewirkt hätte.

Ich hätte weinen können, als ich in sein blasses, hohlwangiges Gesicht blickte. In den Monaten, die seit Weihnachten vergangen waren, hatte er stark abgenommen. Er sagte, er fühle sich ständig erschöpft.

Als ich einmal durch die Straßen Londons ritt, stieß ich auf zwei Männer, die man an den Pranger gestellt hatte, und als ich mich erkundigte, was sie verbrochen hätten, wurde mir geantwortet, sie hätten unbedachte Bemerkungen über die Krankheit des Königs fallengelassen und behauptet, er werde langsam vergiftet. Mir lief ein kalter Schauer über den Rücken, obwohl ich nicht einen Augenblick glaubte, daß das der wahre Grund für die Bestrafung der Männer war. Die Antwort machte jedoch deutlich, daß das Land sich auf den Tod seines jugendlichen Königs vorbereitete. Daher begab ich mich so bald wie möglich nach Hatfield und beschloß, die Entwicklung der Dinge aus einer gewissen Entfernung im Auge zu behalten.

Treue Freunde, die sich um meine Zukunft sorgten, hielten mich über Northumberlands Vorgehen auf dem laufenden und versetzten mich so in die Lage zu erahnen, was in seinem Kopf vorging. Lord Guildford Dudley war inzwischen mit Lady Jane Grey verheiratet worden. Guildford war Northumberlands vierter Sohn; alle seine anderen Söhne waren bereits verheiratet und kamen daher für Jane Grey nicht mehr in Frage. Ich habe in späteren Jahren oft daran denken müssen, mit welch knapper Not Robert Dudley dem Schicksal seines Bruders Guildford entgangen war.

Es war Juli geworden, und am sechsten Tag dieses Monats kam ein furchtbarer Sturm auf, der schlimmste seit Menschengedenken. Der Himmel verfinsterte sich, der Donner grollte, die Menschen schauten verängstigt zum Himmel und waren sicher, daß ein solches Unwetter nur ein Ausdruck göttlichen Zorns sein könne.

Mein Bruder Edward lag indessen im Palast von Greenwich zu Bett. Er muß gewußt haben, daß es mit ihm zu Ende ging, aber ich glaube, er fürchtete sich nicht vor dem Sterben. Im Gegenteil, ich war sicher, daß er den Tod willkommen hieß. Er war für die Rolle, die ihm zugedacht war, nicht geschaffen. Er war nicht dazu bestimmt, ein großer König zu sein. Er war so verschieden von unserem Vater, wie man es sich nur vorstellen konnte. Ich mußte an Mary denken, die an zweiter Stelle der Thronfolge stand. Sie war zu mir immer nett gewesen, aber ich wußte genau, daß sie mit ihrem übertriebenen Glaubenseifer das Volk der Krone entfremden würde, und es gab viele Leute in England, die entschlossen waren, am protestantischen Bekenntnis festzuhalten. Warum nur hatte ein widriges Schicksal mich als Mädchen auf die Welt kommen lassen, dazu noch mit solch geringen Aussichten, jemals den Thron zu besteigen! Es war vernünftig gewesen, mich nach Hatfield zurückzuziehen. Ich hatte hellsichtig erkannt, wie klug es ist, einen sicheren

Abstand zu wahren, wenn große Dinge sich ereignen – zumindest so lange, bis man sich ganz sicher ist, welchen Weg man einschlagen muß. Die Zeit war noch nicht reif für mich.

An besagtem sechsten Tag des Monats Juli traf ein Bote in Hatfield ein. Ich konnte an seiner Livree nicht erkennen, woher er kam. Er bat mich um ein Gespräch unter vier Augen, und ich gewährte diese Bitte ohne zu zögern; als er mir anvertraute, daß William Cecil ihn geschickt habe, war meine ungeteilte Aufmerksamkeit ihm sicher.

Sir William Cecil war Protektor Somersets Privatsekretär gewesen und im Zusammenhang mit dem Sturz seines Herrn in den Tower gesperrt worden, wo er zwei Monate zugebracht hatte. Da er jedoch allgemein als ein außergewöhnlich fähiger Mann bekannt war, wurde er nach einiger Zeit freigelassen und zum Staatssekretär ernannt. Zu Somersets Lebzeiten hatte er einmal eine Angelegenheit für mich geregelt, und ich hatte das Gefühl, daß er von mir beeindruckt gewesen war und sich mir seitdem freundschaftlich verbunden fühlte. Ich ging davon aus, daß er als Protestant insgeheim in mir die Hoffnung des Landes sah, was dessen religiöse Zukunft betraf. Der Thronbesteigung meiner Halbschwester Mary und ihren möglicherweise verheerenden Folgen sah er mit Schrecken entgegen und er war ein großes Risiko eingegangen, zum gegenwärtigen Zeitpunkt einen Boten zu mir zu schicken.

Der Bote versicherte mir, ein enger Vertrauter Sir Williams zu sein, der ihn persönlich für diesen überaus wichtigen Auftrag ausgewählt habe. Der Herzog von Northumberland, so teilte er mir mit, habe den kranken jungen König dazu gebracht, Lady Jane Grey als seine Nachfolgerin zu benennen.

»Aber das ist unmöglich!« entfuhr es mir. »Mein Vater hat in seinem Testament klar und deutlich verfügt, daß Lady Mary als seine älteste Tochter Edward auf den Thron folgen solle, falls dieser sterben sollte, ohne Nachkommen zu hinterlassen.«

»Gewiß, My Lady, aber der Herzog von Northumberland hat den König überredet, diese Klausel zu ändern. Deshalb hat Northumberland ja auch seinen Sohn Guildford Dudley mit Lady Jane verheiratet. Sie soll Königin werden – und durch sie Guildford König.«

»Das wird das Land nie zulassen.«

»Der Ansicht ist mein Herr auch. Aber er hat mich hierhergeschickt, My Lady, um Euch die warnende Mitteilung zu überbringen, daß Ihr Euch in ernster Gefahr befindet. Sobald der junge König stirbt, wird der Herzog Euch und Lady Mary bitten, nach London zu kommen. Wenn Ihr dort eintrefft, wird man Euch unverzüglich in den Tower bringen – angeblich im Interesse Eurer eigenen Sicherheit. My Lady, mein Herr hat mir aufgetragen, Euch dringend nahezulegen, Euch eine Ausrede auszudenken, die es Euch ermöglicht, der Aufforderung des Herzogs nicht Folge zu leisten.«

»Ich verstehe«, entgegnete ich. »Dankt Eurem Herrn in meinem Namen. Ich werde nicht vergessen, welchen Dienst er mir mit dieser Warnung erwiesen hat. Ich beabsichtige, wegen einer ernsten Erkrankung eine Weile das Bett zu hüten, und meine Beschwerden werden mich so lange daran hindern, das Haus zu verlassen, bis ich wieder wohlauf und zu Ausflügen in der Lage bin.«

»Genau das solltet Ihr der Ansicht meines Herrn nach tun, My Lady.«

Sobald er fort war, legte ich mich ins Bett, und wie erwartet traf noch an demselben Abend Northumberlands Bote ein. Er bat darum, mich sofort zu sprechen, und mußte sich mit der Auskunft zufriedengeben, daß ich krank sei. Ich schickte Kat hinunter, um in Erfahrung zu bringen, was er zu berichten hatte.

Sie war ganz außer Atem, als sie zurückkam. »Der Herzog von Northumberland schickt in aller Eile nach Euch. Der König ist sehr krank und hat den Wunsch geäußert, Euch noch einmal zu sehen.«

Ich dachte im stillen: Edward ist also tot. Oh, William Cecil, du bist wirklich ein guter Freund.

Kat ging zu dem Boten zurück und teilte ihm mit, daß ich viel zu krank sei, um mein Bett zu verlassen, und daß ich meinen Bruder aufsuchen würde, sobald ich einigermaßen wiederhergestellt sei.

Das mußte fürs erste als Begründung ausreichen.

Kat wirkte ein wenig vorwurfsvoll, als sie zu mir zurückkam. »Der König war Euch immer ein guter Bruder, My Lady.«

»Ja, allerdings.«

»Und wie ist diese plötzliche Krankheit zu verstehen?«

»Als ein Anflug von weiser Voraussicht, Kat. Northumberland will mich in den Tower werfen lassen. Er weiß genau, daß das Volk Jane Grey nicht so ohne weiteres als Königin anerkennen wird.«

Kat war verwirrt, aber ich erklärte ihr die Zusammenhänge, soweit sie mir bekannt waren, so daß wir gemeinsam die Lage erörtern konnten.

Einige Tage später wurde die Nachricht offiziell bekanntgegeben:

Der König sei tot, und bevor er gestorben sei, habe er, da seine beiden Schwestern für unehelich erklärt worden seien, Lady Jane Grey als Thronerbin benannt. Daraufhin habe der Herzog von Northumberland, dem Wunsch des Königs entsprechend, Lady Jane zur Königin von England ausgerufen.

Obwohl die Mitteilung mich nicht überraschte, hatte ich doch Mühe, sie zu glauben. Wie konnte Northumberland es nur wagen! Ich wußte wohl, daß John Dudley ein kühner Mann war, aber was er sich da hatte einfallen lassen, war heller Wahnsinn. Natürlich hatte er nichts anderes im Sinn gehabt, als er damals Jane Grey zu seiner Schwiegertochter gemacht hatte; doch das Land würde ihm niemals gestatten, das Gesetz der natürlichen Thronfolge auf diese Weise mit Füßen zu treten. Ich hätte schwören können, daß meine Schwester Mary bereits im Begriff war, Truppen um sich zu scharen, um in den Besitz der Krone zu gelangen. Aber – wie würde die Schlacht ausgehen? Es hing so viel vom englischen Volk ab. Mary war zwar die rechtmäßige Erbin, aber wollten die Menschen eine glühende Katholikin als Königin? Mary hatte zwar das Recht auf ihrer Seite, aber Northumberlands Macht war nicht zu unterschätzen.

Das Land war entsetzt. Wie mir zu Ohren kam, glaubten viele Menschen, daß der furchtbare Sturm, der getobt hatte, während der junge König im Sterben lag, ein Zeichen des göttlichen Zorns darüber gewesen sei, daß der Wunsch König Henrys VIII. mißachtet und seine Töchter zugunsten der Enkelin seiner Schwester enterbt worden waren.

Würde das Volk diesen Gesetzesbruch hinnehmen?

Dennoch konnte ich – zu meiner großen Empörung – nicht umhin zuzugeben, daß die Ernennung Lady Jane Greys zur Königin von England eine unumstößliche Tatsache war.

Ich hatte recht gehabt mit meiner Vermutung, das Land werde diesen schamlosen Verstoß gegen das Gesetz der Thronfolge nicht hinnehmen. Die Männer des Landes folgten in Scharen Marys Banner und liefen von Northumberland zu Mary über. Noch bevor eine Woche vergangen war, befanden sich der Herzog und mit ihm Jane Grey und Guildford Dudley im Tower. Meine Schwester Mary wurde zur Königin von England ausgerufen. Die arme Jane, sie hatte nie den Wunsch gehabt, Königin zu werden; man hatte sogar zu körperlicher Züchtigung greifen müssen, um sie gefügig zu machen, bevor sie sich einverstanden erklärt hatte, Guildford Dudley zu heiraten, und man sagte, sie sei in Ohnmacht gefallen, als man ihr mitgeteilt habe, daß sie nun Königin sei. Sie war noch keine siebzehn Jahre alt, und jeder Ehrgeiz lag ihr fern. Sie war nichts weiter als ein willenloses Werkzeug in der Hand machtgieriger Männer. Sie tat mir sehr leid. Man hatte sie im ›Weißen Turm‹ des Tower einquartiert, wo sie mit allem Pomp hofgehalten hatte, der einer Königin zustand, die ihrer Krönung entgegensah, und von dort war sie geradewegs in das Haus des Kommandanten des Tower gebracht worden, wo sie nun der Axt entgegensah. Guildford wurde mit seinen Brüdern im Beauchamp-Turm gefangengehalten. Ich mußte an Robert denken und daran, daß dies vermutlich sein Ende bedeutete. Er hatte offenbar an der Seite seines Vaters gekämpft, als er gefangengenommen wurde. Ich empfand Mitleid für ihn – er war ein sympathischer Junge gewesen. Jetzt erinnerte ich mich wieder, daß bei unserer damaligen Begegnung unter anderem vom Heiraten die Rede gewesen war, und ich sehr bestimmt erklärt hatte: »Ich denke gar nicht daran zu heiraten … niemals …«, worauf er gelacht und zu mir gesagt hatte, ich sei noch ein kleines Mädchen und würde später mit Sicherheit meine Meinung ändern. Merkwürdig, daß ich gerade jetzt daran denken mußte. Vermutlich war der Grund, daß er nun als Gefangener im Tower saß, den Tod vor Augen. Der Tower, in dem meine schöne Mutter ihrer Enthauptung entgegengesehen hatte! Die Traurigkeit, die mich bei dem Gedanken an den Tower jedesmal überkam, hatte ich auch damals empfunden, als Katharine Howard starb, und mir wurde erneut bewußt, wie unmittelbar unser aller Leben vom Henkersbeil bedroht war. Das Leben einiger vielleicht noch ein wenig mehr als das anderer!

Ich würde von nun an noch vorsichtiger sein müssen. Der Thron war jetzt für mich zum Greifen nahe, und Mary war weder von besonders robuster Gesundheit noch war sie eine besonders junge Frau. Sie würde sich beeilen müssen, wenn sie noch einen Thronerben in die Welt setzen wollte. Und sollte ihr das nicht gelingen … Der bloße Gedanke daran bewirkte, daß mir schwindlig wurde. Doch niemand wußte besser als ich, daß es zuerst einmal darum ging, gefährliche Zeiten mit heiler Haut zu überstehen.

Was sollte ich jetzt tun? Wie gern hätte ich William Cecil um Rat gefragt. Mein eigener Verstand empfahl mir, so lange gar nichts zu unternehmen, bis konkrete Anweisungen seitens der Königin einträfen. Ich fragte mich, wie Mary sich mir gegenüber wohl verhalten werde. Meine große Befürchtung war, sie könne versuchen, aus mir eine Katholikin zu machen. Das durfte ich nicht zulassen. Ich hatte erkannt, welche Stimmung im Volk herrschte, und wußte, daß die Menschen dieses Landes eine Rückkehr zum Katholizismus ablehnten; von nun an würde ich mich in meinem Handeln nur noch von dem Gedanken daran leiten lassen, was dem Volk am besten gefallen würde. Aber bis es so weit wäre, war es unbedingt erforderlich, daß ich meine religiösen Überzeugungen für mich behielt. Zwingend erforderlich – wenn man bedachte, welcher Art diese Überzeugungen waren!

Boten meiner Schwester trafen in Hatfield ein. Es war ihr Wunsch, daß ich an ihrer Seite ritte, wenn sie im Triumph

Einzug in die Hauptstadt hielte. Jetzt war der Augenblick gekommen, mich von meiner Krankheit zu erholen und Vorbereitungen für die Reise nach London zu treffen.

Am 29. Juli verließ ich Hatfield und begab mich, begleitet von zweitausend mit Speer und Bogen bewaffneten Reitern, zum Somerset House, das inzwischen in meinen Besitz gelangt war. Zu meiner Gefolgschaft gehörten ferner die Angehörigen meiner Hofhaltung, allesamt prächtig anzusehen in ihrer grünen Tracht mit Aufschlägen aus Samt, Taft oder Satin. Ich war stolz auf sie alle, denn ich wollte mich der Bevölkerung Londons nicht als Habenichts präsentieren.

Am nächsten Tag machte ich mich auf den Weg nach Wanstead, wo meine Begegnung mit der Königin stattfinden sollte; doch diesmal verzichtete ich auf die Begleitung meiner bewaffneten Truppe. Mein Instinkt warnte mich, daß ein solch militärischer Aufzug meiner Schwester und ihren Ratgebern mißfallen könnte und sie höchstwahrscheinlich zu der Annahme veranlassen würde, ich hätte es auf eine Demonstration der Macht abgesehen. In Wirklichkeit hatte ich nur den Wunsch, ihr zu verstehen zu geben, daß ich nicht nur ihre sie liebende Schwester, sondern zugleich ihr treu ergebener Untertan war.

Wir trafen uns in Wanstead. Auch Mary erschien ohne ihre Truppe. Sie kam lediglich in Begleitung einer Leibwache und ihrer Bedienten und machte so deutlich, daß ich keinen Grund hatte, um meine Sicherheit besorgt zu sein. Sie war die rechtmäßige Königin, deren Thronanspruch unbestritten war. Sie begrüßte mich mit überschwenglichen Gesten der Zuneigung und küßte mich. Die große Schar Schaulustiger, die sich um uns versammelt hatte, brach in Jubel aus. Und die ganze Zeit über war mir bewußt, daß ich diejenige war, auf die sich das Interesse der Menschen richtete, der sie zulächelten, und ich spürte, daß auch ihr Jubel vor allem mir galt, weniger meiner Schwester. Ich stellte ihr einige meiner Hofdamen vor und sie küßte auch sie, um ihre Freundschaft zu bekunden.

Neben Mary fühlte ich mich jung und lebenssprühend, und ich war überzeugt, daß mir eines Tages all das zufallen würde, was ich ersehnte. Es war ein wunderbares, erhebendes Gefühl, Seite an Seite mit Mary zu reiten. Ich war zwanzig Jahre alt, und festliche Anlässe wie der gegenwärtige ließen mich immer von meiner strahlendsten Seite erscheinen. Ich war größer als Mary und hielt mich im Unterschied zu ihr kerzengerade im Sattel; das leuchtende Goldblond meiner Haare zog die Blicke der Menschen auf sich und wurde durch meine milchweiße Haut zusätzlich betont. Mary dagegen war siebenunddreißig Jahre alt, und man sah ihr ihr Alter an. Der Gedanke daran, welch gegensätzliches Bild wir abgeben mußten, ließ mich unwillkürlich vor Stolz erglühen. Jedesmal wenn mir die Menschen zujubelten, schenkte ich ihnen ein dankbares Lächeln und winkte ihnen zu. Mary lächelte nicht. Vielleicht war sie der Ansicht, es sei unter der Würde einer Königin zu lächeln. Ich glaube, ihr fehlte das Verständnis für das Volk, über das ich – so jung ich auch noch war – bereits zunehmend verfügte.

Und so ritten wir nach Aldgate und von dort zum Londoner Tower.

Als wir die Festung betraten, konnte ich nicht umhin, mir Gedanken darüber zu machen, ob Jane Grey und vielleicht auch Robert Dudley uns wohl vom Fenster ihres Gefängnisses aus sehen konnten. Ob Robert Dudley in mir wohl das kleine Mädchen wiedererkannte, das damals vor vielen Jahren während des Festes bei Hofe mit ihm getanzt hatte? Ich hatte mich seitdem sehr verändert; er sich sicherlich auch.

Dann wurden meine Gedanken jedoch anderweitig in Anspruch genommen, denn wir wurden vom Kommandanten des Tower und anderen Würdenträgern begrüßt, und alle drängten sich, der Königin zu huldigen.

Mary dankte den Anwesenden mit Anmut und Würde, und um zu beweisen, daß sie beabsichtigte, als Königin Milde und Güte walten zu lassen, begnadigte sie mehrere Gefangene. Es waren allesamt Katholiken. Der erste, dem diese Gnade zuteil wurde, war der Herzog von Norfolk – besagter Adliger, den mein Vater dadurch vor der Hinrichtung bewahrt hatte, daß er im richtigen Augenblick gestorben war; der zweite war Stephan Gardiner, der Bischof von Winchester, der seit einigen Jahren im Tower gefangengehalten wurde. Ihn hatte ich noch nie gemocht; er war ein engstirniger Katholik und gehörte zu jenen Fanatikern, die damals versucht hatten, Katharine Parr ins Unglück zu stürzen – eine Niederträchtigkeit, die ich niemals vergessen würde. Er hatte sich zur Zeit des Protektorats mit seinen aufdringlichen religiösen Forderungen die Feindschaft Somersets zugezogen und war daraufhin in den Tower geworfen worden. Als er nun vor Mary auf die Knie fiel, zeigte sie sich sehr gerührt; sie forderte ihn auf, sich zu erheben, und schenkte ihm die Freiheit, worauf er beteuerte, daß er sich kein größeres Glück vorstellen könne, als ihr in Zukunft mit seinem Leben zu dienen. Mir sank das Herz. Er gehörte zu meinen Feinden, und nun würde er zweifellos bald eine einflußreiche Stellung bei Hofe bekleiden.

Meine Schwester ist später wegen ihrer Grausamkeit aufs heftigste verurteilt worden, und gegen Ende ihrer Herrschaft war sie als ›Mary die Blutige‹ verschrien – ein Ruf, der ihr über Generationen hinweg erhalten bleiben sollte. Dennoch war sie in mancherlei Hinsicht eine gütige Frau. Im Grunde ihres Herzens war sie gar nicht grausam; sie haßte und vermied Blutvergießen – es sei denn, sie war von seiner Notwendigkeit überzeugt. Sie ließ sich in allem, was sie tat, von ihrer bedingungslosen Hingabe an die Kirche Roms leiten, und wie die meisten Fanatiker gab sie sich nicht damit zufrieden, für sich selbst den wahren Glauben gefunden zu haben, sondern bestand darauf, auch allen anderen diesen Glauben aufzuzwingen. Allen Nicht-Katholiken drohte ihrer Ansicht nach die ewige Verdammnis, und sie war überzeugt davon, daß die einzige Möglichkeit, diese armen Seelen zu retten, darin bestand, ihnen noch vor ihrem Tod die Bekehrung zu ermöglichen. Diejenigen, die sich dennoch hartnäckig weigerten, die Wahrheit anzuerkennen, waren nach Marys Auffassung ohnehin zu ewigen Qualen verurteilt, so daß es von geringer Bedeutung war, ob sie diesen Qualen ein wenig früher oder später ausgesetzt wurden. Was waren schon ein paar Jahre, gemessen an der Ewigkeit?

Ich glaube, jede Art von Fanatismus hat auch etwas mit Wahnsinn zu tun, und ich beschloß damals, niemals dem fanatischen Denken zum Opfer zu fallen. Ich nahm mir fest vor, unerschütterliche Hingabe und unermüdliche Anstrengung ausschließlich zum Wohle meines Landes zu geloben, und, sollte ich jemals das Glück haben, Herrscherin über dieses Land zu werden, nur das zu tun, was ich für das Beste für mein Reich hielt.

Im Grunde verfolgten wir Ziele, die so unähnlich gar nicht waren: Mary beabsichtigte, England in den Schoß der Kirche Roms zurückzuführen; ich wollte mein Land groß machen, und ich hatte keinerlei Bedenken, mich den Umständen anzupassen, wann immer dies sich im Interesse meines Landes als notwendig erweisen würde.

Es war ganz merkwürdig, aber während wir durch die Straßen Londons zum Tower ritten, hatte ich fast das Gefühl, die Krone auf meinem Haar zu spüren. Doch ich durfte nicht leichtsinnig werden. Ich mußte mir Jane Greys Schicksal vor Augen halten – gestern noch eine Königin, die sich auf ihre Krönung vorbereitet, heute bereits eine Gefangene. Ich mußte an Norfolk und Gardiner denken. Das Leben derer, die einflußreiche Stellungen innehaben, kann sich im Laufe weniger Tage drastisch ändern. Ich war mir durchaus bewußt, daß die Gefahren, die um mich lauerten, zunahmen.

Das wurde mir ganz deutlich von einem Besucher vor Augen geführt, der gekommen war, um sich von mir zu verabschieden, da er im Begriff war, sich ins Privatleben zurückzuziehen. Sir William Cecil hatte sich schon einmal als mein Freund erwiesen, und da ich Freunde brauchte, empfing ich ihn gern.

»Ich bin gekommen, My Lady, um Euch vor den Gefahren zu warnen, die Euch von verschiedenen Seiten drohen.«

»Ich weiß, daß ich von Gefahren umgeben bin.«

»Aber Ihr kennt vielleicht nicht das volle Ausmaß dieser Gefahr. Ihr habt einen nicht zu unterschätzenden Feind in Gardiner.«

»Darüber bin ich mir im klaren. Ich werde nie vergessen, wie er versucht hat, Katharine Parrs Leben zu zerstören.«

»Vor ihm müßt Ihr auf der Hut sein, und noch zwei anderen Männern solltet Ihr mit äußerstem Mißtrauen begegnen.«

Ich sah ihn erwartungsvoll an und er fuhr fort: »Ich spreche von Simon Renaud, dem spanischen Gesandten, und Antoine von Noailles, dem Gesandten Frankreichs. Diese beiden haben von ihren Herrschern genaue Anweisungen bezüglich der politischen Entwicklungen in unserem Land erhalten. Die Spanier drängen, wie Ihr wißt, auf eine Rückkehr Englands zur Kirche Roms, und sobald dieser Schritt vollzogen ist, wird man sicher dafür sorgen, daß eine Heirat zwischen Königin Mary und Philipp, dem Sohn Kaiser Karls, zustande kommt. Das wiederum würde zwangsläufig bedeuten, daß unser Land in absehbarer Zeit von Spanien regiert würde. Unser Volk aber wird Unterdrückung und die Einführung der Inquisition nicht widerstandslos hinnehmen. Die Menschen werden sich dagegen auflehnen und dabei auf die Unterstützung der protestantischen Thronerbin zählen.«

Ich erblich. Ich fragte ihn: »Glaubt Ihr wirklich, daß es in diesem Lande zu einem Krieg kommen könnte ... zu einem Krieg gegen die Königin?«

»Das wäre durchaus denkbar. Und das ist auch der Grund, weshalb die Spanier sich für Euch interessieren. Ich halte es nicht für ausgeschlossen, daß sie gegen Euch intrigieren werden.«

»Ihr macht mir Angst, Master Cecil.«

»Ich wollte Euch nur warnen. My Lady. Seid vorsichtig. An diesem Hof wimmelt es von Feinden ... Euren Feinden, wie geegenwärtig die Dinge liegen. Ihr könntet Euch eines Tages als Englands letzte Hoffnung erweisen.«

Ich versicherte ihm: »Ich würde meinem Land mit meinem Leben dienen, sollte es je zum Äußersten kommen.«

»Ich glaube Euch. Renaud ist, wie gesagt, nicht Euer einziger Feind. Der französische Gesandte ist nicht minder gefährlich. Auch die Franzosen sind an einer Rückkehr Englands zur römischen Kirche interessiert, aber ihre Gründe sind eher politischer Natur. Die kleine Königin von Schottland, Mary, ist mit dem französischen Thronfolger verlobt, und der König von Frankreich wäre geradezu entzückt, wenn Mary nicht nur Königin von Schottland, sondern außerdem noch Königin von England wäre. Ihr versteht, was ich damit sagen will?«

Er fügte noch hinzu, daß es am klügsten wäre, wenn ich mich ganz vom königlichen Hof zurückzöge, sobald sich eine Gelegenheit ergäbe, dies unauffällig zu tun. »Erweckt nicht den Eindruck, aus Furcht zu fliehen. Erfindet irgendeine glaubwürdige Ausrede.«

»Ich werde krank werden.«

»Das wird das Beste sein. Laßt sie getrost denken, Ihr seiet kränklich veranlagt. Dennoch warne ich Euch: Das wird sie nicht daran hindern, ihre intriganten Pläne in die Tat umzusetzen.«

»Mir ist bewußt, daß ich seit dem Tod meines Vaters aus dem Schatten der Dunkelheit herausgetreten bin und mich dem gleißenden Licht der prallen Mittagssonne ausgesetzt habe.«

»So ist es«, sagte er. »Man wird jede Eurer Bewegungen genau beobachten und über alles, was Ihr tut, dem spanischen und französischen Hof Bericht erstatten ... und Eurer Schwester ebenfalls. Geht vorsichtig zu Werke, meine verehrte Prinzessin, denn die Herzen unserer Landsleute werden Euch zufliegen, und ihrer aller Hoffnung wird in Euren Händen liegen.«

Ich dankte ihm bewegt; er nahm meine Hand und kniete vor mir nieder, als ob ich bereits Königin von England wäre. Kurz darauf verließ er den königlichen Hof und zog sich aufs Land zurück, wo er die folgenden Monate abwechselnd auf seinen Gütern in Wimbledon und Burleigh verbrachte.

Obwohl ich inzwischen nach Ashridge zurückgekehrt war und mir vorgenommen hatte, abseits aller Gefahr auf dem Lande ein ruhiges, unauffälliges Leben zu führen, steuerte ich langsam, aber sicher auf den Abschnitt meines Lebens zu, den man mit gutem Grund als den gefährlichsten bezeichnen konnte.

Ich wußte, daß sich weit und breit die Gemüter über Marys geplante spanische Heirat erhitzten. Sir William Cecil hatte mich auf die Feindschaft der einflußreichen Gesandten Spaniens und Frankreichs aufmerksam gemacht. Was ich nicht wußte, war, daß ausgerechnet Menschen, die mir wohlwollten, mich an den Rand des Verderbens bringen sollten.

Jane Grey befand sich noch immer im Tower, aber ich zweifelte nicht daran, daß meine Schwester sie zu gegebener Zeit freilassen würde. Wie ich erfahren hatte, hatte der spanische Gesandte Mary zu überreden versucht, Janes Todesurteil zu unterzeichnen; Mary hatte dies jedoch mit dem Hinweis darauf abgelehnt, daß die Gefangene ohne eigenes Verschulden in ihre derzeitige Lage geraten sei, daß sie gerade erst sechzehn Jahre alt geworden sei und sich mit Sicherheit nicht nach der Rolle gedrängt habe, die ihr von anderen aufgezwungen worden sei. Ich war froh, daß Mary noch über so viel Durchsetzungsvermögen verfügte, sich gegen Renaud zu behaupten, fragte mich jedoch, wieweit es ihr gelingen werde, sich gegen Philipp zu behaupten – sollte es je zu dieser Heirat kommen.

In gewisser Weise tat Mary mir leid. Ihr Gesundheitszustand war schlecht, und nach allem, was ich mitbekommen hatte, war sie entschlossen, Philipp zu vergöttern. Seit dem Tod ihrer Mutter konnte ihr Leben nicht sehr reich an Liebe gewesen sein, und wie so viele strenge und abweisende Menschen sehnte Mary sich mehr als die meisten von uns nach Liebe. Philipp und sie waren einander noch nicht begegnet; dennoch begannen ihre Augen bei der bloßen Erwähnung seines Namens zu glänzen, ihre Stimme wurde sanft, und sie strahlte eine ganz ungewohnte Milde aus. O ja, Philipp wäre ein leichter Sieg sicher, falls er je nach England käme. Er würde sich die Königin gefügig machen und selbst zum unumstrittenen Herrscher über das Land werden – unumstritten, was das Einverständnis der Königin, nicht aber des Volkes anginge. Ich hatte das Gefühl, daß das Volk sich niemals dem Joch Spaniens beugen würde. Die Menschen des Landes würden sich nach einem Retter umsehen, der sie von diesem Joch befreite. Der Gedanke ließ mich erschauern – und zugleich frohlocken.

Dann trat Sir Thomas Wyatt an die Spitze einer aufständischen Bewegung, die sich zum Ziel gesetzt hatte, Mary vom Thron zu stürzen, der spanischen Bedrohung ein Ende zu setzen und den Protestantismus in England zu erhalten. Es war ein Aufstand, der mich in akute Lebensgefahr bringen sollte.

Sir Thomas Wyatt war der Sohn jenes berühmten Thomas Wyatt, der mit meinem Vater befreundet und in meine Mutter verliebt gewesen war. Nach einer recht wilden Jugend hatte er sich auf militärischem Gebiet hervorgetan und Mary unterstützt, als Northumberland versucht hatte, Jane Grey zur Königin von England zu machen; Marys Entschluß, Philipp von Spanien zu heiraten, hatte ihn jedoch beruhigt und verärgert.

Ich wußte – ebenso wie alle anderen –, daß die Rebellen beabsichtigten, mich an Marys Stelle auf den Thron zu setzen. Das Vorhaben erfüllte mich allerdings mit gemischten Gefühlen. Auf diese Weise wollte ich nicht an die Macht gelangen. Die Geschichte hatte mich gelehrt, daß ein Herrscher, der einen anderen stürzt, einen äußerst wackligen Thron übernimmt. Ich mußte an Henry IV. und an meinen eigenen Großvater, Henry VII., denken. Beide Könige hatten ständig um ihre Krone bangen müssen. Beide waren gezwungen gewesen, unablässig darauf gefaßt zu sein, daß jemand auftauchen könnte, der entschlossen wäre, einen Aufstand gegen sie anzuzetteln. Wenn ich die Krone erlangte, würde ich mir wünschen, daß dies auf natürliche Weise geschähe, auf dem Wege der gesetzlich festgelegten Erbfolge. Ich wollte sie nicht meiner Schwester wegnehmen, die von vielen Menschen auch weiterhin als die rechtmäßige Thronerbin betrachtet werden würde. Hätte man mich um Rat gefragt, ich hätte Wyatts Vorhaben niemals zugestimmt.

Doch Wyatts Erhebung war nun nicht mehr aufzuhalten, und ich war – ob ich wollte oder nicht – in sie verwickelt. Schon bald marschierte Wyatt an der Spitze eines viertausend Mann starken Heeres auf London zu.

Während die turbulenten Ereignisse ihren Lauf nahmen, traf ein Bote in Ashridge ein.

Kat kam ganz aufgeregt in meine Gemächer gestürzt. Ihre leidvollen Erfahrungen im Tower hatten ihr überschäumendes Temperament zwar ein wenig gedämpft, aber es gab trotzdem Gelegenheiten, bei denen ihre leidenschaftliche

Anteilnahme am Tagesgeschehen einfach nicht zu zügeln war. Sie war felsenfest davon überzeugt, daß ich zur Retterin meines Landes bestimmt war; je eher ich den Thron bestieg, um so besser.

»My Lady«, rief sie mir zu, »unten ist ein Herr, der Euch sprechen möchte. Er sagt, es sei von allergrößter Wichtigkeit.«

»Um was für einen Herrn handelt es sich denn?« fragte ich und spürte, wie leise Furcht in mir aufstieg. Wenn er jemand war, der in diesen Aufstand verwickelt war, dann wollte ich nichts damit zu tun haben.

»Es ist der junge Lord Russell, My Lady. Der Sohn des Grafen von Bedford.«

»Und was will Bedfords Sohn hier?«

»Das solltet Ihr ihn am besten selbst fragen«, erwiderte Kat, und ihre Augen glänzten.

Ich zögerte. Sollte ich mit ihm sprechen? War es klug?

Ich ging zu ihm hinunter. Er fiel vor mir auf die Knie, und diese Geste der Ergebenheit beglückte und beunruhigte mich.

Er sagte, er überbringe eine Nachricht von Sir Thomas Wyatt. Sir Thomas flehe mich an, mich nicht zu nahe an die Hauptstadt heranzuwagen; genaugenommen halte er es für das Beste, wenn ich mich noch weiter von ihr entferne, als dies bereits der Fall sei.

Ich wandte ein: »Warum sollte ich das tun, Mylord?«

»My Lady, es sind große Dinge im Gange. Sir Thomas Wyatt möchte ganz sicher sein können, daß Euch keinerlei Gefahr droht.«

»Ich habe mit Sir Thomas Wyatts Unternehmungen nichts zu tun«, entgegnete ich.

Er verneigte sich und antwortete, er habe lediglich die Aufgabe gehabt, die Botschaft zu überbringen.

Ich war erleichtert, als er fortging.

Wenige Tage später traf der Bote der Königin ein.

Ich war inzwischen sehr vorsichtig geworden. Ich hielt mich jedesmal in meinem Schlafgemach versteckt, wenn ein Fremder in Ashridge erschien, und kam erst dann wieder aus meinem Versteck hervor, wenn ich genau wußte, wer der Besucher war. So kam es, daß ich auch den Boten der Königin erst empfing, als ich auf ihn vorbereitet war.

Kat erschien mit entsetzten aufgerissenen Augen in meinen Gemächern; selbst sie war beunruhigt.

»Er ist hier, um Euch auf Befehl der Königin nach London zu geleiten«, sagte sie.

Mir wurde angst und bange. Ich glaubte nicht einen Augenblick an einen Sieg Wyatts. Überdies war einer seiner Mitverschwörer Suffolk, der Vater von Jane Grey. Falls der Aufstand wirklich erfolgreich endete, wäre ich gewiß nicht die von ihm bevorzugte Kandidatin für die Thronfolge. Jane wurde im Tower gefangengehalten, und Suffolk würde sicher unverzüglich seine Tochter befreien und erneut auf den Thron setzen.

Ich schaute Kat an. Ohne lange zu zögern begann ich, mir die Kleider vom Leibe zu reißen.

»Los, bringt mich zu Bett!« befahl ich ihr.

Sie starrte mich an.

»Beeilt Euch!« fuhr ich sie an. »Ich bin schwer krank und viel zu schwach, um mich auf den Weg nach London zu begeben.«

Erst als ich, bis zum Kinn zugedeckt, in meinem Bett lag, wurde dem Boten gestattet, mich aufzusuchen, und als er erschien, war ihm anzusehen, wie bestürzt er war, mich bettlägerig anzutreffen.

»Sagt mir, was Ihr mir mitzuteilen habt«, forderte ich ihn mit matter Stimme auf.

»My Lady, die Königin wünscht, daß Ihr unverzüglich zu ihr nach London kommt, wo Euch ein überaus herzlicher Empfang sicher sein wird.«

»Bitte richtet Ihrer Majestät meinen Dank aus und laßt sie wissen, wie untröstlich ich bin, ans Bett gefesselt zu sein und ihrer gütigen Einladung nicht folgen zu können.«

»Die Königin wird sehr ungehalten sein, wenn ich ohne Euer Gnaden zurückkomme.«

»Sagt ihr, ich fühlte mich durch ihre Güte geehrt und sei sehr traurig, nicht in der Lage zu sein, von ihrem liebenswürdigen Angebot Gebrauch zu machen.«

Er gab sich nur widerstrebend mit dieser Auskunft zufrieden und war zur Rückkehr nach London erst bereit, nachdem ich der Königin einen Brief geschrieben hatte, in dem ich ihr versicherte, daß ich zu krank zum Reisen sei, sie aber aufsuchen würde, sobald es mir besser gehe, und in dem ich Ihre Majestät bat, noch einige Tage Geduld zu haben.

Als der Bote fort war, begann ich am ganzen Körper zu zittern, und diesesmal brauchte ich die Krankheit nicht einmal vorzutäuschen.

Kat war ganz besorgt. »Ihr seid wirklich krank«, bemerkte sie. »Sagt, was tut Euch weh?«

»Der Kopf«, erwiderte ich, »denn der sitzt mit einemmal beängstiged locker auf meinen Schultern.«

Nach und nach sickerten Nachrichten aus London durch. Scharen von Soldaten waren Marys Ruf zu den Waffen gefolgt, und Wyatt war zum Verräter erklärt worden. Der Tower und die Londoner Brücken wurden befestigt, und ein ansehnliches Stück Land wurde demjenigen als Belohnung versprochen, dem es gelänge, Wyatt zu fassen.

Ich verzichtete darauf, der Königin selbst einen Brief zu schreiben, wies jedoch die Beamten meiner Hofhaltung an, ihr eine Nachricht zukommen zu lassen, in der sie ihr versicherten, daß meine Unpäßlichkeit der einzige Grund sei, weshalb ich nicht unverzüglich zu ihr nach London geeilt sei; sie hofften täglich aufs neue, daß sich mein Befinden bessere, könnten aber zur Zeit noch keinerlei Anzeichen einer Genesung feststellen und seien daher der Ansicht, daß es unter den gegebenen Umständen ihre Pflicht sei, Ihre Majestät über meinen Gesundheitszustand zu unterrichten.

Das verschaffte mir einen Aufschub. Aber mir war natürlich klar, daß es keine dauerhafte Lösung war.

Der arme, törichte Wyatt! Was war er doch naiv gewesen. Er hatte geglaubt, einfach den St. James-Palast stürmen und die Königin gefangennehmen zu können. Daß zu seiner Gefolgschaft auch Verräter gehörten, die nur allzu bereit waren, um einer Belohnung willen seine Pläne preiszugeben, das hatte er nicht bedacht. Marys Staatsrat beschloß, ihn ungehindert bis mitten in die Stadt vordringen zu lassen, um dann von allen Seiten über ihn herzufallen. Als Wyatt Kensington durchquert und den Hyde Park erreicht hatte, wurde er von Soldaten der Königin abgefangen, und es kam zu einem leichten Gefecht, in dessen Verlauf seine Truppen erheblich dezimiert wurden und viele seiner Soldaten, denen der Mut zu kämpfen fehlte, sich heimlich fortstahlen. Danach zog Wyatt am St. James-Palast vorbei, ohne irgendwelche Anstalten zu machen, die Königin in seine Gewalt zu bringen – sie wurde viel zu sorgfältig bewacht –, marschierte am Charing Cross* vorüber und erreichte schließlich den ›Strand‹ und die Fleet Street, nur um festzustellen, daß ihm in Ludgate der Weg versperrt war, und da er nicht in der Lage war, das dortige Stadttor zu stürmen, machte er Anstalten, den Rückzug anzutreten. Inzwischen waren seine Streitkräfte jedoch bereits so stark reduziert, daß er die Hoffnungslosigkeit des ganzen Unternehmens eingesehen haben muß. Er ergab sich und wurde in den Tower gebracht.

Und ich lag in meinem Bett und begriff mit einemmal, wie sehr ich am Leben hing. Meine Zukunft, die mir bisher so verheißungsvoll erschienen war, barg nun Angst und Schrecken. Wovor ich mich am meisten fürchtete, war, den Rest meines Lebens als Gefangene im Tower von London zu verbringen. Der Gedanke an den Tod jagte mir längst nicht solche Furcht ein wie der Gedanke an den Tower. Der Tod kam schnell und setzte der Mühsal des irdischen Lebens ein gnädiges Ende, aber im Tower gefangengehalten zu werden, von ständiger, bedrückender Ungewißheit gequält zu werden, ob der neue Tag Leben oder Tod bringen werde ... Tag um Tag ... Jahr um Jahr ... unaufhörlich ... ohne jemals die Freiheit wiederzuerlangen ... nur um eines Tages sang- und klanglos in Vergessenheit zu geraten – das war das grauenhafteste Schicksal überhaupt, das ich mir vorstellen konnte. So viele schon waren ihm vor mir zum Opfer gefallen, vor allem Menschen, die, wie ich, königlichen Geblüts waren. Ich erkannte, daß ich mich in größerer Gefahr befand als je zuvor in meinem Leben.

Da traf plötzlich eine Abordnung in Ashridge ein, die von Lord William Howard, Sir Edward Hastings und Sir Thomas

* Zur damaligen Zeit stand an jener Stelle noch das berühmte Kreuz, das an die Gemahlin Edwards I., Königin Eleonore (›la chère reine‹) erinnerte, deren Begräbniszug hier haltmachte. (Anm. d. Übers.)

Cornwallis angeführt wurde und der, wie ich zu meinem hellen Entsetzen feststellen mußte, zwei Leibärzte der Königin, Doktor Owen und Doktor Wendy, angehörten, die beauftragt worden waren festzustellen, ob mein Gesundheitszustand mir zu reisen erlaubte oder nicht.

Es war bereits später Abend, als sie eintrafen. Kat kam in mein Schlafgemach geeilt, um mich von ihrer Ankunft zu unterrichten.

»Oh, Kat!« rief ich bestürzt aus. »Was soll nun werden? Gott sei Dank, daß es schon so spät ist und ich die Nacht über Zeit habe, mir ein paar passende Antworten zurechtzulegen.«

Doch fast im selben Augenblick klopfte es an der Tür, und einer der Zeremonienmeister trat ein, um mir mitzuteilen, daß die Herren mich um eine Unterredung bäten.

»Dazu ist es heute abend zu spät«, antwortete ich. »Ich werde sie morgen früh empfangen.«

Doch damit wollten sie sich nicht zufriedengeben. Sie blieben hartnäckig draußen vor der Tür stehen und verlangten, im Namen der Königin, hereingelassen zu werden.

Ich war sehr verärgert, als sie das Zimmer betraten, und ließ mich wutschnaubend in meine Kissen zurückfallen. »Ist Euer Begehren so dringend, daß es nicht bis morgen hätte warten können?« fuhr ich sie an.

Statt darauf zu antworten, beteuerten sie, daß es ihnen leid tue, mich in solch beklagenswerter Verfassung anzutreffen.

»Auch ich bin alles andere als entzückt, Euch zu nachtschlafender Zeit begrüßen zu müssen«, entgegnete ich.

Ich empfand eine gewisse Erleichterung, als ich sah, daß mein Großonkel Lord William Howard mit von der Partie war. Er würde gegenüber einer Angehörigen seiner eigenen Familie sicherlich Milde walten lassen.

Doktor Wendy trat an mein Bett. Er nahm meine Hand und schaute mich durchdringend an. Er war ein sehr tüchtiger Arzt, und ich hoffte inständig, er möge meine Krankheit nicht als das entlarven, was sie war – Furcht. Andererseits mußte ich daran denken, wie er damals Katharine Parr beigestanden hatte, als sie, ähnlich wie ich, völlig außer sich vor Angst gewesen war. Ihr hatte er genau eingeprägt, wie sie sich zu verhalten hatte, und damit wahrscheinlich ihr Leben gerettet.

Die Herren zogen sich nach wenigen Minuten zurück, jedoch nicht ohne mir vorher noch anzukündigen, daß sie mich am kommenden Morgen erneut aufsuchen würden und daß dann die Ärzte im Auftrag der Königin entscheiden würden, ob ich in der Lage sei, die Reise nach London anzutreten.

Welch eine Nacht! An Schlaf war nicht zu denken. Kat legte sich zu mir, und wir hielten uns fest umklammert. Ich fragte mich, ob dies wohl das letzte Mal sein sollte, daß wir einander Gesellschaft leisteten.

Am nächsten Morgen erfuhr ich, welches Schicksal mir zugedacht war.

Beide Ärzte verkündeten, daß ich zwar in hohem Maße geschwächt und daher keinesfalls in der Verfassung sei, mich zu Pferd nach London zu begeben, daß mir aber eine Reise in der Sänfte durchaus zugemutet werden könne; da die Königin mit dieser Diagnose gerechnet habe, sei sie so freundlich gewesen, ihre königliche Sänfte gleich mitzuschicken, um sie mir zur Verfügung zu stellen.

Da wußte ich, daß es kein Entkommen gab.

Als wir aufbrachen, erfuhr ich, daß Lady Jane Grey und ihr Ehemann, Guildford Dudley, zum Tode verurteilt worden waren. Das war angesichts der jüngsten Entwicklungen vermutlich nicht länger zu verhindern gewesen; ich zweifelte nicht daran, daß Männer wie Gardiner und Renaud die Königin davon überzeugt hatten, daß Nachsicht mit Leuten, die eine Gefahr darstellten, nicht rühmlich, sondern töricht war.

Unter diesen beklemmenden Umständen kam mir die Natur zu Hilfe und ich wurde wirklich krank. Kaum etwas beeinträchtigt das körperliche Wohlbefinden so nachhaltig wie Sorge und seelische Belastung. Der Körper reagiert mit absoluter Zuverlässigkeit auf die Signale des Gemüts – dafür war ich der lebende Beweis. Während der ganzen Reise war ich mehr ohnmächtig oder einer Ohnmacht nahe als bei Bewußtsein, doch als wir uns London näherten, raffte ich mich unter Aufbietung all meiner Kräfte auf. Ich legte größten Wert darauf, mir den Respekt des Volkes zu erhalten. Ich gab Anweisungen, die Vorhänge der Sänfte zurückzuziehen, so daß die Menschen mich sehen konnten. Und so zog ich – bleich, aber stolz – unter ihren prüfenden Blicken vorüber, bemüht, mir nicht anmerken zu lassen, welche Angst ich in Wirklichkeit ausstand.

An jenem Tag gab es keine Beifallsrufe. Wie hätten die Menschen auch jemandem zujubeln können, der praktisch als Gefangener nach London gebracht wurde und einer Anklage wegen Verrats an der Königin entgegensah? Es erhob aber auch niemand die Stimme gegen mich. Ich sah das Mitleid in den Gesichtern der Menschen und wußte, daß sie mir Glück wünschten.

Doch das nützte mir jetzt herzlich wenig. Ich war eine Gefangene, und es würde mir schwerfallen, Mary zu beweisen, daß ich mit Wyatts Aufstand nichts zu tun hatte.

An demselben Tag, an dem ich London erreichte, wurde Jane Grey zum Schafott geführt, wo der Henker sie erwartete. Die arme Kleine – sie hatte im Leben nie einen anderen Wunsch gehabt, als sich in Ruhe und Frieden ihren Büchern zu widmen und sich der Gesellschaft der Menschen zu erfreuen, die sie gern hatte. Nun war sie das unschuldige Opfer grausamen Blutvergießens geworden. Wer mochte als nächster an der Reihe sein? Stellte ich für die Königin nicht eine viel größere Bedrohung dar als Jane? Ich war längst nicht so harmlos wie Jane. Ich träumte von Dingen, von denen die arme Jane ganz sicher niemals geträumt hatte. Und doch hatte man sie zum Richtblock gezerrt.

Um fünf Uhr nachmittags trafen wir in Whitehall ein und betraten den Palast von der Gartenseite. Zumindest war dies nicht der Tower. Wenn ich nur Gelegenheit hätte, Mary zu sehen, mit ihr zu sprechen, ihr alles zu erklären, dann gelänge es mir sicher, sie von meiner Unschuld zu überzeugen.

Wenn ich doch nur mit ihr reden könnte! Ich war schließlich unschuldig. Zugegeben, ich sehnte mich danach, Königin zu werden, aber es lag mir doch fern, sie vom Thron verdrängen zu wollen. Ich erkannte sie doch als die rechtmäßige Königin an, solange sie lebte. Ich mußte ihr das unbedingt erklären.

Ich flehte die Wachen an, ihr eine Botschaft von mir zu überbringen, und sie erklärten sich dazu bereit. Die Antwort ließ nicht lange auf sich warten: Die Königin sei nicht daran interessiert, mit mir zu sprechen.

Kurz darauf begannen die Verhöre. Ich wurde von Gardiner und den Lords Arundel und Paget vernommen, und ich brauchte nicht lange, um mir darüber klar zu werden, daß sie alle drei entschlossen waren, mich ins Verderben zu stürzen. Sie versuchten immer wieder, mich dazu zu bringen, ein Schuldgeständnis abzulegen. Ich blieb jedoch standhaft und wiederholte unbeirrt meine Beteuerung, nicht von Wyatts Rebellion gewußt und nichts mit ihr zu tun gehabt zu haben.

Unschuld ist immer ein mächtiger Verbündeter, und sie half auch mir, mich erfolgreich gegen meine Feinde zur Wehr zu setzen. Die Verhöre wurden schließlich eingestellt, und man ließ mich in Ruhe.

Die Tage schleppten sich dahin. Mary weigerte sich, mich zu empfangen. Jeden Tag schöpfte ich neue Hoffnung und wartete vergeblich auf eine freundliche Geste. Mit jedem Tag wuchsen meine Ängste.

In meiner gegenwärtigen Lage war es für mich äußerst schwierig, in Erfahrung zu bringen, was draußen geschah. Mir kam jedoch zu Ohren, daß Wyatt, zum Tode verurteilt, im Tower gefangengehalten wurd, und alles deutete darauf hin, daß ich über kurz oder lang sein Schicksal teilen würde.

Vom Fenster aus konnte ich die weißen Uniformen der Wachsoldaten sehen, die rund um den Palast postiert waren, um sofort eingreifen zu können, falls ein Versuch unternommen werden sollte, mich zu befreien. Vor meiner Tür standen noch mehr Wachsoldaten. Man war offensichtlich entschlossen, mich durch schärfste Bewachung am Fliehen zu hindern.

Dann trat eines Tages ein, was ich so sehr befürchtet hatte. Der Graf von Sussex suchte mich in Begleitung eines weiteren Mitglieds des Staatsrates auf, um mir mitzuteilen, daß ich mich darauf gefaßt machen solle, den Whitehall-Palast in Kürze zu verlassen.

»Und mit welchem Ziel?« fragte ich ängstlich.

Die Antwort war die, vor der ich die ganze Zeit über gezittert hatte. »Ihr sollt im Tower untergebracht werden, Euer Gnaden.«

»Nein!« schrie ich und bedeckte mein Gesicht mit den Händen.

Sussex sagte sanft: »Es ist der Befehl der Königin, My Lady. Das Boot wartet bereits, um Euch dorthin zu bringen.«

»Ich kann mich nicht in den Tower sperren lassen«, wandte ich verzweifelt ein. »Das ist kein Aufenthaltsort für ehrbare Untertanen der Königin.«

»My Lady, so lautet nun einmal mein Befehl, und ich muß diesem Befehl gehorchen.«

Er hatte etwas Gütiges an sich. Er war freundlich und hatte nicht wie Gardiner den Wunsch, mich ins Verderben zu stürzen.

»Ich sagte: »Ich muß die Königin sprechen.«

»Die Königin lehnt es ab, Euch zu empfangen, My Lady.«

»Wenn ich ihr schnell einen Brief schreibe – würdet Ihr dafür sorgen, daß er ihr ausgehändigt wird?«

Er zögerte. Er wußte, daß die Königin weder den Wunsch hatte, mich zu sehen, noch daran interessiert war, ein Bittschreiben von mir zu erhalten. Aber er war ein guter Mensch, und ich war jung und schien sein Herz zu rühren.

Es war der Tag vor Palmsonntag, und man hatte offenbar vermeiden wollen, mich an einem solchen Tag vor den Augen der Bevölkerung den Fluß hinunter zum Tower zu geleiten. Deshalb hatte man geplant, mich bei Nacht und Nebel fortzuschaffen, so daß niemand mich sähe und das Volk erst von meiner Verhaftung und Unterbringung im Tower erführe, wenn ich dort sicher hinter Schloß und Riegel säße.

Indem Sussex mir jedoch gestattete, meinen Brief zu schreiben – mit dessen Abfassung ich mir Zeit ließ, beging er den Fehler, die Flut zu verpassen. Dieses Versäumnis löste ziemliche Bestürzung aus, denn es bedeutete, daß die vom Gezeitenwechsel abhängige Fahrt über den Fluß nun erst wieder am hellichten Tage möglich wäre. Das war immerhin ein kleiner – wenn auch nur ganz schwacher – Hoffnungsschimmer; denn die Tatsache, daß man so großen

Wert darauf legte, mich hinter dem Rücken der Menschen fortzuschaffen, machte deutlich, daß es sich bei den Plänen, die man mit mir hatte, offenbar um ein fragwürdiges Vorhaben handelte, dem die guten Bürger niemals zustimmen würden. Meine Feinde wußten genau, wie beliebt ich beim Volk war, und selbst wenn sie mich für schuldig hielten, gegen die bevorstehende englisch-spanische Verbindung intrigiert zu haben, würden sie nicht wagen, meine Popularität auf die leichte Schulter zu nehmen.

Schließlich entschied man sich, mich am nächsten Morgen während des Gottesdienstes zum Tower zu bringen – zu einer Zeit also, zu der wenig Publikum auf den Straßen und am Fluß zu erwarten wäre. Das verschaffte mir zumindest einen Aufschub von ein paar Stunden.

Am Palmsonntagmorgen um neun Uhr wurde ich zur Treppe des Hinterausgangs gebracht. Ich mußte zu Fuß die Palastgärten durchqueren, um zum Fluß zu gelangen, und die ganze Zeit über betete ich, es möge mich jemand sehen und mir zu Hilfe eilen.

Verstohlen schaute ich mich um und sah zum Palast hinüber. Dort standen zwar Menschen, die meinen Aufbruch verfolgten, aber niemand machte Anstalten, mit mir Kontakt aufzunehmen.

»Es ist mir unbegreiflich«, bemerkte ich verbittert, »wie der Adel es zulassen kann, daß ich, eine Angehörige des Königshauses, ins Gefängnis geschickt werde. Gott allein weiß, womit ich das verdient habe – ich weiß es nicht.«

Das Boot glitt mit äußerster Geschwindigkeit den Fluß entlang. O ja, sie waren sehr nervös, diese Männer. Meine Worte waren ihnen unter die Haut gegangen. Ich, die Thronerbin, wurde in einer überstürzten Nacht-und-Nebel-aktion schmählich in die Gefangenschaft geschickt.

Die Flut war allerdings noch nicht so weit gestiegen, daß wir mühelos unter der Brücke hindurchfahren konnten, der wir uns nun näherten, und da der Wasserstand an dieser Stelle besonders niedrig war, bestand Gefahr für das Boot. Die Fährmänner weigerten sich, die Fahrt fortzusetzen. Mich überkam eine wilde Hoffnung, die mich innerlich triumphieren ließ. Wollten die Fährmänner mir dadurch zu verstehen geben, daß sie nicht bereit waren, bei diesem schändlichen Verbrechen mitzumachen, das hier an mir begangen wurde?

Meine Begleiter bestanden jedoch darauf, die Brücke zu passieren. Die Königin sei schon verärgert genug darüber gewesen, daß man mich nicht, wie ursprünglich vereinbart, am Abend zuvor in den Tower gebracht habe; jede weitere Verzögerung werde nur unnötige zusätzliche Probleme schaffen. Sie werde womöglich noch Verdacht schöpfen und die Unterbrechung der Fahrt als Protest ihrer Untertanen gegen die Festnahme ihrer Schwester auslegen.

Plötzlich rammte das Heck des Bootes die Brückenpfeiler, und einen Augenblick glaubte ich, wir würden alle miteinander in den Fluß geworfen werden. Es war mir ziemlich gleichgültig. Aber dann richtete das Boot sich wieder auf und wir setzten unseren Weg fort.

Mein Entsetzen war groß, als wir an den Stufen des ›Verrätertores‹ anlegten. »Nicht hier!« rief ich. »Ich bin kein Verräter!«

»Wir befolgen nur unsere Befehle, Euer Gnaden«, antwortete man mir.

Die ersten Regentropfen fielen. Es war ein ungemütlicher, stürmischer Tag im März. Palmsonntag! Ein Tag des Jubels und der Freude, doch bereits eine Woche später hatte das wankelmütige Volk gerufen: »Kreuzigt ihn.«

»My Lady, Ihr müßt hier aussteigen«, forderte man mich auf.

Die Stufen waren vom Wasser überflutet. »Wie denn?« fragte ich. »Soll ich etwa durchs Wasser waten?«

»Ihr müßt, My Lady.«

Also stieg ich aus dem Boot, und das Wasser schwappte über meine Schuhe und umspülte meine Knöchel.

Der Kommandant des Tower war herbeigeeilt, um mich zu begrüßen, und irgend jemand reichte mir einen Umhang, den ich jedoch zurückwies. Ich sagte so laut, daß alle es hören konnten: »Mit mir betritt eine Gefangene das Ufer, die ein treuerer Untertan der Königin ist als alle die, die vor mir diese Stufen hinaufgestiegen sind.«

Zahlreiche Gefängniswärter und Bedienstete des Tower kamen ebenfalls herbei, um mich zu sehen, und ich war tief bewegt, als viele von ihnen vor mir niederknieten und ausriefen: »Gott erhalte Euer Gnaden.«

Wie mich dieser Beweis der Anhänglichkeit doch tröstete! Selbst als arme Gefangene verfügte ich noch über die Anziehungskraft, die mir die Herzen der Menschen zufliegen ließ. Einige von ihnen weinten, und ich wußte, daß der Grund für ihre Tränen die bange Befürchtung war, daß man mir niemals erlauben werde, diesen Ort je wieder lebend zu verlassen.

Vor mir ragte drohend das Tor auf – das berühmte ›Verrätertor‹ –, und ich konnte mich nicht überwinden, durch dieses Tor hindurchzugehen. Ich ließ mich auf den kalten Steinen davor nieder und starrte trübsinnig vor mich hin.

Der Kommandant des Tower kam auf mich zu und sagte freundlich: »Madam, hier sitzt Ihr nicht gut.«

»Vielleicht sitze ich hier besser als anderswo; es gibt schlimmere Orte«, antwortete ich.

Einer meiner Zeremonienmeister brach daraufhin in Tränen aus, und sein Anblick gab mir Kraft.

»Kommt«, sagte ich zu ihm, »statt zu verzweifeln solltet Ihr mich lieber trösten, zumal Ihr die Wahrheit kennt. Ihr wißt doch, daß ich mich keines der Vergehen schuldig gemacht habe, die mir vorgeworfen werden. Niemand hat daher Grund, um mich zu weinen.«

Ich erhob mich und ließ zu, daß man mich zu dem Quartier führte, das für mich vorbereitet worden war. Es befand sich im ersten Stockwerk des ›Glockenturms‹ – ein großer, überwölbter Raum mit drei Spitzbogenfenstern und tiefen Fensternischen.

Die Tür wurde hinter uns verriegelt. Ich ließ mich erschöpft auf einem Stuhl nieder, klamm vor Nässe, fröstelnd und verzagt.

Was ich so lange Zeit befürchtet hatte, war über mich hereingebrochen. Ich war nun eine Gefangene im Tower.

Jene düsteren Steinmauern bargen so manche Geheimnisse; vor allem aber ließen sie die Erinnerung an meine Mutter lebendig werden. Sie war so wie ich in diese abweisende Festung gebracht worden; sie hatte dieselbe Verzweiflung erlebt. Ihr Mann war entschlossen gewesen, sie zu vernichten; meine Schwester hatte mit mir dasselbe vor. Oder täuschte ich mich in diesem Punkt? Ich traute Mary so viel Herzlosigkeit im Grunde kaum zu und konnte mich des Gefühls nicht erwehren, daß sie mich angehört hätte, wenn es mir gelungen wäre, sie zu einem Treffen mit mir zu bewegen. Ich mußte immer wieder an jene lange zurückliegende, schreckliche Szene im Palasthof denken, als meine verängstigte Mutter mich hochgehoben hatte, um durch mich die Aufmerksamkeit meines prächtig glitzernden, allmächtigen Vaters zu erregen. Die kalte Gleichgültigkeit, mit der er damals auf sie hinabgesehen hatte, hatte den Zwischenfall zu einer beklemmenden Erinnerung werden lassen. Brachte Mary mir auch nur Gleichgültigkeit entgegen? Sie war von Beratern umgeben, die von dem Wunsch beseelt waren, mich ins Verderben zu stürzen, da sie in mir eine Bedrohung ihrer ehrgeizigen Pläne sahen. Mary selbst hielt mich vor allem deswegen für verloren, weil ich mich weigerte, mich ihrem Glauben anzuschließen. Es fehlte ihr durchaus nicht an schwesterlicher Zuneigung, aber sie war nun einmal eine Fanatikerin, und Fanatiker lassen nicht zu, daß sich menschliche Gefühle zwischen sie und ihre Überzeugungen drängen, die ihrer Ansicht nach die einzig seligmachenden sind. Mary beabsichtigte, England in den Schoß der Kirche Roms zurückzuführen, und ich stand ihr dabei im Wege.

Die Tage erschienen mir endlos, die Nächte erst recht. Kat hatte mich nicht begleiten dürfen, und ich vermißte sie schmerzlich. Aber zum Glück hatte ich einige wenige gute Freundinnen um mich. Eine davon war die bezaubernde Isabella Markham, die kürzlich erst Sir John Harrington geheiratet hatte, eine andere Elizabeth Sand. Sie taten ihr möglichstes, dafür zu sorgen, daß ich mich einigermaßen wohl fühlte.

Isabella sagte: »Habt Ihr bemerkt, welchen Respekt Euch die Wachen entgegenbringen, My Lady? Ihnen ist bewußt, daß Ihr die Tochter des verstorbenen Königs seid. Sie werden Euch gut behandeln.«

»Meine Mutter war die Frau des verstorbenen Königs, und das hat sie auch nicht vor der Hinrichtung bewahrt.«

Meine Freundinnen verstummten. Sie wußten, daß ich nur in Augenblicken äußerster Bedrängnis meine Mutter erwähnte.

Ich umfaßte mit den Händen meinen Hals und sagte: »Wenn sie mich hinaus auf den Tower-Hügel zerren, werde ich darum bitten, ein Schwert aus Frankreich kommen zu lassen. Ich will die Axt nicht.«

Da begannen alle meine Gefährtinnen zu weinen, und ich mußte sie trösten.

Ein Tag wie der andere. Die Grenzen zwischen heute und morgen verschwammen. Die Zeit verstrich in trostloser Monotonie. Während jener Wochen starb ich in Gedanken tausend Tode. Oft ertappte ich mich dabei, daß ich morgens beim Aufwachen mit den Händen meinen Hals berührte. Damals, als meiner Mutter klargeworden war, welches Schicksal sie erwartete, hatte sie hysterisch ausgerufen: »Mein Hals ist ganz schlank...« Ich hätte etwas darum gegeben, nicht ununterbrochen an sie denken zu müssen.

Es blieb nicht aus, daß die seelischen Qualen denen ich ausgesetzt war, sich auf mein körperliches Befinden auswirkten. Ich wurde krank und war schließlich gezwungen, das Bett zu hüten. Das beunruhigte meine Gefängniswärter über alle Maßen, und ihr Unbehagen teilte sich mir sehr schnell mit.

Dann kam der Tag, an dem Wyatt hingerichtet werden sollte. Er hielt auf dem Schafott eine tapfere Abschiedsrede, in der er die volle Verantwortung für sein Tun übernahm und ausdrücklich und mit bewegten Worten die Anschudigungen zurücknahm, die er – wie ich im nachhinein erfahren hatte – unter der Einwirkung der Folter gegen mich erhoben hatte.

Ich war darüber sehr erleichtert, denn damit erwies sich die gegen mich vorgebrachte Anklage als letztlich unbegründet. Nun würden Gardiner, Renaud und alle meine übrigen Feinde sich sorgfältig überlegen müssen, ob ihre Argumente ausreichten, um ein Todesurteil gegen mich zu rechtfertigen. Es kam mir vor wie eine Gnadenfrist.

Gewiß würden sie mich nun nicht länger gefangenhalten können! Wyatt hatte schließlich gestanden, mich zu Unrecht beschuldigt zu haben, und beteuert, daß ich mit seiner Rebellion nichts zu tun hatte. Was für einen Grund hatten sie also noch, mich im Tower festzuhalten?

Einen überaus stichhaltigen Grund – aus ihrer Sicht! Ich stellte eine ernstzunehmende Bedrohung ihres Vorhabens dar, England wieder mit Rom zu versöhnen, eines Plans, der beim größten Teil der Bevölkerung auf Ablehnung stieß. Ich wäre nicht das erste Mitglied eines Königshauses, das lebenslängliche Gefangenschaft im Tower einzig und allein deshalb würde erdulden müssen, weil es berechtigte Aussichten auf die Thronfolge hatte.

Aber sie hatten große Angst. Meine Gesundheit machte ihnen Sorgen. Sie wollten zwar meinen Tod, aber sie wollten nicht beschuldigt werden, ihn verursacht zu haben.

Ein Arzt wurde zu mir geschickt, und er empfahl, mir ein wenig Bewegung an der frischen Luft zu ermöglichen.

Es gab dort einen Durchgang – einen ganz schmalen Pfad –, den die Gefängniswärter benutzten, um von einem Turm der Festung zum anderen zu gelangen. Dieser Pfad entlang den Zinnen führte von einer Tür im ›Glockenturm‹ zu einem Eingang im Beauchamp-Turm. Von diesem engen Gang aus fliehen zu wollen, wäre ein völlig aussichtsloses, von vornherein zum Scheitern verurteiltes Vorhaben gewesen, aber für den Fall, daß ich dennoch auf die Idee käme, einen Fluchtversuch zu unternehmen, sollten zwei Wärter mir vorausgehen und einer mir folgen.

Selbst ein so geringfügiges Zugeständnis empfand ich als willkommene Erleichterung. Es tat gut, für kurze Zeit den steinernen Mauern zu entkommen und ein wenig frische Luft zu schöpfen – trotz aller Einschränkungen.

Ich verstand mich recht gut mit meinen Wärtern, denn Leutseligkeit gegenüber dem einfachen Volk lag in meiner Natur, und auch sie waren zuvorkommend zu mir – sie hielten sich zweifellos vor Augen, daß ich eines Tages ihre Königin sein würde.

Oft blieben wir auf dem Zinnenpfad stehen, um uns umzuschauen, und dann ließ ich mir gewöhnlich von ihnen die

Anlage des Tower erklären, über den sie eine Menge wußten und auf den sie sehr stolz waren. Danach setzten wir unseren Weg zum Beauchamp-Turm fort.

»Ich möchte schwören, dort halten sich Gefangene auf, die etwas darum gäben, den Gang bis zum ›Glockenturm‹ entlanggehen zu können«, bemerkte ich.

Sie pflichteten mir bei, und einer meiner Wärter fügte hinzu: »Ich weiß, daß einer unter ihnen ist, der sich mehr als alle anderen über die erzwungene Untätigkeit ärgert, My Lady.«

»So? Und wer ist das?« fragte ich.

»Lord Robert Dudley. Der sitzt dort drüben... der Arme... ein sehr gutaussehender, vornehmer Herr von sehr gewinnendem Wesen. Er ist zum Tode verurteilt worden. Jedesmal wenn er morgens aufwacht, muß er befürchten, der vor ihm liegende Tag könne sein letzter sein.«

»Ich habe ihn früher einmal kennengelernt«, sagte ich. »Er hielt sich zusammen mit seinem Vater am Hof meines Vaters auf. Wir spielten miteinander, als wir noch Kinder waren. Alle anderen habe ich vergessen, aber an Robert Dudley erinnere ich mich gut. Es tut mir leid, daß er sich in solch mißlicher Lage befindet, aber sein Vater hat schließlich gegen die Königin revoltiert; er hat für sein verräterisches Verhalten bezahlt, und Robert Dudley hat an seiner Seite gekämpft.«

»Seine Brüder ebenfalls, My Lady. Es ist noch nicht sehr lange her, daß Lord Guildford und Lady Jane den Gang zum Schafott angetreten haben.«

»Die arme Lady Jane! Sie hatte sich keines Verbrechens schuldig gemacht. Ihr Vater war es gewesen, der sie zur Heirat mit Lord Guildford gezwungen hatte; ihr war gar nichts anderes übriggeblieben, als zu gehorchen.«

Ich schwieg. Es war nicht ungefährlich, so zu reden. Aber ich war nun einmal besonders leutselig im Umgang mit Menschen niederen Standes. Das war es ja gerade, was mich beim Volk so beliebt machte.

Selbst als ich von meinem Spaziergang längst zurückgekehrt war, konnte ich nicht aufhören, an Robert Dudley zu denken. Seine Lage war noch viel gefährlicher als die, in der ich mich befand, denn er war immerhin zum Tode verurteilt worden.

Bei dem Gedanken lief es mir kalt über den Rücken, und ich hoffte, ein solches Schicksal möge ihm erspart bleiben. Doch was kümmerte mich eigentlich sein Schicksal? Verdiente er nicht den Tod? Schließlich hatte er zu denen gehört, die versucht hatten, Jane Grey auf den Thron zu setzen. Andererseits hatte er nichts anderes verbrochen, als zu seinem Vater zu halten. Northumberland war es gewesen, der den Aufstand angezettelt und Jane zur Königin ausgerufen hatte – ein fragwürdiges Glück, das kaum mehr als eine Woche Bestand gehabt hatte und um den Preis seines eigenen Lebens sowie des Lebens seines Sohnes Guildford und der armen Jane selbst erkauft worden war.

Die Königin hatte gut daran getan, Robert Dudley in den Tower sperren und zum Tode verurteilen zu lassen – nach allem, was geschehen war.

Und dennoch hatte Robert Dudley etwas, das mich schon als Kind beeindruckt hatte. Er besaß einen ganz außergewöhnlichen Charme, und der Gedanke, daß man seinen hübschen Kopf vielleicht schon bald von seinem Körper trennen könnte, gefiel mir ganz und gar nicht.

Einige Wochen später teilten mir die Wachen mit, daß man mir erlaubt habe, in den Gartenanlagen des Tower spazierenzugehen. Es ist erstaunlich, wie sehr man sich über die bescheidensten Zugeständnisse freut, wenn man in seiner Freiheit so eingeschränkt ist, wie ich es damals war! Ich erinnere mich noch deutlich an meinen ersten Spaziergang im Tower-Garten, an die Frühlingsblumen, die dort blühten, und an die Luft, die so frisch und mild und voller Duft zu sein schien.

Außerdem spielten Kinder in den Gärten des Tower, und ich hatte mich schon immer zu Kindern hingezogen gefühlt. Mit ihnen ins Gespräch zu kommen, bereitete mir ebensowenig Mühe wie mit Erwachsenen in Kontakt zu treten. Ich konnte mich mit ihnen genauso unterhalten wie mit allen anderen Menschen aus dem Volk; von königlicher Zurückhaltung, wie man sie oft bei Personen hohen Ranges beobachten kann, konnte bei meinen Begegnungen mit groß und klein nicht die Rede sein.

Im Garten des Tower machte ich die Bekanntschaft eines bezaubernden kleinen Jungen. Er muß etwa fünf Jahre alt gewesen sein, vielleicht auch ein wenig jünger. Er lächelte mir zu und sagte: »Guten Tag, Fräulein.«

Ich blieb stehen und erkundigte mich nach seinem Namen.

»Ich heiße Martin, Fräulein«, antwortete er. »Und Ihr?«

»Elizabeth«, erwiderte ich.

»Geht Ihr oft hier spazieren?« fragte er.

»Sooft ich kann. Du auch?«

Er nickte. »Wir wohnen dort drüben.«

»Martin!« Jemand rief nach ihm. Ich schaute mich um und sah, wie eine junge Frau eilig auf uns zukam. Sie machte einen Knicks, und ich lächelte ihr zu.

»My Lady, ich hoffe, der Junge war nicht lästig«, sagte sie.

»Aber nein, ganz im Gegenteil. Wir haben uns nett unterhalten. Nicht wahr, Martin?«

Er sah mich stumm aus großen Augen an. Die Anwesenheit der Frau – vermutlich seine Mutter – hatte ihn offenbar verlegen gemacht.

Sie erzählte mir, daß ihr Mann Oberster Kammerherr der Königin sei und man Martin erlaubt habe, in den Anlagen des Tower zu spielen, da es nicht oft vorkomme, daß hoher Besuch sich dort aufhalte.

Ich entgegnete: »Dann kann ich nur hoffen, daß meine Gegenwart nicht bedeutet, daß man Martin von nun an von den Gärten fernhalten wird. Ich wäre sehr betrübt, wenn das der Fall wäre.«

Sie nahm das Kind bei der Hand und knickste erneut.

»Ihr seid sehr freundlich, My Lady. Martin ist ein zutraulicher Junge. Er unterhält sich gern.«

»Hoffen wir also, daß wir uns noch oft hier begegnen, Martin«, sagte ich zum Abschied.

Sie ging mit ihm fort und ich schaute ihnen nach. Das Zusammentreffen mit dem Kind war eine herzerwärmende Begegnung gewesen.

Danach traf ich Martin noch oft. Jedesmal wenn er mich sah, strahlte er und lief mir freudig entgegen. Einmal brachte er mir Blumen, und ich war von dieser Geste der Anhänglichkeit so gerührt, daß er es zur Gewohnheit werden ließ, mich mit einem Blumenstrauß zu begrüßen.

Eines Tages sagte er: »Da drüben ist ein Herr drin.« Er zeigte auf den Beauchamp-Turm. »Ich sehe ihn immer, wenn mein Vater mich mitnimmt.«

»Was für ein Herr ist er denn?«

»Ein sehr netter Herr.«

»Spricht er auch mit dir?«

»Ja.«

»So wie ich?«

Er nickte.

»Und was sagt er zu dir?«

»Er sagt, daß eine Prinzessin hier im Tower wohnt. Seid Ihr das, My Lady?«

»Ja«, sagte ich. »Und hast du ihm auch erzählt, daß du mit mir gesprochen hast?«

Er nickte.

»Und was hat er dazu gesagt?«

»Er hat gesagt: ›Sag der Prinzessin... sag der Prinzessin...‹«

»Ja, was denn?«

Er bemühte sich sichtlich, sich zu konzentrieren und sich an den genauen Wortlaut der Botschaft zu erinnern. Dann setzte er erneut an: »›Sag ihr...‹«

»Ja, weiter! Sag ihr... was?«

Er zog die Stirn in Falten – so angestrengt dachte er nach –, dann platzte er heraus: »›Daß ich an sie denke und...‹«

»Und?«

»›Und überlege... wie ich ihr dienen kann.‹«

»Er hat dir wirklich aufgetragen, mir das zu sagen?«

Er nickte heftig.

»Und du hast niemand anderem davon erzählt? Nur mir?«

Er nickte erneut. »Der Herr hat gesagt...«

»Ja?«

»Ich soll es nur Euch erzählen... niemandem sonst.«

Ich bückte mich und gab ihm einen Kuß. »Vielen Dank, Martin. Du bist ein sehr tüchtiger Junge.«

Er schien sichtlich erfreut über das Lob, und als ich an jenem Tag in mein Gefängnis zurückkehrte, mußte ich noch lange Zeit über Robert Dudley nachdenken.

Ein Hoffnungsstrahl war in die Dunkelheit gedrungen. Ich spürte, wie meine Lebensgeister erwachten. Dabei war, rein rational betrachtet, meine Hochstimmung unbegründet. Nichts hatte sich an der Tatsache geändert, daß ich eine Gefangene im Tower war, und meine Feinde schmiedeten nach wie vor Pläne, wie sie mich am besten ins Verderben stürzen könnten. Aber der bloße Gedanke, daß noch jemand da war – dazu noch ein gutaussehender junger Mann ungefähr meines Alters –, der an mich dachte, mir Botschaften zukommen ließ und mir Treue und Ergebenheit schwor, wirkte geradezu Wunder. Mein Gesundheitszustand besserte sich. Ich freute mich jeden Tag aufs neue auf meine Verabredungen im Garten, die zu wahren Höhepunkten meines Lebens geworden waren. Ein zweites Kind hatte sich zu uns gesellt, Susannah, die Tochter eines der Gefängniswärter. Die Kinder begleiteten mich auf meinen Spaziergängen und unterhielten mich mit ihrem kindlichen Geplapper. Die kleine Susannah konnte kaum älter als drei Jahre sein, aber mein Freund Martin erfüllte seine Aufgabe als Übermittler von Botschaften zwischen Robert Dudley und mir mit der ganzen Ernsthaftigkeit und Würde eines Fünfjährigen. Er brachte es fertig, Lord Robert wissen zu lassen, daß seine Worte mir Mut gemacht hatten und daß ich in Gedanken bei ihm war, genauso wie er bei mir.

Für das Kind war es ein aufregendes Spiel, und seine Jugend machte ihn zum idealen Mitverschworenen. Manchmal hätte ich mir allerdings gewünscht, er wäre ein wenig älter gewesen; dann wäre der Gedankenaustausch zwischen Robert Dudley und mir vielleicht noch umfassender und effektiver gewesen. Andererseits, wäre Martin wirklich älter gewesen, so hätte man mir vermutlich nicht gestattet, mich so mit ihm anzufreunden.

Abgesehen davon, daß es uns gelang, uns gegenseitig

Trost zuzusprechen, gab es wenig, das Robert Dudley und ich für einander tun konnten. Wir waren nicht so töricht, über Möglichkeiten der Flucht nachzudenken. Ein gescheiterter Fluchtversuch hätte mich garantiert den Kopf gekostet. Was uns während jener Zeit half, seelisch zu überleben, war die vertrauensvolle Freundschaft, die sich zwischen uns entwickelt hatte und die ich niemals im Leben vergessen sollte. Noch viele Jahre später versetzten mich meine Gedanken oft in jene Zeit und jenen Garten zurück, und ich erinnerte mich gerührt an die trostreichen Botschaften, die mir der Gefangene aus dem Beauchamp-Turm hatte zukommen lassen. Roberts unmittelbare Nähe gab mit Kraft, wenn ich sie brauchte, und den Mut, gefaßt dem Schicksal entgegenzusehen, das mich erwartete; und die Nachrichten, die ich ihm schickte, hatten eine ähnliche Wirkung auf seine seelische Verfassung.

Ich weiß nicht, wie lange wir unsere heimliche Korrespondenz noch fortgesetzt hätten. Jedenfalls war ein unglücklicher Zufall daran schuld, daß die Verbindung jäh abriß.

Ich pflegte den Kindern Geschichten aus meinem Leben zu erzählen, und sie wußten, daß ich eine Prinzessin war. Ich beschrieb ihnen das Leben am königlichen Hof und die Festlichkeiten, die gewöhnlich in den großen Bankettsälen stattfanden. Sie hörten mir gespannt zu, und allmählich wurde ihnen klar, daß meine gegenwärtige Existenz als Gefangene im Tower grundverschieden von dem glanzvollen Leben sein mußte, das sie aus meinen Erzählungen kannten.

Ihre Augen füllten sich jedesmal mit Tränen, wenn ich ihnen erzählte, daß ich hierhergebracht worden sei, weil die Königin sich über mich geärgert habe. Es schmeichelte mir, daß sie einfach nicht begreifen konnten, wie jemand es fertigbrachte, mich herzlos zu behandeln.

Eines Tages fand Susannah im Garten einen Schlüsselbund, den vermutlich einer der Gefängnisrter hatte fallen lassen, als er von einem Turm zum anderen geeilt war... Schlüssel waren dazu da, Türen zu öffnen, dachte sich Susannah; und sie hatte beobachtet, wie mich die Wärter tagtäglich in den Garten begleiteten und nach meinem Spaziergang im Garten wieder in die Festung zurückbrachten. Sie war außerdem genügend mit dem Tower vertraut, um sich zusammenzureimen, daß Menschen dort eingesperrt waren. Daher dachte sie, daß ich, wenn ich erst im Besitz der Schlüssel wäre, nur die Türen aufzuschließen und fortzugehen brauchte.

Also überreichte sie mir die Schlüssel.

»Die sind für Euch, Fräulein«, sagte sie. »Jetzt könnt Ihr alle Türen öffnen und aufhören, eine Gefangene im Tower zu sein.«

An ihren unschuldigen Kinderaugen war abzulesen, welche Liebe sie mir entgegenbrachte und wie stolz sie war, daß sie auf die kluge Idee gekommen war, mir das Zaubermittel auszuhändigen, das für mich die Freiheit bedeutete. Ich nahm sie in die Arme und gab ihr einen Kuß und versicherte ihr, daß ich mir nur wünschen könne, so mancher mächtige Fürst des Königreichs hätte auch nur annähernd so viel für mich getan.

Martin rief ganz aufgeregt: »Die Schlüssel werden alle Türen aufschließen, Fräulein!« Doch dann wurde er plötzlich traurig und fügte hinzu: »Aber Ihr werdet fortgehen.« Im nächsten Augenblick strahlte er jedoch wieder. »Wir werden Euch besuchen!«

Ich nahm den Schlüssel und sagte: »Gott segne Euch, Kinder. Aber ich glaube nicht, daß ich mit diesen Schlüsseln die richtigen Türen werde öffnen können. Ich bleibe also auch weiterhin bei Euch.«

Da klatschten sie vor Freude in die Hände, und in dem Moment erschien einer der Wärter.

»My Lady«, sagte er, »ich muß Euch bitten, mir diese Schlüssel zu geben.«

Ich erklärte ihm, daß Susannah die Schlüssel im Garten gefunden hatte.

Er nahm sie an sich. Vermutlich machte der Wärter, der sie verloren hatte, sich bereits große Sorgen, und die Tatsache, daß sie ausgerechnet mir in die Hände gefallen waren, jagte meinem Gegenüber offensichtlich einen ziemlichen Schrecken ein. Obwohl ich mit den Schlüsseln wahrscheinlich gar nichts hätte anfangen können, haftete ihnen doch eine unübersehbare symbolische Bedeutung an, die auch den Kindern nicht entgangen war.

Die Bestürzung unter den Gefängniswärtern muß groß gewesen sein. Die verlorengegangenen Schlüssel waren zwar gefunden worden, aber die Kinder hatten sie ausgerechnet mir gegeben. Angenommen, es hatte sich wirklich um die Schlüssel zu meiner Gefängniszelle gehandelt! Die Wärter müssen eine Heidenangst ausgestanden haben bei dem bloßen Gedanken daran, welche Strafe ihnen gedroht hätte, wenn es mir dank ihrer Nachlässigkeit tatsächlich gelungen wäre, aus dem Tower zu fliehen.

Als ich am nächsten Tag in den Garten kam, war von den Kindern weit und breit nichts zu sehen. Ich war sehr enttäuscht. Nicht nur sie hatte ich nun verloren, sondern auch den Kontakt zu Robert Dudley, dessen Botschaften mich immer mit so viel Zuversicht erfüllt hatten.

Dann, einige Tage später, sah ich Martin wieder. Er stand auf der anderen Seite eines Tores, das gerade abgeschlossen worden war. Sobald er mich sah, streckte er die Arme aus und rief: »Fräulein, ich soll Euch keine Blumen mehr bringen.« Und bevor er noch ein weiteres Wort sagen konnte, erschien sein Vater, nahm ihn bei der Hand und ging mit ihm fort.

Gefährliche Zeiten

Am 20. Mai, zwei Monate nachdem ich den Tower durch das ›Verrätertor‹ betreten hatte, konnte ich jene furchterregende Festung wieder verlassen.

Eigentlich hätte ich außer mir vor Freude sein müssen, aber ich konnte einfach das beklemmende Gefühl nicht abschütteln, nur ein Gefängnis gegen ein anderes – vielleicht sogar noch schlimmeres – einzutauschen.

Ich faßte jedoch neue Hoffnung, als ich hörte, daß ich nach Richmond gebracht werden sollte, denn dort hielt sich zur Zeit die Königin auf, und mein erster Gedanke war, daß ich an ihre schwesterlichen Gefühle appellieren würde und sie ganz sicher von meiner treuen Ergebenheit würde überzeugen können, wenn es mir nur gelänge, sie persönlich zu sprechen.

Als wir über den Fluß glitten, überkam mich dann doch unbändige Freude darüber, daß ich wieder frei war, mochte die neugewonnene Freiheit auch nicht von Dauer sein. Wie herrlich grün doch die Bäume waren! Und welchen Duft die Feld- und Wiesenblumen verströmten! Sie betörten nicht nur meine Sinne, sondern rührten auch mein Herz, denn es schien so lange her, seit ich ihren lieblichen Duft zuletzt wahrgenommen hatte. In den Gärten, die den Fluß säumten, blühten rosafarben die Apfelbäume und weiß die Kirschbäume, und die Zweige des Weißdorn bogen sich unter der Last ihrer Blütenknospen. Ich versuchte, mir die Farben und Düfte genau einzuprägen, um noch lange von der Erinnerung an sie zehren zu können, denn sie waren für mich Symbole der Freiheit. Und dann kam der Palast von Richmond in Sicht, den mein Großvater an der Stelle des früheren Shene-Palastes hatte errichten lassen. Wir legten an den Stufen an, ich schritt durch die Tore und betrat den Palast.

Man führte mich in den Audienzsaal meiner Schwester, und ich stellte zu meiner Erleichterung fest, daß unser Gespräch unter vier Augen stattfinden sollte.

Mein erster Gedanke war: Wie alt und krank sie doch aussieht! Die Krone schien eine drückende Last für sie zu sein.

Ich kniete vor ihr nieder und sie reichte mir die Hand zum Kuß, aber ihre Begrüßung war eine förmliche Geste ohne wirkliche Herzlichkeit.

»Du kommst als Staatsgefangene zu mir«, sagte sie. »Es betrübt mich, daß meine eigene Schwester so tief gesunken ist. Aber du bist immerhin die Tochter meines Vaters; dessen bin ich mir wohl bewußt. Meine Minister und ich haben uns Gedanken über deine Zukunft gemacht.«

Ich schwieg.

Sie fuhr fort: »Du bist jung und töricht; daher habe ich einen Ehemann für dich ausgesucht. Meine Berater haben mich davon überzeugt, daß du nicht aufhören wirst, neidisch nach meiner Krone zu schielen, solange du dich in England aufhältst.«

»Eure Majestät sind falsch unterrichtet.«

»Das mag dahingestellt bleiben. Jedenfalls habe ich das Gefühl, daß du, Schwester, voller Ungeduld auf eine Gelegenheit wartest, den Thron an dich zu reißen. Aber ich sage dir eins: Du wirst ihn niemals bekommen. Ich werde in Kürze einen mächtigen Herrscher heiraten, und unser Sohn wird Englands nächster König sein. In diesem Lande ist für dich kein Platz. Deshalb schlage ich dir Philibert von Savoyen, den Fürsten von Piedmont, als Ehemann vor. Er ist dieser Verbindung nicht abgeneigt, und du könntest mit ihm ein glückliches und zufriedenes Leben führen.«

Ich erstarrte vor Entsetzen. Nach Piedmont ziehen! England verlassen! Das würde bedeuten, alle Hoffnung auf den Thron für immer fahrenzulassen. Nein! Das käme für mich niemals in Frage. Eher nähme ich in Kauf, hier weiterhin ständigen Gefahren ausgesetzt zu sein. In dem Augenblick wurde mir klar, wie verzweifelt ich mir wünschte, die Krone zu erlangen. Eine innere Stimme sagte mir, daß ich einen Anspruch auf die Krone hatte, daß die Krone mein Schicksal war. Es war mir vorherbestimmt, Königin von England zu werden, und ich durfte mich auf nichts einlassen, was mich von diesem Ziel abzubringen drohte. Ich rang nach Fassung... Meine Schwester musterte mich kalt.

»Du scheinst nicht gerade überwältigt vor Freude zu sein, Schwester«, sagte sie. »Du hast offenbar noch nicht begriffen, welch ein Glück dir zuteil wird. Philibert ist ein großer Fürst. Oh, ich weiß, daß du eine Prinzessin bist, wenn auch nur eine unehelich geborene. Das ist allgemein bekannt, seit erwiesen ist, daß unser Vater nicht wirklich mit deiner Mutter verheiratet war, da seine Ehe mit meiner Mutter gültig war.«

Ich hätte sie am liebsten angschrien und ihr an den Kopf geworfen, daß wir noch vor nicht allzulanger Zeit beide zu Bastarden erklärt worden waren. Außerdem war mir das völlig gleichgültig. Ich wußte nur, daß ich die Tochter des Königs und dazu bestimmt war, selbst Königin zu werden.

»Majestät«, entgegnete ich schließlich ganz ruhig, und ich wählte meine Worte mit großer Sorgfalt, »mir liegt nichts am Ehestand. Eher finde ich mich damit ab, den Rest meines Lebens als Gefangene zu verbringen und im unklaren darüber gelassen zu werden, welchen Verbrechens ich mich schuldig gemacht habe, das so schlimm ist, daß man mich deswegen der Freiheit beraubt hat.«

Sie konnte es anscheinend kaum erwarten, mich loszuwerden. Sie hatte gehofft, mich unter die Haube zu bringen und damit aus ihrem Land und ihrem Gewissen zu verbannen.

Aber dazu war ich viel zu schlau.

Später teilte man mir mit, daß ich nach Woodstock gebracht werden sollte, wo ich der Obhut Sir Henry Bedingfelds anvertraut werden würde.

Schon am Tag darauf traten wir die Reise an, und erneut erwachten meine Lebensgeister, denn als wir uns den Dörfern näherten, kamen die Menschen aus ihren Häusern hervor, um mich vorbeireiten zu sehen. Die offensichtliche Zuneigung, die sie mir entgegenbrachten, rührte mich zutiefst. Ihr Gesichtsausdruck verriet, daß sie an mir hingen und mir nur Gutes wünschten. »Gott segne die Prinzessin!« riefen sie mit einer überschwenglichen Begeisterung, die Bedingfeld sehr mißfiel. Er schien der – zweifellos berechtigten – Ansicht zu sein, daß jede Beifallskundgebung für mich ein

Schlag ins Gesicht der Königin sei. In einem Dorf, durch das unser Weg uns führte, begannen bei unserer Ankunft die Glocken zu läuten, und als Bedingfeld sich erkundigte, was der Grund für das Geläut sei, erklärte man ihm: »Es ist die Freude darüber, daß unsere Prinzessin nun nicht mehr im Tower gefangengehalten wird.«

Woodstock! Was war das doch für ein trostloser Ort! Da hätte ich ebensogut im Tower bleiben können. Ich wurde rund um die Uhr von Soldaten bewacht. Nachts marschierten sie vor den Mauern des von allen Seiten umfriedeten Anwesens auf und ab, und jede Tür und jedes Eingangstor wurde mit schweren Schlössern gesichert. Ich konnte keinen einzigen unbeobachteten Schritt tun. Selbst in den Gärten des Schlosses war ich niemals allein. Wohin ich auch schaute, überall waren Wachen postiert, die mit Argusaugen jede einzelne meiner Bewegungen verfolgten. Meine Bewacher müssen sehr große Angst gehabt haben, ich könnte auf die Idee kommen zu fliehen.

Andererseits war es mein Glück, daß ich so sorgfältig bewacht wurde, denn ohne meine Kerkermeister hätte ich leicht in meinem Bett verbrennen können. Meinen Feinden war es offenbar gelungen, ihre Spione in meine engste Umgebung einzuschleusen; nur so war die Tatsache zu erklären, daß eines Nachts in dem Raum, der unmittelbar unter meinem Zimmer lag, ein Feuer ausbrach. Da dafür gesorgt worden war, daß ich keinerlei Möglichkeit hatte zu fliehen, hätte ich ohne weiteres im Schlaf verbrennen können, wenn der Brand nicht rechtzeitig entdeckt worden wäre. Es handelte sich eindeutig um ein Feuer, das absichtlich gelegt worden war.

Der Gedanke, daß ich eines Tages denjenigen zum Opfer fallen könnte, die mir nach dem Leben trachteten, versetzte mich von dem Tag an in einen Zustand anhaltender nervlicher Anspannung und seelischer Belastung.

Unterdessen jagte ein politisch bedeutendes Ereignis das andere, denn Philipp von Spanien war in England eingetroffen, und am 25. Juli fand die Hochzeit zwischen ihm und meiner Schwester Mary statt. Es war das Namensfest des heiligen Jacobus, des Schutzheiligen Spaniens, ein Tag also, der dem festlichen Anlaß überaus angemessen war.

Begierig schnappte ich alles auf, was ich an Klatsch mitbekommen konnte. Demnach schienen weder Mary noch Phillip die Heirat zu bereuen. Nun wäre es als erstes ihre Pflicht, einen Thronerben in die Welt zu setzen, und der bloße Gedanke daran erfüllte mich mit solchem Trübsinn, daß mir erst in dem Augenblick wirklich bewußt wurde, wie hochfliegend meine Hoffnungen waren. Seit dem Tod meines Vaters hatte ich mit der Vorstellung geliebäugelt, eines Tages den Thron zu besteigen, obwohl meine Aussichten damals eher gering gewesen waren, da Edward und Mary in der Thronfolge vor mir rangierten und bei beiden mit leiblichen Nachkommen gerechnet werden konnte.

Als Edward jedoch gestorben war und außer mir nur noch Mary da war, schöpfte ich neue Hoffnung, denn Mary war zu der Zeit bereits nicht mehr die Jüngste und außerdem unverheiratet. Und je mehr Zeit verstrich, um so leidenschaftlicher wurde die Hingabe, mit der ich den Traum von der Krone träumte. Ich verfolgte alle Ereignisse mit größter Aufmerksamkeit. Ich machte mir Gedanken über das, was tatsächlich geschah, und stellte mir vor, was theoretisch hätte geschehen können. Ich liebte mein Land über alles, und ich liebte seine Menschen mit einer Leidenschaft, die weder Edward noch Mary je für sie hatten aufbringen können. Ich eignete mich weit mehr als sie beide dazu, Herrscherin über dieses Land zu werden.

Und nun war Mary verheiratet. Sie liebte ihren Mann und war noch nicht zu alt, um ein Kind zu bekommen. Und dieses Kind würde zwischen mir und dem Thron stehen.

Doch gegenwärtig war ich Marys Gefangene, und falls es meinen Feinden gelingen sollte, mir irgendein Vergehen nachzuweisen, würde man mich zum Richtblock führen – genauso wie meine Mutter, wie Katharine Howard, wie die arme, unschuldige Jane Grey.

Bislang aber konnten sie mir keinerlei Schuld nachweisen, und ich nahm mir fest vor, dafür zu sorgen, ihnen auch in Zukunft keine Gelegenheit zu geben, mir irgend etwas anzuhängen.

Kurz vor Weihnachten erhielt ich die Aufforderung, mich nach Hampton Court zu begeben, um die Festtage am königlichen Hof zu verleben. Hieß das etwa, daß ich mich nun nicht mehr als Gefangene zu fühlen brauchte? Ich war ganz außer mir vor Aufregung. Immerhin war es durchaus möglich, daß meine Schwester mich nicht mehr als Bedrohung empfand, seit sie – wie sie selbst verkündet hatte – Mutterfreuden entgegensah.

Wenn man gefangengehalten wird und das Leben trotz der Gefahren, die überall lauern, unendlich langweilig ist, freut man sich über jede kleine Abwechslung, selbst dann, wenn man befürchten muß, sich dadurch einer noch größeren Gefahr auszusetzen – was auf die geplante Rückkehr an den Hof ganz sicher zutraf.

Ich bereitete mich also mit wachsender Erregung darauf vor, in Begleitung Sir Henry Bedingfelds die Reise nach Hampton Court anzutreten.

Nach unserer Ankunft in Schloß Hampton Court wies man mir meine Räume zu, und der Tatsache, daß meine Bewacher auch hier nicht von meiner Seite wichen, entnahm ich, daß sich – entgegen meinen Hoffnungen – nichts an meiner Lage geändert hatte. Dann kümmerte sich eine Woche lang niemand um mich, und ich fragte mich schon, was es wohl zu bedeuten habe, daß man mich aus meinem Gefängnis in Woodstock fortgebracht hatte, nur um mich im Palast Hampton Court erneut einzusperren.

Aber dann wurde ich schließlich aufgefordert, die Königin aufzusuchen: Ihre Majestät wünsche mich zu sprechen.

Ich empfand eine gewisse Beklommenheit, als ich nach so langer Zeit vor ihr stand. Ich fiel auf die Knie, und sie reichte mir die Hand zum Kuß. Dabei sah sie mich unbewegt an und sagte: »Wie ich höre, weigerst du dich hartnäckig zuzugeben, etwas Unrechtes getan zu haben.«

»Man kann schlecht ein Unrecht zugeben, das man nicht begangen hat, Majestät.«

»Du schwörst also, die Wahrheit zu sagen?«

»Ich schwöre es«, antwortete ich.

»Ich bete zu Gott, daß es gelingen möge, sichtbare Beweise dafür zu erbringen.«

»Sollte mir irgendeine Schuld nachgewiesen werden können«, sagte ich beherzt, »so werde ich in Demut und Ergebenheit jede Strafe auf mich nehmen, die Eure Majestät als angemessene Antwort auf mein Fehlverhalten über mich verhängen werden.«

»Willst du damit sagen, daß du ungerecht behandelt worden bist?«

»So etwas könnte ich in Eurer Gegenwart unmöglich behaupten.«

»Du meinst, weil mir damit Ungerechtigkeit unterstellt würde? Nun gut, du verzichtest also darauf, mir ins Gesicht zu sagen, ich sei ungerecht. Aber ich zweifle nicht daran, daß du es anderen gegenüber verlauten läßt.«

»Majestät, ich habe niemals behauptet, Ihr seiet ungerecht«, entgegnete ich kühl. »Ich habe mich in der Vergangenheit damit abgefunden und finde mich auch jetzt damit ab, Eurer Majestät Unwillen erregt zu haben; aber ich schwöre Euch, daß ich niemals etwas anderes gewesen bin als Eurer Majestät treue und aufrichtige Untertanin.«

Sie warf mir einen düsteren Blick zu und murmelte, mehr zu sich selbst als an mich gewandt: »Gott allein vermag das zu beurteilen...«

Ich hatte das Gefühl, daß sie geneigt war, mir zu glauben, und daß sie über die Entfremdung zwischen uns alles andere als glücklich war. Irgendwie hatte Mary mir schon immer ein wenig leid getan. Ich hatte von Anfang an gespürt daß sich hinter ihrer herben Art eine große Sehnsucht nach Liebe und Zuneigung verbarg. Zärtlichkeit war ihr in ihrer Jugend von ihrer Mutter entgegengebracht worden – und wie sich später herausstellte, war ihre Mutter der einzige Mensch geblieben, der sie je liebevoll behandelt hatte. Und dann hatte sie miterleben müssen, wie diese Mutter von unserem Vater gedemütigt, verstoßen und wie eine Gefangene eingesperrt wurde. Kein Wunder, daß sie eine gewisse Verschrobenheit entwickelt hatte. Kein Wunder, daß sie sich nach Liebe sehnte wie ein Verdurstender nach Wasser. Wie ich gehört hatte, überhäufte sie nun Philipp mit der Zärtlichkeit, die sie all die Jahre hindurch hatte unterdrücken müssen. Mein Gott, dachte ich, und jetzt erwartet sie auch noch ein Kind von ihm!

Sie erlaubte mir, neben ihr Platz zu nehmen, und ich atmete erleichtert auf, denn ich hatte den Eindruck, daß diese Geste ein Beweis ihrer Freundschaft sein sollte. So weit, so gut – dennoch beschlich mich das unbehagliche Gefühl, daß ihr altes Mißtrauen mir gegenüber sich spätestens dann wieder einschleichen werde, wenn meine Erzfeinde Gardiner und Renaud im vertraulichen Zwiegespräch mit ihr Gelegenheit hätten, sie mit ihren boshaften Unterstellungen erneut gegen mich aufzuhetzen.

Ihr Körper hatte bereits etwas Unförmiges. Das Kind kündigte unübersehbar sein Erscheinen an.

Der Winter ging allmählich zu Ende. Die Königin wurde von Tag zu Tag unförmiger, und wir alle sahen äußerst gespannt ihrer Niederkunft entgegen. Sollte sie ein gesundes Kind zur Welt bringen – ganz gleich, ob einen Jungen oder ein Mädchen –, so wäre das das Ende all meiner Hoffnungen. Nicht das Geschlecht des Kindes wäre diesmal entscheidend, sondern nur sein Gesundheitszustand. Ein gesundes Kind würde den Untergang Englands besiegeln: Das Land würde gezwungen werden, zur Kirche Roms zurückzukehren, und damit der Intoleranz und grausamen Verfolgung ausgesetzt sein, die bereits in jenen Ländern herrschte, in denen mit Zustimmung der römisch-katholischen Kirche die gefürchtete Inquisition ihr blutiges Unwesen trieb.

Ich hoffte im stillen, das Kind möge sich als nicht lebensfähig erweisen, und hatte nicht einmal ein schlechtes Gewissen dabei, einen so wenig frommen Wunsch zu hegen. Natürlich hütete ich mich, irgend jemandem gegenüber auch nur einen Ton darüber verlauten zu lassen.

Bei Tageslicht wirkte Marys Haut gelblich fahl, und ihr Leibesumfang nahm immer mehr zu. Eine meiner Hofdamen flüsterte mir zu: »Es geht das Gerücht, die Königin trage gar kein Kind unter dem Herzen.«

»Was wollt Ihr denn damit sagen?« fragte ich entgeistert.

»Daß der Grund für ihren geschwollenen Leib ein ganz anderer ist.«

»Aber... das ist doch absurd!«

»Ich kann nur wiedergeben, was allgemein gemunkelt wird, Euer Gnaden.«

Was waren jene Tage doch für eine traurige Zeit für meine arme Schwester! So sehr die Entwicklung der Dinge mich persönlich auch mit Optimismus erfüllte, so konnte ich doch nicht umhin, für Mary Mitleid zu empfinden. Sie hatte sich so verzweifelt ein Kind gewünscht. Sie war so völlig sicher gewesen, schwanger zu sein. Es hatten sich alle typischen Anzeichen eingestellt, die auf eine Schwangerschaft hindeuteten. Welch ein schrecklicher Schicksalsschlag! Welch eine fast unerträgliche Demütigung! Sie erwartete gar kein Kind. Sie litt nur an einer besonders scheußlichen Art von Wassersucht.

Ich glaube, sie wäre fast vor Kummer gestorben. Sie hatte ihre ganze Hoffnung in dieses Kind gesetzt. Sie war so stolz gewesen, als es so ausgesehen hatte, sie sei in der Lage, den heiß ersehnten Thronerben zur Welt zu bringen. Außerdem brauchte sie dieses Kind so dringend, und nun war ihr Glück wie eine Seifenblase zerplatzt.

Sie war lange Zeit sehr krank, so daß die Menschen am königlichen Hof bereits sorgfältig darauf achteten, mich mit gebührender Hochachtung zu behandeln; ich genoß die Ehrerbietung, die mir von allen Seiten entgegengebracht wurde. Mir schien, als mache sich der gesamte Hofstaat täglich neu auf die Nachricht von Marys Tod gefaßt. Wenn ich morgens aufwachte, so war stets mein erster Gedanke: Wird es heute sein?

Jene Krankheit hatte Mary sehr verändert. Sie hatte sich zwar notdürftig erholt, aber offenbar die Hoffnung aufgegeben, jemals ein Kind zur Welt zu bringen, und als Philipp daraufhin einfiel, daß in seinem Heimatland wichtige Pflichten auf ihn warteten, die seine Rückkehr nach Spanien erforderlich machten, war Mary untröstlich.

Ich glaube, ich hatte Philipp von Spanien einiges zu verdanken. Die Tatsache, daß Mary nicht in der Lage war, ein Kind zu bekommen, hatte sein Interesse geweckt, mein Leben zu schützen. Ich hatte sogar das Gefühl, daß ihm der Gedanke gekommen war, mich zu heiraten, zumal Mary, die Königin von Schottland, inzwischen ihre Ansprüche auf den englischen Thron geltend gemacht hatte und daher ein ernstzunehmendes Problem darstellte. Ich bin sicher, daß Philipp der Ansicht war, es sei besser, eine Ketzerin zur Königin von England zu machen – und sie dann notfalls zu heiraten und zu bekehren –, als den Franzosen zu erlauben, durch Mary von Schottland zu große Macht über England zu gewinnen.

So kam es, daß ich nicht nur dem Thron wieder einen Schritt näher kam, sondern gleichzeitig der unmittelbar drohenden Gefahr entrann. Natürlich würden Männer wie Gardiner und vor allem der französische Gesandte weiterhin mit allen Mitteln versuchen, mich zu Fall zu bringen, aber zumindest würde der spanische Gesandte mir nicht nach dem Leben trachten, solange Philipp von Spanien auf mein Überleben Wert legte.

Schließlich gestattete man mir, mich in meine Residenz nach Hatfield zurückzuziehen, wo ich zwar nicht gerade als Gefangene leben, aber doch unter Aufsicht stehen und deutlich eingeschränkte Bewegungsfreiheit genießen sollte. Sir Henry Bedingfeld, teilte man mir mit, werde seiner Verantwortung für mich enthoben, und an seiner Stelle werde Sir Thomas Pope die Leitung meiner Hofhaltung übernehmen. Er werde über mich wachen und dafür Sorge tragen, daß ich mich nicht auf Verschwörungen mit unerwünschten Zeitgenossen einließe, die nicht der richtige Umgang für mich seien. Ich kannte Sir Thomas Pope bereits und hielt ihn für einen charmanten und rechtschaffenen Mann, und obwohl ich mich inzwischen an Sir Henry gewöhnt hatte, war ich ganz und gar nicht traurig, mich von ihm zu trennen. Als ich in Hatfield eintraf, erwartete mich eine freudige Überraschung: Kat Ashley war dort, um mich willkommen zu heißen. »Zu Diensten, Euer Gnaden«, rief sie mir zu, und wir fielen uns gerührt in die Arme.

Nicht nur Kat erwartete mich in Hatfield. Auch ihr Mann und Parry waren dort, und zu meiner großen Freude gab es auch ein Wiedersehen mit meinem verehrten und geschätzten Lehrer Roger Ascham. Obwohl ich mich nicht völlig frei bewegen konnte, hatte ich doch in Gesellschaft solch vertrauter alter Bekannter keinen Grund, unglücklich zu sein.

Überdies war Sir Thomas Pope nicht im entferntesten mit Sir Henry Bedingfeld zu vergleichen. Er war ein fröhlicher und zugleich gütiger Mensch, und um mir einen Vorgeschmack zu geben, wie angenehm das Leben in Hatfield zu werden versprach, beschloß er, mich mit einem Fest zu erfreuen, das im großen Saal des Palastes stattfinden sollte. Geplant war ein Maskenspiel in der Art der farbenprächtigen historischen Aufzüge, wie mein Vater sie geliebt hatte. Sogar die Musikanten traten verkleidet auf, und alle am Spiel teilnehmenden Damen und Herren wurden gebeten, sich für ein Kostüm zu entscheiden, das ihrer gewohnten Erscheinung so unähnlich sei, daß selbst ihre engsten Freunde Mühe hätten, sie darin wiederzuerkennen. Es wurde ein sehr gelungenes Fest. Es wurde viel getanzt, und bevor das Bankett begann, fielen die Masken, und wir gaben uns einander zu erkennen; zum großen Vergnügen aller Beteiligten gab dieser Höhepunkt des Festes Anlaß zu so manchem Ausruf der Verblüffung und zu viel Gelächter.

Ich war überzeugt, daß das Leben hier in Hatfield völlig anders sein würde als die trostlose Gefangenschaft, die in Woodstock mein Los gewesen war.

Unglücklicherweise erfuhr die Königin von dem besonderen Charakter jenes fröhlichen Festes, und einer ihrer Berater – zweifellos Gardiner oder jemand wie er – muß sie darauf aufmerksam gemacht haben, welche Gefahr eine solche Maskerade heraufbeschwören könne: Wenn alle verkleidet aufträten, wie könne man da sicher sein, daß sich nicht auch Spione unter die Gäste mischten? Mit Bedauern teilte Sir Thomas mir mit, daß er von der Königin strikte Anweisung erhalten habe, auf solche Art von Lustbarkeiten in Zukunft zu verzichten.

Ich war also noch immer eine Verdächtige, der nicht zu trauen war.

»Es gibt genug andere Möglichkeiten, sich vergnüglich die Zeit zu vertreiben«, tröstete mich Sir Thomas, »nur Verkleidungen – die sind verboten.«

Es machte mir nichts aus. Schließlich hatte ich ja meine Freunde um mich, und ich freute mich schon sehr darauf, mit einem so anregenden und gebildeten Mann wie Roger Ascham Gespräche in verschiedenen Sprachen zu führen.

Um diese Zeit bereitete sich in England die schlimmste Verfolgungswelle seit Menschengedenken aus, die – davon bin ich fest überzeugt – der Bevölkerung ihr Leben lang in grausiger Erinnerung bleiben wird. Durch ihre Heirat mit Philipp von Spanien hatte Mary die Regierung ihres Königreichs praktisch ihrem Mann übertragen; sie hatte das Land wieder der Kirche Roms angegliedert, und obwohl die Inquisition noch nicht offiziell in England eingeführt war, wurden ihre Gesetze bereits befolgt.

Ich war froh, fernab vom Zentrum des Geschehens ein zurückgezogenes Leben zu führen. Und ich schämte mich für meine Schwester. Ich konnte einfach nicht nachvollziehen, was sie zu ihren Wahnsinnstaten veranlaßte, mit denen sie sich den Haß vieler ihrer Untertanen zuzog und den Beinamen erwarb, mit dem sie in die Geschichte eingehen sollte: ›Mary die Blutige‹.

Wie so viele Menschen erfüllte mich ihr Vorgehen mit tiefer Abscheu. Männer und Frauen allein wegen ihrer religiösen Überzeugungen auf dem Scheiterhaufen zu verbrennen, war nicht nur unvorstellbar grausam, sondern auch sehr töricht. Wie konnte sie nur den Standpunkt vertreten: Meine Art, Gott zu verehren, ist die einzig richtige, und weil Ihr nicht meiner Ansicht seid, werdet Ihr verbrannt! Wie konnte sie nur zulassen, daß solche Greueltaten in ihrem Namen begangen wurden!

Während jenes schrecklichen Jahres ernüchterten die Verbrennungen von Smithfield ganz London; Rauchwolken und der Geruch von brennendem Fleisch erfüllten die Luft nicht nur in der Hauptstadt, sondern sogar in den kleinsten Städten des Landes. Es war, als ob mein Vater nie mit Rom gebrochen hätte. Und doch waren die gegenwärtigen Zustände nicht wirklich mit den damaligen Verhältnissen zu vergleichen. Gewiß, mein Vater war brutal und rücksichtslos gewesen. Auch er hatte Menschen zum Tode verurteilt, aber er hatte so gehandelt, weil er sich an der Erfüllung seiner persönlichen Wünsche gehindert sah. Natürlich war das verwerflich. Aber dieses Töten und Foltern um eines Glaubensbekenntnisses willen war etwas, das ich nicht begreifen konnte.

Nur wenige unter uns bangten nicht um ihr Leben. Ich selbst träumte einmal, ich befände mich auf einem öffentlichen Platz, im Begriff, an den Pfahl eines Scheiterhaufens gebunden zu werden. Es war noch nicht lange her, daß mich der Gedanke an die Axt in Angst und Schrecken versetzt hatte; dabei war der Tod durch das Beil gnädig, verglichen mit dem qualvollen, langsamen Feuertod.

Und doch war die Zahl derer, die diesen Tod erlitten, erschreckend groß.

Wir besuchten den katholischen Gottesdienst. Ja, auch ich. Ich gebe es zu. Ich nahm den katholischen Glauben an. Zumindest rang ich mir das Bekenntnis ab, das man von mir erwartete, aber in Wirklichkeit sah ich nicht ein, wieso die Unterschiede zwischen den Glaubensrichtungen eine Rolle spielen sollten. War ich eine Heuchlerin? Ich weiß es nicht. Wenn ich eine Heuchlerin war, dann eine vernünftige. Ich war inzwischen ganz sicher, daß ich eines Tages dieses Land regieren würde, und dann würde ich diesen sinnlosen Verfolgungen ein Ende bereiten. Um meinem Volk beistehen zu können, war es besser, daß ich mein Leben rettete, statt es zu riskieren. Wenn ich erst den Thron bestiege, würden die Menschen mir sicherlich verzeihen, in einer Kapelle ein paar fromme Worte gemurmelt zu haben.

Mary war eine schwerkranke Frau. Ihr Mann hatte sie verlassen – offenbar ohne das geringste Bedauern. Er war die Ehe eingegangen, die die gewünschte Verbindung der Königreiche Spanien und England ermöglicht hatte; gemeinsam hatten sie England wieder der Kirche Roms zugeführt und verbrannten nun fröhlich alle Engländer, die sich weigerten, den Glauben anzunehmen, den sie ihnen aufzwingen wollten. Spanien hatte sein Ziel erreicht. Die Bevölkerung unseres Landes war nun genauso unglücklich wie die Spaniens. Und Mary wurde zusehends älter und kränker und sehnte sich noch immer nach dem Kind, das sie sich so lange vergeblich gewünscht hatte.

Im Februar des folgenden Jahres kehrte Philipp kurz nach England zurück, und wenig später erreichte uns die Nachricht, daß der Gesundheitszustand meiner Schwester sich deutlich verbessert habe. Mein erster Gedanke war, daß nun vielleicht doch noch mit einem Kind zu rechnen sei. Außerdem fragte ich mich, wie Philipp wohl auf die zahlreichen Aufstände reagieren werde, die zunehmend in weiten Teilen des Landes ausbrachen und Zeichen der schwelenden Unzufriedenheit waren, die überall herrschte. Ich war sicher, daß er nicht nur gekommen war, um wieder mit Mary zusammen zu sein; seine Rückkehr muß andere – politische – Gründe gehabt haben.

Von den vielen Rebellionen, die überall mit unterschiedlichem Erfolg angezettelt wurden, machte eine besonders von sich reden. In ihrem Mittelpunkt stand ein gewisser Sir Thomas Stafford, der sich längere Zeit am französischen Königshof aufgehalten hatte. Berichten zufolge soll Henri II. von Frankreich ihn mit mancherlei Ehrungen und Beweisen seiner Gunst ausgezeichnet und überredet haben, in England einen Aufstand vorzubereiten; denn der französische König empfand die Freundschaft zwischen England und Spanien, die sich seit der Heirat Marys mit Philipp deutlich vertieft hatte, als ständig wachsende Bedrohung, zumal Mary ihren Mann abgöttisch liebte und sich ihm vorbehaltlos unterordnete.

Stafford landete also an der Küste von Yorkshire, und es gelang ihm auch mühelos, das Schloß von Scarborough einzunehmen. Er versuchte, Soldaten um sein Banner zu scharen, indem er verkündete, daß Mary mit ihrer Heirat das englische Vaterland an Spanien ausgeliefert habe und die Spanier sich bereits der Küste Englands näherten, um das englische Volk endgültig zu versklaven und mit der Inquisition zu demütigen. Natürlich waren das genau die richtigen Worte, um das Volk zur Revolte anzustacheln. Doch Stafford war nicht klug genug. Sein Vorhaben war noch vor seinem Eintreffen in England bekannt geworden, denn am Hof des französischen Königs lauerten zahlreiche Spione.

Eine Armee, an deren Spitze der Graf von Westmorland stand, wurde nach Yorkshire entsandt, und schon nach kurzer Zeit waren Staffords Leute, die den im Kriegshandwerk ausgebildeten Soldaten heillos unterlegen waren, vernichtend geschlagen und Stafford selbst ein Gefangener. Er wurde unmittelbar nach seiner Festnahme verurteilt, wie ein gemeiner Verräter gehängt und gevierteilt zu werden. Seine barbarische Hinrichtung fand im Mai in Tyburn statt.

Zum Glück wurde ich in diese Verschwörung nicht hineingezogen, obwohl es das erklärte Ziel jeder Rebellion war, Mary zu stürzen und mich an ihrer Stelle auf den Thron zu setzen.

Wie immer, wenn er sich in England aufhielt, wurde Philipp bald ungeduldig. Sein Herz gehörte Spanien. Überdies hatte ich den Eindruck, daß er den Wunsch hatte, sich Marys erdrückender Zuneigung zu entziehen. Ich wußte, daß er ihr kränkliches Aussehen und ihre ständigen Versuche, ihm ihre abgöttische, verzweifelte Liebe aufzudrängen, abstoßend fand.

Philipp machte sich daher geschickt die Verärgerung der Königin über die Einmischung der Franzosen im Fall Stafford zunutze und bemühte sich verstärkt, sich die Unterstützung der Engländer zu sichern, um gegen Frankreich Krieg zu führen. Als es ihm schließlich gelungen war, England in den – nur für die Spanier vorteilhaften – Konflikt zwischen Spanien und Frankreich zu verwickeln, schien er der Auffassung zu sein, daß sein Besuch seinen Zweck erfüllt habe.

Ich hatte Mitleid mit Mary, als ich sah, wie sehr sie unter seinem Fortgehen litt. Sie war so krank, so ohne jede weibliche Anmut, so traurig und bedauernswert; im Grunde ihres Herzens wußte sie, daß Philipp nicht die geringste Liebe für sie empfand. In den Monaten, die seiner Rückkehr nach Spanien folgten, war seltsamerweise ich es, der sie sich vertrauensvoll zuwandte. Immerhin war ich ihre Schwester, wie gespannt unsere Beziehung zueinander auch sein mochte, und sie war eine sehr einsame Frau. Sie hatte keine Freunde, auf deren Hilfe sie vorbehaltlos hätte zählen können. Ich war ihre einzige Hoffnung und Verbindung zur Außenwelt.

Ich war mir dessen bewußt und bemühte mich, ihr eine gute Freundin zu sein. Wirklich gern haben jedoch konnte ich sie nicht. Es war nicht leicht, Mary gern zu haben, und ich konnte ihr niemals Gesellschaft leisten, ohne an all die Menschen denken zu müssen, die sie im Namen der Religion auf den Scheiterhaufen geschickt hatte.

Gelegentlich, wenn wir in schwesterlicher Eintracht beisammen saßen, vertraute sie mir auch Privates an. Es sei nicht ausgeschlossen, meinte sie, daß sie doch noch Mutter werden könne. Ich versicherte ihr, ich wünschte ihr von Herzen, sie möge einem freudigen Ereignis entgegensehen. Das tat ich sogar wirklich – nur dachte ich dabei nicht an die Geburt eines Kindes.

Manchmal schreckte ich nachts aus dem Schlaf auf, weil ich geträumt hatte, meine Schwester habe einem bildschönen kleinen Jungen das Leben geschenkt. Doch dann fand ich auf den Boden der Tatsachen zurück, und ein inneres Gefühl sagte mir, daß sie niemals ein gesundes Kind zur Welt bringen werde. Ich wußte mit intuitiver Gewißheit, daß ihre Tage gezählt waren.

Erneut stand Mary vor einem Jahr der persönlichen und politischen Katastrophen. Es kam der Tag, an dem sie sich damit abfinden mußte, daß sie gar nicht schwanger war – daß sie es niemals gewesen war. Die Rundung ihres Leibes, die sie überglücklich als Zeichen dafür gedeutet hatte, daß sie ein Kind erwartete, erwies sich diesmal als Folge eines in ihr wachsenden Tumors. Alles deutete nun darauf hin, daß meiner Thronbesteigung nichts mehr im Wege stand. Mary ging davon aus, Philipp ging davon aus, das Volk ging davon aus. Mit Beginn dieses neuen – für Mary so verhängnisvollen, für mich so spannenden – Jahres überstürzten sich die Ereignisse.

Hilferufe erreichten uns aus Calais, der einzigen Stadt, die England von den stolzen Eroberungen der Könige Edward III. und Henry V. geblieben war. Die Franzosen, erbost über Englands Bündnis mit Spanien, hatten Calais angegriffen, und an einem bitterkalten Tag im Januar erhielten wir die niederschmetternde Nachricht, daß die Stadt sich dem Herzog von Guise ergeben hatte.

Mary war außer sich. Calais an sich war nicht so wichtig, die Stadt war außerdem schwierig zu verteidigen – aber Calais war der letzte Stützpunkt des englischen Königreichs an der französischen Küste und seit vielen Generationen ein Symbol für die jahrhundertelange Herrschaft Englands über Teile Frankreichs. Und sie hatte es nun verloren, weil sie Philipp erlaubt hatte, England in den Krieg Spaniens gegen die Franzosen hineinzuziehen.

Ich habe mich damals oft gefragt, ob diese arme, unglückliche Frau jemals darüber nachgedacht hat, welch ein Verhängnis die spanische Heirat sowohl für sie selbst als auch für ihr Land war. Welch ein Denkzettel! Das Volk war damals gegen die Heirat mit Philipp gewesen, und ein Herrscher tut immer gut daran, dafür zu sorgen, daß er das Volk auf seiner Seite hat. O ja, das Volk hatte diese Verbindung mit Spanien zutiefst verabscheut. Was hatte die spanische Heirat letzten Endes gebracht? Sie hatte den religiösen Fanatismus nach England gebracht? Sie hatte die Hoffnung auf einen Thronerben, Marys sehnlichsten Wunsch, unerfüllt gelassen; und nun – der letzte Schicksalsschlag. England hatte Calais verloren.

Mary versank in Trauer. Sie erklärte, noch im Tode werde auf ihrem Herzen der Name Calais als schmerzliche Inschrift eingegraben sein.

Eines Tages traf ein Besucher in Hatfield ein, der Kat in helle Aufregung versetzte. Mich übrigens nicht minder – ich war nur zurückhaltender im Ausdruck meiner Gefühle.

Hatfield erlebte zu der Zeit so viele Besucher – was also war an einem unter ihnen so Besonderes, daß sein Erscheinen zur unauslöschlichen Erinnerung wurde? Er war außergewöhnlich groß – und dabei keineswegs korpulent, aber athletisch genug gebaut, um seiner bestechenden Eleganz den Eindruck von Männlichkeit und Stärke hinzuzufügen. Er hatte dunkles Haar und dunkle Augen, dazu einen frischen Teint und die vollkommensten Gesichtszüge, die ich jemals an einem Mann gesehen hatte – nicht zu feingeschnittene, wie Kat später bemerkte, sondern leicht kantige Züge, die an eine grob bearbeitete Skulptur erinnern und einem Mann so gut zu Gesicht stehen. Seine Kleidung war vornehm und nicht zu bunt, sondern farblich geschmackvoll abgestimmt. Er war der schönste, eleganteste, betörendste Mann, dem ich je begegnet war – Thomas Seymour eingeschlossen.

Ich habe diese Begegnung niemals vergessen. All die Jahre hindurch ist die Erinnerung an den jungen Robert Dudley in mir lebendig geblieben – Robert Dudley, wie er mir an jenem Herbstmorgen gegenübertrat.

Man sagte mir, er bitte mich um eine Audienz, aber ich konnte mir Robert als Bittsteller einfach nicht vorstellen. Robert äußerte keine Bitten; er äußerte Wünsche, und zwar in einer Weise, die deutlich machte, daß er an ihrer Erfüllung nicht zweifelt Robert war das Selbstvertrauen in Person.

Als man mir mitteilte, Lord Robert Dudley sei gekommen und bitte mich um eine Unterredung, ergriff mich große Erregung, noch bevor ich ihm persönlich gegenüberstand. Ich mußte an den kleinen Jungen denken, dem ich am Hof meines Vaters zum erstenmal begegnet war; schon damals muß er etwas an sich gehabt haben, das mich beeindruckte. Viel später waren wir dann beide im Tower eingesperrt gewesen, wo seine Nähe mit Mut gemacht und Licht in die Finsternis meiner Gefangenschaft gebracht hatte. Und nun war er hier in Hatfield und bat um eine Audienz.

Ich ging hinunter und empfing ihn im großen Festsaal.

Sobald er mich sah, fiel er auf die Knie. Er nahm meine Hand und küßte sie; dann sah er zu mir auf.

»Willkommen in Hatfield, Lord Robert«, sagte ich.

»Gütigste Herrin«, erwiderte er, »es ist überaus liebenswürdig von Euch, mich zu empfangen.«

»Trotzdem besteht keinerlei Veranlassung, noch länger auf den Knien auszuharren«, entgegnete ich.

Er erhob sich, und in dem Augenblick wurde mir bewußt, wie groß er war. Er schaute mich an, als könne er sein Glück noch nicht fassen, und mir wurde vor Freude warm ums Herz, denn in seinem Blick lag nicht nur Ehrfurcht vor meinem Rang, sondern zugleich eine tiefe Bewunderung für meine Person.

»Weshalb seid Ihr gekommen, Lord Robert?« fragte ich, um meine Verwirrung zu überspielen. »Ist es derselbe Grund, der zur Zeit viele Menschen veranlaßt, Schloß Hatfield aufzusuchen?«

»Ich bin soeben erst aus der Schlacht zurückgekehrt.«

»Ja, ich bin sicher, daß Ihr Eurem Land gute Dienste geleistet habt. Und nun seid Ihr hier... wie so viele andere vor Euch.«

»Ich bin gekommen, um Euch Gold anzubieten«, sagte er. »Ich habe einige meiner Ländereien verkauft, um über Bargeld zu verfügen. Ich gehe zwar davon aus, daß Ihr es nicht benötigen werdet, aber sollte es Probleme geben, wäre es gut, wenn Ihr mit den nötigen Mitteln ausgestattet wärt, um entsprechend zu reagieren.«

»Ihr bringt mir Geld, Lord Robert!«

»Ich habe es bei mir. Mein Bedienter wird es Euch aushändigen. Euer Gnaden, solltet Ihr je in die Lage geraten, um das kämpfen zu müssen, was Euch rechtmäßig zusteht, so vergeßt nicht: Hier steht jemand vor Euch, der für Euch da sein wird und dem so viel daran liegt, Euch zu Eurem Recht zu verhelfen, daß er einen Teil seiner Güter verkauft hat, um für den Notfall gerüstet zu sein und Euch mit materieller Hilfe zu Diensten zu stehen.«

»Ihr seid ein wahrer Freund«, entgegnete ich gerührt, »ich danke Euch.«

»Ich denke oft an die Zeit, als wir beide im Tower gefangengehalten wurden«, fuhr er fort, ohne den Blick auch nur für einen Augenblick von meinem Gesicht abzuwenden. »Da war ein kleiner Junge...«

»Der kleine Martin!« unterbrach ich ihn. »Er überbrachte mir immer Eure ermutigenden Botschaften – bis man dahinterkam und den Kontakt unterband.«

»Euer Gnaden erinnern sich! Das ist mehr, als ich zu hoffen wagte. Auch ich habe diese Zeit nie vergessen, und ich werde Euch auch in Zukunft zur Seite stehen, solltet Ihr je meiner Hilfe bedürfen.«

»Danke, Lord Robert. Ich nehme Euer Angebot und Eure Freundschaft an.«

»Ich werde über Euer Gnaden wachen. Viele Leute – Freund und Feind – sind zur Zeit unterwegs auf dem Weg von und nach Hatfield. Die Königin ist sehr krank. Falls irgend etwas schiefgeht, könnte Hatfield leicht zu einem Gefängnis werden.«

»Falls irgend etwas schiefgeht? Was meint Ihr damit?«

»Niemand weiß so gut wie Euer Gnaden, wie gefährlich es in der Welt zugeht, in der wir leben.«

»Lord Robert, wollt Ihr damit sagen, daß irgendwelche Verschwörungen gegen mich im Gange sind?«

»Nicht daß ich wüßte. Aber mir würde auch niemand solche geheimen Informationen anvertrauen. Ich war schon immer Euer Gnaden glühendster Verehrer.«

»Nicht immer«, entgegnete ich ein wenig kühl, »zum Beispiel damals nicht, als Ihr zu denjenigen gehörtet, die versuchten, Lady Jane Grey zur Königin von England zu machen.«

»Das war der Plan meines Vaters, und eben weil er mein Vater war, blieb mir nichts anderes übrig, als zu ihm zu halten. Es war kein Akt der Untreue gegenüber Euer Gnaden. Ihr seid meine oberste und einzige Gebieterin. Mein Hab und Gut steht zu Eurer Verfügung. Das Geld, das ich mitgebracht habe, hat vor allem symbolischen Wert. Wann immer Ihr mich braucht, ich bin für Euch da. Verfügt über mich – über diese Armee, dieses Herz... den ganzen Mann.«

Ich war so gerührt, daß ich ihm spontan die Hand zum Kuß reichte. Er ergriff sie und küßte sie mit Inbrunst. Er war vielleicht ein wenig verwegen, ein wenig zu leidenschaftlich, aber ich war ehrlich genug, mir einzugestehen, daß mir seine temperamentvolle Art gefiel.

Ich sagte: »Ich danke Euch, Lord Robert. Ihr könnt Euch nun zurückziehen. Ich versichere Euch, daß ich Euer großmütiges Angebot nicht vergessen werde. Es könnte nämlich durchaus sein, daß ich Euch eines Tages beim Wort nehmen werde.«

»Ich werde da sein, wann immer Ihr mich braucht.«

Er verneigte sich tief und ging.

Ich begab mich in meine Gemächer. Ich wollte einen Augenblick allein sein, eine Weile nur an ihn denken. Ich würde mir alles genau einprägen – jedes Wort, das er gesprochen hatte, den Klang seiner Stimme, den Ausdruck hingebungsvoller Verehrung in seinem ansprechenden Gesicht, die Glut seiner Blicke.

Ich wußte, ich würde ihn bald wiedersehen, und vielleicht wäre ich dann bereits Königin.

Meine Schwester spürte, daß es mit ihr zu Ende ging. Wie ich hörte, hatte sie einen Brief von Philipp erhalten, in dem er sie drängte, mich als ihre Nachfolgerin zu benennen. Allerdings war mir nicht recht klar, was daran so wichtig sein sollte: Ich *war* die rechtmäßige Thronerbin, und zwar weil mein Vater es in seinem Testament ausdrücklich so bestimmt hatte. Es war nicht an Mary, mich – oder sonst jemanden – zu ihrer Nachfolgerin zu bestimmen. Aber der Brief machte deutlich, daß auch Philipp eingesehen hatte, daß nur ich Mary auf den Thron folgen konnte. Er muß sich über die Bestrebungen des französischen Königs, durch Mary Stuart Einfluß in England zu gewinnen, sehr beunruhigt haben; außerdem hatte ich das Gefühl, daß er insgeheim hoffte, mich zu heiraten. Ich war ganz sicher, daß er ein wenig in mich verliebt war, und er war von Natur aus ein Mann, der den Gedanken, mit einer jungen und attraktiven Frau eine Ehe einzugehen, zweifellos verlockend fand. Überdies lag die Vermutung nahe, daß er, arrogant wie er nun einmal war, davon ausging, daß es ihm schon noch gelingen werde, mich zum gefügigen Werkzeug seines Willens zu machen. Wie sehr er sich doch irrte!

Die Spannung wuchs. Immer öfter zog ich mich zurück, um allein zu sein, um in Ruhe nachzudenken. Mary lag im Sterben. Nun konnte es nicht mehr lange dauern. Von innerer Unruhe getrieben, begab ich mich in den Garten des Palastes, und während ich dort auf und ab ging, hörte ich plötzlich Pferdegetrappel. Ein Trupp von Reitern mußte ganz in der Nähe sein. Ich blieb regungslos stehen und wartete. Mein Herz schlug mir bis zum Halse. Dann sah ich sie.

Es waren Angehörige des Staatsrates, und das bedeutete, daß sie nur in einer Mission gekommen sein konnten.

Sie stiegen von den Pferden und kamen auf mich zu. Dann fielen sie vor mir auf die Knie.

»Gott schütze Königin Elizabeth!« riefen sie und ergriffen meine Hand, küßten sie und schworen, mir treu zu dienen.

Ihre Worte erfüllten mich mit Triumph und überwältigendem Glück. Dies war der bewegendste Augenblick meines Lebens.

Ich empfand unsagbare Freude, doch gleichzeitig überkam mich eine eigenartige Demut – vielleicht, weil mir in dem Moment bewußt wurde, wieviel Grund ich hatte, dankbar zu sein, die Wechselfälle des Lebens bisher heil überstanden zu haben.

In den Stunden der größten Gefahr hatte ich oft zusammen mit Kat den 118. Psalm gelesen. Ich kannte ihn auswendig.

»Auf den Herrn zu vertrauen ist besser, als sich auf die Hilfe der Mächtigen zu verlassen.

Sie setzten mir hart zu, um mich zu Fall zu bringen, doch der Herr hat mir geholfen.«

Wie oft hatte ich diese Worte aufgesagt, und nun fielen sie mir erneut ein. Bewegt rief ich aus: »Der Herr hat dieses Wunder vollbracht, und wir haben es gesehen.«

Von dem Tag an strömten die Menschen nur so nach Hatfield. Alle drängten sich, ihrer zukünftigen Königin zu huldigen.

Einer war darunter, der auf einem prächtigen weißen Pferd herbeigeeilt kam.

Ich war entzückt, ihn wiederzusehen, und als er vor mir niederkniete, meine Hand küßte und ausrief: »Gott schütze die Königin!«, kamen mir fast die Tränen, und ich hatte große Mühe, meine Gefühle zu verbergen.

»Das Glück ist England heute hold«, sagte er.

»Vielleicht ist es auch Robert Dudley hold«, entgegnete ich. »Ich biete Euch hiermit die Stellung eines Oberstallmeisters an. Was sagt Ihr dazu?«

Er fiel erneut auf die Knie. Seine Augen leuchteten vor Freude, und er schaute mich lange Zeit aufmerksam an, ohne den Blick von meinem Gesicht abzuwenden. Ich war jung... er war jung... Wir waren ungefähr im selben Alter.

»Oberstallmeister der Königin«, wiederholte er bedächtig. »Es gibt nichts, das ich mir mehr hätte wünschen können, denn nun werde ich immer in der Nähe Eurer Majestät sein. Ich werde an Eurer Seite sein, solange Ihr mich braucht.«

Oh, welch ein herrlicher Tag! Nicht der strahlendste Sommertag hätte mein Leben mit so viel Glanz erfüllen können wie dieser trübe Tag im November.

Ich war endlich im Besitz der Krone. Ich genoß die Verehrung meiner Untertanen, die Liebe meines Volkes – und die leidenschaftliche Bewunderung Robert Dudleys.

Vivat Regina

Obwohl diese ereignisreichen Tage eine Zeit großen Triumphes für mich waren, durfte ich doch nicht vergessen, daß der Tod meiner Schwester mir zu meinem Glück verholfen hatte, und ich hielt es für angebracht, die Menschen wissen zu lassen, daß ich um sie trauerte. Dabei brauchte ich diese Trauer eigentlich nicht einmal vorzutäuschen. Ich hatte oft an Mary und ihre tragischen Fehlentscheidungen denken müssen, die ihr Leben zum Scheitern verurteilt hatten; ihr Verhalten war für mich immer ein warnendes Beispiel gewesen, wie man nicht handeln sollte. Das Volk jedoch trauerte nicht um sie. Wie hätten die Menschen auch Kummer empfinden sollen, wenn sie noch den Geruch verbrennenden Fleisches wahrzunehmen glaubten, der von Smithfield herüberzog? Doch das gehörte nun der Vergangenheit an. Jetzt galt es, zu feiern und zu frohlocken. Die junge Elizabeth war der alternden Mary auf den Thron gefolgt, und die Verbindung mit dem verhaßten Feind Spanien – eher drükkende Fessel als Band der Freundschaft – war zerrissen. Die Menschen sahen voll Hoffnung und Zuversicht einem goldenen Zeitalter entgegen. Sie durften nicht enttäuscht werden.

Ich hatte zum Zeichen des Respekts gegenüber meiner verstorbenen Schwester beschlossen, noch einige Tage in meiner Residenz in Hatfield zu verbringen, bevor ich mich in der Öffentlichkeit zeigte. Zwei Tage nach Marys Tod wurde ich an den Toren meines Palastes offiziell zur Königin ausgerufen, und am nächsten Tag berief ich zum erstenmal den Staatsrat ein. Der Palast zu Hatfield hatte sich in einen königlichen Hof verwandelt. Es wimmelte von Leuten, die sich Hoffnungen machten, in meine Dienste zu treten. Doch mir war bereits klar, wen ich mit einem Amt betrauen würde. Die Schicksalsprüfungen, denen ich in den letzten Jahren ausgesetzt gewesen war, hatten in mir ein gutes Gespür dafür geweckt, wem ich trauen konnte und wer die nötigen

Voraussetzungen besaß, mir angemessen zu dienen. Aus dem Grunde war ich auch hocherfreut, William Cecil in Hatfield willkommen zu heißen, denn ich hatte seine Hilfe nie vergessen und wußte seine Klugheit sehr wohl zu schätzen. Ich hatte längst beschlossen, ihm ein verantwortungsvolles Amt zu geben, wenn es an der Zeit wäre, eine neue Regierung zu bilden.

Während jener ersten Versammlung des Staatsrates hatte ich Gelegenheit, mir ein Bild vom gegenwärtigen Zustand meines Landes zu machen – es war ein ausgesprochen trostloser Eindruck. England war kläglich geschwächt; in der Staatskasse herrschte gähnende Leere; viele Lebensmittel waren unerschwinglich teuer; wir befanden uns sowohl mit Frankreich als auch mit Schottland im Krieg, und zu allem Überfluß hatten die Franzosen noch Calais zurückerobert, wodurch wir unseren letzten Stützpunkt auf französischem Grund und Boden verloren hatten. Etwas, das ich schon immer gewußt hatte, bestätigte sich erneut: Kriege brachten keiner Seite Vorteile. Vielleicht lag es daran, daß ich eine Frau war, daß ich kriegerischen Auseinandersetzungen nichts abgewinnen konnte. Ich träumte nicht davon, ruhmreiche Schlachten zu schlagen; meine Siege sollten auf dem Feld der Diplomatie errungen werden. Ich erinnerte mich, daß William Cecil einmal gesagt hatte, ein Land gewinne in einem Jahr des Friedens mehr als in zehn Kriegsjahren. Dem stimmte ich von ganzem Herzen zu, und nahm mir vor, meinem Land nur dann einen Krieg zuzumuten, wenn es sich ganz und gar nicht vermeiden ließe.

Je mehr ich darüber nachdachte, um so klarer wurde mir, daß William Cecil die ideale Besetzung für das einflußreichste aller Regierungsämter war, und so verkündete ich dem versammelten Staatsrat, daß ich Cecil ausersehen hatte, mein Erster Staatssekretär zu werden. Ich trennte mich jedoch nicht von allen Mitgliedern des Staatsrates, die seinerzeit von Mary in ihre jeweiligen Ämter berufen worden waren. Zwei von denen, die ich übernahm, waren der Graf von Arundel und Lord William Howard; ein weiterer war William Paulet, der Marquess von Winchester, den ich zum Lord Schatzmeister ernannte. Nicholas Bacon war bereits

Königlicher Großsiegelbewahrer, und Sir Francis Knollys, ein angeheirateter Vetter zweiten Grades, wurde stellvertretender Großkämmerer. Er war ein überzeugter Protestant, der sich unter Marys Herrschaft gezwungen gesehen hatte, das Land zu verlassen; aber ich wußte, daß er ein verläßlicher, aufrichtiger Mann war, und überdies machte es mir Freude, Verwandten meiner Mutter eine Gunst zu gewähren – vorausgesetzt natürlich, sie verdienten Begünstigung.

Das Gefühl, eine starke Regierung gebildet zu haben, erfüllte mich mit Zufriedenheit, und plötzlich wurde mir bewußt, daß kein einziges von mir ernanntes Mitglied des Staatsrates jung war. Kurioserweise war Cecil der jüngste, und er war immerhin achtunddreißig Jahre alt. Ich war froh darüber, denn ich maß dem, was man Lebenserfahrung nennt, große Bedeutung bei – sie ist ein unschätzbarer Gewinn, den jedoch nur wenige Menschen zu würdigen wissen. Da ich seit so langer Zeit mit der Möglichkeit gerechnet hatte, eines Tages Königin zu werden, hatte ich mir wiederholt Gedanken darüber gemacht, welche Männer ich zu meinen Ministern ernennen würde. Jetzt in der glücklichen Lage zu sein, diese Pläne in die Tat umzusetzen, war ein erhebendes Gefühl.

Von nun an würde dieser Staat nicht mehr von Priestern regiert werden. Ich hatte mich mit einer Reihe tüchtiger und vertrauenswürdiger Männer umgeben und war fest entschlossen, mein Land von seiner Schuldenlast zu befreien, den drohenden Bankrott abzuwenden und England zu einem großen Land zu machen, so daß alle Männer und Frauen, die in ihm lebten, stolz darauf wären, Engländer zu sein.

Auch Kat mußte ich eine entsprechende Stellung verschaffen, um sie weiterhin in meiner Nähe zu haben; also machte ich sie zu meiner Ersten Hofdame. Sie war von ihrer neuen Würde hellauf begeistert, was mich sehr amüsierte.

»Königin oder nicht – für mich macht das keinen Unterschied«, erklärte sie. »Ihr werdet immer meine Elizabeth bleiben, und ich werde auch in Zukunft sagen, was ich denke.«

»Seid ja vorsichtig, Kat«, warnte ich sie. »Nur Narren erregen eines Fürsten Zorn.«

»Ach, Herrin«, entgegnete sie, »Ihr wißt doch selbst nur zu gut, daß Ihr mich schon oft eine Närrin genannt habt«, worauf ich ihr zum Spaß eine Ohrfeige verpaßte.

Ihren Mann ernannte ich zum Königlichen Bewahrer der Kronjuwelen und meinen treuen Parry zum Schatzmeister der Hofhaltung. Ich gehörte nicht zu denen, die alte Freunde vergaßen.

Selbst die inzwischen alt gewordene Blanche Parry, deren Gelehrsamkeit mich immer sehr beeindruckt hatte und die mich damals die walisische Sprache gelehrt hatte, wurde nicht übergangen. Warum hätte ich auch ausgerechnet sie vergessen sollen? Sie war überaus klug und belesen und verdiente es ohne Frage, den Titel einer Verwalterin der Königlichen Bibliothek im Schloß zu Windsor verliehen zu bekommen – eine Auszeichnung, die sie sehr glücklich machte.

Meine neue Würde brachte noch andere Verpflichtungen mit sich, und denen sah ich – so war ich nun einmal – mit besonderer Vorfreude entgegen: meinem Ritt durch die Hauptstadt, den Beifallskundgebungen meines Volkes und meiner Krönung, die möglichst bald stattfinden mußte, denn einem alten Volksglauben nach ist ein Monarch erst dann ein wirklicher Herrscher, wenn er – oder sie – gekrönt worden ist.

Was den Vorbereitungen für diese Festlichkeiten zusätzlichen Reiz verlieh, war die Tatsache, daß sie von meinem Oberstallmeister überwacht werden sollten, und das verschaffte mir die Möglichkeit, unter dem Vorwand dringender Beratungen so manches Gespräch mit dem Mann zu führen, an dessen Gesellschaft ich solches Vergnügen fand.

Robert Dudley war für mich der ideale Gefährte. Er gab mir auf hunderterlei Art und Weise zu verstehen, daß er mich anbetete... und zwar nicht nur als Königin. Er hatte ausgezeichnete Manieren und vergaß bei aller Kühnheit des Auftretens niemals, wer ich war. Meiner Ansicht nach hätte unser Verhältnis zueinander nicht vollkommener sein können. Ich war von Natur aus empfänglich für Bewunderung. Ich genoß es, mit Komplimenten überhäuft zu werden, auch wenn mein vernünftigeres Ich mir sagte, daß es nichts als leere Schmeicheleien waren. Wenn mir der Gedanke ans Heiraten auch zuwider war, so genoß ich es doch um so mehr, umschwärmt und umworben zu werden. Und genau darin bestand die Beziehung, die sich zwischen Robert Dudley und mir entwickelte. Er verehrte mich; seine Blicke, seine Gesten, seine Worte deuteten an, daß er in mich verliebt war. Er kam vor allem deshalb als mein Freund und Vertrauter in Frage, weil er bereits verheiratet war: Auf diese Weise konnte ich nach Herzenslust mit ihm flirten.

Eine Woche nach Marys Tod kam ich nach London. Was war das doch für ein herrlicher Tag, als ich hoch zu Roß Einzug in meine Hauptstadt hielt; und welch ein Jubel herrschte unter den Menschen! Ich war zutiefst gerührt von dem offenkundigen Vertrauen, das sie in mich setzten. Ich verkörperte für sie die Erfüllung all ihrer Hoffnungen – sie verließen sich darauf, daß ich dafür sorgen würde, dem Land erneut zu Glück und Wohlstand zu verhelfen, und ich schwor mir, diese Erwartungen nicht zu enttäuschen. Die Scheiterhaufen von Smithfield gehörten nun der Vergangenheit an. Dies war der Anfang eines neuen – eines großen – Zeitalters, das, so prophezeite ich, als das ›Zeitalter Elizabeths‹ in die Geschichte eingehen sollte. Ich nahm mir fest vor, das Vertrauen dieser Menschen mit ihren guten, ehrlichen Gesichtern und ihrem unerschütterlichen Glauben an mich niemals zu mißbrauchen. Ich würde diesem Volk beweisen, daß ich es liebte. An jenem Tag fühlte ich mich so, wie Jeanne von Arc sich gefühlt haben muß, als sie in Orléans Einzug hielt. Sie war sich des göttlichen Segens ganz sicher gewesen – mir ging es ebenso.

Wie mir die Leute zujubelten! Sie überreichten mir Blumensträuße – darunter auch einige ganz anspruchslose. Ich nahm sie alle dankbar an und küßte sie, und die Begeisterung der Menschen kannte keine Grenzen mehr. Ich bat schließlich eine meiner Hofdamen, die Blumen für mich zu halten, um so jedem einzelnen, der mich beschenkt hatte, persönlich danken zu können; meine Untertanen durften niemals das Gefühl haben, ich sei zu stolz, mich mit ihnen zu unterhalten, wann immer sie das Gespräch mit mir suchten. Ich wußte genau, daß die Sympathien des Volkes der beste Gradmesser und Garant für ein gesichertes und segensreiches Regieren waren; das war etwas, das ich niemals vergessen würde.

Und an meiner Seite ritt dieser unvergleichliche Mann. Wie gut er doch zu Pferde saß? In ganz England gab es keinen zweiten Mann, der so meisterhaft wie er mit Pferden umgehen konnte. Er hatte den Rang eines Oberstallmeisters wirklich verdient. Außerdem lag es in der Natur seines Amtes, daß er oft in meiner Nähe war, und das gefiel mir ebensogut wie ihm.

Als wir Highgate erreichten, kam uns eine Abordnung von Bischöfen entgegen; sie stiegen von den Pferden und knieten auf dem Weg nieder, um mir die Hand zu küssen und mich ihrer Ergebenheit zu versichern. Unter ihnen war auch Bischof Bonner – doch als er sich anschickte, meine Hand zu nehmen, um sie zu küssen, wandte ich mich demonstrativ ab und sah über seinen Kopf hinweg in die Ferne. Das blieb nicht unbemerkt, und die zuschauende Menschenmenge brach in Beifallsrufe aus, denn Bonner zählte zu den verhaßten Männern im Land; er war einer der Verantwortlichen gewesen, die seinerzeit viele Protestanten auf den Scheiterhaufen geschickt hatten. Mir lag daran, das Volk wissen zu lassen, daß ich auf die Freundschaft eines solchen Mannes sehr gut verzichten konnte.

Ich wußte, daß ich einen prachtvollen Anblick bot, als ich durch die Innenstadt ritt. Ich trug ein Reitkleid aus schwerem, purpurfarbenem Samt, das mir sehr gut stand, und da ich mich von Natur aus betont aufrecht hielt, gab ich zu Pferde eine besonders gute Figur ab. Robert Dudley ritt an meiner Seite, und von Zeit zu Zeit trafen sich unsere Blicke – ich hätte schwören können, daß in seinen Augen derselbe Triumph aufblitzte wie in den meinen.

Die Londoner Stadtmauer war mit Wandteppichen geschmückt worden. Dann wurden die Böllerschüsse aus den Kanonen vor dem Tower abgefeuert, und die eigentlichen Festlichkeiten begannen. Schulkinder veranlaßten uns immer wieder zum Verweilen, indem sie Verse aufsagten, die meine Tugenden priesen; Kinderchöre stimmten Lobgesänge an. Ich hielt an, neigte mich zu ihnen herab und dankte ihnen für den freundlichen Empfang. Dabei legte ich größten Wert darauf, allen versammelten Menschen das Gefühl zu geben, daß ich nicht nur ihre Königin sondern zugleich ihre Freundin war, und sie davon zu überzeugen, daß ich nicht die Absicht hatte, mich jemals so unnahbar zu geben, daß auch nur einer unter ihnen den Eindruck gewänne, er dürfte sich nicht mit einer Bitte an mich wenden. Ihrem Jubel und ihren Beifallsrufen entnahm ich, daß ich den richtigen Weg eingeschlagen hatte; von ihm würde ich, solange ich Königin wäre, nicht abweichen.

Es war ein bewegender Augenblick, als ich mich dem Tower näherte. Meine Begleiter und ich hielten inne, und um uns breitete sich tiefes Schweigen aus. Gewiß erinnerten sich jetzt viele Menschen wie ich an jenen schrecklichen Palmsonntag, als man mich gezwungen hatte, diesen schaurigen Ort durch das ›Verrätertor‹ zu betreten. Damals war mein Kommen von großer Verzweiflung begleitet gewesen; heute kam ich im Triumph.

Ich erhob die Hand, und meine Stimme durchbrach das Schweigen. »Manche«, sagte ich, »waren Herrscher über dieses Land und gezwungen, ihre prächtigen Paläste gegen die dumpfen Kerker dieses Gefängnisses zu vertauschen. Ich war eine Gefangene in diesen Mauern und wurde aus diesem Kerker befreit und zur Herrscherin über dieses Land erhoben. Der Sturz jener Mächtigen zeugt von Gottes Gerechtigkeit, dieser Aufstieg zur Macht von Gottes Gnade. So wie jene ihre Erniedrigung geduldig ertragen mußten, so muß ich mich der Ehre, die mir zuteil wurde, würdig erweisen, indem ich Gott dankbar und den Menschen gegenüber gnädig bin.«

Dieser kurzen Ansprache folgten noch einige Sekunden des Schweigens, dann brachen die Umstehenden in Jubel aus.

Tief bewegt betrat ich den Tower.

Ich bat darum, in den ›Glockenturm‹ geführt zu werden und jenen Raum wiederzusehen, der während meiner Gefangenschaft mein Quartier gewesen war.

Robert war bei mir, als ich zum zweitenmal in meinem Leben in jenem Turmzimmer stand und die Vergangenheit mich einholte, als ich noch einmal die Verzweiflung durchlebte, die ich damals ausgestanden hatte, als das Geräusch jedes im Schloß sich drehenden Schlüssels mir fast die Kehle zugeschnürt und ich mich angsterfüllt gefragt hatte, ob nun wohl der Augenblick gekommen sei, den Gang zum Richtblock anzutreten.

Überwältigt von Erinnerungen und Gefühlen sank ich auf die Knie und dankte Gott erneut für seine Gnade.

»Man hatte mich wie Daniel in die Löwengrube geworfen«, rief ich bewegt aus, »doch der Herr hat mich gerettet.«

Robert kniete an meiner Seite, und als er mir beim Aufstehen half, ergriff er meine Hand und küßte sie.

»Kommt«, forderte ich ihn auf, »ich möchte ein wenig auf dem schmalen Gang entlang den Zinnen spazierengehen – so wie damals.«

Robert begleitete mich. Der Weg war so eng, daß wir stellenweise nur im Gänsemarsch vom ›Glockenturm‹ zum Eingang des Beauchamp-Turmes gelangen konnten.

»Und dort wurdet Ihr gefangengehalten, Lord Robert«, rief ich aus. »Wie oft habe ich an Euch gedacht, als ich hier entlangging! Wie oft habe ich mich gefragt, wie Euch wohl zumute sein mochte.«

»Auch ich habe an Euch gedacht«, erwiderte er. »Ich habe, weiß Gott, kaum an etwas anderes gedacht.«

Ich glaubte ihm... weil ich ihm glauben wollte.

Dann kehrten wir zum ›Glockenturm‹ zurück und betraten noch einmal mein ehemaliges Gefängnis. Wir schauten einander lange und wortlos an.

»Alles, was geschehen ist, hat zu einem glücklichen Ende geführt«, sagte Robert schließlich.

In seinen Augen flackerte wilde Hoffnung auf, und ich dachte: Wenn er frei wäre – wer weiß, ob ich nicht doch der Versuchung erläge, ihn zu heiraten.

Aber er war nicht frei, und wenn er es zur Zeit der Eheschließung seines Bruders Guildford gewesen wäre, wäre er jetzt nicht hier. Er war älter als Guildford. Er wäre derjenige gewesen, den man mit Jane Grey verheiratet hätte. Aber das Glück war ihm hold gewesen. Er hatte allen Grund, für seine frühe Heirat dankbar zu sein – und in meinen besonnenen Augenblicken war ich es auch.

Während der sieben Tage, die ich im Tower untergebracht war, fanden zahlreiche Versammlungen des Staatsrates statt. Ich hatte bereits zum Ausdruck gebracht, wie sehr ich die religiösen Verfolgungen unter der Herrschaft meiner Schwester mißbilligte, indem ich es abgelehnt hatte, Bonner die Hand zu reichen. Mir lag sehr daran, mein Volk hinsichtlich meiner Einstellung in Glaubensfragen zu beruhigen. Was ich mir wünschte, war, so bald wie möglich – wie mein Vater – als Oberhaupt der Kirche bestätigt zu werden, um auf diese Weise den Einfluß der Kirche Roms zu verringern. Mir war jedoch klar, daß jede Entscheidung in dieser heiklen Angelegenheit äußerste Umsicht erforderte. Eine völlige Kehrtwendung wäre unter den gegebenen Umständen höchst unklug gewesen, zumal ich mich damals, als ich um mein Leben hatte bangen müssen, nach außen hin zu den Glaubensregeln der katholischen Kirche bekannt hatte.

Diese Überlegungen bestärkten mich jedoch in der Auffassung, daß die Krönung so schnell wie möglich stattfinden müsse, denn erst wenn ich mit den Symbolen der königlichen Würde ausgestattet und nach alter Tradition dem Volk vorgeführt und von ihm als Herrscherin angenommen worden war, könnte ich sicher sein, fest auf dem Thron zu sitzen.

Das wiederum bedeutete, daß der richtige Tag gewählt werden mußte. Es durfte keine ungünstigen Vorzeichen geben.

Natürlich hatte ich diesen Aspekt der Angelegenheit mit Kat erörtert, und sie meinte, wir sollten Doktor Dee um Rat fragen.

Doktor John Dee war ein Mathematiker und Astrologe, dessen hellseherische Fähigkeiten weithin gerühmt wurden. Kat hatte oft von ihm gesprochen und sogar mit ihm korrespondiert, als ich in Woodstock unter Hausarrest gestanden hatte. Er war Protestant und galt als einer meiner Bewunderer, woraus Kats Ansicht nach zu schließen war, daß ich einer langen und glücklichen Regierungszeit entgegensah, denn, so folgerte Kat, wenn dies nicht der Fall wäre, würde dieser Doktor Dee, der ja die Zukunft voraussagen könne, wohl kaum so begeistert für mich eintreten.

Ich warf Kat vor, sie sei zu leichtgläubig; andererseits war ich durchaus der Auffassung, daß man, um zu überleben, nicht nur Talent, sondern vor allem auch Glück haben mußte. In meinem bisherigen Leben hatten glückliche Zufälle eine wichtige Rolle gespielt, und ich wollte kein Risiko eingehen, für die Krönung einen Tag zu wählen, der unter ungünstigen Vorzeichen stand.

Kat, die sehr schicksalsgläubig war, zählte zu Doktor Dees glühendsten Bewunderern, und sie brauchte keine große Überredungskunst aufzuwenden, um mich mit ihrer Begeisterung anzustecken. Es gehört nicht viel dazu, sich über Wahrsager lustig zu machen, wenn man selbst nichts zu verlieren hat; aber eine junge Frau in meiner Position durfte keine Möglichkeit außer acht lassen. Deshalb erklärte ich mich bereit, Doktor Dee aufzusuchen.

Er war ein Mann um die dreißig; der verstörte Blick seiner Augen, die Dinge zu sehen schienen, die andere nicht wahrnehmen konnten, gab seinem Äußeren etwas Aufsehenerregendes und machte die Menschen geneigt, ihm zu glauben. Er hatte schwere Zeiten durchgemacht, in denen er Gefahren ausgesetzt gewesen war, die ihn um ein Haar das Leben gekostet hätten. Man hatte ihn einer Äußerung verdächtigt, die als abfällige Bemerkung gegenüber Königin Mary hätte gedeutet werden können, und ihn daraufhin angeklagt, mit Hilfe der Magie oder auch mit Hilfe von Gift ihren Tod geplant zu haben.

Dabei hatte der Mann nichts anderes verbrochen, als festzustellen, daß der Gesundheitszustand der Königin zu wünschen übrig lasse – was jedem auffallen mußte, der sie nur ansah. Er war etwa um die gleiche Zeit wie ich im Tower eingesperrt gewesen und hatte dort mit einem gewissen Barthlet Green die Zelle geteilt, der wenig später wegen seiner religiösen Überzeugungen auf den Scheiterhaufen geschickt wurde. Dieser zufällige Kontakt mit Green wiederum veranlaßte den übereifrigen Bonner, Doktor Dee der Ketzerei zu verdächtigen, doch der Doktor war zu klug, um denen, die ihn verhörten, auf den Leim zu gehen, und überstand die Bewährungsprobe als freier Mann.

Die Tatsache, daß er ins Gefängnis geworfen worden war,

weil man ihn verdächtigte, einen Mordanschlag auf Mary zu planen, legte zweifelsfrei den Schluß nahe, daß er auf meiner Seite stand. Ich brannte darauf, ihn kennenzulernen, und als selbst Lord Robert ihn mir empfahl und der Graf von Pembroke ihn mir vorstellte, war ich restlos von ihm angetan. Ich erklärte, er solle eine feste Anstellung in meiner Hofhaltung bekommen; es sei eine ausgezeichnete Idee, mit einem Astrologen in Verbindung zu stehen und ihn bei wichtigen Gelegenheiten jederzeit um Rat fragen zu können.

Da Robert als mein Oberstallmeister für das gesamte Krönungszeremoniell verantwortlich war, beriet er sich mit Doktor Dee, der daraufhin einige Zeit in Meditation versank und schließlich Sonntag, den 15. Januar als den geeignetsten Tag für das vielversprechende Ereignis vorschlug.

»Also dann – der 15. Januar«, erklärte ich, und die Vorbereitungen begannen.

Alles verlief reibungslos. Dennoch ereigneten sich Zwischenfälle, die mir deutlich vor Augen führten, wie wichtig es war, weiterhin Besonnenheit walten zu lassen. Mir war klar, daß drastische Änderungen, auch wenn mir noch so viel an ihnen lag, mir nur Ärger und Unannehmlichkeiten einbrächten. Noch verfügten die katholischen Priester im Lande über erhebliche Macht; sie hatten Marys Handeln entscheidend beeinflußt, und die Unterstützung Philipps von Spanien, der ihnen Erfolg versprach, wenn sie ihre Religion nur unerbittlich genug dem Volk aufzwängen, hatte sie selbstbewußt gemacht. Sie waren bereits im Begriff gewesen, die Inquisition einzuführen, und hatten dafür gesorgt, daß England sich wieder nach Rom ausrichtete.

Das würde sich unter meiner Herrschaft gründlich ändern; mein Land würde von keiner fremden Macht bevormundet werden. Doch ich würde vorsichtig vorgehen müssen. Noch waren sie zu mächtig, diese Priester. Sie waren überdies zu sehr von sich eingenommen, und es war höchste Zeit, daß ich ihnen klarmachte, wer in diesem Lande das Sagen hatte – unbedingt, aber mit Bedacht, Schritt für Schritt.

Das wurde mir beim Begräbnis meiner Schwester erneut bewußt, als der Bischof von Winchester, Doktor White, die Leichenrede hielt. Zum Glück predigte er in Latein, einer Sprache, die nur wenige Menschen beherrschten. Ich verstand jedoch genau, was er sagte, und was ich hörte, gefiel mir ganz und gar nicht.

Zunächst brach er in Lobeshymnen auf die verstorbene Königin aus. Er erinnerte das Volk daran, daß diese fromme Frau die Demut besessen habe, den Anspruch der Krone auf Oberhoheit über die Kirche aufzugeben und England in den Schoß der Kirche Roms zurückzuführen, die das natürliche Oberhaupt aller Christen sei. Der heilige Paulus, so betonte er, habe den Frauen untersagt, in religiösen Fragen mitzureden, und einem stummen Oberhaupt könne wohl kaum die Leitung der Kirche übertragen werden.

Ich wurde von Minute zu Minute wütender. Wie konnte er es nur wagen, so zu reden, dazu noch ausgerechnet zu einem Zeitpunkt, zu dem ich den Staatsrat davon zu überzeugen versuchte, wie dringend notwendig es sei, mir den Titel ›Oberhaupt der Kirche‹ zu verleihen. Wie konnte er es nur wagen, abfällige Bemerkungen über das weibliche Geschlecht zu machen, wo ich doch im Begriff war, den Menschen zu beweisen, daß sie mit einer Frau auf dem Königsthron eine Blütezeit erleben würden, von der sie bisher nur hätten träumen können!

Dann ließ er sich lang und breit über Marys Leiden aus – wie geduldig sie ihre Krankheit ertragen habe, wie glücklich England sich schätzen müsse, die aufopfernde Hingabe einer solch guten, tiefreligiösen Frau erfahren zu haben, mochte das Glück auch von kurzer Dauer gewesen sein.

Ich beobachtete die Gemeinde. Ob sie auch – wie ich – an die großen Männer denken mußte, die man auf dem Scheiterhaufen verbrannt hatte? Cranmer zum Beispiel – und noch viele andere. Gewiß waren die Gedanken aller hier Versammelten bei den Verfolgten und Hingerichteten.

Schließlich ging White dazu über, von mir zu sprechen, und mein Zorn erreichte seinen Höhepunkt.

Nun sei Königin Marys Schwester der Verstorbenen auf den Thron gefolgt, sagte er; auch sie sei eine sehr achtbare und würdevolle Dame und das Volk müsse ihr Gehorsam und Respekt erweisen. Doch dann erlaubte er sich eine Beleidigung, die der Gipfel der Unverschämtheit war: Er verglich mich mit einem ›lebenden Hund‹, Mary dagegen mit einem ›toten Löwen‹, und deutete an, daß den Menschen nichts anderes übrigbleibe, als sich mit dem abzufinden, was sich nicht ändern lasse, und mit mir vorliebzunehmen, da ich lebte, mochten sie der toten Königin auch noch so sehr nachtrauern.

Damit war er zu weit gegangen. Wenn die Menschen begriffen, was er da sagte, konnte mir daraus großer Schaden erwachsen. Zum Glück kannten sich nur wenige der Anwesenden in der lateinischen Sprache so gut aus wie ich. Der Gemeinde war lediglich klar, daß er eine Lobrede auf Mary hielt; daß er mich dabei verleumdete, entging den Menschen.

Ich hatte große Mühe, mich zu beherrschen. Einem solchen Mann durfte keine Gelegenheit gegeben werden, ein zweites Mal öffentlich den Mund aufzutun. Er hatte mir den Fehdehandschuh hingeworfen. Nun gut, ich nahm die Herausforderung an.

Als er die Kanzel verließ, erhob ich mich und rief meiner Leibwache zu: »Verhaftet den Mann.«

Sie stürzten sich auf ihn, um meinen Befehl auszuführen, und dann standen der Bischof von Winchester und ich einander Auge in Auge gegenüber. Er machte einen selbstzufriedenen Eindruck, und ich hatte das Gefühl, daß er zu den Unverbesserlichen gehörte, die sich danach drängten, den Märtyrer zu spielen.

Solche wie er waren die wirklich gefährlichen Gegner – religiöse Fanatiker, die sich ihres Platzes im Himmel völlig sicher sind und nicht im geringsten daran zweifeln, daß alle die, die ihre Ansichten nicht restlos geteilt haben, dazu verdammt sind, auf ewig Höllenqualen zu erleiden. Das waren die Leute, vor denen man sich in acht nehmen mußte.

»Majestät«, sagte er, als die Wachsoldaten ihn festnahmen, »ich muß Euch warnen. Wenn Ihr versucht, Rom den Rücken zu kehren, werdet Ihr exkommuniziert werden.«

Ich entgegnete kalt: »Werft ihn in den Tower.«

Dieser Befehl wurde unverzüglich ausgeführt.

Sobald ich in den Palast und die Abgeschiedenheit meiner Gemächer zurückgekehrt war, schickte ich nach Cecil. Er hatte bereits von der Festnahme des Bischofs erfahren und wußte, daß ich über diese Angelegenheit mit ihm reden wollte.

Ich berichtete ihm in allen Einzelheiten von Whites beleidigenden Äußerungen. »Glücklicherweise hat er in lateinischer Sprache gepredigt«, sagte ich. »Trotzdem darf nicht zugelassen werden, daß er mich ein zweites Mal in einer seiner Predigten auf diese Art und Weise schlechtmacht.«

Cecil pflichtete mir bei, fügte jedoch hinzu: »Wir müssen, was Winchester angeht, mit äußerster Besonnenheit vorgehen. Wartet nur ab. Die Gefangenschaft wird ihm schon die Flausen austreiben. Euer Vater hätte seinen Kopf gefordert. Ich bin sicher, Ihr werdet die größeren Vorzüge kluger Vorsicht zu schätzen wissen.«

Ich begriff sofort, was er meinte. Er drückte genau das aus, was auch meine Meinung war; wie immer stimmten wir in unserem Urteil überein.

Dennoch zog ich eine wertvolle Lehre aus diesem Vorfall. Ich mußte Vorsicht zum Prinzip meines Handelns machen, ganz besonders in religiösen Fragen.

Am Morgen des ersten Weihnachtstages wagte ich einen weiteren vorsichtigen Vorstoß. Ich wollte in meiner Kapelle am Gottesdienst teilnehmen, der jedoch – wie zu Marys Zeiten – nach katholischem Ritus abgehalten wurde; als sich daher der Bischof von Carlisle am Altar anschickte, das Hochamt zu zelebrieren, erhob ich mich und verließ zusammen mit meinen Hofdamen demonstrativ die Kapelle.

Es war ein wohlüberlegter Akt des Protests, der – da war ich ganz sicher – schon bald in der ganzen Hauptstadt, ja, überall im Land für Gesprächsstoff sorgen würde. Ich war gespannt, wie die Bevölkerung reagieren würde. Sollte sie ihr Mißfallen bekunden, könnte ich mich mit Leichtigkeit herausreden; ich könnte zum Beispiel sagen, ich hätte mich nicht wohlgefühlt – immerhin hatten plötzliche Krankheiten mir in der Vergangenheit oft als glaubwürdige Ausrede gedient, warum also nicht auch diesmal? Sollte mein Handeln in der Öffentlichkeit jedoch Beifall finden, so wüßte ich, was zu tun wäre.

Ich wurde über die Gefühle der Menschen nicht lange im unklaren gelassen. Sie waren sichtlich erfreut – woraufhin ich beschloß, einen Schritt weiterzugehen: Wenig später erließ ich eine Verordnung, nach der Gottesdienste in meiner Kapelle und im ganzen Land nur noch in englischer Sprache abgehalten werden sollten.

Im übrigen war ich vollauf mit den Vorbereitungen für meine Krönung beschäftigt. Ich war entschlossen, sie zu einem Ereignis zu machen, an das sich alle meine Untertanen mit Freude erinnern würden.

Am 12. Januar verließ ich den Palast zu Westminster, um mich zum Tower zu begeben: Für jeden englischen Herrscher ist diese Festung der Ausgangspunkt des feierlichen Umzugs, der ihn zum Ort seiner Krönung geleitet; die am Tag zuvor stattfindende Fahrt vom Palast zum Tower ist jedoch kaum weniger aufwendig und feierlich als das Festprogramm des Krönungstages selbst.

Ich segelte in der königlichen Bark flußabwärts. Auf der Themse wimmelte es nur so von Booten aller Art, die mich mit fröhlich flatternden Wimpeln und lieblicher Musik willkommen hießen. Aus dem Boot des Oberbürgermeisters, das mit Artillerie ausgerüstet war, wurden in regelmäßigen Abständen Salutschüsse abgegeben. Überall brachen die Menschen in lauten Jubel und begeisterte Beifallsrufe aus; es gab nichts, das mir größeres Vergnügen hätte bereiten können. Schließlich legten wir am Tower an, und wie immer, wenn ich in die Nähe dieses Gebäudes kam, mußte ich an jene andere Fahrt über den Fluß denken, die an den Stufen des ›Verrätertors‹ endete.

Am Nachmittag des darauffolgenden Tages verließ ich den Tower in einer prunkvollen offenen Sänfte, die mit rotem Samt ausgeschlagen war, und als der Zug die Innenstadt erreichte, brachen die Menschen in ohrenbetäubenden Jubel aus. Überall erscholl der Ruf: »Gott schütze Euer Gnaden.«

Ich antwortete, indem ich meinerseits den Menschen zurief: »Gott schütze Euch alle. Ich danke Euch, meinen lieben Untertanen, von ganzem Herzen.«

Wie sehr sie mich doch verehrten! Aber es hatte, glaube ich, auch noch nie einen Monarchen gegeben, der dem Volk so viel Sympathie entgegengebracht hatte. Sie kamen und überreichten mir Blumen, und ich nahm sie alle an und dankte jedem einzelnen bewegt; ich legte jeden noch so schlichten Strauß liebevoll neben mich auf den Sitz, so daß alle sehen konnten, wie sehr ich die freundlichen Gaben schätzte.

Von den zahlreichen bildlichen Darstellungen und farbenprächtigen Rekonstruktionen historischer Ereignisse, die an verschiedenen Stellen des Weges durch die Innenstadt auf eigens errichteten Schaubühnen zu bewundern waren, gefiel mir das Tableau in der Gracechurch Street am besten; es stellte nämlich den königlichen Stammbaum meiner Familie dar. Da war meine Großmutter, Elizabeth von York, zu sehen, wie sie aus einer riesigen weißen Rose heraustrat, um meinen Großvater, Henry VII., der einer roten Rose entstieg, die Hand fürs Leben zu reichen. Zu meiner allergrößten Freude aber erinnerte das Tableau auch an meine Mutter, die an der Seite meines Vaters zu bewundern war. Es war das erste Mal seit ihrer Hinrichtung, daß ihr Reverenz erwiesen wurde – ja, das erste Mal überhaupt, daß ihr die elementare Höflichkeit entgegengebracht wurde, auf die jeder Mensch Anspruch hat. Von ihr und meinem Vater ging ein weiterer Zweig aus, auf dem ich selbst dargestellt war: Ich saß auf einem goldenen Thron, umrankt von roten und weißen Rosen.

Ich klatschte vor Entzücken die Hände, und es war mir ziemlich gleichgültig, ob ich damit gegen die Etikette verstieß oder nicht; die Liebe meines Volkes zu gewinnen, war mir weitaus wichtiger als königliche Würde auszustrahlen. Ich entdeckte, daß ich die Gabe besaß, mit allen meinen Untertanen von Mensch zu Mensch zu reden und mich zu ihnen zu gesellen, als sei ich eine von ihnen – ich habe von dieser Fähigkeit später immer wieder Gebrauch gemacht, und ich glaube, daß darin das Geheimnis meines zeitlebens ungetrübten guten Einvernehmens mit der Bevölkerung lag.

Weitere Spielszenen und Tableaus folgten entlang dem Weg des Krönungszuges durch die Londoner Innenstadt, und Kinder sangen mir zu Ehren Loblieder. Ich erinnere mich noch deutlich an den herrlichen Anblick, den der Stadtteil Cheapside an jenem Tag bot; die Häuser waren mit Tapisserien geschmückt, und von allen Seiten beteuerten meine jubelnden Untertanen mir ihre Treue und Verehrung. Ich hoffte, daß auch sie spürten, welche Liebe ich ihnen entgegenbrachte und wie ernst es mir mit dem Versprechen war, ihnen aufopfernd zu dienen.

Am Morgen des Krönungstages verließ ich Whitehall, das Ziel des festlichen Umzugs, der am Tag zuvor am Tower seinen Anfang genommen hatte, und begab mich nach Westminster. Ich war in meiner hermelinbesetzten Robe aus rotem Samt eine wahrhaft königliche Erscheinung. Dennoch sah ich dem Ereignis mit gewissen Befürchtungen entgegen, denn die Bischöfe hatten sich geweigert, mich zu krönen. Sie wußten, daß ich – wie damals mein Vater – entschlossen war, mich zum Oberhaupt der Kirche zu machen, weil ich darin die einzige Möglichkeit sah, mein Königreich zu Vernunft und religiöser Toleranz zurückzuführen. Da der Stuhl des Erzbischofs von Canterbury zur Zeit unbesetzt war, wurde Nicholas Heath, der Erzbischof von York, aufgefordert, die Krönung vorzunehmen. Heath wußte jedoch genau, welche Änderungen ich plante, und lehnte es ab, mich zu krönen. Tunstall, der Bischof von Durham, begründete seine Absage mit der Ausrede, er sei zu alt und zu krank, um eine solch anstrengende Zeremonie durchzustehen; also fiel die Aufgabe schließlich Owen Oglethorpe, dem Bischof von Carlisle, zu.

Ich glaube, Oglethorpe hätte nur zu gern ebenfalls abgelehnt. Zuerst wandte er ein, er sei nicht im Besitz passender Gewänder, die der Feierlichkeit des Anlasses angemessen seien, doch als man ihm daraufhin geeignete Gewänder zur Verfügung stellte, wurde dieses Argument hinfällig; seltsamerweise war es Bonner, der ihm seine Robe lieh. Dieser Konflikt mit den Vertretern der Kirche war schon sehr beunruhigend, aber er war nur zu erwarten gewesen. Und wenn es tatsächlich so war, daß das Wohl des Volkes und das Wohlwollen des Klerus einander ausschlossen, dann konnte es keinen Zweifel darüber geben, auf wessen Seite ich stand.

Und so trat ich schließlich vor den Altar und ließ mich salben – eine nicht gerade vergnügliche Prozedur, denn das Öl schmierte und roch abscheulich, aber die Handlung war von hoher symbolischer Bedeutung, und darum mußte ich sie über mich ergehen lassen.

Wie entzückt war ich dagegen, als mir die goldene Robe um die Schultern gelegt wurde und der Bischof mir die Krone aufsetzte! Und als ich dann auf dem Prunksessel Platz genommen hatte und meine Untertanen vor mir niederknieten, um den Treueeid zu leisten, war ich überglücklich.

Danach fand in der großen Halle des königlichen Palastes von Westminster das festliche Krönungsbankett statt, das von großem Zeremoniell begleitet war. Ich begab mich zu meinem Ehrenplatz an der prunkvoll geschmückten Festtafel, und dann kam Sir Edward Dymoke in die Halle geritten, um nach alter Tradition diejenigen unter den achthundert Gästen und versammelten Bedienten zum Zweikampf herauszufordern, die es wagten, gegen die Rechtmäßigkeit oder Würde des neuen Herrschers Einwände zu erheben. Es war ein beeindruckendes Fest, das wohl keiner der Anwesenden jemals vergessen sollte. Für mich war dieser Tag die Erfüllung all der Träume, die mir in den Jahren der Gefahr geholfen hatten zu überleben. Hier saß ich nun in meiner Robe aus Samt und Hermelinpelz und trug die Krone Englands auf meinem Haar; und zwei der vornehmsten Männer des Landes, Lord William Howard und der Graf von Sussex, standen neben mir und servierten mir Speisen und Wein. Ich aß wenig. Ich war von Natur aus kein großer Esser, und an diesem Tag war mir erst recht nicht nach Essen zumute. Ich war viel zu aufgewühlt. Ich war hin- und hergerissen zwischen Ergriffenheit und Entschlossenheit, und mein Gelöbnis war so tiefempfunden und ernsthaft wie das jeder Nonne – nur daß ich mein Leben nicht in den Dienst der Kirche stellte, sondern dem Wohl meines Landes widmete.

Erst in den frühen Morgenstunden endete das Bankett, und ich konnte zu Bett gehen.

Kat erwartete mich bereits.

»Ihr seid ja ganz erschöpft, Liebes«, sagte sie. »Kat wird Euch zu Bett bringen.«

»Kat«, ermahnte ich sie, »vergeßt nicht, daß ich Eure Königin bin.«

»Ab morgen«, versprach sie. »Heute abend seid Ihr meine müde Kleine.«

Ich war so froh, von der schweren Robe befreit zu werden, und so müde, daß ich mit niemandem mehr reden wollte, nicht einmal mit Kat.

Dann lag ich in meinem Bett und ließ diesen ereignisreichen Tag noch einmal an mir vorüberziehen, und alle meine Hoffnungen galten der Zukunft.

In den Wochen, die meiner Krönung folgten, führte ich so manches lange Gespräch mit Cecil, der mich mit unermüdlichem Eifer von der Notwendigkeit einer baldigen Heirat zu überzeugen versuchte.

Er sagte: »Der König von Frankreich hat Mary Stuart öffentlich zur Königin von England ausgerufen – und den Dauphin zum König.«

»Laßt ihn doch«, entgegnete ich. »Worte tun niemandem weh. Ich bin es, die zur Königin gesalbt und gekrönt worden ist. Glaubt Ihr etwa, das englische Volk würde jemals Mary Stuart als Herrscherin anerkennen – eine Frau, halb Schottin, halb Französin, deren Vorfahren zu den verhaßten Feinden dieses Landes gehört haben?«

»Dem Volk bliebe im Ernstfall gar nichts anderes übrig, als zu akzeptieren, was ihm aufgezwungen würde. Laßt uns daher lieber dafür sorgen, daß Eure Position unangreifbar wird, und das könnt Ihr am besten erreichen, indem Ihr heiratet und dem Land einen Thronfolger beschert.«

»Ich habe aber nicht den Wunsch zu heiraten«, sagte ich.

Cecil beharrte auf seinem Standpunkt. »Es wäre klug, wenn Ihr eine Ehe einginget und ein Kind zur Welt brächtet«, entgegnete er hartnäckig.

Ich hatte keine Lust, mich weiter mit ihm über diese Frage

zu streiten. Statt dessen beschloß ich, erst einmal abzuwarten, bis die ersten Heiratskandidaten sich meldeten; daß ich schon bald von Bewerbern umringt sein würde, daran zweifelte ich nicht im entferntesten. In der Zwischenzeit würde ich mich erneut dem religiösen Konflikt zuwenden, denn ich wußte, daß mein Volk von mir Entscheidungen erwartete, die das reformierte Bekenntnis im Lande wiederherstellten und der Glaubensverfolgung ein für allemal ein Ende setzen würden.

Ich hatte mich längst entschlossen. Ich wollte wie mein Vater Oberhaupt einer unabhängigen englischen Nationalkirche sein; es gab keinen Grund, noch länger so zu tun, als ob ich von Rom Befehle entgegennähme.

Folglich schrieb ich an die Herrscher Deutschlands, Schwedens und Dänemarks – jener Länder, in denen der protestantische Glaube sich erfolgreich durchgesetzt hatte – und teilte ihnen mit, daß ich an freundschaftlichen Bindungen zwischen ihren Ländern und meinem Königreich interessiert sei, da meine religiösen Überzeugungen mit ihren Ansichten in Glaubensfragen übereinstimmten. Gleichzeitig beauftragte ich Sir Edward Carne, den meine Schwester als Gesandten zu Papst Paul IV. nach Rom geschickt hatte, Seine Heiligkeit von meiner Thronbesteigung und Krönung in Kenntnis zu setzen und ihn wissen zu lassen, daß ich meinen Untertanen Glaubensfreiheit zubilligte und nicht die Absicht hätte, irgend jemanden wegen seiner religiösen Neigungen zu bestrafen.

Wie nicht anders zu erwarten war, reagierte der Papst mit deutlichem Mißfallen auf diese Nachricht, doch das störte mich nicht im geringsten. Ich hatte ein klares Zeichen gesetzt. Und ich war mir völlig darüber im klaren, welchen Weg ich beschreiten mußte.

Die religiöse Frage war nur ein Problem. Das viel größere Problem, über das meine gesamte Umgebung sich inzwischen den Kopf zerbrach, war die Frage meiner Eheschließung. Alle meine Vertrauten und Ratgeber waren sich darin einig, daß ich unverzüglich heiraten solle. Heiraten! Der Gedanke an die Ehe faszinierte mich und stieß mich dennoch gleichzeitig ab. Es war durchaus nicht so, daß ich Männer nicht mochte. Im Gegenteil, ich mochte Männer sogar sehr gern. Es lag einfach daran, daß in meiner Brust zwei Seelen wohnten. Oh, ich weiß, wir alle vereinen eine Vielzahl von oft widersprüchlichen Eigenschaften in unserem Wesen, aber das Ungewöhnliche an mir war, daß ich zwei vollkommen entgegengesetzte Charakterzüge aufwies, die sich in ständigem Konflikt miteinander befanden. Ich war klug. Ich besaß einen wachen Verstand. Ich hatte schon früh meine Lehrer dadurch verblüfft, daß ich bewiesen hatte, in der Lage zu sein, das, was ich gelernt hatte, nutzbringend anzuwenden. Ich verfügte über alle die Eigenschaften, die aus mir ein tüchtiges Staatsoberhaupt zu machen versprachen. Das war die eine Seite. Die andere bestand darin, daß ich eitel war und zur Koketterie neigte. Ich sehnte mich nach Bewunderung. Ich war geradezu versessen auf Komplimente, auch wenn mein klügeres Ich mich tausendmal daran erinnerte, daß es nur leere Schmeicheleien waren. Für mich war es das höchste der Gefühle, wenn die Männer, von Liebe verzehrt, nach mir schmachteten, auch wenn mein weiseres Selbst mir vor Augen hielt, daß sie nur vorgaben, in mich verliebt zu sein, weil es in Wirklichkeit ihr Ehrgeiz war, der sie verzehrte und sie anstachelte, nach Vorteilen zu gieren, die nur eine Königin ihnen verschaffen konnte. Mit der einen Seite meines Wesens machte ich mir selbst etwas vor. Meine andere Seite befähigte mich, alles – mich selbst eingeschlossen – mit absoluter Klarheit zu beurteilen.

Ja, es gab zwei Elizabeths – eine kluge und eine törichte. Aber die törichte war nicht so töricht, sich ihrer Torheit nicht bewußt zu sein, und die kluge war nicht klug genug, gegen den Leichtsinn der törichten anzugehen oder auch nur angehen zu wollen.

Die törichte Elizabeth war verliebt, während die kluge Elizabeth die Gefühlsseligkeit der verliebten mißtrauisch und fast zynisch beobachtete und genau wußte, daß sie die Romantikerin davor bewahren mußte, in die Falle zu laufen, die man ihr stellen könnte. Die kluge Elizabeth warnte: »Denk an Thomas Seymour.« Und die törichte erwiderte: »Die Stunden mit ihm gehörten zu den aufregendsten unseres Lebens. Seymour war ein wunderbarer Mann, aber niemand ist so großartig wie Robert Dudley.«

Beide waren sich darin einig, daß es nie einen Mann gegeben hatte – und nie geben würde –, der dem unvergleichlichen Robert Dudley gleichkäme. An seiner Seite auszureiten – und seine Pflichten verlangten von ihm, ständig in meiner Nähe zu sein –, in seinen Augen jenes sehnsüchtige Verlangen aufflackern zu sehen, wenn sein Blick auf mich fiel, das machte die spannenden ersten Wochen meiner Regierungszeit zu einem atemberaubenden Vergnügen. Mochte mein weises Selbst mir auch noch so oft zu bedenken geben, daß es wohl vor allem meine funkelnde Krone sei, die Roberts Augen zum Leuchten bringe, es kümmerte mich nicht, und manchmal räumte sogar mein zynisches Ich ein: »Vielleicht lockt ihn ja beides, das Glück zu zweit *und* die Krone.«

Die äußeren Umstände meiner Beziehung zu meinem Oberstallmeister hätten nicht günstiger sein können: Robert Dudley, der einzige Mann, den ich mir als Ehemann vorstellen konnte, war bereits verheiratet. Es war eine Situation, die beiden Seelen in meiner Brust zusagte. Immerwährendes Liebeswerben.

Unterdessen machte mir Philipp von Spanien den Hof, und sein Gesandter, der Graf von Feria, warb unermüdlich um mich. Natürlich war ich nicht im geringsten daran interessiert, Philipp von Spanien zu heiraten, aber ich sah keinen Grund, Feria dies wissen zu lassen. Im Gegenteil, es machte mir richtig Spaß, in meinem Schwager Hoffnungen zu erwecken. Überdies war es nicht nur ein amüsantes Spiel, sondern auch ein politisch kluger Schachzug, der dem Zweck diente, den König von Frankreich im unklaren zu lassen: Das letzte, das er sich wünschte, war ein neues Bündnis zwischen England und Spanien. Natürlich war das auch das letzte, das ich mir wünschte, aber ich mußte schließlich diplomatisch vorgehen. Also tat ich so, als ob ich über Philipps Antrag nachdächte.

Eines Tages erfuhr ich, daß Philipp einigen der katholischen Adligen durch Feria Bestechungsgelder anbot, mit denen er sie gewinnen wollte, für ihn zu arbeiten und dazu beizutragen, der katholischen Kirche in England wieder zu der Macht zu verhelfen, die sie unter Mary gehabt hatte. Zu den Pairs des Landes, mit denen Feria Kontakt aufgenommen hatte, um herauszufinden, wie sie zu Philipps großzügigem Angebot standen, gehörte auch Lord William Howard, und das erste, was Lord William tat, war, zu mir zu kommen. Ich gab ihm den Rat, Feria mitzuteilen, daß ich ihm erlaubte, das Geld anzunehmen.

Ich hatte keine Mühe, mir vorzustellen, was für ein Gesicht Feria machen würde, wenn Lord William Howard ihm diese Nachricht überbrächte. Es machte mir solchen Spaß, mit dem Spanier meinen Schabernack zu treiben, daß ich mich nicht entschließen konnte, es dabei bewenden zu lassen, und als der würdevolle Herr das nächstemal zur Audienz erschien, konnte ich nicht widerstehen, ihm gegenüber zu bemerken: »Ich hoffe, Herr Graf, daß seine Allerkatholischste Majestät nichts dagegen hat, wenn auch ich die Dienste einiger seiner Diener in Anspruch nehme, die er an meinem Hof beschäftigt.«

Das war ein deutlicher Hinweis, daß Philipps plumper Versuch, mich bespitzeln zu lassen, keine Aussicht auf Erfolg hatte.

Die Unterredungen mit Feria versetzten mich jedesmal in größte Heiterkeit. Der arme Spanier hatte so wenig Humor. Er war sehr vornehm und absolut untadelig, was Kleidung und Manieren betraf, er verkörperte all das, was man von einem Gesandten Spaniens erwartete – aber er war todernst und ohne auch nur die Spur des Verständnisses für die leichtfertige, lebenslustige junge Frau in mir. Und wenn es wirklich einmal vorkam, daß er nicht umhin konnte, diese Seite meines Wesens zur Kenntnis zu nehmen, tat er sie gewöhnlich als weibliche Unberechenbarkeit ab – eine Eigenschaft, die seiner Ansicht nach mit der Würde eines Herrschers unvereinbar war und nur Nachteile bringen konnte. Ich dagegen fand, daß sie mit meiner Würde sehr wohl vereinbar war und mir außerdem manchen Vorteil brachte, wie jetzt zum Beispiel: Statt Philipp eine unmißverständliche Abfuhr zu erteilen und die Verhandlungen abzubrechen, was Spanien unnötig beleidigen und Frankreich – ebenso unnötig – in Entzücken versetzen würde, widmete ich mich genüßlich meinem Flirt mit Philipp, indem ich seinen überaus würdevollen Gesandten zur Weißglut brachte.

»Glaubt Ihr, daß eine Ehe zwischen Eurem Herrn und mir ein Erfolg wäre, Herr Graf?« fragte ich ihn vorsichtig.

»Ich denke, sie wäre sowohl für Eure beiden Majestäten als auch für unsere beiden Länder segensreich«, war die Antwort.

»Als mein Vater damals mit der Witwe seines Bruders vor den Altar trat, schloß er einen Bund, der nur zu endlosen Spannungen und Streitereien führte. Es hieß, die Ehe sei gar nicht gültig gewesen.«

»Das Argument wurde nur verbreitet, weil Euer Vater die Absicht hatte, Königin Katharine zu verstoßen und Eure Mutter zu heiraten.«

»Das ist mir bekannt, aber auch Ihr werdet kaum bestreiten, daß die Eheschließung tiefgreifende Konflikte heraufbeschwor. Mein Vater hatte deswegen schwere Kämpfe mit seinem Gewissen auszufechten.«

»Euer Vater hatte ein überaus dehnbares Gewissen«, entgegnete er scharf.

Der arme Feria. Er verlor allmählich die Geduld.

»Laßt uns nicht schlecht von einem Toten sprechen, Herr Graf, dazu noch einem so großen König.«

»Ich bin sicher, Euer Gnaden möchten wissen, wie im Falle einer Verbindung mit Spanien die Dinge wirklich liegen. Einer Heirat steht nichts im Wege. Mein Herr ist überzeugt, daß der Papst einen Dispens erteilen wird.«

»Der Papst? Oh, der zählt nicht gerade zu meinen Freunden!«

»Das ließe sich gewiß bald ändern, Majestät, wenn Ihr erst mit dem König von Spanien verheiratet wärt. Dann würde mein Herr es übernehmen, um den Dispens zu ersuchen, und Ihr hättet als Gemahlin des Königs von Spanien keinen Grund mehr, den Papst zu fürchten.«

»Mir scheint, der Papst und Euer Herr sind wirklich gute Freunde, aber da ich den Papst gar nicht fürchte, bin ich auch nicht darauf angewiesen, von Eurem Herrn vor ihm beschützt zu werden.«

Ich merkte, daß ich ihn zur Verzweiflung gebracht hatte,

aber der halsstarrige Mann wollte einfach nicht einsehen, daß auch eine Frau in der Lage war, ein Land zu regieren, und das war eine Einstellung, die mich wütend machte und nur in dem Vorsatz bestärkte, diesen arroganten Männern zu beweisen, wie unrecht sie hatten. Feria wirkte niedergeschlagen, als er mich verließ, aber ich zweifelte nicht daran, daß er entschlossen war, alles in seiner Macht Stehende zu tun, um nicht unverrichteter Dinge nach Spanien zurückkehren und zugeben zu müssen, daß seine Mission gescheitert war.

Es war nur zu erwarten gewesen, daß noch weitere Bewerber um meine Hand anhalten würden. Nichts hätte mir größeres Vergnügen bereiten können. Ich tat so, als ob ich über jeden Antrag sorgfältig nachdächte. Zu den Heiratskandidaten zählten immerhin Erzherzog Karl, der Sohn Kaiser Ferdinands, und Erik von Schweden.

Im Gespräch mit Angehörigen meines Staatsrates ließ ich einmal die Bemerkung fallen: »Ich glaube nicht, daß das Volk es begrüßen würde, wenn ich einen Ausländer zum Ehemann nähme.«

Diese Äußerung verfehlte ihre Wirkung nicht und erregte ein Aufsehen, das mich sehr amüsierte. In der Zurückgezogenheit meines Schlafgemachs lästerten Kat und ich hemmungslos über die allgemeine Anteilnahme an meinen Heiratsaussichten – das war zwar nicht gerade das Verhalten, das einer Königin würdig war, aber ich hatte nun einmal eine leichte Ader und liebte Klatsch und Tratsch. Außerdem mußte selbst mein strengeres Ich zugeben, daß der Klatsch, dem Kat und ich mit solcher Hingabe frönten, keine reine Zeitverschwendung war, denn nur so erfuhr ich zuverlässig, was das Volk auf der Straße wirklich dachte. Kat diente mir dabei als Vermittlerin, und da sie gleichermaßen mit vornehmen und einfachen Leuten schwatzte, sooft sie dazu Gelegenheit hatte, flossen mir Informationen aus unterschiedlichster Quelle zu.

Ich wußte, daß mein Volk begeistert darüber war, wie ich mit Philipp von Spanien verfuhr. Ich bin ganz sicher, daß ich Gefahr gelaufen wäre, einen großen Teil meiner Popularität einzubüßen, wenn ich der Ehe mit ihm zugestimmt hätte. Die Menschen hatten bereits eine Kostprobe spanischer Intoleranz und königlicher Willkür genossen, und was ihnen von Philipp und Mary zugemutet worden war, hatte ihnen nicht geschmeckt. Es reichte ihnen. Ich glaube, sie hätten sich mit aller Entschiedenheit gewehrt, wenn ein Versuch unternommen worden wäre, ihnen das spanische Joch erneut aufzuzwingen.

Meine Bemerkung, keinen Ausländer zum Ehemann nehmen zu wollen, brachte den Klatsch erst recht zum Blühen. Der Graf von Arundel war der erste, der sich als Heiratskandidat anbot. Er schien sich tatsächlich einzubilden, gute Aussichten zu haben, das Rennen zu machen, und ich verzichtete darauf, ihm die Illusionen zu rauben. Immerhin war es sehr schmeichelhaft, einen Heiratsantrag zu erhalten, und ich brachte den Männern, die mich zur Frau wollten, stets eine ganz besondere, gerührte Zuneigung entgegen. Natürlich war es Ehrgeiz, der sie bewog, um meine Hand anzuhalten, aber es lag vernünftigerweise nahe, davon auszugehen, daß sie mich auch als Frau bewunderten. Ich war fünfundzwanzig Jahre alt, und wenn ich auch nicht unbedingt eine Schönheit war, so hatte ich doch durchaus meine Vorzüge – mein rotblondes Haar, meine gertenschlanke Figur, meine weiße Haut und meine schönen Hände. Ich war auch ohne meine Krone attraktiv – mit ihr jedoch war ich unwiderstehlich.

Eine Weile tat ich so, als ob ich Arundel allen übrigen Bewerbern vorzöge, und Robert reagierte sehr eifersüchtig, was mein Vergnügen an der ganzen Geschichte noch erhöhte.

Einmal sagte er zu mir: »Ich könnte mich verwünschen, diese alberne Ehe geschlossen zu haben.«

»Aber nach allem, was man hört, ist Eure Amy doch ein ganz entzückendes Geschöpf«, sagte ich.

Er entgegnete nichts darauf und erging sich schweigend in Selbstmitleid, denn er zweifelte nicht daran, daß ich ihn auf der Stelle zum Ehemann genommen hätte, wenn er unverheiratet gewesen wäre. Darin lag sogar ein Körnchen Wahrheit. Und das war auch der Grund, weshalb mein klügeres Ich froh und dankbar war, daß Roberts Amy irgendwo auf dem Lande zurückgezogen lebte.

Ein weiterer Bewerber war Sir William Pickering – ein sehr gutaussehender, wenn auch keineswegs junger Mann. Er muß damals an die vierzig Jahre alt gewesen sein, hatte sich aber trotz seines bewegten Lebens, in dem Liebesabenteuer keine geringe Rolle gespielt hatten, ein jugendliches Aussehen bewahrt. Außerdem war er vermögend, da sein Vater von meinem Vater mit Ländereien reich beschenkt worden war. Er war überaus charmant, und ich behandelte ihn absichtlich mit einer Aufmerksamkeit, die die Vermutung nahelegte, ich zöge ihn in die engere Wahl. Die Angehörigen des Hofstaats schlossen bereits Wetten darüber ab, ob ich Arundel oder Pickering heiraten würde, denn da ich unmißverständlich erklärt hatte, daß ich keinen ausländischen Bewerber anhören wolle, bestand für sie nicht der leiseste Zweifel, daß ich mich für einen dieser beiden Kandidaten entscheiden würde. Kurz, die Spekulationen, die ich anheizte, indem ich abwechselnd die Hoffnungen Arundels und Pickerings beflügelte, dazu die finsteren Blicke Roberts, der das Geschehen eifersüchtig verfolgte, sorgten dafür, daß das Jonglieren mit Heiratsanträgen zunehmend zum faszinierenden Spiel wurde, dem ich mich mit dem größten Vergnügen widmete.

Der Graf von Feria verlor allmählich die Geduld und verlangte verärgert eine verbindliche Antwort. Da ich jedoch keine Lust hatte, den Spaß vorzeitig zu beenden, tat ich so, als ob ich noch zögerte, und machte geschickt einige Andeutungen, die er als vage Ermutigung auslegen konnte. Ich ließ durchblicken, daß meine Umgebung inzwischen zu der Auffassung gelangt sei, daß weder Arundel noch Pickering wirkliche Chancen hätten und daß meine Wahl mit Sicherheit auf einen ausländischen Fürsten fallen werde; zur Zeit gelte Erik von Schweden als Favorit, fügte ich nicht ohne Boshaftigkeit hinzu.

Kat und ich hatten immer viel zu lachen, wenn wir die neuesten Entwicklungen auf dem Heiratsmarkt erörterten. »Ich kenne doch meine Königin«, sagte Kat. »Ihr haltet sie alle hin und nehmt schließlich doch keinen. Zumindest habt Ihr das selbst gesagt.«

»Natürlich sage ich das – und meine es auch –, aber das muß ein Geheimnis innerhalb dieser vier Wände bleiben. Das ist nur für Eure Ohren bestimmt, Kat. Denkt daran: Kein Wort von alldem zu irgend jemandem! Wenn Ihr über mich klatscht, dann wird Euch das den Kopf kosten, das könnt Ihr mir glauben.«

»Na, na, wer wird denn gleich die Köpfe rollen lassen«, wandte Kat ein. »Wo Ihr doch selbst immer gesagt habt, daß Eure Schwester den entscheidenden Fehler begangen hat, die Besten im Lande ins Jenseits zu befördern.«

»Ihr haltet Euch also für eine der Besten?«

»Aber sicher!«

»Das seid Ihr auch, Kat«, entgegnete ich ernst, »und Ihr werdet es immer bleiben.«

Das zu hören, bereitete ihr sichtliches Vergnügen, und sie fuhr fort, mich in den neuesten Klatsch einzuweihen: Es gehe das Gerücht, die Herzogin von Suffolk habe ihren Stallmeister geheiratet, und jedermann sei über die unstandesgemäße Verbindung zutiefst schockiert.

»Soll sie doch ihren Spaß an ihrem Stallmeister haben«, sagte ich. »Schließlich ist ihre Ehe keine Staatsangelegenheit.«

»Übrigens wollte die Hofnäherin Euch heute nachmittag in einer ganz speziellen Angelegenheit sprechen.«

»Ah ja? Was kann es denn nur Wichtiges gewesen sein, das Fräulein Montague mit mir hat besprechen wollen. Eins muß man ihr wirklich lassen, sie ist die beste Näherin, die wir je gehabt haben, findet Ihr nicht auch, Kat?«

»Ich kann Eurer Majestät nur beipflichten, zumal die Strümpfe, die sie Euch gebracht hat, ein Gedicht sind.«

»Strümpfe? Was für Strümpfe? Wo sind sie? Warum hat man sie mir nicht längst gezeigt?«

»Nun, Ihr wart so sehr mit Staatsangelegenheiten beschäftigt...« begann Kat.

»Ihr seid ein dreistes Geschöpf«, unterbrach ich sie. »Bringt mir sofort diese Strümpfe!«

Sie tat es auf der Stelle. Es waren herrliche Seidenstrümpfe – die ersten, die ich je gesehen hatte.

»Probiert sie an, Majestät«, flüsterte Kat.

Natürlich konnte ich nicht widerstehen. Die Strümpfe waren enganliegend und machten ein wesentlich schlankeres Bein als die üblichen Wollstrümpfe.

»Sagt Fräulein Montague, daß ich von ihrer Arbeit überaus angetan bin.«

»Ich war davon ausgegangen, daß Eure Majestät das sagen würden, und habe daher bereits einige weitere Paar Seidenstrümpfe bei Fräulein Montague in Auftrag gegeben.«

»Das war sehr aufmerksam, Kat«, sagte ich.

»Ich wußte, daß ich kein Risiko einging«, fügte Kat hinzu. »Denn wenn Eure Majestät tatsächlich die Geschmacksverirrung begangen hätten, die Strümpfe nicht zu mögen, hätte ich genug Abnehmerinnen gefunden, die sie mir vor Begeisterung auf der Stelle aus der Hand gerissen hätten.«

Danach wandten wir uns erneut dem Thema ›Heirat‹ zu, und Kat berichtete mir, was die Menschen auf der Straße dazu zu sagen hatten. »Sie sind froh, daß Ihr den Spaniern die kalte Schulter gezeigt und Euch für eine englische Heirat ausgesprochen habt. Nichts würde sie mehr freuen, als Euch mit einem Mann aus unserem eigenen Volk vor den Altar treten zu sehen. Viele haben mit großem Bedauern bemerkt, wie schade es doch sei, daß Lord Robert schon eine Frau habe.«

Ich lächelte vielsagend. Also hielten sie Robert durchaus für einen geeigneten Kandidaten... wenn er nicht bereits verheiratet wäre. Sehr interessant. Lord Robert, in der Tat. Er war der einzige, der ernsthaft in Frage kam. Doch er hatte eine Frau, und das kam mir, wie gesagt, gar nicht so ungelegen.

Cecil war äußerst beunruhigt. Philipp von Spanien hatte sich mit der Tochter des Königs von Frankreich verlobt.

»Das könnte uns in eine sehr schwierige Lage bringen«, gab Cecil zu bedenken. »Der König von Frankreich und der König von Spanien werden sich durch diese Heirat wieder näherkommen, und der König von Frankreich hat seine Schwiegertochter, Mary von Schottland, bereits zur rechtmäßigen Erbin des englischen Thrones erklärt. Unsere beiden mächtigsten Feinde werden sich nun miteinander verbünden.«

»Dennoch habe ich gut daran getan, Philipp nicht zu heiraten. Denkt nur an meine Schwester; durch ihre spanische Heirat hat sie sich das Volk zum Feind gemacht.«

Diesem Argument konnte auch Cecil sich nicht verschließen.

»Und diese geplante französisch-spanische Heirat ist die Folge meiner Weigerung, Philipp zum Mann zu nehmen.«

»Allerdings«, pflichtete Cecil mir bei. »Wir stehen nun zwei mächtigen Feinden gegenüber, und es wäre das beste, wenn Ihr Euch so schnell wie möglich entschließen könntet zu heiraten. Wenn Ihr ein Kind hättet, säßt Ihr sicherer auf Eurem Thron.«

»Mein lieber Cecil«, beruhigte ich ihn, »ich bin von einer Schar tüchtiger Minister umgeben, zu denen ich volles Vertrauen habe. Mein Volk liebt mich. Ich weiß, daß meine Untertanen mir immer die Treue halten werden, und wenn auch Gott mir zur Seite stehen und mich lenken wird, werde ich mich vor keinem Feind zu fürchten brauchen, der auf die Idee kommen könnte, mich anzugreifen.«

»Euer Gnaden haben bereits eine Umsicht bewiesen, über die nur wenige so junge Menschen verfügen. Das Volk hält zu Euch, wie es zu Eurem Vater gehalten hat, und bringt Euch eine Liebe entgegen, die weder Eure Schwester noch Euer Bruder ihm jemals haben abgewinnen können. Ich bin sicher, daß Eure Klugheit und Euer Mut dafür sorgen werden, daß Euer Tun von Erfolg gekrönt sein wird. Dennoch sage ich Euch, es wäre gut, wenn Ihr heiraten und dem Land einen Erben schenken würdet.«

»Mein lieber Cecil, Ihr wißt doch, daß ich darüber nachdenke.«

»Dann kann ich Euer Gnaden nur anflehen, des Nachdenkens nicht überdrüssig zu werden und möglichst schnell zu einer Entscheidung zu gelangen.«

»Die Ehe ist etwas, worüber man gar nicht gründlich genug nachdenken kann, bevor man sich auf sie einläßt. Sie kann sich als die reinste Katastrophe erweisen. Ich habe erst kürzlich von der Mesalliance unserer guten Herzogin von Suffolk erfahren, und ich muß sagen, ich finde es geradezu belustigend, daß eine so stolze Dame sich herabgelassen hat, ihren Stallmeister zu heiraten.«

»Junge Damen, die verliebt sind, denken oft nicht über die Folgen ihres Tuns nach. Ihr habt ganz recht, Madam. Die Herzogin ist mit ihrem Stallmeister die Ehe eingegangen. Vielleicht ist sie der Ansicht, daß Eure Majestät es ihr nur zu gern gleichtäten.«

Ich sah ihn fassungslos an, während mir das Blut ins Gesicht schoß. Es verschlug mir die Sprache. Meine Gefühle für Robert waren also ein offenes Geheimnis!

Cecil ließ mich nicht aus den Augen; sein Blick war seltsam spöttisch. Mein erster Gedanke war, ihn dafür zu tadeln, daß er sich dummen Klatsch zu eigen gemacht hatte und seine Königin nicht mit dem nötigen Respekt behandelte.

Doch mein kluges Ich erinnerte mich daran, daß ich Cecil gerade wegen seiner Aufrichtigkeit schätzte – außerdem würde ich, ob ich wollte oder nicht, von ihm nie etwas anderes als eine ehrliche Antwort bekommen, und ich wußte genau, daß er aus meinen Diensten ausscheiden würde, falls ich irgend etwas anderes von ihm verlangte. So war er nun einmal.

Also begnügte ich mich mit einem Achselzucken und sagte nichts.

Das Geheimnis von Cumnor Place

Um Robert und mich blühte schon bald der schönste Klatsch. Wir waren ständig zusammen. Er gab sich nicht die geringste Mühe, seine Gefühle zu verbergen, und ich fürchte, auch ich zeigte deutlich, welchen Platz er in meinem Herzen einnahm. Er sah aber auch so unerhört gut aus und war eine so beeindruckende Erscheinung, daß er zwangsläufig auffiel. Robert war sehr eifersüchtig auf Arundel und Pickering, und da Arundel und Pickering aufeinander eifersüchtig waren, blieb es gar nicht aus, daß sie sich stritten, wann immer sie sich trafen. Zwar gab Cecil mir zu bedenken, daß es unklug sei, sie gegeneinander aufzuhetzen, aber ich konnte einfach nicht widerstehen und begünstigte sie abwechselnd. Robert wurde dabei allerdings immer deutlich bevorzugt, was zur Folge hatte, daß auch seine Eifersucht übertriebenere Ausmaße annahm als die Arundels oder Pikkerings.

Mein leichtfertiges Selbst genoß die Situation über alle Maßen, während mein nüchternes Ich die Rolle des nachsichtigen Zuschauers vorzog.

Robert war von Natur aus stolz, und ich hätte mich sicher nicht so zu ihm hingezogen gefühlt, wenn er nicht ebenso gefühlt hätte. Er war unzufrieden mit seiner Ehe und zweifellos überzeugt, daß ich ihn längst geheiratet hätte, wenn er frei gewesen wäre... eine Ansicht, die ich nicht ganz so vorbehaltlos teilen konnte. Als er mitansehen mußte, wie ich einmal Arundel und dann wieder Pickering mit meinem Lächeln beglückte, tat er so, als merke er es gar nicht, doch als ich kurz darauf mit ihm sprach, entging mir nicht, daß seine Stimme deutlich kühler klang. Oh, er war höflich und sein Verhalten war absolut korrekt, so daß ich keinerlei Grund hatte, ihn zu tadeln. Ich vermißte nur jene glühenden Blicke voller Liebe und Zärtlichkeit – und war selbst überrascht festzustellen, wie sehr ich mir seine scheinbare Gleichgültigkeit zu Herzen nahm. Natürlich war seine Ablehnung nur gespielt, aber sie gab mir deutlich zu verstehen, daß er verletzt war.

Erst kürzlich hatte Philipp von Spanien sich von mir abgewandt. Drohte auch Robert mir nun die kalte Schulter zu zeigen? Aber Philipp hatte mich nie geliebt – nur meine Krone. Ich redete mir ein, daß es bei Robert anders sei.

Die Situation wurde allmählich unerträglich. Ich war ständig von Fremden umgeben und hatte daher niemals Gelegenheit, mit Robert das Gespräch unter vier Augen zu führen, an dem mir so viel lag – in meinem Palast hatten die Wände Ohren, und wenn die Menschen bei Hofe ohnehin schon erpicht darauf waren, meine Gespräche zu belauschen, so waren sie es erst recht, wenn sie merkten, daß ich mich mit Robert unterhielt.

Da ich jedoch unbedingt ungestört mit ihm reden wollte, bat ich Kat, ihn in meine Gemächer zu führen. Kat war entsetzt.

»Aber, Liebes, das könnt Ihr nicht tun«, sagte sie.

»Seit wann gibt Kat Ashley der Königin Anweisungen?« fragte ich.

»Oh, heute sind wir also ganz Ihre Unnahbare Majestät, nicht wahr?«

»Heute und auch in Zukunft«, wies ich sie zurecht, »und vergeßt es ja nicht, es sei denn...«

»Es sei denn, es macht mir nichts aus, einen Kopf kürzer gemacht zu werden? Seid doch vernünftig, mein Engel, Ihr wißt doch, daß jede Eurer Bewegungen von tausend neugierigen Blicken aufmerksam verfolgt wird.«

»Ich muß ihn aber sprechen«, entgegnete ich.

Sie nickte. »Ja, ja, er ist ein bezaubernder Herr, und ich weiß, welche Gefühle Eure Majestät für ihn hegen und er für Euch. Wie jammerschade, daß er eine Frau hat... wo lebt sie noch gleich? Irgendwo in Oxfordshire, wenn ich mich nicht irre.«

»Zerbrecht Euch darüber nicht den Kopf«, sagte ich, »bringt ihn lieber her.«

Also kam er.

Sobald wir miteinander allein waren, reichte ich ihm meine Hand zum Kuß.

»Robert«, sagte ich, »Ihr macht in letzter Zeit einen etwas beleidigten Eindruck, und beleidigte Menschen habe ich gar nicht gerne um mich.«

»Ich habe allen Grund dazu«, erwiderte er in scharfem Ton.

»Tatsächlich? Inwiefern?«

»Ich bin sicher, daß Eure Majestät den Grund sehr genau kennen. Arundel und Pickering... Mein Gott, wie konntet Ihr Euch nur so zum Gespött machen.«

»Ich bitte Euch doch sehr, den Namen des Herrn in meiner Gegenwart nicht zu mißbrauchen, Lord Dudley.«

»Madam, gestattet mir, meinen Standpunkt zu erläutern«, sagte er, und ehe ich mich versah, hatte er meine beiden Hände ergriffen und mich an sich gezogen. Ich war viel zu überrascht – und viel zu hingerissen –, um zu protestieren. Der Mann, der mich hier in den Armen hielt – das war nicht mehr mein ehrerbietiger Oberstallmeister; das war der leidenschaftliche Liebhaber, der nicht länger bereit war, Katz und Maus zu spielen.

Ich sagte: »Erläutert also Euren Standpunkt, mein Herr.«

»Ich liebe Euch, und das wißt Ihr ganz genau. Ich habe Euch meine treuen Dienste angeboten, und Ihr straft mich dafür mit Verachtung.«

»Verachtung! Habe ich Euch nicht zu meinem Oberstallmeister gemacht?«

»Das reicht mir nicht.«

»Ihr vergeßt, mit wem Ihr sprecht.«

»Ich spreche mit meiner schönen Elizabeth, der Frau, die ich liebe. Und ob sie Königin ist oder nicht, ist mir völlig gleichgültig.«

»Ich bitte Euch, Lord Robert, zeigt etwas mehr Respekt vor meiner Krone.«

»Eure Krone ist unwichtig. Was zählt, ist nur meine Liebe zu Euch.«

Worauf er mich auf eine Art und Weise küßte, die den Experten verriet und mich außerdem an Sir Thomas Seymour erinnerte. Überhaupt war die Ähnlichkeit zwischen diesen beiden Männern nicht zu übersehen. Vielleicht war das der Grund, weshalb ich bei beiden fast schwach geworden wäre. Fast. Und da ich längst kein verwirrtes junges Mädchen mehr war, war diesmal meine Entschlossenheit, der Versuchung zu widerstehen, sogar noch größer als damals. Gewiß, Robert war der faszinierendste Mann, der mir je begegnet war. Trotzdem würde ich ihm nicht erlauben, mein Geliebter zu werden. Ich war schon immer der Auffassung gewesen, daß die körperliche Liebe den Mann zum Beherrscher der Frau macht, und ich hatte nicht die Absicht, mich auch nur für die Dauer eines Augenblicks beherrschen zu lassen, nicht einmal von dem betörendsten Mann, den ich je kennengelernt hatte.

Ich sagte: »Robert... lieber Robin... Ihr wißt doch, wie sehr ich Euch schätze.«

»Ja, ich weiß es, und ich sage Euch, ich werde Pickering und Arundel umbringen, wenn sie es wagen sollten, sich Euch gegenüber Freiheiten herauszunehmen.«

»Glaubt Ihr denn wirklich, ich würde irgend jemandem erlauben, sich mir gegenüber Freiheiten herauszunehmen... irgend jemandem außer Euch?«

»Elizabeth... geliebte Elizabeth... ich habe Euch schon immer geliebt... schon seit der Zeit, als wir Kinder waren und miteinander tanzten. Erinnert Ihr Euch? Damals fiel ich Euch auf.«

»Ihr würdet mir immer und überall auffallen, Robin. Ihr seid ganz einfach ein sehr auffälliger Mann.«

»Ihr liebt mich auch, das weiß ich genau. Denkt Ihr, ich spürte es nicht? Sogar damals, als wir beide Gefangene im Tower waren, haben wir fortwährend aneinander gedacht, nicht wahr?«

»Ja, Robert.«

»Und war ich nicht bereit, Euch mein Hab und Gut zu Füßen zu legen?«

»Ja, das schwort Ihr mir.«

»Und Euch fällt nichts Besseres ein, als auf solch entwürdigende Art mit Arundel und Pickering zu flirten!«

»Ich bin die Königin, Robert. Ich kann tun, was ich will.«

»Es ist mehr, als ich ertragen kann.«

»Aber wieso denn? Wenn ich mich entschlösse, einen der beiden zu heiraten – das wäre etwas anderes; dann könnte ich es verstehen, wenn Ihr aufgebracht wärt.«

»Ihr habt also nicht vor, einen der beiden zu heiraten!«

Ich streckte die Hand aus, um ihm übers Haar zu streichen. Aber das war gar nicht so einfach und ich mußte mich dazu auf die Zehenspitzen stellen; dabei war ich keineswegs klein, Robert war nur besonders groß.

»Ihr wißt doch ebensogut wie ich, daß ich weder den einen noch den anderen heiraten werde.«

»Aber man drängt Euch doch zur Ehe.«

»Ja, sogar pausenlos.«

»Philipp hat sich mit der Tochter des französischen Königs verlobt. Erik von Schweden habt Ihr abgelehnt. Erzherzog Karl ebenfalls.«

»Ganz recht.«

»Weshalb? Weil Ihr einen anderen liebt?«

»Und wenn es so wäre?«

»Ich muß es wissen.«

»Ihr denkt dabei nicht zufällig an einen gewissen Lord Robert Dudley, nein? Und falls doch – wie könnte er um meine Hand anhalten? Habt Ihr vergessen, daß er eine Frau hat, die er irgendwo draußen auf dem Lande versteckt hält?«

»Das Leben war grausam zu mir«, sagte er.

»Aber nein, im Gegenteil! Das Leben hat es gut mit Euch gemeint. Bedenkt doch nur, wenn Ihr damals nicht diese Ehe eingegangen wärt, hätte man Euch längst geköpft, denn dann wärt Ihr der Sohn des Hauses Northumberland gewesen, den Euer ehrgeiziger Vater mit Lady Jane Grey verheiratet hätte.«

Er sah mich hilflos an.

Ich sagte: »Für Euch gibt es nur die eine Möglichkeit, den einmal eingeschlagenen Weg weiterzugehen. Ihr müßt Eurer Frau Amy ein guter Ehemann sein.«

»Elizabeth!« Er faßte meine Hände und riß mich an sich. »Sie ist krank. Ich glaube nicht, daß sie noch sehr lange zu leben hat.«

Mein Herz klopfte wie wild. »Ist das wahr?« fragte ich ganz ruhig.

»Ja, ich schwöre es. Es ist durchaus möglich, daß ich schon in ein paar Monaten... frei bin.«

Der Gedanke machte mich schwindlig, und als er mich

küßte, hatte ich nur den Wunsch, dieser Augenblick möge nie enden. Ich hätte noch stundenlang gebannt seinen Liebeserklärungen zuhören können. Die ganze Zeit über hatte wie ein Schatten seine Frau zwischen uns gestanden – Amy, das Mädchen draußen auf dem Lande, das mir die Möglichkeit gab, mit Robert Dudley hemmungslos zu flirten, ohne dabei das geringste Risiko einzugehen. Wenn sie allerdings nicht mehr da wäre...

Es war eine betörende, verwirrende Perspektive. Die Romantikerin in mir wünschte sich sehnlich, er wäre frei. Die Realistin war sich da nicht so sicher.

Er sah mich erwartungsvoll an; ich war bezaubert von der Hingabe, mit der er mich verehrte, und lächelte ihn an, als er sagte: »Wenn...« Ich wußte, daß er nicht daran zweifelte, daß ich ihn heiraten würde, wenn er erst frei wäre.

Roberts Mitteilung, daß seine Frau krank sei, hatte mich stärker aufgewühlt, als ich vor mir selbst zuzugeben bereit war. Ich mußte mehr über sie und ihre Ehe in Erfahrung bringen. Ihren Mann konnte ich nicht fragen, also beauftragte ich Kat, einige Nachforschungen anzustellen. Sie wußte bereits eine Menge über Robert Dudley. Seit er an meinem Hof zu höchster Gunst aufgestiegen war, kursierten um ihn zahlreiche Gerüchte.

Sein Großvater war jener Edmund Dudley gewesen, dessen Talent als Anwalt und Staatsmann von meinem Großvater, König Henry VII., erkannt worden war, der ihn zu seinem Finanzminister ernannt hatte; mein Vater, Henry VIII., hatte ihn dann kurz nach seinem Regierungsantritt enthaupten lassen, um das Volk zu beschwichtigen, das Edmund Dudley und Empson, einem weiteren Vertrauten Henrys VII., die Schuld an den erdrückenden Steuern gab, die ihm unter Henry VII. auferlegt waren. Roberts Vater war der berühmte John Dudley, der Herzog von Northumberland, der Lady Jane Grey mit seinem Sohn Guildford verheiratet und dann versucht hatte, sie zur Königin von England zu machen – ein Vorhaben, das auch ihn auf dem Schafott hatte enden lassen. Was mochte in einem Menschen vorgehen, der seinen Großvater, Vater und Bruder an den Scharfrichter verloren hatte? Der Gedanke an das grausige Schicksal seiner Familienangehörigen muß Robert hin und wieder mit großer Angst erfüllt haben, obwohl er es sich nie anmerken ließ. Robert verfügte über ein gesundes Selbstvertrauen, und er war entschlossen, mich zu heiraten. Ich sah es seinen Augen an und war zwischen Verlangen und Bedenken hin- und hergerissen. Manchmal stellte ich mir vor, wie es wäre, mit Robert verheiratet zu sein, und dann sagte ich zu mir: Ich glaube, ich könnte mich entschließen, ihn zum Mann zu nehmen, wenn er frei wäre. Aber immer meldete sich gleichzeitig diese innere Stimme, mein anderes Selbst, das mich warnte: Mit einem Mann an deiner Seite wärst du niemals wirklich Königin, denn du würdest ihn zum König machen. Er würde sich deinen Wünschen nur widersetzen und versuchen, dir mit Zärtlichkeiten und Schmeicheleien seinen Willen aufzuzwingen und dich zum Werkzeug seiner eigenen ehrgeizigen Pläne zu machen. Nein, ich durfte nicht heiraten... niemanden... nicht einmal Robert. Und dennoch... wenn er frei wäre... Aber er war nicht frei.

Kat war unermüdlich damit beschäftigt, Erkundigungen über Robert einzuziehen, und auch von anderen erfuhr ich so manches über ihn. Robert Dudley war nämlich damit beschäftigt, Erkundigungen über Robert einzuziehen, und auch von anderen erfuhr ich so manches über ihn. Robert Dudley war nämlich zu jener Zeit der Mann, über den in ganz England am meisten geredet wurde; er erregte das allgemeine Interesse weit mehr, als es Arundel oder Pickering jemals gelungen war, obwohl Angehörige des Hofstaats nach wie vor Wetten auf diese beiden Herren abschlossen. Ich war nicht in der Lage gewesen, meine Gefühle für Robert geheimzuhalten, was dazu geführt hatte, daß unsere Beziehung am ganzen Hof gründlich ins Gerede gekommen war.

Ich erfuhr, daß Roberts Vater – damals noch Graf von Warwick – in seiner Eigenschaft als General der königlichen Armee nach Norfolk gegangen war, um dort einen Bauernaufstand zu unterdrücken, und daß sein Einschreiten nicht nur erfolgreich gewesen war, sondern ihm auch die Sympathien der Grundbesitzer in jenem Teil des Landes eingebracht hatte, da die Rebellion der Bauern gegen die Umwandlung von Gemeindeland in Privateigentum gerichtet war. Bei einem dieser Grundbesitzer war John Dudley während seines Aufenthalts in Norfolk zu Gast gewesen. Der Mann hieß Sir John Robsart und hatte eine Tochter, Amy, und obwohl er auch mehrere Stiefkinder besaß – er hatte eine Witwe geheiratet –, war Amy doch Robsarts einziges leibliches Kind und seine alleinige Erbin.

Erbin oder nicht; eine Partie für einen Dudley dürfte das Mädchen dennoch kaum gewesen sein, denn obwohl John Dudley es zu der Zeit noch nicht zum Herzog von Northumberland und Protektor von England gebracht hatte, war er doch bereits ein recht bedeutender Mann. Robert aber war wenig älter als sechzehn Jahre. Er verliebte sich in Amy und sie sich – verständlicherweise – in ihn.

Was John Dudley bewog, der Heirat zuzustimmen, weiß ich nicht. Aber er hatte eine Reihe von Söhnen, und Robert war der fünfte; vielleicht war das der Grund, weshalb er die Robsart für vermögend genug hielt. Wie dem auch sei, Robert heiratete. Amy jedoch war ein harmloses kleines Mädchen vom Lande, und ich kann mir gut vorstellen, wie schnell Roberts Verliebtheit der Ernüchterung zu weichen begann; als John Dudley zum Gipfel der Macht aufstieg, muß Robert Dudley erkannt haben, wie übereilt seine Heirat gewesen war.

Nachdem Edward Seymour hingerichtet worden war, nannte John Dudley sich ›Herzog von Northumberland‹, und sein Ehrgeiz kannte keine Grenzen mehr. Eine Krone für einen seiner Söhne, das war nun sein Ziel. Der arme Guildford. Er war der einzige, der noch nicht verheiratet war. Wie wenig hätte doch gefehlt, und Guildfords Schicksal wäre Roberts Schicksal geworden! Ich mußte oft daran denken, und ich glaube, Robert ebenfalls.

Jane Greys flüchtiger Ruhm und frühes Ende, Marys blutige Herrschaft, Northumberlands und Guildfords Tod durch das Beil, Roberts eigene, vom Todesurteil überschattete Gefangenschaft im Tower – eine solche Folge tragischer Ereignisse hätte Robert eigentlich zu einem vorsichtigen

Menschen machen müssen, aber von Vorsicht konnte bei meinem stürmischen Verehrer nicht die Rede sein.

Eine seiner Schwestern, Lady Mary Sidney, war inzwischen eine meiner Ersten Hofdamen geworden. Robert hatte mich gebeten, ihr diese Stellung bei Hofe zu geben, und ich hatte ihm diesen Wunsch gern erfüllt. Ich mochte Mary vom ersten Augenblick unser Begegnung an. O ja, sie hatten großen Charme, diese Dudleys. Von Mary erfuhr ich eine Menge über Robert; er muß der beeindruckendste ihrer Brüder gewesen sein, die mit Ausnahme von Ambrose leider alle schon tot waren. Über Guildford, der auf so tragische Weise ums Leben gekommen war, sprach Mary nicht gern. »Unser Vater war zu ehrgeizig«, sagte sie nur traurig, »und Ehrgeiz kann den Menschen in tödliche Fallen locken.«

Ich stimmte ihr zu, und es machte mir nichts aus, Guildford nicht weiter zu erwähnen – schließlich galt mein ganzes Interesse Robert.

»Robert war unvergleichlich«, erzählte sie mir. »Er ging aus allen Wettkämpfen als strahlender Sieger hervor. Er konnte schneller reiten als alle anderen. Niemand konnte besser mit Pferden umgehen als er...«

»Sehr empfehlenswert für den Oberstallmeister der Königin«, warf ich ein.

Sie sah mich versonnen an. »Mir scheint, Eure Majestät schätzen ihn ebensosehr wie ich.«

»Lord Robert ist ein großartiger Mann«, gab ich zu und beendete das Thema. Ich wollte nicht zu deutlich zeigen, welcher Art die Gefühle waren, die ich für ihn hegte. Doch hätte ich mir darüber wirklich Gedanken zu machen brauchen? War nicht ohnehin allen klar, was ich für Robert empfand?

Der ganze Hofstaat sprach davon, daß man sich die Mühe sparen könnte, in der Ferne nach einem Gemahl für die Königin Ausschau zu halten, wenn Lord Robert nicht bereits eine Frau hätte.

Doch solange er eine Frau hatte, war an Heirat nicht zu denken. Das unendlich fesselnde Spiel des romantischen Liebeswerbens konnte weitergehen.

Zuweilen überkam mich das Bedürfnis, ihm zu zeigen,

wie gut ich seine Enttäuschung verstehen konnte. Es machte mir einfach Spaß, ihm den einen oder anderen Gefallen zu tun. Ich wollte ihm die Möglichkeit geben, alle anderen Höflinge in den Schatten zu stellen, was ihm zwar auch ohne meine Hilfe gelungen wäre, aber ich wollte der Würde, die er von Natur aus besaß, noch ein Höchstmaß an Reichtum und Macht hinzufügen, über das niemand sonst verfügte – außer mir natürlich. Als die malerische alte Meierei von Kew in meinen Besitz überging, machte ich sie ihm zum Geschenk. Ich übertrug ihm ehemaliges Klostergelände und die heißbegehrte Lizenz, Wolle zu exportieren. Ich verlieh ihm den Hosenbandorden.

Cecil fragte mich daraufhin, ob Lord Robert Dudley nicht zu offensichtlich von mir begünstigt werde, worauf ich in scharfem Ton entgegnete, daß es allein meine Sache sei zu entscheiden, wem und in welchem Umfang ich eine Gunst gewährte.

Er zuckte nur verärgert die Achseln, und ich hatte das Gefühl, daß er sich mit dem Gedanken tröstete, daß nach Robert Dudley kein Hahn mehr krähen werde, wenn ich erst einmal Vernunft angenommen und geheiratet hätte. Als ob Robert – oder ich – das jemals zuließen!

Ich glaube, ich war wirklich verliebt. Ich hatte das Bedürfnis, ständig nur über Robert zu reden. Ich veranstaltete Turniere, um ihm Gelegenheit zu geben, in diesem Sport zu glänzen, und verfolgte seine Auftritte auf dem Turnierplatz jedesmal mit gespannter Aufmersamkeit, zumal ich genau wußte, daß mindestens ebenso viele Augen auf mich gerichtet waren wie auf die Kämpfer in den Schranken.

Nach allem, was ich gehört hatte, waren die Tudors bekannt dafür, daß sie mit leidenschaftlicher Entschlossenheit liebten; der lebende Beweis dafür muß mein Vater gewesen sein, als er in Liebe zu meiner Mutter entbrannt war.

Cecil wurde zunehmend unruhig. Er sagte, im Ausland kursierten bereits gefährliche Gerüchte über meine Beziehung zu Lord Robert.

»Könige haben schon immer die Fantasie boshafter Schwätzer beflügelt, Master Cecil«, gab ich ihm zur Antwort, »und daran wird sich wohl auch nichts ändern.«

»Gewiß, Madam«, entgegnete er, »doch in diesem Fall sieht es so aus, als enthielten sie ein Körnchen Wahrheit.«

»Was wollt Ihr damit sagen?« fuhr ich ihn an.

»Daß Euer Gnaden Verhalten sowie das Auftreten von Lord Robert allen Anlaß zu der Vermutung gibt, daß die Freundschaft, die zwischen Euch und Lord Robert besteht, über das übliche und wünschenswerte Maß hinausgeht.«

»Ach, Cecil, die Leute sind doch nur eifersüchtig auf ihn. Das kommt oft vor, wenn ein Mann so außergewöhnlich begabt ist und so gut aussieht wie kein zweiter.«

»Und wenn sich obendrein noch die Königin nicht den geringsten Zwang auferlegt, ihre Gefühle für ihn zu verbergen, Madam, was kann man da anderes erwarten? Majestät, ich flehe Euch an, seid vorsichtig.«

»Macht Euch keine Sorgen, mein Freund, ich gebe schon acht.«

Kat war es schließlich, die mich über die neuesten Gerüchte aufklärte. Wahrscheinlich fehlte allen anderen der Mut, die boshaften Verleumdungen in meiner Gegenwart zu wiederholen. Und wenn Kat sich zu beunruhigen begann, dann überkam auch mich ein gewisses Unbehagen. Kat liebte Klatsch, sie nahm ihn stets begierig auf und trug ihn nach Herzenslust weiter; doch selbst ihr wurde allmählich klar, daß das Gerede zu weit ging.

»Liebste Herrin«, flüsterte sie, »es macht mir Angst. Es sind abscheuliche Gerüchte über Euch und Lord Robert im Umlauf.«

»Welche denn?« wollte ich wissen.

Sie wandte sich ab und weigerte sich, näher darauf einzugehen, aber ich kniff sie so heftig in den Arm, daß sie vor Schmerz aufschrie: »Erzählt es mir«, forderte ich sie unerbittlich auf.

»Ich trau' mich nicht«, erwiderte sie.

»Dummkopf!« fuhr ich sie an. »Glaubt Ihr denn, ich könne es mir nicht denken? Sie behaupten, er sei mein Geliebter, stimmt's?«

Sie nickte.

»Kat, so reden die Leute nun einmal.«

»Aber diese Gerüchte, My Lady ... soviel Boshaftigkeit ...

solche schamlose Lügen... Die alte Anne Dowe aus Brentwood zum Beispiel... die kommt viel herum und erfährt viel, sagt sie, und die Leute halten sie für eine Wahrsagerin.«

»Na, dann laßt hören, was für Wahrheiten sie zu verkünden hat.«

»Sie hat behauptet, Ihr und Lord Robert probiert lauter Zaubertricks und Kunststücke miteinander.«

Ich brach in Gelächter aus. »Und was solch eine alte Schlampe verbreitet, soll ich mir zu Herzen nehmen?«

»Ihr solltet es Euch zu Herzen nehmen, My Lady, denn was heute alte Schlampen sagen, sagen morgen ehrbare Kaufleute; solche Geschichten verbreiten sich wie Lauffeuer im ganzen Land. Und das ist noch nicht alles. Eine andere Frau hat erzählt, Lord Robert habe Euch einen wunderschönen Unterrock zum Geschenk gemacht, und dann hat sie vor allen Umstehenden herausposaunt: ›Aber Lord Robert macht der Königin nicht nur Geschenke, er hat ihr auch ein Kind gemacht!‹ Da haben die Leute laut protestiert. ›Aber die Königin hat doch gar kein Kind‹, haben sie gesagt. Worauf Mutter Dower erwidert hat: ›Wenn sie auch bis jetzt noch kein Kind hat, so hat Lord Robert doch zumindest dafür gesorgt, daß eins unterwegs ist.‹«

Ich spürte, wie mir das Blut ins Gesicht schoß. Obwohl ich nichts dagegen hatte, daß Robert mir leidenschaftlich den Hof machte, und es mir erst recht gleichgültig war, wer darüber Bescheid wußte, war mir der Gedanke ans Kinderkriegen doch höchst zuwider. Die bloße Vorstellung empfand ich als ekelerregend, und es empörte mich, daß man mich damit in Verbindung brachte.

Kat, die mich vielleicht besser kannte als irgend jemand sonst, konnte mich verstehen.

Sie sagte sanft: »Ihr müßt daran denken, welche Gerüchte damals über Euch und Thomas Seymour verbreitet worden sind, nicht wahr, Liebes?«

»Ja, hirnverbrannte Geschichten von einer Hebamme, die mitten in der Nacht zu einer jungen Frau gebracht worden sein soll... dazu noch mit verbundenen Augen. Welch boshafte Lügen sich die Leute doch ausdenken!«

»Ihr seid die Königin, Liebes, vergeßt das nicht. So wie damals über Euch und Thomas Seymour gelästert worden ist, so wird jetzt über Euch und Lord Robert geklatscht.«

»Und Thomas Seymour hat mit dem Kopf dafür bezahlt«, sagte ich nachdenklich. »Was ist aus dieser Dowe geworden?«

»Der Sheriff von Donberry hat sie ins Gefängnis werfen lassen.«

»Sie soll auf freien Fuß gesetzt werden«, entschied ich. »Ich kann den Leuten am besten beweisen, wie sehr ich solch dummes Geschwätz verachte, indem ich die Geschichte nicht weiter ernst nehme.«

Kat nickte zustimmend. »Und indem Ihr Euch so benehmt, daß dummes Geschwätz gar nicht erst entsteht.«

Worauf ich sie so heftig von mir stieß, daß sie durch das halbe Zimmer flog. Sie stand mühsam wieder auf und zuckte schuldbewußt die Achseln.

»Was ist das nur alles für ein Unsinn«, sagte ich. »Welche Gelegenheit habe ich denn schon, mich auf die Abenteuer einzulassen, die man mir andichtet! Ich werde doch Tag und Nacht bewacht. Bin ich nicht ständig von irgendwelchen Mitgliedern des Staatsrates, Beratern, Hofdamen und Beauftragten für was weiß ich alles umgeben? Ich hätte gar nicht die Möglichkeit, etwas anderes zu sein als das, was ich bin – eine unberührte Jungfrau. Sollte ich jedoch – und das merkt Euch gut, Kat Ashley – auf die Idee kommen, diesen Zustand zu ändern, dann werde ich allein diejenige sein, die einen solchen Beschluß faßt, und niemand im ganzen Königreich wird mich daran hindern.«

Kat fiel schluchzend auf die Knie.

»Liebste Majestät«, flehte sie mich an, »seid vorsichtig, seid ja vorsichtig. Denkt an Thomas Seymour. Ich wäre damals fast vor Angst gestorben.«

»Weil man Euch in den Tower geworfen hat und Ihr mich dort verraten habt.«

Sie zitterte am ganzen Körper. »Liebes, seid vorsichtig, seid vorsichtig. Die Männer werden Euch noch zum Verhängnis werden.«

»Nein, Kat, ich werde ihnen zum Verhängnis werden.

Die Zeiten haben sich geändert. Jetzt habe ich in diesem Land das Sagen. Nun steht schon auf, dummes Weibsbild, und hört auf zu schniefen. Ihr habt keinen Grund, meinetwegen in Tränen auszubrechen. Jetzt ist alles anders. Ich bin jetzt Königin. Ich allein bestimme, was geschieht.«

Sie erhob sich und fiel mir, noch immer weinend, um den Hals. Ich scherzte und lachte, um ihre Ängste zu zerstreuen, aber ein Rest Unbehagen blieb.

Wir ritten zur Jagd aus, Robert an meiner Seite. Ich gestand ihm, wie sehr das Gerede über uns mich ärgerte und auch ein wenig beunruhigte.

Da warf er mir einen leidenschaftlichen Blick zu und sagte: »Es wird nicht mehr lange dauern.«

»Es wird zuviel geredet, Robert. Wir müssen vorsichtiger sein. Ihr dürft mich nicht so oft begleiten.«

»Ist das wirklich Euer Wunsch?«

»Nein, natürlich nicht.«

»In dem Fall sollte doch sicherlich alles getan werden, um die Wünsche der Königin zu erfüllen.«

»Wir müssen vernünftig sein, Robert. Der Gedanke, Ihr könntet mein Liebhaber sein, dürfte den Menschen nicht besonders gefallen.«

»Warum sollte ihnen die Wahrheit verschwiegen werden?«

»Als ich ›Liebhaber‹ sagte, dachte ich weniger an die platonische Bedeutung des Wortes.«

Er lachte. »Nun, wenn auch nicht in der Tat, so bin ich doch zumindest in Gedanken Euer Liebhaber. Doch glaubt mir, schon bald... so hoffe ich...« Ich schüttelte nur den Kopf und gab meinem Pferd die Sporen, aber er hatte mich bald eingeholt.

»Elizabeth«, sagte er eindringlich, und seine Erregung blieb mir nicht verborgen, »uns steht doch nur Amy im Weg, und Amy ist eine todkranke Frau. Sie leidet an einer bösartigen Geschwulst. Meine Liebste, habt Geduld... nur noch kurze Zeit...«

»Ich mag dieses Spekulieren über den Tod nicht«, wandte ich ein. »Es gehört sich für einen verheirateten Mann nicht, einer anderen Frau gegenüber so von seiner Ehefrau zu reden.«

»Aber wenn er doch die Wahrheit sagt! Was ist dagegen einzuwenden? Habt doch noch ein wenig Geduld.«

»Die arme Amy«, sagte ich. »Erfährt sie eigentlich von all dem Gerede über die Untreue ihres Mannes in... wie war noch der Name des Landsitzes?«

»Cumnor Place. Sie ist schon lange nicht mehr glücklich über unsere Ehe... schließlich weiß sie nur zu gut, daß ihr der gesellschaftliche Schliff fehlt, den das Leben an der Seite eines Mannes von Rang und Namen erfordert.«

»Ihr haltet Euch für ganz besonders vornehm, Ihr Dudleys, nicht wahr?«

»Nicht ganz so vornehm wie die Tudors.«

»Natürlich nicht, wie sollte das auch möglich sein! Aber ich möchte nicht, daß Ihr so über Eure Amy sprecht. Mir tut die arme, einsame Seele leid. Mit einem Mann verheiratet zu sein, der es so selten für nötig hält, sie zu besuchen...«

»Ich kann eben ohne die wärmenden Strahlen der Sonne nicht leben.«

»Dann bin ich also die Sonne? Nun gut, Robert, es freut mich, daß Ihr die Wärme der Sonne genießt. Trotzdem finde ich, Ihr solltet ein wenig netter zu Eurer angetrauten Ehefrau sein. Ihr vernachlässigt sie sträflich. Wenn Ihr der einen ein so schlechter Ehemann seid, wie könntet Ihr dann einer anderen ein besserer Gefährte sein?«

Diese Bemerkung hatte zur Folge, daß er mir erneut in glühenden Worten seine unsterbliche Liebe beteuerte und sich in Lobeshymnen auf meine Schönheit und Klugheit erging, was mich, wie immer, in Entzücken versetzte.

Als ich merkte, daß wir Aufsehen erregten, löste ich mich von seiner Seite und schloß mich einigen anderen Mitgliedern der Jagdgesellschaft an.

An jenem Tag befand ich mich in einer ganz merkwürdigen Stimmung. Ich war fast geneigt, tatsächlich zu glauben, daß eine Heirat mit Robert nicht ausgeschlossen war. Obwohl mich der Gedanke an eine Ehe nicht besonders reizte, redete ich mir ein, daß es einen Mann gab – einen allein –, an dessen Seite sie mir verlockend erschien.

Es war, wie sich später herausstellte, ein verhängnisvoller Zufall, daß ich ausgerechnet solchen Gedanken nachhing, als der spanische Gesandte von Quadra, Ferias Nachfolger, mich aufsuchte.

Auch er war ein sehr ernster Herr und, wie alle Gesandten, mehr oder weniger ein Spion seines Fürsten. Seit Philipps Verlobung mit Elisabeth von Frankreich waren die Beziehungen zwischen England und Spanien gespannter als je zuvor. Solange Philipp gehofft hatte, mich zu heiraten, waren seine Gesandten von äußerster Liebenswürdigkeit gewesen. Inzwischen waren sie nicht mehr ganz so freundlich, aber noch immer bemüht, ihrem Kandidaten zum Erfolg zu verhelfen – in diesem Fall dem Erzherzog Karl.

Als Quadra auf meine bevorstehende Verehelichung anspielte, packte mich der Übermut, und ich konnte nicht widerstehen, Roberts Namen ins Gespräch zu bringen; es amüsierte mich immer wieder aufs neue zu erleben, wie die humorlosen Spanier bei dem Gedanken an eine Verbindung zwischen mir und Robert in Panik gerieten. Allein die Tatsache, daß er bereits eine Frau hatte, verschaffte ihnen – wie im übrigen auch mir – dabei ein gewisses Gefühl der Sicherheit. Doch diesmal schlug ich alle Vorsicht in den Wind.

Quadra bemerkte, Lord Robert habe während der Jagd einen etwas niedergeschlagenen Eindruck gemacht. »Er befürchtet wohl, Eurer Majestät besondere Freundschaft zu verlieren, wenn Eure Majestät erst verheiratet sind.«

»Lord Robert wird wohl an seine Frau gedacht haben. Sie ist gestorben – oder so gut wie tot.«

Er sah mich erstaunt an, und in dem Augenblick wurde mir bewußt, wie unklug ich gehandelt hatte.

»Ich bitte Euch, Mylord«, sagte ich, »behaltet diese Information für Euch.«

Er verneigte sich, aber ich wußte genau, daß er unverzüglich an Philipp schreiben und ihm mitteilen würde, was ich gesagt hatte.

Noch am selben Tag suchte Cecil mich auf. Er wollte mit mir über die Gerüchte reden, die über Robert und mich kursierten.

»Es handelt sich um gefährliche Gerüchte, und außerdem

muß ich Eurer Majestät gestehen, daß ich mich einer Indiskretion schuldig gemacht habe.«

»Ihr und indiskret! Das kann ich mir nicht vorstellen.«

»Von Quadra hat Andeutungen gemacht – hinterhältige Andeutungen, wie mir schien –, die auf Lord Roberts Frau abzielten.«

»Und was, glaubt Ihr, hatte er für einen Grund, sie zu erwähnen?«

»Es geht das Gerücht, Lord Robert sehne sich danach, sie loszuwerden, um Euch heiraten zu können.«

»Das tut er mit Sicherheit«, entgegnete ich. »Jeder ehrgeizige Mann täte das, wenn er nur entfernt Aussichten hätte, ein Mädchen vom Lande gegen eine Königin einzutauschen.«

»Er hat ferner gesagt, einem Gerücht zufolge plane Lord Robert, sie zu ermorden, und es werde daher verbreitet, die Dame leide an einer unheilbaren Krankheit, worauf ich eingewandt habe, daß die Dame meines Wissens bei guter Gesundheit sei und sich alle Mühe gebe, sich nicht vergiften zu lassen.«

»Die Bemerkung erscheint mir nun wirklich nicht übermäßig indiskret.«

»Ich habe die Äußerung bereut, noch bevor ich sie ganz ausgesprochen hatte; trotzdem war es mir ein Bedürfnis, Euch meinen Fehler zu gestehen. Ich wünschte, Ihr könntet Euch zur Ehe entschließen. Wenn Ihr heiraten und dem Land einen Thronerben bescheren würdet, nähmen diese schrecklichen Gerüchte endlich ein Ende.«

»Ich verspreche, ernsthaft darüber nachzudenken«, beruhigte ich ihn und versicherte ihm, wir alle begingen zuweilen eine kleine Indiskretion und es ehre ihn sehr, daß er mir so offen von dem Vorfall berichtet habe. Daß ich es gewesen war, die sich im Gespräch mit dem Gesandten einer Indiskretion schuldig gemacht hatte, verschwieg ich ihm.

Wenige Tage später traf die Nachricht wie ein Blitz aus heiterem Himmel ein.

Am Sonntag zuvor, einem Tag nachdem ich dem spanischen Gesandten gegenüber bemerkt hatte, daß Lady Dudley tot sei oder zumindest im Sterben liege, war sie tatsächlich gestorben. Man hatte sie mit gebrochenem Genick tot am Fuß einer Treppe in ihrem Landsitz Cumnor Place aufgefunden.

Ich war vor Entsetzen wie gelähmt, als mir die Ungeheuerlichkeit des Ereignisses in ihrem vollen Ausmaß bewußt wurde. Mein leichtsinniges Ich verging vor Scham, und mein strengeres Selbst gewann nun die Oberhand. Ich hatte das Spiel zu weit getrieben, und noch bevor sich das furchtbare Geschehen zum Skandal ausweiten konnte, war mir klargeworden, daß ich mich durch mein eigenes Verhalten an den Rand des Abgrunds gebracht hatte. Wenn ich mir vor Augen führte, welch kluge Weitsicht ich damals bewiesen hatte, als ich dem Tower mit knapper Not entronnen war und einer ungewissen Zukunft entgegensah, wenn ich mir vergegenwärtigte, mit welcher Sorgfalt ich über jeden einzelnen Schritt nachgedacht hatte, bevor ich mich entschloß, ihn zu tun, dann konnte ich beim besten Willen nicht begreifen, wie ich so unvorsichtig und so töricht sein konnte, mich auf ein Abenteuer einzulassen, das mit dem mysteriösen Tod – oder Mord? – einer unerwünschten Ehefrau ein so beschämendes Ende fand.

Ich schickte auf der Stelle nach Robert. Ich mußte ihn sprechen – und dann sofort aus meiner unmittelbaren Umgebung entfernen. Es durfte auf gar keinen Fall der Eindruck entstehen, daß ich auch nur im entferntesten in die Angelegenheit verwickelt sei. Doch wie konnte ich so etwas sagen? Ich *war* in die Angelegenheit verwickelt – tief verwickelt. Mutter Dowe und Tausende anderer Menschen verbreiteten längst bösen Klatsch über mich. Was hatte ich, am Tag bevor Amy Dudley starb, zu dem spanischen Gesandten gesagt? Was hatte Cecil gesagt?

Ich wußte, daß dies ein Skandal war, der selbst im fernsten Winkel der Welt Empörung und Entsetzen auslösen würde.

Robert mußte den Hof sofort verlassen; ich sah mich sogar gezwungen, ihn in Gewahrsam nehmen zu lassen. Ich mußte umgehend dafür sorgen, daß mich niemand verdächtigte, bei dem schrecklichen Vorfall die Hand im Spiel gehabt zu haben. Ich mußte den Menschen klarmachen, daß ein Untertan – sei er noch so vornehm und stehe er in noch so hoher Gunst – sich seinen Richtern zu stellen hätte, wenn Mordanklage gegen ihn erhoben würde.

Ich beauftragte Kat, Robert heimlich zu mir zu bringen, und als er den Raum betrat, sah ich ihm an, daß er mich am liebsten in die Arme genommen hätte; doch ich trat einen Schritt zurück – kühl, unnahbar, ganz die Königin.

Und dennoch wußte ich, daß ich ihn liebte wie nie zuvor, daß ich nie jemanden so lieben würde wie ihn. Was immer er getan haben mochte, meine Liebe zu ihm war unerschütterlich. Ich wußte genau, daß mir tausend Gründe einfallen würden, mit denen ich sein Verhalten entschuldigen würde. Was immer er getan hatte, ich zweifelte nicht daran, daß er es mir zuliebe getan hatte.

Doch mehr noch als Robert liebte ich meine königliche Würde. Ich mußte jetzt um meine Zukunft und um meine Krone kämpfen, und für beide stellte mein geliebter, verliebter Robert gegenwärtig eine Bedrohung dar.

»Was ist in Cumnor Place geschehen?« fragte ich ihn, so kühl ich konnte.

»Sie ist eine Treppe hinuntergefallen und hat sich dabei den Hals gebrochen. Es war ein Unfall.«

»Zu einer Zeit, in der der Klatsch um uns nur so blüht – ein Unfall?«

»Wer kann schon vorhersagen, wann Unfälle sich ereignen?«

»Und wer soll das glauben?«

»Das ist doch unwichtig. Ihr seid die Königin. Ihr werdet den Menschen schon sagen, was sie zu glauben haben.«

Ich schüttelte den Kopf. »Was sich hier ereignet hat, entzieht sich meinem Einfluß. Die Leute werden das glauben, was sie für die Wahrheit halten, und vergeßt eins nicht, Robert – um uns beide hat es in letzter Zeit sehr viel häßliches Gerede gegeben.«

Er wirkte ein wenig ungeduldig, ja sogar arrogant. Vielleicht hatte er sich schon als König von England gefühlt. O nein, Robert, dachte ich im stillen, du wirst nicht König... nicht einmal du. Zumindest hat dieses schreckliche

Ereignis mir die Augen geöffnet. Ich weiß jetzt, welchen Kurs ich einschlagen muß. Doch diese Gedanken behielt ich für mich. Zunächst einmal mußte ich mir Klarheit darüber verschaffen, ob er wirklich seine Frau ermordet hatte.

»Robert«, sagte ich, »habt Ihr...?«

»Ich war nicht einmal in der Gegend«, erwiderte er.

Aber ein Mann wie Robert brauchte sich nicht unbedingt am Ort des Verbrechens aufzuhalten – und konnte trotzdem der Mörder sein. Solche abscheuliche Taten wurden oft von Dienern ausgeführt. Andererseits war es gefährlich, Dienstboten anzustiften, solche Verbrechen zu begehen, denn unter bestimmten Umständen konnten Dienstboten zum Reden gebracht werden.

Worin hatte ich mich nur verstrickt! Ich hätte doch wissen müssen, worauf ich mich einließ! Hatte ich denn ganz vergessen, in welch tödliche Gefahr Thomas Seymour mich gebracht hatte? Und jetzt Robert. Ich hatte meine Lektion noch immer nicht gelernt.

»Das Volk wird sich niemals mit der Auskunft zufriedengeben, sie sei ausgerechnet jetzt durch einen Unfall ums Leben gekommen.«

»Spielt das eine Rolle?«

Oh, Robert, dachte ich, du mußt noch viel lernen, was das Volk und mich betrifft.

»Es ist für mich von größter Bedeutung, unter Umständen wie diesen über jeden Tadel erhaben zu sein«, sagte ich. »Auf mich darf auch nicht der Schatten eines Verdachts fallen.«

»Ich werde Euch verteidigen.«

»Ihr werdet genug damit zu tun haben, Euch selbst zu verteidigen«, entgegnete ich heftig. »Ihr seid schließlich derjenige, der sich vor Gericht wird verantworten müssen.«

»Vor Gericht?«

»Natürlich kann zum gegenwärtigen Zeitpunkt noch niemand sagen, wie die Sache ausgehen wird, aber wir sollten uns zumindest darauf gefaßt machen.«

»Aber Ihr seid doch die Königin!«

»Auch Königinnen können in Unwetter geraten und darin umkommen und noch ist das Ausmaß des Sturms nicht abzusehen, den dieses tragische Ereignis auslösen wird.«

»Euer Vater hat sogar zwei seiner Ehefrauen umgebracht und sich trotzdem die Sympathien seines Volkes bewahrt.«

»Die Umstände waren ganz andere. Jene beiden Frauen meines Vaters wurden des Verrats beschuldigt und fielen dem Scharfrichter zum Opfer. Hier geht es um den Tod einer Frau, von der behauptet wird, sie habe Euch im Weg gestanden.«

»Seid unbesorgt. Wir werden diese Krise überstehen und dann... dann hält uns nichts mehr auf.«

Er hätte mich am liebsten umarmt, aber ich wehrte ihn ab. Er bemerkte die Veränderung gar nicht, die in mir vorgegangen war, aber ich war nicht mehr dieselbe. Ich würde nie wieder um der Liebe zu einem Mann willen meinen Thron in Gefahr bringen. In Zukunft käme immer zuerst die Königin, erst danach die Frau.

»Lord Robert Dudley«, sagte ich, »ich stelle Euch hiermit unter Arrest.«

Er starrte mich nur ungläubig an.

»Ja, Robert«, fuhr ich fort, »es werden viele Fragen gestellt werden, auf die eine Antwort gefunden werden muß, und solange nicht jede dieser Fragen zufriedenstellend geklärt ist, könnt Ihr nicht Euer Leben bei Hofe fortsetzen, als ob nichts geschehen wäre. Sucht Euer Haus in Kew auf und bleibt dort. Ihr steht dort ab sofort unter Arrest – auf Befehl Eurer Königin.«

Er nickte zögernd. »Ja«, sagte er, »ich sehe ein, daß Ihr, wie immer, recht habt. Ich werde nach Kew gehen und dort bleiben. Aber ich bin ganz sicher, daß sich alles zum Guten wenden wird, und wenn alles vorüber ist...«

Nein, Robert, dachte ich, dazu ist es jetzt ein für allemal zu spät. Ganz gleich, welches Urteil Ihr letztlich erwirkt, der Verdacht wird Euch immer anhaften, und es geht nicht an, daß mit dem Finger auf die Königin gezeigt und die Vermutung laut wird, sie habe bei dem Mord an der Ehefrau ihres Geliebten die Hand im Spiel gehabt.

Doch als erstes mußte dafür gesorgt werden, daß er seinen Hausarrest antrat.

Und als er in Begleitung der Wache den Palast verließ, wußte ich, daß ich nach dem Leichtsinn der vergangenen Wochen endlich wie eine Königin gehandelt hatte.

In Augenblicken der Gefahr bewies William Cecil, daß er der besonnene, kluge Ratgeber war, den ich so schätzte. Lady Dudleys Tod beunruhigte ihn zutiefst.

Wir führten ein sehr ernstes Gespräch miteinander, und ich war froh, daß er es für richtig hielt, daß ich Robert in Kew unter Hausarrest gestellt hatte.

Er schilderte mir ausführlich die Gefahr, in die ich geraten war.

»Es wird nötig sein, gewisse Untersuchungen durchzuführen; außerdem werden alle Diener in Cumnor Place vernommen werden müssen. Ob sie zugunsten Lord Roberts aussagen werden – wer weiß. Aber Lord Robert wird sicherlich wissen, was er zu tun hat.«

»Wollt Ihr damit sagen, daß er seine Diener zwingen kann, das auszusagen, was er hören möchte?«

»Nun, es sind seine Diener. Die Angelegenheit ist seine Angelegenheit. Majestät, es könnte dabei um Eure Krone gehen. Das abschließende Urteil *muß* ›Tod durch Unfall‹ lauten.«

»Und wird das Volk das glauben?«

»Es wird immer Menschen geben, die das nicht tun. Das ist unvermeidlich. Wenn die Geschworenen jedoch zu dem Urteil ›Tod durch Unfall‹ gelangen, wird dieser Urteilsspruch von der Öffentlichkeit akzeptiert werden müssen. Ganz sicher wird das einige Leute nicht daran hindern, Lord Robert weiterhin für den Mörder seiner Frau zu halten... und Eure Majestät mit ihm.«

»Das ist unmöglich. Ich kannte die Frau doch gar nicht.«

»Das Volk glaubt aber, daß Ihr den Wunsch habt, Lord Robert zu heiraten, und daß Lady Amy Euch im Weg war.«

»Ich bin unschuldig«, sagte ich. »Ich weiß überhaupt nichts Näheres über ihr Ende. Ist denn der Tod einer kleinen Landedelfrau so wichtig?«

»Äußerst wichtig sogar. Politische Morde, das sind Morde, die das Volk im allgemeinen akzeptiert – sogar solche, wie sie während der Herrschaft Eurer Schwester verübt wurden. Für Morde dieser Art werden meist Gründe angeführt, die den Menschen einleuchten – einigen zumindest. Aber niemand billigt den Mord an einer Ehefrau, die von ihrem Mann umgebracht worden ist, damit er eine andere Frau heiraten kann. Wir müssen daher um jeden Preis verhindern, daß das Urteil ›Mord‹ lautet. Alles ist besser als das, denn falls der Nachweis erbracht würde, daß Lady Amy ermordet wurde, wären Eure Majestät in die Sache verwickelt. Ihr müßt der Tatsache ins Auge sehen, daß Ihr nicht so fest auf dem Thron sitzt, wie Ihr und auch ich es gerne sähen. Gewiß, bis jetzt hat das Volk Euch geradezu überschwenglich bewiesen, daß es Euch liebt, aber ein Skandal dieses Ausmaßes könnte das schnell ändern. Vergeßt nicht, jenseits des Kanals wartet Mary, die Königin von Schottland, nur darauf, daß der französische König sie – vermutlich mit spanischer Unterstützung, wie gegenwärtig die Dinge liegen – auf den Thron Englands setzt. Und unterschätzt nicht die Konkurrenz im eigenen Land: Lady Katharine Grey, deren Schwester neun Tage lang Königin war – auch sie ist die Urenkelin Eures Großvaters Henry VII. Majestät, Ihr müßt mit äußerster Vorsicht vorgehen.«

»Ich weiß, und ich weiß auch, daß ich mich auf Euren klugen Rat stets verlassen kann, guter Master Cecil.«

Er nickte. »Es ist gut, daß Lord Robert vom königlichen Hof fortgeschickt worden ist. Wir müssen jetzt so tun, als ob wir alle Andeutungen, es sei Mord gewesen, geradezu lächerlich fänden. Das Urteil muß unbedingt ›Tod durch Unfall‹ lauten; und Lord Robert muß so lange in Kew bleiben, bis das richtige Urteil vorliegt. In der Zwischenzeit werde ich ihm den einen oder anderen Besuch in Kew abstatten, um den Menschen zu verstehen geben, daß ich ihn als meinen guten Freund betrachte, der gar nichts anderes sein kann als unschuldig, und um ihnen zu zeigen, daß sein Aufenthalt in Kew keineswegs ein Hausarrest, sondern eine freiwillige Zurückgezogenheit ist, zu der Lord Robert sich angesichts der Brisanz der Situation entschlossen hat. Das wird das Volk davon überzeugen, daß Lord Robert selbst es für ratsam hält, sich so lange nicht in der Öffentlichkeit zu zeigen, bis sein Name ganz und gar von diesem absurden Verdacht befreit ist.«

»Ich danke Euch, Cecil. Wir werden diese Krise heil überstehen, und dann werden wir ganz besondere Umsicht walten lassen.«

Ich erwartete das Ergebnis des Gerichtsverfahrens, das zur Feststellung der Todesursache eingeleitet worden war, mit großer Nervosität. Ich wußte, daß im ganzen Land helles Entsetzen herrschte und viele Menschen nicht nur Robert, sondern auch mich der Tat verdächtigten. Natürlich schlachteten meine Feinde den Skandal nach Kräften aus. Sir Nicholas Throckmorton, mein Gesandter in Frankreich, berichtete in einem Brief an Cecil, die Königin von Schottland habe laut gelacht, als sie von der Geschichte erfahren habe, und so deutlich, daß alle es hätten hören können, gesagt: »Nun heiratet die Königin von England also demnächst ihren Pferdeknecht, der extra seine Frau ermordet hat, damit der Platz an seiner Seite für sie frei werde!«

Wie konnte sie es nur wagen! Dieses dämliche, verwöhnte Geschöpf! Ich verabscheute sie von Herzen, nicht nur, weil sie Ansprüche auf meinen Thron erhob und unbestreitbar ehelicher Geburt war, sondern weil am französischen Königshof ständig und in höchsten Tönen ihre außergewöhnliche Schönheit und Anmut gepriesen wurde; der Grund, so redete ich mir nicht ohne Gehässigkeit ein, war zweifellos der, daß sie und ihr kleiner François nach dem plötzlichen Tod König Henris II. nun Königin und König von Frankreich waren.

Aus allen Ländern berichteten unsere Gesandten, daß die öffentliche Meinung Robert als Mörder verurteile, der seine Frau umgebracht habe, um mich zu heiraten. Sie verbanden diese Mitteilung mit dem dringenden Rat an mich, den Gedanken an eine Heirat mit Robert fallen zu lassen.

Sie hätten sich keine Sorgen zu machen brauchen. Auch ich war inzwischen zu diesem Schluß gelangt.

Robert, der entschlossen war, dafür zu sorgen, daß das Urteil des Gerichts ›Tod durch Unfall‹ lautete, hatte vorsorglich einen entfernten Verwandten, Thomas Blount, mit dem

Auftrag nach Cumnor Place geschickt, den Dienern genaue Anweisungen zu geben, so daß sie, wenn sie befragt würden, die Aussagen machen könnten, die ihr Herr von ihnen erwartete. Robert wußte, daß Thomas Blount alles in seiner Macht Stehende tun würde, denn da er ein armer Verwandter war, konnte er durch Roberts Entlastung nur gewinnen; sollte sich jedoch der Verdacht einer Schuld Roberts bestätigen, so würde er mit ihm ins Unglück stürzen. Solche Männer sind ideale Helfershelfer.

Allem Anschein nach leistete Blount gute Arbeit, und allen, die sich an jenem verhängnisvollen Tag im Hause aufgehalten hatten, wurde genau eingeschärft, was sie zu sagen hätten. Der größte Teil der Dienerschaft war jedoch außer Haus gewesen, als sich der schreckliche Unfall ereignet hatte, denn der Jahrmarkt war in die Gegend gekommen, und sie hatten alle den Wunsch gehabt hinzugehen.

Lady Dudley war daheim geblieben. Ich mußte daran denken, wie ihr in dem fast menschenleeren Haus zumute gewesen sein mochte. Ob sie irgendwelche Vorahnungen gehabt hatte? Es war höchst unwahrscheinlich, daß ihr die häßlichen Gerüchte nicht zu Ohren gekommen waren. Dazu kursierten viel zu viele davon. Was mag in einer einsamen Frau vorgehen, deren Ehemann einer anderen Frau den Hof macht und von dem behauptet wird, er plane ihren Tod?

Warum nur hatte sie fast der gesamten Dienerschaft erlaubt, den Jahrmarkt zu besuchen und sie praktisch allein im Hause zurückzulassen? Das schien auf Selbstmord hinzudeuten. Aber entschied eine Frau, die die Absicht hatte, sich umzubringen, sich für eine solche Methode? Wie konnte sie sicher sein, daß ein Sturz von der Treppe zum Tode führen würde? Dieselbe Frage drängte sich auf, wenn man von Mord ausging – es sei denn, das Opfer wurde auf eine ganz andere Art und Weise getötet und erst danach die Treppe hinuntergeworfen, weil absichtlich der Eindruck erweckt werden sollte, es habe sich um einen unglücklichen Sturz mit tödlichem Ausgang gehandelt.

Irgendeine Erklärung mußte es schließlich geben! Ich hätte etwas darum gegeben, sie zu kennen – oder vielleicht doch nicht? Wollte ich wirklich wissen, was sich an jenem Tag in jenem beängstigend stillen Haus ereignet hatte, als fast alle Diener auf dem Jahrmarkt waren und Amy Robsart allein zu Hause war?

Mir blieb nichts anderes übrig, als geduldig das Urteil der Geschworenen abzuwarten. Ich ging davon aus, daß es gemäß unseren Wünschen ausfiele. Das war kaum anders zu erwarten. Wie würde es lauten? ›Unfall‹? ›Selbstmord‹? Beide Ergebnisse würden ihren Zweck erfüllen, aber ›Unfall‹ wäre besser. Nur eins durfte Amys Tod um keinen Preis genannt werden – ›Mord‹.«

Ich behielt recht. Der Ausgang der Verhandlung erwies sich als längst beschlossene Sache. Die Geschworenen wollten es sich mit einem so einflußreichen Mann wie Robert nicht verderben – ebensowenig wollten sie mein Mißfallen erregen. Also blieb nur ein mögliches Urteil übrig.

Tatsächlich machte Amy Robsarts Dienstmädchen, ein Fräulein Pinto, das seit vielen Jahren bei ihr gewesen und ihr treu ergeben war, eine Bemerkung, der zu entnehmen war, daß Roberts Frau gelitten hatte. Bald darauf war von einer bösartigen Geschwulst in der Brust die Rede. Es hätte also wohl auch Selbstmord sein können. Selbstmord oder Unfall, was machte das schon für einen Unterschied.

Das Urteil des Gerichts lautete also ›Unfall‹. Cecil war erleichtert. Robert war überglücklich. Aber ich blieb nüchtern. Ich war nicht der Ansicht, daß sich die Angelegenheit so elegant aus der Welt schaffen ließ.

Robert kehrte an den königlichen Hof zurück. Niemand wagte es, Lady Dudleys Tod in seiner oder meiner Gegenwart auch nur mit einem Wort zu erwähnen, aber das bedeutete natürlich nicht, daß das Ereignis nicht insgeheim mit Hingabe diskutiert wurde, und ich glaubte nicht daran, daß das Urteil des Gerichts in der Öffentlichkeit breite Zustimmung fand. Robert wurde nun noch aufmerksamer beobachtet als zuvor. Und er hatte einen neuen Ruf erworben – einen, der die Menschen veranlaßte, sorgfältig darauf zu achten, daß sie sich Robert nicht zum Feind machten. Offenbar hielt man ihn für einen Mann, der über Möglichkeiten verfügte, diejenigen beseite zu schaffen, die ihm im Weg standen. Unterdessen bemühte ich mich, so zu tun, als ob nichts geschehen wäre. Mir lag daran, den Eindruck zu erwecken, als sei Robert nichts weiter als ein guter Untertan, der über besonders nützliche Talente verfügte, derentwegen ich ihn begünstigte.

Robert war ständig an meiner Seite, und mit ihm besprach ich auch Staatsangelegenheiten, denn davon verstand er eine Menge; überdies besaß er die Gabe, politische Entscheidungen auch unter dem Aspekt der Vorteile zu bewerten, die sie der Krone brächten. In jenen Wochen war Robert so sicher, die Krone schon bald mit mir zu teilen, daß er nicht widerstehen konnte, sich bereits wie ein König aufzuführen.

Ich behandelte ihn mit Zärtlichkeit. Es tat mir leid, daß er solch ungeheuerlichem Verdacht ausgesetzt gewesen war. Wenn er wirklich unschuldig war, mußten ihn die schlimmen Unterstellungen zutiefst gekränkt haben, denn kaum etwas ist empörender, als eines Verbrechens beschuldigt zu werden, das man nicht begangen hat. Und wenn er doch seine Frau ermordet hatte... nun, in dem Fall hatte er es für mich getan. Genau genommen hatte ich ihn dazu verleitet, indem ich ihm Hoffnungen gemacht hatte, die vielleicht übertrieben waren.

Ich war machtlos gegen meine Gefühle. Ich fand seine Gesellschaft nun einmal anregender als die aller anderen Höflinge. Ich langweilte mich, wenn er nicht in meiner Nähe war. Mir gefielen der dunkle Typ, den er verkörperte, seine beeindruckende, stattliche Erscheinung und die Vitalität, die er ausstrahlte. Mir gefiel auch sein arrogantes Auftreten. Und mir gefielen seine Beharrlichkeit und sein Talent, sich scheinbar unbekümmert aus der Affäre zu ziehen, wenn er in eine gefährliche Lage wie die geriet, die ihn erst kürzlich noch zu vernichten gedroht hatte.

Ich war auch nach dem Tod seiner Frau nicht weniger in Robert Dudley verliebt als vorher.

Und er hörte nicht auf, auf Heirat zu drängen.

»Wie könnten wir heiraten«, fragte ich ihn, »solange noch Gerüchte über uns im Umlauf sind?«

»Wenn Ihr mich nicht heiratet, werden die Leute behaupten, Ihr seiet von meiner Unschuld nicht überzeugt.«

»Aber wenn ich Euch heiraten würde, wäre das nicht ein Grund für sie, an meine Schuld zu glauben?« wandte ich ein und fuhr fort: »Robin, diese Angelegenheit hat uns beiden schon genug geschadet.«

»Ach, Unsinn«, erwiderte er – zuweilen schien er völlig zu vergessen, daß ich die Königin war, und ich nahm es nicht so genau, ihn jedesmal dafür zu tadeln. Im Grunde genommen mochte ich seine Unverschämtheit. Sie war für mich der Ausdruck jener überwältigenden Männlichkeit, die die Frau in mir so sehr beeindruckte. »Im Gegenteil, die Angelegenheit hat uns sehr genützt. Sie hat den Weg für uns freigemacht.«

Wenn er so redete, dachte ich wirklich: Ja, er ist schuldig; er hat dafür gesorgt, daß diese arme Frau sich zu Tode gestürzt hat.

Der Verdacht erschien mir keineswegs abwegig, und doch änderte er nichts an meinen Gefühlen.

Cecil sorgte sich nach wie vor um meine Verehelichung.

Die Zeit verrinne so rasch, ermahnte er mich. Ich müsse nun endlich daran denken, einen Thronerben in die Welt zu setzen. Er frage sich allmählich, ob ich vorhätte, die Eheschließung so lange hinauszuschieben, bis es zu spät sei, Kinder zu bekommen.

»Ich versichere Euch, ich habe noch viele Jahre vor mir«, beruhigte ich ihn.

»Madam«, entgegnete er, »das Volk wartet darauf.«

Ich erging mich in Ausflüchten, und Cecil war viel zu klug, um nicht zu merken, was in mir vorging.

»Ich würde auch einer Heirat mit Robert Dudley zustimmen, Madam«, fuhr er fort, »denn ich bin sicher, daß sich bei der Liebe, die Ihr ihm entgegenbringt, schnell Nachwuchs einstellen würde.«

Seine Worte verblüfften mich.

»Aber der Skandal um den Tod seiner Frau ist doch noch in viel zu frischer Erinnerung«, sagte ich.

»Ich weiß, ich weiß. Vielleicht ließe sich eine heimliche Trauung arrangieren. Wenn der Thronerbe erst auf der Welt wäre, würden die Menschen Euch gewiß wieder so lieben wie früher.«

»Sie werden mich auch so lieben«, entgegnete ich bestimmt. »Gebt mir nur Zeit.«

»Vergeßt nicht, Heirat ist die Antwort auf alle Fragen, und wenn es denn Robert Dudley sein soll – sei's drum.«

Vielleicht hatte er geglaubt, ein solcher Vorschlag werde mich überglücklich machen. Es war nicht der Fall.

Ich sagte: »Nicht so schnell. Nicht so schnell. Ich brauche noch Zeit, um mir über alles klarzuwerden.«

In Wirklichkeit stand mein Entschluß bereits fest. So sehr ich Robert auch liebte, so machte ich mir doch keine Illusionen darüber, daß er von Natur aus ehrgeizig war. Er sehnte sich danach, König zu werden, und wenn ich ihn erst heiratete, wäre er König. Er war viel zu sehr von sich eingenommen. Seinem Auftreten nach hätte man glauben können, er regiere dieses Land bereits. Nein! Ich brauchte keinen Mann an meiner Seite. Ich war die Herrscherin, ich allein.

Abgesehen davon mußte ich unbedingt das Vertrauen des Volkes zurückgewinnen, und das würde mir nie gelingen, wenn ich Robert Dudley zum Ehemann nähme.

Wenn ich es recht bedachte, war der Tod von Roberts Frau das Ereignis, das mir für den Rest meines Lebens am nächhaltigsten als Lehre dienen sollte. Falls ich es nicht schaffte, aus den Fehlern und Erfahrungen zu lernen, die ich im Zusammenhang mit Amy Dudleys Tod gemacht hatte, dann hätte ich es nicht länger verdient, die Krone zu tragen.

Der Graf von Leicester

Meine Hofdamen waren nicht nur charmante, sondern auch ausgesprochen hübsche Frauen. Ich hätte sie wohl auch kaum für diese bevorzugte Stellung ausgewählt, wenn sie es nicht gewesen wären, denn ich besaß einen ausgeprägten Sinn für Schönheit, die ich sowohl bei Männern als auch bei Frauen zu schätzen wußte. Ich genoß es, mich mit gutaussehenden Menschen zu umgeben, und da ich selbst recht attraktiv war, hatte ich keinen Grund, auf eine hübsche Frau eifersüchtig zu sein. Überdies verlieh mir meine königliche Würde eine Ausstrahlung, die allein schon ausreichte, alle anderen in den Schatten zu stellen.

Die drei Hofdamen, die mir am besten gefielen, waren Mary Sidney, Jane Seymour und Lettice Knollys – und zwar aus ganz unterschiedlichen Gründen.

Mary Sidney war ein liebes und anhängliches Mädchen, und da sie Roberts Schwester war, stand sie mir besonders nahe. Mary liebte alle Mitglieder ihrer Familie; dennoch bestand kein Zweifel darüber, wem ihre besondere Zuneigung galt. Sie pflegte mir so manche Anekdote aus Roberts Kindheit zu erzählen, und wie zwei stolze, in ihre Sprößlinge vernarrte Mütter lachten wir gemeinsam über seine tollkühnen Streiche. Mary war eine so treue Seele, und auch ihren Ehemann, Henry Sidney, den ich schon gekannt hatte, als er ein kleiner Junge gewesen war, mochte ich gern. Als mein Bruder Edward seinerzeit die Thronfolge angetreten hatte, war Henry Sidney zu einem der königlichen Kammerherren ernannt worden. Offenbar hatte man ihn für einen aufgehenden Stern am politischen Himmel gehalten, seit Northumberland ihn dazu ausersehen hatte, seine Tochter Mary zu heiraten. Es war eine glückliche Ehe, zumal Mary ein so sanftes, liebenswürdiges Wesen hatte, daß sie wahrscheinlich in jeder beliebigen Verbindung Glück und Zufriedenheit gefunden hätte. Auf alle Fälle war sie eine meiner liebsten Gefährtinnen geworden.

Lady Jane Seymour war ebenfalls ein sehr sanftes Mädchen. Ich hatte sie ins Herz geschlossen, weil sie Thomas Seymours Nichte war; außerdem tat sie mir leid, weil sowohl ihr Vater als auch ihr Onkel auf dem Schafott hatten sterben müssen. Ich hatte Mitleid mit Kindern, die auf diese Weise ihren Vater oder ihre Mutter verloren – vielleicht, weil das auch mein Schicksal gewesen war. Jane war sehr zart, und ich mußte ihr ständig ins Gewissen reden, doch etwas besser auf ihre Gesundheit achtzugeben. Eins gefiel mir jedoch weniger gut an ihr, und das war ihre Freundschaft mit Lady Katharine Grey. Katharine war ein eingebildetes Geschöpf. Das dumme Ding war doch tatsächlich der Ansicht, berechtigtere Ansprüche auf den Thron zu haben als ich, und mir war zugetragen worden – allerdings nicht von Jane Seymour, das muß ich ausdrücklich betonen –, sie habe gesagt, daß man eigentlich sie zur Thronfolgerin hätte erklären müssen. Vermutlich gab es einige wenige Landsleute, die ihr darin zustimmten. Andere wiederum sahen in Mary von Schottland nicht nur die nächste Königin Englands, sondern auch die rechtmäßige Herrscherin. Ich war immer sehr mißtrauisch, wenn von möglichen Thronfolgern die Rede war, denn ich konnte mich des Gefühls nicht erwehren, daß diese Thronanwärter auf mehr als nur die Nachfolge erpicht waren und stets auch dem gegenwärtigen Throninhaber neidische Blicke zuwarfen. Solche Kandidaten wurden gewöhnlich von klugen Leuten umworben, und wenn sie in der Gunst der Öffentlichkeit allzu hoch stiegen, bestand oft die Gefahr, daß ihnen der Gedanke käme, die Erbschaft zu beschleunigen.

Nein, ich hatte für Thronfolger nicht sehr viel übrig – es sei denn, es handelte sich um leibliche Nachkommen; da ich der Ehe jedoch zur Zeit recht ablehnend gegenüberstand – und vieles darauf hindeutete, daß sich an dieser Ablehnung so bald nichts ändern würde –, war es eher unwahrscheinlich, daß mir ein eigenes Kind auf den Thron folgen würde. Überdies war es sogar schon vorgekommen, daß Söhne versucht hatten, ihren eigenen Vater vom Thron zu verdrängen. Je mehr ich darüber nachdachte, um so mehr erschienen mir Thronanwärter als eine Spezies, die man besser mied, statt sie zu ermutigen, und ich nahm mir vor, in Zukunft auf Katharine Grey ein wachsames Auge zu haben. Aus dem Grunde brachte ich es auch trotz aller Sympathie nicht fertig, mich Jane Seymour vorbehaltlos anzuvertrauen.

Die dritte Hofdame, der ich besondere Freundschaft entgegenbrachte, war Lettice Knollys. Sie war ganz anders als die beiden anderen. Lettice hatte nichts Sanftes an sich. Sie war ein wildes Geschöpf. Ihr Vater, Sir Francis Knollys, hatte die Tochter meiner Tante Mary Boleyn geheiratet; zwischen mir und Lettice bestanden also auch verwandtschaftliche Beziehungen. Es hatte mir schon immer Freude bereitet, den Boleyns unter meinen Verwandten die eine oder andere Gunst zu gewähren, wenn sich die Gelegenheit dazu bot, denn nach dem Tod meiner Mutter hatten sie es nicht gerade leicht gehabt. Ich hätte mich also zweifellos auch dann um Lettice gekümmert, wenn sie kein so außergewöhnlich attraktives Mädchen gewesen wäre; und selbst wenn sie nicht zu den schönsten Mädchen bei Hofe gezählt hätte, wäre sie durch ihre Lebhaftigkeit und Schlagfertigkeit aufgefallen. Ich mochte sie auf Anhieb, merkte jedoch bald, daß es sich hin und wieder als notwendig erweisen könnte, ihr überschäumendes Temperament zu zügeln und einer Neigung Einhalt zu gebieten, die ich ebenfalls an ihr entdeckt hatte: den Ehrgeiz, alle anderen auszustechen... selbst mich.

Lettice war eine gute Tänzerin, und auch ich beherrschte diese Kunst vollendet. Ich konnte vom Tanzen nie genug bekommen. Ich liebte es, über die Tanzfläche zu schweben, und wußte, daß der Tanz meine hochgewachsene, gertenschlanke Figur besonders vorteilhaft zur Geltung brachte. Oft wählte ich Robert dabei als Partner, der ebenfalls sehr gut tanzte, und es kam nicht selten vor, daß andere Paare die Tanzfläche verließen, sobald wir begannen, die ersten Sprünge und Drehungen auszuführen, als ob sie damit andeuten wollten, daß es ein Frevel sei zu tanzen, während Robert und ich dem Auge solch hohen Genuß böten. Wir ernteten jedesmal begeisterten Beifall, wenn die Musikanten aufhörten zu spielen, und dann lächelte ich den verzückt applaudierenden Höflingen zu; wenn mir auch klar war, daß zumindest ein Teil ihrer überschwenglichen Anerkennung meiner Krone galt, so entnahm ich ihrer Reaktion doch auch, daß meine gekonnte tänzerische Darbietung sie beeindruckt hatte.

Und diese Lettice Knollys tanzte ebensogut wie ich. Natürlich hätte niemand das offen zugegeben, aber alle wußten es. Manchmal nahm sie sich sogar die Freiheit heraus, während ich tanzte, die Aufmerksamkeit der Umstehenden auf ihre eigene Darbietung zu lenken, was mich ein wenig ärgerte. Aber mochten ihr Charme und ihr Talent auch noch so groß sein, eins besaß sie nicht, das diesen Vorzügen die letzte Vollendung verlieh – eine Krone.

Außerdem neigte sie dazu, die Tatsache auszunutzen, daß wir gewissermaßen Cousinen waren, und sich Vertraulichkeiten herauszunehmen, die ihr nicht zustanden. Ich sah mich daher wiederholt gezwungen, sie zurechtzuweisen, und gelegentlich, wenn sie mir beim Ankleiden half, klopfte ich ihr sogar gehörig auf die Finger und warf ihr Ungeschicklichkeit vor; doch wenn sie dann zerknirscht und mit schamhaft gesenktem Kopf vor mir stand, wußte ich ganz genau, daß sie nicht wegen einer Ungeschicklichkeit bestraft worden war, sondern nur dafür, daß sie so ungeheuer attraktiv war – und ich wußte, daß auch sie es wußte.

Manchmal fragte ich mich, weshalb ich sie nicht entließ. Aber sie besaß eine Schönheit, deren Zauber einfach unwiderstehlich war. Mir schien, sie hatte die Augen meiner Mutter – dunkel und mit dichten Wimpern besetzt –, doch im Gegensatz zu meiner dunkelhaarigen Mutter hatte Lettice honigblondes Haar, das ihr in üppigen Locken über die Schultern fiel. So etwa muß auch ihre Großmutter ausgesehen haben, Mary Boleyn, jene Schwester meiner Mutter, die die Geliebte meines Vaters gewesen war, bevor er meine Mutter, Anne, heiratete. Wie ich gehört hatte, war Mary eine jener großzügigen Frauen gewesen, die auf Männer eine unwiderstehliche Anziehungskraft ausüben – vermutlich deswegen, weil sie den Männern durch ihre pure Sinnlichkeit zu verstehen geben, daß sie auf die Erfüllung ihrer Wünsche nicht lange zu warten brauchen. Mary war dafür bekannt gewesen, daß sie nicht ›nein‹ sagen konnte, und um solche Frauen reißen sich die Männer, weil sie sich durch sie in ihrer Unwiderstehlichkeit bestätigt fühlen.

Inzwischen war es Juni geworden. Roberts Frau war bereits im September des vorigen Jahres gestorben, doch das Gerede wollte nicht verstummen. Ich bemühte mich, gleichgültig darauf zu reagieren, und hatte längst die Freilassung jener Mutter Dowe angeordnet, die das Gerücht verbreitet hatte, ich hätte ein Kind geboren oder erwarte zumindest eins. Ich wollte den Menschen beweisen, daß es unter meiner Würde war, solch dummes Geschwätz zu bestrafen, und daß mich die Verleumdungen kaltließen.

Noch immer hatte Robert die Hoffnung, mich zu heiraten, nicht aufgegeben; noch immer erging ich mich in Ausflüchten. Ich brachte es nicht übers Herz, ihm eine klare Absage zu erteilen, und dachte nicht daran, irgendeinen anderen Besucher zu erhören.

»Die Zeit vergeht. Wir werden älter«, gab Robert zu bedenken.

»Wir sind noch jung«, wandte ich ein, »und nach allem, was geschehen ist, wäre es das Beste, wenn wir warteten, bis Gras über die Sache gewachsen ist, bevor wir daran denken, irgendwelche Schritte zu unternehmen.«

Robert reagierte mit Verdrossenheit und Besserwisserei, was mich zum Lachen brachte. Ich erinnerte ihn immer wieder daran, daß ich die Königin war, und warnte ihn, das ja nicht zu vergessen. Der arme Robert, wie sehr es ihm doch in den Fingern juckte, die Krone an sich zu reißen!

Es gibt solche Männer. Sie sind geradezu versessen auf Macht. Dabei hätte ich ihm sagen können, daß eine Krone oft eine Last ist und dem, der sie trägt, nichts als Mühsal bringt, wie so viele meiner Vorfahren aufgrund eigener leidvoller Erfahrungen hatten erkennen müssen. Es hätte nichts genützt. Männer wie Robert würden niemals aufhören, begierig die Hand nach der Macht auszustrecken. Sie wären bereit, alles dafür zu tun. Sie würden darum kämpfen, dafür töten...

Mary Sidney war eine glühende Fürsprecherin ihres Bruders. »Die Regierungsgeschäfte sind doch viel zu beschwerlich, um sie einer Frau allein aufzubürden«, sagte sie.

»Das kommt ganz auf die Frau an«, entgegnete ich heftig, und das Funkeln meiner Augen warnte sie, daß es besser sei, diesen Gedanken nicht weiter auszuführen.

Also wechselte sie das Thema. »Robert plant für den Johannistag eine romantische Bootsfahrt.«

»Davon weiß ich ja gar nichts«, empörte ich mich.

»Es sollte eine Überraschung für Euch sein.«

»Er zerbricht sich ständig den Kopf darüber, wie er mich unterhalten kann«, erwiderte ich gerührt.

»Majestät, er hat mir versichert, daß er an nichts anderes denkt als daran, Euch zu erfreuen.«

»Er ist wirklich unvergleichlich«, sagte ich.

Mary strahlte vor Vergnügen. »Ich habe alle meine Brüder gern gehabt«, fuhr sie fort, »aber wir alle waren uns darüber einig, daß Robert etwas ganz Besonderes war. Er war schon mit zwei Jahren der umschwärmte Mittelpunkt der Familie.«

»Was gäbe ich darum, ihn als Zweijährigen erlebt zu haben!«

»Er soll schon damals sehr selbstbewußt gewesen sein«, sagte Mary. »Ich erinnere mich, daß immer wieder davon die Rede war, daß eigentlich Robert der Älteste hätte sein sollen. Er hat sich immer um die Familie gekümmert. Damals, nach dem Tod meines Vaters und meines Bruders...«

»Ihr sollt doch nicht davon sprechen. Ich weiß auch so, wie sehr Robert sich um das Wohl derer sorgt, die er liebt.«

»Und er liebt niemanden so sehr wie Euch, Majestät.«

»Ja, das glaube ich gern. Deshalb nenne ich ihn ja auch ›Meine Augen‹, weil er immer darauf sieht, daß es mir an nichts fehlt.«

»Es ist so beruhigend für eine Frau zu wissen, daß ein Mann da ist, der für sie sorgt... selbst für eine Königin.«

Ich gab ihr einen Klaps auf die Hand – zum Scherz, und dennoch lag in dieser Geste eine Spur Gereiztheit. »Es gibt Frauen, Mary Sidney«, belehrte ich sie, »die durchaus in der Lage sind, sich um ihre eigenen Angelegenheiten zu kümmern, selbst wenn es sich dabei um das Regieren eines Königreichs handelt.«

»Dessen bin ich mir wohl bewußt. Eure Majestät gehen darin schließlich mit leuchtendem Beispiel voran.«

»Und nun erzählt mir mehr über die Bootsfahrt am Johannistag.«

Sie erwies sich als ein höchst interessanter Ausflug. Es war ein herrlicher Tag, wie geschaffen für das Fest der Sommersonnenwende, und die Sonne ließ das farbenprächtige Schauspiel, das Robert sich ausgedacht hatte, in schönstem Licht erstrahlen. Robert verstand sich meisterhaft auf derartige Inszenierungen. Er hatte mehrere Boote mit Rosen und anderen Sommerblumen schmücken lassen, und es sah so aus, als ob der ganze Hofstaat sich versammelt hätte, um der prunkvollen Veranstaltung zuzusehen.

Aus einem der Boote wehte zauberhafte Musik herüber, und es waren Kinderstimmen zu hören, die mir zu Ehren die lieblichsten Lieder sangen.

Ich trug ein aufwendig gearbeitetes, prächtiges Kleid aus weißem Damast mit grünen Ornamenten. Grün paßte sehr gut zu meinem Teint und unterstrich wirkungsvoll das Rot meiner Haare. Die gebauschten Schlitzärmel meines Kleides endeten, schmal und leicht nach außen gestülpt, oberhalb des Handgelenks und brachten so meine Hände zur Geltung, die mit Juwelen geschmückt waren. Mein Haar war kunstvoll frisiert und geschickt mit einigen Haarteilen unterlegt, die der Frisur zusätzliche Fülle verliehen; da ich eine hohe Stirn hatte, stand mir die hochgetürmte Haartracht besonders gut. Überhaupt bemühte ich mich stets, meinem Vater so ähnlich wie möglich zu sehen. Die Menschen gedachten seiner noch immer mit großer Zuneigung; je mehr ich sie daran erinnerte, daß ich unbestreitbar seine Tochter war, um so selbstverständlicher würden sie mich als die einzig rechtmäßige Thronerbin unterstützen.

Robert, in blauen Satin gekleidet, war wie immer eine blendende Erscheinung. Die Ärmel seines Wamses waren vom Handgelenk bis zur Schulter geschlitzt, so daß das reich bestickte und mit Perlen verzierte Hemd darunter zum Vorschein kam. Seine Hose war – entsprechend dem modischen Vorbild der französischen Pluderhose – oben stark wattiert und gebauscht und an den Knien enger; auch sie war geschlitzt und mit Juwelen besetzt, so daß der Eindruck eines Gitterfensters entstand, dessen Lattenwerk im Sonnenlicht funkelte. Robert hatte die wohlgeformtesten Beine, die ich je gesehen hatte, und konnte daher gut auf Strumpfbänder verzichten; seine Strümpfe, die mit Gold- und Silberfäden durchwirkt waren, saßen perfekt. An seinem Hut trug er eine sich kräuselnde blaue Feder.

Ich wartete gebannt auf die Hochrufe der Menschen. Ihr Jubel klang nicht ganz so überzeugt wie vor dem Skandal, ich hatte jedoch durchaus das Gefühl, daß mir persönlich noch immer ein beachtliches Maß an Herzlichkeit entgegengebracht wurde. Deutlich verhaltener hingegen waren die Beifallskundgebungen, als Robert an meiner Seite erschien, und ich begriff, daß es nach wie vor angebracht war, bei allem, was ich tat, äußerste Vorsicht walten zu lassen.

Lettice Knollys saß in demselben mit Satin ausgeschlagenen und mit Blumen geschmücken Boot wie ich, und obwohl sie längst nicht so prachtvoll gekleidet war, sah sie ganz bezaubernd aus. Als mein Blick auf Robert fiel, wurde mir bewußt, daß er sie beobachtete, und plötzlich überkam mich ein ungutes Gefühl. Lettice selbst schaute zum Ufer hinüber, aber um ihre Lippen spielte ein merkwürdiges Lächeln, ein vielsagendes Lächeln, das irgend etwas auszudrücken schien. Nur was?

Er kann seine Blicke nicht von dieser Frau abwenden, dachte ich. Und was sah ich in seinen Augen? Pure sinnliche Begierde. Wie konnte er es wagen, dazu noch in meiner Gegenwart!

Doch mein nächster Gedanke war: Robert ist schließlich ein Mann. Gerade das ist es ja, was mir an ihm so gefällt. Und ich habe ihn eigentlich immer nur hingehalten. Habe ich da Grund, mich zu wundern, wenn er gelegentlich ein Auge auf andere Frauen wirft? Nicht er war schuld – sie war es, der ich sein Interesse übelnahm. Spielte sie etwa irgendein Spiel mit meinem Robert?

Ich würde Madam Lettice im Auge behalten müssen. Vielleicht auch Robert.

Ein leises Unbehagen blieb. Ich wollte nicht, daß sich an

unserer Beziehung etwas änderte. Heiraten konnte ich Robert nicht; das hatte ich eingesehen. Und wenn ich ihm offen sagte, daß eine Heirat niemals in Frage käme? Immerhin war er jetzt ein freier Mann – draußen auf dem Lande gab es keine kleine Ehefrau mehr, die ihn an sich kettete.

Nichts im Leben steht still. Leben ist Wandel. Wurde Robert unruhig? Ich begann mir Sorgen zu machen, um so mehr, als dieses Temperamentbündel Lettice Knollys nun meiner engeren Umgebung angehörte.

Robert gesellte sich zu mir, und ich sagte in nicht gerade liebenswürdigem Ton zu ihm: »Ihr bewundert also die Aussicht?«

Ob er gemerkt hatte, daß mir sein Interesse an Lettice aufgefallen war, oder nicht, konnte ich nicht mit Bestimmtheit sagen. Jedenfalls wandte er sich mir sofort aufmerksam zu und beteuerte: »Wenn Ihr in der Nähe seid, habe ich nur Augen für Eure Majestät.«

»Es sah aber so aus, als ob Ihr auf andere Sehenswürdigkeiten gestoßen wärt.«

»Ich war in Gedanken versunken«, entgegnete er schlagfertig. »Ich dachte darüber nach, was ich noch tun könnte, um zu Eurer Unterhaltung beizutragen.«

Der spanische Gesandte, von Quadra, stand plötzlich neben uns.

»Ich hoffe doch, Mylord«, sagte Robert, »daß unser kleines Fest Euch nicht allzusehr langweilt.«

»Im Gegenteil«, erwiderte Quadra in seinem etwas stokkenden Englisch, »ich fand es bisher höchst interessant.«

Er warf zuerst mir und dann Robert einen forschenden Blick zu.

»Habt Ihr gehört, wie das Volk der Königin zugejubelt hat?« fragte Robert ihn.

»Allerdings. Die Menschen lieben sie.«

»Wir alle lieben die Königin«, fuhr Robert fort. »Das ist unsere Pflicht und Schuldigkeit. Aber einige von uns lieben sie so innig, daß sie den ganzen Tag und die ganze Nacht an nichts anderes denken können.«

»Und Ihr seid einer von ihnen, Lord Robert?«

Robert warf mir einen glühenden Blick zu, und für einen

Augenblick vergaß ich, daß ich ihm soeben noch Interesse an Lettice Knollys unterstellt hatte.

»Ich liebe die Königin mehr als alle ihre Untertanen; meine Liebe zu ihr ist unsterblich, Mylord, Ihr seid doch Bischof. Was spräche dagegen, daß Ihr uns hier und jetzt trautet?«

Ich sah den spanischen Gesandten scharf an. Die soeben geäußerte Bitte schien ihn nicht im geringsten zu überraschen, und er warf Robert einen Blick zu, der fast den Verdacht nahelegte, die beiden hätten eine geheime Abmachung getroffen.

Ich sagte: »Ich fürchte, der Bischof beherrscht die englische Sprache nicht hinreichend, um eine solche Zeremonie zu bestreiten.«

Quadra ließ mich nicht aus den Augen, und was er dann sagte, verblüffte mich. »Wenn Ihr Euch von William Cecil trennt und mit ihm die ganze Bande von Ketzern loswerdet, mit der Ihr Euch umgeben habt, dann bin ich gerne bereit, die Trauung vorzunehmen.«

Daraufhin verneigte er sich und ging fort.

Ich wandte mich an Robert: »Warum hat er das gesagt? Es kommt mir fast so vor, als ob ihn die Bitte nicht weiter überrascht hätte.«

»Ach«, meinte Robert, »Ihr kennt doch die Spanier. Aber es wäre eine originelle Art zu heiraten gewesen, findet Ihr nicht auch? Auf einem Boot... am Johannistag... so ganz überraschend...«

Ich war beunruhigt. Ich entgegnete in ziemlich scharfem Ton: »Das dürfte wohl kaum die Art von Hochzeitsfeier sein, die das Volk von seiner Königin erwartet.«

Dann rief ich Lettice zu mir. Ich wollte mir Klarheit darüber verschaffen, ob das, was ich zu sehen geglaubt hatte, nur Einbildung gewesen war. Sie gab sich bescheiden und zurückhaltend. Robert beachtete sie kaum. Das arme Mädchen muß das Gefühl gehabt haben, äußerst schroff behandelt zu werden. Es schien ihr jedoch nicht viel auszumachen, und wenig später gesellte sich Walter Devereux, Viscount Hereford, zu uns. Er war etwa in Lettice' Alter und ein recht vorzeigbarer junger Mann; mir kam er allerdings ein wenig langweilig vor – aber welcher Mann wäre das nicht, verglichen mit Robert! Er schien von Lettice sehr angetan zu sein, und sie sah ihn aus ihren betörenden Augen auf eine Weise an, die man nur als einladend bezeichnen konnte, eben so, wie sie kurz zuvor noch Robert angeschaut hatte – oder ich es mir eingebildet hatte. Es war ganz einfach ihre Art, mit Männern umzugehen – nichts, über das man sich ernsthaft hätte Gedanken machen müssen.

In Wirklichkeit beschäftigte mich die seltsame Bemerkung des spanischen Gesandten weitaus mehr als Lettices' Verhalten.

Während der ganzen prunkvoll inszenierten Bootsfahrt gingen mir Quadras Worte nicht aus dem Kopf.

Mary Sidney gehörte nicht zu den Frauen, die ein Geheimnis für sich behalten konnten, und ich merkte schon bald, daß sie etwas auf dem Herzen hatte. Sie war ständig in Gedanken, verstört und unsicher. Ich mußte sie wiederholt wegen irgendeiner Ungeschicklichkeit zurechtweisen, aber sie schien das, was ich sagte, gar nicht mitzubekommen, was mich stutzig machte, da sie sonst so sensibel und nach einem Tadel oft stundenlang untröstlich war.

Ich richtete es so ein, daß ich, nachdem ich meine Toilette beendet hatte, mit ihr allein war, und sagte zu ihr: »Mary, Ihr solltet mir besser erzählen, was Euch bedrückt.«

Sie sah mich erschreckt an, dann fiel sie vor mir auf die Knie und vergrub ihr Gesicht in meinem Kleid.

»Nehmt Euch in acht«, bemerkte ich giftig, »der Perlenbesatz auf dem Rock kann ziemlich kratzen, wenn er mit der Haut in Berührung kommt. Ich kann mich jedesmal neu darüber ärgern.«

Sie schaute zu mir auf, und der Kummer auf ihrem Gesicht war nicht zu übersehen.

Ich sagte: »Nehmt Euch den Schemel dort. Und nun beichtet.«

»Es ist alles nur deswegen geschehen, weil wir Eure Majestät alle so verehren...«

»Ja, ja«, unterbrach ich sie ungeduldig. »So fangen immer die Geständnisse von Leuten an, die im Begriff sind zuzugeben, daß sie etwas verbrochen haben. Weiter.«

»Wir haben nichts verbrochen, Majestät. Wirklich nicht. Unter uns ist niemand, der nicht bereit wäre, für Euch zu sterben.«

»Mir haben schon so viele Menschen ihr Leben zu Füßen gelegt«, entgegnete ich, »daß dieses großherzige Angebot inzwischen keinen überwältigenden Eindruck mehr auf mich macht. Außerdem meinen die wenigsten es ernst damit, so daß die Beteuerung, einer Königin mit dem Leben dienen zu wollen, fast zur leeren Phrase geworden ist. Stellt meine Geduld nicht noch länger auf die Probe, Mary. Heraus damit. Gesteht, was immer es sein mag.«

»Robert liebt Euch von ganzem Herzen. Ihr seid sein Leben. Wenn Ihr gesehen hättet, wie stolz, wie glücklich er war, als Ihr ihn ›Eure Augen‹ nanntet... Er kann diesen Zustand der Ungewißheit nicht länger ertragen, Majestät.«

»Und was will er dagegen tun?«

»Es war ein Plan.«

»Ihr meint, ein Komplott?«

»Ich will damit sagen, daß Henry und ich und Robert dachten... daß Ihr vielleicht einer Heirat zustimmen würdet, wenn es uns gelänge, die Unterstützung Spaniens zu gewinnen.«

»Und wie gedachtet Ihr Euch die Hilfe Spaniens zu sichern?«

»Majestät, Philipp zählt zwar nicht mehr zu den Bewerbern um Eure Hand, aber es gibt etwas, das Spanien sich mehr als alles andere wünscht – vielleicht sogar mehr noch als ein durch Heirat zustandegekommenes Bündnis. Das ist die Rückkehr Englands zur Kirche Roms.«

»Was!« entfuhr es mir, und ich sprang vor Entsetzen fast vom Stuhl auf.

»Nun ja, wir dachten – Henry, Robert und ich –, wenn Spanien die Gewißheit hätte, daß England wieder römisch-katholisch würde, und als Gegenleistung dafür der Heirat zustimmen würde...«

»So weit kommt es noch!« rief ich aus. »Und ich gehe sicher richtig in der Annahme, daß König Robert nach der Heirat das Versprechen eingelöst hätte, nicht wahr?«

Mary schwieg. Auch ich saß, in Gedanken versunken, regungslos da. O nein, Lord Robert, dachte ich, noch bist du nicht König. Und das war also dein Plan! Die Zustimmung der Spanier zur Heirat gegen die Rückkehr Englands zur Kirche Roms, und *du* würdest diese Rückkehr bewerkstelligen!

Wie recht ich doch hatte! Er sah sich tatsächlich schon als König. Wie hatte Quadra noch gesagt: ›Entlaßt Cecil.‹ Den klügsten und unvoreingenommensten Ratgeber, den eine Königin jemals gehabt hatte! Und nur, weil er sich zu einem Glauben bekannte, den die Spanier ›Ketzerei‹ nannten!

Ich mußte laut lachen.

Mary sah mich verwundert an.

»Eure Majestät sind nicht verärgert?« fragte sie, und in ihrem Ton lag etwas Flehendes. »Wir haben es nur getan, weil Robert Euch so sehr liebt... weil seine Unschuld so groß ist.«

»Und weil sein Ehrgeiz so groß ist, wie? Weil er sich einbildet, er sei bereits im Besitz der Krone?«

»Ich hätte es Euch nicht sagen sollen.«

»Ihr wart verpflichtet, es mir zu sagen.«

»Es hatte mich sehr belastet, in einen Plan verwickelt zu sein, von dem Ihr nichts wußtet.«

»Das geschah Euch ganz recht. Aber Ihr tatet gut daran, mir alles zu gestehen. Und nun merkt Euch eins und sagt es auch Euren Mitverschwörern: Was immer Ihr hinter meinem Rücken plant, es wird Euch niemals gelingen. Denn in diesem Land gibt es nur einen Herrscher, und dieser Herrscher bin ich.«

»Ja, Majestät.«

»Bringt mir meinen Spiegel«, sagte ich.

Sie reichte ihn mir, und ich betrachtete prüfend mein Gesicht. Es war nicht so schön wie das von Lettice Knollys, aber es war dennoch attraktiv mit seiner hellen Haut, dem rotblonden Haar und den großen, bernsteinfarbenen Augen, deren Blick – sie waren ein wenig kurzsichtig – entrückt und durchdringend zugleich war. Ich berührte mit meinen schönen, weißen Händen mein Haar. Niemand hatte so schöne Hände wie ich, nicht einmal Lettice Knollys.

Ich sagte: »Holt die Kämme. Ich möchte mein Haar etwas

höher frisiert haben. Nun beeilt Euch schon, und paßt auf, daß Ihr mich nicht an den Haaren zieht.«

Und während Mary mich frisierte, dachte ich erneut: Mein Land an Rom zu verschachern! Mein lieber Robert, du kannst noch so gut aussehen, noch so charmant und von den Damen des Hofes umschwärmt sein – das ändert nichts an der Tatsache, daß ich die Königin bin. Ich bin diejenige, die die Entscheidungen trifft. Das ist etwas, das du noch lernen mußt. Niemand beherrscht mich. Aber ich herrsche über mein Land.

Ich war sehr bekümmert, als Lady Jane Seymour starb. Sie war seit einiger Zeit kränklich und nie von besonders robuster Gesundheit gewesen. Ich hatte sie gern gemocht, und um ihrer Familie einen Gefallen zu tun, ordnete ich für sie ein Staatsbegräbnis in der Westminster-Abtei an. Ich vermißte Jane schmerzlich. Sie war ein liebes Mädchen gewesen, das sich niemals beklagt und stets getan hatte, was ich von ihr verlangte.

In meiner Trauer um Jane mußte ich daran denken, daß ich immer großen Wert darauf gelegt hatte, mich meinem Volk zu zeigen; es bereitete mir außerdem Vergnügen, durchs Land zu reisen und auch den Menschen in den ferneren Winkeln des Königreichs das Gefühl zu geben, mit mir in Verbindung zu stehen.

Seit dem Skandal um Amy Robsart hatte ich mehr denn je das Bedürfnis, mir die Sympathien meines Volkes zu erhalten, und unternahm daher viele Reisen. Bei solchen Gelegenheiten zog jedesmal der gesamte Hofstaat mit mir durchs Land. Wir hielten uns dabei abwechselnd bei den verschiedenen Adelsfamilien auf, und wenn meine begüterten Untertanen es auch sehr kostspielig fanden, uns zu beherbergen und zu bewirten, so empfanden sie unseren Besuch doch stets als große Ehre und wären sehr verstimmt gewesen, wenn wir nicht bei ihnen eingekehrt wären.

Ich begab mich also erneut auf Reisen, und zu meinem Gefolge gehörte natürlich auch Robert. Als mein Oberstallmeister hatte er die Pflicht, mich zu begleiten und stets an meiner Seite zu sein – das war ja auch der Grund, weshalb wir beide der Ansicht gewesen waren, daß dieses Amt ihm geradezu auf den Leib geschrieben sei.

Ich hatte darauf verzichtet, ihm wegen seiner geheimen Absprache mit dem spanischen Gesandten Vorhaltungen zu machen, verhielt mich ihm gegenüber jedoch weiterhin reserviert und sorgte dafür, daß seine Hoffnungen sich nie zerschlugen, aber auch nie erfüllten – eine angemessene Bestrafung, wie mir schien. Und da er mich nach wie vor glühend verehrte, war ich mit dem gegenwärtigen Stand der Dinge durchaus zufrieden.

Der Reisegesellschaft gehörte ferner Lady Katharine Grey an, die in letzter Zeit einen sehr geistesabwesenden Eindruck machte. Nach Mary Sidneys Geständnis fragte ich mich schon besorgt, was Katharine wohl auf dem Herzen haben mochte. Sie war sehr blaß und hatte Ringe unter den Augen, die mir vorher noch nie an ihr aufgefallen waren. Sie sah aus, als ob sie eine Krankheit in den Gliedern hätte. Dennoch machte ich mir keine allzu großen Sorgen, denn sie war schließlich eine Rivalin und stellte eine Bedrohung dar, die ich nicht unterschätzen durfte; solchen Leuten gegenüber verhielt ich mich von Natur aus so distanziert, daß sie gar nicht erst auf die Idee kamen, mich ins Herz zu schließen.

Wir hielten uns gerade in Ipswich auf, als Lord Robert mich bei der Morgentoilette überraschte.

Es war noch früh am Morgen, und er machte einen so verstörten Eindruck, daß ich meine Hofdamen fortschickte und ihm eine Audienz gewährte. Ich glaube, ich sah mit meinen offenen Haaren und in dem schlichten Unterkleid, das ich trug, recht verführerisch aus; ich ließ mir jedoch gleich nach seinem Erscheinen eine Stola bringen und um die Schulter legen.

Sobald meine Hofdamen das Zimmer verlassen hatten, ergriff Robert meine Hand und küßte sie.

»Meine Liebste«, sagte er, »ich mußte kommen, denn ich habe Euch etwas Wichtiges mitzuteilen, das Ihr unverzüglich von mir erfahren solltet, bevor jemand anders Euch eine verzerrte Darstellung dessen gibt, was gestern abend geschehen ist, und Ihr fälschlicherweise annehmt...«

»Laßt hören, aber schnell«, unterbrach ich ihn. »Ich bin ganz Ohr.«

»Gestern abend hat Lady Katharine Grey mich in meinem Schlafzimmer aufgesucht.«

Ich spürte, wie kalte Wut in mir aufstieg, aber er beeilte sich fortzufahren: »Oh, nicht, wie Ihr vielleicht denkt, auf meine Einladung hin! Sie kam, um mich um Hilfe zu bitten. Natürlich habe ich mich bemüht, sie so schnell wie möglich wieder loszuwerden, aber ich hatte doch Angst, jemand könne sie entweder beim Betreten oder beim Verlassen meines Schlafzimmers gesehen haben und daraufhin mit einer völlig falschen Version der Geschichte zu Euch gekommen sein...«

»Vielleicht erzählt Ihr mir endlich, was geschehen ist.«

»Sie hat sich nicht länger als fünf Minuten bei mir aufgehalten. Sie war ganz außer sich vor Angst – das war auch der Grund, weshalb sie mich aufgesucht hat.«

»Was hat sie denn für Probleme? Will sie Euch anstiften, ihr dabei zu helfen, mir den Thron wegzunehmen? Oder möchte auch sie Rom mein Königreich als Köder anbieten, um sich irgendwelche Vorteile zu erschleichen?«

Er errötete leicht. Dann sagte er: »Sie ist schwanger und in ziemlicher Bedrängnis.«

»Schwanger! Sie ist doch gar nicht verheiratet. Ich kann mich nicht erinnern, je gebeten worden zu sein, meine Einwilligung zu einer Eheschließung zu erteilen.«

»Doch, sie hat einen Ehemann.«

»Und wer soll das sein?«

»Lord Hertford.«

»Aber der ist doch in Frankreich.«

»Ja, eben, und sie kann ihn nicht erreichen. Sie schwört, sie sei verheiratet, aber bevor Hertford nicht zurückkehrt, kann sie es nicht beweisen. Und bis dahin benötigt sie Hilfe.«

Ich war wütend. Sie hatte kein Recht, ohne meine Zustimmung zu heiraten. Immerhin stand sie an zweiter Stelle der Thronfolge, und nun war sie schwanger und würde alle Welt darauf aufmerksam machen, daß ich kinderlos war.

»Hilfe?« fauchte ich. »Wie kann sie es wagen, um Hilfe zu

bitten! Ohne meine Einwilligung und die des Staatsrates zu heiraten! Das ist wirklich der Gipfel der Unverschämtheit. Man sollte sie in den Tower werfen. Glaubt Ihr, daß tatsächlich eine Heirat stattgefunden hat? Hertford ist außer Landes; aber irgendwelche Zeugen muß es doch geben.«

»Ich war nur darauf bedacht, sie so schnell wie möglich loszuwerden, und weiß nicht mehr als das, was ich Euch berichtet habe. Ich war der Ansicht, Ihr solltet es unverzüglich erfahren.«

»Ja, allerdings«, erwiderte ich.

Er sah mich flehend an. »Wie bezaubernd Ihr in diesem einfachen Kleid doch ausseht. Ich habe fast das Gefühl, daß Ihr so noch schöner seid als sonst. Ja, genau so ist es. Ihr könnt auf all den Schmuck verzichten, auf den andere Frauen zu ihrer Verschönerung so dringend angewiesen sind. Ihr seid ohne großen Aufwand und von Natur aus schön, eine Königin unter den Frauen... ohne die Kunst bemühen zu müssen, daß sie der Natur nachhelfe...«

Er hätte mich am liebsten umarmt, aber ich ließ es nicht zu.

»Meine Hofdamen sind ganz in der Nähe«, sagte ich. »Wir wollen doch nicht, daß noch mehr geredet wird.«

»Dann laßt uns heiraten, und dem Gerede ein für allemal ein Ende setzen.«

Ich seufzte. »Ich fürchte, damit würde das Gerede erst richtig anfangen.«

»Meine Liebste, mit mir an Eurer Seite hättet Ihr nichts zu befürchten. Ich würde Euch beschützen.«

»Oh, keine Angst, Robert, ich kann mich sehr gut selbst beschützen.«

»Dann...«

»Und jetzt zieht Euch zurück, lieber Robert. Ich möchte meine Hofdamen bitten, mir zu helfen, meine Morgentoilette zu beenden. Danach muß ich unbedingt mit Katharine Grey sprechen.«

Da stand sie nun vor mir – ein armes verängstigtes Mädchen. Sie hat mir fast leid.

»Ihr wiederholt jetzt am besten die Geschichte, die Ihr Lord Robert erzählt habt«, forderte ich sie auf.

Sie fiel auf die Knie, und ich fuhr fort: »Ihr legt heute eine Demut an den Tag, die man sonst von Euch nicht gewohnt ist, My Lady. Nun sagt mir alles, was Ihr zu sagen habt.«

»Majestät, Lord Hertford und ich verliebten uns ineinander, als ich bei den Seymours zu Gast war. Jane hatte mich eingeladen. Sie war sehr daran interessiert, uns glücklich zusammenzubringen, und tat, was sie konnte, um uns zu helfen.«

Ich nickte grimmig. »Hertford mußte demnach zur Heirat gedrängt werden, wie?«

Sie antwortete nicht. »Ihr habt also geheiratet. Welche Zeugen waren bei der Zeremonie anwesend? Wo ist der Priester, der Euch getraut hat? Viele Mädchen lassen sich leichtsinnig auf Liebesabenteuer ein und stehen dann fassungslos vor den Folgen. Ich kenne das.«

»Madam«, entgegnete sie mit einem Anflug von Stolz – anscheinend fiel ihr in dem Moment ein, daß sie einen Anspruch auf den Thron hatte –, »Lord Hertford und ich sind verheiratet.«

»Nun gut, dann sollte es Euch nicht schwerfallen, das zu beweisen. Schafft mir den Priester herbei, der Euch getraut hat... ohne meine Zustimmung, wie ich ausdrücklich betonen möchte. Mit dem Herrn würde ich gern einmal ein Wörtchen reden.«

»Ich weiß nicht, wie er heißt, Majestät. Und ich habe auch keine Ahnung, wo er sich jetzt aufhält. Die Trauung hat heimlich im Hause Lord Hertfords stattgefunden.«

»Aber Ihr müßt doch Zeugen gehabt haben.«

»Jane war die Trauzeugin.«

»Und Jane ist tot«, stellte ich fest. »Es gibt also keine Zeugen und auch keinen Priester. Dafür aber einen Ehemann, wie Ihr behauptet.«

»Allerdings«, beeilte sie sich zu bestätigen.

»Ist Euch klar, daß Ihr Euch des Verrats schuldig gemacht habt? Kennt Ihr das Gesetz?«

»Ja, ich kenne es, Majestät.«

»Ihr werdet noch heute nach London in den Tower gebracht werden, und dort werdet Ihr vorerst bleiben. Inzwischen werden wir Hertford auffordern zurückzukommen, und dann werden wir hören, was er zu der Angelegenheit zu sagen hat.«

»Er wird dasselbe sagen wie ich, Majestät.«

»Hoffen wir's. Nun geht in Eure Räume zurück und bereitet Euch auf die Abreise vor.«

Sie verneigte sich und ging, offensichtlich erleichtert. Ihre Angst war anscheinend so unerträglich geworden, daß sie schließlich froh war, jemandem ihr Geheimnis anvertrauen zu können, auch wenn dieses Geständnis sie zur Gefangenschaft im Tower verurteilte.

Vor einer meiner Rivalinnen war ich vorerst sicher – sie war im Tower gut aufgehoben. Dennoch bereitete mir der Gedanke an sie großes Unbehagen. Wenn erst bekannt würde, daß sie in der Lage war, Kinder zu bekommen, gäbe es neues Gerede, und man würde mich erneut drängen zu heiraten; und wenn sie auch noch einen Jungen zur Welt brächte, würden sich meine Sorgen verdoppeln.

Fernes Donnergrollen war auch aus jener Richtung zu vernehmen, aus der meine andere – meiner Ansicht nach noch gefährlichere – Rivalin immer wieder ihre Ansprüche anmeldete. Mary, die Königin von Frankreich und Schottland, befand sich offenbar in einer recht verzweifelten Lage, und das zu hören verschaffte mir zumindest eine gewisse Schadenfreude. Der verwöhnte Liebling des französischen Hofs war nicht mehr der strahlende Mittelpunkt der vornehmen Gesellschaft. Der König von Frankreich, Henri II., war während eines Turniers gestorben, nachdem der Splitter einer Lanze sein Auge durchbohrt hatte, und nach seinem Tod gelangte sein Sohn François, der Ehemann meiner Rivalin, auf den Thron – seine Regierungszeit sollte jedoch von kurzer Dauer sein. Der arme Junge war schon immer kränklich gewesen, und Gerüchten zufolge hatte seine Mutter, Catherine von Medici, die in dem Ruf stand, eine der größten Intrigantinnen in ganz Europa zu sein, seinen Tod beschleunigt, um den Weg für einen anderen ihrer Söhne freizumachen, der ihr bedingungslos ergeben war. Allem Anschein nach war François, wie die meisten Männer, völlig dem betörenden Liebreiz der bezaubernden Mary verfallen und daher eher geneigt gewesen, auf sie als auf seine Mutter zu hören. Catherine jedoch gehörte nicht zu denen, die dem Zauber der jungen Königin erlagen, und sie machte ihrer Schwiegertochter unmißverständlich klar, daß nach Francois' Tod in Frankreich kein Platz mehr für sie sei. Also blieb Mary nichts anderes übrig, als nach Schottland zurückzukehren.

Ich hatte keine Mühe, mir vorzustellen, welch ein himmelweiter Unterschied zwischen den mürrischen schottischen Adligen und den galanten französischen Höflingen und Dichtern bestand, von denen Mary umschwärmt worden war. Ich war einigen dieser Schotten begegnet, und der Gedanke, daß Mary gezwungen war, zu ihnen zurückzukehren, belustigte mich. Andererseits empfand ich es als beunruhigend, sie gleich jenseits der englischen Grenze in so unmittelbarer Nähe zu wissen, wo sie doch eine so gefährliche Gegnerin war, die nicht aufhörte, mir meinen Thron streitig zu machen.

Was mich ganz besonders ärgerte, war, daß sie die Dreistigkeit besessen hatte, die Embleme Englands zusätzlich zu denen Schottlands und Frankreichs in ihrem Wappen zu führen und sich so als Königin von England auszugeben.

Ich durfte nicht vergessen, daß noch immer eine Reihe glühender Katholiken im Lande lebte, mochte die Nation insgesamt auch gegen einen katholischen Monarchen sein; und falls ich deren Mißfallen erregte, bedürfte es keiner besonderen Anstrengung, das Volk gegen mich aufzuwiegeln, zumal jenseits der Grenze diese Frau, die angeblich so bezaubernd und obendrein noch jünger war als ich, nur darauf wartete, mich vom Thron zu verdrängen.

Ich wußte, daß meine Sorge nicht übertrieben war, denn auch Cecil war beunruhigt.

Wir hatten inzwischen mit den Franzosen Frieden geschlossen, und es existierte bereits der sogenannte ›Vertrag von Edinburgh‹, in dem festgelegt worden war, daß alle Franzosen, die nach Schottland gekommen waren, um sich mit den Schotten gegen uns zu verbünden, daß Land wieder verlassen müßten; eine weitere Klausel besagte, daß Mary ein Bußgeld dafür zu entrichten hätte, daß sie zusätzlich zu den schottischen und französischen Emblemen die Embleme Englands in ihrem Wappen führte.

Dieser Vertrag war allerdings noch nicht unterzeichnet. Als daher Abgesandte von Mary eintrafen, die mich darum baten, ihrer Königin eine sichere Durchreise nach Schottland zu garantieren, überkam mich der Zorn. Wie konnte sie es nur wagen, sich einzubilden, ich hieße sie in solch unmittelbarer Nähe meines Königreichs willkommen, solange der Vertrag nicht unterschrieben war und sie schamlos Anspruch auf meinen Thron erhob?

Als sie von meiner Reaktion erfuhr, führte sie als Entschuldigung an, sie sei gezwungen gewesen, den Anweisungen ihres Schwiegervaters, Henri II., und ihres Mannes, François, zu folgen, und habe daher keine andere Wahl gehabt, als sich ›Königin von England‹ zu nennen. Meine Antwort lautete, sie könne davon ausgehen, daß ihr eine ungehinderte Durchreise zugesichert werde, sobald der Vertrag unterzeichnet sei. Daraufhin wandte sie ein, sie könne den Vertrag erst unterschreiben, wenn sie sich mit ihren schottischen Untertanen beraten habe, und diese Beratungen könnten erst dann stattfinden, wenn sie in Edinburgh eingetroffen sei.

Da war mir klar, daß sie gar nicht die Absicht hatte, ihre Unterschrift unter den Vertrag zu setzen, und ich lehnte ihre Bitte um sichere Durchreise ab.

Während sie sich jedoch in englischen Hoheitsgewässern befand, kam dichter Nebel auf, und es gelang ihr, den englischen Schiffen, die nach ihr Ausschau hielten, zu entkommen und ungehindert die Küste Schottlands zu erreichen. Ich war sehr enttäuscht. Ich hätte sie gern in England festgehalten – als meinen Gast natürlich –, denn ich hatte viel über sie nachgedacht und war nicht nur daran interessiert, genau zu erfahren, was sie vorhatte, sondern auch neugierig, mich davon zu überzeugen, wie sie aussah und ob sie wirklich so schön war, wie allgemein behauptet wurde. Einige der Gedichte, in denen diese Franzosen ihre Schönheit priesen, waren von einer Überschwenglichkeit, die nicht allein damit zu erklären war, daß Mitgliedern von Königshäusern traditionsgemäß ein übertriebenes Maß an Schmeichelei entgegengebracht wurde.

Ich erhielt einen Brief von ihrem Onkel, einem Angehörigen der berühmten Familie von Guise, zu der auch der große Herzog von Guise und der Kardinal von Lothringen gehörten, die in Marys Leben eine so wichtige – einige behaupteten, finstere – Rolle gespielt hatten. Jener Guise, der der Absender des Briefes war, bat mich um eine Einladung nach England – allerdings im Namen seines jüngeren Bruders, was mich jedoch nicht daran hinderte, die Einladung mit demselben unverhohlenen Interesse auszusprechen, das ich den älteren Guise-Brüdern entgegengebracht hätte. Dieser jüngere Guise war nicht nur der Großprior von Frankreich, sondern zugleich der Kommandant der französischen Kriegsflotte, und ich war sehr gespannt darauf, ein Mitglied der Familie kennenzulernen, die die Geschichte Frankreichs in so entscheidendem Maße geprägt und zuweilen eine bedeutendere Rolle in der Regelung des Landes gespielt hatte als die Könige selbst.

Meine Erwartungen wurden nicht enttäuscht. Der Großprior war ein faszinierender Mann. Er hatte wenig von einem Kirchenfürsten an sich. Er sah sehr gut aus, besaß Anmut und Charme, hatte untadelige Manieren und verkörperte eben jene Mischung aus Vertrautheit und Fremdartigkeit, die mich fesselte. Er war genau der Typ Mann, für den ich mich schon immer hatte begeistern können.

Ich brachte ihn dazu, über seine Nichte Mary zu reden, die er gut kannte. Ihre Mutter war seine Schwester, und die Familie Guise hatte sich Marys angenommen, als sie als kleines Mädchen nach Frankreich geschickt worden war, um am Hof ihrer zukünftigen Schwiegereltern erzogen zu werden. Er sagte, sie sei charmant und schön, und seine betörenden Manieren gaben mir zu verstehen, daß das auch der Eindruck sei, den er von mir gewonnen habe.

Ich war entschlossen, seinen Aufenthalt zu einem unvergeßlichen Erlebnis zu machen und ihm zu beweisen, daß wir Engländer unsere Gäste mit vorbildlicher Gastfreundschaft verwöhnten – auch solche Gäste, die noch vor kurzem unsere Feinde gewesen waren.

Ich entschied mich für ein festliches Bankett, an das sich ein Ballett anschließen sollte.

Vor allem das Ballett erwies sich als großer Erfolg. Es wurde von meinen Hofdamen aufgeführt, die die zehn biblischen Jungfrauen darstellten – die törichten und die klugen. Sie trugen silberne, mit kunstvollen Gravierungen verzierte Lampen, von denen einige mit Öl gefüllt und einige leer waren.

Die Aufführung löste spontanen Beifall aus. Ich beobachtete meinen eleganten Franzosen aus dem Augenwinkel heraus und stellte fest, daß er von dem, was ihm da geboten wurde, offensichtlich entzückt war; demnach schien die Aufführung den kultivierten Darbietungen, die er vom Hof des französischen Königs gewohnt war, in nichts nachzustehen.

Dann setzten die Damen ihre Lampen ab und begannen, höchst anmutig zu tanzen. Sie traten an den Prior und sein Gefolge heran und forderten die Herren zum Tanz auf, und die französischen Gäste folgten der Aufforderung mit deutlichem Vergnügen.

Inzwischen bereitete ich mich auf meinen Soloauftritt vor; es war abgesprochen und Teil des Programms, daß meine Damen mich bitten würden zu tanzen und daß ich zunächst ablehnen, dann aber der Aufforderung folgen würde, um unseren Gästen eine Ehre zu erweisen.

Später beglückwünschte der Prior mich zu meinem Tanz, meiner Schönheit und der Eleganz meines Hofes und fügte hinzu: »Nachdem ich Euch habe tanzen sehen, weiß ich, daß mein Glück erst dann vollkommen ist, wenn mir die Ehre zuteil wird, mit Euch zu tanzen.«

Diese Ehre erwies ich ihm mit dem größten Vergnügen, denn ich konnte die ganze Nacht hindurch tanzen, ohne die geringste Müdigkeit zu verspüren. Der ganze Hofstaat schaute gebannt zu, während der Großprior von Frankreich und ich die Tanzfläche beherrschten.

Zu gegebener Zeit verabschiedete ich mich von dem charmanten Prior, und er kehrte nach Frankreich zurück. Ich konnte mir denken, welche Fragen ihm die Königinmutter, Catherine von Medici, stellen würde, aber ich war sicher, daß ihn der Empfang, der ihm in England bereitet worden war, beeindruckt hatte, und ich hatte außerdem ein wenig das Gefühl, daß er auch mich aufrichtig bewundert hatte.

Trotz allem beschäftigte mich unablässig der Gedanke an Mary von Schottland; er bereitete mir ausgesprochenes Unbehagen. Cecil teilte meine Besorgnis.

Ich sagte zu ihm: »Es ist nicht gerade beruhigend zu wissen, daß sie gleich hinter der Grenze lauert und nicht einmal eine Seereise zu unternehmen braucht, um in England einzufallen.«

Cecil erwiderte: »Ich weiß, daß Eure Majestät sich nichts sehnlicher wünschen, als in Frieden Euer Land zu regieren; daher gehe ich davon aus, Ihr werdet mir zustimmen, wenn ich behaupte, daß man den Frieden am besten bewahren kann, indem man sich auf einen Krieg vorbereitet. Ich hatte seit langem vor, zu gegebener Zeit mit Euch über den Ausbau der Kriegsflotte zu reden. Ich meine, wir sollten mehr Schiffe bauen. Das würde dem Volk Arbeit verschaffen, und Arbeit legt bekanntlich den Grundstein für Wohlstand. Überdies ist es vernünftiger, Geld für den Bau von Schiffen als für einen Krieg auszugeben... und sollten wir dann eines Tages gezwungen sein, uns verteidigen zu müssen, so sind wir wenigstens darauf vorbereitet.«

Ich lächelte ihm zu. »Lieber, guter Master Cecil, ich danke Gott dafür, daß er mir Euch geschickt hat.«

Er war gerührt, und ich war so erleichtert, wie ich es seit dem Tag nicht mehr gewesen war, an dem Mary Stuart nach Schottland zurückgekehrt war.

Ich lauschte dem jungen Mann, der einige Schritte von mir entfernt die Laute schlug. Er spielte mit sehr viel Gefühl, und seine Musik rührte mich zutiefst. Er sar ein gutaussehender junger Mann – hochgewachsen und von elegantem Äußeren. Er hatte einen hübschen Lockenkopf, aber einen etwas mürrischen Zug um den Mund. Trotz seines gewinnenden Aussehens war er mit Männern vom Typ Robert Dudley, zu dem ich mich so hingezogen fühlte, keineswegs zu vergleichen, denn die Schönheit des jungen Lord Darnley hatte fast etwas Verweichlichtes.

Während ich seinem Lautenspiel zuhörte, überlegte ich, ob sich bei der Verdrossenheit, die mir an ihm aufgefallen war, wohl um Neid handelte. Bildete der törichte Junge sich etwa ein, er sei der rechtmäßige Erbe des Throns, auf dem ich saß? Es ist immer wieder erstaunlich, auf welche Ideen Leute kommen, in deren Adern ein Tropfen königlichen Blutes fließt.

Natürlich war er männlichen Geschlechts, und diese Tatsache allein stellte ihn in seinen Augen über jede Frau, mochte sie noch so tüchtig und ihr Anspruch auf den Thron noch so berechtigt sein. Die Vorstellung, Frauen seien den Männern von Natur aus unterlegen, erfüllte mich stets mit glühender Empörung; eines Tages würde ich ihnen schon zeigen, daß meine Weiblichkeit mich weder an der Entfaltung meiner Macht noch meines Talents hinderte.

Aber vielleicht war meinem jugendlichen Lautenspieler die Unzufriedenheit ja von seiner Mutter eingeredet worden. Das war eine Frau, die ich im Auge behalten mußte! Sie war raffiniert, und ich war ganz sicher, daß sie wieder dabei war, sich irgendwelche hinterhältige Tricks auszudenken, wie sie es getan hatte, seit ich meiner Schwester auf den Thron gefolgt war.

Dieser Junge war zwar der zweite, aber älteste überlebende Sohn von Matthew Stewart, dem Grafen von Lennox, und Margaret Douglas – und Lady Margaret war die Tochter Margaret Tudors, der Schwester meines Vaters. Mein Vater und seine Schwester Margaret hatten sich zwar nie besonders gut verstanden, und er war seinerzeit heilfroh gewesen, als sie den schottischen König heiratete und nach Schottland zog; aber in Margaret konzentrierte sich die ganze Leidenschaft und Entschlossenheit ihrer Tudor-Vorfahren, und sie führte in Schottland ein bewegtes Leben. Lady Margaret, die Gräfin von Lennox – die Margaret, mit der ich es zu tun hatte –, entstammte der zweiten Ehe ihrer Mutter mit Archibald Douglas, dem Grafen von Angus, und sie hatte mir von Anfang an Feindseligkeit entgegengebracht. Mit meiner Schwester Mary dagegen war sie eng befreundet gewesen, und ich glaube, sie hatte sogar die Dreistigkeit besessen, sich einzubilden, sie könne mich von meinem Rang in der Thronfolge verdrängen und selbst Königin von England werden. Wie ich später herausfand, hatte sie zur Zeit der Wyatt-Rebellion eine nicht unwichtige Rolle gespielt und ihr Bestes getan, dafür zu sorgen, daß ich in jene Verschwörung hineingezogen wurde.

Als ich dann den Thron bestieg, reichte ich auch ihr die Hand zur Versöhnung; damals bot ich, in der Hoffnung, sie für mich zu gewinnen, vielen meine Freundschaft an, die mir während der Herrschaft meiner Schwester ablehnend gegenübergestanden hatten. Aber es gibt Menschen, um deren Sympathie man sich vergeblich bemüht, und dazu gehörte auch Lady Lennox. Für eine Frau ihres Naturells, mit ihrem ausgeprägten Hang zum Katholizismus und ihren paar Tropfen königlichen Blutes in den Adern, kam, was mich betraf, nur Feindschaft in Frage; anscheinend hatte sie es nie verwinden können, daß ihr kühner Traum vom Königsthron nicht in Erfüllung gegangen war.

Als sie in Yorkshire erneut begann, gegen mich zu intrigieren, ließ ich sie und ihre Familie nach London holen, wo ich den Grafen von Lennox unverzüglich in den Tower schickte und die Gräfin und Lord Darnley im Hause Sir Richard Sackvilles in Shene unter Arrest stellte, während ich Nachforschungen anstellen ließ, die ihre verschwörerische Tätigkeit aufdecken sollten.

Von Shene aus schrieb die Gräfin mir die ergreifendsten Briefe, in denen sie mir versicherte wie sehr ihr der Wunsch am Herzen liege, mit mir Freundschaft zu schließen, und da ich längst zu dem Schluß gekommen war, daß es besser sei, die Familie bei Hofe im Auge zu behalten, als sie irgendwo auf dem Lande ihrer Hinterlist zu überlassen, gab ich zu gegebener Zeit der Bitte des Grafen statt, nach Schottland zurückzukehren. Er verließ also sein Quartier im Tower und reiste ab. Ich hielt weder den Grafen noch die Gräfin für politisch besonders klug und war überzeugt davon, daß es ihrem Sohn niemals gelänge, die Sympathien des Volkes zu gewinnen; deshalb machte ich mir ihretwegen keine allzu großen Sorgen. Wäre da nicht ihre Verbindung zum englischen Königshaus gewesen, ich hätte sie als völlig belanglos abgetan und keinen weiteren Gedanken an sie verschwendet.

Wie dem auch sei, Lord Darnley war unbestreitbar ein talentierter Lautenspieler, und gute Musiker waren an meinem Hof immer willkommen.

Während ich so dasaß und seinem Spiel lauschte, gesellte sich der schottische Gesandte, Sir James Melville, zu mir; ich konnte sehen, daß auch er von der Musik ergriffen war.

Als Darnley aufhörte zu spielen, applaudierte ich ihm, und der junge Mann trat vor mich hin und verneigte sich vor mir. Er hatte gepflegte Umgangsformen und war wirklich ein sehr hübscher Junge.

Ich sah, wie der eher mürrische Melville Darnley beobachtete, als dieser den Platz wechselte und sich einigen der Damen anschloß, die mit Sicherheit die Gelegenheit ergreifen würden, ihn zu verhätscheln.

Ich sagte zu Melville: »Unser hübscher Junge versteht sich wirklich meisterhaft aufs Lautenspiel.«

»Ja, ganz vorzüglich«, stimmte Melville mir zu.

»Ich könnte mir vorstellen, daß seine Mutter große Pläne mit ihm hat.«

»Welche Mutter hätte das nicht?«

»Sie bemüht sich offenbar, ihre Besitzungen in Schottland zurückzugewinnen.«

»Das ist zu erwarten.«

Aha, dachte ich. Master Melville scheint von dem schönen Jungen und seiner resoluten Mutter recht angetan zu sein. Das werde ich im Auge behalten müssen.

»Es hat mich sehr gefreut, daß Euer Gnaden dem Grafen erlaubt haben, Edinburgh zu besuchen«, fuhr Melville fort.

»Ja, er hat die Absicht, die Königin von Schottland aufzusuchen, um sie um die Rückgabe seiner Besitzungen zu bitten.* Hoffen wir, daß er Erfolg hat.«

* Der Graf von Lennox hatte seinerzeit Henry VIII. darin unterstützt, Mary Stuart als Braut für seinen Sohn Edward zu gewinnen und so England und Schottland friedlich zu vereinigen. Nach der Verlobung Marys mit dem französischen Thronfolger und Henrys Versuch, Schottland mit Gewalt zu unterwerfen, war der Graf gezwungen, als Verbannter im englischen Exil zu leben. (Anm. d. Übers.)

»Wenn alles zufriedenstellend geregelt ist, werden die Gräfin und Lord Darnley ihm sicher nachreisen.«

Seine Bemerkungen verwirrten mich ein wenig. Ich gelangte mehr und mehr zu der Überzeugung, daß Sir James irgend etwas im Schilde führte, und mit einemmal kam mir der Gedanke, daß seine geheimen Pläne etwas mit der Familie Lennox zu tun haben könnten.

Ich sprach mit Cecil darüber, der einen sechsten Sinn für Intrigen hatte und stets wußte, woher der Wind wehte.

»Es kommt mir fast so vor«, sagte dieser kluge Mann, »als ob die Gräfin es gern sähe, wenn ihr Sohn die Königin von Schottland heiratete.«

»Unmöglich!« entfuhr es mir.

»Aber weshalb denn? Die Königin ist Witwe. Sie ist noch sehr jung und gewiß nicht abgeneigt, eine neue Ehe einzugehen.« Er sah mich streng an. »Außerdem ist sie verpflichtet, für einen Thronerben zu sorgen. Das ist sie ihrem Volk schuldig.«

Ich verzichtete darauf, auf diese Anspielung näher einzugehen, und er fuhr fort: »Warum sollte ihr neuer Ehemann nicht Henry Stewart Lord Darnley heißen? Er ist königlicher Abstammung; seine Großmutter war schließlich eine Königstochter. Und wenn es ihm augenblicklich auch noch am nötigen Ehrgeiz fehlt – von seinen Eltern kann man das ganz sicher nicht behaupten. Seine Mutter ist geradezu versessen auf eine Krone... ganz gleich, welche. Vergeßt nicht, daß sie damals versucht hat, Euch Eure Krone streitig zu machen. Mir erscheint es nur konsequent, daß sie, nachdem sie sich um die englische Krone vergeblich bemüht hat, nun alles daransetzt, ihrem Sohn die Krone Schottlands zu sichern.«

»Darnley als König von Schottland! Das würde ich nie erlauben!«

»Wenn er sich erst nach Schottland abgesetzt hat, ist Eure Zustimmung ohnehin nicht mehr erforderlich. Abgesehen davon – denkt doch einmal nach. Was haltet Ihr von Lord Darnley?«

»Wenig. Er ist ein unreifer, sauertöpfischer, verwöhnter Junge.«

»Genau das ist auch meine Meinung. Wäre es nicht viel

vorteilhafter, wenn die Königin von Schottland einen unreifen, verwöhnten Jungen heiraten würde als einen Mann, der etwas darstellt?«

Ich sah Cecil an und dankte Gott erneut für einen solchen Ratgeber.

»Ich verstehe«, entgegnete ich bedächtig.

»Natürlich müssen wir erst einmal abwarten, wie die Angelegenheit sich entwickelt. Wir werden nach außen hin dagegen angehen, aber insgeheim... sollten wir uns vor Augen halten, daß eine solche Verbindung für England gar nicht so schlecht wäre.«

Wir hielten uns im Schloß Hampton Court auf, und dafür, daß es erst Oktober war, war es bereits ziemlich kalt. Ich fühlte mich schon seit einigen Tagen nicht wohl und hatte auch leichtes Fieber. Ich fand jedoch nach wie vor großes Vergnügen daran, ein Bad zu nehmen – sehr zum Mißfallen vieler meiner Hofdamen, die der Ansicht waren, es schade meiner Gesundheit. Ich genoß es, meinen Körper vollständig in warmes Wasser einzutauchen und so lange in der Wanne liegen zu bleiben, bis er von allen Verunreinigungen restlos gesäubert war, und war überzeugt davon, daß ein Bad mich erfrischte und belebte. Seit ich Königin geworden war, hatte die Sauberkeit unter den Höflingen deutlich zugenommen, und zwar aus dem einfachen Grunde, weil ich eine sehr empfindliche Nase hatte und üble Gerüche in meiner Nähe auf den Tod nicht ausstehen konnte. Alle Mitglieder des Hofstaats hatten strikte Anweisung, sich regelmäßig zu waschen und ihre Wäsche zu wechseln, so daß sie in meiner Gegenwart keinen unangenehmen Geruch verbreiteten. Folglich hatte auch die Produktion von Seife im Lande stark zugenommen. Und wenn ich auf Reisen ging, wurde meine Badewanne ganz einfach mit den übrigen Gebrauchsgegenständen eingepackt, so daß ich, wann immer mir danach zumute war, ein belebendes Bad nehmen konnte.

Kat meinte, ich sei von allen guten Geistern verlassen, ein Bad nehmen zu wollen, obwohl ich mich nicht wohl fühlte; sie sei sicher, ich hätte Fieber, worauf ich ihr befahl, den Mund zu halten. Aber möglicherweise hatte sie doch recht, denn ich erkältete mich und war am nächsten Tag so krank, daß ich das Bett hüten mußte.

Als Lord Hunsdon erfuhr, daß es mir nicht gut ging, bat er darum, mich besuchen zu dürfen. Ich mochte ihn recht gern; er war mein Vetter, der Sohn von Mary Boleyn, der Schwester meiner Mutter. Als ich damals den Thron übernahm, hatte er noch schlicht und einfach Henry Carey geheißen; ich erhob ihn jedoch sogleich in den Ritterstand und ernannte ihn später zum Baron Hunsdon. Ich bemühte mich stets, den Boleyns zu helfen, und Henry war ein Boleyn, auf den ich stolz sein konnte, denn er war ein hervorragender Turnierreiter. Erst kürzlich noch waren er und Robert als strahlende Sieger aus einem Lanzenstechen hervorgegangen, das wir in Greenwich veranstaltet hatten, und es hatte mich sehr glücklich gemacht zu erleben, wie mein Vetter und der Mann, den ich liebte, gemeinsam über eine ganze Schar von Herausforderern triumphiert hatten.

Also erlaubte ich Lord Hunsdon, mich aufzusuchen.

Als er mich sah, war er sehr bestürzt. Er fiel neben dem Bett auf die Knie und flehte mich an, ihm zu gestatten, einen Arzt zu Rate zu ziehen, dessen Heilkunst ihm selbst einmal zugute gekommen sei und zu dem er seitdem großes Vertrauen habe. Ich erklärte mich daraufhin einverstanden, mich von Doktor Burcot untersuchen zu lassen, doch als der Arzt dann erschien, hätte ich mich dafür verwünschen können, daß ich ihm erlaubt hatte zu kommen, denn der Mann schaute mich nur kurz an, berührte meine Stirn, stellte fest, daß ich Fieber hatte und erklärte: »Majestät, Ihr habt die Blattern.«

Die Blattern! Diese gefürchtete Krankheit, die den Tod bringen konnte und es in den allermeisten Fällen auch tat! Und selbst wenn man das Glück hatte, sie zu überleben, lief man Gefahr, für den Rest seines Lebens verunstaltet zu sein. Allein der Gedanke daran, daß meine glatte, weiße Haut, auf die ich so stolz war, über und über mit scheußlichen Pockennarben bedeckt sein könnte, war mehr, als ich ertragen konnte.

»Ich habe nicht die Blattern!« schrie ich ihn an. »Ich will nicht die Blattern haben!« Und zu den Umstehenden gewandt: »Schickt diesen Mann fort! Er ist ein Gauner! Ein Scharlatan! Er weiß nicht, wovon er redet!«

Doktor Burcot verneigte sich und ging, und ich ließ mich, erschöpft vom Fieber und von meinem Wutanfall, in die Kissen zurückfallen.

Ich verging fast vor Angst und suchte jeden Morgen meinen Körper nach den gefürchteten äußeren Zeichen der schrecklichen Krankheit ab. Es waren keine Flecken zu sehen. Aber ich fühlte mich auch nicht besser. Mein Fieber stieg. Mir war jetzt klar, daß alle davon ausgingen, ich läge im Sterben. Der Geheime Staatsrat trat zusammen, um über die Thronfolge zu beraten. Einige seiner Mitglieder waren der Ansicht, Katharine Grey solle mir auf den Thron folgen; andere meinten, die Wahl solle auf Henry Hastings, den Grafen von Huntingdon, fallen, der mütterlicherseits von dem Herzog von Clarence, dem Bruder König Edwards IV., abstammte und damit ein Nachfahre des Hauses Plantagenet* war. Er war ein überzeugter Protestant und konnte allein schon aus dem Grunde in weiten Kreisen mit großer Unterstützung rechnen. Allen gemeinsam war die Furcht, Spanien könne die Lage ausnutzen und versuchen, Mary Stuart auf den Thron Englands zu setzen.

Ich war so krank, daß ich all diese Auseinandersetzungen nur verschwommen und bruchstückhaft mitbekam, und als ich irgendwann die Augen öffnete, sah ich, daß die Mitglieder meines Staatsrates um mein Bett versammelt waren.

Ich bemühte mich verzweifelt, wach zu bleiben und mich zu konzentrieren. Ihre Anwesenheit konnte nur eins bedeuten: Ich lag im Sterben.

Mein erster Gedanke galt Robert Dudley – ein Zeichen, daß ich ihn wirklich liebte. Ich mußte unwillkürlich denken: Was soll nun aus ihm werden? Er hatte sich so sehr danach gesehnt, dieses Land zu regieren, und daß er über herausragende Fähigkeiten verfügte, darüber bestand kein Zweifel.

* Englisches Königshaus, das in direkter Linie von 1154 bis 1399, danach in den Zweiglinien Lancaster und York (1399–1485) herrschte, und nach dem Ginsterzweig (lat. *planta genista*), dem Helmschmuck des Grafen Geoffroi V. von Anjou, dem Vater Henrys II. von England, benannt war. (Anm. d. Übers.)

Ich sagte: »Mylords, mein Ende ist nahe. Das ist wohl der Grund, weshalb Ihr mit so ernsten Mienen um mein Bett versammelt seid.«

Und als sie nicht antworteten, wußte ich, daß ich mit meiner Vermutung recht hatte.

»Ich bitte Euch, Lord Robert Dudley zum Protektor des Königreichs zu ernennen«, fuhr ich fort. »Das ist mein ausdrücklicher Wunsch. Seid ferner gut zu meinem Vetter, Lord Hunsdon, der mir treu gedient hat. Ich weiß, daß viel böser Klatsch über mich verbreitet worden ist, aber ich schwöre vor Gott, daß sich zwischen mir und Lord Robert Dudley niemals etwas Unschickliches abgespielt hat, obwohl ich ihn liebe und immer geliebt habe.«

Die Staatsräte waren zutiefst bewegt und versprachen, meine Wünsche zu erfüllen.

Ich dankte ihnen und schloß die Augen.

Mein Vetter Hunsdon hatte jedoch unerschütterliches Vertrauen in die Heilkunst des Arztes, den ich fortgejagt hatte; er schickte einen Boten zu ihm, der ihn bitten sollte, zurückzukommen und mir zu helfen.

Doktor Burcot war Deutscher, und er machte unmißverständlich klar, daß er nicht bereit sei, sich von einem Engländer – oder einer Engländerin – irgend etwas befehlen zu lassen.

»Sie hat mich beleidigt!« schimpfte er. »Sie hat mich einen Gauner genannt! Sie hat sich geweigert, auf mich zu hören, als ich sie hätte retten können. Ich lehne es ab, meinen Rat ein zweites Mal anzubieten.«

Der Bote jedoch, der überzeugt war, daß es mit mir zu Ende ging, ergriff – vielleicht aus Liebe zu mir, wohl eher aber, weil er seinem Herrn zu unsterblichem Ruhm verhelfen wollte – den Mantel und die Stiefel des Doktors, reichte sie ihm und erklärte, daß er ihm auf der Stelle den Dolch ins Herz stoßen werde, wenn er nicht unverzüglich an mein Krankenbett eile; und er zückte seinen Dolch, um zu beweisen, daß seine Worte keine leere Drohung, sondern blutiger Ernst waren.

Der Arzt war entweder so beeindruckt vom Temperamentsausbruch des Boten oder so beunruhigt von dem Gedanken, der Mann könne seine Drohung wahr machen – jedenfalls zog er seine Stiefel und seinen Mantel an und eilte, so schnell er konnte, an mein Krankenbett.

Ich glaube, ich war dem Tod sehr nahe, als er eintraf. Er knurrte, es sei fast schon zu spät, um noch irgend etwas für mich zu tun, aber vielleicht bestehe doch noch eine gewisse Hoffnung. »Die Flecken müssen unbedingt herauskommen«, sagte er. »Und wie mir scheint, muß ich nachhelfen.«

Dann tat er etwas höchst Seltsames. Er gab Anweisungen, eine Matratze dicht vor den Kamin zu legen, in dem das Feuer prasselte, und ließ mich in eine Scharlachdecke einpacken. Dann wurde ich auf die Matratze gelegt, wo mir ein süßes Getränk eingeflößt wurde, das ich als lindernd empfand. Ich trank Unmengen davon, denn er bestand darauf, daß ich soviel davon schluckte, wie ich nur eben konnte. Und als ich ausgetrunken hatte, sah ich, wie auf meinen Händen und Armen die roten Flecken zum Vorschein kamen.

»Was hat das zu bedeuten?« rief ich aus.

»Ich sagte Eurer Majestät doch, daß Ihr die Blattern habt«, erwiderte der Arzt. »Ihr habt mich einen Gauner genannt. Nun könnt Ihr Euch davon überzeugen, daß ich recht hatte.«

»Die Blattern!« schrie ich, außer mir vor Entsetzen. »Lieber würde ich sterben!«

»Unsinn«, sagte der Doktor, der nicht den geringsten Respekt vor meiner königlichen Würde hatte. »Es ist besser, die Blattern herauskommen zu lassen, als sie im Körper zu lassen, wo sie tödliche Wirkung haben können.«

Obwohl ich inzwischen vom Fieber befreit war, war ich völlig verzweifelt, denn ich mußte immerzu daran denken, daß die Blattern einen Menschen hoffnungslos verunstalteten. Ich hätte nie wieder Grund, mir auf meine Schönheit etwas einzubilden. Und das könnte ich nicht ertragen. Da wurde mir bewußt, wie eitel ich doch war – eitel, was Nebensächlichkeiten betraf. Zwar hatte ich den Wunsch, eine große Herrscherin zu sein, aber fast ebensowichtig war es mir, eine begehrenswerte Frau zu sein.

Allmählich begann ich, mich besser zu fühlen. Das

schreckliche Fieber, das mich so lange teilnahmslos und benommen gemacht hatte, ließ nach, aber die gräßlichen Flekken breiteten sich zunehmend über mein Gesicht, meine Arme, ja, meinen ganzen Körper aus.

Mary Sidney suchte mich auf und versprach mir, Tag und Nacht bei mir zu bleiben. Sie flehte mich an, mich zu beherrschen und mich nicht zu kratzen; wenn ich das fertigbrächte, bestünde Grund davon auszugehen, daß meine Haut wieder so glatt und schön werden würde wie vor dem Ausbruch der Krankheit.

Ich habe nie vergessen, was ich Mary Sidney zu verdanken hatte. Zwar hatte ich nie an ihrer Güte und Ergebenheit gezweifelt, aber ich hatte doch immer den Verdacht gehabt, ihre Anhänglichkeit sei möglicherweise darauf zurückzuführen, daß sie ihrem Bruder Vorteile verschaffen wolle. Am liebsten hätte auch Kat sich in jenen Tagen der Krankheit um mich gekümmert, doch sie war nicht mehr die Jüngste, und die Aufgabe, mich zu pflegen, hätte ihre Kräfte überfordert. Es war aber beruhigend für mich zu wissen, daß jemand um mich war, der Robert so nahestand.

Mary fütterte mich, wusch mich, leistete mir Gesellschaft und achtete darauf, daß meine Genesung durch nichts gefährdet wurde.

Ich war ihr von Herzen dankbar für alles, was sie für mich tat. Und nach einiger Zeit begannen die Flecken tatsächlich zu verblassen; ich bestand jedoch darauf, meine Gemächer erst dann zu verlassen, wenn auch der letzte Fleck verschwunden wäre.

Eines Tages wartete ich vergeblich auf Mary, und ich war untröstlich, als man mir mitteilte, daß das, was wir befürchtet hatten, eingetreten sei: Mary war an den Blattern erkrankt.

Es dauerte nicht lange, bis ich restlos wiederhergestellt war. Ich glaube, ich erholte mich deshalb so schnell, weil ich im Grunde eine robuste Gesundheit besaß. Ich hatte nie in dem Maße geschlemmt wie viele meiner Untertanen – Robert inbegriffen – und immer auf äußerste Sparsamkeit Wert gelegt. Vielleicht kam mir das jetzt zugute. Jedenfalls war ich schon bald völlig geheilt. Am liebsten hätte ich tagelang nur vor dem Spiegel gestanden und mich angeschaut. Kein einziger Fleck! Kein einziger Makel! Meine Haut war so strahlend weiß wie eh und je.

Mir war klar, daß ich diese wunderbare Heilung dem aufbrausenden Doktor Burcot verdankte, und machte mir nun Vorwürfe, ihn bei seinem ersten Besuch so grob hinausgeworfen zu haben. Hätte ich mich damals etwas mehr zusammengenommen, dann wäre ich noch schneller gesund geworden; und um ihm meine Dankbarkeit zu beweisen, schenkte ich ihm Land und ein Paar goldene Reitsporen, die meinem Großvater, König Henry VII., gehört hatten. Er bedankte sich auf seine ruppige Art, aber ich hatte schon den Eindruck, daß er sich unendlich darüber freute, daß ich – im wahrsten Sinne des Wortes – mit heiler Haut davongekommen war.

Ich wollte allen, die mir während meiner Krankheit zur Seite gestanden hatten, zeigen, wie dankbar ich ihnen war; eine liebe Freundin jedoch würde ich niemals für die Liebe entschädigen können, die sie mir erwiesen vatte.

Ich werde nie den Tag vergessen, an dem Mary Sidney mich aufsuchte. Auch sie hatte die Blattern überstanden, doch als sie dicht verschleiert das Zimmer betrat und vor mir niederkniete, überkamen mich die schlimmsten Befürchtungen.

»Oh, Mary«, flüsterte ich, »Ihr seid also...«

Sie lüftete den Schleier und ich blickte in ihr entstelltes Gesicht. Ich konnte kein Wort herausbringen, so erschüttert war ich. Meine hübsche Mary – so grauenhaft verunstaltet; und das alles wäre nicht geschehen, wenn sie mich nicht so aufopfernd gepflegt hätte.

»Oh, Mary, Mary!« rief ich aus, und wir mußten beide weinen.

»Ich will alles tun, um Euch zu helfen«, versprach ich ihr.

Aber sie schüttelte nur bedrückt den Kopf. »Mir kann niemand mehr helfen«, entgegnete sie traurig.

»Und Henry?« fragte ich.

»Er hat mir beteuert, zwischen uns werde sich nichts ändern... aber mir ist sein Gesichtsausdruck nicht entgangen; er konnte meinen Anblick kaum ertragen.«

»Meine liebe, liebe Mary, Ihr sollt von nun an immer an meiner Seite sein.«

Sie schüttelte den Kopf. »Ich habe nur noch einen Wunsch – mich zu verstecken und von niemandem mehr gesehen zu werden.«

»Ihr sollt eine eigene Wohnung hier im Schloß bekommen... Gemächer für Euch ganz allein. Ihr sollt nur die Besucher empfangen, die Ihr wirklich sehen wollt, und, Mary, ich werde Euch jeden Tag besuchen, sooft ich mich in diesem Palast aufhalte... Dann werden wir uns unterhalten... und, liebste Mary, ich werde nie vergessen, was Ihr für mich getan habt.«

Ich nahm sie tröstend in die Arme und wußte doch so gut wie sie, daß es keinen Trost gab, den ich ihr hätte spenden können. Ich konnte ihre Verzweiflung so gut nachempfinden, denn sie hatte sich mir zuliebe unglücklich gemacht, und mir war schmerzlich bewußt, daß nicht viel gefehlt hätte, und ihr Schicksal wäre auch mein Schicksal geworden.

Als ich vollständig genesen war, erschien auch Lettice Knollys wieder häufiger bei Hofe. Ich freute mich, sie zu sehen, obwohl ich ein wenig Mühe hatte, ihr unvoreingenommen zu begegnen; die Blicke, die sie und Robert sich, wenn mich nicht alles täuschte, zugeworfen hatten, waren mir noch in recht lebendiger Erinnerung. Aber ihre lebhafte, geistsprühende Art gefiel mir, und auch ihre Schönheit schien, seit sie Mutter geworden war, voll erblüht zu sein.

Ich unterhielt mich viel mit ihr, und wenn sie mich gelegentlich dadurch ärgerte, daß sie allzu frei heraus ihre Meinung sagte, brauchte ich ihr nur einen Klaps zu geben oder sie zu kneifen, um sie zum Schweigen zu bringen und ihr klarzumachen, wer die Herrin im Hause war.

Ich vermißte Mary Sidney schmerzlich. Ich hatte ihr sehr luxuriöse Gemächer zur Verfügung gestellt, die sie nur selten verließ; ich konnte nichts anderes mehr für sie tun als hoffen, sie möge nicht allzu unglücklich sein. Wann immer ich mich in der Gegend von Hampton Court aufhielt, besuchte ich sie und erzählte ihr, was sich draußen in der Welt zutrug, und wir verbrachten manche abwechslungsreiche Stunde miteinander.

Wirklich wütend wurde ich, als ich erfuhr, daß der Erzherzog Karl um Mary Stuarts Hand angehalten hatte, und wie üblich ließ ich meinem Zorn freien Lauf. Cecil tadelte mich dafür und erinnerte mich daran, daß ich selbst den Mann gar nicht gewollt hätte, mich aber trotzdem so benähme, als ob ich ihn auch niemand anderem gönnte. Er hatte zweifellos recht.

Ich fragte mich, ob Mary Stuart ihn wohl nähme. Ich wußte, daß der Graf und die Gräfin von Lennox inzwischen kein Hehl mehr daraus machten, daß sie an einer Verbindung Marys mit ihrem Sohn, dem jungen Lord Darnley, brennend interessiert waren.

Und noch einer meiner Bewerber heiratete: Erik von Schweden. Seine Liebesgeschichte war so romantisch, daß selbst ich mich ihrem Zauber nicht entziehen konnte. Anscheinend war er beim Betreten und Verlassen seines Palastes wiederholt einem Mädchen begegnet, das vor dem Schloß Nüsse verkaufte, und ihre außergewöhnliche Schönheit muß ihn so beeindruckt haben, daß er sich heftig in sie verliebt und sie geheiratet hatte.

»Wie romantisch!« sagte ich und seufzte. »Ich glaube fast, er hätte einen ganz entzückenden Ehemann abgegeben. Auf jeden Fall«, fügte ich hinzu, »ist er mir sympathischer als der österreichische Frauenheld, der sich wahllos anpreist und nimmt, was er kriegen kann!«

Ich war ganz versessen darauf zu erfahren, wie Mary Stuart sich entscheiden würde. Hatte der Erzherzog die besten Aussichten? Oder gar Don Carlos, Philipps Sohn? Es hieß, er sei halb verrückt, aber was machte das schon – er war schließlich der spanische Thronfolger!

Diese Frau verfolgte mich geradezu. Ob sie wirklich so schön war, wie allgemein behauptet wurde? Ich versuchte, mir vorzustellen, wie es ihr wohl in jenen düsteren schottischen Schlössern ergehen mochte – dem Holyrood-Palast und dem Schloß zu Edinburgh. Wie sehr mußte sie Frankreich und all den galanten Poeten nachtrauern! Schottland war kaum ein Land, das für seine Poesie bekannt war – für seine Galanterie übrigens ebensowenig.

Unablässig horchte ich den schottischen Gesandten über

sie aus. Ich befahl ihm, sich zu mir zu setzen, und dann brachte ich ihn geschickt dazu, über seine Herrin zu reden.

»Ich höre ständig, wie schön sie sein soll«, bemerkte ich. »Findet Ihr sie auch so schön?«

»Ja«, antwortete er.

»Die Männer sollen ihr nur so zu Füßen liegen. Bewundert Ihr sie auch so sehr, Master Melville?«

»Sie ist meine Herrin. Wie könnte ich mich da anders verhalten?«

»Ja, natürlich, da sie Eure Herrin ist, müßt Ihr sie wohl verehren. Ich bin sicher, ein so rechtschaffener, ehrenwerter Mann wie Ihr würde sogar eine häßliche alte Hexe bewundern, wenn sie seine Königin wäre.«

»Die Königin von Schottland ist keine häßliche alte Hexe.«

»Erzählt mir, wie sie sich kleidet. Man sagt, ihr Aussehen sei eher französisch als schottisch, und sie habe viel von der französischen Mode mit nach Schottland gebracht.«

»Ich verstehe wenig von Mode, Majestät.«

»Wie trägt sie ihr Haar? Meins wird immer wegen seiner leuchtenden Farbe bewundert, wie man mir versichert. Wie sieht Königin Marys Haar aus? Findet Ihr, daß es eine schönere Farbe hat als meins?«

Ich konnte mir nicht helfen – der spröde junge Mann reizte mich einfach zum Lachen, und ich genoß es, ihn aufzuziehen und ihm dabei Auskünfte über die Frau zu entlokken, die ich zunehmend als lästige Rivalin betrachtete.

Melville sagte: »Eure Majestät sollten jemand anders fragen. Ich verstehe von solchen Dingen nichts.«

»Nun, dann kann ich nur vermuten, daß Euch das Haar Eurer Herrin nicht auffällt, weil es sich so wenig von dem anderer Damen unterscheidet. Nur Haar, das eine besonders auffallende Farbe hat und außergewöhnlich schön ist, zieht die Blicke der Menschen auf sich. Doch nun beantwortet mir folgende Frage: Wer ist schöner, die Königin von England oder die Königin von Schottland?«

»Die Königin von England ist die schönste Frau Englands und die Königin von Schottland die schönste Schottlands.«

»Das ist keine Antwort!« rief ich aus.

»Eure Majestät machen sich einen Spaß daraus, einen armen Gesandten zu quälen.«

»Meine Haut ist heller, nicht wahr? Und mein Haar blonder?«

»Das stimmt, Majestät, aber...«

»Aber was, Mann?«

»Die Königin von Schottland ist tatsächlich sehr schön.«

»Ja, ja, so sagt man, aber wie viele der Komplimente, die man ihr macht, sind leere Phrasen, mit denen man Königen schmeichelt, nur weil sie Könige sind?«

»Der übliche Anteil, Madam.«

Der arme Mann, ihm bereitete die Unterhaltung so gar kein Vergnügen. Einem wie ihm mußte dieses Gespräch geradezu schamlos oberflächlich vorkommen. Andererseits wollte er um jeden Preis vermeiden, irgend etwas zu sagen, das seiner Herrin mißfallen könnte, falls es ihr zu Ohren käme. Aber da ich unbedingt mehr über ihre legendäre Schönheit in Erfahrung bringen wollte, ließ ich nicht locker.

»Wer ist größer, sie oder ich?« fragte ich ihn.

»Sie«, antwortete er prompt.

»Dann ist sie eine Bohnenstange«, entgegnete ich bissig, »denn ich habe, wie man mir bestätigt, die ideale Größe – weder zu groß noch zu klein. Liebt sie die Jagd? Liest sie gern? Mag sie Musik?«

»Sie widmet sich allen drei Zerstreuungen mit großem Vergnügen, Madam, und Musik liebt sie ganz besonders.«

»Welche Instrumente beherrscht sie?«

»Sie spielt Laute und Spinett.«

»Und spielt sie gut?«

»Für eine Königin recht gut.«

Dabei ließ ich es fürs erste bewenden, doch ich war fest entschlossen, ihn so lange über sie auszufragen, bis er gezwungen wäre zuzugeben, daß es zumindest ein Gebiet gab, auf dem ich seiner unübertrefflichen Herrin überlegen war.

Die zündende Idee kam mir kurze Zeit nach unserem Gespräch. Ich beschloß, hinter einem Vorhang versteckt auf dem Spinett zu spielen, und beauftragte einige meiner Hofdamen, Sir James Melville in den Raum zu führen, so daß er die Musik hören könne, ohne jedoch zu wissen, wer da musizierte.

Wie sie mir später berichteten, soll er während des ganzen Vortrags gebannt der Musik gelauscht haben, und als der letzte Ton verklungen war, erklärte er begeistert, es sei eine glänzende Darbietung gewesen. Auf die Frage meiner Damen, ob er wisse, wer da gespielt habe, antwortete er, er könne es nicht sagen, fest stehe jedoch, daß es jemand mit großem musikalischem Talent gewesen sei.

»Es war die Königin«, eröffneten sie ihm daraufhin und zogen den Vorhang beiseite, so daß er sich selbst davon überzeugen konnte, daß ich es war, die am Spinett saß.

»Ah, Sir James«, sagte ich, »nun habt Ihr also persönlich einen Eindruck von meinem Spiel gewonnen. Sagt, spielt Eure Herrin ebenso gut Spinett?«

Da mußte er zugeben, daß er selten jemand so ergreifend habe musizieren hören, und er beteuerte, daß es seiner Ansicht nach nicht viele Menschen gebe, die sich auf dem Gebiet der Musik mit mir messen könnten.

»Nicht einmal die kluge Königin von Schottland?« fragte ich ganz skeptisch.

»Niemand, Madam«, versicherte er mir. »Ihr seid in der Tat eine große musikalische Begabung.«

Das besänftigte mich ein wenig.

Danach tanzte ich für ihn, und er mußte zugeben, daß die Königin von Schottland weder so hohe Sprünge machen konnte noch so temperamentvoll war wie ich.

Eines Tages sagte ich zu ihm: »Eure Königin ist eine so begabte und überwältigend schöne Frau, daß ich nur einen einzigen Mann wüßte, der ihrer würdig wäre. Ihr müßt sie aufsuchen, Sir James, und ihr von mir ausrichten, daß ich ihr den großartigsten Mann meines ganzen Königreichs als Ehemann anbiete; sie sind beide solch überragende Persönlichkeiten, daß sie mir wie füreinander geschaffen erscheinen.«

Er sah mich an, als ob ich mich soeben über ihn lustig gemacht hätte.

»Doch, doch, Sir James«, fuhr ich fort, »es ist mir ernst mit dem, was ich sage. Ich werde meinen Hof seines leuchtendsten Sterns berauben, auf daß er den Eurer unvergleichlichen Herrin in hellstem Licht erstrahlen lasse. Ich mache ihr den Mann zum Geschenk, der es als einziger verdient hätte, ihr Ehemann zu werden: meinen liebsten Freund, Lord Robert Dudley.«

Die Nachricht verbreitete sich am Hof wie ein Lauffeuer. Ich malte mir bereits ihre Wirkung auf Robert aus und war daher keineswegs unvorbereitet, als er wutentbrannt in meine Gemächer gestürmt kam. Ich sah, wie der Zorn in seinen Augen aufblitzte, und sagte zu den wenigen Hofdamen, die mir Gesellschaft leisteten: »Offensichtlich hat Sir Robert schon wieder vergessen, wie er sich in Gegenwart der Königin zu benehmen hat. Bitte, laßt uns einen Moment allein, damit ich mit ihm ein ernstes Wörtchen unter vier Augen reden kann.«

Sie zogen sich eilig zurück, aber ich zweifelte nicht daran, daß sie es tunlichst vermieden, sich allzuweit außer Hörweite zu entfernen. Dazu waren sie alle viel zu brennend daran interessiert, Klatsch über Robert aufzuschnappen und weiterzutragen.

»Nun, Mylord, was hat dieser ungehobelte Auftritt zu bedeuten?« fragte ich streng.

Er rief empört aus: »Ich habe von diesem haarsträubenden Gerücht gehört. Das kann doch nicht wahr sein! Ich verlange auf der Stelle eine Erklärung.«

»Robin«, erwiderte ich, »manchmal stellt Ihr meine Geduld wirklich auf eine harte Probe. Ich habe Euch – vielleicht weil ich Euch so sehr schätze manche Vertraulichkeit gestattet, die eigentlich ein Verstoß gegen die höfische Etikette ist. Aber was macht Ihr? Ihr nutzt mein Entgegenkommen nur aus.«

»Ich fordere eine sofortige Antwort auf die Frage, ob Euch bekannt ist, welcher Klatsch zur Zeit verbreitet wird!«

»Ihr fordert! Ich darf Euch daran erinnern, daß ich allein hier Forderungen zu stellen habe.«

Er stampfte wütend mit dem Fuß auf. Sein Gesicht war gerötet. Seine Augen funkelten vor Zorn. »Es geht das Gerücht, ich solle nach Schottland abgeschoben werden.«

»Um – den Worten des Gesandten nach – die schönste aller Königinnen zu heiraten, Robert, ich verstehe Euch nicht. Ihr solltet angesichts der glücklichen Wendung, die Euer Schicksal genommen hat, vielmehr einen Freudentanz aufführen.«

»Ihr seid in diesen Plan verwickelt! Ihr habt ihn Euch ausgedacht!«

Ich senkte den Kopf, so daß er nicht merkte, daß ich lächeln mußte. Er kam auf mich zu und faßte mich bei den Schultern. Ich wies ihn darauf hin, daß ich ohne weiteres die Wachen rufen könne, um ihn festnehmen zu lassen.

Er aber dachte gar nicht daran, mich loszulassen, und schüttelte mich heftig.

Ich sagte spöttisch: »Robin ist ja richtig wütend.«

»Wie könnt Ihr nur so herzlos sein?«

»Bedeutet Euch eine Krone denn gar nichts?«

»Diese jedenfalls interessiert mich nicht«, erwiderte er.

»Und eine schöne Königin bekommt Ihr noch obendrein.«

»Für mich gibt es nur eine Königin. Das Ganze soll wohl ein Scherz sein.«

»Es ist kein Scherz«, beteuerte ich.

Er schaute mich nur fassungslos an, und ich hatte das Gefühl, daß es an der Zeit sei, den Schabernack zu beenden. Doch ich konnte nicht widerstehen. Ich mußte ihn einfach noch ein wenig ärgern.

»Ihr habt mir Hoffnungen gemacht...« begann er.

»*Ich* habe Euch Hoffnungen gemacht? Die Hoffnungen, die Ihr Euch gemacht habt, Mylord, sind nichts als Wunschdenken, Produkte Eurer eigenen blühenden Fantasie! Wie oft habe ich Euch erklärt, daß ich gar nicht die Absicht habe zu heiraten! Ich habe beschlossen, Jungfrau zu bleiben. Das habe ich Euch immer und immer wieder gesagt!«

»Aber es ist Euch nicht ernst damit.«

»Robin, Ihr wünscht Euch doch so sehr eine Krone. Bitte sehr – in Schottland wartet eine auf Euch...«

»Nein!«

»... und dazu die bezauberndste aller Königinnen...«

»Die bezauberndste aller Königinnen ist hier. Sie steht vor mir.«

»Ob Master Melville diese Ansicht wohl teilen würde? Ich möchte es bezweifeln.«

»Ein Barbar aus einem barbarischen Land!«

»Vielleicht habt Ihr ja recht. Viellicht wäre es wirklich nicht nett, wenn ich meinen eleganten Robert in ein Land von Rohlingen verbannen würde. Ich sollte ihn doch besser hierbehalten. Ich gebe zu, daß mein Hof ohne ihn ein langweiliger Ort wäre.«

Er ergriff meine Hand und küßte sie.

»Ich bin es so leid, immer nur Lobeshymnen auf diese Frau zu hören«, rief ich ungehalten aus. »Glaubt Ihr, sie fände viele Verehrer in diesem Land, wenn sie käme, um mir den Kampf anzusagen?«

»Die Bande würde ich schleunigst in die Flucht schlagen«, erklärte er selbstbewußt. »In diesem Land gibt es nur eine Königin, und die wird, so Gott will, noch lange Jahre über uns alle herrschen.«

Allmählich fand er zu seinem inneren Gleichgewicht zurück. Im Grunde seines Herzens muß er gewußt haben, daß ich niemals fähig wäre, ihn aufzugeben.

Er küßte mir erneut die Hände. Er hätte mit Sicherheit noch mehr an mir geküßt, wenn ich es zugelassen hätte; aber ich wehrte ihn ab, was ihn ein wenig verwirrte.

»Sie wird verärgert sein, wenn sie von meinem Angebot erfährt, Robert. Sie hat nämlich einige sehr boshafte Dinge über Euch gesagt. Sie hat Euch zum Beispiel meinen Pferdeknecht genannt und behauptet, Ihr habt Eure Frau umgebracht, um für mich frei zu sein. Was sie über mich sagt, soll übrigens auch nicht freundlicher sein. Und was habe ich ihr getan? Ich habe nur mein mir rechtmäßig zustehendes Erbe angetreten, auf das sie ein Auge geworfen hat. Aber an Euch könnte sie vielleicht trotzdem Gefallen finden... und Ihr, Robert, was macht Ihr? Ihr verschmäht sie! Ihr erdreistet Euch, Master Melville und seine Schotten wissen zu lassen, daß Ihr es vorzieht, in England von einer Krone zu träumen, statt in Schottland eine zu tragen!«

»Mir gefällt das alles nicht«, sagte er.

»Mir gefällt das alles sehr«, entgegnete ich.

»Ihr macht das wieder einmal nur, um mich zu ärgern – wie immer.«

»Vielleicht wäre man am schottischen Königshof netter zu Euch.«

»Sagt so etwas nicht«, wandte er ein. »Es gibt nur einen Ort, an dem ich mich aufhalten möchte... und das ist hier, an Eurer Seite. Elizabeth, meine Königin, hört doch mit diesem Unsinn auf. Laßt uns heiraten. Das erwarten doch alle von Euch. Sogar Cecil wäre mit unserer Heirat einverstanden...«

Ich unterbrach ihn. »Wartet. Da ist noch etwas, das ich Euch zu sagen habe, Robert. Ein schlichter ›Lord Robert‹ käme für eine Königin von Schottland niemals in Frage. Ihr Ehemann müßte mindestens ein Graf sein... deshalb dachte ich mir, dies sei eine ideale Gelegenheit, Euch eine Ehre zu erweisen. Ich habe beschlossen, Euch zum Grafen von Leicester und Baron von Denbigh zu ernennen – Titel, die bislang nur von Mitgliedern des Königshauses geführt worden sind. Natürlich ist Grundbesitz an diese Titel geknüpft. Ihr werdet Herr über Schloß Kenilworth und Astel Grove sein...«

Er starrte mich ungläubig an. Ich kannte Robert nur zu gut. Er liebte materiellen Besitz über alles, und obwohl er ohnehin schon im Begriff war, einer der reichsten Männer des Landes zu werden, konnte er gar nicht genug Reichtum anhäufen.

»Wie ich sehe«, fuhr ich fort, »gefällt Euch mein Vorschlag. Und nun auf die Knie, undankbares Subjekt! Zu denken, ich ließe Euch fallen, wo ich doch die ganze Zeit nichts anderes im Sinn hatte, als Euch eine Freude zu bereiten!«

Die Ernennung Roberts zum Grafen von Leicester erwies sich als das glanzvolle Ereignis, das mir die ganze Zeit vorgeschwebt hatte. Ich verwandte an jenem Tag noch größere Sorgfalt darauf, mich zurechtzumachen – ein Ritual, dem ich auch sonst große Bedeutung beimaß und dem ich mich stets mit Hingabe widmete –, und ich glitzerte nur so von Edelsteinen, als ich mich zu meinem Thronsessel im Audienzsaal begab. Der junge Lord Darnley ging mir als Prinz von Geblüt und nächster königlicher Verwandter voraus und trug das Zeremonienschwert. Zu meinem Gefolge gehörten verschiedene Adlige, darunter Sir James Melville und Lord Hunsdon, der die samtene, mit Hermelinpelz besetzte Robe trug, die ich Robert zum gegebenen Zeitpunkt um die Schultern legen würde.

Nach mir betrat Robert – mit Mantel und Überwurf bekleidet – den Audienzsaal. Ich hatte bereits auf meinem Thronsessel Platz genommen, als er vortrat und vor mir niederkniete, während Lord William Howard mir die Pergamenturkunde reichte, die den Adelsbrief enthielt. Dann las Sir William Cecil mit seiner klangvollen Stimme, die im ganzen Saal deutlich zu hören war, aus der Bestallungsurkunde vor, und Lord Hunsdon übergab mir die Robe, die ich Robert zum Zeichen seiner neuen Pairswürde um die Schultern legte. Als ich mich über ihn beugte und mein Blick auf seine dunklen Locken fiel, konnte ich nicht widerstehen, sie mit den Fingern zu berühren, und ich kitzelte ihn am Hals, um ihn wissen zu lassen, wie gern ich ihn hatte. Ich wollte ihm zu verstehen geben, daß ich nur zum Spaß so getan hatte, als ob ich mit dem Gedanken gespielt hätte, ihn Mary von Schottland anzubieten, und daß das Ganze nur ein Scherz und ein Vorwand gewesen war, der mir erlaubte, ihn jetzt in den hohen Adelsstand zu erheben.

Ich merkte, wie James Melville mich beobachtete; er hatte große Mühe, sich seine Entrüstung nicht anmerken zu lassen, was mich köstlich amüsierte. Ich konnte es kaum erwarten, mich nach seinem Eindruck von meinem neuen Grafen von Leicester und Baron von Denbigh zu erkundigen.

»Er ist ein ehrenwerter Untertan«, erwiderte Melville auf meine Frage, »und ein Glückspilz obendrein, in den Diensten einer Königin zu stehen, die seine treue Ergebenheit zu schätzen und so trefflich zu belohnen weiß.«

»Und dennoch«, entgegnete ich, indem ich auf Darnley zeigte, »gefällt Euch der lange Bursche dort drüben besser.«

Ihm war sogleich klar, worauf ich anspielte, und er antwortete: »Keine Frau von Verstand und Charakter käme auf die Idee, ihr Herz einem bartlosen Jüngling mit einem Gesicht wie ein Mädchen zu schenken – einem, der so aussieht, als ob er mehr eine Frau als Mann wäre.«

Der schlaue Melville! Er hatte ja keine Ahnung, wie gut ich darüber Bescheid wußte, daß er mit Darnleys Mutter unter einer Decke steckte und ihr nach Kräften behilflich war, Darnley am schottischen Hof einzuschleusen und eine Heirat zwischen ihm und Mary zu bewerkstelligen!

Er war schon ein Verschlagener, dieser Melville. Aber ich mochte ihn wegen seiner Treue zu seiner Herrin und der Loyalität, mit der er sich stets bemüht hatte, sie zu verteidigen, auch damals, als ich ihn gezwungen hatte, zu ihrer Schönheit und ihren Talenten Stellung zu nehmen – ein Gespräch, das ihn sichtlich in Verlegenheit gebracht hatte.

Der zweite Teil der Zeremonie begann, und wieder hatte ich allen Grund, auf Robert stolz zu sein. Er sah in seiner festlichen Robe einfach wunderbar aus, und es erfüllte mich mit großer Freude, ihm die weiße Schärpe über die rechte Schulter zu legen, das Schwert zu überreichen und Kappe und Adelskrone aufzusetzen. Und da stand er nun in all seiner Pracht vor mir, mein Robert, der soeben in den hohen Adelsstand erhobene, mächtige Graf von Leicester.

Seine Augen glänzten, als er mich anschaute, und ich wurde von Liebe zu ihm überwältigt. Seine triumphierenden Blicke ließen in mir keinen Zweifel darüber aufkommen, daß er in dieser festlichen Zeremonie den bloßen Auftakt zu noch aufwendigeren Feierlichkeiten sah... zu Hochzeitsfeierlichkeiten... unserer Hochzeit. Und in jenem gefühlsseligen Augenblick war ich fast geneigt, ihm zuzustimmen. Fast... aber nicht ganz.

Die Trompeten erschollen und wir machten uns auf den Weg zu dem festlichen Bankett, das im Ratssaal stattfinden sollte. Es war ein großartiges, bewegendes Fest.

Später begleiteten mich einige der Gäste noch in meine Privatgemächer, wo flackernder Kerzenschein eine behagliche Atmosphäre schuf und dem Beisammensein eine sehr persönliche Note gab. Selten hatte ich Robert so glücklich gesehen. Die neue Würde, mit der ich ihn ausgezeichnet hatte, würde zur Folge haben, daß die Menschen ihm in Zukunft mit noch größerer Ehrfurcht begegneten als bisher. Es war nun vier Jahre her, daß seine Frau tot am Fuß einer Treppe aufgefunden worden war. Ob die Tragödie wohl inzwischen in Vergessenheit geraten war? Ich hatte das Gefühl, die Menschen würden dieses Ereignis niemals vergessen. Aber zumindest könnten sie jetzt nicht mehr behaupten, ich sei in den Unfall – oder Mord – verwickelt gewesen. Denn hätte ich damals der Beseitigung Amy Robsarts zugestimmt, um Robert heiraten zu können, wäre ich dann nicht längst mit ihm verheiratet, nun da er seit Jahren ein freier Mann war? Manchmal wurde mir mit zwingender Logik bewußt, daß ich ihn niemals heiraten dürfte, denn ganz gleich, wieviel Zeit verstriche, man würde mich immer verdächtigen.

Ich war froh festzustellen, daß zwischen William Cecil und Robert bestes Einvernehmen bestand. Zuvor waren sie einander immer eher mißtrauisch begegnet, aber Cecil war so besessen von dem Gedanken, ich müsse unbedingt heiraten und ein Kind in die Welt setzen, daß ihm inzwischen sogar Robert sympathisch und als Mittel zum Zweck willkommener war.

Manchmal wünschte ich mir, mein Talent, Dinge hellsichtig zu durchschauen, wäre weniger ausgeprägt gewesen, denn die Fähigkeit, immer auch die Kehrseite der Medaille zu sehen, kann zu großer Unsicherheit und Verwirrung führen. Ich genoß Roberts Gesellschaft mehr als die irgendeines anderen Menschen; ich war glücklich, wenn er in meiner Nähe war, und enttäuscht, wenn er nicht bei mir war. Ist das nicht Liebe? Andererseits durchschaute ich ihn zu genau, um mein Glück unbeschwert zu genießen: Er war habgierig, arrogant, machthungrig und von einer Rücksichtslosigkeit, die keine Grenzen kannte... die ihn nicht einmal vor Mord zurückschrecken ließe, wenn das Verlangen, das Unerreichbare zu erreichen, nur groß genug wäre. All das war mir klar – und trotzdem liebte ich ihn. Ich würde niemals erfahren, wie Amy Robsart wirklich gestorben war – ob es ein Unfall, Selbstmord oder Mord gewesen war... niemals absolute Gewißheit über die Hintergründe ihres Todes haben... und wenn es tatsächlich stimmte, daß er sie getötet hatte, wäre das nicht Grund genug, vor einem Mann auf der Hut zu sein, der sich so einer Frau gegenüber verhalten konnte, die er früher einmal geliebt haben muß? Vielleicht faszinierte Robert mich eben deshalb so sehr, weil ich mir seiner letztlich nie ganz sicher sein konnte. Ich interessierte mich nun einmal nicht für langweilige Männer wie zum Beispiel Walter Devereux, den Mann meiner Cousine Lettice. Das war jemand, der mit vorbildlicher Zuverlässigkeit seine Pflichten gegenüber seinem Vaterland und seiner Familie erfüllte. Und doch würde mich ein solcher Mann derartig anöden, daß ich seine Gesellschaft mit Sicherheit nicht lange ertragen könnte. Ich fragte mich, wie es Lettice wohl an seiner Seite ergehen mochte. Sie machte nach außen hin einen recht glücklichen Eindruck; aber sie war verschlagen – man wußte nie, was Lettice im Schilde führte. Es hätte mich nicht gewundert, wenn sie den armen Walter Devereux längst betrogen hätte. Was das alles mit meinen Gefühlen für Robert zu tun hatte? Nun, ich liebte ihn vermutlich – so wie er war –, skrupellos und unergründlich.

Ich hatte gar nicht gemerkt, daß Melville mich angesprochen hatte. Er stand plötzlich neben mir und fragte mich, was ich von dem Brief seiner Königin hielte; Mary hatte inzwischen schriftlich zu dem Vorschlag einer Heirat mit dem Grafen von Leicester Stellung genommen.

Ich antwortete: »Sie hat das Angebot empört zurückgewiesen. Im übrigen werde ich demnächst Anwälte beauftragen herauszufinden, wer mein rechtmäßiger Thronfolger ist. Ich wünschte von Herzen, es wäre Eure Königin, Sir James. Schon mein Vater hatte den Wunsch, England und Schottland zu vereinigen, und hätte sicherlich auch den Sohn seiner Schwester Margaret, James V. von Schottland, dazu bestimmt, nach seiner Tochter Mary die Thronfolge anzutreten; doch zu der Zeit war ich noch nicht auf der Welt, ebensowenig mein Bruder Edward, der nach mir kam. Alles deutet deshalb darauf hin, daß es mit großer Wahrscheinlichkeit Eure Königin sein wird, die nach meinem Tode England regieren wird.«

»Eure Majestät können gewiß noch mit leibhaftigen Nachkommen rechnen.«

»Nein, nein, Sir James, das halte ich für ziemlich unwahrscheinlich. Ich hatte fürs Heiraten noch nie viel übrig, und nur solange meine Schwester genügend Macht besaß, um mit strengen Vorschriften über mein Leben zu bestimmen, war ich gezwungen, mich mit dem Gedanken an die Ehe anzufreunden. Aber wie Ihr wißt, habe ich mich immer hartnäckig gewehrt und mich schließlich durchgesetzt. Nachdem ich mir meine Freiheit mühsam erkämpft hatte, habe ich mir geschworen, für den Rest meines Lebens Jungfrau zu bleiben.«

»Madam«, entgegnete der gewitzte Schotte, »das braucht Ihr mir nicht zu sagen. Ich kenne doch Eure stolze Denkungsart. Wenn Ihr erst verheiratet wärt, so lautet doch Euer Argument, wärt Ihr nur noch Königin von England; so aber seid Ihr König und Königin zugleich. Ihr würdet keinen Befehlshaber an Eurer Seite dulden.«

Ich lächelte ihm zu. Er verstand mich genau.

»Kommt«, sagte ich, »ich will Euch ein paar von meinen Schätzen zeigen. Ich habe sie stets zur Hand.« Ich öffnete eine Schublade meines Schreibtisches, in der ich Miniaturgemälde meiner liebsten Freunde aufbewahrte. Ich hatte die Kunstwerke sorgfältig eingewickelt und mit Aufschriften versehen, so daß ich immer sofort wußte, wessen Abbild sich unter der jeweiligen Verpackung verbarg, und gezielt eins der Gemälde auswählen konnte, um es in Ruhe zu betrachten. Eins der Päckchen trug den Vermerk ›Mylords Bildnis‹. Ich wickelte das Kleinod aus und zeigte es Melville. Robert war sehr gut auf dem Gemälde getroffen.

Ich sagte: »Wenn die Königin von Schottland dieses Bild sähe, würde sie nicht länger zögern, ihn zum Ehemann zu nehmen, nicht wahr, Sir James?«

»Erlaubt mir, es ihr zu bringen.«

Ich riß ihm die Miniatur fast aus der Hand. »Wo denkt Ihr hin! Ich habe doch nur dieses eine Bild von ihm. Sollte er tatsächlich nach Schottland gehen, hätte sie immerhin das Original.«

O nein, Roberts Bild wäre das letzte, was ich hergäbe! Außerdem wäre es viel zu gefährlich, dieses Portait aus der Hand zu geben: Wenn die Königin von Schottland erst Gelegenheit hätte, sich mit eigenen Augen von seiner Schönheit zu überzeugen, könnte sie noch auf die Idee kommen, ihn trotz seines Mangels an blauem Blut zum Mann zu nehmen.

Nein, Roberts Bild würde ganz sicher nicht nach Schottland geschickt werden.

Spät am Abend war ich endlich allein und nur noch von meinen Hofdamen umgeben, die damit beschäftigt waren, mich für die Nacht vorzubereiten. Und während sie sich dem komplizierten Ritual meines Zubettgehens widmeten, indem sie mein Mieder aufschnürten, mir halfen, aus den verschiedenen Schichten von Unterkleidern zu schlüpfen, mich von dem Fischbeingestänge meines Ungetüms von Reifrock befreiten, mein kunstvoll aufgetürmtes Haar herunterließen und die falschen Haarteile in die Schublade zurücklegten – da überkam mich ein Gefühl tiefster Zufriedenheit.

Ich wußte nun, welchen Weg ich einzuschlagen hatte.

Der Ärger mit den Mitgliedern der Familie Grey riß nicht ab. Es hatte immer geheißen, Jane Grey sei so besonders klug gewesen. Das mochte wohl sein – obwohl ihre Klugheit sie nicht davor bewahrt hatte, auf dem Schafott zu sterben, noch bevor sie siebzehn Jahre alt war. Überlebenskünstler waren sie gewiß nicht, diese törichten Grey-Mädchen.

Dennoch stellten sie eine Bedrohung dar. Katharine stand noch immer unter Arrest. Aber sie hatte inzwischen zwei Söhne zur Welt gebracht. Die Geburt des ersten war nicht weiter überraschend; dieses Kind war die Folge ihrer heimlichen Heirat gewesen, die bekanntlich der Grund dafür war, daß ich sie ins Gefängnis geschickt hatte. Nachdem jedoch ihr Mann ebenfalls festgenommen und im Tower untergebracht worden war, muß sie es irgendwie geschafft haben, sich mit ihm zu treffen und sich ein zweites Kind zu erschleichen. Und eine potentielle Thronerbin mit zwei Söhnen hatte alle Trümpfe in der Hand, zumal die gegenwärtig regierende Königin wiederholt erklärt hatte, daß sie nicht den Wunsch habe zu heiraten, und außerdem bereits die Dreißig überschritten hatte. Zum Teufel mit Katharine Grey!

Ich wünschte ihr in meiner Empörung die Pest an den Hals – aber eben die hatte mich erst kürzlich veranlaßt, sie aus ihrer Gefangenschaft im Tower zu befreien. Während ihr Mann, Lord Hertford, mit dem ältesten Kind zu seiner Mutter geschickt wurde, erlaubte ich ihr, mit dem jüngeren Kind bei ihrem Onkel in Essex Zuflucht zu suchen, um so der Pest zu entgehen, die die Hauptstadt heimgesucht hatte.

Von den drei Grey-Schwestern schien Jane die einzig Vernünftige gewesen zu sein; daß sie dem Scharfrichter zum Opfer gefallen war, war schließlich nicht ihre Schuld gewesen. Die beiden anderen, Katharine und Mary, kamen mir eher unbedarft vor. Vor allem von Mary hätte ich nie erwartet, daß sie sich irgendwann einmal als Unruhestifterin erweisen könnte. Sie war ein nichtssagendes Geschöpf von geradezu zwergenhaftem Wuchs. Ich konnte mir nicht vorstellen, daß sich je ein Mann nach ihr umgedreht hatte – trotz des königlichen Blutes, das in ihren Adern floß. Eines Tages lernte sie jedoch einen jungen Mann kennen, der im königlichen Palast von Westminster angestellt war. Er war ein entfernter – allerdings sehr weitläufiger – Verwandter der Familie Knollys, was, wenn ich mich recht erinnere, der Grund war, weshalb er die Stellung als Sergeant der Königlichen Palastwache am Tor zur Themse bekommen hatte. Jedenfalls beschloß das törichte Paar, heimlich zu heiraten, und setzte diesen Entschluß auch in die Tat um.

Ihre Heirat erregte in doppelter Hinsicht Anstoß. Zum einen beging Mary, die trotz ihres zwergenhaften Wuchses königlicher Abstammung war, einen Gesetzesbruch, indem sie ohne Erlaubnis des Staatsoberhauptes und des Staatsrates heiratete; vielleicht war das dumme Ding der Ansicht, in ihrem Fall sei es nicht so wichtig, sich an die Vorschriften zu halten. Zum anderen war die Verbindung insofern unvorteilhaft, als die beiden überhaupt nicht zueinander paßten: Thomas Keys, der Bräutigam, war nämlich ungewöhnlich groß, und als Paar müssen sie einfach lächerlich gewirkt haben.

Ich stellte mir unwillkürlich die Frage, wie wohl ein Kind aussehen mochte, das aus einer solchen Ehe hervorginge. Aber es sprach vieles dafür, daß es ein recht ansehnliches

Kind werden würde, denn ihre Winzigkeit wurde durch seinen Riesenwuchs wieder ausgeglichen, so daß der Nachwuchs der beiden größenmäßig irgendwo zwischen den beiden Extremen liegen müßte und daher einen durchaus normalen Eindruck machen würde. Vor allem aber hätte dieses Kind königliches Blut in den Adern und – über seine Mutter – ebenfalls einen Anspruch auf den Thron.

Es gab nur eine Lösung des Problems, und die bestand darin, das Paar so schnell wie möglich zu trennen. Also wurde Thomas Keys in das Fleet-Gefängnis verbannt und die kleine Mary zu ihrer Stiefgroßmutter, der Herzogin von Suffolk, geschickt. Sofern sie nicht bereits schwanger war, wäre damit weiteren Komplikationen zunächst einmal ein Riegel vorgeschoben.

Cecil und ich erörterten die Angelegenheit unter vier Augen.

Ich sagte zu ihm: »Die beiden Grey-Schwestern hätten wir nun in sicherem Gewahrsam, so daß wir fürs erste aufatmen können.«

Er warf mir einen anerkennenden Blick zu. Ich glaube, er begann allmählich, mich mit anderen Augen zu sehen. Bisher hatte er sich ständig über meinen Hang zum Leichtsinn geärgert, und das konnte ich durchaus verstehen, denn ich ärgerte mich manchmal selbst über diese Seite meines Wesens. Aber inzwischen sah er anscheinend ein, daß diese leichte Ader gelegentlich auch ihr Gutes hatte.

Ich fuhr fort: »Meine gefürchtetste Rivalin wird immer Mary von Schottland bleiben, und der hat Lord Darnley so sehr den Kopf verdreht, daß sie ganz vernarrt in ihn ist.«

»Sie hat vor, ihn zu heiraten – und das wird sie in ihrem Anspruch auf die Krone Englands bestärken, denn Darnley selbst macht auch gewisse Thronansprüche geltend.«

»Was haltet Ihr von Darnley?«

»Charakterlos und schwach.«

»Und glaubt Ihr, er wird unserer Freundin in Schottland eine Hilfe sein?«

Cecil schüttelte den Kopf.

»Sie hat erklärt, sie sei entschlossen, ihn zu heiraten«, sagte ich. »Das Bürschchen plustert sich vor Stolz schon ganz unerträglich auf und sieht sich bereits als König von Schottland.« Ich konnte nicht widerstehen, hämisch hinzuzufügen: »Das kommt davon, wenn Königinnen ehrgeizige Männer aus bescheideneren Verhältnissen als sie selbst zu sehr begünstigen.«

Cecil lächelte. Ihm wurde zunehmend klar, daß ich meinen Thron niemals mit einem Mann teilen würde.

»Nun denn, Master Cecil«, fuhr ich fort, »die Grey-Schwestern sind gut untergebracht und werden fürs erste wenig Schaden anrichten können – einmal davon abgesehen, daß sie dazu gar nicht schlau genug sind. Oh, ich weiß, sie wären ohnehin nie etwas anderes als willige Werkzeuge in den Händen machthungriger Männer, so wie seinerzeit die arme Jane, aber zunächst einmal sitzen sie sicher hinter Schloß und Riegel. Und Mary von Schottland wird ihren Darnley heiraten. Möge sie recht bald mit ihm glücklich werden, denn ich wette, der Spaß wird schnell ein Ende haben!«

Cecil nickte und ich sagte zu ihm: »Ist das nicht ein Grund zur Freude?«

»Eure Majestät haben recht«, erwiderte er. »Wir haben in der Tat Grund zu frohlocken.«

Dazu hatten wir noch mehr Grund, als uns wenig später die Nachricht erreichte, Mary habe Darnley geheiratet und ihn zum König von Schottland ausgerufen.

»Dafür schicke ich die Gräfin von Lennox in den Tower«, vertraute ich Cecil an, »womit wir einen weiteren Unruhestifter los wären.« Wie konnte sie sich nur erdreisten, sich als Heiratsvermittlerin aufzuspielen und sich einfach darüber hinwegzusetzen, daß Darnley als englischer Untertan verpflichtet war, meine Zustimmung einzuholen! »Wir werden diese Eheschließlung nach außen hin mißbilligen, Master Cecil, und nur, wenn wir unter uns sind, werden wir uns dazu beglückwünschen, daß sie stattgefunden hat.«

»Sie kann nichts Gutes für Schottland bedeuten«, pflichtete Cecil mir bei. »Und was Schottland schadet, kann England nur nützen.«

Etwa um dieselbe Zeit ereignete sich etwas sehr Trauriges.

Mir war bekannt, daß Kat sich schon seit einiger Zeit nicht

wohl fühlte. Daher hatte ich auch darauf bestanden, daß sie das Bett hütete und sich damit einverstanden erklärte, daß andere Bediente ihre Pflichten in der Hofhaltung übernähmen; sie hatte sich nur höchst widerstrebend die Zügel aus der Hand nehmen lassen, wurde dann aber so krank, daß ihr gar nichts anderes übrigblieb, als sich zu fügen.

Als man mir mitteilte, daß sie sich nicht mehr erholen werde, überkam mich großer Kummer, und ich eilte an ihr Krankenbett, sooft die Staatsgeschäfte es mir erlaubten. Dann freute sie sich, wenn sie meine Hand halten und von vergangenen Zeiten reden konnte. Manchmal verwirrten sich jedoch ihre Gedanken, und sie glaubte offenbar, wieder im Dormer-Palast in Chelsea, dem Witwensitz Katharine Parrs, zu sein, dort, wo Sir Thomas Seymour mir so schamlos nachgestellt hatte.

»Ihr wart ein eigensinniges Kind«, sagte sie. »Ihr habt seine ungezügelte Leidenschaft herausgefordert. Oh, es war ein gefährliches Spiel... und so aufregend. Wißt Ihr noch, wie er im Garten Euer Kleid in tausend Fetzen zerschnitten hat? Und wie er sich barfuß in Euer Schlafzimmer geschlichen hat?«

Ich sagte ihr, ich erinnere mich noch gut daran.

»Und dann diese schrecklichen Leute, die mich... und Parry... abgeholt haben. Erinnert Ihr Euch? Der Tower... ich habe nie im Leben solche Angst ausgestanden... und dann habe ich Euch auch noch verraten. Ich habe meinen Liebling verraten...«

Jedesmal, wenn sie davon anfing, kniete ich an ihrem Bett nieder und versuchte, sie zu beruhigen.

Sie habe mich niemals verraten, versicherte ich ihr. Sie habe nur wahrheitsgemäß wiedergegeben, was geschehen sei, und auch dazu sei sie gezwungen worden. Sie sei immer meine liebste Kat gewesen, und den Tag, an dem sie aus dem Tower zu mir zurückgekommen sei, hätte ich als einen der glücklichsten meines Lebens in Erinnerung.

Und so unterhielten wir uns, und von Tag zu Tag wurde sie matter, ihre Stimme klang erschöpfter, und auch ihre Erinnerung an jene zurückliegenden Ereignisse wurden verschwommener. Sie verwechselte Thomas Seymour mit Robert Dudley. »Was für Männer«, sagte sie. »Die aufregendsten Männer auf der ganzen Welt... alle beide. Wir zwei waren von ihnen hingerissen, nicht wahr, mein Schatz...«

Es gelang mir, meine Tränen vor ihr zu verbergen, doch sobald ich abends allein war, weinte ich hemmungslos um meine liebste Freundin.

Ich war sehr traurig, als sie starb. Ich zog mich in meine Gemächer zurück und wollte nur noch mit mir und meinem Schmerz allein sein. Für Kat konnte ich nichts anderes mehr tun, als um sie trauern.

Der Gedanke, ich könne mich doch noch zur Heirat entschließen, bewegte nach wie vor am ganzen Hof die Gemüter. Ich hatte zwar das Gefühl, daß Cecil mir geglaubt hatte, als ich ihm versichert hatte, eine Ehe komme für mich nicht in Frage, aber als kluger Politiker war er ebenso wie ich an Heiratsanträgen vor allem solcher Staatsoberhäupter interessiert, die als Bündnispartner willkommen waren.

Catherine von Medici bot mir ihren Sohn, den jetzigen König Charles IX., als Ehemann an, was mich sehr belustigte, da er ein Junge von etwa sechzehn Jahren, ich dagegen über dreißig war, und wir mit Sicherheit ein etwas merkwürdiges Paar abgegeben hätten. Überdies hieß es, er sei nicht ganz richtig im Kopf. Cecil machte mich jedoch darauf aufmerksam, daß es unklug sei, die Krone Frankreichs leichtfertig auszuschlagen. Daher wies ich in meinem Antwortschreiben darauf hin, daß ich als Königin von England schlecht in einem anderen Land als meinem eigenen leben könne, ebenso wie von dem König von Frankreich erwartet werde, daß er in Frankreich seinen Wohnsitz habe; und ich erinnerte an die Probleme, die eine solche Ehe zwischen zwei Herrschern im Fall meiner Schwester Mary und Philipps von Spanien aufgeworfen hatte. Dieses Argument war nicht nur eine allgemein beliebte Streitfrage, sondern auch ein nützlicher Vorwand, wenn es darum ging, Verhandlungen auf die lange Bank zu schieben. Mir waren solche Ausreden immer überaus willkommen, denn obwohl ich nicht im geringsten daran interessiert war, einen Ausländer – oder irgendeinen anderen Mann – zu heiraten, genoß ich es doch immer sehr, die Heiratsanträge, die mir gemacht wurden, in allen Einzelheiten zu erörtern, und fand sie viel zu faszinierend, um sie überstürzt abzulehnen. Die Antwort aus Frankreich ließ nicht lange auf sich warten. Da der König der Franzosen selbstverständlich in Frankreich bleiben müsse, werde mir ein neuer Vorschlag unterbreitet: Was spräche dagegen, wenn ich anstelle des Königs seinen Bruder, den Herzog von Anjou, heiratete? Der Altersunterschied wäre noch gewaltiger, wandte ich ein. Doch die Verhandlungen wurden aufrechterhalten.

Etwa um die Zeit machte ich eine Entdeckung, die mich sehr erboste. Ich hegte seit langem den Verdacht, daß meine Cousine Lettice Robert schöne Augen machte und er ihr ebenfalls, hatte den Gedanken an ein mögliches Techtelmechtel zwischen den beiden aber sogleich wieder fallengelassen, da Lettice schließlich mit Devereux verheiratet war; und wenn die Ehe für ein Mädchen wie Lettice vielleicht auch kein Hinderungsgrund war, eine intensive Freundschaft mit einem anderen Mann zu pflegen, glaubte ich doch nicht, daß Robert so leichtsinnig wäre, seine Zukunft dadurch aufs Spiel zu setzen, daß er sich auf eine Beziehung mit einer Frau einließe, die zu meinen engeren Vertrauten gehörte. Daß es in Roberts Leben andere Frauen gab, davon ging ich aus – und dagegen hatte ich auch nichts einzuwenden. Er war schließlich ein Mann, und anders hätte ich ihn auch gar nicht gewollt. Seine Frau war tot – obgleich er sicher nicht viel Zeit mit ihr verbracht hatte –, und es war nur zu erwarten, daß er außerhalb seines Lebens bei Hofe so manches flüchtige Liebesabenteuer erlebte; ich malte mir oft genug aus, wie schmerzlich diese oberflächlichen Affären ihm den Unterschied zwischen seinen unbedeutenden Gespielinnen und seiner unerreichbaren Angebeteten auf dem Königsthron vor Augen führen mußten.

Ich hatte Lettice schon oft beobachtet. Sie war wirklich eine sehr schöne Frau. Daß sie innerlich voller Unruhe war, konnte ich nur vermuten, denn es war davon auszugehen, daß Walter Devereux nicht in der Lage war, ihre Bedürfnisse zu befriedigen, zumal ich ihm Aufgaben zugewiesen hatte, die ihn zwangen, die meiste Zeit in Irland zu verbringen. Er war ein glänzender Verwaltungsbeamter, aber in Gesellschaft neigte er, nach allem, was man hörte, wohl eher dazu, tödliche Langeweile zu verbreiten. Ich hätte sie vom Hof fortschicken sollen, bevor es passierte. Mein Instinkt sagte mir, daß ein Mann, auf den Lettice ein Auge geworfen hatte, nicht ungeschoren davonkäme und in mancherlei Hinsicht gezwungen wäre, nach ihrer Pfeife zu tanzen. In gewisser Weise war sie mir nicht unähnlich. Vielleicht hatte ich deshalb das Gefühl, sie so gut zu verstehen.

Ich ertappte sie dabei, wie sie sich Blicke zuwarfen. Mir entging nicht, wie peinlich berührt einige meiner Hofdamen waren, als ich eine Bemerkung fallenließ, die auf Lettice und Robert anspielte. Das reichte, um mir Klarheit zu verschaffen.

Am liebsten hätte ich sie mir beide vorgeknöpft, gehörig verprügelt und dann fortgejagt. Doch nein, dann wären sie ja immer noch zusammen! Ich würde sie auf der Stelle in den Tower werfen lassen.

Aber das war natürlich verrückt. Ich mußte mich zusammennehmen. Ich wußte genau: Wenn ich Robert verspräche, ihn zu heiraten, würde er Lettice, ohne zu zögern, wie ein Stück heiße Pastete fallen lassen, an dem er sich die Finger verbrannt hatte. Doch das wäre ein zu hoher Preis, selbst für das Vergnügen, sie auseinanderzubringen.

Ich erkundigte mich bei Lettice nach ihrem Ehemann und fragte sie, ob sie ihn vermisse. Sie erging sich in halbherzigen Beteuerungen, und ich sah mich wieder häufiger gezwungen, sie wegen irgendeiner Ungeschicklichkeit zu tadeln. Ich genoß es sehr, ihr so heftig in die Arme zu kneifen, daß sie vor Schmerz aufschrie. Manchmal schlug ich sie mit unverhohlenem Haß, aber sie ließ diese Wutausbrüche mit einem kaum merklichen, fast spöttischen Lächeln über sich ergehen, so daß ich mich fragte, ob sie wohl ahnte, daß ich sie durchschaut hatte.

Robert schien die Veränderung in meinem Verhalten nicht zu bemerken; er war für derartige Signale eben nicht so empfänglich wie Lettice.

Ich hatte schon immer großes Vergnügen daran gefunden, mich mit gutaussehenden Menschen, insbesondere

Männern, zu umgeben, und redete mir gern ein, daß sie alle die charmanten Komplimente ernst meinten, mit denen sie mich überhäuften. Sie alle benahmen sich so, als ob sie in mich verliebt wären – in der Tat war genau das der Schlüssel zu meinem Herzen, und manche von ihnen waren in dieser Kunst wahre Meister.

Hin und wieder bevorzugte ich einzelne meiner Höflinge und erwartete, daß sie mich zum Dank dafür nicht nur besonders bewunderten, sondern auch besonders gute Arbeit leisteten. Cecil war eine Ausnahme. Von ihm erwartete ich keine Komplimente; er hätte auch gar nicht gewußt, wie man Schmeicheleien vorbringt. Was ich von ihm verlangte, war nichts anderes, als was er von sich aus anbot – treue Dienste und die Wahrheit. Robert war einmalig. Welche Unstimmigkeiten unser Einvernehmen auch immer trüben würden, ich zweifelte nicht daran, daß sie nur vorübergehend wären. Meine Liebe zu ihm war eine stetige Flamme, die zwar gelegentlich flackerte und den Eindruck erweckte, als ob sie zu erlöschen drohte, aber nie wirklich ausging, das wußte ich genau.

Zwei meiner bevorzugten Freunde zu jener Zeit waren Christopher Hatton und Thomas Heneage. Beide sahen auffallend gut aus und hatten untadelige höfische Manieren. Sie verstanden es, sich elegant zu kleiden und so zu benehmen, daß sie meiner Gunst sicher sein konnten. Hatton war einer der besten Tänzer, die mir je begegnet waren; wenn er und ich miteinander tanzten, boten wir einen Anblick, der die Zuschauer verzauberte. Klug war er außerdem noch.

Thomas Heneage war älter als Hatton, aber nicht weniger charmant. Ich hatte ihn gleich nach meiner Thronbesteigung zum Königlichen Kammerherrn ernannt, und als Abgeordneter für Stamford verfügte er über einen Sitz im Parlament.

Robert hatte bereits gezeigt, daß er auf diese beiden Männer eifersüchtig war. Er hatte es noch nie ertragen können, daß ich jemand anders als ihn begünstigte, und bislang hatte er auch noch nie Grund gehabt, daran zu zweifeln, daß meine Liebe zu ihm unerschütterlich war, mochten andere mir auch noch so gut gefallen.

Roberts Techtelmechtel mit Lettice hatte mich jedoch wütend gemacht: ich war entschlossen, ihn spüren zu lassen, daß ich nicht so sehr in ihn vernarrt war, als daß ich nicht auch anderen meine Zuneigung schenken konnte.

Der Tag der Vergeltung kam am Dreikönigsfest, als alle dem Höhepunkt der abendlichen Festlichkeiten, der Wahl des ›Bohnenkönigs‹, entgegensah. Das war ein Volksbrauch, ein Spiel, das seit Jahrhunderten gespielt wurde und bei dem eine Bohne dazu benutzt wurde, denjenigen unter den Mitspielern zu benennen, dem für die Dauer eines Abends besondere Ehre zuteil wurde und, bis es Mitternacht schlug, alle anderen zu gehorchen hatten.

In der Form, in der der Brauch bei uns gepflegt wurde, wurde die Bohne auf ein silbernes Tablett gelegt und mit großem Zeremoniell von einem der Pagen hereingetragen, der vor mir niederkniete und mir das Tablett überreichte. Dann nahm ich die Bohne und schenkte sie einem Höfling meiner Wahl, der daraufhin zum ›Bohnenkönig‹ ernannt wurde. Das erste, worum der jeweilige ›Bohnenkönig‹ dann bat – und das war eine Tradition, die unbedingt eingehalten werden mußte –, war, der Königin die Hand küssen zu dürfen.

Ich tat jedesmal so, als ob ich mir den Kopf zerbräche, und schaute die um mich versammelten Herren prüfend an, als ob ich mir ernsthaft Gedanken darüber machte, ob der Kandidat, an den ich dachte, auch wirklich die Ehre, ›Bohnenkönig‹ zu werden, verdiente. Doch letztlich überreichte ich die Bohne dann doch immer dem, der meiner Ansicht nach alle übrigen Angehörigen des Hofstaats in den Schatten stellte. Und das war – wie hätte es anders sein können – immer Robert.

An diesem Dreikönigsabend nun war ich von mehreren meiner bevorzugten jungen Männer umgeben, und zu denen gehörten auch Robert, Heneage und Christopher Hatton.

Robert schien nicht im entferntesten zu ahnen, wie sehr ich mich über ihn ärgerte, denn er lächelte siegessicher und machte bereits Anstalten, die Bohne entgegenzunehmen.

In dem Augenblick jedoch, als er vortrat, um vor mir auf

die Knie zu fallen, und schon die Hand nach der begehrten Auszeichnung ausstreckte, rief ich laut und deutlich aus: »Ich ernenne Sir Thomas Heneage zum ›Bohnenkönig‹!«

Als ich sah, wie Roberts Gesichtszüge erstarrten, tat er mir fast leid. Er wurde kreidebleich, und seine Lippen wurden schmal. Er machte ein Gesicht, als könne er einfach nicht glauben, was er da soeben gehört hatte. Und so entschlossen ich auch war, den Lüstling zu bestrafen, überkamen mich doch Anwandlungen von Mitleid, und ich war plötzlich überzeugt davon, daß alles, was geschehen war, nur die Schuld dieser Frau – Lettice Knollys – war.

Sir Thomas jedoch konnte sein Glück kaum fassen und schaute, während er vor mir niederkniete, mit eben jener anbetenden Verehrung zu mir auf, die mir so sehr schmeichelte, wenn sie mir von einem attraktiven Mann entgegengebracht wurde.

»Nun, Thomas«, forderte ich ihn auf, »bringt Euer Anliegen vor.«

Er sah mich staunend, ja fast ungläubig an, als ich ihm die Hand zum Kuß reichte, und die ganze Zeit über ließ ich Robert nicht aus den Augen, der das Geschehen mit finsteren Blicken verfolgte.

Der Abend nahm seinen Verlauf, und ich bemerkte plötzlich, wie Robert verschwand – und Lettice ebenfalls. Ich verzichtete darauf, mich zu erkundigen, wo sie steckten, aber ich merkte mir, wie lange sie den Festlichkeiten fernblieben, und von Minute zu Minute wuchs mein Zorn. Ich hatte große Mühe, ruhig zu bleiben und nicht umgehend jemanden zu beauftragen, sie zu suchen und zurückzubringen; das wäre in der Tat höchst unklug gewesen. Es war fast so, als habe Robert zum Ausdruck bringen wollen, es sei ihm gleichgültig, daß ich ihn übergangen und Heneage zum Favoriten erklärt hatte. Oh, aber es war ihm nicht gleichgültig! Ich hatte sein versteinertes Gesicht gesehen, als ich Sir Thomas die Bohne überreicht hatte.

An jenem Abend tanzte ich besonders ausgelassen, zuerst mit Heneage und dann mit Hatton. Die Tanzfläche leerte sich, sobald Hatton und ich unsere Drehungen und Sprünge vorführten, und alle klatschten begeistert Beifall. Sir Thomas erlaubte niemanden, die Tanzfläche zu betreten, solange wir tanzten, denn, so sagte er, ein jeder der Anwesenden habe gewiß den Wunsch, die vollendete, temperamentvolle und doch zugleich elegante Darbietung der Königin zu bewundern. Dann sah ich, wie Robert in den Ballsaal zurückkehrte. Lettice war nicht bei ihm; aber es war auch kaum zu erwarten gewesen, daß sie so töricht wären, gemeinsam zurückzukommen. Dennoch war ich ganz sicher, daß sie zusammen fort gewesen waren. Ich bemerkte ferner die verstohlenen Blicke, die Robert zugeworfen wurden, und auch er muß sich ihrer bewußt gewesen sein. Man tuschelte über ihn. Man fragte sich bereits, ob das wohl das Ende der Ära Robert Dudley sei und ob ich wohl beabsichtigte, von nun an entweder Heneage oder Hatton mit der höchsten Gunst zu beglücken, die bisher Robert zuteil geworden war. Robert muß das alles sehr erbittert haben; es hätte nicht viel gefehlt und ich hätte ihn zu mir gerufen, um ihn zu trösten und diesen hämischen Höflingen zu beweisen, wie sehr sie sich täuschten. Mein Zorn auf ihn wäre verraucht, sobald er aufhören würde, den schmachtenden Verehrer meiner Cousine Lettice zu spielen, und mir wieder seine ungeteilte Aufmerksamkeit schenkte. Aber die Erniedrigung, die er jetzt durchmachte, war Teil seiner wohlverdienten Strafe, und ich mußte hart bleiben.

Sir Thomas Heneage kündigte nun eins jener Frage- und Antwortspiele an, die bei höfischen Festlichkeiten so beliebt waren, und da er ›Bohnenkönig‹ war, konnte er selbst bestimmen, wie es an diesem Abend gespielt werden solle. Er beschloß, persönlich die Fragen auszuwählen und dann zu verkünden, wer sie wem zu stellen habe. Natürlich war mir völlig klar, daß Robert zum Fragesteller bestimmt werden würde, denn Heneage war genauso eifersüchtig auf Robert wie Robert auf ihn, und nachdem Heneage Zeuge der Demütigung Roberts geworden war, als diesem die Ehre, ›Bohnenkönig‹ zu werden, verweigert worden war, war davon auszugehen, daß er ihm genüßlich weitere Peinlichkeiten bescheren würde.

»Ich fordere Mylord Leicester auf, der Königin eine Frage zu stellen«, erklärte Heneage.

Robert wartete scheinbar gelassen ab, während Heneage bedächtig die Frage formulierte: »Was nagt mehr am Herzen, boshafte Verleumdung, die einem hinterbracht wird, oder Eifersucht?«

Ich lächelte Robert zu, während er sich mir zuwandte und Heneages Worte wiederholte.

Ich dachte: Du bist allerdings eifersüchtig, mein lieber Robert, und ich bin es vermutlich nicht minder. Was sind wir doch für Kindsköpfe, einander so weh zu tun.

Laut sagte ich: »Mylord Leicester, beides ist schwer zu verkraften, aber die Eifersucht scheint mir, ist noch schwerer zu verwinden als die Verleumdung.«

Donnernder Beifall brach aus, als ob ich eine profunde Weisheit von mir gegeben hätte, aber Robert war die Röte ins Gesicht geschossen, und er vermied es, meinem Blick zu begegnen.

Es war kein besonders vergnüglicher Abend für mich. Ich vermißte Robert, denn er verschwand erneut. Er war offenbar sehr verärgert. Natürlich tat mir das leid, aber ich hatte nun einmal nicht die Absicht sein Lotterleben an meinem Hof zu dulden.

Als mir zu Ohren kam, Robert habe vor, sich zu duellieren, ergriff mich bange Befürchtung. Zwar war der Gedanke, daß bei dem Duell um meine Gunst gekämpft werden würde, durchaus erregend, aber die bloße Vorstellung, Robert könne dabei verletzt oder, was noch entsetzlicher wäre, getötet werden, erfüllte mich mit Grauen.

Allem Anschein nach hatte Robert am Tag nach dem ›Fest des Bohnenkönigs‹ einen Boten zu Heneage geschickt, der diesem Roberts Besuch ankündigte und ihm ausrichtete, Robert werde einen Stock mitbringen, da er Heneage eine Lektion zu erteilen habe. Auf eine solche Herausforderung konnte es nur eine Antwort geben, und Heneage blieb sie Robert nicht schuldig: Der Graf von Leicester sei herzlich willkommen, und Sir Thomas Heneage werde ihn mit dem Schwert in der Hand erwarten.

Es war einfach lächerlich.

Ich schickte nach Heneage. In den königlichen Gemächern herrschte unterdessen atemlose Spannung. Ich wußte, daß meine Hofdamen hinter vorgehaltener Hand tuschelten; ihre Augen leuchteten vor Aufregung, während sie Vermutungen über den Ausgang des Zweikampfes anstellten. Sie alle waren überzeugt davon, daß Robert in Ungnade fallen würde, die dummen Gänse – als ob Robert jemals meine Gunst verlöre! Und was Heneage anging – nun, er war ein gutaussehender Mann, und auch ihn wollte ich nicht verlieren.

Lettice war nach wie vor um mich. Ich hatte nicht übel Lust, sie fortzujagen. Es wäre nicht weiter schwierig, sie einfach zu entlassen und ihr zu befehlen, ins Haus ihres Mannes zurückzukehren und sich ja nicht mehr blicken zu lassen. Aber in gewisser Weise würde ich damit nur meine Niederlage eingestehen und den Eindruck erwecken, als ob ich nicht in der Lage wäre, es mit ihr aufzunehmen.,

Wie dem auch sei, zuerst einmal mußte ich versuchen, dieses unsinnige Duell zu verhindern.

Heneage kniete vor mir nieder – er konnte es offenbar kaum erwarten, auf seinen Gegner loszugehen. Ich glaube, er hatte allen Ernstes das Gefühl, meine besondere Hochachtung gewonnen zu haben. Vielleicht plante er bereits, Robert zu töten und mir seinen Kopf auf einem Tablett zu überreichen. Der Narr! Wenn er Robert auch nur ein Haar krümmte, würde ich ihm das niemals verzeihen.

»Nun, Master Heneage«, sagte ich, »Ihr habt also beschlossen, Euch zu duellieren, obwohl Ihr genau wißt, daß ich solchen Unfug verbiete?«

»Aber Majestät«, stammelte er und blickte verstört zu mir auf, »ich... ich wollte ihm doch nur eine Lektion erteilen...«

»Aha, Ihr seid also unter die Lehrer gegangen, mein amüsanter Freund, wie? Ihr würdet dem Grafen von Leicester zu gern gute Manieren beibringen, nicht wahr? Und Ihr stolziert aufgeplustert einher und fuchtelt wild mit Eurem Schwert, ohne Rücksicht auf die ausdrücklichen Wünsche Eurer Königin zu nehmen!«

»Majestät, der Graf von Leicester hat angefangen! Er hat mir gedroht...«

Ich schürzte die Lippen und stieß verächtlich die Luft aus, eine Geste, die diejenigen, die mich kannten, als Ausdruck meines Mißfallens zu deuten wußten. Ich dachte gar nicht daran, Heneage zu gestatten, sich zu erheben, und während er weiter auf den Knien verharrte, machte ich ihm unmißverständlich klar, daß ich Duelle in meinem Königreich nicht duldete.

»Wenn Ihr glaubt, mit Eurem draufgängerischen Gehabe meine Gunst zu erlangen, irrt Ihr Euch. Ich verabscheue Gezänk und beleidigendes Geschrei. Wenn Ihr jedoch unbedingt streiten müßt... dann streitet mit Worten.«

»Aber Majestät...« Seine Stimme klang ein wenig vorwurfsvoll, und ich stellte mir mit einemmal Robert vor, wie er, tödlich verwundet, auf einem Stück Rasen irgendwo auf einer Lichtung lag, besiegt von Heneage, der, zu voller Größe aufgerichtet, triumphierend über ihm stand. Das war mehr, als ich ertragen konnte. Ich holte aus und versetzte Heneage eine so saftige Ohrfeige, daß er sich eine Platzwunde am Kopf zuzog.

Als ich dann aber sah, wie ihm das Blut übers Gesicht strömte und er sich hilflos an den Kopf faßte, tat er mir doch leid. Schließlich war es zu dieser unschönen Auseinandersetzung nur gekommen, weil die beiden Rivalen sich so leidenschaftlich um meine Gunst bemühten, und daß sie dabei eher von Ehrgeiz als von Liebe getrieben wurden, konnte ich ihnen nicht weiter übelnehmen.

»Schon gut, schon gut, Master Heneage, Ihr könnt jetzt gehen, aber nehmt das nächste Mal den Mund nicht ganz so voll. Ein Untertan, der damit prahlt, daß er mit seinem Schwert auf einen anderen meiner Untertanen losgehen will, um ihm Schaden zuzufügen, schadet nur... sich selbst.«

Er machte sich beschämt davon, und da ich wirklich Mitleid mit ihm hatte, rief ich ihm nach: »Schließlich liegt mir daran, auch Euch wohlbehalten bei Hofe wiederzusehen, Master Heneage. Vergeßt das nicht!«

Sein Lächeln kehrte zurück. Er verneigte sich tief, als er sich zurückzog. So schnell würde er Robert wohl nicht wieder zum Duell herausfordern.

Dann schickte ich nach Robert.

Wäre er in aller Bescheidenheit zu mir gekommen, so hätte ich ihm, glaube ich, verziehen; ich hätte mich frei heraus nach seiner Affäre mit Lettice erkundigt, sie dann vom Hofe verbannt und ihm die Hand zur Versöhnung gereicht. Aber er reagierte mit Trotz. Ich befand mich in einem Zwiespalt. Im Grunde genommen schätzte ich an ihm, daß er sich nicht in die Knie zwingen ließ, und obwohl ich mir einerseits wünschte, er erschiene als Bittsteller, war ich andererseits froh, daß Robert so gar nichts von einem Duckmäuser an sich hatte. Sicher, auch er schmeichelte mir, und vielleicht war er in Wirklichkeit nicht ganz so leidenschaftlich in mich verliebt, wie er beteuerte. Aber selbst wenn ein Teil seiner Liebe meiner Krone galt, blieb noch genug davon für mich übrig.

Da stand er nun vor mir, mürrisch, abweisend, hochmütig, und sagte mir unverblümt ins Gesicht, die Tatsache, daß ich die Königin sei, hindere ihn nicht daran, sich mir ebenbürtig zu fühlen – und das konnte ich ihm nicht durchgehen lassen.

Ich sagte: »Ihr haltet es also für richtig, Euch über meine Anweisungen hinwegzusetzen und einen Streit mit Heneage vom Zaun zu brechen?«

»Ich kann mir Beleidigungen von miesen Kerlen wie ihm nicht gefallen lassen.«

»Kerlen wie ihm? Was wollt Ihr damit sagen? Heneage ist ein angesehenes Mitglied meines Hofstaats.«

»Wenn Eure Majestät meinen...«

»Allerdings, das meine ich. Ich habe es Euch doch laut und deutlich gesagt.«

Er zuckte fast verächtlich die Schultern, und ich dachte: Das kommt davon, wenn man einen einzelnen mit zuviel Gunst überhäuft. Es ist höchste Zeit, diesem arroganten Robert einmal ordentlich auf die Finger zu klopfen, und, bei Gott, das soll sogleich geschehen.

»Ich habe es immer gut mit Euch gemeint«, fuhr ich ihn an, und je mehr ich in Wut geriet, um so lauter wurde ich. »Aber mein Wohlwollen ist nicht so ausschließlich Euer Privileg, daß nicht auch andere das Recht hätten, in den Genuß meiner Gunst zu kommen. Es gibt genügend Männer, die mir mindestens ebenso treu dienen wie Mylord Leicester. Und Ihr tätet gut daran, Master Dudley, niemals zu vergessen, daß dieses Land von einer Königin regiert wird, nicht von einem König. Ich kann einen Untertan zu höchsten Ehren aufsteigen lassen – was ich unübersehbar getan habe –, aber ich kann ihn, verlaßt Euch darauf, ebensogut wieder fallenlassen, und dazu entschließe ich mich erbarmungslos, wenn ich merke, daß meine Gunst ausgenutzt wird und Hochmut und Arroganz die Folge erwiesener Freundschaft und Anerkennung sind.«

Robert war wie betäubt. Mir ging es – das muß ich rückblickend gestehen – nicht viel anders. Ich war sehr verärgert und zutiefst verletzt und konnte es kaum ertragen, ihm, wie durch einen Abgrund getrennt, gegenüberzustehen. Er sah so abweisend aus, und dennoch stand ihm sein Zorn nicht weniger gut zu Gesicht als seine Verliebtheit. Ich hätte am liebsten die Arme um ihn geschlungen und ihm versprochen, ihn zu heiraten, was auch immer geschehen sein mochte.

Doch mein strengeres Ich sagte: Nein. Hast du nicht gesehen, was aus einem Mann wird, der, wenn auch in ganz bescheidenem Maße, erfahren durfte, was es heißt, Macht auszuüben? Wie hat Melville noch von dir gesagt: Du kannst keinen Herrn und Gebieter gebrauchen. Vergiß es nicht, denn Melville hat recht.

Also streckte ich nicht die Arme nach ihm aus, und eine Zeitlang starrten wir einander nur kalt und wortlos an.

Dann sagte er ganz ruhig: »Majestät, ich bitte Euch um die Erlaubnis, mich vom Hof zurückziehen zu dürfen.«

»Nur zu gern«, erwiderte ich, »und je eher, desto besser.«

Er war fort, ehe ich mich versah, und ich blieb zornig, tief verletzt und todunglücklich zurück.

Wie langweilig das Hofleben doch ohne ihn war! Ich war reizbar und schlecht gelaunt. Wenn eine abendliche Festlichkeit anstand und ich die lästige Prozedur des Ankleidens über mich ergehen ließ, ertappte ich mich wiederholt dabei, daß ich meine Hofdamen anschrie, bis ich schließlich solche

Nervenbündel aus ihnen gemacht hatte, daß sie sich weitaus ungeschickter anstellten als sonst, was meine Ungeduld nur noch steigerte. Das komplizierte Anlegen des engen Mieders, eines Gebildes aus Stäbchen und Steifleinen, das stramme Schnüren der Taille, der Kampf mit dem Ungetüm von Reifrock, das Hineinschlüpfen in die voluminösen Unterkleider, das Anlegen des breiten, mit Perlen besetzten Spitzenkragens, das Anziehen der prächtigen, mit schimmernden Perlen und funkelnden Edelsteinen verzierten Kleider aus Samt und Brokat... all das erschien mir völlig sinnlos, weil Robert nicht mehr da war, um mich zu bewundern. Lettice gehörte weiterhin zur Schar meiner Bedienten, und der Gedanke, daß auch sie von Robert getrennt war, verschaffte mir immerhin eine gewisse Genugtuung.

Wie ich hörte, hatte Robert sich nach Kenilworth zurückgezogen; das dortige Schloß war ja anläßlich seiner Erhebung in den hohen Adelsstand in seinen Besitz übergegangen. Es hieß, er sei dabei, es zu einem der großartigsten Adelssitze im ganzen Land zu machen.

Ich fragte mich, ob er wohl dem Leben bei Hofe und mir nachtrauerte.

Man spekulierte bereits über sein Schicksal: Das ist jetzt ganz sicher das Ende des Grafen von Leicester... Seine besten Zeiten dürften nun wohl vorbei sein... Nun, immerhin hat er erstaunlich lange im Rennen gelegen... Wer wohl sein Nachfolger werden mag?

Ihr Hohlköpfe, dachte ich. Als ob irgend jemand ihn je ersetzen könnte!

Einer der erbittertsten Gegner Roberts war Thomas Howard, der Herzog von Norfolk. Damals, als ich Königin wurde, hatte ich Howard begünstigt, weil er der Familie meiner Mutter verwandtschaftlich verbunden war; außerdem war ich auf seine Unterstützung angewiesen, denn er zählte zu den einflußreichsten Pairs des Landes. Doch gemocht hatte ich ihn noch nie. Ich hielt ihn für arrogant und dumm.

Norfolk war natürlich nicht der einzige unter den Höflingen, die Robert um die Freundschaft beneideten, die ich diesem entgegenbrachte; aber er war besonders eifersüchtig auf ihn, vor allem seit dem Zwischenfall auf dem Tennisplatz, der sich vor einiger Zeit ereignet hatte und meinem Gedächtnis bereits ganz entfallen war.

Ich hatte einem Tennisspiel zwischen Robert und Norfolk zugeschaut. Schon mein Vater war ein hervorragender Tennisspieler gewesen, der mit Vorliebe vor einer großen Gesellschaft von Zuschauern gespielt hatte, aus dem einfachen Grunde, weil er nie verlor. (Eine der Regeln der höfischen Etikette besagte, daß er von niemandem besiegt werden durfte.) Er liebte es, seinem Publikum zu imponieren, ganz besonders dann, wenn die Zuschauer schöne Frauen waren.

In besagtem Spiel, das ich verfolgte, war Robert klar in Führung gegangen, denn er zeichnete sich in allen Sportarten durch glänzende Leistungen aus, und obwohl er – wie mein Vater – es haßte, geschlagen zu werden, war er – im Unterschied zu ihm – gezwungen, den Sieg allein durch Geschicklichkeit zu erringen.

Das zu tun, war er im Begriff, und Norfolk wurde zusehends fahriger. Seine Nervosität erreichte ihren Höhepunkt, als Robert ein besonders guter Schlag gelang und ich und meine Hofdamen begeistert Beifall klatschten.

Während einer Pause gesellte Robert sich zu mir. Er hatte so überlegen gespielt, daß eigentlich niemand mehr an seinem Sieg zweifelte. Ich lächelte ihm liebevoll zu, und er erwiderte mein Lächeln.

»Ihr seid viel zu erhitzt, Robin«, tadelte ich ihn besorgt, »Ihr werdet Euch noch erkälten.«

Worauf er mein Ziertüchlein ergriff, das ich am Gürtel trug, und sich damit den Schweiß von der Stirn wischte. Zugegeben, ich war zunächst ein wenig verblüfft darüber, daß er sich in aller Öffentlichkeit eine solche Vertraulichkeit herausnahm, andererseits aber gefiel mir seine Ungezwungenheit, obwohl mir natürlich klar war, daß es gerade solche Gesten waren, die dem Gerücht, wir seien ein Liebespaar, neue Nahrung gaben.

Auch Norfolk war die vertrauliche Geste nicht entgangen, und er rief wütend aus: »Unverschämter Wichtigtuer! Ihr beleidigt die Königin!«

Drohend den Tennisschläger schwingend, ging er auf Robert los, und ich befürchtete schon, sie würden in meiner Gegenwart eine wilde Rauferei anfangen. Ich war so bestürzt, daß ich vor Schreck kein Wort herausbrachte, und bevor ich eingreifen konnte, hatte Robert Norfolks Hand gepackt, in der jener den Schläger hielt, und sie mit solcher Gewalt umgedreht, daß der Herzog vor Schmerz aufschrie und den Schläger fallen ließ.

Natürlich war Norfolk der Schuldige, denn er hatte eindeutig mit der Rauferei begonnen. Daher schrie ich ihn an, außer mir vor Empörung: »Wie könnt Ihr es wagen, Norfolk! Wie könnt Ihr Euch erdreisten, Euch in meiner Gegenwart derart gehenzulassen! Seht Euch ja vor, sonst verliert Ihr eines Tages vielleicht noch mehr als nur die Beherrschung.«

Das ernüchterte ihn auf der Stelle. Er machte einen halbherzigen Versuch, den Vorfall zu erklären, aber ich brachte ihn zum Schweigen, und ihm blieb nichts anderes übrig, als um die Erlaubnis zu bitten, sich zurückziehen zu dürfen.

»Die erteile ich Euch mit Vergnügen!« rief ich aus. »Und seid so freundlich, Euch erst dann wieder blicken zu lassen, wenn ich Euch ausdrücklich dazu auffordere.« Dann wandte ich mich Robert zu: »Allem Anschein nach hat Mylord Norfolk es nicht so gern, wenn er beim Tennis geschlagen wird. Er verliert nicht nur das Spiel, sondern außerdem noch die Beherrschung. Und Ihr, Mylord Leicester, scheint etwas benommen von der Hitze. Bitte setzt Euch doch und kühlt Euch ein wenig ab.«

Ich deutete mit einer Geste an, daß er neben mir Platz nehmen solle, und während er meiner Aufforderung folgte, nahm ich ihm das Ziertüchlein ab und steckte es dahin zurück, wohin es gehörte – in meinen Gürtel.

Diese Episode gewann nun, da es so aussah, als ob Roberts Karriere bei Hofe beendet wäre, neue Bedeutung. Norfolk mußte angesichts der Ereignisse der jüngsten Vergangenheit frohlocken, und alles sprach dafür, daß er davon ausging, mit Hilfe seiner Freunde Sussex und Arundel Robert ein für allemal zu Fall zu bringen.

Ich war ganz sicher, daß die drei hinter der teuflischen Intrige steckten, die den erneuten Gerüchten um Amy Robsarts Tod zugrunde lag, die plötzlich wieder kursierten.

Offenbar hatte John Appleyard, Amys Halbbruder, erklärt, er habe damals, als Amy starb, größere Summen Geldes von Robert erhalten, und zwar als Belohnung dafür, daß er gewisse Tatsachen verheimlicht habe; und nun plagte ihn angeblich sein Gewissen und drängte ihn, die vorenthaltenen Informationen preiszugeben.

Ich konnte sie mir lebhaft vorstellen – Norfolk, Sussex und Arundel –, wie sie sich schadenfroh die Hände rieben: »Leicester ist in Ungnade gefallen! Laßt uns den Glücksfall ausnutzen und über ihn herfallen, solange er am Boden liegt! Laßt uns den feinen Herrn ein für allemal erledigen!«

Sicher, es war durchaus möglich, daß Robert den Verlust der königlichen Gunst überleben und sich fern vom Hofe eine neue Existenz aufbauen würde, aber wenn man ihn des Mordes für schuldig befände – was dann?

Alte Skandale gerieten nicht so schnell in Vergessenheit. Leichen im Keller hatten die Angewohnheit, gerade dann wieder aufzutauchen und die Überlebenden das Fürchten zu lernen, wenn diese begannen, sich in Sicherheit zu wiegen.

Aber die Schurken, die sich diese Erkenntnis zunutze machen wollten, vergaßen eins dabei: Wenn Robert es sich nicht leisten konnte, die mysteriösen Umstände des Todes seiner Frau erneut ans Licht der Öffentlichkeit zerren zu lassen, so konnte ich es ebensowenig.

Ich mußte an Robert denken. Wie mochte es ihm ergehen in seinem prächtigen Schloß Kenilworth? Ob er so einsam war wie ich, so unglücklich ohne mich, wie ich es ohne ihn war?

Da wußte ich plötzlich, was ich zu tun hatte. Ich würde ihn an den Hof zurückholen. Ich würde ihm zeigen, daß er meine Gunst nicht verloren hatte. Ich würde ihn wissen lassen, daß jemand da war, der zu ihm hielt, wenn er in Gefahr war.

Ich schickte nach ihm.

Er kam auf der Stelle.

Ich werde nie vergessen, wie er in meine Gemächer gestürmt kam. Er fiel vor mir auf die Knie, und ich berührte seinen Kopf – das dunkle, lockige Haar, das es mir so angetan hatte.

Ich sagte: »Rob, das Leben bei Hofe ist so trostlos ohne dich.«

»Elizabeth«, sagte er mit bewegter Stimme, »meine schöne Elizabeth.«

Dann küßte er meine Hände, und ich hätte am liebsten losgeheult.

»Du bist ein Scheusal, mich so zur Weißglut zu bringen«, rief ich, von Gefühlen überwältigt, aus. »Mach das nie... nie wieder!«

Er erhob sich und machte Anstalten, mich zu umarmen, aber ich wich ihm aus. Allzuviel Gefühl war gefährlich: Es könnte mich dazu verleiten, etwas zu tun, das ich später bereute.

Ich sagte: »Ich möchte mit Euch über diesen Schurken Appleyard reden.«

Und so redeten wir, und es war ganz wie in alten Zeiten. Er erzählte mir, wie einsam er sich gefühlt habe, wie sinnlos ihm das Leben erschienen sei und wie wenig es ihn berührt habe, als Appleyard seine ungeheuerlichen Anschuldigungen gegen ihn erhoben habe.

»Der Schuft soll zu Kreuze kriechen«, versprach ich ihm. »Nun, da Ihr zurückgekehrt seid, dürften Norfolk und der Rest der bellenden Meute nicht mehr ganz so versessen darauf sein, Euch zur Strecke zu bringen.«

»Gott segne Eure Majestät, jetzt und in Ewigkeit.«

»Oh, Robin«, sagte ich leise, »es ist schön, Euch wiederzuhaben.«

Ich ordnete an, John Appleyard festzunehmen und vom Geheimen Staatsrat verhören zu lassen. Cecil sollte ihn als erster vernehmen; danach sollten ihn die übrigen Mitglieder des Staatsrates einer Befragung unterziehen. Zu ihnen gehörten auch Norfolk und Sussex. Aber sie konnten mir keine Angst einjagen. Meine erneute Freundschaft mit Robert hatte ihnen den Wind aus den Segeln genommen, und da Cecil nur zu gut wußte, daß belastende Beweise gegen Robert auch mir zum Verhängnis werden könnten, und ebenso wie ich von der Notwendigkeit überzeugt war, Appleyard als unglaubwürdigen Ankläger zu entlarven, hatte ich keinen Grund, daran zu zweifeln, daß die Angelegenheit zu meiner Zufriedenheit geregelt werden würde.

Ich sollte recht behalten. Appleyard gestand zwar, von Robert Geld erhalten zu haben, aber da Robert sein Schwager war, war diese Tatsache an sich nicht weiter verdächtig. Er gab ferner zu, Robert um Geld gebeten zu haben; Robert habe seine Forderungen jedoch als erpresserisch zurückgewiesen, sich geweigert, darauf einzugehen, und den Kontakt mit ihm radikal abgebrochen. Das sei der Stand der Dinge gewesen, als zwei Männer an ihn herangetreten seien, ihm Geld angeboten und ihn überredet hätten, den Skandal um Amy Robsart wieder aufzurühren. Er schäme sich, zugeben zu müssen, fügte er hinzu, daß er diesem Bestechungsversuch nicht habe wiederstehen können.

Er war ein sehr verängstigter Mann, und ich war Cecil dankbar dafür, den Nachweis erbracht zu haben, daß die Untersuchung des Falles nur deshalb wieder aufgerollt worden war, weil Appleyard gewußt hatte, daß Robert in Ungnade gefallen war. Wir haben nie erfahren, wer die Männer waren, die Appleyard Geld geboten hatten, aber ich hätte schwören können, daß Norfolk dabei die Hand im Spiel gehabt hatte.

Appleyard war zutiefst zerknirscht und betonte, er habe nie geglaubt, daß seine Halbschwester ermordet worden sei. Alles, was er je bereit gewesen wäre auszusagen – auch nachdem er sich habe bestechen lassen –, sei, daß seiner Ansicht nach die näheren Umstände des Todes seiner Halbschwester wegen des hohen Ranges des Grafen von Leicester nicht gründlich genug untersucht worden seien. Er habe nur um eine Wiederaufnahme des Verfahrens gebeten.

Man legte ihm daraufhin das Protokoll der Gerichtsverhandlung vor, aber es stellte sich heraus, daß der Mann nicht lesen konnte, und so mußte ihm die Niederschrift vorgelesen werden.

Wir hatten es hier mit einem Mann zu tun, der Analphabet war, der zunächst Geld von Robert angenommen und keine Hemmungen gehabt hatte, die Großzügigkeit des Schwagers auszunutzen, und der sich dann von jenen Männern hatte bestechen lassen, die nicht bereit waren, ihre Identität preiszugeben, aber den Grafen von Leicester um jeden Preis in ein Gerichtsverfahren verwickeln wollten, von dem sie sich diesmal ein – für Robert – vernichtendes Ergebnis erhofften.

Der ganze Fall war eindeutig das Resultat einer abgefeimten, boshaften Intrige.

Cecil und ich waren uns darin einig, daß niemandem damit gedient wäre, wenn Appleyard bestraft würde. Wir waren an Märtyrern nicht interessiert. Alles, was wir wollten, war, unter die leidige Angelegenheit, die am besten in Vergessenheit geriet, endlich einen Schlußstrich zu ziehen. Also wurde Appleyard auf freien Fuß gesetzt und lediglich verwarnt, in Zukunft vorsichtiger zu sein.

Robert erfreute sich größerer Gunst als je zuvor. Ich war sicher, daß er es so schnell nicht wieder wagen würde, sich leichtfertig mein Wohlwollen zu verscherzen, und ich war sehr glücklich, wieder mit ihm zusammen zu sein.

Um ganz sicher zu gehen, bestellte ich Lettice' Vater zu mir, der Schatzmeister der königlichen Hofhaltung war, und teilte ihm mit, daß ich es gar nicht gerne sähe, wenn Ehefrauen und Mütter allzulange von ihren Familien getrennt seien, und daß es mir lieber wäre, wenn seine Tochter zu ihrem Mann zurückkehrte.

Er erinnerte mich daran, daß ihr Mann in Irland Dienst tue – worauf ich stirnrunzelnd bemerkte, daß in dem Fall doch sicher die Kinder ihre Mutter vermißten.

Der zarte Hinweis verfehlte seine Wirkung nicht. Er begriff, daß es mein Wunsch war, auf Lettice' Gesellschaft in Zukunft zu verzichten.

Also ging sie. Und ich dachte, während ich erleichtert aufatmete: Damit dürfte Roberts Romanze mit dieser Frau und die unnötige Aufregung, die sie mir beschert hat, wohl ein für allemal beendet sein.

Die Ridolfi-Verschwörung

Unterdessen ereigneten sich in Schottland höchst merkwürdige Dinge. Offenbar war Mary einfach nicht in der Lage, ein unauffälliges Leben zu führen. Wo sie sich auch aufhielt, sie verursachte stets einen Riesenwirbel; wo immer Aufsehenerregendes geschah, drehte es sich garantiert um sie. Wie ich zu meiner Belustigung erfahren hatte, war ihrer ach so romantischen Heirat sehr bald die Ernüchterung gefolgt. Mary war zu der bitteren Erkenntnis gelangt, daß Lord Darnley alles andere war als der Mann, für den sie ihn gehalten hatte. Darnley war ein Wüstling, ein untreuer Ehemann und ein unverbesserlicher Trinker, und sobald sie ihn, vernarrt wie sie war, gegen alle Vernunft zum König von Schottland ausgerufen hatte, gab er sich nicht mehr die geringste Mühe, seine wahre Natur zu verbergen. Sein Verhalten war skandalös. Er ließ sich auf Schlägereien ein, fing Streit mit jedem an, der es wagte, ihm zu widersprechen, und nutzte Marys Verliebtheit in jeder Hinsicht schamlos aus. Die unvermeidliche Folge war, daß diese Verliebtheit rasch in Enttäuschung umschlug und Mary gezwungen war, ihn so zu sehen wie er wirklich war – und wie ich ihn von Anfang an gesehen hatte. Sie konnte sich nicht länger darüber hinwegtäuschen, daß die Weichheit seiner sinnlichen Lippen nichts als Schwäche, die Verträumtheit seiner hübschen Augen nur ausdruckslose Leere war. Wie dumm Mary doch war! Ihr abschreckendes Beispiel führte mir deutlicher denn je vor Augen, wie klug mein Entschluß gewesen war, ›keinen Befehlshaber an meiner Seite zu dulden‹, wie ihr Gesandter sich ausgedrückt hatte.

Eins allerdings hatte Mary geschafft. Sie war sogleich schwanger geworden. Cecil überbrachte mir die Nachricht mit leicht vorwurfsvollem Blick, doch ich gab ihm zu bedenken, daß es sehr töricht von Mary gewesen sei, Darnley zu heiraten, wo sie doch den Grafen von Leicester habe bekommen können. Worauf Cecil erwiderte: »Majestät, Ihr wißt doch ganz genau, daß Ihr Leicester niemals erlaubt hättet, Euren Hof zu verlassen. Ihr bringt es ja nicht einmal fertig, ihn nach Kenilworth zu verbannen, ohne ihn nach kurzer Zeit sehnsüchtig zurückzurufen.«

»Robert wäre auch nie fortgegangen«, entgegnete ich mit einem Lächeln, »wir vergeuden daher nur Zeit, Master Cecil, wenn wir uns lang und breit über etwas Gedanken machen, das sich ohnehin erübrigt hat. Die gute Mary... nun erwartet sie also ein Kind. Das wird das schottische Volk gewiß sehr freuen. Aber wir haben damit einen weiteren kleinen Thronwärter am Hals.«

»Die Königin von Schottland leidet anscheinend sehr unter der Trunksucht und den zahllosen Seitensprüngen ihres Mannes. Das Kind wird ihr zweifellos ein großer Trost sein.«

Inzwischen kursierten verschiedene Gerüchte über Marys italienischen Sekretär, David Riccio, einen hochbegabten Musiker, den sie angeblich über alle Maßen ins Herz geschlossen hatte. Ich konnte mir gut vorstellen, daß dieser charmante Italiener Trost und Abwechslung in Marys Leben mit dem charakterlosen Wüstling Darnley brachte; und Mary war dafür bekannt, daß sie gern Dichter und Musikanten um sich scharte. Ich hatte das Gefühl, daß sie versuchte, am Hof von Schottland ein wenig die Atmosphäre des französischen Königshofes wiederaufleben zu lassen. Es muß sie sehr deprimiert haben festzustellen, daß zwischen den beiden Kulturen Welten lagen.

Bereits zuvor hatte es unschönen Klatsch wegen eines jungen französischen Dichters, Pierre von Chastelard, gegeben, der Mary damals auf ihrer Heimreise nach Schottland begleitet hatte. Er war gleich nach seiner Rückkehr an den französischen Hof erneut nach Schottland geschickt worden, vermutlich, um für Catherine von Medici zu spionieren. Diese mit allen Wassern gewaschene Intrigantin hätte wohl kaum einen bezaubernden jungen Mann in ein fernes Land entsandt, nur damit er ihrer Schwiegertochter die Zeit vertreibe.

Wie uns zu Ohren kam, waren Chastelard und ›David le Chante‹, wie Riccio von Mary genannt wurde, ständig in ihrer Gesellschaft. Es hieß, Chastelard sei der Liebhaber der Königin. Man hatte ihn sogar einmal in ihrem Schlafzimmer erwischt, wo er sich versteckt hatte. Allerdings waren es Mary selbst und ihre Hofdamen gewesen, die ihn dort entdeckt und sogleich Alarm geschlagen hatten. Andererseits war es jedoch unwahrscheinlich, daß er sich dort eingeschlichen und voller Vorfreude auf sie gewartet hätte, wenn Mary ihm nicht zuvor irgendwelche Hoffnungen gemacht und ihn zu einer solch kühnen Tat ermutigt hätte.

Der verwegene Streich endete damit, daß Chastelard auf dem Marktplatz von Saint Andrews seinen Kopf auf den Richtblock legen mußte. Der arme junge Mann starb tapfer und mit einem Vers aus Ronsards ›Hymne an den Tod‹ auf den Lippen.

*›Je te salue, heureuse et profitable Mort ...‹**

Es zeugte von bewundernswerter Haltung, so zu sterben. Dennoch trug auch der Tod des beklagenswerten jungen Poeten nicht dazu bei, den Ruf seiner Herrin zu verbessern.

Doch es sollte noch schlimmer kommen. Ich habe mich oft gefragt, ob Riccio wohl wirklich Marys Geliebter war. Daß sie eine Schwäche für Männer hatte, stand außer Frage; schließlich hatte sie vor ihrer Heirat auch Darnley mit Liebe geradezu überschüttet. Rückblickend habe ich das Gefühl, daß sie eine durch und durch sinnliche Frau gewesen sein muß; und da Darnley sie so offensichtlich enttäuscht hatte, lag die Vermutung nahe, daß sie sich mit all ihren Träumen und Sehnsüchten – und dazu gehörte mehr als nur das Verlangen nach Musik – dem Italiener zugewandt hatte.

Damit war Riccio dem Untergang geweiht.

Über die Ereignisse jener schrecklichen Nacht kursierten die unterschiedlichsten Gerüchte. In Gedanken sehe ich alles ganz deutlich vor mir.

Es war an einem Samstagabend im Holyrood-Palast. Draußen fegte der Märzwind ums Schloß und rüttelte an den Mauern. Die Königin, im sechsten Monat schwanger, fühlte sich nicht sehr wohl und den Anstrengungen gesellschaftlicher Verpflichtungen nicht gewachsen; deshalb

* ›Ich grüße dich, o glücklicher und segensreicher Tod ...‹ (Anm. d. Übers.)

nahm sie das Abendessen im Kreise einiger ihrer engsten Freunde in einem gemütlichen kleinen Raum ein. Zu denen, die ihr Gesellschaft leisteten, gehörten ihre unehelichen Geschwister, Robert Stuart und Lady Jane, die Gräfin von Argyle. (Ihr Vater, James V. von Schottland, hatte zwar nur eine Tochter gezeugt, dafür aber außerhalb des Ehebetts ein um so aktiveres Liebesleben entfaltet.) Der Arzt hatte Mary geraten, sich nicht zu überanstrengen, sich genügend Ruhe zu gönnen und viel rohes Fleisch zu essen, was erklärt, weshalb diese während der Fastenzeit an sich verbotene Speise an jenem Abend in Marys Palast serviert wurde. Ebenfalls anwesend waren der Laird* von Creech, der Marys Hofhaltung vorstand, ihr Oberstallmeister und ihr Arzt. Ich habe mich ganz bewußt nach all diesen Einzelheiten erkundigt, da ich den Wunsch hatte, mir die Szene möglichst genau so zu vergegenwärtigen, wie sie sich abgespielt hatte. Und natürlich gehörte noch jemand zu der kleinen Gruppe, die um Mary versammelt war – David Riccio, der selten an der Seite der Königin fehlte. Er trug einen prächtigen, mit Pelz besetzten Umhang aus kostbarem Damast, ein Wams aus Seide und eine Strumpfhose aus rostrotem Samt; um den Hals hatte er eine Kette mit einem herrlichen Rubin. Seine Kleidung wurde in allen Versionen des Berichts über die Geschehnisse jener Nacht erwähnt; sie war, ebenso wie der Edelstein, ein Geschenk der Königin gewesen – solche Dinge wurden von Leuten, die nur darauf aus waren, Mary in den Schmutz zu ziehen, genau registriert.

David spielte und sang und unterhielt die kleine Gesellschaft, wie so oft, mit seinem überragenden musikalischen Talent. Doch mitten in die friedliche Runde platzte mit einemmal Darnley herein, der unbemerkt durch die Tür zu jenem Trakt des Palastes hereingekommen war, in dem sich die Treppe befand, die zu den Privatgemächern führte. Er hatte ganz offensichtlich zuviel getrunken. Er ging geradewegs auf die Königin zu und ließ sich, ohne auch nur eine Spur von Höflichkeit und zivilisiertem Benehmen erkennen zu lassen, an ihrer Seite auf einen Stuhl fallen. Ich konnte

* Schottische Form von *Lord* und Titel, der namhaften Gutsherren und Großgrundbesitzern verliehen wurde. (Anm. d. Übers.)

mir lebhaft vorstellen, wie die Stimmung von einer Sekunde auf die andere umschlug. Darnley war oft aggressiv, wenn er betrunken war, und fing dann mit Vorliebe Streit an; daher dürften die Anwesenden wohl zunächst einmal voller Unbehagen abgewartet haben, ob er wieder laut werden und anfangen würde, die Königin zu beleidigen.

Diesmal jedoch war alles anders, denn unmittelbar nach Darnley erschien ein zweiter Mann in der Türöffnung des an den Speiseraum angrenzenden Trakts, in dem besagte Treppe zu den privaten Gemächern führte. Er trug eine Ritterrüstung und soll wie ein Geist ausgesehen haben – oder wie ein Bote aus dem Reich des Bösen, was sich leider nur zu bald bestätigen sollte. In Wirklichkeit war diese furchteinflößende Gestalt niemand anderer als Lord Ruthven, der von seinem Krankenlager, auf dem er bereits im Sterben gelegen hatte, aufgestanden war und sich zum Palast der Königin begeben hatte, wo er in der Tat den Eindruck erweckte, als ob er soeben von den Toten auferstanden wäre.

Was muß das für eine makabre Szene gewesen sein, wie ein Alptraum von beklemmender Lebendigkeit! Es lief mir vor Entsetzen kalt über den Rücken, als mir davon berichtet wurde. Während jener paar Sekunden, in denen die Akteure des Dramas von Schloß Holyrood zum Tableau erstarrten, müssen Mary und ihre Gäste geglaubt haben, Ruthven sei ihnen von jenseits des Grabes erschienen. Doch dann tauchten noch andere Männer aus dem Hintergrund auf – Männer, deren Namen oft gefallen waren, als Cecil und ich gemeinsam beratschlagt hatten, welchen politischen Kurs wir einschlagen sollten, um den rebellischen Schotten beizukommen: Morton, Kerr, Lindsay.

Ruthven forderte David mit Grabesstimme auf, ihm nach draußen zu folgen, wo Männer auf ihn warten würden, die ihn zu sprechen wünschten.

Dem armen italienischen Musiker war sogleich klar, daß es sich nur um blutrünstige Mörder handeln konnte, die vorhatten, ihn zu töten, und wie ein verstörtes Kind suchte er, zitternd vor Angst, bei der Königin Zuflucht. Mary war vor Schrecken kreidebleich geworden und sah so aus, als ob sie jeden Moment in Ohnmacht fallen würde. Riccio klammerte sich an sie und rief nur verzweifelt aus: »Nein! Nein!«

Doch wie sollte sie ihm helfen? Wie mag ihr zumute gewesen sein, als sie mitansehen mußte, wie sie den armen Jungen gewaltsam von ihr fortrissen, um mit ihren Dolchen auf seinen zitternden Körper einzustechen?

In jenem Augenblick muß sie davon überzeugt gewesen sein, daß nicht nur Riccio, sondern auch sie selbst ermordet werden sollte. Die arme Frau – hochschwanger solchen Barbaren ausgeliefert zu sein!

Es hieß, sie habe, außer sich vor Furcht, ausgerufen: »Davie, Davie! Sie wollen Euch töten? Sie wollen uns beide töten. Behandelt man so eine Königin?«

Doch der Rohling Kerr packte sie beim Arm und brachte sie brutal zum Schweigen, indem er ihr auf seine ungehobelte Art androhte, er werde, wenn sie nicht auf der Stelle den Mund halte, ›Hackfleisch aus ihr machen‹.

Anscheinend war das mehr, als die verängstigte Frau ertragen konnte, und sie wurde ohnmächtig, was unter den gegebenen Umständen sicher das Beste war, was ihr passieren konnte.

Ich verabscheute die Schotten mehr als je zuvor. Sicher, Mary war ein törichtes Geschöpf, und vermutlich war das Volk alles andere als begeistert, eine solche Frau zur Königin zu haben – aber welch eine grobschlächtige, flegelhafte, widerwärtige Art hatten diese kulturlosen Kreaturen doch, mit einer Dame von königlichem Geblüt umzuspringen! Wie konnten sie es nur wagen!

Als sie wieder zu sich kam, war sie mit Darnley allein, dem sie, sobald sie sich erinnerte, was geschehen war, heftige Vorwürfe machte; sie beschuldigte ihn, er sei ein Mörder – Riccios Mörder und vielleicht sogar der Mörder ihres ungeborenen Kindes. Darnley seinerseits warf ihr vor, mit Riccio allzu vertrauten Umgang gepflegt und die Gesellschaft des Musikers der ihres Ehemannes vorgezogen zu haben. Letztere Anschuldigung war – nach allem, was ich über sie erfahren hatte – nur zu erwarten gewesen.

Man brachte sie in ihre Gemächer und behandelte sie

mehr oder weniger wie eine Gefangene, und da alles darauf hindeutete, daß sie vorzeitig niederkommen würde, schickte man nach der Hebamme. Darnley blieb während jener Nacht bei ihr, und aus dem Grunde hatten die Verschwörer es nicht für nötig gehalten, ihre Räume bewachen zu lassen. Die Narren! Sie waren offenbar so dumm, sich auf Darnley zu verlassen. Dabei hätten sie wissen müssen, daß er ein Schwächling und völlig unzuverlässig war. Jedenfalls muß Mary noch einen gewissen Einfluß auf ihn gehabt haben, denn es gelang ihr, ihn zu überreden, mit ihr zusammen heimlich den Palast zu verlassen und zu fliehen. Und so ritten sie gemeinsam durch die Nacht, bis sie die Burg von Dunbar erreichten, wo Lord Bothwell und einige seiner Verbündeten sie bereits erwarteten.

Zumindest war nun die Nacht des Schreckens vorüber, und sie war vor Riccios Mördern in Sicherheit. Doch in welch beklagenswerter Verfassung sie sich befand! Die arme Mary. So sehr ich auch darauf brannte, ihr die Arroganz heimzuzahlen, mit der sie Anspruch auf meinen Thron erhoben hatte – in ihrer gegenwärtigen Not tat sie mir doch leid. Und ich wartete gespannt auf weitere Nachrichten aus Schottland.

Im Juni jenes Jahres hielt sich der Hof in Greenwich auf. Das Schloß von Greenwich war eins meiner Lieblingsschlösser – wahrscheinlich deshalb, weil ich dort das Licht der Welt erblickt hatte. In Greenwich schienen die Felder immer grüner zu sein als anderswo, die Vegetation üppiger, die Bäume dichter mit Blüten besetzt. Schon die Römer hatten die Stadt *Grenovicum* genannt, und zur Zeit der Angelsachsen hatte sie *Grenawic* geheißen, was bewies, daß die Menschen sie schon damals für eine ›grüne Stadt‹ gehalten hatten. Während der Regierungszeit meines Vorfahren Edward III. war dort erstmalig ein Palast errichtet worden, doch erst später, unter König Henry VI., war dieser Palast erweitert und zu einem prachtvollen Schloß ausgebaut worden. Und nun war er ein wahres Schmuckstück unter meinen Residenzen.

Am Hof herrschte fröhliche Stimmung, und für die Abende waren manch glanzvolle Festlichkeiten geplant – oftmals *al fresco*, denn es war Sommer, und das Wetter hätte nicht schöner sein können.

Ein vergnüglicher Abend war angebrochen. Wir hatten soeben das Diner beendet. Die Musikanten spielten auf, und der Tanz hatte begonnen. Robert und ich befanden uns gerade auf der Tanzfläche, als ich bemerkte, daß Sir James Melville sich bemühte, vom anderen Ende des Saales zu mir vorzudringen.

Mir war sogleich klar, daß er Neuigkeiten aus Schottland zu berichten hatte, und ich hörte auf der Stelle auf zu tanzen. Dann war er bei mir angelangt und flüsterte mir ins Ohr: »Die Königin von Schottland hat einem kleinen Jungen das Leben geschenkt.«

Ich war so von Gefühlen überwältigt, daß es mir kaum gelang, mich zu beherrschen. Also doch... Nach all den grauenhaften Ereignissen, dem schauerlichen Mord an ihrem Günstling, dem Ritt durch die Nacht nach Dunbar... nach diesem schrecklichen Alptraum hatte sie tatsächlich einen Sohn zur Welt gebracht. Dabei war ich so sicher gewesen, daß es dazu nicht kommen werde.

Ich war wie betäubt. Das einzige, woran ich jetzt denken konnte, war, daß sie erfolgreich gewesen war, und daß ihr Erfolg mich zur Versagerin zu machen schien.

Zwei meiner Hofdamen, Magdalene Dacres und Jane Dormer, eilten besorgt zu mir. Robert schaute mich bestürzt an.

»Was fehlt Euch, Majestät?« fragte Robert.

Ich sagte: »Die Königin von Schottland hat einen Sohn geboren, und ich bin nichts weiter als ein verdorrter Rebstock.«

Da nahm Robert meine Hand und drückte sie und beschwor mich, mir meine Enttäuschung nicht anmerken zu lassen. Natürlich hatte er recht.

Also tat ich so, als ob mich keine frohere Nachricht hätte erreichen können, und erklärte vor versammelter Gesellschaft, daß wir allen Grund hätten, uns mit unserer lieben Königin von Schottland zu freuen, daß ihr das große Glück beschieden gewesen sei, das Leid zu überwinden, das man ihr zugefügt habe.

Im stillen dachte ich: Ausgerechnet ein Sohn! Das wird sie in ihren Thronansprüchen noch bestärken. Die leidige Frage der Thronfolge wird erneut aufgeworfen werden, und man wird mich von neuem bedrängen, entweder zu heiraten und ein Kind in die Welt zu setzen oder einen Nachfolger zu benennen.

Später suchte ich dann Cecil auf, der mir ebenfalls den Rat gab, so zu tun, als ob ich mich freute, und mir die Besorgnis nicht anmerken zu lassen, mit der mich die Geburt des schottischen Thronerben erfüllt habe und die er nicht nur verstehen könne, sondern auch teile.

Also empfing ich Melville mit allen Ehren, die das Protokoll vorschrieb, und nachdem ich mein Entzücken über das freudige Ereignis zum Ausdruck gebracht hatte, erkundigte ich mich mit angemessener Anteilnahme nach dem Befinden der Königin.

»Ich habe mich während der letzten zwei Wochen ganz und gar nicht wohl gefühlt«, versicherte ich ihm, »aber die Nachricht von der Geburt des Prinzen hat ein wahres Wunder vollbracht; nun geht es mir plötzlich wieder gut.«

Nun ja, vielleicht war das etwas übertrieben – Melville war schließlich ein schlauer Fuchs, der zweifellos durchschaute, daß meine Freude nur vorgetäuscht war. Doch in solchen Situationen ist entscheidend, was man sagt, und nicht, was man denkt; nur die Worte, die man ausspricht, werden weitergegeben und auf die Goldwaage gelegt, die Gedanken, die man sich macht, bleiben geheim, und über sie können allenfalls Vermutungen angestellt werden.

Melville bediente sich in seiner Antwort derselben diplomatischen Heuchelei. »Meine Königin«, so beteuerte er, »zweifelt nicht daran, daß von all ihren Freundinnen Ihr diejenige seid, die sich am aufrichtigsten mit ihr freut. Sie bat mich, Euch auszurichten, daß die Geburt ihres Sohnes sie fast das Leben gekostet habe, und daß sie, bevor er zur Welt gekommen sei, so viel Grausamkeit habe erdulden müssen, daß sie es bitter bereut habe, je eine Ehe eingegangen zu sein.«

Ich nickte ernst. »Die Königin hat Schreckliches durchgemacht und mit großer Tapferkeit all das Leid überwunden, das man ihr angetan hat. Doch ich bin sicher, daß ihre Freude über ihren Sohn so groß ist, daß sie im Grunde ihres Herzens nun nichts mehr bereuen kann, was ihr zu diesem Kind verholfen hat.«

»Es ist der sehnliche Wunsch der Königin von Schottland, Euch anläßlich der Taufe des Prinzen wiederzusehen.«

»Ja, das wäre wirklich eine große Freude, und ich wünschte von Herzen, die Staatsgeschäfte erlaubten mir, sie zu besuchen! Ich verspreche Euch jedoch, Damen und Herren aus den vornehmsten Adelskreisen auszuwählen, die mich in Schottland vertreten sollen.«

Es war eine sehr freundschaftliche Unterredung, und ich hatte nichts gesagt, was Mary auch nur entfernt hätte beleidigen können.

Entsprechend meiner Ankündigung schickte ich den Grafen von Bedford als meinen persönlichen Stellvertreter zur Taufe nach Schottland. Er überbrachte ein prächtiges Geschenk von mir, einen Taufstein aus purem Gold im Werte von tausend Pfund.

»Es würde mich nicht wundern, wenn der kleine Prinz so rasch wüchse, daß er längst zu groß für den Taufstein ist, wenn das Geschenk eintrifft«, scherzte ich. »Sollte das der Fall sein, kann die Königin ihn ja für das nächste Kind aufheben.«

Ich beauftragte ferner die Gräfin von Argyle, Marys Halbschwester, bei der Taufe als meine Stellvertreterin zu fungieren, und wies meinen Gesandten dort oben in Schottland an, unmißverständlich darauf hinzuweisen, daß ich Lord Darnley nicht als König von Schottland anerkannte.

Das erbost Darnley derart, daß er in seiner Wut beschloß, der Taufe seines eigenen Sohnes fernzubleiben. Ich glaube, niemand hat ihn vermißt.

Der kleine Junge wurde Charles James getauft, aber aus irgendeinem Grunde wurde der Name Charles schon bald fallengelassen, und Marys Sohn war von da an für alle Zeiten als ›James‹ bekannt – wahrscheinlich hatte sich der Name ›James‹ deshalb durchgesetzt, weil er ein typisch schottischer Herrschername war und es bereits eine ganze Reihe von Königen gegeben hatte, die alle James geheißen hatten.

Mary hatte nun also einen Sohn, und mein Staatsrat wurde von Tag zu Tag nervöser, weil ich kinderlos war und nichts darauf hindeutete, daß sich daran so schnell etwas ändern würde. Offenbar hatte die Geburt des kleinen James meine Minister so beunruhigt, daß sie sich gedrängt fühlten, etwas zu unternehmen, denn als kurz nach dem ›freudigen‹ Ereignis das Parlament tagte, wurde mir von allen Seiten eindringlich nahegelegt, entweder unverzüglich zu heiraten oder meinen Nachfolger zu benennen.

Ich haßte es, mich mit dieser Alternative auseinanderzusetzen. Ich wollte nicht heiraten – das hatte ich oft genug klargestellt. Ich wollte mich von keinem Mann beherrschen lassen und auch keinerlei Schritte unternehmen, die dazu führen könnten. Und seinen Nachfolger zu benennen, war für ein Staatsoberhaupt immer eine heikle Angelegenheit, die meist dazu führte, daß das Volk noch zu Lebzeiten des regierenden Monarchen dem Nachfolger besondere Aufmerksamkeit schenkte und Vergleiche anstellte – wobei den Menschen oft die Zukunft und das, was sie versprach, verlockender erschien als die Gegenwart mit dem, was sie bereits kannten. Sofern ein Herrscher nicht einen leiblichen Nachkommen als Thronerben einsetzen kann, bringt die Benennung eines Nachfolgers nichts als Ärger. Also wehrte ich mich entschieden gegen die Forderung des Parlaments.

»Ihr kümmert Euch um Eure Pflichten«, wies ich die Herren zurecht, »und ich kümmere mich um die meinen.«

Doch damit wollten sie sich nicht zufriedengeben. Sie betonten, daß die Festlegung der Thronfolge eine äußerst schwerwiegende Entscheidung sei, und viele von ihnen erinnerten an die Zeit, als ich an den Blattern erkrankt war und bereits mit dem Tode gerungen hatte. Sie baten mich inständig, nicht zu vergessen, welche Unruhe meine schwere Krankheit damals im ganzen Land ausgelöst habe.

»Ich denke gar nicht daran mitanzusehen, wie man mir mein Grab schaufelt, obwohl ich lebe«, unterbrach ich sie, »und ich lasse mich erst recht nicht von Spatzenhirnen einschüchtern, die sich Politiker nennen, aber in Wirklichkeit völlig ungeeignet sind, solche Fragen zu entscheiden.«

Trotzdem weigerten sie sich nachzugeben und erklärten

hartnäckig, daß es meine Pflicht sei, meinen Nachfolger zu benennen, wenn ich schon nicht bereit sei zu heiraten; sie fügten hinzu, daß das in der Tat eine schwache Fürstin und ängstliche Frau sein müsse, die dazu nicht in der Lage sei.

Ich war wütend, aber mir war klar, daß das Begehren des Parlaments nichts anderes als der Wunsch des Volkes war. Und eins hatte ich rechtzeitig begriffen und immer beherzigt: Die Herrschaft eines Monarchen steht und fällt mit der Unterstützung durch sein Volk. Ich befand mich in einem Dilemma. Ich wußte ganz genau, daß eine Heirat meine Macht beschneiden würde, die Benennung eines Nachfolgers hingegen Intriganten ermutigen könnte, Verschwörungen gegen mich anzuzetteln.

Doch das Parlament blieb hart, und als ich einen Sonderzuschuß aus öffentlichen Mitteln benötigte, wurde mir erklärt, das Geld werde mir nur dann bewilligt, wenn ich bereit sei, verbindlich darüber Auskunft zu geben, wer mir auf den Thron folgen solle.

Cecil verstand, was in mir vorging, und stimmte mir, glaube ich, im Grunde seines Herzens zu. An ihn wandte ich mich in der verzwickten Situation, in der ich mich befand. Ich rief ihn, sowie fünf meiner übrigen Ratgeber zu mir und gestand ihnen, daß es mein größter Wunsch sei, meinem Volk zu dienen und dafür zu sorgen, daß es ein Leben in Wohlstand und Frieden führen könne. Was den Zuschuß angehe, so gäbe ich mich auch mit der Hälfte der beantragten Summe zufrieden, denn ich sei der Ansicht, daß das Geld in den Taschen meiner Untertanen nicht weniger gut aufgehoben sei als in der Staatskasse.

Es gelang mir schließlich, sie davon zu überzeugen, daß der Zuschuß dringend erforderlich war und außerdem mit der Frage der Thronfolge gar nichts zu tun hatte; und als sie sich daraufhin bereit erklärten, mir das Geld zu bewilligen, ohne von mir zu verlangen, mich auf einen Nachfolger festzulegen, war ich hocherfreut. Ich erkannte, daß es die sorgfältige Wahl meiner Worte gewesen war, die mir zum Erfolg verholfen hatte. Was mich jedoch ärgerte, war die unverblümte Art, in der das Parlament mich auf die Probleme der Thronfolge angesprochen hatte. Das hätten sie sich meinem

Vater gegenüber niemals erlaubt. Ich nahm mir, was die Staatsgeschäfte betraf, stets meinen Vater zum Vorbild, denn er hatte mit starker Hand regiert und sich trotz seiner unnachgiebigen Strenge die Sympathien seiner Untertanen bis an sein Lebensende bewahrt.

Ich entließ die Abgeordneten des Parlaments mit einer Rede, in der ich ihnen unmißverständlich klarmachte, es habe mir sehr mißfallen, wie sie mir zum Dank dafür, daß ich immer offen und ehrlich zu ihnen gewesen sei, nichts als Starrsinn und Widerspenstigkeit entgegengebracht hätten. Ich sagte ihnen, daß ich mir durchaus Staatsoberhäupter vorstellen könne, die über größere Gelehrsamkeit verfügten als ich, ich aber ganz sicher sei, daß keinem anderen Herrscher das Wohlergehen seiner Untertanen so sehr am Herzen liege wie mir. Dann schickte ich sie mit der Warnung nach Hause, sich ja zu hüten, meine Geduld noch einmal in der Weise auf die Probe zu stellen, wie sie es sich kürzlich erlaubt hätten.

Doch die Starrköpfigkeit des Parlaments war nur eins von vielen Problemen.

Robert und Sussex waren seit langem miteinander verfeindet. Genaugenommen waren alle Oberhäupter der vornehmsten Familien des Landes Roberts Feinde. Immerhin war er im Begriff, einer der reichsten Männer Englands zu werden, und er hatte Kenilworth bereits zum prächtigsten Schloß weit und breit gemacht. Außerdem war er noch immer davon überzeugt, daß ich ihm irgendwann die Hand zur Ehe reichen und damit zu uneingeschränkter Macht verhelfen würde – und mit dieser Ansicht stand er durchaus nicht allein da.

Doch solange ich mich weigerte, seinen Herzenswunsch zu erfüllen und ihn am Glanz der Krone teilhaben zu lassen, wurden immer wieder Versuche unternommen, ihn zu Fall zu bringen.

Die Feindschaft zwischen Sussex und Robert nahm schließlich solche Ausmaße an, daß keiner von beiden es mehr wagen konnte, ohne die Begleitung einer bewaffneten Leibwache hinaus auf die Straße zu gehen. Ich versuchte, die beiden durch Drohungen zur Vernunft zu bringen, und lebte in ständiger Angst, Robert könne etwas zustoßen. Er lachte jedoch nur über meine Befürchtungen und meinte, um ihn solle ich mir keine Sorgen machen; Sussex sei in viel größerer Gefahr. Da war mir klar, daß ich nichts weiter tun konnte, als zu versuchen, zumindest den Ausbruch ihres gegenseitigen Hasses in aller Öffentlichkeit zu verhindern.

Indessen unternahm ich so manche Reise durch mein Land. Es machte mir Spaß, mich dem Volk zu zeigen, und die Menschen freuten sich auch. Sie hatten das Bedürfnis, in ihrer Königin eine warmherzige Frau und ein menschliches Wesen aus Fleisch und Blut zu sehen, keine unnahbare Repräsentationsfigur, wie meine Schwester Mary es gewesen war. Wann immer ich von Ort zu Ort zog, kamen sie aus ihren Häusern hervor, um mit mir zu sprechen, mir Blumen zu bringen oder sonstige kleine Geschenke zum Zeichen ihrer Hochachtung zu überreichen. Dann plauderte ich mit ihnen und ließ sie spüren, daß ich mich über ihre Gaben freute. Ich erkundigte mich nach ihrem Befinden und befaßte mich besonders ausgiebig mit den Kindern, die sie mir vorstellten. Das war durchaus keine übertriebene Pose. Ich liebte mein Volk wirklich, und ich liebte Kinder. Sie und ihre Anliegen zu verstehen, war mir ein aufrichtiges Bedürfnis, dem ich mich mit derselben Sorgfalt widmete wie den Staatsangelegenheiten – und zwar eine, die für mich noch wichtiger war als die Fragen, die ich mit meinem Staatsrat erörterte.

Es war noch nicht lange her, daß Robert zum Kanzler der Universität Oxford gewählt worden war, und ich hatte versprochen, der Universität einen Besuch abzustatten. Die Aussicht, daß Robert den Empfang für mich vorbereiten und mich persönlich an Ort und Stelle begrüßen würde, verdoppelte meine Vorfreude.

In Walvicote wurde ich von Robert und einer Abordnung der Colleges abgeholt. Die Akademiker boten in ihren weiten, scharlachroten Talaren mit dem großen, kapuzenartigen Überwurf einen prächtigen Anblick. Ich erinnere mich in diesem Zusammenhang an einen Zwischenfall, der Robert sehr erheiterte und der sich ereignete, als Doktor Humphreys mich begrüßte. Er war ein strenger Puritaner und wie alle Leute, die radikale Ansichten vertraten, davon überzeugt, daß er recht und jeder, der ihm nicht bedingungslos zustimmte, unrecht habe. Ich haßte jedoch Extreme aller Art und sah in ihnen eher eine Gefahr für Glück und Wohlergehen einer Nation; daher machte ich auch Doktor Humphreys gegenüber kein Hehl aus meinen Überzeugungen. Und da ich niemals ein Blatt vor den Mund nahm, wenn es darum ging, einen milden Verweis zu erteilen – es sei denn, ich drohte mir damit selbst zu schaden –, sagte ich zu ihm: »Herr Doktor, Euer großzügig geschnittenes Gewand steht Euch ausgezeichnet. Um so mehr wundert es mich, daß Eure Ansichten von solcher Enge zeugen.« Diese Bemerkung verschlug ihm die Sprache, aber ich lächelte ihm freundlich zu; trotzdem hoffte ich, er möge sich meine Ermahnung zu Herzen nehmen.

Besonderes Vergnügen bereitete mir die Begegnung mit den Studenten, die vor mir niederknieten und mir zuriefen: *»Vivat Regina!«* Worauf ich erwiderte: *»Gratias ago«*, und einige Worte in griechischer Sprache an sie richtete. Später führten sie, da sie wußten, wie sehr ich das Theater liebte, eigens für mich ein Stück auf – die erste Hälfte am ersten Abend, die zweite am Abend darauf, so lang war das Schauspiel.

Ein Vergnügen ganz anderer Art erwartete mich am nächsten Tag in der Kirche St. Mary, in der ein gewisser Doktor Westphaling predigte. Der gute Mann hörte jedoch gar nicht auf zu reden, so daß alle Anwesenden – meine Person eingeschlossen – sich allmählich tödlich zu langweilen begannen. Ich ließ ihm daher eine Nachricht zukommen mit der Bitte, er möge seinen Vortrag auf der Stelle abkürzen. Aber zu meiner großen Empörung ignorierte er meine Aufforderung und redete weiter... und weiter... und weiter. Das brachte mich nun vollends zur Weißglut, zumal ich zugesagt hatte, nach ihm eine Ansprache zu halten, und nicht daran interessiert war, vor einem Publikum zu reden, das mit dem Schlaf kämpfte.

Der Mann predigte jedenfalls so lange, daß für meine Ansprache die Zeit nicht mehr reichte und mein Vortrag entfiel. Daraufhin schickte ich nach Doktor Westphaling. Er wirkte ein wenig beschämt, als er vor mir erschien und ich ihn fragte, weshalb er nicht aufgehört habe, uns alle zu Tode zu langweilen, obwohl ich ihn doch ausdrücklich gebeten hätte, die Predigt zu beenden.

Er antwortete mir – das muß ich zugeben – in aller Bescheidenheit: Er habe, so sagte er, seinen Vortrag zuvor auswendig gelernt und beim besten Willen nicht mittendrin aufhören können, ohne den Faden zu verlieren; er habe Angst gehabt, daß er hoffnungslos aus dem Zusammenhang gerissen worden wäre, wenn er den mittleren Teil der Predigt einfach weggelassen hätte.

Diese Erklärung amüsierte mich so sehr, daß ich gegen meinen Willen lachen mußte, und auf diese Weise trug sogar der langweilige Doktor Westphaling zum Vergnügen des Besuchs in Oxford bei.

Am Tag darauf hielt ich vor der versammelten Universität eine Rede in lateinischer Sprache, und als mein Blick auf Cecil fiel, der mitten unter den Zuhörern stand – alle mußten stehen, wenn ich eine Ansprache hielt –, unterbrach ich meinen Vortrag und bat darum, ihm doch einen Stuhl zu bringen. »Ich weiß, daß Euer Bein Euch zu schaffen macht, Master Cecil«, sagte ich, »und ich möchte nicht, daß das lange Stehen Euch Schmerzen bereitet.«

Cecil war dankbar, und alle Anwesenden waren von meiner Aufmerksamkeit beeindruckt. Was mich betraf, so hoffte ich, den guten Doktor Westphaling davon überzeugt zu haben, daß es durchaus möglich war, eine Rede zu unterbrechen und trotzdem nicht den Faden zu verlieren.

Ja, der Besuch in Oxford war ein großer Erfolg, was nicht weiter verwunderlich war, da Robert in allem, was er organisierte, eine glückliche Hand hatte. Es machte ihm Spaß, für mich Reisen zu planen, Kurzweil auszudenken und mich zu verwöhnen, und ich machte mir größere Sorgen denn je, daß es jemandem gelingen könne, ihm Schaden zuzufügen.

Er hatte, wie ich schon sagte, ein bemerkenswertes Talent im Planen und Organisieren; einer seiner Pläne jedoch, den er mit Hilfe des bereits erwähnten Doktor Dee in die Tat umzusetzen versuchte, schlug fehl. Wir haben beide herzlich darüber gelacht – allerdings später. Überhaupt gab es immer viel zu lachen, wenn Robert in meiner Nähe war. Sogar seine Arroganz und seine Unverfrorenheit belustigten mich, zum Beispiel, wenn er in der Klemme saß und all seinen Einfallsreichtum aufbieten mußte, um sich aus der Affäre zu ziehen. Robert bezauberte mich sogar dann noch, wenn ich mich über ihn ärgerte.

Ich war schon immer von allem, was mit Magie zu tun hatte, fasziniert gewesen, und der, wie es hieß, übersinnlich veranlagte Doktor Dee interessierte mich. Viele hielten ihn für einen Scharlatan, und in der Tat trafen seine Prophezeiungen nicht immer zu; dennoch bewahrheiteten sie sich gelegentlich, und ich war durchaus der Auffassung, daß unsere Zukunft vorherbestimmt sei, wenngleich ich davon überzeugt war, daß die Menschen über genügend Entscheidungsfreiheit verfügten, um drohendes Unheil abzuwenden und sich bietende Vorteile zu nutzen. Wenn ich auf mein Leben zurückblicke und die vielen Gefahren an meinem geistigen Auge vorüberziehen lasse, mit denen ich zu kämpfen gehabt und die ich heil überstanden hatte, dann kann ich nur wenige Situationen benennen, in denen ich meine Rettung purem Glück zu verdanken hatte. Statt dessen war in vielen Fällen sorgfältiges Planen und kluges Handeln der Grund meines Überlebens gewesen.

Trotzdem fand ich es aufregend, einen Blick in die Zukunft zu tun, und Doktor Dee zählte immerhin zu meinen guten Freunden.

Als eine meiner Reisen mich durch die Gegend von Mortlake führte, wo er zu Hause war, besuchte ich ihn. Er hatte an jenem Morgen seine Frau beerdigt, und ich hoffte, mein Erscheinen werde ihn ein wenig aufheitern. Allerdings lehnte ich es – mit Rücksicht auf seinen schmerzlichen Verlust und die Trauer, die er empfinden mußte – ab, mich von ihm fürstlich bewirten zu lassen, und sah mich statt dessen in seiner interessanten Bibliothek um, die voll von beeindruckenden Folianten, Kugeln und geheimnisvollen Gegenständen war. Zu letzteren zählte auch sein Zauberspiegel, mit dessen Hilfe man, wenn der Zeitpunkt günstig gewählt war, einen flüchtigen Blick in die Zukunft werfen konnte.

Als ich gerade gebannt in den Spiegel starrte, sah Robert mir über die Schulter, so daß sein Gesicht im Spiegel erschien. Ich mußte laut lachen, doch im selben Moment bemerkte ich, wie Robert und Doktor Dee sich Blicke zuwarfen, und mir wurde schlagartig klar, daß Robert den Doktor überredet hatte, dafür zu sorgen, daß ich sein Bild erblickte, sobald ich in den Spiegel schaute.

Doktor Dee prophezeite mir außer grenzenlosem Reichtum noch ewige Jugend, zu der mir das Elixier des Lebens verhelfen werde, das er im Begriff sei zu entdecken; er versicherte mir, er stehe kurz vor dem entscheidenden Durchbruch.

Es war alles sehr spannend, und obwohl ich nicht die Hälfte von all dem glaubte, was er mir erzählte, amüsierte mich dieser Abstecher in die Welt der Magie – und erfüllte mich mit Zuversicht. Vielleicht ging es mir dabei nicht anders als den meisten Menschen: Ich glaubte, was ich glauben wollte, und das ist oft ein wunderbares Mittel gegen die Sorgen des täglichen Lebens. Andererseits verrät nur derjenige wirkliche Lebensklugheit, der weiß, wann es hilfreich und wann gefährlich ist, sich seinem Wunschdenken hinzugeben, und der seine Träume und Illusionen hellsichtig als das erkennt, was sie sind. Das Geheimnis des Erfolgs im Leben eines Menschen ist, wie mir damals mit zunehmender Klarheit bewußt wurde, die gesunde Selbsteinschätzung; und was die betraf, so war ich in der glücklichen Lage, jene beiden Seelen in meiner Brust zu haben – mein besonnenes und mein leichtsinniges Selbst – und genau zu wissen, wann die eine Seite meines Wesens sich der anderen unterzuordnen hatte.

Diese Selbsterkenntnis, so schien mir, war etwas, das meiner schottischen Freundin abging.

Wie sehr, das sollte sich schon bald erweisen.

Wir trauten unseren Ohren nicht. Diese abenteuerliche Geschichte sollte die Wahrheit sein? Nicht einmal Mary konnte so dumm sein, sollte man meinen!

Überall kursierten Gerüchte – wilde Gerüchte. Angeblich war Bothwell Marys Geliebter. Einer Version der Geschichte zufolge soll er sie sogar im Schatzamt von Edinburgh vergewaltigt haben. Die Angelegenheit beschäftigte mich intensiv. Ich konnte mir lebhaft vorstellen, wie groß Marys Entsetzen – oder vielleicht auch Entzücken? – gewesen sein muß, einem Mann in die Hände zu fallen, der, nach allem, was man über ihn hörte, eine Art Räuberhauptmann und vermutlich das genaue Gegenteil des Schwächlings Darnley war.

Und dann erreichte uns die Nachricht von den Ereignissen jener geheimnisumwitterten Nacht in Kirk o' Field, in der Darnley ermordet aufgefunden worden war. Ich konnte es kaum erwarten, Einzelheiten über das rätselhafte Geschehen zu erfahren, und hatte meinen Boten Anweisungen gegeben, mich unverzüglich über die neuesten Entwicklungen in Schottland in Kenntnis zu setzen. Ich wollte mir ein möglichst genaues Bild von dem machen, was sich dort zugetragen hatte, und war daher brennend daran interessiert, in vollem Umfang über die haarsträubenden Ereignisse unterrichtet zu werden, die mich unwillkürlich an den Tod Amy Robsarts erinnerten. Amy war eine unerwünschte Ehefrau gewesen, Darnley ein unerwünschter Ehemann; und in beiden Fällen hatte ein verwegener Liebhaber es sich in den Kopf gesetzt, eine Frau und eine Krone für sich zu gewinnen.

Oh, Mary, dachte ich, du bist in großer Gefahr – ist dir das eigentlich klar? Ich war mir der Gefahr bewußt gewesen, als ich mich in einer ähnlich prekären Situation befunden hatte.

Einen entscheidenden Unterschied gab es jedoch: Der Unglücksfall, in den Mary verwickelt war, war nachweislich Mord, was von Amys Tod nicht behauptet werden konnte.

Offenbar hatte es eine Explosion gegeben, die Darnley hatte töten sollen, aber als man später das Gelände durchsuchte und im Garten Darnleys Leiche und die seines Dieners fand, stellte man verblüfft fest, daß beide mit ihren Nachtgewändern bekleidet waren. Sie waren unerklärlicherweise von der Explosion unversehrt geblieben – und doch waren sie tot.

Dafür konnte es nur eine einzige Erklärung geben: Die beiden Männer waren ermordet worden, und die Explosion hatte lediglich dem Zweck gedient, das Verbrechen zu vertuschen.

Dieser Plan war jedoch eindeutig fehlgeschlagen. Der Tod der beiden Opfer war als gemeinsames Verbrechen entlarvt.

Und wer hatte solches Interesse daran gehabt, Darnley aus dem Weg zu schaffen? Wer anders als die Königin und ihr Liebhaber Bothwell!

Weitere Neuigkeiten trafen ein.

Bothwell sei, drohend sein Schwert schwingend, durch die Straßen von Edinburgh geritten und habe alle die, die Vorwürfe gegen ihn erhoben hätten, aufgefordert, aus ihren Häusern hervorzukommen und sich ihm zu stellen; er werde es an Ort und Stelle mit ihnen aufnehmen, habe er ihnen zugerufen, und sie zur Strecke bringen. Trotz seines rüden Benehmens und seiner schurkischen Gesinnung muß er ein schneidiger Bursche gewesen sein.

Er wurde wegen Mordes vor Gericht gestellt, aber natürlich war vorab dafür gesorgt worden, daß er für unschuldig erklärt werden würde und das abschließende Urteil lautete: ›James Graf von Bothwell wird hiermit von jeder Schuld freigesprochen, an der Planung oder Durchführung des Mordes am König beteiligt gewesen zu sein.‹

Und wieder stürmte er durch die Straßen von Edinburgh und forderte die Einwohner der Stadt zum Zweikampf auf, falls sie das Urteil des Gerichts nicht für gerecht und wohlverdient hielten.

Es gab wohl kaum jemanden, der an der Ungerechtigkeit des Urteils zweifelte, doch wer hatte schon den Mut, vorzutreten und seine Bedenken offen zuzugeben?

Du befindest dich jetzt in der Tat in Lebensgefahr, Mary, dachte ich. Ob sie wohl daran denken mußte, wie mir zumute gewesen war, als man Roberts Frau tot am Fuß einer Treppe aufgefunden hatte? Wenn die Erinnerung sich ihr nicht aufdrängte, dann war sie wirklich eine Närrin. Sie täte gut daran, sich zu vergegenwärtigen, wie ich damals gehandelt hatte, und daraus den Schluß zu ziehen, daß ihre einzige Rettung darin lag, so ruhig, kühl und besonnen zu reagieren wie ich; daß mein kluges Verhalten mich seinerzeit vor dem Schlimmsten bewahrt hatte, war mir unter dem

Eindruck der jüngsten Ereignisse erneut eindringlich bewußt geworden. Doch wann war Mary jemals klug, ruhig und besonnen gewesen?

Kurz darauf heiratete Mary Bothwell, womit sie sich vermutlich nicht nur um ihre Hoffnungen brachte und ihre Krone aufs Spiel setzte, sondern höchstwahrscheinlich auch ihr Leben verpfuschte.

Dabei war er nicht einmal frei. Er war mit einer Dame von untadeligem Lebenswandel verheiratet und mußte sich erst scheiden lassen, um Mary heiraten zu können.

Wie konnte sie nur so töricht sein! Andererseits war ihr Verhalten nicht weiter verwunderlich. Sie hatte eine überaus behütete Kindheit und Jugend verlebt und war niemals ernsthaft vom Tode bedroht gewesen – im Unterschied zu mir, die ihm mehr als einmal ins Auge gesehen hatte! Sie hatte niemals lernen müssen, sich zu verstellen, äußerste Vorsicht walten zu lassen, zu schmeicheln und schönzutun – nur um zu überleben. Sie hatte nie Bewährungsproben zu bestehen gehabt, wie ich sie hatte durchmachen müssen – und wofür ich Gott inzwischen dankbar war, so sehr ich damals auch unter den Schicksalsschlägen gelitten hatte, denen ich ausgesetzt gewesen war, damit ich aus ihnen lernte.

Natürlich stand Bothwells Scheidung nichts im Wege, und als die Heirat bekannt wurde, schlug alle Welt – selbst die Halbwelt und die Unterwelt – entsetzt die Hände über dem Kopf zusammen. Die gesamte Bevölkerung, Ehebrecher, Giftmischer und gewissenlose Intriganten eingeschlossen, war fassungslos angesichts der Torheit dieser armen, harmlosen und vor Liebe blinden Frau.

Ihre Angehörigen, die Mitglieder der Familie Guise, waren entrüstet und distanzierten sich empört von ihr. Catherine von Medici erklärte öffentlich, sie sei zu schockiert, um ihre Empfindungen in Worte zu fassen; hätte sie es getan, ohne zu heucheln, so wäre ohnehin nur ihre Schadenfreude über das Unglück eines Mädchens zum Ausdruck gekommen, das sie von Anfang an gehaßt und schließlich aus Frankreich vertrieben hatte. Philipp von Spanien hüllte sich in verächtliches Schweigen. Ich allein empfand Mitleid, vielleicht weil ich um Haaresbreite einer ähnlichen Katastrophe wie Mary zum Opfer gefallen wäre.

Und diese beklagenswerte, schwache und törichte Frau hatte den Ehrgeiz, Königin von England zu werden!

Der kleine James wurde ihr weggenommen und der Obhut des Grafen und der Gräfin von Marr übergeben; währenddessen mußte Mary sich an der Seite Bothwells gegen all diejenigen wehren, deren erklärtes Ziel es war, sie vom Thron zu stürzen.

Als wenig später die Nachricht vom katastrophalen Ausgang der Schlacht von Carberry Hill eintraf, in der Marys Truppen unter Bothwell gegen die schottischen Lords gekämpft hatten, die sich aus Empörung über die Heirat der Königin gegen sie verbündet hatten, fragte ich mich unwillkürlich, wieviel Kummer es Mary wohl bereitet haben mochte, gegen ihre eigenen Untertanen Krieg führen zu müssen.

Es fiel mir nicht schwer, mir ihre Lage zu vergegenwärtigen, obwohl ich selbst noch nie derart Erniedrigendes erlebt hatte. Trotz aller Schicksalsschläge, denen ich ausgesetzt gewesen war, hatte ich doch stets das Volk auf meiner Seite gehabt. Ich glaube, wenn das nicht der Fall gewesen wäre, hätte ich längst den Mut verloren und aufgegeben. Mary aber verdiente die Verachtung ihres Volkes. Ob sie es wohl bereute, jede Selbstachtung in den Wind geschlagen und sich bedingungslos einem Mann wie Bothwell ausgeliefert zu haben, als sie unter dem Hohngeschrei und den wüsten Beschimpfungen des Pöbels als Gefangene der siegreichen Lords nach Edinburgh gebracht wurde? »Verbrennt die Hure!« hatten sie geschrien. »Auf den Scheiterhaufen mit der Mörderin!«

Ich versuchte, mir Mary vorzustellen – verwahrlost und mit zerzausten Haaren. War das die legendäre Schönheit, von der die französischen Dichter so geschwärmt hatten?

Man hatte sie im Hause des Bürgermeisters einquartiert, und die ganze Nacht hindurch schrie sich draußen auf der Straße der aufgebrachte Pöbel die Kehle heiser. Ich konnte mir lebhaft vorstellen, wie im flackernden Feuerschein der Fackeln ihre haßverzerrten Gesichter geradezu dämonische Züge annahmen, und ich stellte mir Mary vor, wie sie verstört und verängstigt in irgendeiner Ecke kauerte und dem Glanz vergangener Tage nachtrauerte.

Von Edinburgh aus wurde sie dann nach Lochleven, einer einsamen kleinen Insel inmitten eines abgelegenen Sees, gebracht und in der düsteren Burg von Sir William Douglas eingesperrt. Dort gelang es ihr jedoch, mit ihrem Charme den romantisch veranlagten George Douglas, einen jüngeren Bruder des Schloßherrn, zu betören und ihn dazu zu bewegen, ihr zur Flucht zu verhelfen.

Mary konnte trotz der nahezu ausweglosen Lage, in der sie sich befand, noch immer auf die Unterstützung treuer Untertanen zählen, und sie schaffte es erneut, Truppen um sich zu scharen, die in dem kleinen Dorf Langside gegen ihre Feinde im eigenen Land kämpften. Auch diese Schlacht verlief verhängnisvoll für Mary, und angesichts der unvermeidlichen Niederlage blieb ihr nichts anderes übrig, als wiederum zu fliehen. Und da sie genau wußte, daß sie in Schottland nicht bleiben konnte, ohne ihren Gegnern in die Hände zu fallen und erneut eingesperrt zu werden, traf sie eine Entscheidung, die typisch für sie – und äußerst unklug war. Mir jedoch konnte sie nur recht sein.

Was mag wohl in ihr vorgegangen sein, als sie zusammen mit den wenigen Freunden, die ihr geblieben waren, überlegte, was zu tun sei, und zweifellos sehnsüchtig über den Solway Firth nach England hinübersah?

Ob sie davon träumte, nach Frankreich zurückzukehren? Mit ihrer Familie hatte sie sich überworfen, und sie wußte nur zu gut, daß die Königinmutter von Frankreich ihr alles andere als freundlich gesinnt war. Welche Wahl hatte sie dann noch? England, wie sie meinte.

Wie konnte sie nur so einfältig sein! Glaubte sie etwa, ich erinnerte mich nicht daran, daß sie es gewagt hatte, die Embleme Englands in ihrem Wappen zu führen? Dachte sie wirklich, ich würde jemals vergessen, daß sie sich Königin von England genannt hatte?

Sie hatte ja keine Ahnung, wie es in der Welt zuging; sie verfügte nicht über die geringste Menschenkenntnis und war ganz sicher nicht in der Lage, sich in jemanden wie mich hineinzuversetzen. Sie hatte zu lange den Dichtern gelauscht und glaubte wohl, ihre Schönheit habe ihr das Recht gegeben, sich Freiheiten herauszunehmen, die andere sich nicht erlauben konnten. Sie hatte nie wie ich um das nackte Überleben kämpfen müssen.

Ich konnte es kaum fassen, als der Graf von Northumberland mir die Nachricht zukommen ließ, Mary sei in England eingetroffen. Sie hatte in einem kleinen Fischerboot das Hafenstädtchen Workington erreicht, wo Sir Henry Curwen ihr in Workington Hall so lange Zuflucht gewährt hatte, bis der Graf verfügte, daß sie in Cockermouth im Hause eines reichen Kaufmanns namens Henry Fletcher angemessener untergebracht sei. Northumberland selbst hielt sich zu der Zeit nicht in seinem Schloß im Norden Englands auf. Er war der Ansicht, daß es das beste sei, Mary in der Obhut der Fletschers zu lassen, bis ich ihm genaue Anweisungen erteilte, was mit ihr zu geschehen habe.

Ich erhielt einen Brief von Mary, in dem sie mich als ihre ›liebe Schwester‹ bezeichnete und um Hilfe anflehte.

»Ich bitte Euch inständig, mich so bald wie möglich zu Euch zu holen«, schrieb sie, »denn ich befinde mich in einer beklagenswerten Verfassung. Alles, was mir von meinem Besitz geblieben ist, sind die Kleider, die ich bei meiner Flucht am Leibe trug...«

Das muß in der Tat ein furchtbares Unglück für diese verwöhnte Dame gewesen sein, die mit ihrer feinen Garderobe alle Welt in Entzücken versetzt hatte.

»... ich hoffe, Euch schon bald mein Mißgeschick schildern zu können, falls Ihr so gütig seid, mir Mitleid und Gastfreundschaft zuteil werden zu lassen...«

Aha, dachte ich, Mitleid willst du also nun von mir. Wie bescheiden – wenn man bedenkt, daß es vor kurzem noch die Krone war, die du unbedingt wolltest!

»... ich bitte Gott, Euch mit einem langen und glücklichen Leben zu belohnen. Für mich selbst erbitte ich Geduld und den Trost, den Gott mir durch Euch schicken möge. Eure treu ergebene, Euch liebende Schwester, Cousine und entflohene Gefangene, Mary.«

Ich zeigte Cecil den Brief. Er gab sich zurückhaltend, aber ich merkte, daß er nicht weniger erregt war als ich.

Ich sagte: »Die Damen Grey befinden sich hinter Schloß und Riegel. Die Gräfin von Lennox ist im Tower untergebracht. Und Mary von Schottland ist in England eingetroffen.«

»Gott hat dafür gesorgt, daß sie sich Eurer Majestät auf Gedeih und Verderb ausgeliefert hat«, sagte Cecil bedächtig.

»Nein«, entgegnete ich, »nicht Gott, Mary selbst hat dafür gesorgt. Und nun?«

»Sie ist nicht mehr die Gefangene der schottischen Lords.«

»Ganz recht«, pflichtete ich ihm bei. »Sie ist meine Gefangene.«

Er nickte nachdenklich. Dann sagte er: »Sie fleht Euch an, Euch besuchen zu dürfen.«

Ich schüttelte den Kopf. »Ich werde sie nicht einladen... noch nicht. Ich werde veranlassen, daß sie mit all dem Respekt behandelt wird, der einer Königin zusteht – aber ich werde auch unmißverständlich klarmachen, daß ich sie nicht empfangen kann, bevor sie nicht von jedem Verdacht des Mordes an ihrem Mann befreit ist. Immerhin war ihr Verhalten so skandalös – wenn das wahr ist, was uns zu Ohren gekommen ist, und wir wissen ja, daß sie Bothwell Hals über Kopf geheiratet hat, noch bevor Darnleys Leiche kalt war –, daß keine tugendhafte Dame es sich leisten kann, sich mit ihr abzugeben, ganz zu schweigen von einer Königin... und einer Jungfrau obendrein. Schließlich habe ich auf meinen guten Ruf zu achten.«

Cecil warf mir ein zynisches Lächeln zu. Ob er – wie ich und so viele andere – an Amy Robsarts rätselhaften Tod denken mußte, an dem böse Zungen mich für mitschuldig hielten? Der Vergleich lag jedenfalls auf der Hand.

Nein, ich wollte Mary nicht empfangen. Ich wollte mir nichts anhören, was sie auf dem Herzen hatte. Ich hatte keine Lust, mir eine schöne, verführerische Rivalin auf den Hals zu laden.

Cecil war meiner Ansicht, daß es das beste sei, einen Boten nach Nordengland zu schicken und zu veranlassen, Mary vorübergehend im Schloß von Carlisle unterzubringen, wo sie entsprechend der Würde ihres Ranges zu behandeln sei.

Ein Wunder war geschehen. Meine größte Feindin war mir ins Netz gegangen.

Es gibt Leute, die einfach überall im Mittelpunkt stehen müssen, wenn sich dramatische Dinge ereignen. Zu ihnen gehörte auch Mary von Schottland. Es war ihr Pech, daß Bothwell damals, als sie nach ihrer Heirat gezwungen gewesen waren, von Edinburgh nach Borthwick zu fliehen, um den Feindseligkeiten der Bevölkerung und den Verschwörungen der Adligen zu entgehen, eine Kassette mit Briefen in Edinburgh zurückgelassen hatte, die angeblich zwischen Mary und Bothwell ausgetauscht worden waren. Ich persönlich war überzeugt davon, daß einige dieser Briefe gefälscht waren, doch wie bei den meisten guten Fälschungen durfte wohl davon ausgegangen werden, daß auch sie ein Körnchen Wahrheit enthielten. Alles deutete jedoch darauf hin, daß zumindest einige der Briefe aus Marys Feder stammten, und wenn das, was in ihnen zu lesen war, stimmte, war mit dieser Korrespondenz der Beweis erbracht, daß Mary vor ihrer Heirat mit Bothwell nicht nur dessen Geliebte gewesen war, sondern sich auch der Mittäterschaft bei der Ermordung Darnleys schuldig gemacht hatte.

Ihr guter Ruf war rettungslos dahin; dennoch gelang es ihr immer wieder, ihre Gefängniswärter zu umgarnen. Mir wurde zunehmend klar, daß ich sie keinesfalls zu mir an den Hof holen durfte. Sie würde eine solche Einladung sicher ausnutzen, um mit der ihr eigenen Arglist gegen mich zu intrigieren, und es gab noch immer genügend Katholiken im Lande, die nur auf eine Gelegenheit lauerten, sich mit ihr zu verbünden. Nein, Mary würde immer eine Gefahr darstellen. Es wäre besser, wenn sie weiterhin unter Aufsicht stünde, so daß ich jederzeit genau über ihr Tun und Treiben Bescheid wüßte.

Als Gefangene ihrer Feinde war sie in den verschiedensten Schlössern Schottlands eingesperrt gewesen, und es waren wiederholt Versuche unternommen worden, sie zu befreien. Sie schien ein ausgesprochenes Talent zu haben, ihre Kerkermeister um den Finger zu wickeln. Ich erinnerte mich nur zu gut, wie sie in Lochleven dem jungen George Douglas so lange zugesetzt hatte, bis er, von ihrem Charme restlos betört, einen Fluchtplan ersann, der ihr erlaubte, die Festung unerkannt zu verlassen.

Indessen traten die katholischen Pairs mit einem Vorschlag an mich heran, den sie für die Lösung des Problems ›Mary Stuart‹ hielten: Was spräche dagegen, sie mit einem Engländer meiner Wahl zu verheiraten? Das hätte – da ich mich weigerte, dem Land einen Thronerben zu bescheren – den Vorteil, daß ich Mary getrost zu meiner Nachfolgerin ernennen und auf diese Weise den Frieden zwischen England und Schottland sichern könnte.

Als Heiratskandidat wurde der Herzog von Norfolk vorgeschlagen. Ich hatte Norfolk noch nie gemocht. Ich brauchte nur an seinen Streit mit Robert zu denken, um mir darüber klar zu sein, daß die beiden erbitterte Feinde waren. Außerdem hatte ich den Verdacht, daß Norfolk nur so tat, als bekenne er sich zum Protestantismus, und in Wirklichkeit der katholischen Kirche nahestand; es hätte mich nicht gewundert, wenn er insgeheim längst zum katholischen Glauben übergetreten wäre.

Natürlich wußte ich, daß all die Spekulationen und geheimen Absprachen auf der Stelle beendet wären, wenn ich mich entschließen könnte, zu heiraten und für einen leiblichen Nachkommen zu sorgen; einen so hohen Preis zu zahlen, war ich jedoch nicht bereit. Überdies war Mary von Schottland ein Paradebeispiel dafür, wie verhängnisvoll sich die Eheschließung einer Herrscherin auswirken konnte. Der einzige Mann, der mich je dazu gebracht hatte, an Heirat überhaupt zu denken, war Robert – und selbst ihm zuliebe war ich nicht bereit, ein solches Opfer zu bringen.

Robert schien im übrigen im Begriff zu sein, seine Taktik gegenüber Norfolk zu ändern, und obwohl er kaum mit mir über die Angelegenheit sprach, hatte ich das Gefühl, daß er mit jenen Pairs unter einer Decke steckte, die an einer Heirat Marys mit Norfolk interessiert waren. Ich kannte meinen Robert gut genug, um mir so meine Gedanken zu machen. Sorgte er sich etwa um seine Zukunft? Fragte er sich bereits, was aus ihm werden mochte, falls ich sterben sollte? Unser aller Schicksal lag in Gottes Hand; aber das Schicksal von Menschen in hohen Ämtern lag allzuoft auch in menschlicher Hand – das wußte Robert nur zu gut. Ließ seine plötzliche Freundschaft mit Norfolk darauf schließen, daß er in ihm bereits den zukünftigen Herrscher Englands sah? O ja, in gewisser Weise war Robert ein sehr vorausschauender Mann. Immerhin war ich nicht mehr die Jüngste. In absehbarer Zeit würde ich nicht mehr damit rechnen können, noch ein Kind zu bekommen – außerdem war ich ja auch gar nicht verheiratet. Vielleicht war Robert im Grunde seines Herzens überzeugt, daß ich mich niemals zur Ehe würde entschließen können. Lag es da nicht nahe, gewisse Vorkehrungen für die Zukunft zu treffen?

Ich schickte nach Norfolk. Ich sah ihn prüfend an und sagte: »Mylord, Ihr wandelt auf Freiersfüßen. Es ist nicht zu übersehen, daß Ihr verliebt seid. Und was gibt es Romantischeres, als einem Mann anzusehen, daß er verliebt ist – ganz gleich, ob in eine Frau oder in eine Krone!«

Norfolk starrte mich entgeistert an.

»Majestät«, stammelte er, »ich weiß gar nicht, was...«

»Was wißt Ihr nicht?« unterbrach ich ihn. »Mylord Norfolk, ein Liebhaber wie Ihr kann in Gedanken nirgendwoanders sein als bei seiner Geliebten. Ich weiß genau, daß Ihr nur die Königin von Schottland im Kopf habt, und daß Ihr bereits damit liebäugelt, Euren Herzogtitel gegen den eines Königs einzutauschen.«

Es amüsierte mich zu beobachten, wie helles Entsetzen sich in seinem Gesicht widerspiegelte. Er sah aus, als ob er jeden Augenblick damit rechnete, von meinen Wachen festgenommen und auf meinen Befehl abgeführt zu werden.

»Nein, Majestät«, entgegnete er, »ich käme gar nicht auf den Gedanken, solch eine Frau zu heiraten... eine, die als Ehebrecherin verschrien ist... und als Mörderin, wie manche behaupten. Ich möchte ruhig schlafen können.«

»Aber eine Krone wäre vielleicht doch ein kleines Risiko wert, Sir Norfolk?«

Norfolk hatte sich schon immer eine Menge auf seinen Rang als vornehmster unter den Adligen des Landes eingebildet. Wie ich gehört hatte, soll seine Familie sogar angedeutet haben, sie sei königlicher als die Herrscherfamilie der Tudors. Daher antwortete er recht hochmütig: »Majestät, beim Bowlingspiel auf dem Rasen meiner Residenz in Norfolk bin ich nicht weniger Fürst als besagte Dame, und regierte sie im Herzen Schottlands auch über ein ganzes Königreich. Abgesehen davon – wie könnte ich eine Frau heiraten, die behauptet, einen Anspruch auf Eurer Majestät Krone zu haben? Wenn ich das täte, könnten Eure Majestät mich mit Recht des Versuchs beschuldigen, die Krone Englands an mich zu reißen.«

»Dann richtet Euch auch danach, Norfolk«, erwiderte ich grimmig, »sonst könnte ich allen Ernstes genau das tun.«

Als er mich verließ, hatte ich den Eindruck, daß er sehr wohl begriffen hatte, was ich von dem Plan, ihn mit Mary zu verheiraten, hielt. Die Frau war eine Bedrohung. Und so sehr ich frohlockt hatte, als das Schicksal sie mir in die Hände gespielt hatte, so erschreckend deutlich wurde mir jetzt bewußt, daß sie hier in England meinen Seelenfrieden weitaus empfindlicher störte, als es ihr auf dem schottischen Königsthron je gelungen war.

Was mich geradezu wütend machte, war, daß sie allem Anschein nach über das Talent verfügte, andere Menschen für sich zu gewinnen. Obwohl sie alles verloren hatte, obwohl sie sich um ihren Thron und um ihren guten Ruf gebracht hatte und mir auf Gnade und Ungnade ausgeliefert war, schaffte sie es dennoch nach wie vor, sich die Sympathien und die Unterstützung der Männer zu sichern. Es muß wohl ihre betörende Weiblichkeit gewesen sein, die den Beschützerinstinkt in ihnen wachrief. Über eine solche Ausstrahlung verfügte ich ganz sicher nicht. Ich erweckte eher den Eindruck, eine Frau zu sein, die sehr gut auf sich selbst aufpassen konnte – was ja auch stimmte; aber weshalb es ein besonderer Vorteil sein sollte, diese Selbständigkeit nicht zu besitzen, das leuchtete mir beim besten Willen nicht ein. Andererseits lagen die Gründe auf der Hand: Männer waren begierig, Macht auszuüben. Das war der beherrschende Instinkt, der ihrem Geschlecht angeboren war. Und entsprechend gab es Frauen, die sich danach sehnten, beherrscht zu werden; und eben dieses Bedürfnis war es, das eine so starke Anziehungskraft auf die Männer ausübte. Mary verkörperte in geradezu übertriebenem Maße diesen Wunsch, sich beherrschen zu lassen. Ich dagegen besaß ihn überhaupt nicht. Die Liebe, die die Männer mir entgegenbrachten, war im Grunde nichts als Furcht vor dem Schicksal, das ihnen drohte, falls sie mich nicht liebten; sie liebten vor allem die Macht, den Ruhm und den Reichtum, den ich ihnen verschaffen konnte. Mary aber liebten sie um ihrer selbst willen. Vielleicht war das der Grund, weshalb der bloße Gedanke an diese Frau mich zur Weißglut brachte, und nicht ihr erbärmlicher Anspruch auf meinen Thron.

Selbst Männer wie Sir Francis Knollys waren gegen den Zauber, der von ihr ausging, nicht gefeit. Sir Francis – mein eigener Verwandter und Vater der unverschämten Lettice – empfand zunächst ein gewisses Unbehagen, die frühere Königin praktisch wie eine Gefangene behandeln zu müssen; später wurde aus dem Unbehagen Mitleid. Zwar vertraute ich Knollys und war überzeugt davon, in ihm einen der besten Kerkermeister gefunden zu haben, die ich mit der Bewachung Marys hätte beauftragen können; dennoch wußte ich genau, daß sie ihm unaufhörlich mit der Bitte in den Ohren lag, sie zu mir zu bringen, und daß es ihm schwerfiel, ihr auf meinen Befehl hin mitteilen zu müssen, daß ich sie mit Rücksicht auf meinen guten Ruf nicht empfangen könne, solange sie nicht vollends vom Verdacht des Mordes an ihrem Mann freigesprochen sei. Knollys hatte mich gebeten, ihn von der Pflicht, Mary bewachen zu müssen, zu entbinden. Ich aber dachte: Noch nicht, jetzt noch nicht.

Knollys war überzeugter Protestant, und als er Mary in meinem Auftrag von Carlisle* nach Bolton in Yorkshire brachte, versuchte er, sie zu seinem Glauben zu bekehren; und obwohl ich ihm auch weiterhin uneingeschränkt vertraute, neigte ich doch mehr und mehr zu der Ansicht, daß es möglicherweise unklug sei, ein und denselben Mann zu lange ihrer Gesellschaft zu überlassen. Daher ließ ich sie in

* Carlisle lag nach Ansicht Elizabeths zu nahe an der schottischen Grenze. (Anm. d. Übers.)

die Burg von Tutbury in Staffordshire verlegen, wo der Graf von Shrewsbury sich um die kümmern konnte. Nicht, daß ich das Gefühl gehabt hätte, Shrewsbury sei gegen ihren Charme gewappnet! Er hatte jedoch eine sehr resolute Frau, die bereits mehrfach verheiratet gewesen war und vermutlich genau wissen würde, wie sie mit Mary umzugehen hätte; sie würde Marys übertriebene Weiblichkeit mit Sicherheit völlig kaltlassen. Als unerwartet Knollys' Frau starb, konnte ich Francis Knollys mit gutem Grund von seinem Amt abberufen.

Katharine Knollys' Tod traf mich tief. Wir waren eng miteinander verwandt, denn sie war eine geborene Carey, und ihre Mutter war Mary Boleyn, die Schwester meiner Mutter, gewesen. Katharine war eine so sanfte, liebenswerte Frau gewesen, daß ich mich oft gefragt hatte, wie sie nur an eine Tochter wie Lettice gekommen sein mochte.

Der ganze Hofstaat wußte, wie sehr ich um meine Cousine trauerte. Ich ließ sie auf meine Kosten in der Kapelle des Heiligen Edmund beisetzen. Dann ergriff ich die Gelegenheit, Sir Francis zurückzurufen und den Quälgeist Mary der verläßlichen Obhut Shrewsburys zu überlassen.

Robert und ich waren ständig zusammen. Er verehrte mich so hingebungsvoll wie eh und je. Außerdem bemühte er sich mit ungeminderter Hartnäckigkeit, mich für den Plan einer Heirat zwischen Mary und Norfolk zu gewinnen, und mir gefielen Männer, die beim Verfolgen ihrer Ziele Hartnäckigkeit bewiesen. An und für sich hätte man meinen sollen, daß Robert allmählich die Hoffnung auf eine Ehe mit mir aufgegeben haben müßte, denn die Zeit war nicht stehengeblieben, und auch wir wurden älter. Doch den Eindruck erweckte er ganz und gar nicht. Zwar hatte ich das Gefühl, als werfe er nicht selten ein Auge auf andere Frauen, doch das machte mir nichts aus, solange mir Einzelheiten erspart blieben. Ich fand es nur natürlich, daß er flüchtige Liebesabenteuer erlebte – vorausgesetzt, es entwickelte sich nichts Ernsthaftes daraus und er zeigte sich nach wie vor gewillt, jederzeit seinen Freundinnen den Laufpaß zu geben, wenn ich nach ihm rief.

Irgendwann fiel mir auf, daß die beiden Howard-Mädchen ihm nachstellten. Es belustigte mich: zwei Schwestern, die sich um einen Mann stritten, dazu noch um den Mann, der mir gehörte! Ich hielt Douglass Howard für diejenige, die die größeren Aussichten hatte, ihn zu fesseln. Sie war inzwischen Lady Sheffield, aber da sie Robert so überaus sehnsüchtige Blicke zuwarf, konnte ihre Ehe wohl kaum der Himmel auf Erden sein. Andererseits war es unvorstellbar, daß Roberts überwältigende Männlichkeit einer heißblütigen Frau wie Lady Sheffield nicht den Kopf verdrehte.

Douglass muß eine Frau vom Typ Mary Boleyns gewesen sein, eine, der es schwerfiel, nein zu sagen, wenn ein attraktiver Mann sich um sie bemühte. Ich kannte solche Frauen; sie waren nicht nur von Natur aus freigebig, sondern selbst von hochgradiger Sinnlichkeit. Eine meiner Stiefmütter war so gewesen. Katharine Howard. Auch sie eine Howard. Ob es in der Familie lag? Ich würde Lord Norfolk einmal danach fragen müssen.

In meiner Gegenwart ließ Robert sich durch keinen Blick und keine Geste anmerken, daß er Douglass Sheffield auch nur wahrnahm. Er zeigte sich jedoch ein wenig beleidigt darüber, daß ich Christopher Hatton einen Teil des Gartens der Bischöfe von Ely – ein fruchtbares Stück Land zwischen Holborn Hill und dem Ely-Palast – zum Geschenk gemacht hatte. Ich erinnerte ihn daran, daß er von mir doch unendlich viel mehr Geschenke erhalten habe und daß alles, was ich als Gegenleistung verlangte, seine Liebe und Treue seien.

»Die habt Ihr«, versicherte er mir ernst, »und es bedarf keiner Geschenke oder Begünstigungen, um sie zu erkaufen.«

In jenen Tagen verband uns große Zärtlichkeit. Damals bemerkte ich auch die ersten weißen Strähnen in Roberts dunklem Haar, und ich war sehr gerührt und schloß ihn um so mehr ins Herz. O ja, es war wahre Liebe, die ich für Robert empfand.

Trotz Norfolks Beteuerungen wußte ich, daß der Plan, ihn mit Mary zu verheiraten, nicht nur immer noch im Gespräch war, sondern auch seine freudige Zustimmung fand; ich war ferner darüber unterrichtet, daß gewisse Leute, die ich für meine Freunde gehalten hatte, das Vorhaben unterstützten. Ich traute den katholischen Pairs nicht, und da ich befürchtete, es könnte im Norden des Landes zu Unruhen kommen, beschloß ich, daß es an der Zeit sei, der Verschwörung ein Ende zu setzen.

Eines Tages, als wir uns gerade zum Essen niedergelassen hatten, bat ich Norfolk, an meiner Seite Platz zu nehmen. Die Aufforderung machte ihn sichtlich nervös, und ich schloß aus seiner Reaktion, daß ihn der Gedanke an jene Heirat noch immer intensiv beschäftigte und er sich beunruhigt fragte, wieweit ich wohl über die Angelegenheit Bescheid wisse.

Ich konnte nicht widerstehen, mit spitzen Fingern sein Ohr zu fassen und ihn so heftig zu zwicken, daß er vor Schmerz zusammenzuckte. In Anspielung auf die Bemerkung, die er anläßlich unserer früheren Unterredung gemacht hatte, sagte ich zu ihm: »Ich meine, Norfolk, Ihr solltet nicht vergessen, daß Ihr gerne ruhig schlaft.«

Damit war all denen, die Zeugen dieser Warnung geworden waren, klar, daß ich von der Verschwörung Wind bekommen hatte und daß mir nicht gefiel, was da hinter meinem Rücken vorging. Norfolk wirkte sehr betreten, und ein paar Tage später erfuhr ich, daß er den Hof verlassen habe.

Er schrieb mir aus Kenninghall, dem Familiensitz der Howards, einen Brief, in dem er mir versicherte, daß er nicht die Absicht habe, irgend etwas zu tun, das ich nicht billigte.

Da kam mir der Verdacht, die Verschwörung könne in Wirklichkeit weiter gediehen sein, als ich bisher angenommen hatte, und Norfolks Beteuerungen kamen mir mit einemmal wie die Ausflüchte eines Mannes vor, der sich schuldig gemacht hatte. Daher befahl ich ihm, unverzüglich an den Hof zurückzukehren. Norfolk jedoch teilte mir mit, er sei plötzlich krank geworden, und ich konnte mich eines Lächelns nicht erwehren, denn ich mußte unwillkürlich an die Jahre zurückdenken, in denen ich selbst in Gefahr gewesen war und wiederholt Krankheit vorgetäuscht hatte, um drohendem Unheil zu entrinnen. Ich schickte ihm daraufhin eine Nachricht, in der ich ihn wissen ließ, daß er sich als verhaftet zu betrachten habe, und bereits kurze Zeit später befand er sich im Tower, während ich Nachforschungen anstellen ließ, die mich über den Stand der Dinge hinsichtlich der geplanten Heirat in Kenntnis setzen sollten.

Doch dann erreichte mich eine sehr beunruhigende Nachricht, die alles, was mir bisher so wichtig erschienen war, in den Hintergrund drängte. Robert war krank, schwer krank, und bat mich, zu ihm zu kommen.

Als ob ich ihm eine solche Bitte hätte abschlagen können! Ich mußte, so schnell ich konnte, an sein Krankenbett eilen und mich sofort nach Tichfield aufmachen. Ohne auch nur eine Minute zu zögern, machte ich mich an die Vorbereitungen für die Reise. Ich fuhr voller Ungeduld meine Bedienten an und warf ihnen Trödelei vor, weil mir in meiner Aufregung nichts schnell genug ging. Als wir dann endlich die Reise antraten, überkamen mich schreckliche Vorahnungen. Ich mußte immer nur an Robert denken... an den Robert, den ich all die Jahre hindurch gekannt hatte... an den jungen Robert, der schon damals sehr von sich eingenommen war, der mich zum Tanz aufgefordert und selbstbewußt meine Hand ergriffen hatte. Damals war ich noch keine Königin, nur eine Prinzessin, und – wie viele meinten – eine uneheliche obendrein; damals waren wir gleichrangig... oder fast gleichrangig. Und dann... der Tower... das Gefühl, ihm nahe zu sein... und zu wissen, daß auch er meine Nähe spürte... Später, kurz vor meiner Thronbesteigung, sein Besuch bei mir, als er mir, stürmisch und galant, sein Gold zu Füßen legte... Nein, Robert durfte nicht sterben. Wie hätte ich denn ohne ihn weiterleben sollen?

Ich eilte sofort in sein Schlafzimmer. Er lag in seinem Bett, bleich und erschöpft.

»Robert, Liebster!« rief ich.

»Mein Liebes«, flüsterte er bewegt, und seine Augen leuchteten auf. »Du bist also zu mir gekommen...«

»Natürlich bin ich gekommen, du dummer Mann! Das ist doch wohl selbstverständlich, daß ich dich nicht im Stich lasse. Und als erstes befehle ich dir, sofort von diesem schrecklichen Krankenlager aufzustehen und so gesund und robust zu sein wie immer!«

»Jetzt kann ich glücklich sterben«, sagte er, »denn du bist

bei mir. Ich hatte solche Angst, aus dieser Welt gehen zu müssen, ohne dich noch einmal wiedergesehen zu haben.«

»Sei still, Robert. Sag so etwas nicht.«

Offenbar bereitete ihm das Atmen große Mühe. »Liebste Majestät«, brachte er stockend hervor, »ich muß mit Euch reden... bevor es... zu... spät ist.«

»Schweigt!« befahl ich ihm, denn sein mühsames Atmen machte mir wirklich Angst.

»Ich... muß reden«, wiederholte er. »Da ist eine Verschwörung im Gange. Und ich... ich bin mit schuld daran. Ich dachte, es würde dem Wohl Englands dienen... das heißt, Euch, meine Liebste... wenn eine Heirat zwischen Norfolk und Mary zustande käme. Ich hatte so furchtbare Angst um Euer Leben... wo doch die Thronfolge nicht gesichert ist und... diese Frau Eure Existenz bedroht...«

»Hört endlich auf mit der verflixten Thronfolge!« schrie ich entnervt. »Und hört auf zu reden! Spart Euch Euren Atem auf – Ihr werdet ihn noch brauchen.«

»Nein... das kann ich nicht. Ich habe solche Angst, daß Eurer Majestät etwas zustoßen könnte. Norfolk ist in ein heimliches Komplott verwickelt... zusammen mit der Königin von Schottland. Viele Eurer Lords sind ebenfalls beteiligt. Ich selbst... habe ja auch dazugehört. Aber es ging nicht um Verrat. Sie wollen nichts weiter, als Mary wieder auf den Thron setzen... Sie meinen, wenn sie erst wieder in Schottland wäre, mit einem englischen Ehemann an ihrer Seite... dann könnte sie Euch und England eine gute Freundin sein... und wenn Ihr sie dann zu Eurer Nachfolgerin ernennen würdet... dann wären auch Frankreich und Spanien zufrieden...«

»Ich verstehe«, sagte ich.

»Liebste Majestät, bevor ich für immer die Augen schließe... muß ich wissen, daß Ihr mir verzeiht. Eure Sicherheit ist alles, was mir je am Herzen gelegen hat. Ich flehe Euch an... verzeiht mir... meine Rolle in diesem hinterhältigen Spiel. Ich schwöre Euch, es war kein Verrat an Eurer Majestät... wenn auch manche versuchen werden, es so hinzustellen...«

Er ließ sich schwer atmend in sein Kissen zurückfallen,

und ich zitterte am ganzen Körper vor Angst und Verzweiflung. Erst jetzt wurde mir wirklich klar, wieviel er mir bedeutete, und wie leer und trostlos mein Leben ohne ihn wäre. Hatton, Heneage, all die eleganten Höflinge, die um mich herumscharwenzelten ... was stellten sie schon dar, verglichen mit Robert?

»Mein Liebster«, sagte ich gerührt, »ich verzeihe Euch. Ich kann Euch verstehen.«

»Dann kann ich in Frieden sterben.«

»Genau das werde ich Euch nicht erlauben, das wißt Ihr genau.«

Er schenkte mir ein mattes Lächeln. »Ich weiß, Ihr mögt es nicht, wenn jemand den Tod erwähnt. Ihr habt mit dem Tod nichts im Sinn. Ihr seid unsterblich!«

»Ganz recht. Darum will ich auch nicht, daß Ihr so redet. Ich werde bei Euch bleiben, und als erstes befehle ich Euch, gesund zu werden.«

»Eure bloße Anwesenheit wirkt bereits belebender als ein Zaubermittel.«

»Mylord Leicester, ich lege größten Wert darauf, daß Ihr dieses Krankenlager schleunigst wieder verlaßt, und dann werden wir beide ausgelassen das Tanzbein schwingen. Darauf bestehe ich.«

»Und nicht einmal die Engel im Himmel werden es wagen, sich Euren Anweisungen zu widersetzen«, erklärte er.

Ich hielt Wort und blieb bei ihm. Seine Genesung grenzte an ein Wunder, und er beteuerte, es sei wieder einmal meine Gegenwart gewesen, die ihn mit einer Lebenslust erfüllt habe, wie er sie fern von mir niemals empfinden könne.

Ich fragte mich, wie ernst seine Krankheit wohl wirklich gewesen sein mochte. Sicher, er hatte in letzter Zeit nicht gerade wie das blühende Leben ausgesehen, aber während jener Tage des bangen Wartens darauf, daß sein Gesundheitszustand sich bessere, war mir der Gedanke gekommen, ob sein Leiden nicht mit den Beschwerden vergleichbar sei, die mich so oft befallen hatten, bevor ich Königin wurde. War seine Krankheit nicht vielleicht ein Hilferuf des Körpers gewesen, der angesichts unüberwindlicher seelischer Probleme um die pure Selbsterhaltung kämpfte? Wieweit mochte Robert sich mit Norfolk eingelassen haben? Ich glaubte nicht einen Augenblick, daß Robert tatsächlich daran interessiert war, Mary wieder zu ihrem Thron zu verhelfen. Nein, dazu kannte ich meinen Robert zu gut. Er hatte Norfolks Heiratspläne unterstützt, weil er seine eigene Zukunft im Auge gehabt hatte, denn er war – wie so viele andere – der Ansicht, daß Mary mir nach meinem Tod auf den Thron folgen werde; und an dem Tag, an dem das der Fall wäre, wollte er nicht leer ausgehen.

Doch welche Gründe ihn auch immer bewogen haben mochten, sich Norfolk anzuschließen – fest stand, daß ich mich eine kurze, schreckliche Zeitlang mit dem beklemmenden Gedanken hatte auseinandersetzen müssen, ihn möglicherweise für immer zu verlieren. Nun war er eindeutig auf dem Wege der Besserung und machte erstaunliche Fortschritte. Wir vertrieben uns die Zeit mit Spielen, und es bereitete mir jedesmal diebisches Vergnügen, gegen ihn zu gewinnen, denn ich wußte, daß mein Erfolg die verdiente Belohnung für überragende Geschicklichkeit und nicht ein bloßes Zugeständnis an meine königliche Würde war.

Nach der schrecklichen Angst, die ich um Robert ausgestanden hatte, waren die Tage seiner Genesung wie ein Geschenk des Himmels. Nun zweifelte er nicht mehr daran, daß ich ihn aufrichtig liebte. Ich konnte ihm geradezu ansehen, wie neue Hoffnung in ihm erwachte. Der gute Robert, er würde sicher noch von unserer Heirat träumen, wenn wir beide alt und grau wären.

Wie auch immer, mir gefiel das Leben so, wie es war.

Und Norfolk blieb weiterhin im Tower eingesperrt.

Unter meinen Höflingen war ein Mann, der mir treue Dienste geleistet hatte und dem ich viel verdankte. Er zählte nicht zu der Schar meiner Günstlinge, denn er bestach keineswegs durch blendendes Aussehen und zeichnete sich weder – wie Hatton – durch besonderes Talent im Tanzen aus, noch verfügte er über die erlesenen höfischen Manieren eines Thomas Heneage. Aber er war ein Mann, den man nicht unterschätzen durfte, denn er war klug, scharfsinnig und loyal. Ich spreche von Sir Francis Walsingham. Er war etwa drei Jahre älter als ich, also durchaus noch nicht alt. Seine äußere Erscheinung war sehr dunkel, aber im Unterschied zu Robert, dessen dunkler Typ einen ausgesprochen verwegenen, feschen Eindruck machte, hatte seine Dunkelhäutigkeit etwas Fremdartiges. Je mehr Gelegenheit ich hatte, mich von seinen glänzenden Leistungen zu überzeugen, um so mehr schätzte ich ihn und fühlte mich zu ihm hingezogen, und schließlich gab ich ihm den Spitznamen ›der Mohr‹. Es war eine Angewohnheit von mir, für meine engsten Freunde und Ratgeber Spitznamen zu erfinden, und einen solchen verliehen zu bekommen, galt als Beweis meiner besonderen Anerkennung.

Walsingham war ein stronggläubiger Protestant; ich hatte von Anfang an das Gefühl gehabt, daß ich meine Feinde vor allem unter den katholischen Adligen würde suchen müssen. Er verfügte nicht nur über ein beachtliches Vermögen, sondern war zugleich Diplomat und Jurist, und auf dem Gebiet der Rechtswissenschaft lag auch seine besondere Begabung, denn er hatte fünf Jahre lang an verschiedenen Universitäten des Auslands studiert. Außerdem war er wachsam und besaß einen sechsten Sinn im Aufspüren verräterischer Verschwörungen. Kurz, er war ein idealer Staatsdiener, dessen Verläßlichkeit sich mehr als einmal erwiesen hatte, und wenn ich heute auf mein Leben zurückblicke, so erkenne ich deutlich, daß eins meiner größten Talente zeitlebends darin bestanden hat, die richtigen Männer zu Rate zu ziehen. Die bunten Schmetterlinge unter meinen Höflingen – die fielen in eine ganz andere Kategorie; deren Gesellschaft amüsierte und bezauberte mich, aber über all dem Vergnügen, daß sie mir bereiteten, vergaß ich nie auch nur für einen Augenblick, daß die Stützen meiner Regierung Männer wie Cecil waren. Und Walsingham – auch er war ein Ratgeber von unschätzbarem Wert.

Ich war zutiefst erschüttert, als ich von dem Aufstand erfuhr, den die Grafen von Northumberland und Westmorland im Norden des Landes vorbereitet hatten, und dessen Ziel die Befreiung Mary Stuarts und die Rückkehr Englands zum Katholizismus war.

Ich wußte, daß Northumberland – ein recht törichter

Mann übrigens – sich darüber geärgert hatte, daß ich Mary nicht seiner Obhut anvertraut hatte. Wie konnte er nur auf die Idee kommen, ich sei so naiv! Schließlich war er einer der führenden Katholiken unter den Pairs und hielt sich – wie alle Percys – für den Herrscher über den Norden Englands. An dem geplanten Aufstand war jedoch beunruhigend, daß die Spanier Northumberland und Westmorland ihre Hilfe zugesichert hatten, falls es ihnen gelänge, genügend Soldaten zur Rebellion gegen mich zu überreden. Walsingham hatte diesen Umsturzplan aufgedeckt. Er hatte außerdem in Erfahrung gebracht, daß auch der Papst hinter der Verschwörung steckte.

Bei dem Gedanken daran, daß auch Robert in das Vorhaben verwickelt gewesen war, Norfolk hinter meinem Rükken mit Mary zu verheiraten, beschlich mich erhebliches Unbehagen.

Wie sich herausstellte, war die Verschwörung erschrekkend weit gediehen. Der Herzog von Alba hatte versprochen, eine spanische Armee herüberzuschicken. Der Marquis von Catena war bereits in England eingetroffen, angeblich in diplomatischer Mission, in Wirklichkeit aber, um rechtzeitig zur Stelle zu sein, um den Oberbefehl über die Armee zu übernehmen. Papst Pius V. schließlich hatte dem Unternehmen seinen Segen gegeben.

Zum Glück schöpfte der Graf von Sussex Verdacht, als er Northumberland einen freundschaftlichen Besuch abstattete. Er kam sogleich zu Cecil und mir und vertraute uns an, daß er allen Grund zu der Befürchtung habe, daß ein Aufstand gegen die Krone geplant sei.

Cecil riet mir, Northumberland unverzüglich nach London zu zitieren, und als mich wenig später ein Brief von Northumberland erreichte, in dem er mir mitteilte, er könne krankheitshalber der Aufforderung nicht nachkommen, versetzte mich diese Nachricht in höchste Alarmbereitschaft. Ich schickte sofort Wachen zu ihm, die strikte Anweisung hatten, ihn nach London zu bringen und ihn festzunehmen, falls er sich unter irgendeinem Vorwand weigern sollte, sie zu begleiten. Leider war Northumberland schneller als meine Wachen. Es gelang ihm, zu fliehen und sich Westmorland anzuschließen; gemeinsam trommelten sie alle verfügbaren Streitkräfte zusammen und erklärten ihre Absicht, Mary aus ihrer Gefangenschaft zu befreien und England zum katholischen Glauben zurückzuführen. Es bestürzte mich zu erfahren, daß es ihnen gelang, ein Heer von siebzehnhundert Reitern und viertausend Fußsoldaten um sich zu scharen und bis nach Durham vorzudringen, wo sie in der Kathedrale die Messe wiedereinsetzten. Dann zogen sie durch die nördlichen Grafschaften und ließen katholische Gottesdienste zelebrieren, wo immer sie haltmachten.

Unterdessen drang Sussex nach Norden vor und schlug die Rebellen in die Flucht, und sobald kein Zweifel mehr darüber bestand, daß den Aufständischen eine vernichtende Niederlage drohte, zogen die Männer, die so begeistert losmarschiert waren, um England zum Katholizismus zurückzuführen, die Sicherheit ihres heimischen Herdes dem Getümmel des Schlachtfeldes vor.

Westmorland floh in die Niederlande, und der Graf von Northumberland, dem es zunächst gelang, seinen Verfolgern zu entkommen, endete schließlich in York auf dem Schafott. Er hielt bis zum letzten Moment am katholischen Glauben fest. Sein Kopf wurde auf einen Pfahl gespießt und auf dem Stadttor zur Schau gestellt – als Warnung an alle Verräter.

Nun war es an der Zeit, dem Volk klarzumachen, daß ich zwar denjenigen unter meinen Untertanen, die mir treu ergeben waren, von Herzen zugetan war und nur zu gern den einen oder anderen Wunsch erfüllte, daß ich aber nicht gewillt war, Verrat stillschweigend hinzunehmen, und keine Skrupel hatte, mit Verrätern, die mir überstellt wurden, ebenso erbarmungslos zu verfahren wie seinerzeit mein Vater.

Sechshundert Rebellen waren gefangengenommen worden und baumelten wenig später als leblose Körper am Galgen – all denen zur schaurigen Warnung, die glaubten, leichtfertig die Rechte der Königin anfechten zu können.

Im Norden herrschte Trauer.

»Das ist Mary Stuarts Werk«, erklärte ich. »An dem Tag, als sie nach England kam, war es mit dem Frieden im Lande vorbei.«

»Und es wird so lange Unfrieden herrschen, wie sie sich in diesem Königreich aufhält«, ergänzte Cecil.

Ich nickte. Aber wie konnte ich sie loswerden? Es gab keinerlei Beweise dafür, daß sie in die Verschwörung verwikkelt gewesen war. Verschwörer beriefen sich meistens auf hochrangige Persönlichkeiten, die dem Thron nahestanden, das wußte ich aus eigener Erfahrung. Wie oft war mein eigener Name nicht schon für Rebellionen mißbraucht worden!

Nein. Mary persönlich konnte nichts angelastet werden – andererseits wäre es zu dem Aufstand nie gekommen, wenn sie nicht gewesen wäre.

Sir Francis Walsingham suchte mich in einer überaus dringenden Angelegenheit auf. Er hatte eine Verschwörung aufgedeckt und war der Ansicht, es müsse sofort etwas dagegen unternommen werden.

»Es handelt sich um eine Verschwörung gegen Eure Majestät persönlich«, erklärte er.

»Dann laßt hören«, forderte ich ihn auf.

»Mir war ein gewisser Roberto Ridolfi aufgefallen – ein Bankier aus Florenz, der sich wiederholt verdächtig benommen hatte«, berichtete Walsingham, »so daß ich schließlich allen Grund hatte anzunehmen, daß er zur Zeit der Rebellion die Aufständischen im Norden mit Geldmitteln unterstützt habe. Ich brachte ihn in mein Haus und unterzog ihn einem Verhör, doch ihm konnte nichts nachgewiesen werden, und ich war gezwungen, ihn wieder auf freien Fuß zu setzen. Ich ließ ihn bewußt in dem Glauben, es sei ihm gelungen, sich von jedem Verdacht zu befreien, denn ich ging davon aus, daß ihn das in Sicherheit wiegen und veranlassen werde, seinen Geschäften wie gewohnt nachzugehen, ohne mißtrauisch zu werden. In Wirklichkeit ließ ich ihn jedoch beschatten.«

Ich nickte zustimmend und empfand es als großes Glück, Freunde wie meinen dunkelhäutigen ›Mohren‹ zu haben.

»Schließlich erfuhr ich, daß der Mann mit Leslie, dem Bischof von Ross, in Verbindung stand, der mir bereits als Spion Marys von Schottland bekannt war. Er steckt übrigens mit Norfolk unter einer Decke.«

»Norfolk! Der Schurke!«

»Ich habe Briefe abgefangen, Majestät, und kann Euch daher genau darüber unterrichten, was geplant war. Mary sollte Norfolk heiraten, der versprochen hatte, zum katholischen Glauben überzutreten, und gemeinsam wollten wie dann in England den Katholizismus wiedereinführen.«

»In England!« rief ich aus. »Und die Königin von England? Die sollte wohl das Feld räumen und diese beiden Königlichen Hoheiten freundlicherweise darin bestärken, ganz zu tun, was ihnen beliebt!«

Walsingham zögerte. Dann fügte er hinzu: »Majestät, es war davon die Rede, daß Ihr... ermordet werden und Mary an Eurer Stelle auf den Thron gesetzt werden sollte. Der Papst hat seine Unterstützung ebenso zugesichert wie Philipp von Spanien. Sobald das Attentat auf Eure Majestät geglückt wäre, sollte Alba mit einem Heer eintreffen und dafür sorgen, daß jeder Protest gegen den Staatsstreich im Keim erstickt würde. Die Briefe, aus denen das hervorging, waren einem gewissen Charles Baillie anvertraut worden, den ich inzwischen habe verhaften lassen. Ich hoffe, ich habe im Sinne Eurer Majestät gehandelt. Baillie ist sogleich gefoltert worden und hat bereits ein umfassendes Geständnis abgelegt.«

»Ihr habt uns noch nicht berichtet, was konkret geschehen ist, Walsingham.«

»Majestät, ich war von Anfang an überzeugt, auf der richtigen Spur zu sein. Ich war jedoch viel zu vorsichtig, mich irgend jemandem anzuvertrauen, und hielt es für besser, die Angelegenheit so lange für mich zu behalten, bis ich in der Lage wäre, Euch handfeste Beweise vorzulegen. Über die verfüge ich nun. Ich bin im Besitz von Briefen, die eindeutig aus Norfolks Feder stammen. Er hat zwei Dokumente unterschrieben – eins, in dem er sich zum katholischen Glauben bekennt, und ein anderes, in dem er sich verpflichtet, an die Spitze eines Heeres zu treten, das Philipp versprochen hat zu entsenden, sobald die Zeit reif sei.«

»Der elende Verräter!« entfuhr es mir. »Warum habe ich nur so lange gezögert, ihn aus dem Weg zu räumen?«

»Majestät, damals war er noch nicht in dem Maße in die Sache verwickelt wie jetzt.«

»Dafür steht ihm jetzt das Wasser bis zum Hals.«

»Nicht nur ihm. Auch Ridolfi und der Königin von Schottland.«

Ich nickte. »Ich danke Euch für Eure treuen Dienste. Ich werde nicht vergessen, was Ihr für mich getan habt.«

»Es ist mir eine Freude, Eurer Majestät zu dienen.«

»Ich werde sofort nach Cecil schicken« sagte ich, »und ihn über alles unterrichten, was Ihr mir mitgeteilt habt. Geht nicht fort. Ich möchte, daß Cecil diese haarsträubende Geschichte von Euch erfährt und sich an Ort und Stelle von Eurem Beweismaterial überzeugt.«

Die Beweise waren vernichtend.

Jetzt gab es nichts mehr, das Norfolk noch hätte retten können.

Ridolfi hatte unterdessen Gefahr gewittert und war nach Italien zurückgekehrt, wo, wie ich später erfuhr, der Papst ihn mit offenen Armen empfangen und mit Ehrungen bedacht hatte. Damit war er leider für uns erreichbar – im Unterschied zu Norfolk... und Mary.

Mary hatte sich wieder einmal als gefährliche Feindin erwiesen. Auch in ihrem Fall tauchten Briefe auf, die eindeutig in ihrer Handschrift abgefaßt waren. Darin erklärte sie sich ausdrücklich einverstanden, Norfolk zum Ehemann zu nehmen; außerdem ließ der Inhalt der Briefe keinen Zweifel daran, daß sie genau gewußt hatte, zu welchen Bedingungen Philipp von Spanien und der Herzog von Alba ihre Hilfe zugesagt hatten. Sie war genauso schuldig wie Norfolk.

Einige meiner Freunde rieten mir: »Nutzt die Gelegenheit, die sich Euch bietet. Vernichtet diese Frau jetzt, und Ihr werdet für immer Ruhe vor ihr haben.«

Ich dachte ernsthaft darüber nach. Der Gedanke, was mit Mary zu geschehen habe, bereitete mir sogar schlaflose Nächte. Sie war schuldig – daran war nicht zu deuteln. Sie hatte gegen mich intrigiert und meinen Sturz geplant. Mehr als das: Sie hatte vorgehabt, mich zu ermorden – oder zumindest dem Plan, mich umzubringen, stillschweigend zugestimmt, genau wie im Fall Lord Darnleys.

Ich hatte allen Grund, sie aufs Schafott zu schicken, sie

genauso zum Tode zu verurteilen, wie sie mich durch ihre Beteiligung an der monströsen Verschwörung zum Tode verurteilt hatte.

Seltsamerweise brachte ich es nicht übers Herz. Dabei haßte ich sie. Ich sehnte mich danach, sie los zu sein. Sie stellte eine Bedrohung dar – und doch konnte ich mich nicht dazu durchringen, den Befehl zu ihrer Hinrichtung zu geben. Immerhin war sie eine Königin. Und Königinnen töten einander nicht. Schließlich gebührt einem Monarchen ein gewisser Respekt.

Und merkwürdigerweise war ich auch gar nicht einmal sicher, daß ich sie wirklich beseitigen wollte. Gewiß, sie machte mich rasend – aber ich war geradezu versessen darauf, mehr über sie zu erfahren. Ich glaube, ich interessierte mich für sie wie für keine andere Frau. Ich war verrückt. Wie sollte ich jemals sicher sein können, daß sie nicht wieder einen Mordanschlag auf mich plante? Dennoch konnte ich mich nicht entschließen, das Todesurteil zu unterschreiben, das sie mir ein für allemal vom Halse schaffen würde.

Ihre Bewachung solle verschärft werden, verfügte ich. Es solle dafür gesorgt werden, daß keine verräterische Korrespondenz mehr in ihre Hände geschmuggelt werde.

Sie war nun in der Tat meine Gefangene, und das würde sie bleiben müssen, solange ich lebte.

Manchmal konnte ich selbst nicht begreifen, wieso ich diese Frau mit solcher Nachsicht behandelte. Manchmal hatte ich geradezu das Gefühl, als habe sie mich genauso verzaubert wie all jene schmachtenden Kavaliere, denen sie ihr Leben lang mit ihrem Charme den Kopf verdreht hatte.

Norfolk gegenüber hatte ich keine solche Skrupel.

An einem heißen Tag im Juni trat er seinen letzten Gang zum Tower-Hügel an, wo ihn der Scharfrichter bereits erwartete.

Das Blutbad von Paris

Schockiert darüber, wie weit Spanien – unterstützt von Papst Pius – zu gehen bereit war, um mich ins Verderben zu stürzen, erkannte ich, daß ich unbedingt versuchen mußte, mich auf irgendeine Weise mit Frankreich zu verbünden, und sei es auch nur zum Schein. Und als Catherine von Medici mir den Vorschlag machte, ihren Sohn, den Herzog von Anjou, zu heiraten, ergriff ich die Gelegenheit und tat so, als ob ich ernsthaft gewillt wäre, darüber nachzudenken.

Catherine hielt zu der Zeit in Frankreich die Macht in Händen. Ihr Sohn Charles IX., der gegenwärtige König, war, gelinde gesagt, labil – viele behaupteten, er sei verrückt; auf jeden Fall stand er völlig unter dem Einfluß seiner Mutter. In gewissen Kreisen wurde sogar gemunkelt, sie habe dem Tod seines älteren Bruders François, Marys erstem Ehemann, nachgeholfen, um über ihren geistesschwachen Sohn selbst zu regieren. Was genau mit François geschehen war, kann ich nicht sagen; fest steht jedoch, daß sie die entscheidende Macht hinter dem französischen Thron war. Und sie sehnte sich danach, einen ihrer Söhne zum König von England zu machen.

Ich besprach die Angelegenheit ausführlich mit Cecil, aus dem inzwischen Lord Burghley geworden war; ich hatte ihn zum Baron ernannt, denn ich war der Ansicht, daß es an der Zeit sei, ihn für seine treuen Dienste zu belohnen. Er hatte sich die Auszeichnung redlich verdient.

Anjou war neunzehn Jahre alt. Ich war zu der Zeit siebenunddreißig; daher hätte ich mit gutem Grund Bedenken wegen des Altersunterschieds anmelden können. Außerdem war Anjou natürlich Katholik, und das englische Volk hatte den katholischen Ehepartnern seiner Herrscher noch nie besondere Sympathien entgegengebracht. Man brauchte nur an die letzte Königin zu denken, für deren Ehemann, Philipp von Spanien, die Menschen tiefen Abscheu empfunden hatten.

Dennoch bereiteten mir diese Heiratspläne ausgesprochenes Vergnügen, obwohl ich im Grunde meines Herzens genau wußte, daß ich zu gegebener Zeit alle Anträge ablehnen würde. Schließlich hatte ich nicht dem einzigen Mann, dem zuliebe ich noch am ehesten meine Freiheit aufgegeben hätte, einen Korb gegeben, um mich an irgendein arrogantes Bürschchen zu binden, mochte es sich auch um den Sproß einer Königsfamilie handeln. Ich brauchte mich mit niemandes königlicher Abstammung zu schmücken, denn die hatte ich selbst von meinem Vater und meinen ruhmreichen Vorfahren geerbt. Was ich allerdings alle Welt wissen lassen wollte, war, daß ich mich aus freien Stücken für ein jungfräuliches Leben entschieden hatte und daß es mir zu keiner Zeit an Möglichkeiten gefehlt hatte, eine Änderung dieses Zustandes herbeizuführen.

Ich empfand die vertraulichen Zwiegespräche mit La Mothe-Fénelon, dem damaligen französischen Gesandten, jedesmal als äußerst anregend und genoß es sehr, mich über die unvergleichlichen Vorzüge des Herzogs von Anjou und seinen brennenden Wunsch, mich zu heiraten, unterrichten zu lassen.

Natürlich hatte ich jede Menge Spione am französischen Königshof – dafür hatte Walsingham schon gesorgt –, und durch sie erfuhr ich, was sich dort wirklich abspielte. So wußte ich zum Beispiel, daß Anjou, während er sich angeblich danach verzehrte, mein Ehemann zu werden, ein leidenschaftliches Liebesverhältnis mit der Fürstin von Kleve unterhielt, und daß ihn an der geplanten Heirat mit mir nur die Aussicht reizte, sich meines Throns zu bemächtigen.

Ich erinnere mich gut an jene Gespräche mit La Mothe-Fénelon. Er sah mich jedesmal mit gespielter Bewunderung an und beteuerte mir wortreich, welch eine ideale Verbindung die Heirat mit dem Herzog von Anjou doch sei.

»Er ist der einzige, der Eurer Hand wirklich würdig wäre«, versicherte er mir.

»O ja, gewiß«, erwiderte ich leichthin, »mir ist durchaus bekannt, daß man ihn am französischen Hof wegen seiner vielen Vorzüge sehr schätzt. Er hat sicherlich die großartigsten Auszeichnungen verdient, die es auf der Welt zu gewinnen gibt. Aber ist es denn nicht so, mein geschätzter Freund, daß er sein Herz längst an ein viel betörenderes Wesen verloren hat? Ich bin immerhin eine alte Frau, die keinen zweiten Gedanken an eine Heirat verschwenden würde, wenn sie nicht gezwungen wäre, für einen Thronerben zu sorgen. Mir sind in meinem Leben schon viele Anträge gemacht worden – allesamt von Bewerbern, die lüsterne Blicke auf mein Königreich, weniger auf die Frau in mir geworfen hatten. So ist es nun einmal. Wenn es um Macht geht, werden Menschen verheiratet, die einander noch nie gesehen haben. Das Herz hat da kein Mitspracherecht!«

Der arme La Mothe-Fénelon! Er war peinlich berührt, aber er durfte sich natürlich nichts anmerken lassen. Er wußte sehr wohl, daß ich mich in Ausflüchten erging, und empfand es wahrscheinlich als recht demütigend, sich so abmühen zu müssen, um mir die Verbindung mit einem Prinzen schmackhaft zu machen.

»Nehmen wir zum Beispiel den König selbst«, fuhr ich fort. »Er ist inzwischen auch verheiratet. Ich hoffe, er findet Glück und Erfüllung in seiner Ehe.«

La Mothe versicherte mir, daß das der Fall sei.

»Dann bleibt nur zu wünschen, er möge davor bewahrt bleiben, dem ausschweifenden Lebenswandel zu verfallen, dem seine Vorfahren gefrönt haben. Wenn er nach seinem Vater und Großvater gerät, wird es mit der ehelichen Treue wohl bald vorbei sein.«

La Mothe war bestürzt, und ich merkte, daß er unsicher geworden war, ob ich an der Heirat mit Anjou nun interessiert sei oder nicht. Genau das hatte ich bezweckt.

Eines Tages stieß ich mich heftig an einem Bettpfosten und schlug mir das Bein auf. Die Wunde wollte einfach nicht heilen, und eine Zeitlang konnte ich mich nur hinkend fortbewegen. Ich mußte viel sitzen und das verletzte Bein dabei auf einen Schemel legen, denn das Gehen bereitete mir ziemliche Schmerzen. Doch leider sind selbst die belanglosesten Begebenheiten im Leben eines Herrschers ein beliebter Gegenstand des Klatsches und werden oft ausgeschmückt und in einer Weise aufgebauscht, die dem betroffenen Staatsoberhaupt manchmal nützt, meistens aber schadet. Und da mein Vater während seiner letzten Lebensjahre von einem schlecht heilenden Geschwür geplagt worden war, kursierte innerhalb kürzester Zeit das Gerücht, ich litte an dem gleichen Gebrechen.

Natürlich erfuhr man auch am französischen Hof davon, und mir wurde zugetragen, wie Anjou auf die Nachricht reagiert habe. Da wurde mir vollends bewußt, daß er an einer Heirat mit mir gar nicht interessiert war und daß ihn nur die Hartnäckigkeit seiner Mutter veranlaßte, den Verhandlungen über die geplante Eheschließung zuzustimmen.

Obwohl auch ich ihn gar nicht wollte, war mir der Gedanke daran, daß er sich gegen eine Verbindung mit mir sträubte, doch alles andere als recht, und ich war sehr bestürzt, als Walsinghams Spione mir von einem ziemlich beunruhigenden Gespräch berichteten, das sie belauscht hatten.

»Monsieur«, hatte ein Vertrauter des Herzogs zu diesem gesagt, »Ihr tätet gut daran, die Alte zu heiraten, die seit Jahren an einem Geschwür leidet, das nicht heilen will. Ihr braucht ihr doch nur eins unserer Allheilmittel aus Frankreich zu schicken, die angeblich jede Krankheit kurieren, und dafür zu sorgen, daß die Arznei Euch innerhalb weniger Monate zum Witwer macht. Dann könntet Ihr die Königin von Schottland heiraten und ungehindert über zwei Königreiche herrschen!«

Das machte mich allerdings wütend. Wie konnten sie es wagen, so über mich zu reden – und dazu noch meinen Tod zu planen!

Da könnt Ihr lange warten, Herr von Anjou! dachte ich. Mich werdet Ihr nie bekommen.

Noch größer war mein Zorn, als ich herausfand, daß die intrigante Königsmutter selbst die Fühler ausstreckte, um die Möglichkeit einer Heirat zwischen Anjou und der Königin von Schottland auszukundschaften.

Burghley versuchte, mich zu beruhigen, Robert ebenfalls. Er schaute mich vorwurfsvoll an, und seine Blicke sprachen Bände: Warum, schienen sie zu fragen, weigert Ihr Euch nur, den einzigen Mann zu erhören, dem Ihr vertrauen könnt und der Euch seit vielen Jahren liebt?

Ich hätte ihn am liebsten angeschrien: ›Was seid Ihr doch

für ein Narr, Robert! Glaubt Ihr denn allen Ernstes, ich hätte vor, einen dieser französischen Lackaffen zu heiraten? Wir verhandeln doch nur über eine Heirat, um uns die Freundschaft Frankreichs zu sichern. Spanien ist gegen mich. Der Papst ist gegen mich. Schottland sorgt nach wie vor für Unruhe, und die schottische Königin befindet sich in meiner Gewalt. Ich brauche Freunde, Robert! Und solange ich so tue, als ob ich daran interessiert wäre, einen Sohn des Hauses Valois zu heiraten, können die Franzosen nicht anders, als mir als Verbündete zur Seite zu stehen!‹

Kurz darauf bot mir Kaiser Maximilian, offenbar beunruhigt über die Möglichkeit einer französischen Heirat, seinen Sohn Rudolf als Ehemannn. Dieser neue Bewerber war noch jünger als Anjou.

Der Gedanke wiederum, ich könne Maximilians Sohn zum Mann nehmen, versetzte Catherine von Medici in Angst und Schrecken. Sie versuchte, teils durch gutes Zureden, teils durch Drohungen, Anjou zur Eheschließung mit mir zu überreden, und bat sogar Walsingham, mit ihrem Sohn zu sprechen und ihm die Vorteile einer Verbindung mit England schmackhaft zu machen.

Mich amüsierte die Geschichte allmählich. Je mehr Bewerber, um so besser! Und dann erschien noch ein dritter Kandidat auf der Bildfläche: Henri von Navarra, ein recht ungehobelter, aber unternehmungslustiger junger Mann. Es war ausgesprochen unterhaltsam zu verfolgen, wie sie sich alle drei ins Zeug legten, um den begehrten Preis zu gewinnen – die Krone Englands.

Es war ein großer Triumph für mich, als ich anläßlich eines Banketts zum Tanz aufforderte und zusammen mit Christopher Hatton zur Unterhaltung des Hofstaats die Tanzfläche betrat. Ich sprang so hoch wie eh und je und vollführte gleich mehrere Drehungen nacheinander. Jubelnder Beifall brach aus, als ich mich nach dem Tanz zu meinem Platz begab; ich gab La Mothe durch ein Zeichen zu verstehen, er solle sich zu mir setzen.

»Ihr könnt Herrn von Anjou berichten, daß ich temperamentvoller getanzt habe als irgend jemand sonst«, sagte ich zu ihm, »und daß all das Gerede über mein schlimmes Bein nichts als schamlose Übertreibung ist. Mein Bein ist inzwischen wieder so heil und makellos wie früher, und, glaubt mir, die Alte hat noch viele Jahre vor sich. Und seid doch so nett, den Alchemisten, die eine Arznei für mich mischen sollten, auszurichten, daß sie sich schon etwas sehr Geniales ausdenken müssen, wenn sie erreichen wollen, daß ein französischer Prinz die Königin von Schottland heiratet und ihr Königreich zusammen mit meinem einheimst.«

Der arme La Mothe! Er war völlig fassungslos. Dabei hätte er eigentlich wissen müssen, über welch ein ausgeklügeltes Spionagesystem ich dank der guten Arbeit meines ›Mohren‹ verfügte.

Ich war nun der Ansicht, daß zwischen Anjou und mir genug Theater gespielt worden sei. Die Verhandlungen über die geplante Heirat hatten die Franzosen daran gehindert, gegen mich Partei zu ergreifen, und damit ihren Zweck erfüllt. Also ließ ich verlauten, daß Anjou schon seine Religion ändern müsse, wenn er vorhabe, nach England zu kommen. Das verschaffte ihm Gelegenheit, sich elegant aus der Affäre zu ziehen, und seine Antwort lautete dann auch, er fürchte, diese Bedingung nicht erfüllen zu können.

Seine unermüdliche Mutter jedoch gab sich nicht so schnell geschlagen, und ich fand es geradezu komisch, als sie mir daraufhin Anjous Bruder, den Herzog von Alençon, anbot.

Das war nun wirklich ein Witz. Ich mußte laut lachen, als mir das Angebot unterbreitet wurde, und Burghley und Leicester teilten meine Belustigung.

Zunächst einmal war Alençon noch jünger als sein Bruder: Uns trennten immerhin zweiundzwanzig Jahre. Außerdem war er sehr klein, und niemand hätte ihn beim besten Willen als gutaussehend bezeichnen können. Er hatte sich in übertriebenem Maße den sinnlichen Genüssen hingegeben, und sein ausschweifender Lebensstil hatte ihn vorzeig altern lassen. Seine Haut war von Pockennarben verunstaltet, und seine unansehnliche Nase war so groß geraten, daß sie über seinen Lippen zu hängen schien. Er muß ein außerordentlich abstoßendes Geschöpf gewesen sein. Das Witzigste aber war, daß er auch noch auf den Namen ›Hercule‹ getauft worden war; niemand hätte dem großen Helden der Antike unähnlicher sein können.

Trotzdem erteilte ich nicht einmal ihm eine klare Absage. Bevor ich das täte, wollte ich noch eine Zeitlang meinen Spaß mit dem häßlichen Prinzen haben.

Obwohl die Gesandten, die im Auftrag ihrer jeweiligen Staatsoberhäupter um meine Hand anhielten, kamen und gingen, ließ ich mich nicht davon abbringen, meine gewohnten Rundreisen durch mein Land zu unternehmen.

Also begab ich mich auch im August jenes Jahres wieder auf Reisen, um mich meinem Volk zu zeigen, das großen Wert auf solche Begegnungen legte. Ich hielt häufig unterwegs an, um mit meinen Untertanen zu plaudern und ihnen persönlich für die vielen kleinen Geschenke zu danken, die sie mir überreichten; mochten diese Gaben auch noch so bescheiden sein, so vermittelte ich den Menschen doch stets das Gefühl, daß jedes einzelne ihrer Geschenke genau das sei, was ich mir schon immer gewünscht hätte.

Was mir an dieser jüngsten Reise so besonders gut gefiel, war, daß Robert mich begleitete und wir einige Tage im Schloß von Warwick, der Residenz Ambrose Dudleys, zu Gast waren. Ambrose war Roberts Bruder und ein liebenswürdiger Mann, der seinem Land treu gedient hatte. Er war damals, als ich im Tower gefangengehalten worden war, gemeinsam mit Robert ebenfalls dort eingesperrt gewesen, da man ihn im Zusammenhang mit der Verschwörung, deren Ziel es war, Jane Grey zur Königin zu machen, der Mittäterschaft beschuldigt hatte. Ich mochte ihn gern. Inzwischen führte er mehr oder weniger das Leben eines Invaliden, seit er bei dem Bemühen, die Stadt Le Havre zu verteidigen, von einer vergifteten Kugel getroffen worden war. Ich hatte Roberts ganze Familie ins Herz geschlossen und auch nie vergessen, was ich seiner Schwester verdankte, die mich so aufopfernd gepflegt hatte, als ich an den Blattern erkrankt war; der Gedanke daran, daß sie sich angesteckt hatte und für den Rest ihres Lebens von der schrecklichen Krankheit verunstaltet worden war, würde mich niemals loslassen.

Im Schloß von Warwick bereitete man mir einen großartigen Empfang. Es gab die üblichen Aufführungen und bildlichen Darstellungen historischer Ereignisse, und in überschwenglichen Lobliedern wurde meine Schönheit und Klugheit gespriesen. Bei den Gedichten, die mir zu Ehren aufgesagt wurden, wußte ich meist schon im voraus, wovon die nächste Zeile handeln würde, was jedoch mein Entzükken keineswegs schmälerte. Es erfüllt mich mit Freude zu erleben, welches Vergnügen es den einfachen Leuten vom Lande bereitete, mich willkommen zu heißen, und wie sehr sie sich der Ehre bewußt waren, ihrer Königin persönlich gegenüberzustehen.

Der Aufenthalt in Warwick wäre ein ungetrübtes Vergnügen gewesen, wenn mir nicht ein häßliches Gerücht zu Ohren gekommen wäre, das mir die Freude, dort zu Gast zu sein, ein wenig vergällte.

Mir war Douglass Sheffield sogleich aufgefallen, denn ich besaß ein untrügliches Gespür dafür, welche Frauen auf Robert Eindruck machten. Ich erinnerte mich zwar, gehört zu haben, Douglass und ihre Schwester seien in Robert verliebt, hatte diesem Hinweis aber seinerzeit keine besondere Bedeutung beigemessen, weil ich davon ausging, daß viele Frauen an meinem Hof Robert schöne Augen machten, was mich nicht im geringsten störte – im Gegenteil.

Der unseligen Geschichte auf die Spur kam ich, als ich zufällig Zeugin einer Unterhaltung meiner Bedienten wurde. Sie waren offenbar überzeugt, unter sich zu sein, denn sie hätten sich niemals getraut, in meiner Gegenwart Klatsch dieser Art auszutauschen. Als ich hörte, wie eine zur anderen sagte: »Glaubst du, der Graf von Leicester hat es wirklich getan?« spitzte ich unwillkürlich die Ohren. Ich riß die Tür auf und befahl ihnen, mir auf der Stelle zu sagen, was Leicester vorgeworfen werde.

Allein meinem Zorn hatte ich es schließlich zu verdanken, daß es mir gelang, ihnen die Geschichte zu entlocken, denn sie sträubten sich gewaltig und betonten immer wieder, daß es nichts weiter als dummes Gerede sei; ich wisse ja selbst, wie leicht auch den vorbildlichsten Menschen etwas angehängt wurde.

O ja, das wußte ich allerdings, und ich machte mir auch keine Illusionen darüber, daß ein Mann wie Robert viele

Feinde hatte. Aber konnte diese Geschichte nicht tatsächlich wahr sein? Natürlich war mir nicht verborgen geblieben, daß Douglass Sheffield und ihre Schwester Robert anhimmelten. War es vielleicht auch anderen aufgefallen, die sich später, als Douglass' Ehemann unter recht mysteriösen Umständen ums Leben kam, die Geschichte ausdachten, um Robert zu schaden?

Vielleicht – vielleicht aber auch nicht.

Dem Gerücht nach hatte Robert sich auf ein Liebesabenteuer mit Douglass Sheffield eingelassen. Das war immerhin möglich. Schließlich war er ein Mann, und da unsere Beziehung nicht körperlicher Natur war, lag es nur nahe, daß er hin und wieder Geliebte hatte. Das war auch völlig in Ordnung... solange alles diskret geschah und mir Einzelheiten erspart blieben. Ich war ganz sicher, daß Robert diese Bedingung respektierte und befolgte.

Offenbar war die Affäre mit Douglass Sheffield aber über das Maß des Erlaubten hinausgegangen. Robert habe ihr, so sagte man, einen Brief geschrieben und sie darin gebeten, diesen Brief gleich nach der Lektüre zu vernichten, was die dumme Person jedoch nicht getan habe. In besagtem Brief soll Robert erklärt haben, er werde sie heiraten, sobald ihr Mann gestorben sei, und dann soll er vielsagend hinzugefügt haben: ›... das kann eher der Fall sein, als Ihr glaubt.‹ Eine wahrhaft ominöse Feststellung.

Ich mußte unwillkürlich an die belastende Korrespondenz zwischen Mary und Bothwell denken. Was waren manche Leute doch für Toren, solche gefährlichen Gedanken zu Papier zu bringen! Und wieviel törichter noch waren diejenigen, die solche Briefe nicht vernichteten, sobald sie sie gelesen hatten!

Allem Anschein nach hatte Douglass Roberts Brief unter ihrem Kopfkissen aufbewahrt und ihn – sowohl tagsüber als auch nachts – immer wieder gelesen; und dann muß die dumme Gans ihn irgendwo fallengelassen und trotz intensiven Suchens nicht wiedergefunden haben. Das konnte sie auch gar nicht, denn der Brief war inzwischen von ihrer Schwägerin gefunden worden, die nicht zögerte, ihn Douglass' Mann auszuhändigen.

Und wie reagierte Lord Sheffield auf den Brief? Er beschloß, unverzüglich nach London zu reisen, um die Scheidung von der treulosen Ehefrau in die Wege zu leiten, die, wie er glaubte, zusammen mit ihrem Liebhaber seine Ermordung plante. Doch dann geschah etwas, das Robert heillos ins Gerede brachte. Lord Sheffield starb, noch bevor er Gelegenheit hatte, seinen Anwälten den Brief vorzulegen. Er starb an der Ruhr – einer Krankheit, die sich oft als Folge einer Vergiftung einstellte.

Wie war es zu erklären, daß Lord Sheffield ausgerechnet zu einem Zeitpunkt starb, als er im Begriff war, das Verhältnis zwischen seiner Frau und Robert aufzudecken?

Nun, für Klatschmäuler war die Geschichte das gefundene Fressen. Und das Beunruhigende an dieser Geschichte war, daß Sheffields Tod keine fantasievolle Ausschmückung, sondern eine ernüchternde Tatsache war. Allerdings konnte ich einfach nicht glauben, daß Robert wirklich vorgehabt hatte, Douglass zu heiraten. Er muß sich darüber klargewesen sein, daß mich ein solcher Schritt in fürchterliche Wut versetzt hätte, und ich konnte mir nicht vorstellen, daß er es gewagt hätte, sich wegen einer dummen Pute wie Douglass Sheffield meinen heiligen Zorn zuzuziehen. War ihm andererseits ein solcher Brief zuzutrauen? Warum nicht? Vielleicht hatte er ihn in der Hoffnung geschrieben, sie zu verführen, falls sie sich geziert hatte. Und hatte er dann, als alles darauf hindeutete, daß sein Verhältnis mit Douglass bekannt werden würde, dafür gesorgt, daß der hintergangene Ehemann für immer von der Bildfläche verschwand?

Ich wußte nicht, was ich denken sollte. Es gab so vieles an Robert, was ich nicht wußte. Fand ich ihn vielleicht deshalb so unwiderstehlich?

Wie oft hatte ich mich gefragt: Wie starb Amy Robsart? War es ein Unfall? Beging sie Selbstmord? Oder wurde ihrem Tod nachgeholfen? Und wenn ja, wer hätte ein größeres Interesse daran haben können, sie zu beseitigen, als Robert? Es war nicht auszuschließen, daß er Lord Sheffields Tod für das kleinere Übel gehalten hatte, wenn die Alternative ein Skandal war, der zwangsläufig auch mir zu Ohren gekommen wäre.

Ich würde auf meine Fragen niemals eine zufriedenstellende Antwort erhalten.

Der beunruhigende Zwischenfall, der den unschönen Abschluß der Reise bildete, war im übrigen der einzige Mißklang des ansonsten harmonischen Aufenthalts im Schloß von Warwick.

Im August jenes Jahres erreichte uns die Nachricht von einer der größten Katastrophen, die die Welt je erlebt hatte. Sie erfüllte die gesamte Christenheit mit Angst und Schrekken und veranlaßte die Menschen weit und breit, sich voller Abscheu vom König und der Königinmutter Frankreichs abzuwenden, auf deren Betreiben das schreckliche Geschehen offenbar zurückzuführen war.

Ich spreche von dem Blutbad der Bartholomäusnacht, in der Tausende von Hugenotten ermordet wurden, unter ihnen zahlreiche prominente Hugenottenführer Frankreichs, die sich in Paris versammelt hatten, um an der Hochzeit Prinzessin Marguerites, der Tochter Catherine von Medicis, und meines ehemaligen Verehrers Henri von Navarra teilzunehmen. Henri von Navarra, der ebenfalls Hugenotte war, entkam dem Massaker wie durch ein Wunder; aber nur wenige seiner Glaubensgenossen hatten dieses Glück.

Das Grauen jener Nacht, ihre Brutalität, ihr Wahnsinn waren kaum vorstellbar.

Der Gedanke an das entsetzliche Geschehen verfolgte mich. Ich mußte unaufhörlich daran denken, wie plötzlich die Glocken aller Türme zu läuten begannen und damit das Zeichen zum Angriff auf alle Hugenotten gaben, wie die Katholiken in blinder Wut auf die Straßen stürzten und alle die unter ihren Landsleuten erbarmungslos niedermetzelten, die nicht bereit waren, Gott auf dieselbe Art und Weise zu verehren wie sie.

Charles, der König, war bekanntlich geistesgestört. Aber seine Mutter, diese falsche Schlange, hätte doch wissen müssen, was sie da anrichtete! Warum hatte sie die Bevölkerung von Paris nur zu einer solchen Wahnsinnstat aufgehetzt? War ihr nicht klar, daß man sie noch Generationen später dafür hassen würde?

Der ganze Hof sprach von nichts anderem als dem Blutbad von Paris. Die Menschen sprachen im Flüsterton – nicht mit der unverhohlenen Schadenfreude, die sich sonst auf ihren Gesichtern ausbreitet, wenn vom Unglück anderer die Rede ist. Nein, es gab niemanden, der nicht zutiefst schockiert und bestürzt über das war, was sich in Frankreich ereignet hatte.

Alle hielten die Franzosen für blutrünstige Ungeheuer. Auch ich konnte mich kaum dazu durchringen, La Mothe-Fénelon zu empfangen, obwohl dieser kultivierte und vornehme Mann natürlich in keiner Weise für das Massaker verantwortlich gemacht werden konnte; ich zweifelte nicht daran, daß er sich des Wahnsinns dieses gnadenlosen, grausamen Gemetzels voll und ganz bewußt war und ahnte, welchen Haß sein Land sich damit eingehandelt hatte.

Schließlich erklärte ich mich doch zu einem Gespräch mit ihm bereit. Die Unterredung sollte in Woodstock stattfinden, und um meinen Abscheu gegenüber dem entsetzlichen Geschehen zu unterstreichen, ordnete ich an, daß alle Höflinge schwarz gekleidet erscheinen sollten.

Als La Mothe den Audienzsaal betrat, herrschte betroffenes Schweigen. Ich ging ein paar Schritte auf ihn zu und sagte zu ihm: »Es tut mir leid, daß Ihr so lange auf eine Audienz habt warten müssen, Mylord. Bitte beantwortet mir eine Frage: Ist diese schreckliche Nachricht, die uns aus Frankreich erreicht hat, wirklich wahr?«

»Majestät, ich beklage – wie Ihr – aufrichtig diese traurigen Vorfälle. Mein König bedauert zutiefst, daß er zum Schutz seines eigenen Lebens und des Lebens seiner Familie gezwungen war, die verräterischen Verschwörungen gewisser Personen, die gegen ihn intrigiert hatten, gewaltsam niederzuschlagen. Was in Paris geschehen ist, hat dem König von Frankreich nicht weniger Schmerz bereitet, als wenn man ihm einen Arm abgeschlagen hätte, um den Rest des Körpers zu retten.«

»Ich verstehe nicht recht, Mylord. Bitte erklärt mir, warum es nötig war, Tausende von Hugenotten kaltblütig zu ermorden.«

La Mothe tat mir leid. Es ist niemals eine leichte Aufgabe

für einen Gesandten, die Entscheidungen seines Staatsoberhauptes zu rechtfertigen. La Mothe wand sich sichtlich, als er sich bemühte, einigermaßen plausible Erklärungen vorzubringen, und von der Hinterhältigkeit des großen Admirals Coligny sprach, der, wie wir alle wußten, einer der untadeligsten Männer überhaupt war.

»Wenn es tatsächlich stimmt, daß der Admiral sich des Verrats schuldig gemacht hat, hätte man ihn dann nicht vor Gericht stellen und ihm ordnungsgemäß den Prozeß machen können?« fragte ich. »War es nötig, so viele Menschen umzubringen?«

»Es war ein fataler Zufall. Befehle wurden irrtümlich falsch ausgelegt...«

Schließlich siegte mein Mitleid. Man sollte Gesandten nicht die Schuld an den Verfehlungen ihrer Herrscher geben.

Als die Mitglieder des Staatsrats von La Mothes Erklärungen erfuhren, riefen sie aufgebracht aus: »Zufälle! Irrtümer! Die Bartholomäusnacht wird noch in Hunderten von Jahren als einer der größten Schandflecken in der Geschichte Frankreichs verurteilt werden.«

»Und Burghley erklärte: »Das Blutbad von Paris ist das schlimmste Verbrechen seit der Kreuzigung Christi.«

Nach dem Massaker war die Mehrheit meiner Freunde und Vertrauten entschlossen, Mary Stuart loszuwerden.

Seltsamerweise gehörte Burghley zu denen, die am lautesten ihren Kopf forderten. Dabei war er keineswegs ein blutrünstiger Mann. Er war nur ein glühender Protestant, und Leute wie er waren über das, was sich in Paris ereignet hatte, besonders entsetzt. Ich glaube, im Grunde seines Herzens stand er furchtbare Ängste aus, daß mir etwas zustoßen und Mary Stuart sich daraufhin des Throns bemächtigen könne; ihm muß bei dem Gedanken, daß England unter einer katholischen Königin eine Schreckensherrschaft drohte, sehr gegraut haben. Ich konnte das durchaus verstehen. Schließlich war es so lange noch nicht her, daß die Scheiterhaufen von Smithfield ganz London mit dem Geruch brennenden Fleisches erfüllt hatten.

Diejenige, die zögerte, war ich. Ich konnte nicht vergessen, daß Mary meine Verwandte war – abgesehen davon war sie königlicher Herkunft. In der Hinsicht war ich meinem Großvater sehr ähnlich, der stets darauf bedacht gewesen war, unnötiges Blutvergießen zu vermeiden. Allerdings hatte er sich gezwungen gesehen, Todesurteile zu unterschreiben, wenn er glaubte, daß sein Thron in Gefahr war. Ich hatte erwartet, in einer vergleichbaren Situation genauso zu handeln wie er; aber irgendwie brachte ich es nicht fertig, Mary Stuart aufs Schafott zu schicken.

Burghley gab mir zu bedenken, daß ich allen Grund hätte, sie zum Tode zu verurteilen. Hatte sie nicht mit Norfolk korrespondiert? War sie nicht an der Verschwörung beteiligt gewesen, deren Ziel es war, mich zu töten und sie selbst zur Herrscherin über England zu machen?

Ich wußte das alles sehr wohl. Trotzdem konnte ich einfach nicht glauben, daß Mary wirklich bereitwillig meiner Ermordung zugestimmt haben sollte. Aber wieso eigentlich nicht? Hatte sie nicht auch dem Mord an Darnley zugestimmt?

Robert machte schließlich den Vorschlag, es anderen zu überlassen, Mary aus dem Weg zu räumen. Es war ein raffinierter Plan, den er sich da ausgedacht hatte – und einer, der irgendwie typisch für Robert war. Mir kam unwillkürlich der Gedanke, daß Robert gut im Ersinnen solcher Pläne war. Ob er sich wohl etwas Ähnliches hatte einfallen lassen, als ihm Amy Robsart und später Lord Sheffield im Weg gestanden hatten? Ich schämte mich dieser Vermutung in demselben Moment, in dem sie mir durch den Kopf ging. Ihm ging es jetzt einzig und allein um mein Wohl, um das er sich – so beteuerte er zumindest – Tag und Nacht sorgte. Mein Glück war sein größtes Anliegen.

Burghley war so fest davon überzeugt, daß Mary Stuart, solange sie lebte, eine Gefahr für das Land darstellte, daß er Roberts absonderlichen Plan unterstützte. Demzufolge sollte ich so tun, als ob ich Mary unter der Bedingung freiließe, daß sie nach Schottland zurückkehrte. In Wirklichkeit würde sie dort jedoch zwei abgefeimten Schurken in die Hände fallen, nämlich James Douglas, dem Grafen von Morton, der einer von Riccios Mördern gewesen war, und John Erskine, dem Grafen von Marr, der nach dem Mord an Moray und Lennox* zum Regenten des schottischen Königreichs ausgerufen worden war; und diese beiden waren genauso erpicht darauf, sie aus dem Weg zu räumen, wie ich. Sie sollten sie sogleich vor Gericht stellen und für schuldig befinden, und ihre Hinrichtung sollte unverzüglich und innerhalb weniger Stunden nach ihrer Auslieferung erfolgen.

Der erste Schritt zur Durchführung dieses Vorhabens bestand darin, daß ein gewisser Henry Killigrew, der sich schon einmal als Gesandter bewährt hatte, in geheimer Mission nach Schottland geschickt wurde, wo er versuchen sollte, mit den beiden niederträchtigen Grafen handelseinig zu werden, die, wie es aussah, keinerlei Bedenken hatten, ihre Königin zu verraten, vorausgesetzt, es sprang für sie selbst genug dabei heraus.

Burghley hatte erklärt, es sei Killigrews Aufgabe, den beiden Halunken vor Augen zu führen, welche Vorteile sich für sie aus dem Handel ergäben, und herauszufinden, zu welchen Bedingungen sie bereit seien, die Tat auszuführen.

Es war ein schmutziges Geschäft, und ich haßte den ganzen entwürdigenden Pakt; allein Burghleys und Roberts unermüdliches Drängen veranlaßte mich, an dem Vorhaben festzuhalten.

Vielleicht schwebte Marr bereits eine sichere und sorglose Zukunft in einem protestantischen Schottland vor; jedenfalls schien er sich vor Mary nicht sonderlich zu fürchten. Ihm hatte sich der Prediger John Knox angeschlossen, einer von der Sorte grausamer und engstirniger religiöser Fanatiker, wie ich sie schon immer verabscheut hatte; er haßte Mary mit blinder Leidenschaft und erklärte freudig seine Absicht, sich an dem Anschlag auf sie zu beteiligen.

Schließlich war Marr bereit, dem Vorhaben zuzustimmen, doch er starb, noch bevor der Plan in die Tat umgesetzt wer-

* Marys Halbbruder James Stewart, der Graf von Moray, und ihr ehemaliger Schwiegervater, der Graf von Lennox, waren nach der Niederlage der Königin im Kampf gegen die schottischen Lords und nach ihrer Flucht zu Regenten des Landes ernannt worden. (Anm. d. Übers.)

den konnte. Es war schon seltsam – fast so, als ob die Heiligen, die Mary so oft anflehte, ihr tatsächlich zu Hilfe gekommen wären, denn Morton war ein weitaus schwierigerer Verhandlungspartner und durchaus nicht gewillt, Zugeständnisse zu machen. Er verlangte so viel Geld, wie Marys gesamte Unterbringung und Verpflegung in den verschiedenen Schlössern meines Landes mich bisher gekostet hatte. Ich war schockiert. Ich haßte Verschwendung, denn ich war der Ansicht, daß Wohlstand die Folge von Sparsamkeit sei. Gewiß, ich gab schon Geld für Kleidung aus – ich gebe zu, daß ich eine stattliche Anzahl schöner Kleider besaß –, aber ich achtete immer darauf, daß ihre Anschaffung dem Ansehen und der Würde meines königlichen Status diente. Gewiß, ich knauserte an meinem Hof nicht gerade mit Essen und Trinken; ich ließ stets eine reiche Auswahl an Speisen und erlesenen Weinen servieren. Nicht, daß ich selbst über einen besonders gesegneten Appetit verfügte! Ich aß wie ein Spatz und trank meinen Wein immer mit Wasser verdünnt. Ich hatte einfach Respekt vor Geld, ohne das Bedürfnis zu haben, es zu horten. Diese Einstellung muß ich von meinem Großvater geerbt haben. Der war zwar bei den Menschen als Geizhals verschrien, aber seine Sparsamkeit hatte dem Land Wohlstand eingebracht, während die Prunksucht meines Vaters leider nur für gähnende Leere in der Staatskasse gesorgt hatte. Ich war es schließlich gewesen, die seine Schulden beglichen hatte, und es war ein riesiger Schuldenberg gewesen, den abzutragen ich übernommen hatte; aber ich legte nun einmal Wert darauf, daß niemand auf das Geld zu verzichten brauchte, das ihm rechtmäßig zustand. Auch die Schulden, die mein Bruder Edward hinterlassen hatte, hatte ich bezahlt. Das Volk wußte davon und war mir dankbar; die Menschen – insbesondere die Einwohner Londons – liebten mich mit geradezu abgöttischer Verehrung.

Daher widerstrebte mir die bloße Vorstellung, dem Gauner Morton jenseits der Grenze so viel Geld zu zahlen. Nicht, daß er sich mit der geforderten Summe zufriedengegeben hätte; nein, seine Forderungen wurden noch dreister. Er muß gespürt haben, wie sehr Burghley daran gelegen war, das Geschäft abzuschließen und die Angelegenheit hinter sich zu bringen, ohne mich hineinzuziehen und dadurch meinem guten Ruf zu schaden. Laßt Mary ruhig von ihren eigenen unritterlichen Rittern aufs Schafott gezerrt werden, erklärte Burghley; dann kann niemand in England dafür verantwortlich gemacht werden, und wir können die Tat getrost den barbarischen Schotten in die Schuhe schieben.

Doch dann stellte Morton eine Bedingung, die alle Bemühungen zunichte machte. Er bestand darauf, daß die Hinrichtung nur in Gegenwart dreitausend englischer Soldaten und ihrer Befehlshaber, der Grafen von Bedford, Essex und Huntingdon, stattfinden könne.

Als uns die Nachricht dieses Ultimatums erreichte, war uns klar, daß das Vorhaben gescheitert war. Das war ja gerade Zweck und Ziel des Plans gewesen, daß mir keinerlei Schuld an Marys Hinrichtung zugeschoben werden könnte. Morton wußte das nur zu gut. Hatte er deshalb die Anwesenheit meiner Soldaten gefordert?

»Wir verschwenden nur unsere Zeit«, sagte ich. »Morton weiß genau, daß er Unmögliches verlangt.«

Burghley nickte grimmig. »Möge Gott Eurer Majestät die Kraft verleihen, sein Wort sowie Euer eigenes Leben und das Eurer Millionen Untertanen zu verteidigen, die sich allesamt in unübersehbarer Gefahr befinden.« Und er fügte hinzu: »Gott sei uns allen gnädig.«

Ich mußte Burghley beruhigen. Ich tat die Gefahr mit einem Achselzucken ab und war im Grunde meines Herzens ganz froh, daß es uns nicht gelungen war, Männer zu finden, die bereit gewesen wären, Mary Stuart zu ermorden.

Obwohl das Blutbad von Paris in jenen Tagen nicht nur in England, sondern in der ganzen Welt scharfe Ablehnung und tiefe Empörung hervorrief, und ich nicht im geringsten daran zweifelte, daß das Volk eine Heirat zwischen mir und Alençon entschieden mißbilligen würde, erhielt ich die Verhandlungen mit Catherine von Medici heimlich aufrecht.

Wieder einmal überbrachte La Mothe-Fénelon mir eine Botschaft von der Königinmutter.

»Ihre Majestät freut sich, Eurer Majestät mitteilen zu können, daß die Behandlung, der sich Herr von Alençon unterzogen hat, anschlägt und der Zustand seiner Haut von Tag zu Tag besser wird.«

Diese Bemerkung bezog sich auf die Medizin eines Doktor Penna, der behauptet hatte, ein Wundermittel gefunden zu haben, das bei regelmäßiger Anwendung die Haut von jeglichen Spuren befreien könne, die die Blattern hinterlassen hatten. Catherine von Medici hatte daraufhin sogleich seine Dienste in Anspruch genommen; sie muß der Ansicht gewesen sein, daß das Aussehen ihres Sohnes einer der Hauptgründe gewesen sei, weshalb ich mich zur Heirat mit ihm noch nicht hatte entschließen können.

»Das ist wirklich eine erfreuliche Nachricht«, entgegnete ich. »Wenn die Behandlung tatsächlich so erfolgreich ist, muß ich den Arzt unbedingt nach London holen lassen, um zu erfahren, ob auch Lady Sidney geholfen werden kann.«

La Mothe schien sich zu freuen. Er glaubte offenbar, daß ich trotz der schrecklichen Ereignisse an einer Heirat mit Alençon noch interessiert sei. Es war erstaunlich, wie er so naiv sein konnte anzunehmen, daß ich jetzt zustimmen würde, obwohl ich vor dem Massaker gezögert hatte, in die Verbindung einzuwilligen.

Dann sprachen wir noch über die verhängnisvollen Auswirkungen der Blattern, die zur Zeit wieder mehr Opfer forderten als noch vor kurzem.

»Unser kleiner Prinz ist sicher heilfroh, mit dem Leben davongekommen zu sein«, sagte ich.

»Allerdings, Majestät, und im Falle eines so besonders charmanten Prinzen nimmt man die unbedeutenden Spuren der Krankheit gar nicht weiter wahr, weil seine Gesellschaft so anregend ist.«

»Vermutlich sind andere Teile seines Gesichts so wohlgestaltet, daß sie von den Unreinheiten der Haut ablenken«, bemerkte ich boshaft. In der Tat war ich schon äußerst gespannt darauf, den kleinen Prinzen persönlich kennenzulernen, dessen Ausschweifungen sich den Berichten nach in seinen verlebten Gesichtszügen widerspiegelten und dessen Nase angeblich so aussah, als ob sie zweigeteilt wäre, und ihm ein ausgesprochen groteskes Aussehen verlieh.

Vielleicht hätte ich etwas mehr Mitgefühl zeigen sollen, denn an den Blattern zu erkranken, ist eine ganz schreckliche Erfahrung. Bereits wenige Tage später fiel mir meine Bemerkung gegenüber La Mothe-Fénelon wieder ein, als mich nämlich ein heftiges Unwohlsein überkam; und als kurz darauf die gefürchteten Flecken auf meinem Gesicht erschienen, wußte ich, daß ich der schauerlichen Krankheit erneut zum Opfer gefallen war.

Robert kam und bestand darauf, in meine Gemächer vorgelassen zu werden. Er fiel vor mir auf die Knie und schwor mir unsterbliche Liebe und Treue. Ich lächelte ihn an und sagte: »Robert, geht mir lieber aus dem Weg. Ich möchte nicht, daß Euer makelloses Gesicht von den Blattern verunstaltet wird.«

»Ich bin hier, um Euch zu dienen«, entgegnete er bestimmt, »und hier bleibe ich auch.« Und dieses eine Mal erinnerte ich ihn ausnahmsweise nicht daran, daß ich die Königin war, der alle Gehorsam schuldeten.

Der Staatsrat war in heller Panik; vermutlich machten sie sich alle größte Sorgen um die Thronfolge. Die Protestanten erklärten, daß sie Mary niemals als meine Nachfolgerin anerkennen würden, und während die Welt gespannt den Atem anhielt, schickten Spanien und Frankreich sich an, zum vernichtenden Schlag auszuholen.

Seltsamerweise fühlte ich mich diesmal gar nicht krank. Man sagt ja, daß man gegen eine Krankheit immun wird, wenn man sie einmal durchgemacht hat. Man erkrankt zwar an ihr, aber man überwindet sie schnell. So war es auch in meinem Fall.

Es dauerte nicht lange, bis ich mich wohl genug fühlte, um aufzustehen, und als ich prüfend mein Gesicht im Spiegel betrachtete, konnte ich keinen einzigen Schönheitsfehler entdecken.

Ich war wieder einmal glücklich davongekommen!

Als La Mothe-Fénelon mich besuchte, bemerkte ich scherzhaft: »Nun wird Herr von Alençon möglicherweise ein wenig enttäuscht sein, wenn er nach England kommt.

Vielleicht wäre es ihm lieber gewesen, wenn die Krankheit bei mir die eine oder andere Spur hinterlassen hätte – dann wären wir einander nicht ganz so unähnlich.«

»Aber nein, Majestät«, erwiderte La Mothe, »Monsieur wird glücklich darüber sein, daß Eure unübertroffene Schönheit von jedem Makel verschont geblieben ist. Überdies schlägt Pennas Medizin bei dem Herzog so gut an, daß Ihr, wenn Ihr ihn persönlich kennenlernt, das Gerücht, er sehe entstellt aus, maßlos übertrieben finden werdet.«

»Das sollte mich ganz außerordentlich freuen«, entgegnete ich und fragte an, ob der Herzog nicht eventuell Lust habe, dem englischen Hof einmal einen Besuch abzustatten. Es amüsierte mich zu beobachten, wie La Mothe sich in Ausflüchten erging, und mir kam der Verdacht, daß der Grund für sein Ausweichen die Befürchtung sein müsse, daß es nie zu einer Heirat kommen werde, falls ich den häßlichen Gnom vor einer möglichen Ferntrauung zu Gesicht bekäme.

Kurze Zeit nach diesem Gespräch suchte La Mothe mich auf, um mir mitzuteilen, daß der König von Frankreich Vater einer Tochter geworden sei. La Mothe hatte es nicht gerade leicht in England, denn so sehr der loyale Gesandte sich auch bemühte, hatte er doch große Schwierigkeiten, das Verhalten seines Herrn zu rechtfertigen; und ganz England war bestürzt, als die Nachricht eintraf, daß zwei Anhänger des berühmten Admirals von Coligny auf der Place de Grève hingerichtet worden waren und der König sowie Catherine von Medici und weitere Angehörige der königlichen Familie der Hinrichtung beigewohnt hatten, während zur selben Stunde die Königin einem Kind das Leben geschenkt hat.

Ich war entschlossen, La Mothe wissen zu lassen, wie sehr ich die Gefühllosigkeit seines Königs und der Königinmutter verabscheute. Überdies versprach der Vorfall mir bei meinen Verhandlungen mit der verschlagenen Catherine von Medici gute Dienste zu leisten, und ich durfte keine Gelegenheit, die sich bot, ungenutzt lassen.

»Seine Majestät hätte sich die glückliche Geburt seines Kindes kaum sehnlicher wünschen können als ich«, beteuerte ich mit diplomatischer Übertreibung und erklärte mit noch schamloserer Heuchelei, ich hätte der Königin zwar von Herzen gewünscht, sie möge einen kleinen Dauphin zur Welt bringen, sei aber ganz sicher, daß das Königspaar auch über die Geburt einer Prinzessin sehr glücklich sei. Allerdings, so fügte ich hinzu, könne ich nur zutiefst bedauern, daß der Vater des Kindes das glanzvolle Ereignis durch ein so trauriges Schauspiel wie eine Hinrichtung in den Schmutz gezogen und dem beschämenden Geschehen auf der Place de Grève auch noch zugesehen habe.

La Mothe-Fénelon, verzweifelt bemüht, seine treue Ergebenheit gegenüber einem Monarchen zu bekunden, dessen Verhalten ihn mit Abscheu erfüllt haben muß, gab zu, daß es ein Tag gewesen sei, an dem Glück und Unglück einander die Waage gehalten hätten. »Mein Herr war gezwungen, dem Beispiel seiner berühmten Vorfahren zu folgen und den Hinrichtungen beizuwohnen«, erklärte er.

Ich nickte ernst und beteuerte erneut, daß die Vorfälle in Frankreich mich mit Sorge erfüllten; außerdem sei ich sehr bekümmert darüber, daß gegen Menschen vorgegangen werde, die demselben Glauben angehörten wie ich.

La Mothe verneigte sich und versicherte mir, daß sein König sich mir in aufrichtiger Freundschaft verbunden fühle und sich glücklich schätzen würde, wenn ich mich bereit erklärte, Patin des neugeborenen Kindes zu werden.

Da ich davon ausgehen konnte, daß ich nicht persönlich zur Taufe nach Frankreich würde reisen müssen, sondern, wie es in solchen Fällen üblich war, einen Stellvertreter entsenden würde, nahm ich das Angbebot huldvoll an.

Dann erörterte ich mit Cecil die Frage, wer wohl am besten geeignet sei, mich in Frankreich zu vertreten. Natürlich lag es nahe, Lady Lennox für die Aufgabe auszuwählen, aber das Risiko wollte ich auf gar keinen Fall eingehen. Woher sollte ich denn wissen, ob sie zusammen mit der hinterhältigen Königinmutter von Frankreich nicht irgendwelche boshaften Intrigen ersinnen würde? Sie war immerhin die Großmutter des kleinen Prinzen James von Schottland, und ich war überzeugt davon, daß sie sich unaufhörlich Gedanken über die Zukunft des kleinen Prinzen und seiner Mutter machte.

Wir kamen zu dem Schluß, daß unser bester Gesandter in

dieser Angelegenheit William Somerset, der Graf von Worcester, sei. Er war zwar Katholik, aber ein Mann, dem wir vertrauen konnten. Also reiste er nach Frankreich. In seinem Gepäck befand sich der goldene Taufstein, mein Patengeschenk.

Robert sah ich damals fast täglich. Er war überzeugt davon, daß nach dem Blutbad der Bartholomäusnacht eine Verbindung Englands mit dem französischen Königshaus ausgeschlossen sei. Seine Stimmung schwankte: Manchmal war er voller Hoffnung und sah sich bereits neben mir auf dem Thron, dann wiederum schien er zu begreifen, daß ich mich nie entschließen würde zu heiraten... weder ihn noch einen anderen Mann. Mein vierzigster Geburtstag lag bereits hinter mir. Wozu sollte ich jetzt noch eine Ehe eingehen? Ich konnte Roberts Gesellschaft genießen, wann immer ich wollte. Mein Wort war Befehl. Warum also sollte ich den Wunsch haben, an den bestehenden Verhältnissen etwas zu ändern? Natürlich käme ich nie auf eine solche Idee. Andererseits genoß ich es, umworben zu werden. Es machte mir Spaß, Hoffnungen zu wecken, und gelegentlich redete ich mir sogar ein, ich könnte eines Tages doch noch schwach werden. Für mich war das Liebeswerben eins der aufregendsten Spiele überhaupt. Von einem Mann bewundert und verehrt zu werden, gab mir das Gefühl, so schön und so begehrenswert zu sein wie keine zweite Frau auf der Welt. Es war ein beglückender Traum, und solange meine Höflinge ihre Rollen als glühende Verehrer mit solcher Hingabe spielten, war der Traum Wirklichkeit.

Roberts Eifersucht amüsierte mich um so mehr, als ich in der Tat dazu neigte, die Gesellschaft junger und gutaussehender Männer zu bevorzugen, denn ich hatte eine Schwäche für schöne Menschen. Häßlichkeit stieß mich ab. Folglich war es unvermeidlich, daß ein ansehnlicher junger Mann, der gut tanzen und sich kultiviert unterhalten konnte, meine Aufmerksamkeit erregte; und da ich mich gern mit solch anregenden jungen Leuten umgab, berief ich sie in Ämter, die gewährleisteten, daß sie auch weiterhin in meiner Nähe blieben.

Natürlich gab es niemanden, der meinem Oberstallmeister das Wasser reichen konnte, aber es machte mir Spaß, selbst ihn im unklaren darüber zu lassen, ob ihm nicht doch vielleicht eines Tages ein Konkurrent seine Favoritenrolle streitig machen könnte.

Christopher Hatton erfreute sich nach wie vor meiner Gunst, Heneage ebenfalls. Außerdem war da noch ein junger Mann, der meine Aufmerksamkeit erregte. Er tanzte ausgezeichnet und seine Unterhaltung war geistsprühend. Allerdings war er nicht mit Talenten wie Cecil oder Walsingham, meinem ›Mohren‹, zu vergleichen, der sich zur Zeit in Paris aufhielt und sich allmählich voller Ungeduld danach sehnte, zu seiner Familie nach England zurückzukehren. Diesem Wunsch konnte ich jedoch vorerst nicht entsprechen, da sich in Frankreich zur Zeit die Ereignisse überstürzten und ich meinen Meisterdiplomaten dringend zur Wahrung meiner dortigen Interessen benötigte. Männer wie Cecil und Walsingham – das waren meine ›klugen Köpfe‹. Edward de Vere, der Graf von Oxford, dagegen gehörte zur Kategorie der ›betörenden Schmetterlinge‹.

Edward de Vere war mir schon als Zwölfjähriger aufgefallen, als sein Vater gestorben und dem Jungen den Titel ›Graf von Oxford‹ zugefallen war. Damals hatte in Anbetracht seiner Jugend ein Vormund für ihn gefunden werden müssen, und er war der Obhut William Cecils anvertraut worden; und da ich meinen Ersten Minister von Zeit zu Zeit besuchte, begegnete ich dem Jungen gelegentlich. Er sah außergewöhnlich gut aus und besaß ein recht ungestümes Temperament; es blieb daher gar nicht aus, daß er meine Aufmerksamkeit auf sich zog. Er interessierte mich vom ersten Augenblick an, und da er wild, eigensinnig und unberechenbar war, stand ebenfalls von Anfang an fest, daß mit Problemen zu rechnen wäre, wo immer er auftauchte. Als er etwa siebzehn Jahre alt war, machte er im Zusammenhang mit dem Tod eines Bedienten im Hause der Cecils von sich reden – eines Kochs, wenn ich mich recht erinnere. Der Mann hatte irgendwie seinen Zorn erregt, worauf Oxford, hitzköpfig wie er nun einmal war, ihn mit seinem Schwert durchbohrt hatte. Unglücklicherweise starb der Koch, und es bedurfte großer Anstrengungen und so mancher List, um Oxford vor ernsten Unannehmlichkeiten zu bewahren, denn auch Angehörige des Hochadels dürfen nicht einfach Dienstboten umbringen. Wie dem auch sei, es gelang, die Geschworenen zu der Erklärung zu bewegen, der Koch sei ›dem Grafen ins Schwert gelaufen‹, womit das abschließende Urteil auf ›Tod durch Unfall‹ lautete.

Ich persönlich wage allerdings zu behaupten, daß dieses Urteil der charakterlichen Entwicklung unseres wilden Grafen eher geschadet als genützt hat; denn es bestärkte ihn nur in dem Glauben, er könne sich jede beliebige Gesetzwidrigkeit erlauben und ungestraft davonkommen.

Wenige Tage später nahm er an einem Turnier teil und machte dort eine so glänzende Figur, daß ich ihm bereitwillig verzieh. Er sah so blendend, so vornehm aus, als er sich seinem Gegner stellte, und als er auf mich zukam und sich vor mir verneigte, erschien er mir charmant wie ein Märchenprinz. Er wird in Zukunft gründlich nachdenken, bevor er erneut Dienstboten angreift, versuchte ich mir einzureden.

Das nächste große Ereignis war seine Hochzeit mit Cecils Tochter Anne. Vermutlich mußte es so kommen. Die beiden jungen Leute waren schließlich zusammen aufgewachsen und seit langem miteinander vertraut – die beste Voraussetzung für eine glückliche Ehe, wie ich Cecil gegenüber bemerkte. Cecil, der das Temperament des Grafen nur zu gut kannte, schien seine Zweifel zu haben; dennoch war er, glaube ich, froh darüber, daß seine Tochter in eine so vornehme Familie eingeheiratet hatte.

Oxford gehörte zu jenen jungen Männern, die überall Aufsehen erregen müssen – meist durch skandalöses Verhalten. Hätte er sich doch nur damit begnügt, beim Lanzenstechen der umjubelte Sieger und bei gesellschaftlichen Ereignissen der strahlende Mittelpunkt zu sein! Aber nein, er wollte die Bühne ganz für sich allein haben – immer und überall. Er verlangte ungeteilte Aufmerksamkeit für jeden seiner Auftritte.

Als Norfolk im Tower eingesperrt war, dachte er sich einen wirren Plan aus, wie er ihn befreien könnte; Norfolk war über eine gewisse Lady Anne Howard, die in die Familie de Vere eingeheiratet hatte, entfernt mit ihm verwandt. Natürlich wurde nichts aus der geplanten Rettung, was Oxford veranlaßte, mit Cecil, seinem Schwiegervater, einen heftigen Streit anzufangen.

Eins beunruhigte mich an der Geschichte. Als Oxfords Vorhaben scheiterte und die Verschwörung mit dem Ziel, Norfolk zu retten, als unausgegorener Plan eines jugendlichen Heißsporns entlarvt wurde, war Oxford so erbost, daß er schwor, sich an Cecil zu rächen.

Cecil berichtete mir davon, tat die Angelegenheit jedoch mit einem Achselzucken ab.

»Er ist ein eigensinniger Junge«, sagte er, »ich weiß nicht, was aus ihm noch werden soll.«

»Diese wilden Drohgebärden und das Gerede von Rache gefallen mir nicht«, wandte ich besorgt ein.

»Keine Sorge«, versicherte mir Cecil, »er ist doch nur ein dummer Junge.«

Seine Zuversicht beruhigte mich.

»Und jetzt will er auch noch in die Marine aufgenommen werden«, sagte Cecil.

»Das kommt gar nicht in Frage«, entgegnete ich bestimmt, und ich hatte zwei Gründe für meine Ablehnung: Zum einen war Oxford viel zu leichtsinnig, und meine im Aufbau befindliche Flotte erfüllte mich zunehmend mit Stolz; zum anderen legte ich viel zu großen Wert auf seine Gesellschaft bei Hofe.

»Ich habe versucht, ihn davon zu überzeugen, daß er am königlichen Hof wahrscheinlich besser aufgehoben ist, zumal er sich der Gunst Eurer Majestät erfreut.«

Ich nickte zustimmend.

Aber offenbar war es zuviel verlangt gewesen, von jemandem wie Oxford zu erwarten, er werde mit seinen Mitmenschen in Frieden leben. Bereits kurze Zeit später war er in eine Auseinandersetzung mit einem anderen jungen Mann verwickelt, den ich bewunderte.

Dieser junge Mann war Philip Sidney, der über eine Reihe beeindruckender Talente verfügte, die mich ebenso für ihn einnahmen wie die Tatsache, daß er der Sohn meiner lieben Mary Sidney war, die um ihre Schönheit gebracht worden war, als sie mich während meiner Krankheit aufopfernd gepflegt hatte und daraufhin selbst an den Blattern erkrankt war. Aber nicht nur deswegen brachte ich dem Jungen besondere Sympathie entgegen – er war außerdem noch Roberts Neffe. Robert kümmerte sich rührend um ihn, und Philip, so schien mir, vergötterte ihn. Ich freute mich darüber. Philip war ein sehr gutaussehender, eher ernster und überaus kultivierter junger Mann, der Verse von einer Harmonie verfaßte, die ich äußerst bemerkenswert fand. Mary hatte mir einmal voller Stolz einige seiner Gedichte gezeigt – es war daher nicht weiter verwunderlich, daß ich mich ganz besonders für ihn interessierte.

Oxford wußte, wie sehr ich Philip Sidney schätzte, und war eifersüchtig auf ihn; aber seinen wirklichen Feind sah er, glaube ich, in Robert. Deshalb versuchte er, Robert eins auszuwischen, indem er einen Streit mit dem jungen Sidney vom Zaun brach. Selbst ein so hitzköpfiger junger Mann wie Oxford hätte es kaum gewagt, Robert persönlich anzugreifen.

Der Zwischenfall ereignete sich auf einem der Tennisplätze, auf dem Sidney gerade gegen einen Freund spielte. Oxford, der am Tennisplatz vorbeikam, beschloß, selbst eine Partie zu spielen, und forderte Sidney und seinen Freund auf, den Platz für ihn zu räumen.

Das nahm Sidney natürlich nicht widerspruchslos hin. Er rief Oxford zu: »Warum sollte ich? Ihr müßt schon warten, bis das Spiel zu Ende ist!«

»Werdet nur nicht unverschämt, Ihr lächerlicher kleiner Kläffer«, fuhr Oxford ihn an, worauf Philip Sidney so wütend wurde, daß er ihn auf der Stelle zum Duell forderte.

Zum Glück erfuhr ich von diesem Vorhaben. Ich war außer mir vor Zorn. Duelle waren gegen das Gesetz, und abgesehen davon hatte ich nicht das geringste Interesse daran, tatenlos zuzusehen, wie meine Untertanen in sinnlosen Streitereien ihr Leben aufs Spiel setzten; das galt erst recht für zwei junge Männer, die eine Zierde des Hofes waren und mich mit ihrer Gesellschaft erfreuten.

Ich schickte nach Philip Sidney und stellte ihn zur Rede; was er sich dabei gedacht habe, den Grafen von Oxford zum

Duell zu fordern, wollte ich wissen. Er antwortete, Oxford habe ihn und seinen Vater beleidigt, indem er ihn als ›kleinen Kläffer‹ bezeichnet und damit unterstellt habe, sein Vater sei ein Köter.

»Das darf doch nicht wahr sein!« rief ich aus. »Und das alles wegen eines albernen Tennisplatzes, wenn ich recht informiert bin. Ich kann kaum glauben, daß es unter meinen Untertanen solche Trottel gibt! Ein grüner Junge wie Ihr ist also wild entschlossen, Blut zu vergießen, nur weil ein anderer ein paar unbesonnene Dinge gesagt hat?«

»Ich lasse mich nicht beleidigen, Majestät.«

»Ach, tatsächlich?« entgegnete ich. »Ihr zieht Euch lieber den Zorn Eures Staatsoberhauptes zu, wie? Merkt Euch eins, mein Kleiner: Wenn Ihr Euch weiterhin an meinem Hof aufhalten wollt, dann behandelt die adligen Herren mit dem Respekt, der ihnen gebührt. Wie konntet Ihr Euch erdreisten, einen vornehmen Grafen zum Duell zu fordern!«

»Majestät, darf ich – bei allem Respekt – darauf hinweisen, daß die Menschenrechte Vorrang vor den Rechten des Adels haben? Bereits Euer verehrter Vater hat die Rechte des einfachen Mannes gegen die Forderungen des Adels verteidigt, wenn er die Ansprüche des Mannes auf der Straße für berechtigt hielt.«

»Ihr seid ja ein richtiger Schlaukopf«, erwiderte ich. »Und nun hört gut zu, was ich Euch sage. Dafür, daß Ihr einen Grafen zum Duell gefordert habt, könnte ich Euch in den Tower werfen lassen, aber zum Glück – für Euch – habe ich einige Angehörige Eurer Familie sehr ins Herz geschlossen. Kommt ja nicht auf die Idee, das auszunutzen! Es wird kein Duell stattfinden. Ich hoffe, wir haben uns verstanden. Ihr könnt jetzt gehen. Ich werde dieses eine Mal noch Milde walten lassen – aber vergeßt nicht, was ich gesagt habe.«

Als er fort war, mußte ich lächeln. Der Bursche besaß wirklich einen überaus gewinnenden Charme. Er war noch nicht ganz zwanzig Jahre alt. Oxford war vielleicht ein paar Jahre älter, und ich zweifelte nicht daran, daß Oxford den Streit provoziert hatte, weil Philip Roberts Lieblingsneffe war. Diese eifersüchtigen Männer! dachte ich, und der Gedanke erfüllte mich mit Rührung und Belustigung zugleich.

Dennoch war ich ein wenig beunruhigt, denn immerhin hatte Philip Sidney sich Oxfords Feindschaft zugezogen, und ich traute dem jungen Grafen ohne weiteres zu, daß er sich in seiner Rachsucht zu unverantwortlichem Handeln würde hinreißen lassen. Außerdem wäre ich untröstlich, wenn etwas geschähe, das Mary Sidney zusätzliche Sorgen bereitete, denn ich wußte, mit welch zärtlicher Liebe sie an ihrem Sohn hing.

Ich machte Robert daher den Vorschlag, daß einem so kultivierten jungen Mann wie Philip Gelegenheit gegeben werden müsse, auf einer Auslandsreise seinen Horizont zu erweitern, und Robert und ich stimmten darin überein, daß Philip Sidney nach Venedig reisen solle, um dort italienische Literatur, Astronomie und Musik zu studieren.

Als der junge Mann wohlbehalten das Land verlassen hatte, fiel mir ein Stein vom Herzen.

Indessen war Catherine von Medici unermüdlich damit beschäftigt, die geplante Heirat zwischen mir und Alençon zustande zu bringen. Ununterbrochen trafen Sonderbeauftragte von ihr ein, die mich drängten, eine verbindliche Erklärung abzugeben. Sie berichteten mir, der junge Herzog sei bis über beide Ohren in mich verliebt. Ich tat so, als sei ich erfreut darüber, und war in Wirklichkeit überzeugt davon, daß sie mich für eine eingebildete, zikkige alte Jungfer hielten, was im übrigen genau der Eindruck war, den ich ihnen zu vermitteln versuchte, denn je länger diese Verhandlungen sich hinzögen, um so größere Vorteile brächten sie mir. Wie wenig mich diese Franzosen doch kannten!

Natürlich war mir völlig klar, daß Catherine größten Wert darauf legte, die Hochzeit stattfinden zu lassen, bevor ich Gelegenheit hätte, ihren Sohn persönlich kennenzulernen; ihr offensichtliches Bemühen, dieses Ziel zu erreichen, bestätigte alle Gerüchte, die über das wenig einnehmende Äußere des Prinzen im Umlauf waren. Schließlich schien sie jedoch nachzugeben, und ich erhielt die Nachricht, daß König Charles sich anschicke, seinen Bruder bis zur französischen Küste zu begleiten, von wo aus ihn ein Schiff nach Dover bringen werde, so daß ich endlich seine Bekanntschaft machen könne.

Die Nachricht erschreckte mich ein wenig. Vielleicht war der Herzog von Alençon doch nicht so abstoßend, wie allgemein behauptet wurde! Was würden meine Untertanen sagen, wenn sie zu der Auffassung gelangten, ich dächte allen Ernstes über die Heirat mit einem Prinzen nach, dessen Bruder für das schreckliche Blutbad der Bartholomäusnacht verantwortlich war?

Da ich selbst es gewesen war, die das Treffen angeregt hatte, konnte ich es nun schlecht absagen; doch es gelang mir, mich der Peinlichkeit dadurch zu entziehen, daß ich zu einem bewährten Trick griff und die zimperliche Jungfrau herauskehrte. Ich antwortete, eine persönliche Begegnung sei zum gegenwärtigen Zeitpunkt ein viel zu gewagter und verbindlicher Schritt und widerspreche den Prinzipien einer jungfräulichen Königin.

Ich hatte keinerlei Mühe, mir Catherines Wut vorzustellen, aber diese einfallsreiche Dame hätte inzwischen wirklich einsehen müssen, daß sie es mit einer Frau zu tun hatte, die genauso raffiniert war wie sie selbst.

Die Ereignisse in Frankreich bewahrten mich letzten Endes davor, eine klare Entscheidung treffen zu müssen. Charles war ein todkranker Mann. Er hatte die Erinnerung an die grauenvolle Nacht des Blutbads von Paris nie verwinden können und wurde zunehmend kränklicher. Und da er schon immer körperlich schwach und geistig labil gewesen war, dauerte es nicht lange, bis nicht mehr zu übersehen war, daß seine Tage gezählt waren.

Sein Bruder, der Herzog von Anjou, der dazu ausersehen war, ihm auf den Thron zu folgen, war inzwischen König von Polen geworden und weit von Frankreich entfernt. Dieser Umstand muß meinem kleinen Alençon einen Floh ins Ohr gesetzt haben – er war nämlich ein ziemlich ehrgeiziger junger Mann, das mußte man ihm lassen. Er lauerte geradezu darauf, eine Situation zu seinem Vorteil zu nutzen. Und da gegenwärtig ganz Frankreich unter den Feindseligkeiten zwischen Hugenotten und Katholiken litt, beschloß Alençon, sich die Wirren der Religionskriege sowie den rapiden gesundheitlichen Verfall seines ältesten Bruders und die Abwesenheit seines in Polen weilenden Bruders Anjou zunutze zu machen und zu versuchen, selbst in den Besitz der Krone zu gelangen, die ihm mit einemmal gar nicht mehr unerreichbar erschien.

Er verbündete sich mit zwei Angehörigen des Adels, Mole und Coconnas, und plante, sich unmittelbar nach dem Tod des Königs mit ihrer Hilfe des Throns zu bemächtigen und seine Macht zu festigen, bevor Anjou aus Polen zurückkehrte.

Der verwegene Plan war von Anfang an wenig erfolgversprechend, denn Catherine von Medici wachte mit Argusaugen darüber, daß Anjous Interessen nicht angetastet wurden; es hieß, Anjou sei der einzige Mensch, den sie jemals wirklich geliebt habe. Jedenfalls kam die Königinmutter dem Komplott meines kleinen Prinzen recht bald auf die Spur. Wie mir zugetragen wurde, soll von gewissen Kreisen in Frankreich das Gerücht verbreitet worden sein, auch ich sei an der Verschwörung beteiligt gewesen; das stimmte jedoch nicht.

Alençon seinerseits zögerte nicht, die Namen seiner Verbündeten preiszugeben, als der Plan entdeckt wurde, und Mole und Coconnas endeten auf dem Schafott.

Während dieser turbulenten Ereignisse starb König Charles. Anjou folgte seinem Bruder als Henri III. auf den Thron, und Alençon übernahm als jüngerer Bruder des neuen Königs den Titel Herzog von Anjou.

Nachdem sein Plan, die Krone Frankreichs an sich zu reißen, vereitelt worden war, wandte Alençon – inzwischen Anjou – sich wieder England zu. Ich verfolgte die Entwicklung der Dinge mit Belustigung, denn allmählich wurde es wirklich spannend. Ich mußte unwillkürlich daran denken, daß der neue König vor nicht allzulanger Zeit noch zu meinen Verehrern gezählt hatte, und fragte mich, ob er, nun da er König von Frankreich geworden war, wohl erneut um meine Hand anhalten werde.

Unterdessen gab es jedoch einigen Ärger im eigenen Land. Mary Stuart machte mir mit ihren Thronansprüchen nun schon so lange das Leben schwer, daß ich das Tun und

Treiben all derer, die behaupteten, königliches Blut in den Adern zu haben, mit besonderem Argwohn verfolgte. Daher war ich ziemlich beunruhigt, als ich von der Heirat zwischen Elizabeth Cavendish und Charles Lennox erfuhr. Diese beiden jungen Leute hatten nämlich die intrigantesten Mütter im ganzen Land. Charles war der Sohn der Gräfin von Lennox, Darnleys Mutter, die bereits im Zusammenhang mit der Verheiratung ihres ältesten Sohnes bewiesen hatte, wie grenzenlos ihr Ehrgeiz war. Und nun hatte sie ihren jüngeren Sohn, Charles, mit der Tochter der Gräfin von Shrewsbury verheiratet. Die Dame war mir in der Tat ein Begriff! Sie war niemand anders als Bess von Hardwick, die Tochter des John Hardwick aus Derbyshire. Sie war erst seit kurzer Zeit Shrewsburys Frau, aber sie hatte diese Zeit geschickt genutzt, ihrem Dummkopf von Ehemann klarzumachen, wer im Hause Shrewsbury das Sagen hatte. Vor ihrer Ehe mit dem Grafen von Shrewsbury war sie bereits dreimal verheiratet gewesen – ihre früheren Ehemänner waren ausnahmslos wohlhabend gewesen, und sie hatten die Freundlichkeit besessen, ihr all ihr weltliches Hab und Gut zu hinterlassen, bevor sie das Zeitliche segneten; dafür hatte die gute Bess rechtzeitig gesorgt.

Vielleicht war es falsch gewesen, Mary Stuart der Obhut der Shrewsburys anzuvertrauen, aber ich hatte das beruhigende Gefühl gehabt, Bess von Hardwick würde schon dafür sorgen, daß Mary in sicherem Gewahrsam gehalten und daran gehindert werden würde, Shrewsbury genauso zu umgarnen, wie es ihr vermutlich bei einigen anderen ihrer Kerkermeister gelungen war. Keiner, der sie je hatte bewachen müssen, war gegen ihre betörende Weiblichkeit restlos immun gewesen.

Statt dessen aber war eine Heirat dabei herausgekommen – eine Heirat, bei deren Zustandekommen Mary mit Sicherheit ihre Finger im Spiel gehabt hatte. Charles Stuart und Bess von Hardwicks Tochter waren nun ein Ehepaar, und die ehrgeizigen Damen, die die Ehe gestiftet hatten, hofften zweifellos bereits auf Nachwuchs, der zur gegebenen Zeit seinen Anspruch auf den Thron anmelden würde.

Ich schäumte vor Wut, als ich von der Heirat erfuhr, und

Cecil hatte große Mühe, mich zu beruhigen. »Sie haben im Schloß von Sheffield gegen mich intrigiert!« schrie ich. »Stellt sie Euch nur vor, die drei Hexen! Wie sie die Köpfe zusammengesteckt haben... und wie Mary Stuart sie angestachelt hat... und ihnen in leuchtenden Farben den Anspruch der Stuarts auf den Thron geschildert hat! Ich werde die drei Hexen mitsamt dem glücklichen jungen Paar in den Tower werfen lassen!«

»Eure Majestät können Mary Stuart kaum dafür einsperren lassen, daß sie die Heirat begrüßt.«

Aber ich war in einer Stimmung, in der ich Cecil einfach nicht zuhören wollte; da er mich kannte, hinderte er mich nicht daran, meinem Zorn einige Minuten lang freien Lauf zu lassen.

»Die Königin von Schottland in den Tower zu werfen, wäre gefährlich«, wandte er schließlich ein. »Es könnte jemand auf die Idee kommen, sie auf dem Weg dorthin zu befreien. Außerdem ließe sich eine Festnahme kaum hinreichend begründen. Das Ganze würde nur dazu führen, daß sie als Märtyrerin endete, und Ihr wißt selbst, wie gefühlsbetont das Volk auf Märtyrerschicksale reagiert.«

Natürlich hatte er recht.

Fest stand jedoch, daß diese Frauen die Eheschließung ohne meine Erlaubnis bewerkstelligt hatten.

»Und genau da können wir ansetzen«, sagte Cecil. »Charles als Angehöriger des Hauses Stuart hätte vor seiner Heirat Eure Erlaubnis einholen müssen, und indem er das nicht getan hat, hat er sich gesetzwidrig verhalten.«

Das war ein stichhaltiges Argument. Kurze Zeit später saßen die beiden rührigen Gräfinnen im Tower hinter Schloß und Riegel.

Dennoch empfand ich die Angelegenheit als sehr beunruhigend, denn sie hatte mir erneut vor Augen geführt, wie unsicher ein Monarch auf dem Thron sitzt, vor allem dann, wenn er einer Dynastie entstammt, die nach Ansicht vieler Menschen nicht auf dem Wege der direkten Erbfolge an die Macht gelangt ist. Seit drei Generationen wurde England nun von Tudor-Herrschern regiert – doch gab es je eine Garantie für uneingeschränkte Sicherheit? Selbst mein Vater war gezwungen gewesen, dafür zu sorgen, daß alle Rivalen, die ihre Thronansprüche mit dem blauen Blut in ihren Adern zu rechtfertigen versuchten, sicherheitshalber aus dem Weg geräumt wurden.

Ich grübelte lange über Mary Stuart nach. Solange sie lebte, würden in mein Leben niemals wirklich Ruhe und Frieden einkehren.

Für zusätzlichen Ärger sorgte Henri III., der auf dem Heimweg von Polen nach Frankreich Louise von Lothringen begegnet war, sich in sie verliebt hatte und nun fest entschlossen war, sie zu heiraten. Was mich daran besonders erbost, war die Tatsache, daß La Mothe, wie ich später herausfand, Anweisungen erhalten hatte, mir diese Nachricht so lange wie möglich zu verheimlichen. Ich fühlte mich jedesmal in meiner Eitelkeit verletzt, wenn einer meiner ehemaligen Verehrer heiratete. Ich hätte es vorgezogen, wenn sie mir – wie Robert – treu geblieben wären und für den Rest ihres Lebens einem Glück nachgetrauert hätten, das für sie unerreichbar war.

Nach außen hin tat ich so, als ob ich mich deswegen ärgerte, weil Henri eine Angehörige des Hauses Guise geheiratet hatte; denn die Familie Guise, aus der Mary Stuarts Mutter stammte, war mir alles andere als freundschaftlich verbunden.

Dann kam mir zu Ohren, daß Catherine von Medici und ihr Hofstaat sich an einer Darbietung von Zwergen ergötzt hatten, an deren Verkleidung zu erkennen gewesen war, daß sie meinen Vater, mich und den Grafen Leicester hatten darstellen sollen. Es fiel mir nicht schwer, mir auszumalen, welche Anzüglichkeiten bei dieser Aufführung im Vordergrund gestanden hatten, und ich sah keinen Grund, darauf zu verzichten, meiner Empörung Ausdruck zu verleihen. Ich ließ La Mothe wissen, wie verstimmt ich war, und legte ihm nahe, die französischen Höflinge sollten sich an ihrem eigenen Hof umsehen, wenn sie eine Zielscheibe des Spottes suchten.

Catherine jedoch legte nach wie vor Wert auf freundschaftliche Beziehungen. Offenbar hatte sie die Hoffnung auf eine Heirat zwischen mir und dem neu ernannten Herzog von Anjou noch nicht aufgegeben, denn sie versuchte, mich in beschwichtigenden Briefen versöhnlich zu stimmen. Sie versicherte mir, daß die Zwerge, die an der Maskerade beteiligt gewesen seien, durchaus keinen unästhetischen Anblick geboten hätten, und daß die Aufführung ganz bezaubernd gewesen und mit dem Höchstmaß an Takt und Geschmack inszeniert worden sei, das Personen aus vornehmsten Kreisen zustehe. Wenn die Darbietung Anstoß erregt habe, so könne der Grund nur der sein, daß mein Gesandter die französische Sprache nicht hinreichend beherrsche.

Ich glaubte ihr kein Wort und machte auch weiterhin kein Hehl aus meiner Verstimmung.

Trotz alledem wurden die Verhandlungen über eine Heirat zwischen mir und meinem kleinen französischen Prinzen fortgeführt.

Kenilworth

Robert hatte viel Zeit und Geld aufgewandt, um das Schloß von Kenilworth, das ihm mit dem Grafentitel zugefallen war, auszubauen und zu verschönern; er sprach oft von diesem Landsitz und von seinem Wunsch, mich dort als Gast zu empfangen.

Warum also sollte ich seinem geliebten Schloß nicht einmal einen Besuch abstatten? fragte ich mich. Schließlich unternahm ich ständig Reisen durch das Land. Ich zeigte mich gern meinem Volk und freute mich immer wieder, wenn die Menschen mir ihre Zuneigung bewiesen.

Folglich begab ich mich im Sommer in Begleitung meines Hofstaats auf die Reise nach Kenilworth. Der königliche Zug muß, während er sich gemächlich durch das Land bewegte, einen imposanten Anblick geboten haben, denn wir waren nicht nur mit riesigen Kleiderkisten, sondern auch mit Möbelstücken und Einrichtungszubehör unterwegs. Ich legte zum Beispiel größten Wert darauf, daß meine Badewanne und Badeutensilien mitgenommen wurden, denn in manchen Adelssitzen, in denen wir unterwegs haltmachten, herrschten sehr primitive Zustände, und ich war überzeugt davon, daß viele ihrer Bewohner noch nie im Leben auch nur im Traum gedacht hatten, ein Bad zu nehmen. Wenn ich jedoch in der Nähe war, waren sie gezwungen, für ihre persönliche Sauberkeit zu sorgen; darauf achtete ich peinlich genau. Ich kündigte meinen Besuch gewöhnlich lange im voraus an, so daß meinen Gastgebern Zeit genug blieb, ihre Häuser zu lüften und zu säubern, denn ich verabscheute kaum etwas so sehr wie übelriechende Wohnräume und Binsen*, in denen es von Ungeziefer wimmelte.

Ich war bester Laune, als wir aufbrachen, denn ich war in Gedanken bei Robert, dessen Gesellschaft ich schon bald

* Noch zur Zeit Elizabeths I. wurden steinerne Fußböden mit Binsen bestreut, die man so lange mit neuen Binsenschichten zudeckte, bis der Geruch nicht mehr zu ertragen war. (Anm. d. Übers.)

würde genießen können, und versuchte, mir vorzustellen, welche festlichen Veranstaltungen er sich zu meiner Unterhaltung wohl ausgedacht haben mochte.

Bevor wir Itchingworth erreichten, kam uns ein Reitertrupp entgegen, und meine Freude kannte keine Grenzen, als ich sah, wer die kleine Gruppe anführte. Ich erkannte ihn von weitem. Niemand saß so elegant zu Pferde wie Robert. Niemand wirkte so vornehm und so geheimnisvoll unnahbar. Die Begegnung war um so beglückender, als ich gar nicht mit ihr gerechnet hatte. Ich war davon ausgegangen, daß Robert in Kenilworth alle Hände voll zu tun hätte und deshalb unabkömmlich wäre, und daß er mich erst bei meiner Ankunft im Schloß begrüßen würde.

»Nanu«, rief ich entzückt aus, als er mir entgegenritt, vom Pferd stieg und auf jene unnachahmliche, durch und durch höfische Art und Weise, die niemand so vollendet beherrschte wie er, vor mir niederkniete: »Wenn das nicht Mylord Leicester ist! Wir haben Euch noch gar nicht erwartet, mein lieber Graf.«

»Meine Ungeduld, Eure Majestät zu begrüßen, war so groß, daß ich nicht länger warten konnte.«

»Und ich wette, Ihr wußtet im voraus, welche Freude Euer Erscheinen auslösen würde«

Er erhob sich, und der Anblick seiner stattlichen, vornehmen Erscheinung ließ, wie immer, wenn ich eine Zeitlang von ihm getrennt gewesen war, mein Herz höher schlagen.

»Und in Kenilworth ist alles in schönster Ordnung?« fragte ich ihn.

»Soweit man das von einem Ort behaupten kann, den Eure Anwesenheit nicht ziert; doch ich bin voller Zuversicht, daß diesem Mißstand bald abgeholfen werden kann – und dann wird Kenilworth die glücklichste Residenz auf der Welt sein.«

Oh, er konnte solch charmante Komplimente machen! Er war der perfekte Kavalier und von einer unermüdlichen Galanterie – und so sollte es auch bleiben.

»Erlauben Eure Majestät mir, an Eurer Seite zu reiten?«

»Ihr würdet Euch das Wohlwollen Ihrer Majestät sehr

schnell verscherzen, wenn Ihr an jemand anderes Seite rittet, Herr Oberstallmeister.«

Wir mußten beide lachen, und während wir scherzend und ins Gespräch vertieft in Itchingworth Einzug hielten, fiel mir auf, daß zu der kleinen Gesellschaft, die Robert begleitete, zwei Frauen gehörten, deren Namen in der Vergangenheit wiederholt im Zusammenhang mit Roberts Namen genannt worden waren: Douglass Sheffield und Lettice Knollys.

Beide waren außergewöhnlich schöne Frauen, deren Temperament nicht gegensätzlicher hätte sein können. Douglass war ein sanftes, anhängliches Geschöpf, während die attraktive Lettice, wie bereits erwähnt, resolut genug war, um auf sich selbst aufzupassen.

Ich machte mir nichts vor – es gab zweifellos viele Frauen, die sich etwas darauf einbildeten, mit Robert ein Liebesabenteuer gehabt zu haben. Warum auch nicht? Solange sie unbedeutend waren und Robert nicht sein Herz an sie verlor, machte es mir nichts aus, daß er sich flüchtige Affären leistete. Ich wußte doch, daß alle diese Frauen nur ein Ersatz für ihn waren. Robert war eben ein vitaler Mann, der dann und wann eine Frau brauchte. Es bedurfte nur eines Winks von mir, und er würde jede einzelne von ihnen sofort fallenlassen. Solange ich davon ausgehen konnte, hatte ich keinerlei Einwände gegen seine Liebschaften.

Also verschwendete ich keinen weiteren Gedanken an seine beiden hübschen Begleiterinnen und widmete mich statt dessen dem Jagdausflug, der sich als großes Vergnügen erwies.

Nach Itchingworth besuchten wir Grafton, wo eine meiner Residenzen lag. Es war ein sehr heißer Tag, und als wir die Empfangshalle meines Landsitzes betraten, erklärte Robert, daß ich als erstes ein kühles Bier nötig hätte, um mich zu erfrischen.

»Und Ihr, Mylord, ebenfalls, möchte ich wetten«, entgegnete ich.

Er rief den Dienern zu, sie sollten Bier holen, doch als das Getränk dann serviert worden war und ich einen Schluck davon kostete, spuckte ich es sofort angeekelt wieder aus.

Ich war wütend. Wieso wurde in meinem eigenen Hause

solch ein widerliches Zeug serviert? Das Personal wußte doch, daß ich nur sehr leichtes Bier mochte und daß dieses starke Gebräu ganz und gar nicht nach meinem Geschmack war; und trotzdem hatten sie es gewagt, mir so etwas vorzusetzen.

Auch Robert probierte einen Schluck aus einem Krug und schnitt eine Grimasse, sobald er von dem Bier genippt hatte.

»Das Zeug ist ja so stark wie Malvasierwein!« rief er aus. »Ich habe schon jetzt das Gefühl, daß es mir zu Kopf gestiegen ist.« Dann brüllte er die Bedienten an, sie sollten leichtes Bier herbeischaffen, und zwar auf der Stelle!

Im ganzen Haus war die Hölle los. Wo war nur das Bier, das die Königin bevorzugte? Anscheinend war gerade davon nichts vorrätig. Dabei hatten sie genau gewußt, daß ich kommen würde, und dennoch versäumt, mein Lieblingsgetränk bereitzustellen. Und hier saß ich nun, müde, erhitzt, dem Verdursten nahe und – auf dem trockenen. Und das in meinem eigenen Hause!

»Bringt endlich etwas zu trinken!« schrie ich sie an.

»Ich kann nicht mit gutem Gewissen zulassen, daß Eure Majestät das Wasser hier trinken«, sagte Robert. »Wer weiß, ob es nicht verseucht ist. Überlaßt nur alles mir.«

Was besaß er doch für ein großartiges Organisationstalent! Was war er doch für ein Mann der Tat! Wenige Minuten später hatte er bereits seine Diener mit dem Auftrag in alle Himmelsrichtungen entsandt, leichtes Bier zu besorgen, das der Königin bekomme und ihr munde.

Ich war überrascht, wie schnell die Männer zurückkamen; das Bier, das sie mitbrachten, war köstlich und genau die Sorte, die ich bevorzugte.

»Robert«, sagte ich, »Ihr seid wunderbar. Gibt es eigentlich irgendein Problem, das Ihr nicht lösen könnt?«

»Für Euch tue ich alles, was immer Ihr von mir verlangt«, erwiderte er. »Aber ich wünschte, Ihr würdet auch mir einen Gefallen tun. Es gibt da nämlich etwas...«

»Lieber Robert«, sagte ich zärtlich, »wer weiß? Vielleicht gehen eines Tages alle Eure Wünsche in Erfüllung.«

Leidenschaftliche Erregung flackerte in seinen Augen auf. Ich glaube, er versprach sich einiges von meinem Besuch in

Kenilworth. Das war es ja gerade, was ich an Robert so hinreißend fand. Er gab nie die Hoffnung auf.

Und so kamen wir nach Kenilworth. Welch ein großartiger Anblick! Der mächtige Bergfried, der den Kern der Befestigungsanlage bildete, stammte aus uralten Zeiten und wurde ›Cäsars Turm‹ genannt. Südwestlich des Schlosses erstreckte sich ein wunderschöner See, über den Robert eine Brücke hatte bauen lassen. Ich war so glücklich, als ich in Roberts Begleitung auf das herrliche Anwesen zuritt. Im hellen Sommersonnenschein stellte ich fest, daß Roberts dichtes, dunkles Haar inzwischen von silbernen Strähnen durchzogen war. Der Anblick erfüllte mich mit Rührung und Zärtlichkeit, doch sein Gesicht spiegelte solch jungenhafte Begeisterung wider, daß ich trotz aller Ergriffenheit lächeln mußte.

Ich wußte, daß dieser Aufenthalt der Höhepunkt meiner Reise – ja, genaugenommen die Krönung all meiner Rundreisen durch mein Land – sein würde, nicht nur, weil ich mich darauf freute, die prachtvolle Architektur des Schlosses zu bewundern, und auf die festlichen Veranstaltungen gespannt war, die meine Untertanen sich zu meiner Unterhaltung ausgedacht hatten, sondern vor allem deshalb, weil Kenilworth Roberts Werk war. Er war stolz auf dieses Schloß, aber restlos glücklich war er immer erst dann, wenn ich seinen Stolz teilte.

Ich sagte: »Robert, dieses Schloß kann sich mit den schönsten Königspalästen messen, die ich je gesehen habe.«

Wie so oft wurde ich auch jetzt wieder an meinen Vater erinnert; denn als der zum erstenmal das Schloß Hampton Court in all seiner Pracht gesehen hatte, hatte er erklärt, das Haus sei viel zu prunkvoll für einen Untertan, es wenig später seinem Besitzer, Kardinal Wolsey, weggenommen und zu seiner eigenen Residenz gemacht. Ich war nicht so. Ich wollte Kenilworth nicht. Ich war froh, daß es Robert gehörte. Mir bereitete der bloße Gedanke Vergnügen, daß ich es ihm zum Geschenk gemacht hatte; das war Entschädigung genug.

»Allein die Gegenwart Eurer Majestät macht Kenilworth einem Königspalast gleich«, bemerkte Robert soeben. »Ihr verwandelt es in ein Königsschloß, weil Ihr ihm die Ehre Eures Besuchs erweist. Ohne Euch sind seine Mauern nur ein Haufen Steine und seine Schätze nichts als eitler, glitzernder Tand.«

Das war natürlich übertrieben. Ich wußte, daß er an dem Schloß hing und sich oft dort aufhielt. Aber es war herzerwärmend, von seinen Augen abzulesen, wie sehr er mich... und Kenilworth liebte.

Als wir uns dem Bergfried näherten, kamen zehn schöne junge Mädchen in weißen Seidengewändern auf uns zu. Eine der jungen Damen trat vor und hob die Hand. Wir hielten an, und sie begann, ein Gedicht aufzusagen, das davon handelte, welch ein glücklicher Tag der Tag meines Besuchs in Kenilworth sei. Dann verkündete die Sibylle – denn die jungen Mädchen verkörperten niemand anders als die Seherinnen der Antike –, daß meine Ankunft in Kenilworth eine zweite, symbolische Thronbesteigung darstelle, und sie prophezeite dem englischen Königreich Jahre des Friedens und eine lange Blütezeit unter der großen Herrscherin Elizabeth.

Ich sagte: »Welch ein entzückendes Mädchen, welch eine angenehme Stimme und welch beglückende Verse.«

Die Sibyllen waren sichtlich stolz und erfreut über mein Lob und zogen sich anmutig zurück, während Robert und ich weiterritten, bis wir zu einem Turnierplatz kamen, wo uns ein großer, stämmiger Mann, ein wahrer Riese, den Weg versperrte. In der einen Hand einen Schlüsselbund, in der anderen eine Keule schwingend, baute er sich drohend vor uns auf. Er blickte erschreckend wild und grimmig drein, und einige Sekunden lang fragte ich mich, leicht beunruhigt, was sein Auftritt wohl zu bedeuten habe. Doch ein verstohlener Blick zu Robert hinüber ließ mich erleichtert aufatmen, denn ich sah, daß ein Lächeln um seine Lippen spielte.

Der Riese wollte nun wissen, aus welchem Grunde ein solcher Lärm gemacht werde und wer der Eindringling sei, der es wage, die Burg seines Herrn zu betreten, deren Schutz und Verteidigung er als seine heilige Pflicht betrachte. Dann aber, als er näher auf mich zukam, fiel er plötzlich wie geblendet auf die Knie und bedeckte sein Gesicht mit den Händen.

»Steht auf, Herr Riese«, forderte ich ihn auf. »Ihr seht mit einemmal nur noch halb so gefährlich aus wie noch vor wenigen Augenblicken. Was ist nur in Euch gefahren?«

»Gütigste Herrin«, schnarrte er, und sein krächzender Tonfall, der mich an das monotone Geplapper eines Papageien erinnerte, verriet, daß er größte Mühe hatte, seinen auswendiggelernten Text fehlerlos herzusagen. »Eure strahlende Erscheinung hat mich geblendet. Ich habe voreilige Drohungen ausgestoßen, denn mir war nicht sogleich klar, welch große Ehre dem Hause meines Herrn zuteil geworden ist. Habt Nachsicht, gnädigste Majestät, mit Eurem ergebenen Diener, der erst dann sein reumütig gesenktes Haupt erheben und das Wohlgefallen seines Herrn zurückgewinnen kann, das er durch seinen schrecklichen Irrtum verloren hat, wenn Ihr ihm verzeiht und die Keule sowie die Schlüssel zur Burg aus seinen Händen entgegennehmt.«

»Erhebt Euch und gebt mir die Schlüssel«, antwortete ich. »Ich nehme sie mit dem größten Vergnügen entgegen und beglückwünsche Euren Herrn zu einem so vorbildlichen Diener, der ihn und seine Burg mit solchem Eifer gegen alle Eindringlinge verteidigt.«

Da erhob sich der Riese und übergab mir die Schlüssel, und ihm war anzusehen, wie erleichtert er war, seinen kleinen Auftritt hinter sich gebracht zu haben.

Als das mächtige Tor sich öffnete, erhoben sechs Trompeter, die, in lange, weiße Seidengewänder gehüllt, oben auf der Mauer postiert waren, ihre silbernen Instrumente, und eine festliche Fanfare erklang, während wir in Schloß Kenilworth Einzug hielten.

Noch mehr Trompeter erwarteten uns, als wir auf dem Weg zum inneren Burgtor einen weiteren Turnierplatz passierten. Danach gelangten wir zu dem kleinen See, auf dem eine zarte Gestalt schwebte. Das war die Fee des Sees;* sie

* Zur Zeit Elizabeths traten in Maskenspielen und anderen der höfischen Unterhaltung dienenden Aufführungen oft Naturgottheiten und Gestalten aus Mythologie und Volksglauben auf, wie etwa die hier erwähnte *Lady of the Lake,* die in der Artus-Sage vorkommt und die Fantasie zahlreicher Dichter beflügelt hat. (Anm. d. Übers.)

war von Nymphen umgeben, die brennende Fackeln in den Händen hielten. Sobald ich anhielt, um die Szene zu bewundern, begrüßte mich die Fee mit Versen, die mich in noch überschwenglicheren Worten priesen als das Gedicht, das die Sibylle vorgetragen hatte. Alles war so wunderschön und dazu äußerst originell, und ich fragte mich gespannt, welche einfallsreiche Deutung mich als nächstes erwarten mochte.

Die Brücke über den See war, wie Robert mir später verriet, etwa zwanzig Fuß breit und siebzig Fuß lang, und er hatte sie ausschließlich zu meinem Vergnügen bauen lassen. Ich stieg vom Pferd und überquerte an Roberts Seite den See; während ich über die Brücke schritt, überreichten junge Männer und Frauen, die verschiedene mythologische Gottheiten darstellten, mir liebenswürdige Geschenke. Sylvanus, der Gott der Wälder, schenkte mir einen Käfig mit lebenden Vögeln – Rohrdommeln und Brachvögeln –, Ceres brachte mir Getreide, Bacchus Wein, von Neptun bekam ich Fische und von Apollo Musikinstrumente. Es war eine bezaubernde Spielszene.

Als wir schließlich den inneren Burghof erreichten, machte Robert mich auf die Uhr in ›Cäsars Turm‹ aufmerksam. Es war eine der schönsten Uhren, die ich je gesehen hatte; das Zifferblatt war in zartem Blau gehalten, die Zeiger waren aus Gold.

»Aber seht doch nur!« rief ich aus. »Sie ist ja stehengeblieben!«

Darauf entgegnete Robert: »In Kenilworth sind alle Uhren stehengeblieben. Das bedeutet, daß die Zeit solange stillsteht, wie Eure Majestät dem Schloß die Ehre Eures Besuchs erweisen.«

Er sah mich liebevoll an, und ich dachte: Ob es vielleicht doch gutginge? Wenn überhaupt, dann nur mit ihm. Niemals mit einem anderen. Und dennoch: Wäre er zu seiner Ehefrau – und wäre sie auch die Königin persönlich – wirklich genauso zärtlich, genauso aufmerksam wie zu der Angebeteten, um deren Hand er sich so beharrlich bemüht?

Eine Ehe drohte mit der Zeit fade zu werden. Eine Romanze verlor nie an Reiz.

Selbst hier im paradiesischen Kenilworth dürfte ich dem betörenden Werben niemals nachgeben. Der Eroberung würde zwangsläufig die Ernüchterung folgen.

Welch eine glückliche Zeit!

Wohin meine bisherigen Reisen mich auch geführt hatten, überall hatten meine Untertanen, bei denen ich zu Gast gewesen war, sich nach Kräften bemüht mit prächtigen Veranstaltungen zu meiner Zerstreuung beizutragen; aber noch nie war ich so fürstlich unterhalten worden wie in Kenilworth. Robert hatte einfach an alles gedacht.

»Selbst an königlichen Maßstäben gemessen, soll dieser Aufenthalt ein unvergeßliches Erlebnis sein«, erklärte Robert. »Ich möchte, daß Ihr später einmal sagen könnt, die Tage in Kenilworth seien einige der schönsten Eures Lebens gewesen. Nichts soll geschehen, das Euch auch nur im entferntesten traurig macht oder mißmutig stimmt. Ihr seid hier schließlich bei Eurem Oberstallmeister zu Gast, dessen vornehmste Aufgabe und größtes Vergnügen es ist, Euch zu dienen. Ich habe mich all der Dinge erinnert, die Ihr am liebsten seht und hört und tut – und entsprechend geplant. Es soll Euch hier niemals langweilig werden. Solange Ihr Gast unter diesem Dach seid, Majestät, soll jeder Augenblick ein Augenblick der ungetrübten Freude sein. Sollte mir das nicht gelingen, habe ich versagt.«

»Niemand könnte solche Dinge besser bewerkstelligen als Ihr, Sir Robert«, versicherte ich ihm, »Ihr habt Euch selbst übertroffen.«

Wir ritten oft zur Jagd aus, denn er wußte, wie sehr ich diesen Sport liebte, und wich nicht von meiner Seite. Tagsüber fanden meist Turniere statt, und abends erwarteten uns festliche Bankette, bei denen Akrobaten, Sänger und Musikanten für amüsante Unterhaltung sorgten. Wiederholt genossen wir auch das farbenprächtige Schauspiel eines Feuerwerks, und natürlich wurde an jedem Abend bis in die Nacht hinein getanzt. Ich tanzte meistens mit Robert. Obwohl die anwesenden Herren sich danach drängten, während eines Tanzes mein Partner sein zu dürfen, tanzte ich doch mit niemandem so gern wie mit Robert – obwohl

Männer wie Heneage und vor allem Hatton sich anmutiger auf der Tanzfläche bewegten als er. Aber von Robert erwartete ich in der Hinsicht gar keine formvollendete Darbietung. Er bestach in so hohem Maße durch seine überwältigende Männlichkeit, daß es mich gar nicht interessierte, ob er ein hervorragender Tänzer war oder nicht – wenn auch Höflinge wie Hatton gerade wegen ihrer herausragenden tänzerischen Begabung meine Aufmerksamkeit erregt und meine Gunst erlangt hatten.

Ich fand es schön, wenn sich um mich herum vielfältige Talente entfachten, und das war auf höchst beeindruckende Weise der Fall. Allerdings schätzte ich trotz aller Begabung niemanden so sehr wie Robert. Und obwohl mir das seit langem bewußt war, erkannte ich während meines Aufenthalts in Kenilworth so deutlich wie nie zuvor, wieviel Robert mir bedeutete und in welchem Maße er Teil meines Lebens geworden war. In all den ruhmreichen Jahren, die mir bislang vergönnt gewesen waren, war er kaum jemals von meiner Seite gewichen. Er stand mir näher als irgend jemand sonst.

Manchmal, wenn ich ihn in Gesellschaft anderer sah, verspürte ich Anwandlungen von Zorn. Einmal beobachtete ich ihn, wie er mit Lettice Knollys tanzte, während Douglass Sheffield den beiden von einer Bank aus sehnsüchtig zusah. Ich ärgerte mich – weniger über Douglass als über die dreiste Lettice.

Als ich an jenem Abend zu Bett ging, sah ich sie unter den Hofdamen, die um mich bemüht waren, und ich sagte zu ihr: »Es wird Zeit, daß Devereux aus Irland zurückkommt – oder daß Ihr ihn dort aufsucht.«

»Oh, Majestät«, entgegnete sie unbekümmert, »ich glaube kaum, daß meine Anwesenheit dort irgendeinen Sinn hätte. Er geht voll und ganz in den Aufgaben auf, mit denen Eure Majestät ihn betraut haben.«

»Eine Frau sollte dort sein, wo ihr Mann ist. Ich halte nichts von langen Trennungen.«

Sie erwiderte nichts darauf, aber ich hatte den Eindruck, als ob sie amüsiert lächelte; und als sie mir behilflich war, mein Mieder aufzuschnüren, kniff ich sie heftig in den Arm und warf ihr vor, sie habe sich ungeschickt angestellt. Ich fügte hinzu, sie sei wohl in Gedanken bei ihrer Familie in Chartley, die sie sehr vermissen müsse.

Lettice zeigte sich von meinen versteckten Drohungen jedoch völlig unbeeindruckt. Sie bildete sich viel zuviel auf ihre Verwandtschaft mit den Boleyns ein, die uns zu einer Art Cousinen machte.

Sie hat etwas Selbstgefälliges, dachte ich im stillen, und mir kam erneut der Verdacht, daß sie seinerzeit mit Robert mehr als nur oberflächlich befreundet gewesen war.

Ich würde sie beide im Auge behalten. Ich duldete nun einmal keine lockeren Sitten an meinem Hof. Lettice war inzwischen eine verheiratete Frau, und wenn sie das auch zuweilen vergaß, ich tat es mit Sicherheit nicht.

Als meine Hofdamen mich verließen, verbannte ich Lettice aus meinen Gedanken. Es machte viel mehr Spaß, darüber nachzudenken, welch anregende Unterhaltung Robert wohl für den kommenden Tag geplant haben mochte.

Robert dachte sich zu meiner Unterhaltung ständig neue Kurzweil aus, und als ich erfuhr, daß die Kosten für die abwechslungsreichen, glänzend inszenierten Veranstaltungen tausend Pfund pro Tag überstiegen, erschien mir seine Großzügigkeit doch reichlich verschwenderisch. Als ich ihm gegenüber erwähnte, daß er sich meinetwegen unnötig in Unkosten stürze, schaute er mich nur vorwurfsvoll an und fragte mich, ob ich denn wirklich glaubte, er rechne kleinlich nach, wenn er die Ehre habe, seiner Königin angenehm die Zeit zu vertreiben.

Es war alles so wunderschön – zu schön, um wahr zu sein, denn das Leben hatte mich gelehrt, daß ungetrübtes Vergnügen nicht von Dauer ist; vielleicht begann ich deshalb, mich nach der Schlange umzusehen, die verborgen in diesem Paradies lauerte. Dabei stellte ich fest, daß ich Mühe hatte, mich von dem Verdacht zu befreien, daß jene beiden Frauen, Douglass Sheffield und Lettice Knollys, auf irgendeine Weise für unliebsame Überraschungen sorgen könnten. Douglass glaubte ich zu durchschauen. Sie war von Natur aus sanft und anhänglich und sehnte sich danach, geliebt zu werden – ein Verlangen, das Sheffield hätte stillen sollen. Sheffields Tod hatte etwas Schmutziges, Unappetitliches. Robert muß befürchtet haben, daß mir die Versprechungen, die er Douglass gemacht hatte, zu Ohren kommen könnten. Es war beunruhigend, darüber nachzudenken, ob er fähig wäre, meinetwegen einen Mord zu begehen. Der Gedanke weckte unangenehme Erinnerungen.

Wer mir weitaus mehr Kopfzerbrechen bereitete, war Lettice. Sie hatte etwas beunruhigend Verschlagenes. Sie verheimlichte irgend etwas. Mir war nicht entgangen, daß sie und Robert sich krampfhaft bemühten, einander zu ignorieren. Das war doch nicht natürlich! Lettice war schon immer eine Frau gewesen, die die Blicke der Männer auf sich zog, und Roberts gespielte Gleichgültigkeit war viel zu übertrieben, um glaubhaft zu wirken.

Es waren argwöhnische Gedanken dieser Art, die meine Freude an dem paradiesischen Idyll trübten, das Robert für mich geschaffen hatte, und obwohl es mir durchaus gelang, meine nagenden Zweifel für längere Zeit zu vergessen und mich voller Begeisterung den Festlichkeiten zu widmen, drängten sie sich doch immer wieder auf.

Die vielleicht unterhaltsamsten Darbietungen, die mir zu Ehren veranstaltet wurden, waren die Spielszenen, deren Verlauf nicht dem sorgfältig geplanten Festprogramm entsprach. Ich werde nie die Aufführung vergessen, mit der nach einem Jagdausflug meine Rückkehr ins Schloß gefeiert werden sollte. Die Vorstellung sollte auf dem See stattfinden, der abends immer eine besonders zauberhafte Kulisse abgab. Im Schein der Fackeln wirkte die ganze Umgebung märchenhaft verwunschen, und als ich mich näherte, wurde ich von einer Wassernixe begrüßt, die ein riesiger Delphin begleitete; auf seinem Rücken ritt ein maskierter Mann, dessen Aufmachung verriet, daß er Orion darstellen sollte.

Sobald ich den See erreicht hatte, begann Orion, seine Verse aufzusagen; ihr Inhalt war mir längst vertraut, denn er war mir seit meiner Ankunft in Kenilworth in vielfältiger Variation vorgetragen worden. Ich war die größte Königin auf der ganzen Welt. Gott in seiner Güte hatte mich zur Herrscherin über England bestimmt. Alles war in schönster

Ordnung, solange ich regierte, und Kenilworth schätzte sich glücklich, weil ich ihm die Ehre meines königlichen Besuchs erwiesen hatte. Das Problem war nur, daß Orion Schwierigkeiten mit seinem Text hatte. Wie allen anderen Mitwirkenden muß auch ihm aufgetragen worden sein, seine Verse auswendig zu lernen, da ein Ablesen sie ihrer erfrischenden Unmittelbarkeit beraubt hätte. Abgesehen davon wäre es ohnehin illusorisch gewesen, davon auszugehen, daß diese einfachen Leute lesen konnten.

Orion jedoch tat sich schwerer mit seiner Lobrede als die übrigen Darsteller. Er stotterte sich mehr schlecht als recht durch die ersten Zeilen, dann verlor er den Faden und fing wieder von vorne an. Ich sah, wie Robert ungeduldig wurde, ließ mir aber nichts anmerken und fuhr fort, freundlich zu lächeln, denn ich wußte ja, daß der gute Mann sein Bestes tat.

Doch dann verstummte er endgültig, und auch dem letzten wurde klar, daß er den Rest seiner Rede schlicht vergessen hatte. Er riß sich die Maske vom Gesicht und rief, erhitzt und krebsrot vor Anstrengung, aus: »Ich bin überhaupt nicht Orion! Ich bin nur der einfache Harry Goldingham, der ergebene Diener Eurer Majestät!«

Für die Dauer eines kurzen Augenblicks herrschte betretenes Schweigen. Auch Harry Goldingham war plötzlich klargeworden, daß er die Aufführung verpatzt hatte; er schaute verängstigt zu Robert hinüber, der mit finsterer Miene neben mir saß.

»Aber mein lieber Harry Goldingham«, tröstete ich ihn, »Ihr habt mich zum Lachen gebracht! Ich versichere Euch, Euer Auftritt hat mir ebensogut gefallen wie die Darbietungen aller übrigen Mitwirkenden.«

Da sprang Harry Goldingham von seinem Delphin und warf sich mir zu Füßen. Ich reichte ihm die Hand, und er küßte sie mit Inbrunst. Ich hatte einen Freund fürs Leben gewonnen. Zwischenfällen wie diesem und meinem angeborenen Talent, angemessen auf sie zu reagieren, hatte ich es zu verdanken, daß mein Volk mich ins Herz geschlossen hatte.

Robert gegenüber erklärte ich, daß ich nicht den Wunsch

hatte, Harry Goldingham einen Verweis erteilen zu lassen. Ich sagte: »Allein sein offensichtliches Bemühen war Unterhaltung genug. Er ist ein braver Untertan – und ein treuer Diener seiner Königin.«

Damit war der Abend gerettet, den ich, wie ich später allen Anwesenden versicherte, als einen der Höhepunkte meines Aufenthalts in Kenilworth in Erinnerung behalten würde.

An den festlichen Veranstaltungen durften auch die Menschen aus der Umgebung des Schlosses teilnehmen; die meisten kamen jedoch nach Kenilworth, um mich zu sehen. Ich war immer freundlich zu ihnen, denn ich vergaß nie, wie wichtig es für mich war, das Volk auf meiner Seite zu haben; die Sympathien meiner Untertanen zu besitzen und zu bewahren, das war mir oberstes Gebot und Herzenswunsch zugleich.

Manchmal waren die Aufführungen, die die Menschen vom Lande mir zu Ehren veranstalteten, ein wenig ermüdend, aber ich ließ mir nie auch nur im geringsten anmerken, daß ich mich langweilte oder ihre unbeholfenen Possen und derben Späße mit den feinsinnigen, kultivierten Kunstwerken verglich, mit denen meine Hofdichter und -schauspieler mich zu unterhalten pflegten.

Ich belohnte die Darsteller stets mit Geldgeschenken, über die sie sich sehr freuten, und eine der Vorstellungen machte ich dadurch zu einem unvergeßlichen Ereignis, daß ich fünf Mitglieder meines Gefolges zu Rittern schlug – darunter auch Burghleys ältesten Sohn, Thomas Cecil.

Eins der Stücke, die eigens zu meiner Unterhaltung aufgeführt wurden, hatte den Titel *Hochzeit auf dem Lande* und war, im Vergleich zu einigen anderen Darbietungen, eine Inszenierung von geradezu bestechendem Schliff.

Es war die Geschichte einer bäuerlichen Hochzeitsfeier, die – aus welchen Gründen auch immer – als durch und durch komisch empfunden wurde und Anlaß zu reichlich Spott und Gelächter gab. Der Bräutigam war alles andere als gutaussehend und trug, als er auf die Bühne gehumpelt kam, eine alte braune Wolljacke, einen Strohhut und ein paar derbe Handschuhe, wie die Bauern sie bei der Ernte tragen. Ihm folgten die Moriskentänzer* mit Maid Marian, dargestellt von einem Possenreißer, und den Brautjungfern, von denen keine einzige unter dreißig zu sein schien. Danach kam ein Junge, der den Brautbecher** trug, und ganz zum Schluß erschien die Braut, eher vierzig als dreißig Jahre alt und so unvorteilhaft aussehend zurechtgemacht, daß sie mit ihrer struppigen Perücke und ihrem schlecht sitzenden Kleid eine wahre Beleidigung fürs Auge war.

Die Moriskentänzer führten ihren Tanz auf, dann wurde das Paar getraut und zog torkelnd von dannen – unter dem wilden Beifallsgeschrei der Ortsansässigen, denen Zugang zu den Schloßanlagen gewährt worden war, damit sie der Aufführung zuschauen konnten.

Wie begeistert sie doch von der Vorstellung waren! Und trotzdem interessierten sie sich mehr für mich als für die Schauspieler auf der Bühne; sie freuten sich ganz offensichtlich, mich lachen zu sehen.

Ich fragte mich, was Robert sich wohl dabei gedacht haben mochte, als er die Erlaubnis erteilt hatte, dieses Stück aufzuführen. Vielleicht steckte die Absicht dahinter, mir mit der Braut, die eindeutig im vorgerückten Alter war, einen Spiegel vorzuhalten. Wollte Robert mich daran erinnern, daß wir beide nicht mehr zu den Jüngsten zählten? Wollte er mir zu verstehen geben, daß wir jetzt heiraten sollten, wenn wir daran dächten, den Traum vom Eheglück jemals Wirklichkeit werden zu lassen? Auszuschließen war das nicht, zumal Feingefühl nicht unbedingt Roberts herausragende Eigenschaft war. Die Menschen waren von der Aufführung jedoch so begeistert, daß ich keine Lust hatte, noch länger darüber zu grübeln, ob der Auswahl des Stücks irgendwelche Hintergedanken zugrunde gelegen hatten oder nicht.

* Der *morris dance* war ein im 15. und 16. Jahrhundert beliebter Volkstanz, bei dem die Tänzer – allesamt Männer – gewöhnlich Figuren aus der Sage um Robin Hood verkörperten; Maid Marian, Robin Hoods Liebste und eine der weiblichen Hauptpersonen, wurde dabei meist von einem Possenreißer dargestellt. (Anm. d. Übers.)

** Am Ende der Trauung tranken die Braut, der Bräutigam und die Hochzeitsgesellschaft aus einem meist mit Muskatellerwein gefüllten Becher, der zum Inventar der Kirche gehörte. (Anm. d. Übers.)

Am nächsten Tag ereignete sich ein Zwischenfall, der meinen Argwohn gegenüber Lady Sheffield erneut wachrief.

Ich hatte einer Bärenhatz, einem ebenso erbitterten wie blutrünstigen Kampf zwischen einem bösartigen Bären und einer Meute angriffslustiger Bulldoggen, zugeschaut und mich nach der Vorstellung mit einigen meiner Hofdamen in den Schatten gesetzt, als ein kleiner Junge herbeigelaufen kam und neben mir stehenblieb. Mit kindlicher Unbefangenheit legte er seine Hände auf meine Knie und blickte staunend zu mir auf. Er war ein ausgesprochen hübsches Kind, und ich hatte mich ja schon immer zu Kindern hingezogen gefühlt.

»Warum schaust du mich so an, mein Kleiner?« fragte ich ihn.

Er antwortete: »Du bist die schöne Königin.«

Ich strich ihm übers Haar. »Du findest mich also schön, ja?« Komplimenten hatte ich noch nie widerstehen können. »Liegt das daran, daß ich Königin bin, oder würdest du mich auch schön finden, wenn ich nicht Königin wäre?«

Das Kind sah verdutzt drein, aber dann erfüllte seine Reaktion mich mit noch größerem Entzücken, denn es nickte heftig mit dem Kopf, als Geste, die ich als Bestätigung meiner letzten Frage auslegte.

»Du weißt also, daß ich die Königin bin«, fuhr ich fort. »Aber ich weiß nicht, wer du bist. Sagst du mir deinen Namen?«

»Robert«, war die Antwort.

»Robert!« wiederholte ich. »Das ist ein Name, den ich ganz besonders gerne mag.«

Er lächelte mich an, und ich fragte: »Wer hat dich denn hierher nach Kenilworth gebracht?«

»Meine Mama«, antwortete er.

»Und wer ist deine Mama?«

Er schaute mich verwundert an und sagte: »Meine Mama eben.«

Ich lächelte und streichelte seinen hübschen dunklen Lokkenkopf.

Dann wandte ich mich an eine meiner Hofdamen: »Habt Ihr eine Ahnung, wessen Kind das ist?«

»Seine Mutter ist Lady Sheffield«, war die Antwort.

»Tatsächlich«, entgegnete ich. Ich mußte erneut an den Skandal um Robert und Lady Sheffield denken. Wie lange war es her, daß ich von Roberts Brief an Douglass Sheffield und dem Tod Lord Sheffields kurz nach Bekanntwerden der Korrespondenz erfahren hatte? Das waren beunruhigende Gedanken. Wie alt mochte das Kind sein? Nicht älter als drei Jahre, wie mir schien. Konnte es sein, daß es erst nach Sheffields Tod zur Welt gekommen war?

Und wenn es so war – wer war dann der Vater?

Ich unterhielt mich noch eine Zeitlang mit dem kleinen Jungen, aber die Gedankengänge eines Dreijährigen können zuweilen recht unlogisch sein, und obwohl einige seiner Antworten durchaus Sinn ergaben, mußte ich mich doch fragen, wieviel von dem, was er sagte, pure Fantasie war.

»Möchtet Ihr, daß wir das Kind fortschicken, Majestät?« fragte eine meiner Bedienten.

»Nein, nein, laßt den Kleinen ruhig noch eine Weile bei mir. Aber seid so nett, den Grafen von Leicester ausfindig zu machen und ihm auszurichten, daß ich ihn gerne sprechen möchte.«

Es dauerte nicht lange, und Robert kam über den Rasen herbeigeeilt.

Der kleine Junge juchzte vor Freude. Er rannte zu Robert hin, warf sich ihm entgegen und umschlang seine Beine. Robert nahm ihn auf den Arm, und der Kleine lachte aus vollem Halse. Natürlich verfügte Robert über jenen Charme, den sogar Kinder unwiderstehlich fanden; trotzdem hatte ich den Eindruck, daß er und der kleine Junge einander gut kannten.

Robert sagte etwas zu dem Kind und schaute sich suchend um. Daraufhin kam eine Frau und nahm Robert den Jungen ab, der sich jedoch nur widerstrebend von ihr bei der Hand nehmen und ins Schloß zurückbringen ließ.

Robert gesellte sich, liebenswürdig lächelnd, zu mir – täuschte ich mich, oder wirkte er tatsächlich ein wenig beunruhigt?

Er nahm meine Hand und küßte sie. »Ich hoffe, Eure Majestät fühlen sich nach wie vor angenehm unterhalten.«

»Außerordentlich sogar, Robert. Ihr seid in jeder Hinsicht ein hervorragender Gastgeber. Die Veranstaltungen, die Ihr Euch ausgedacht habt, sind unübertroffen. Welch ein bezaubernder kleiner Junge!«

»Ja, ein entzückendes Kind.«

»Und ein außergewöhnlich hübsches dazu.«

»Eure Majestät fanden den Kleinen hübsch?«

»Ihr etwa nicht? Er schien Euch gut zu kennen.«

»O ja, ich bin ihm schon oft begegnet.«

»Wessen Sohn ist er?«

»Lady Sheffields.«

»Eine gute alte Freundin von Euch.«

»Ich habe so viele Freunde.«

»Aber doch hoffentlich nicht zu viele, die in einen Skandal verwickelt waren!«

»Skandale... Gerüchte... wer ist davor schon sicher?«

»Einige weniger als andere, Robert. Sie ist also Euer Gast hier in Kenilworth, diese Lady Sheffield?«

»Ja – sie ist eine geborene Howard, wie Eure Majestät sich vielleicht erinnern.«

»Starb ihr Mann nicht unter geheimnisvollen Umständen?«

»Sheffield? Nein... das würde ich so nicht sagen. Er starb eher... unerwartet... an der Ruhr, glaube ich. Er fiel dieser Krankheit zum Opfer wie so viele andere auch. Was hielten Eure Majestät von dem Bären?«

»Ein äußerst widerwärtiges Tier, das ein wohlverdientes Ende genommen hat.«

»Wenn es auch nur für kurze Zeit zu Eurer Majestät Zerstreuung beigetragen hat, so hat es seinen Zweck erfüllt.«

»Der kleine Junge hat auf sehr amüsante Weise zu meiner Zerstreuung beigetragen. Ich fand ihn ganz entzückend.«

Robert war eindeutig unbehaglich zumute. Welche Mühe er sich doch gab, das Thema zu wechseln und mich daran zu hindern, ständig von dem Kind zu reden! Ich wagte einen Schuß ins Blaue.

»Er erinnert mich an jemanden.«

Die Bemerkung verfehlte ihre Wirkung nicht. Robert war nun ernstlich beunruhigt.

»Er schien Euch gern zu haben, Robert«, fuhr ich erbarmungslos fort.

»Ach, Kinder... deren Zuneigung und Abneigung ändert sich schnell.«

»Aber in den Augen dieses Kleinen seid Ihr der Größte. Er vergöttert Euch, das war nicht zu übersehen. Wie er Euch angeschaut hat...«

»Könnte ich doch nur solche Gefühle in der Dame meines Herzens wecken! Erinnert Ihr Euch an den kleinen Jungen, der Euch damals, als wir beide im Tower gefangengehalten wurden, Blumen schenkte und mir Botschaften von Euch überbrachte, die mir Hoffnung und Kraft gaben?«

»O ja, ich erinnere mich. Wie sich unser Leben doch seitdem geändert hat! Wir sollten Gott dankbar sein für das, was er uns geschenkt hat, Robert, und nicht noch mehr verlangen.«

»Aber jeder Mensch hat Träume, Elizabeth.«

Ich erwiderte: »Vergeßt nicht, daß immer Grund zur Hoffnung besteht.«

Ich bemerkte, wie seine Augen zu leuchten begannen. Ich sah die wilde Leidenschaft in ihnen aufflackern. Er nahm meine Hand und küßte sie hingebungsvoll, und in den glühenden Blicken, die er mir zuwarf, lag grenzenlose Verehrung. So gefiel mir mein Robert. Diese Rolle, die ihm auf den Leib geschrieben war, sollte er immer spielen. Mein leidenschaftlicher Verehrer. Der Mann, der mich ein Leben lang liebte, dessen Treue unerschütterlich war, der immer für mich da war, der geduldig wartete, der niemals die Hoffnung aufgab, mich eines Tages doch noch zur Frau zu gewinnen.

Trotzdem hielt ich es für angebracht, Lady Sheffield für die Dauer meines Aufenthaltes in Kenilworth im Auge zu behalten.

Es war jedoch nicht Douglass Sheffield, die mir ernsthaftes Kopfzerbrechen bereitete. Wen ich nur mit Mühe aus meinen Gedanken verbannen konnte, das war Lettice Knollys, seit einiger Zeit Gräfin von Essex. Daß diese Frau Böses im Schilde führte, daran zweifelte ich nicht im geringsten; und ein Gefühl sagte mir, daß die Gefahr, die von ihr ausging, etwas mit Robert zu tun haben müsse.

Der Graf und die Gräfin von Essex waren in Chartley zu Hause – nur wenige Meilen von Kenilworth entfernt –, und ich verspürte plötzlich den Wunsch, Lettice' Familie kennenzulernen. Ich wußte, daß sie vier Kinder hatte, denn während sie als Hofdame in meinen Diensten gestanden hatte, hatte ich sie wiederholt dazu gebracht, über ihren Nachwuchs zu reden; und da ich, wenn es um Menschen ging, die mich interessierten, ein gutes Gedächtnis für Einzelheiten hatte, erinnerte ich mich sehr wohl, daß es sich um zwei Mädchen und zwei Jungen handelte.

Am Tag nach der Bärenhatz und der Begegnung mit dem kleinen Jungen besuchte ich – wie jeden Tag – Mary Sidney. Obwohl sie selten und ungern ihr Haus in Penshurst verließ, war es Robert gelungen, sie zu überreden, nach Kenilworth zu kommen. Ich brachte es nie übers Herz, ihr etwas zu befehlen, das ihr widerstrebte, doch in diesem Fall hatte ich mich Roberts inständigen Bitten angeschlossen, und sie hatte zugesagt. Robert hatte dafür gesorgt, daß ihr eigene Räume im Schloß zur Verfügung gestellt wurden, in die sie sich ungestört zurückziehen konnte, und wie zu erwarten war, nahm sie auch an keiner der festlichen Veranstaltungen teil. Was mich betraf, so konnte ich ihr gar nicht dankbar genug sein, denn schließlich hatte sie mir zuliebe ihre Schönheit eingebüßt. Sie war eine treue, selbstlose Seele – sie war es immer gewesen; und nun lebte sie fast ausschließlich für ihre Familie.

Im Laufe unserer Unterhaltung an jenem Tag lenkte ich das Gespräch auf Chartley und fragte sie, ob sie das Anwesen gut kenne.

»Nicht sehr gut«, antwortete sie. »Ich war nur einmal dort. Es ist ein hübsches Fleckchen Erde, und das herrschaftliche Anwesen liegt wunderschön inmitten einer der malerischsten Gegenden von Staffordshire.«

»Es ist Walter Devereux' Besitz, wenn ich mich nicht irre«, bemerkte ich.

»Ja, es gehört der Familie Devereux seit der Zeit Henrys VI. Damals hat Agnes de Ferrers, eine Tochter des Grafen von Derby, einen Devereux geheiratet und Chartley mit in die Ehe gebracht.«

»Es liegt ganz in der Nähe. Ich dachte, wir könnten auf der Rückreise von Kenilworth vielleicht ein paar Tage dort Station machen.«

»Aber der Graf von Essex ist doch in Irland, Majestät.«

»Ja, aber die Gräfin nicht. Sie ist hier in Kenilworth.«

»Eure Majestät haben wirklich vor, Chartley trotz der Abwesenheit des Grafen einen Besuch abzustatten?«

»Meine liebe Mary, ich kenne meine Cousine Lettice und bin ganz sicher, daß sie durchaus in der Lage ist, den Aufgaben einer Gastgeberin gerecht zu werden.«

»Wenn Eure Majestät meinen...«

Ich nickte. »Eurem Philip scheint es hier in Kenilworth gut zu gefallen.«

»Ja, er ist jedesmal glücklich, seinen Onkel Robert wiederzusehen.«

Ich lächelte gerührt. »Es ist herzerwärmend zu beobachten, welche Zuneigung zwischen den beiden besteht.«

»Robert behandelt ihn wie seinen eigenen Sohn. Wie schade...«

Ich warf ihr einen erzürnten Blick zu. So behutsam ich auch sonst mit Mary umging, ich ließ mir von ihr keine Kritik gefallen.

»Es ist durchaus möglich, daß Robert einen Sohn... oder auch eine Tochter hat... von deren Existenz offiziell niemand weiß.«

Mary war entsetzt. »Aber Majestät!«

»Wieso? Was wäre daran verwunderlich, wenn Robert hier und da eine Liebschaft unterhielte?«

»Majestät, Ihr wißt sehr wohl, daß Roberts Herz nur für eine Frau schlägt... für eine allein.«

Die liebe Mary! Welch unerschütterliche Anhänglichkeit!

Ich seufzte und sagte: »Ich kann nur hoffen, daß Euer Philip inzwischen seine Empfindlichkeit abgelegt hat. Schließlich wollen wir nicht, daß er weiterhin hemmungslos Grafen zum Duell fordert.«

»Eure Majestät werden ihm sicher zugute halten, daß Oxford den Streit provoziert hat.«

»Ich weiß, ich weiß. Mary, seid so gut und laßt die Gräfin von Essex rufen und sagt ihr, daß ich Chartley einen Besuch abstatten möchte, wenn wir Kenilworth verlassen. Sagt ihr, Euer Bruder habe den Vorschlag gemacht, und sie solle sofort aufbrechen, um die nötigen Vorbereitungen zu treffen.«

»Robert hat vorgeschlagen, Chartley zu besuchen?«

»Nein. Aber er wird es tun, sobald ich mit ihm gesprochen habe. Lettice wird einige Zeit brauchen, um das Haus für unseren Aufenthalt herzurichten. Laßt sie ruhig in dem Glauben, der Vorschlag stamme von Robert. Ich werde ihm die Reise schon schmackhaft machen. Er wird Euch in Kürze aufsuchen und alles Weitere mit Euch besprechen. Euer Philip kann Lady Essex begleiten und ihr bei den Vorbereitungen helfen, da ihr Mann in Irland ist. Aber es ist mein ausdrücklicher Wunsch, daß Lady Essex schon morgen nach Chartley zurückkehrt.«

Mary Sidney war überrascht. Aber sie kannte meine spontanen Entschlüsse und oft unberechenbaren Sinnesänderungen zu gut, um lästige Fragen zu stellen.

Ich verabschiedete mich von ihr mit einem zärtlichen Kuß.

So, liebe Lettice, dachte ich im stillen, dein angenehmer Aufenthalt in Kenilworth dürfte nun ein jähes Ende nehmen. Ich freue mich schon darauf, dich im Kreise deiner Lieben in Chartley zu begrüßen!

Ich ritt mit Robert an der Spitze des Zuges, und als wir noch etwa eine Meile von Chartley entfernt waren, begegneten wir Lettice, die uns mit einer kleinen Gesellschaft entgegengeritten war, um uns zu begrüßen.

Sie sah ausgesprochen blühend und sehr hübsch aus in ihrem Reitkleid aus brombeerfarbenem Samt; dazu trug sie einen feschen Hut, mit einer kühn geschwungenen, prächtigen Feder. Ja, sie war schon eine sehr schöne Frau. Ich warf verstohlene Blicke zu Robert hinüber, während sie sich uns näherte.

An ihrem Benehmen war nichts auszusetzen. Sie hieß uns aufs herzlichste willkommen und betonte gleichzeitig, daß mir Chartley, gemessen an Kenilworth und meinen eigenen königlichen Palästen, eher schlicht vorkommen müsse.

Ich sagte: »Wir erfüllen uns mit diesem Besuch einen lang gehegten Wunsch, Cousine; mir scheint, Ihr neigt dazu, Euer Licht unter den Scheffel zu stellen.«

Mir fiel auf, wie ihr Blick lauernd, mißtrauisch wurde, und mir wurde erneut bewußt, daß sie eine ziemlich verschlagene junge Frau war.

Ich forderte sie auf, zu meiner Linken die Reise fortzusetzen; Robert ritt an meiner rechten Seite, und so erreichten wir Chartley. Es war ein bezauberndes kleines Schloß mit einem runden Bergfried und zwei weiteren runden Türmen; und als wir den Park und die zum Anwesen gehörenden Felder durchquerten, machte Lettice uns auf die Kühe aufmerksam, die kleiner als normale Kühe waren und bis auf Ohren, Maul und Hufe, die hier und da schwarze Flecken aufwiesen, ganz hell, fast cremefarben, waren.

»Diese Sorte gibt es in Chartley seit Generationen«, erklärte Lettice mir, »und die Tiere haben allesamt diese helle Farbe. Nun ja... nicht ausnahmslos. Dann und wann wird auch ein schwarzes Kalb geboren, aber das kommt sehr selten vor. Wenn das geschieht, herrscht Bestürzung in Chartley, denn ein schwarzes Kalb kündigt angeblich den Tod des Familienoberhauptes an.«

»Dann kann ich nur hoffen, daß keine schwarzen Kälber Eure Herde vergrößern, Cousine«, sagte ich. »Der bloße Gedanke muß Euch mit Sorge um Euren Mann erfüllen.«

»Er dient Eurer Majestät in Irland, und das kann ich nur begrüßen«, entgegnete sie bescheiden.

»Ihr vermißt ihn sicher schmerzlich.«

»Allerdings, Madam.«

»Aber Ihr habt vier Kinder, wie ich höre.«

»Ja, so ist es.«

»Ich freue mich darauf, sie kennenzulernen. Sie müssen Euer ganzer Stolz sein.«

Sie bejahte dies.

Während der ganzen Unterhaltung hatte Robert sich in Schweigen gehüllt, und ich spürte, daß die Atmosphäre gespannt war. Ich hätte zu gerne gewußt, was sich da über uns zusammenbraute. Douglass Sheffields Gesellschaft brachte mich nie aus der Fassung. Lettice dagegen war eine Frau, die mir Rätsel aufgab.

In Chartley erwartete uns Philip Sidney. Welch ein bezaubernder Junge! Dennoch brachte er nicht die Voraussetzungen mit, die einen jungen Mann befähigten, zum Günstling seiner Königin aufzusteigen. Ich konnte mir beim besten Willen nicht vorstellen, daß er mir je auf so unerhört übertriebene Art und Weise schmeicheln würde wie Oxford, Hatton, Heneage und all die übrigen Höflinge, die diese Kunst perfekt beherrschten und sich ihr mit hemmungsloser Hingabe widmeten. Gewiß, er verfügte über gutes Aussehen und die nötige Bildung, aber mir erschien er fast zu gebildet; abgesehen davon brachte er es niemals fertig, irgend etwas anderes zu sein als absolut aufrichtig, und das war keine der Eigenschaften, die einen guten Höfling auszeichneten. Obwohl ich seine Ehrlichkeit schätzte, empfand ich sie doch keineswegs immer als wohltuend, und je älter ich wurde, um so mehr sehnte ich mich nach Anerkennung und Bestätigung. Mein Haar wurde allmählich dünner und mußte mit Haarteilen unterlegt werden, die Fülle vortäuschten; auch mein Gesicht erforderte eine intensivere Pflege als in der Vergangenheit, und obwohl meine Haut noch immer sehr klar, glatt und makellos weiß war, wurde ihre Pflege doch zunehmend aufwendiger. Mehr als je zuvor suchte ich die Gesellschaft von Leuten, die mir sagten, ich sei schön – weil ich im Grunde meines Herzens wußte, daß ich es nicht mehr war. Das wurde mir besonders schmerzlich bewußt, wenn ich mich mit Frauen wie der Gräfin von Essex verglich, die nicht nur unbestreitbar eine Schönheit war, sondern außerdem noch über eine Sinnlichkeit verfügte, die die Männer betörte und unwiderstehlich anzog. Nein, Philip Sidney gehörte ganz entschieden nicht zu jenen galanten jungen Männern, mit denen ich mich so gerne umgab und deren Aufgabe darin bestand, mir zu versichern, daß ich die schönste und begehrenswerteste Frau auf der ganzen Welt sei. Zu ihnen würde Philip Sidney nie gehören.

Dann wurden mir die Kinder des Grafen und der Gräfin von Essex vorgestellt.

Da war zunächst Penelope – eine zweite Lettice. Sie muß etwa vierzehn Jahre alt gewesen sein, aber sie schien sich ihrer erotischen Ausstrahlung bereits bewußt zu sein. Dann kam Dorothy, ein entzückendes Mädchen, und nach ihr kamen Robert und Walter.

Der kleine Robert beeindruckte mich vom ersten Augenblick an. Vielleicht schloß ich ihn nur deshalb sofort ins Herz, weil er Robert hieß und ich eine solche Schwäche für den Namen hatte. Ich schätzte ihn auf etwa acht Jahre; wie seine Mutter mir später bestätigte, sollte er im November neun Jahre alt werden. Er war ein aufgeweckter kleiner Kerl – und selbstbewußt obendrein. Er kam unbefangen auf mich zu und berührte den Perlenbesatz auf meinem Kleid, um festzustellen, ob er fest angenäht oder leicht zu entfernen war. Dann sah er zu mir auf und lächelte spitzbübisch, wie mir schien. Er erzählte mir, daß sein Hund Junge bekommen habe und daß er mir gern die Welpen zeigen würde, falls ich Lust hätte, sie mir anzusehen.

Seine Mutter ermahnte ihn, sich respektvoller zu benehmen, und wies ihn darauf hin, daß ich die Königin sei – worauf er meine Hand ergriff und sie mit vollendeter Galanterie, die kein Höfling hätte übertreffen können, küßte; dann sah er mir dreist ins Gesicht und sagte mit gewinnendem Charme: »Ich mag Königinnen.«

Natürlich schloß ich ihn ins Herz. Ich mochte Kinder und mußte oft daran denken, daß ich gern eigene Nachkommen gehabt hätte – wäre mir die Art und Weise, auf die sie in die Welt gesetzt werden, nicht so zuwider gewesen.

Auch Penelope interessierte mich. Sie würde einmal so werden wie ihre Mutter – hochgradig eigensinnig und widerspenstig. Sie hatte sich inzwischen mit Philip Sidney angefreundet; zwischen den beiden jungen Leuten schien bereits bestes Einvernehmen zu bestehen.

Ich unterhielt mich später mit Robert über sie und regte an, über eine mögliche Heirat Philips mit Penelope nachzudenken. »Was würdet Ihr davon halten, wenn ein Mitglied Eurer Familie in die Familie Devereux einheiratete?« fragte ich ihn.

»Es ist eine angesehene Familie. Eine Entscheidung über eine solche Verbindung dürfte jedoch wohl Henry und Mary vorbehalten bleiben.«

»Ach, komm schon, Robert, die beiden würden sich doch ganz sicher nicht sträuben, den Rat ihres mächtigen Bruders zu befolgen!«

»Aber ich könnte mir vorstellen, daß Philip darauf bestehen wird, in der Angelegenheit ein Wörtchen mitzureden.«

»Ja, da mögt Ihr recht haben. Diese Stillen im Lande sind mit Vorsicht zu genießen. Die wissen, was sie wollen, und ich habe den dunklen Verdacht, daß Euer gutaussehender Neffe Mittel und Wege finden wird, die Heirat mit Penelope Devereux durchzusetzen, falls sie es denn ist, die er sich in den Kopf gesetzt hat.«

»Sie sind noch sehr jung.«

»Das Mädchen, ja. Philip dagegen... wohl weniger. Wie alt ist Euer Neffe?«

»Er muß um die zwanzig sein... einundzwanzig.«

»Ein durchaus heiratsfähiges Alter. Und Fräulein Penelope ist vierzehn... frühreife vierzehn, findet Ihr nicht auch?«

»Ich verstehe wenig davon.«

Ich schlug ihm zum Spaß auf die Hand. »Also wirklich, Robert, alle wissen doch, welch ein Kenner Ihr auf dem Gebiet seid!«

»Meine Aufmerksamkeit konzentriert sich so ausschließlich auf eine Dame, daß ich andere kaum noch wahrnehme.«

Das war das Kompliment, das ich hören wollte, doch obwohl ich mich geschmeichelt fühlte, gelang es mir nicht, mein Mißtrauen abzuschütteln.

»Lady Essex tut mir ja so leid«, bemerkte ich boshaft. »Sie muß eine sehr einsame Frau sein.«

»Sie scheint sich im Kreise ihrer Familie doch ganz wohl zu fühlen.«

»Aber es ist eine Familie, in der das Oberhaupt fehlt. Eine Frau wie Lady Essex braucht einen Mann an ihrer Seite. Und Devereux ist in Irland. Vielleicht sollte ich ihn zurückrufen... oder sie zu ihm schicken.«

»Sie hat doch die Kinder.«

»Kinder... denen der Vater fehlt! Wenn er noch lange in Irland bleibt, könnten sich da durchaus Probleme ergeben. Wenn er jedoch zurückgeholt würde... Er scheint in Irland nicht gerade sehr erfolgreich zu sein. Ich habe fast das Gefühl, daß nichts von dem, was Devereux anfaßt, von überwältigendem Erfolg gekrönt ist... außer seiner Ehe natürlich. Meint Ihr nicht auch, daß er eine glückliche Ehe führt?«

Es war nicht zu übersehen, daß Robert höchst unbehaglich zumute war. Er fragte sich mit Sicherheit, ob ich irgendwelchem Klatsch Beachtung geschenkt hatte.

Lady Essex gegenüber benahm er sich geradezu gleichgültig und verbrachte die meiste Zeit mit den Kindern. Robert war genau der Typ Mann, den sie vergötterten. Es war seine beeindruckende Männlichkeit, jene Mischung aus Macht und fürstlichem Glanz, der sie faszinierte. Außerdem bewunderten sie sein Talent, mit Pferden umzugehen – welches Kind begeistert sich nicht für Pferde? Ich traf ihn einmal im Stall, als er mit dem jungen Robert Devereux über Pferde sprach, ihm kleine Kunststückchen vorführte und ihn in der Reitkunst unterwies, die er selbst von den Franzosen gelernt hatte. Er erzählte dem Jungen gerade, wie er, nach dem Blutbad der Bartholomäusnacht, den Versuch unternommen hatte, in seinen Stallungen Reitknechte zu beschäftigen, die auf französischen Gütern angestellt gewesen waren, deren Besitzer dem Massaker zum Opfer gefallen waren.

»Diese Herren«, sagte er, »waren jedoch dermaßen von sich eingenommen und verlangten soviel Geld für ihre Dienste, daß ich mir überlegte, ich könnte eigentlich auf sie verzichten und meine englischen Bedienten ebensogut – wenn nicht besser – selbst in der Kunst des Reitens unterweisen.«

»Natürlich konntet Ihr das viel besser«, pflichtete der junge Robert ihm bei. »Philip sagt, Ihr könnt alles viel besser als andere.«

»Philip ist eben ein junger Mann mit Familiensinn.«

»Und die Franzosen sind böse. Philip war in Frankreich,

als das Massaker begann. Er hat uns davon erzählt. Er hielt sich gerade im Haus des englischen Gesandten auf, und dann hörte er plötzlich wie die Glocken läuteten, und er sah, wie die Menschen auf die Straße liefen. Er hat gesagt, jene Nacht sei ein Schandfleck in der Geschichte Frankreichs, der niemals ausgelöscht werden könne. Er hat gesagt, man müsse immer die religiösen Überzeugungen anderer Menschen respektieren.«

»Philip ist ein hochanständiger junger Mann von vornehmer Gesinnung«, entgegnete mein Robert bewegt.

In dem Augenblick wurden sie sich meiner Anwesenheit bewußt, und der ältere Robert eilte an meine Seite und küßte mir die Hand, während der jüngere zusah.

»Wenn ich groß bin«, sagte er, »werde ich vielleicht Euer Oberstallmeister.«

Damals konnte ich noch nicht ahnen, welch bedeutende Rolle dieser Junge noch in meinem Leben spielen sollte. Ich werde ihn immer als das aufgeweckte Kind in Erinnerung behalten, dessen Bekanntschaft ich machte, als ich in Chartley zu Gast war. Ich glaube, ich liebte ihn vom ersten Augenblick unserer Begegnung an – was erstaunlich war, wenn man bedachte, wessen Sohn er war.

Aber damals war er für mich nichts weiter als der junge Robert Devereux, eines der bezauberndsten Kinder, die mir je begegnet waren.

Ich mußte zugeben, daß die Gräfin Essex uns in Chartley eine liebenswürdige Gastgeberin war, und ihre Bemühungen verdienten um so größeres Lob, als die Verantwortung für unser Wohlergehen auf ihren Schultern allein ruhte. Abends fanden im Bankettsaal des Schlosses meist unterhaltsame Festlichkeiten statt, tagsüber gingen wir zur Jagd. Das Essen war gut, das Bier so, wie ich es am liebsten mochte, und – worauf ich besonderen Wert legte – das Haus roch angenehm. Die Gräfin hatte nämlich ihr Personal angewiesen, jeden Tag die alten Binsen auszukehren und neue zu streuen. Leider waren viele Leute nicht so hygienebewußt; vermutlich hatten sie sich bereits so sehr an üble Gerüche gewöhnt, daß ihre Nasen den Gestank gar nicht mehr wahrnahmen. Dorothy Devereux erzählte mir, ihre Mutter habe Wermutsamen unter die Binsen mischen lassen, weil Flöhe daran zugrunde gingen.

»Meine Mutter weiß genau, daß Eure Majestät die sauberste Dame im ganzen Land sind«, erklärte sie. »Daher hat sie beschlossen, keinem Floh Gelegenheit zu geben, in Chartley Euer königliches Blut zu schlürfen.«

Ich fand diese Bemerkung so drollig, daß ich lachen mußte. Ja, das waren aufgeweckte Kinder, diese kleinen Devereux. Sie schienen nach ihrer Mutter zu geraten – nach Walter ganz sicher nicht. Walter war ein Narr. Das war nicht zu bestreiten. Und es war ein Fehler gewesen, ihn nach Irland zu schicken. Cecil hatte mich gewarnt; er hatte mich darauf aufmerksam gemacht, daß Irland ein Land sei, in dem es keine Lorbeeren zu ernten gebe. Irland sei wie ein Faß ohne Boden, hatte er gesagt; wieviel man auch hineinschütte, es versickere unweigerlich. Der Grund wäre der, daß die Iren ein streitsüchtiges Volk seien. Selbst wenn es gelänge, sich mit ihnen in einem Punkt zu einigen, würde diese Übereinstimmung nur zu neuen Unstimmigkeiten Anlaß geben. Es sei der Streit, an dem sie interessiert seien – nicht seine Beilegung. Sobald ein Problem gelöst sei, verlören sie keine Zeit, ein neues heraufzubeschwören.

Ich gelangte mehr und mehr zu der Überzeugung, daß Cecil recht hatte und Irland zu regieren, in der Tat eine undankbare Aufgabe war. Daher eigneten sich ja gerade Männer wie Devereux so gut für dieses Amt. In jenem Land wimmelte es nur so von Verrätern, und so langweilig er auch sein mochte, auf Devereux war Verlaß. Allerdings waren ihm einige haarsträubende Fehler unterlaufen. Einmal hatte er zum Beispiel einige der irischen Stammesfürsten zu einem Bankett eingeladen, und während das Festmahl in vollem Gange war, hatten Soldaten die Halle gestürmt, die Häuptlinge festgenommen und ihre Begleiter ermordet. Natürlich war ein solches Verhalten unentschuldbar, und alles, was Devereux zu seiner Rechtfertigung hatte vorbringen können, war, daß es ihm gelungen war, das Bündnis der ihn bekämpfenden Sippen zu sprengen und all seinen Feinden gehörig Angst einzujagen.

Nach jenem Zwischenfall blieb mir nichts anderes übrig, als Devereux von seinem Amt abzuberufen.

Er kam zu mir und entschuldigte sich wortreich. Ich konnte nicht umhin, seine Treue zur Krone lobend hervorzuheben; andererseits waren seine Verdienste als Staatsmann wirklich nicht der Rede wert. Ich war überzeugt davon, daß Lettice sich mit ihm tödlich langweilte.

Und wenn schon! Sollte sie doch zusehen, wie sie mit der trüben Tasse zurechtkam! Schließlich hatte sie ihn geheiratet, und er war immerhin der Vater ihrer vier bezaubernden Kinder.

Ich sagte zu ihm: »Das Irlandproblem ist leider alles andere als glücklich gelöst, aber es ist wohl auch eine schwierige Aufgabe. Ihr braucht nun erst einmal Ruhe. Gewiß sehnt Ihr Euch nach Eurer schönen Frau und Euren Kindern. Ich war erst kürzlich noch in Chartley und fand den Aufenthalt dort höchst beglückend. Und sorgt dafür, daß auf Eurem Anwesen keine schwarzen Kälber geboren werden, Lord Essex.«

Er fühlte sich durch mein Interesse geschmeichelt, und ich konnte nicht umhin, ihn mit Robert zu vergleichen, der Zeuge der Unterredung war. Wie blendend er doch in seinem Anzug aus dunkelrotem Samt aussah! Das war eine Farbe, die hervorragend zu seinem dunklen Typ paßte. Außerdem gefiel mir das kurze Wams mit der nach vorn verlängerten, zugespitzten Taille; es war nach der neuesten italienischen Mode gearbeitet und mit Rubinen besetzt. Dazu trug er ein rotes Samtbarett mit einer weißen Feder und einen lose fallenden Reisemantel aus demselben leuchtend roten Material wie Hut und Anzug. Welch ein Bild von einem Mann! Und wie farblos Walter Devereux neben ihm aussah!

Walter dankte mir und gab zu, daß er in der Tat froh wäre, so lange zu seiner Familie zurückkehren zu können, bis ich eine neue Aufgabe für ihn gefunden hätte. Er fügte hinzu, daß er hoffe, dies möge recht bald der Fall sein, da er sich mehr als alles andere wünsche, mir zu dienen.

Ich lachte mir ins Fäustchen, als ich mir das Wiedersehen zwischen ihm und Lettice vorstellte. Sie würde bestimmt dumm dreinschauen, ihm plötzlich gegenüberzustehen. Es ging nämlich das Gerücht – genauer gesagt, alle Welt redete davon –, daß sie zur Zeit in eine leidenschaftliche Liebesbeziehung mit einem gewissen Grafen verstrickt war. Niemand erwähnte den Namen des Grafen in meiner Gegenwart; daher wußte ich, daß es sich um Robert handelte.

Ich tat die Angelegenheit mit einem Achselzucken ab. Solange Robert und Frau Lettice sich darüber im klaren waren, daß der glühende Liebhaber nur dann mit ihr zusammen sein durfte, wenn ich auf seine Anwesenheit bei Hofe verzichten konnte – solange störte mich ihr Techtelmechtel nicht. Im Gegenteil, es würde mir sogar Spaß machen, Lettice zu beweisen, daß Robert ihr nur dann zur Verfügung stand, wenn ich ihn nicht brauchte.

Daß Roberts Affäre mit Lettice mehr als nur leeres Gerede war, wurde mir bewußt, als einer von Roberts Vertrauten den Vorschlag machte, Essex solle nach Irland zurückgeschickt werden.

Der Gedanke amüsierte mich. Schiebt Essex bloß schnell wieder ab, müssen sie sich gesagt haben; freie Bahn für Lettice und Robert!

Cecil war jedoch der Ansicht, daß es gar keine so schlechte Idee sei, Essex erneut nach Irland zu entsenden. Er sei immerhin ein treuer Diener der Krone; und wenn er auch nicht der Hellste sei, so bestehe dennoch keine Veranlassung, daran zu zweifeln, daß er gewissenhaft seine Pflicht erfüllen würde, wenn man ihm klare Anweisungen gäbe.

Folglich beschloß ich, Essex tatsächlich wieder nach Irland zu schicken, und zwar mit erweiterten Vollmachten, und um seine neuen Befugnisse gebührend zu unterstreichen, verlieh ich ihm den Titel ›Großmarschall in Irland‹.

Er verließ England im Juli, ein Jahr nach unserem Besuch in Kenilworth. Bereits im September war er tot. Er war an der Ruhr gestorben, nach einem besonders schweren Anfall.

Mich beschlich leises Unbehagen. Die Ruhr war eine gefürchtete Krankheit, die viele Menschen befiel und oft einen tödlichen Ausgang nahm. Wann immer jemand an der Ruhr starb, drängte sich der Gedanke an einen Giftmord auf. Daher gab auch der plötzliche Tod eines Mannes von fünfunddreißig Jahren, der seine Heimat in bester gesundheitlicher Verfassung verlassen hatte, Anlaß zu wilden Gerüchten und erneuten Spekulationen, zumal seine Frau in Skandale verwickelt gewesen war, die im ganzen Land die Runde gemacht hatten.

Kurz darauf hieß es, in Chartley sei ein schwarzes Kalb geboren worden. Ob das wirklich stimmte oder nicht, konnte ich nicht sagen. Auf alle Fälle erregte die Nachricht die Gemüter und beflügelte die Fantasie der Menschen.

Henry Sidney suchte mich auf und riet mir, eine Autopsie durchführen zu lassen, da Essex' Tod so plötzlich und völlig unerwartet eingetreten sei. Ich erteilte meine Zustimmung, aber ich muß gestehen, daß mich der Gedanke daran, was die Untersuchung ergeben könnte und wen dieses Ergebnis in arge Schwierigkeiten zu bringen drohte, mit Angst und Schrecken erfüllte. Roberts Name war bereits im Zusammenhang mit zu vielen geheimnisvollen Todesfällen genannt worden – Amy Robsart, Lord Sheffield und nun Walter Devereux.

Man berichtete mir, daß Walter tapfer gestorben sei, obwohl er qualvolle Schmerzen habe erleiden müssen. Er hatte mir, als er bereits mit dem Tode rang, einen Brief geschrieben, in dem er mich bat, sich seines ältesten Sohnes anzunehmen. Ähnliches hatte er auch Cecil gegenüber angedeutet.

Ich war sehr erleichtert, als man mir das Ergebnis der Autopsie mitteilte: Es war keine Spur eines Giftes in Walter Devereux' Körper gefunden worden. Wäre es mir doch nur gelungen, nicht ständig daran denken zu müssen, daß es auch Gifte gab, die keine Spuren hinterließen, und daß Roberts eigener Leibarzt, Doktor Julio, Italiener war und über die Wirkung gewisser Präparate auf den menschlichen Körper hervorragend Bescheid wußte.

Wie dem auch sei, der Fall war damit abgeschlossen. Walter Devereux war tot, und jener kleine Junge, Robert, der mich in Chartley so tief beeindruckt hatte, war Graf von Essex geworden.

Die heimliche Heirat

Zu jener Zeit bereiteten familiäre Probleme meinem armen Burghley einige Sorgen. Damals, als Edward de Vere seine Tochter geheiratet hatte, hatte er sich, glaube ich, ziemlich geschmeichelt gefühlt. Es schien eine so glänzende Partie zu sein. Aber Edward de Vere war ein sehr unberechenbarer junger Mann, und daß er eine viel zu hohe Meinung von sich hatte, war mir seit langem bekannt. Dennoch hatte er zu meinen Günstlingen gezählt – zwar nicht zu den wenigen Auserwählten, die mir ganz besonders nahestanden, aber immerhin zu denen, die sich meiner uneingeschränkten Sympathie erfreuten, denn er sah sehr gut aus und war ein vorzüglicher Tänzer; kurz, ich war gern mit ihm zusammen. Daher war ich auch überaus erfreut über seine Heirat mit Burghleys Tochter; ich vergaß nie, welch ein geschätzter und treuer Ratgeber Cecil, mein ›guter Geist‹, war und wieviel Dankbarkeit ich ihm schuldete.

Manchmal hatte ich allerdings den Eindruck, Oxford habe in der Heirat mit Anne Cecil vor allem eine Möglichkeit gesehen, seinen Vetter Norfolk zu befreien, der wegen seiner Beteiligung an der Ridolfi-Verschwörung zum Tode verurteilt worden war; als die geplante Rettung dann scheiterte, war er, wie bereits erwähnt, sehr wütend und schwor, sich an Burghley zu rächen.

Während eines Auslandsaufenthalts des Grafen von Oxford brachte Anne Cecil ein Kind zur Welt, und aus purer Rachsucht zweifelte Oxford seine Vaterschaft an, was nicht nur die arme Anne, die sich durchaus nichts hatte zuschulden kommen lassen, sondern auch den rechtschaffenen und sittenstrengen Protestanten Burghley tief verletzte.

Anne war untröstlich. Burghley war fassungslos und kam sofort zu mir, um mir die ganze schlimme Geschichte zu erzählen. Ich tröstete ihn, so gut ich konnte. Oxford sei nun einmal ein ungestümer junger Mann, gab ich ihm zu bedenken.

Als Oxford von seiner Auslandsreise zurückkam, suchte er mich auf. Er hatte mir einige wundervolle Geschenke mitgebracht, darunter ein Paar elegante Lederhandschuhe, die mir sehr gut gefielen, und einigen seiner Geschenke haftete ein geradezu betörender Duft an. Ich sagte zu ihm, er müsse unbedingt den Namen des Parfüms ausfindig machen, denn ich sei einem solch angenehmen Duft noch nie begegnet und verspüre den Wunsch, eine Flasche von dem Parfüm zu besitzen. Er versprach, es zu besorgen, und zwar auf eine so charmante Art, daß es mir schwerfiel zu glauben, daß dieser liebenswürdige junge Mann wirklich der gemeine Kerl sein sollte, der Lügen über Burghleys Tochter verbreitete.

Als ich ihn darauf ansprach und mein Mißfallen zum Ausdruck brachte, wurde er bleich vor Zorn und erklärte, er denke gar nicht daran, seine Frau wieder bei sich aufzunehmen, und habe auch nicht die Absicht, das Kind als sein eigenes anzuerkennen. Ich erwiderte, daß Anne Cecil meines Wissens ein hochanständiges Mädchen sei, daß es mir in der Seele weh tue mitanzusehen, wie mein guter Burghley sich über jene Beschuldigungen gräme, und forderte Oxford daher auf, mir auf der Stelle die Gründe zu nennen, die seiner Ansicht nach sein beleidigendes Verhalten gegenüber der Familie Cecil rechtfertigten.

Darauf entgegnete er, daß er keine Lust habe, seine Privatangelegenheiten an die große Glocke zu hängen; was Burghleys Verärgerung betreffe, sei ihm sein eigener Seelenfrieden wichtiger als der anderer Leute.

»Das ist mir nicht neu«, sagte ich und versuchte, die Angelegenheit aus meinen Gedanken zu verbannen.

Ich verabscheute Streit zwischen Menschen, die mir nahestanden, und obwohl ich Oxford nicht in dem Maße ins Herz geschlossen hatte wie Burghley, bereitete mir das Zerwürfnis doch großen Kummer.

Anne Cecil lebte inzwischen im Hause ihres Vaters, und Burghley hatte viel Freude an seinem Enkelkind.

Schließlich kehrte Anne dann doch zu Oxford zurück, und das Paar bekam noch drei weitere Kinder. Burghley sprach viel von ihnen; er hatte die Kleinen zu sich genommen, da Oxford wenig Talent für die Vaterrolle bewies, Burghley dagegen über einen ausgeprägten Familiensinn verfügte. Ich freute mich jedesmal, wenn er mir von seinen Enkelkindern berichtete, und war erleichtert, daß auf diese Weise die Heirat seiner Tochter mit dem unzuverlässigen Oxford doch noch ein wenig Glück in sein Leben gebracht hatte.

Ein Tag nach dem anderen verging, ohne daß mir bewußt wurde, wie schnell die Zeit verflog. Aus Wochen wurden Monate, und ehe ich mich's versah, war ich schon wieder ein Jahr älter. Zwischen dem morgendlichen Aufstehen und dem abendlichen Zubettgehen war ich kaum einen Augenblick allein. Mein Leben war eine nicht endende Folge von Zeremonien. Sogar das Ankleiden war ein Ritual, bei dem ich von fremden Menschen umgeben war: Das Anlegen des Stangenkorsetts, das meine schmale Taille zur Geltung brachte, war eine Tortur, und eine ebenso mühselige Prozedur war das Schnüren des Mieders. Dann mußte der Spitzenkragen ausgewählt werden, und nicht einmal die Hofdamen, die für meine Garderobe zuständig waren, konnten genaue Auskunft darüber geben, wie viele Kleider ich besaß. Ich mußte prächtig zurechtgemacht sein, bevor ich die Angehörigen meines Hofstaats empfing, und nur zweimal in meinem ganzen Leben als Königin hat mich ein fremder Mann gesehen, bevor ich vollständig angezogen war. Die erste dieser beiden unfreiwilligen Begegnungen fand an einem Morgen des Monats Mai im Palast Hampton Court statt, als ich aus dem Fenster schaute, weil es ein so besonders schöner Morgen war. Ich trug noch meine Nachthaube und mein lose fallendes Nachtgewand, und während ich die Aussicht genoß, ging zufällig der junge Geoffrey Talbot, Shrewsburys Sohn, in den Anlagen unter meinem Fenster spazieren, schaute auf und sah mir direkt ins Gesicht.

Ich trat entsetzt einen Schritt zurück und griff sogleich zu einem Handspiegel. Ich war inzwischen fünfundvierzig Jahre alt und guterhalten; einige meiner Höflinge versicherten mir, sie seien überzeugt, daß ich im Besitz der ewigen Jugend sei, und schworen, ich sähe wie eine Achtzehnjährige aus. Natürlich war das gelogen; andererseits glaube ich schon, daß man mir mein Alter nicht entfernt ansah und mich durchaus zehn Jahre jünger schätzte. Meine Haut war so weiß und so glatt wie eh und je – kein Wunder, denn sie wurde gut gepflegt. Auch meine Augen hatten nichts von ihrem Glanz eingebüßt; da ich ein wenig kurzsichtig war, hatte mein Blick etwas Sanftes – wenn ich jedoch mit jemandem sprach, pflegte ich mein Gegenüber so scharf ins Auge zu fassen, daß es den Anschein hatte, als ob ich seine innersten Gedanken bloßlegte, was die Menschen immer ein wenig aus der Fassung brachte. Trotzdem war ich alles andere als entzückt darüber, von dem jungen Talbot gesehen zu werden, der sich tief verneigte und verstört die Flucht ergriff. Der Zwischenfall war mir so peinlich, daß ich das Gefühl hatte, ich könne die Sache nicht auf sich beruhen lassen; als ich Talbot das nächste Mal traf – die Gelegenheit bot sich noch am selben Tag vor dem Abendessen –, gab ich ihm einen Klaps auf die Stirn und erklärte den Anwesenden, der junge Mann habe mich gesehen, bevor ich vollständig angekleidet gewesen sei, und mich dadurch in große Verlegenheit gebracht. Natürlich beteuerte Talbot, meine Schönheit habe ihn derart geblendet, daß er erst wieder Herr seiner Sinne gewesen sei, nachdem ich meinen Platz am Fenster längst verlassen hätte. Das änderte jedoch nichts an meiner Verwirrung, und ich fragte mich, was er wohl wirklich gedacht haben mochte.

Die zweite – und einzige weitere – unfreiwillige Begegnung dieser Art verlief ganz und gar verhängnisvoll. Aber mehr davon später.

Trotz der Tatsache, daß ich unübersehbar im Begriff war, den Lebensabschnitt hinter mir zu lassen, in dem Komplimente angebracht und natürlich sind, ließ die Anhänglichkeit meiner Höflinge nicht nach – im Gegenteil, eben weil ich nicht mehr die Jüngste war, waren ihre Schmeicheleien übertriebener und zahlreicher als je zuvor. Ich hing mit großer Zärtlichkeit an den Männern, die meine engsten Vertrauten waren, und ich glaube, auch sie – oder zumindest einige von ihnen – empfanden aufrichtige Zuneigung für mich. Hatton und Heneage taten das ganz sicher, und was

Robert betraf, so verband uns beide eine ganz besondere Freundschaft, die durch nichts zu erschüttern war. Männer wie Oxford interessierten sich ohnehin immer nur für sich selbst, und die vom Schlage Philip Sidneys waren von Natur aus zu ehrlich, um die Rolle des Bewunderers spielen zu können. Ich respektierte Philips Aufrichtigkeit, aber obwohl ich ihn gern um mich hatte – das schuldete ich allein schon seiner Mutter, und außerdem war er Roberts Lieblingsneffe –, bestand doch keinerlei Aussicht, daß er je zum bevorzugten Kreis meiner engsten Freunde gehören würde. Hatton war mein ›alter Hammel‹ oder mein ›Leithammel‹; ich bezeichnete ihn auch oft als mein ›Augenlid‹. Robert nannte ich natürlich ›meine Augen‹ – für ihn kam nur ein Vergleich mit dem Kostbarsten in Frage, das ich besaß, und ich lobte ihn immer wieder dafür, daß er ständig danach Ausschau hielt, was meinem Wohl am besten diente. Burghley gehörte einer ganz anderen Kategorie an: Er war mein ›guter Geist‹; und Francis Walsingham hatte ich wegen seines dunklen Haars und Teints liebevoll den Spitznamen ›mein Mohr‹ gegeben.

Lettice Knollys war inzwischen an den Hof zurückgekehrt – so konnte ich sie besser im Auge behalten. Ich sagte zu ihr, ich könne mir gut vorstellen, daß sie sehr um ihren Mann trauere und ihn schmerzlich vermisse.

»O ja, Majestät«, erwiderte sie und senkte die Augen.

Welch ein verschlagenes Geschöpf sie doch ist, dachte ich. Ob sie wieder irgend etwas im Schilde führt? Und wenn ja, mit wem steckt sie dann wohl unter einer Decke? Ihr Schmerz war mit Sicherheit nicht echt. Sie wirkte so gar nicht wie eine trauernde Witwe auf mich!

Ich fuhr fort: »Die Nachricht von Walters Tod muß Euch unvorstellbaren Kummer bereitet haben. Er starb so plötzlich ... so gänzlich unerwartet. Der arme Essex! Dabei war er noch gar nicht alt, und er hatte so vieles, für das zu leben sich lohnte. Ich bin froh, daß zumindest der Nachweis erbracht werden konnte, daß er eines natürlichen Todes starb. Es muß eine schlimme Zeit für Euch gewesen sein. Den Ehemann durch Gottes unergründlichen Ratschluß zu verlieren, ist schrecklich genug; aber der Gedanke, menschliche

Niedertracht könne den Tod verursacht haben, das wäre sicher ganz unerträglich.«

»Walter war ein friedlicher Mensch, Majestät. Er hatte keine wirklichen Feinde.«

»Keinen einzigen, der den Wunsch gehabt hätte, ihn aus dem Weg zu räumen?«

Sie blickte zu mir auf, und in ihren ausdrucksvollen dunklen Augen lag uneingeschränkte Aufmerksamkeit. »Aber nein, Majestät.«

Angesichts der Gerüchte, die ständig über Lettice und Robert im Umlauf waren, war ich ihr gegenüber besonders mißtrauisch. Was sich zwischen den beiden abspielte, wurde gewöhnlich vor mir geheimgehalten; doch aus der Tatsache, daß trotz des Bemühens meiner Umgebung, Klatsch dieser Art von mir fernzuhalten, hier und da Einzelheiten durchsickerten, schloß ich, daß sich hinter meinem Rücken so einiges tat.

Das neue Jahr stand vor der Tür, und das war wie immer eine schöne Zeit des Schenkens und Beschenktwerdens. Meine Höflinge überreichten mir – wie sollte es anders sein – die aufwendigsten Geschenke, meist Schmuck und Kleidungsstücke, aber ich erhielt auch bescheidenere Gaben, mit denen die Bedienten meiner Hofhaltung mich beglückten. Fräulein Twist, die Hofwäscherin, zum Beispiel schenkte mir drei selbstgefertigte Taschentücher aus schwarzer spanischer Seide, die mit einer Goldborte eingefaßt waren; außerdem überreichte sie mir vier Zahntücher,* die sie aus grobem, mit schwarzer Seide durchwirktem Leinen gearbeitet und mit einer feinen Filetarbeit aus mehrfarbigem Seidengarn umsäumt hatte. Von Fräulein Montague, meiner Hofnäherin, erhielt ich ein Paar Ärmel** aus schwarzer Seide mit einem dekorativen Muster aus Rosen und Rosenknospen.

* Bevor die Zahnbürste in Gebrauch kam, benutzte man Zahntücher, mit denen man sich nach einer Mahlzeit die Zähne abrieb. (Anm. d. Übers.)

** Ärmel waren zur Zeit Elizabeths I. noch vielfach seperate Kleidungsstücke, die mit beliebigen Artikeln der Oberbekleidung getragen werden konnten. (Anm. d. Übers.)

Philip Siney brachte mir eine Batistbluse, die mit schwarzer Seidenstickerei verziert und mit geklöppelter Spitze aus Gold- und Silbergarn eingefaßt war; sie war außerdem mit Pailletten aus echtem Gold besetzt – ein überaus bezauberndes und willkommenes Geschenk. Von meinen Leibärzten bekam ich mehrere Gläser Ingwerkonfitüre und verschiedene andere Sorten Marmelade, und einer der Köche hatte den Kampf des heiligen Georg mit dem Drachen in Marzipan nachgebildet.

Ich hatte Robert ein Wams aus weißem Satin geschenkt, dessen Schließen mit Diamanten besetzt waren; es stand ihm ganz hervorragend. Mein Lieblingsgeschenk war natürlich das von Robert, nicht nur, weil es das prächtigste war, sondern weil es von Robert kam. In jenem Jahr war es eine herrliche Halskette aus Diamanten, Opalen und Rubinen. Ich trug sie ständig.

Lettice überreichte mir zwei Perücken, eine schwarze und eine rote, deren Farbton meiner eigenen Haarfarbe entsprach.

Als ich die schwarze Perücke anprobierte, trat sie einen Schritt zurück, um mich besser in Augenschein nehmen zu können; sie hatte ihre Hände nachdenklich gefaltet, und ich sah ihr an, daß ihr die unvermeidlichen Komplimente bereits auf der Zunge lagen.

Ich sagte zu ihr: »Ich habe beunruhigende Nachricht über Lady Sheffields Gesundheitszustand erhalten und frage mich, was die Ursache ihrer Beschwerden sein mag. Wißt Ihr Näheres?«

»Nein, Majestät.« Ihre schönen Augen waren ganz groß vor Staunen, und in ihrem Gesicht spiegelte sich unschuldige Ahnungslosigkeit. »Die Ärzte werden es sicher bald herausfinden.«

»Es scheint sich um eine jener geheimnisvollen Krankheiten zu handeln, die hin und wieder die Menschen befallen«, fuhr ich fort. »Wie man hört, fallen ihr die Haare aus, und ihre Nägel sollen sich lösen.«

Ich merkte, wie Lettice das kalte Grausen überkam.

»Niemand kann sagen, wodurch diese Krankheit ausgelöst wurde. Und ihr wißt ja, wie schnell die Leute reden, wenn anderen etwas derart Beunruhigendes zustößt. Dann wird sofort nach möglichen Gründen gesucht.«

»Nach Gründen, Majestät?«

»Nun ja, vielleicht ist unsere sanfte kleine Douglass jemandem lästig.«

»Ich fand sie sehr bescheiden und liebenswürdig, als ich ihre Bekanntschaft machte. Allerdings war unsere Begegnung nur kurz.«

»Ich denke da an einige unschöne Gerüchte, die in Kenilworth über sie im Umlauf waren. Gerüchte über sie... und noch jemanden.«

Obwohl Lettice sich alle Mühe gab, sich nichts anmerken zu lassen, entging mir nicht, daß diese Unterhaltung sie tief erschütterte. Mein Verdacht, daß die Romanze zwischen ihr und Robert durchaus nicht der Vergangenheit angehöre, verschärfte sich.

»Ich hoffe, daß Lady Sheffield sich bald erholt«, fuhr ich fort. »Sie hat einen so entzückenden kleinen Jungen. Er hat mich irgendwie an Euren kleinen Robert erinnert. Er heißt auch Robert, stellt Euch nur vor. Wenn das kein beliebter Name ist! Und wie geht es Eurem Robert? Ich meine, Mylord Essex – ich glaube, ich sollte mich daran gewöhnen, seinen offiziellen Titel zu verwenden.«

»Es geht ihm gut, Majestät. Er befindet sich zur Zeit in der Obhut Lord Burghleys.«

»Ja, richtig. Burghley sprach davon. Er sagte, Euer Sohn sei ein kluges Kerlchen.«

»Er ist in der Tat ein aufgewecktes Kind, Majestät. Ich bin stolz auf ihn.«

»Dazu habt Ihr auch allen Grund. Ihr seid noch jung, Lettice, und hübsch obendrein. Ich bin sicher, daß Euer Vater in absehbarer Zeit einen passenden Ehemann für Euch finden wird.«

Sie schwieg und senkte den Blick, aber ich sah, daß sich die Röte ihrer Wangen vertieft hatte.

»Und wie steht mir diese Perücke?«

Ich stellte fest, daß das schwarze Haar meine Gesichtszüge härter erscheinen ließ und mich älter machte, als ich war. Wenn man nicht mehr die Jüngste ist, muß man darauf achten, daß man eine Haarfarbe wählt, die nicht dunkler ist als die, die man in jungen Jahren hatte. Lettice verfügte über einen ausgeprägten Sinn für Farben; sie war eine der elegantesten Damen bei Hofe. Und sie sah, was ich sah. Ihre taktvolle Formulierung amüsierte mich. Sie sagte, das aufdringliche Schwarz kontrastiere zu stark mit meiner zarten Haut, und fügte hinzu: »Der goldene Rotton dagegen ist ideal.«

Sie hatte recht. Ich bat sie, mir Roberts Halskette zu holen und umzulegen.

»Ist sie nicht schön, Cousine?« sagte ich. »Sie ist ein Geschenk von Lord Leicester. Er überlegt sich immer so sorgfältig, womit er mir eine Freude bereiten kann.«

Ihre Fingernägel streiften meine Haut, und ich drehte mich um und kniff ihr in den Arm. Ich hatte das Gefühl, daß sie mich nicht zufällig gekratzt hatte.

Lettice übte eine eigenartige Faszination auf mich aus. Ich wußte genau, daß ich sie besser hätte fortschicken sollen, und dennoch bereitete es mir ein selbstquälerisches Vergnügen, Vermutungen darüber anzustellen, ob sie und Robert nun ein Liebespaar waren oder nicht.

Was Robert betraf, so war er ganz der alte: mein unermüdlicher, glühender Verehrer, dessen Sehnsucht sich nie erfüllte, der nie die Hoffnung aufgab, dem es manchmal – aber nicht immer – gelang, sich seinen Unmut darüber nicht anmerken zu lassen, daß die Verhandlungen über die französische Heirat noch immer nicht abgebrochen worden waren, und der höchstwahrscheinlich ein lüsternes Auge auf Lettice geworfen hatte.

Zuweilen amüsierte mich der Gedanke, aber gelegentlich machte er mich auch regelrecht zornig; und als ich mich wieder einmal über Robert ärgerte, beschloß ich, ihm einen Streich zu spielen – genauso wie damals als ich ihn Mary von Schottland angeboten hatte.

Prinzessin Cecilia von Schweden war die Schwester jenes Erik, der früher einmal zu meinen Verehrern gezählt hatte. Damals hatte man angeblich versucht, Robert zu bestechen, indem man ihm die Heirat mit Prinzessin Cecilia in Aussicht gestellt hatte, falls es ihm gelänge, mich zur Heirat mit Erik zu überreden. Diejenigen, die diesen Vorschlag gemacht hatten, hatten sich jedoch gründlich in Robert getäuscht. Sie hatten ja nicht entfernt damit gerechnet, daß Robert in Cecilia einen höchst unzureichenden Ersatz für mich sehen würde, denn zu der Zeit war Robert noch fest davon überzeugt gewesen, gute Aussichten zu haben, selbst mein Ehemann zu werden. Der Plan zerschlug sich also, und Erik kehrte nach Schweden zurück, wo er wenig später seiner kleinen Nußverkäuferin begegnete, während Cecilia den Markgrafen von Baden heiratete.

Cecilia war inzwischen Witwe geworden – was also spräche dagegen, den damaligen Vorschlag, sie und Robert zu verheiraten, wiederaufzunehmen? Beide waren schließlich frei.

Ich nahm mir vor, Robert unverzüglich über meine Absicht zu unterrichten und eine entsprechende Botschaft nach Schweden zu schicken.

Robert war fassungslos.

Er blickte mich wütend an und sagte: »Es ist also Euer Wunsch?«

Worauf ich antwortete, daß er mir lieb und teuer sei und daß ich den Plan, ihn mit einer Prinzessin zu verheiraten, allein schon deshalb für eine ausgezeichnete Idee hielte, weil mir bekannt sei, wie sehr er sich danach sehne, Mitglied eines Königshauses zu werden.

Bleich vor Zorn, verließ er mit langen Schritten den Raum, ohne sich im geringsten darum zu scheren, daß sein Benehmen die formvollendete Höflichkeit vermissen ließ, die die Etikette für den Umgang mit der Königin vorschrieb.

Ich konnte nicht widerstehen, Lettice meine Schadenfreude spüren zu lassen, denn eine Heirat Roberts mit der Prinzessin würde ihrer Romanze mit ihm zwangsläufig ein Ende setzen.

Ich sagte zu ihr: »Es ist durchaus möglich, daß dieser Hof schon bald auf seinen leuchtendsten Stern wird verzichten müssen.«

Sie stutzte, und für die Dauer eines kurzen Augenblicks waren Verwunderung und Ratlosigkeit von ihrem Gesicht abzulesen.

»Ich spreche natürlich von dem Grafen von Leicester«, fuhr ich fort.

»Auf ihn verzichten, Majestät?«

»Ja. Er wird möglicherweise England verlassen und nach Schweden gehen. Ihr habt vielleicht schon von Prinzessin Cecilia gehört; vor langer Zeit war einmal von einer Heirat zwischen ihr und dem Grafen die Rede gewesen. Sie war der Preis, mit dem man ihn hatte ködern wollen: Er sollte das Zustandekommen einer Heirat zwischen mir und Cecilias Bruder Erik entscheidend vorantreiben.«

Sie stand mit gesenktem Kopf vor mir, angespannt, abwartend.

»Und da ich weiß, wie sehr er sich danach sehnt, an königlicher Pracht und Würde teilzuhaben, dachte ich, diese Verbindung mit dem schwedischen Königshaus biete ihm eine ideale Gelegenheit, sich seinen Herzenswunsch zu erfüllen.«

»Eure Majestät meinen es sehr gut mit dem Grafen. Ich bin sicher, daß er Euch dankbar sein wird.«

»Dankbar!« schrie ich sie an und warf mit einer Haarbürste nach ihr. »Dankbar, von hier fortzukommen, wie? Er ist außer sich vor Zorn, der Arme! Er haßt es, sich von mir zu trennen! Schließlich kann ich ihn schlecht hierbehalten, wenn er mit der Prinzessin verheiratet ist, oder?«

»Nein, Majestät«, entgegnete sie ruhig, hob die Haarbürste auf, der sie geschickt ausgewichen war, und legte sie auf die Kommode zurück.

»Eins laßt Euch gesagt sein, Lady Essex«, fuhr ich fort. »Robert Dudley ist nur dann wirklich glücklich, wenn er mit mir zusammen ist. Er hat sich sein Leben lang nichts sehnlicher gewünscht, als mich zu heiraten, und er ist der einzige Mann, den auch ich jemals habe heiraten wollen. Und das hätte ich wahrscheinlich auch getan, wenn ich mir nicht geschworen hätte, ein jungfräuliches Leben zu führen.«

Lettice schwieg, und ich schickte sie fort. Es machte mich wütend, sie so unbewegt dastehen zu sehen, denn ich war inzwischen ganz sicher, daß Robert ihr nicht gleichgültig gegenüberstand. Ich mußte allerdings zugeben, daß die Beherrschtheit, mit der sie die Nachricht aufgenommen hatte, sehr für sie sprach.

Prinzessin Cecilia wies den Vorschlag einer Heirat mit Robert hochmütig von sich – ich hatte von Anfang an nichts anderes erwartet.

Und Robert zog sich nach Buxton zurück. Er erklärte, ihm mache die Gicht zu schaffen; ich fragte mich jedoch, ob nicht vielmehr der Wunsch, dem Hofleben eine Zeitlang den Rücken zu kehren, der wahre Grund sei. Er hatte immerhin eine doppelte Demütigung erfahren – zuerst durch meinen Plan, ihn mit Cecilia zu verheiraten, und dann durch ihre Ablehnung des Angebots.

Es tat mir – wie immer – in der Seele weh, Robert fortgehen zu sehen, und wenn ich das Gefühl gehabt hätte, er sei wirklich krank, hätte ich mir in der Tat ernstlich Sorgen gemacht. Andererseits hielt ich es für angebracht, ihm hin und wieder eine Lektion zu erteilen.

Nach seiner Rückkehr an den Hof erfreute er sich jedoch – wie jedesmal, wenn unsere kleinen Meinungsverschiedenheiten glücklich beigelegt waren – erneut meiner besonderen Freundschaft. Ich legte größten Wert darauf, ihn wissen zu lassen, daß, was auch immer geschähe, die Zuneigung, die sich im Laufe der Jahre zwischen uns entwickelt und gefestigt hatte, durch nichts würde erschüttert werden können.

Ich war in seinem Hause in Wanstead zu Gast, einem wunderschönen Herrensitz, den er einige Jahre zuvor von Lord Rich erworben hatte. Robert hatte seine vielfältigen Talente auf die Verschönerung des Hauses verwandt und dabei Erstaunliches geleistet. Der große Bankettsaal beeindruckte durch seine Deckenmalerei, die den Morgen, den Mittag und die Nacht zum Gegenstand hatte, und war mit Statuen geschmückt, die Dichtung, Musik, Malerei und Architektur darstellten. Die erlesenen Wandteppiche zeichneten sich durch hinreißend aufeinander abgestimmte Farben aus, und die schönen Gärten zierten Brunnen und Skulpturen. Der besondere Reiz des Anwesens lag jedoch in dem Wald, der das Haus umgab und reich an Rotwild war.

Robert hatte einen der Räume das ›Gemach der Königin‹ getauft und diesen Raum, dessen Ausgestaltung er persönlich entworfen hatte, eigens für mich reserviert. Die Wände dieses wahrhaft königlichen Gemachs waren mit einer Art

Glitzerstoff bespannt, der im Sonnenlicht wie auch im Schein der Kerzen herrlich schimmerte; die Bettvorhänge waren aus demselben irisierenden Material. Und da Robert genau wußte, was mich noch mehr begeisterte als prächtige Möbel und dekorativer Zubehör, hatte er mein Schlafzimmer um einen kleinen Nebenraum erweitert, den er ›das Treibhaus‹ nannte, weil es dort stets wärmer war als in den übrigen Räumen des Hauses; dieses angrenzende Zimmer hatte er als Badezimmer eingerichtet, so daß ich nicht jedesmal, wenn ich ihn besuchte, meine Badewanne mitzunehmen brauchte. Auch waren in Roberts Haus die Fußböden nicht mit Binsen bestreut. Robert hatte alle Räume mit Teppichen auslegen lassen. O ja, er verstand etwas von Komfort, und ich glaube, bei der Ausstattung jedes einzelnen seiner Häuser galt sein erster Gedanke stets der Ehre meines Besuchs und meiner fürstlichen Unterbringung.

Als Robert, wie gesagt, aus Buxton zurückkehrte, fühlte ich mich verpflichtet, ihm besondere Zuwendung zuteil werden zu lassen. Schließlich war es wirklich nicht nett von mir gewesen, ihn Prinzessin Cecilia als Ehemann anzubieten.

»Robert«, sagte ich zu ihm, »nun hört schon auf, den Beleidigten zu spielen. Ein mürrisches Gesicht steht Euch nicht. Außerdem wißt Ihr genau, daß ich die Heirat nur deshalb angesprochen habe, weil ich völlig sicher sein konnte, daß Cecilia das Angebot ablehnen würde. Ihr glaubt doch wohl selbst nicht, daß ich Euch erlaubt hätte, mich zu verlassen!«

Er erwiderte, daß er sich in jedem Fall geweigert hätte fortzugehen, ganz gleich, wie die Entscheidung der Prinzessin ausgefallen wäre.

»Unsinn«, widersprach ich ihm, »Ihr wißt doch selbst, wie sehr Ihr Euch Euer Leben lang nach einer Krone gesehnt habt!«

»Nicht nach einer Krone ... nur nach einer Frau, einer einzigen Frau.«

»Lieber Robert«, wies ich ihn sanft zurecht, »Ihr solltet wirklich besser auf Eure Gesundheit achten. Ist Euch denn nicht klar, weshalb Euch die Gicht plagt? Weil Ihr Euch gedankenlos den Bauch vollschlagt. Seht mich an, wie schlank ich bin! Was glaubt Ihr wohl, warum ich all die Jahre kein Fett angesetzt habe? Weil ich nicht pausenlos darüber nachdenke, was ich als nächstes in mich hineinstopfen könnte! Eßt weniger, dann werdet Ihr auch Eure Gicht los, und wenn Ihr nicht gewillt seid, selbst darauf zu achten, dann werde ich eben dafür sorgen, daß Ihr euch gesünder ernährt.«

Solch liebevollen Tadel ließ er sich gern gefallen, und eine Zeitlang herrschte ungetrübte Harmonie zwischen uns.

Es wäre allerdings falsch, aus meiner Vorliebe für neckisches Geplänkel den Schluß zu ziehen, ich hätte nicht genügend Interesse für die hohe Politik aufgebracht. Ich vergaß niemals auch nur für einen Augenblick, daß ich Königin über ein großes Land war. Gewiß, ich tanzte gern und genoß es, mit meinen eleganten Günstlingen zu flirten; das hinderte mich jedoch nicht daran, gleichzeitig mit Cecil, Bacon und Walsingham ernsthafte Gespräche über komplizierte Staatsangelegenheiten zu führen. Robert nahm oft an solchen Beratungen teil, denn er bildete sich ein, das Zeug zum Staatsmann zu haben; ich aber wußte, daß aus ihm niemals ein zweiter Burghley werden würde. Ich glaube, der entscheidende Unterschied war der, daß Robert – wie es nun einmal seine Art war – immer zuerst an seinen persönlichen Vorteil dachte. Burghley dagegen dachte zuerst an das Wohl seines Landes. Ich war genauso. Ich liebte mein Land. Mein Land stand an erster Stelle. Ich kannte meine Aufgaben sehr genau, und oft, wenn mein Übermut am zügellosesten und meine Flirts am ausgelassensten zu sein schienen, machte ich mir in Wirklichkeit die größten Sorgen.

Burghley und ich sprachen wiederholt über die Probleme der Niederlande, die Anlaß zur Beunruhigung gaben. Der Kampf dieses tapferen Landes gegen Spanien fing gerade erst an, denn Philip hatte sich vorgenommen, die durch und durch protestantischen Niederlande zu einer katholischen Provinz Spaniens zu machen. Burghley als strenggläubiger Protestant war der Ansicht, England solle die Niederlande in ihrem Konflikt mit Philipp beherzt unterstützen, und die übrigen Mitglieder des Staatsrates pflichteten ihm bei.

Ich verabscheute jedoch den Krieg und war stets darauf bedacht, meinem Land jede Art von militärischer Auseinandersetzung zu ersparen. Ich machte immer wieder darauf aufmerksam, daß Kriege eine Menge Geld kosteten und niemandem nützten – weder den Siegern noch den Verlierern. Außerdem war ich nicht auf Eroberungen aus. Ich hatte mein Land, das mir alles bedeutete. Das reichte mir. Alles, was ich wollte, war, diesem Land Frieden und Wohlstand zu sichern, und ich war der festen Überzeugung, daß das eine ohne das andere nicht zu verwirklichen sei.

Burghley wies mit Nachdruck darauf hin, wie dringend erforderlich es sei, den Niederlanden im Kampf gegen Philipp und die Inquisition zur Seite zu stehen, und obwohl mir einleuchtete, daß es wichtig war, dem spanischen Machtstreben Einhalt zu gebieten, hatte ich doch wenig Lust, mich zugunsten einer Nation, die nicht meine eigene war, in einen Krieg hineinziehen zu lassen. Wenn irgend jemand auf die Idee käme, in England einzufallen – das wäre etwas anderes. Dann wäre es angebracht, zu den Waffen zu greifen, und niemand würde in dem Fall mein Land verbissener verteidigen als ich. Die Niederlande aber waren weit entfernt, und ich war der Auffassung, daß die Niederländer mit ihren Problemen selbst fertigwerden sollten.

»Da ist noch etwas, das Eure Majestät bedenken sollten«, fuhr Burghley unbeirrt fort. »Wenn wir uns nicht einmischen, könnten es die Franzosen tun.«

Das Argument überzeugte mich, aber ich erinnerte Burghley daran, daß die Franzosen kaum daran interessiert sein dürften, sich uns zum Feind zu machen, solange noch die Möglichkeit eines Bündnisses zwischen Frankreich und England bestehe.

»Die Verhandlungen über eine Heirat ziehen sich endlos hin, und es kommt nichts dabei heraus«, wandte Burghley ein.

»Aber sie sind auch noch nicht abgebrochen worden«, gab ich zu bedenken, »soviel ist immerhin dabei herausgekommen.«

»Allerdings«, gab Burghley zu, »und die Königinmutter ist im Begriff, einen ihrer fähigsten Diplomaten mit dem

Auftrag nach England zu schicken, Euch gegenüber die Interessen ihres Sohnes zu vertreten. Euch in seinem Namen den Hof zu machen, wie sie es nennt.«

Das gefiel mir. Von einem eleganten Franzosen umworben zu werden, das wäre sicher sehr vergnüglich.

»Dann laßt ihn doch kommen«, entgegnete ich. »Was hindert ihn daran?«

»Majestät, es ist unbedingt erforderlich, daß Ihr diesem Herrn ein gewisses Maß an Ernsthaftigkeit entgegenbringt.«

»Aber selbstverständlich. Ich habe bisher alle Verhandlungen über eine Heirat in ernster Absicht geführt.«

»Ja, in der ernsten Absicht, alle Anträge abzulehnen«, bemerkte Burghley grimmig.

»Mylord...«

Er schüttelte den Kopf. »Es wäre eine große Hilfe für Eure Majestät, wenn Euch jemand zur Seite stünde und die Last der Regierungsgeschäfte mit Euch teilte.«

»Mein guter Geist, soll das etwa heißen, ich sei nicht in der Lage, diese Last allein zu tragen?«

»Aber nein«, erwiderte er, »es wäre Euch nur eine Hilfe, und vielleicht...«

»Vielleicht bin ich ja noch nicht zu alt, um einen Thronerben in die Welt zu setzen – war es das, was Ihr sagen wolltet? Kommt schon, Burghley, nun macht Ihr Euch wirklich etwas vor.«

»Ich wäre froh, wenn Euer Gnaden sich entschließen könnten zu heiraten – den Mann Eurer Wahl. Und wir wissen alle doch, wer da als einziger in Frage käme.«

»Leicester!« rief ich aus. »So weit kommt es noch! Man würde mir mit Recht vorwerfen, nicht ich selbst zu sein und meine königliche Würde mit Füßen zu treten, wenn ich einen Untertan zum Mann nähme, den ich vor den Augen der größten Fürsten der christlichen Welt selbst in den Adelsstand erhoben habe.«

Ich hatte unbesonnen dahergeredet, aber ich hatte ziemlich laut gesprochen, und außer Burghley und mir befanden sich noch andere Menschen im Raum, wenn auch nicht in unmittelbarer Nähe. Ich merkte, wie betretenes Schweigen eintrat, und mir wurde schlagartig klar, daß so manch einer nur darauf wartete, Robert umgehend zuzutragen, was ich gesagt hatte. Aber Robert würde wissen, daß ich nur Spaß gemacht hatte. Oder vielleicht doch nicht? Immerhin war es noch nicht sehr lange her, daß ich ihm Cecilia von Schweden angeboten hatte.

»Kommt, Burghley«, sagte ich, »laßt uns diesem Franzosen, der vorhat, mir den Hof zu machen, einen herzlichen Empfang bereiten.«

Jehan von Simier, der charmante Franzose, der mich im Auftrag seines Herrn umwerben sollte, traf in England ein, und ich sah dem Flirt mit großem Vergnügen entgegen. Burghley, der wußte, was in mir vorging, flehte mich erneut an, äußerste Vorsicht walten zu lassen. Die Lage, in der die Niederlande sich befänden, sei nicht ungefährlich, betonte er, und Walsingham teilte seine Befürchtung, daß wir in arge Schwierigkeiten gerieten, wenn erst die Spanier oder die Franzosen dort Einfluß gewännen.

»Die Franzosen werden uns nichts tun, solange ich ihrem kleinen Herzog – oder, genauer gesagt, seinem Stellvertreter – schöne Augen mache«, beruhigte ich sie. »Der Königinmutter liegt viel zuviel an dieser Heirat. Wußtet Ihr, daß einer ihrer Wahrsager ihr prophezeit hat, alle ihre Söhne würden in den Besitz einer Krone gelangen? Die Prophezeiung hat sich bewahrheitet – bis auf eine Ausnahme. Mein kleiner Anjou wartet noch auf seine Krone. Ihr seht also, wie ernst es ihr mit dem Plan ist, mich mit ihm zu verheiraten. Sie dächte nicht im Traum daran, etwas zu unternehmen, das die Erfüllung einer Prophezeiung vereiteln könnte, die gerade jetzt zu den schönsten Hoffnungen berechtigt. Nicht einmal die Herrschaft über die Niederlande wäre ihr soviel wert!«

»Majestät, wenn Ihr wirklich nicht vorhabt, den Prinzen zu heiraten, solltet Ihr Euch jeden Eurer Schritte äußerst genau überlegen.«

»Mein lieber guter Geist, Ihr solltet mich doch inzwischen gut genug kennen, um zu wissen, daß ich gerade dann die größte Vorsicht walten lasse, wenn es so aussieht, als handelte ich völlig unüberlegt.«

Burghley verneigte sich stumm. Er glaubte mir.

Und ich gab mich ganz dem Vergnügen hin, Herrn von Simier die Zeit zu vertreiben – ein herrlicher Spaß! »Ich muß schon sagen«, bemerkte ich ihm gegenüber, »der Herzog von Anjou hat einen Stellvertreter ausgewählt, der es mir leicht macht, mich Hals über Kopf in Seine Hoheit zu verlieben.«

Wie charmant er doch war! Und wie geistreich! Er verfügte über ausgezeichnete Umgangsformen, und ich mußte neidlos anerkennen, daß die Franzosen in der Tat glänzende Gesellschafter waren. Simier konnte hervorragend tanzen. Er verstand eine Menge von Musik. Er war überaus geschmackvoll gekleidet – weniger auffallend zwar als die englischen Herren, aber er übertraf sie gerade dadurch an Eleganz, daß seine Kleidung nicht mit Edelsteinen überladen war, die in allen Farben funkelten und das Auge des Betrachters mit ihrer aufdringlichen Pracht blendeten. Die Komplimente, die er machte, waren von taktvoller Zurückhaltung und dennoch voll zärtlicher Leidenschaft und in ihrer diskreten Mehrdeutigkeit gewagter und faszinierender als alle Schmeicheleien, die mir bislang zu Ohren gekommen waren. Kurz, Simier benahm sich wie ein Liebhaber – und einen besseren als ihn hätte ich mir nicht wünschen können, denn auf sein Liebeswerben konnte ich, solange er sich in meinem Land aufhielt, unbesorgt eingehen, ohne befürchten zu müssen, zu einer Intimität gedrängt zu werden, die meine Würde zu gefährden drohte.

Ich konnte von Simiers Gesellschaft gar nicht genug bekommen; ja, er erfüllte seine Mission so erfolgreich, daß fast alle Angehörigen des Hofes zu der Überzeugung gelangten, ich hätte mich zu guter Letzt doch noch entschlossen, eine Ehe einzugehen.

Zwischen den Ärzten und einigen meiner Ersten Hofdamen fanden vertrauliche Gespräche statt, bei denen es darum ging, ob ich noch in der Lage sei, ein Kind zu bekommen und dem Land den ersehnten Thronfolger zu bescheren. Sie gelangten zu dem Ergebnis, daß dies ohne weiteres möglich sei. Ich war zwar bereits fünfundvierzig Jahre alt, aber ich hatte mir meine Jugendlichkeit außerordentlich gut bewahrt. Ich hatte noch alle meine Zähne. Meine Haut war hell und zart. Mein Gesicht war frei von Falten, und wenn mein Haar auch nicht mehr ganz so leuchtend und so üppig war wie früher, so war das ein Nachteil, der mühelos auszugleichen war. Meine Hofdamen waren im Besitz einiger sehr wirkungsvoller kosmetischer Präparate, und außerdem gab es falsche Haarteile und Perücken, auf die ich notfalls zurückgreifen konnte.

Sie hatten ganz recht. Ich war im Grunde nicht älter als eine Frau von fünfunddreißig, und obwohl es für eine Heirat allmählich höchste Zeit wurde, waren sie sich darüber einig, daß alles durchaus noch ein glückliches Ende nehmen könnte, wenn ich die Entscheidung nicht mehr allzulange hinauszögerte.

Jene Wochen zählten zu den vergnüglichsten meines Lebens. Ich wurde von einem Mann umworben, der mir mit Charme, Geschicklichkeit und unverhohlener, abgöttischer Verehrung den Hof machte und der zweifellos wegen seiner vielfältigen Talente auf diesem Gebiet beauftragt worden war, seinen Herrn zu vertreten. Meine englischen Herzensbrecher versicherten mich nach wie vor ihrer tiefen Zuneigung, aber sie gaben mir auch deutlich zu verstehen, daß sie der geplanten Heirat nur deshalb zustimmten, weil sie einsähen, daß sie zu meinem Besten sei. Die Gesichter meiner engsten Freunde spiegelten in jenen Tagen tiefe Melancholie wider.

Ich fragte Hatton, was ihn bedrücke, und er antwortete, er wage nicht, es mir zu sagen, worauf ich erst recht auf einer Erklärung bestand.

Schließlich sagte er: »Da Eure Majestät es mir befehlen, gestehe ich, daß mich der Gedanke an diese Heirat mit Kummer erfüllt.«

»Aha, mein guter alter Leithammel mag also die Franzosen nicht!«

»Ich weiß ja«, sagte er, »daß diese Ehe für England von Vorteil wäre.« Dann blickte er mit seelenvoller Hingabe zu mir auf und fügte hinzu: »Ich kann nicht umhin, dem Staatsrat zuzustimmen, der die Heirat für wünschenswert hält. Aber an dem Tag, an dem sie gefeiert wird, werde ich unsagbare Qualen leiden. Eure Majestät sind eine Anglerin, die es auf die Seelen der Männer abgesehen hat und sich dabei eines so verlockenden Köders bedient, daß ihr einer nach dem anderen ins Netz geht.«

Ich versetzte ihm einen freundschaftlichen Rippenstoß. »Für Euch wird sich nichts ändern, mein lieber Hammel«, beruhigte sie ihn. »Ihr bleibt mein guter alter Freund.«

Heneage zeigte sich ähnlich betrübt. Er blickte zu mir auf und sagte: »Ich weiß wohl, daß diese Heirat unvermeidlich ist, aber für jemanden, der Eure Majestät liebt, ist es schwer, sich damit abzufinden. Mag der französische Prinz aufgrund seines königlichen Geblüts auch für würdig erachtet werden, Eure Hand zu gewinnen, so ist die Liebe Eures einfachen Dieners Heneage doch nicht weniger groß als die des vornehmsten Fürsten.«

Ich entgegnete gerührt, daß nichts und niemand mich je veranlassen könnte, mich von meinen guten alten Freunden zu trennen – und wäre ich im Begriff, den mächtigsten Herrscher der ganzen christlichen Welt zu heiraten.

John Aylmer, der Bischof von London, war ein Mann, der seine Anhänglichkeit vielleicht nicht so blumenreich zum Ausdruck bringen konnte; dafür bekundete er sie auf eine beeindruckende praktische Art und Weise.

In jenen Tagen kursierten zahlreiche Gerüchte über Verschwörungen der Katholiken, die angeblich vorhatten, mich zu stürzen und Mary von Schottland zur Königin zu machen. Tatsächlich hatte man im Hause eines katholischen Fürsten in Islington verschiedene Wachsfiguren gefunden, wie man sie in der schwarzen Magie verwendet, um jemandem zu schaden, und diese Wachspuppen stellten eindeutig mich dar. Natürlich wurde solchen Umtrieben unverzüglich nachgegangen, aber sie riefen dennoch Beunruhigung hervor, und zu allem Überfluß begannen mich heftige Zahnschmerzen zu plagen, die so schlimm wurden, daß ich nachts nicht mehr schlafen konnte. Meine Minister ergriff daraufhin solche Angst – sie gerieten jedesmal in Panik, wenn mich irgendwelche Beschwerden plagten –, daß sie eine Ärztekonferenz einberiefen, auf der einer der Ärzte einen gewissen Anthony Fenatus erwähnte, dem überwältigende Heilerfolge nachgesagt wurden.

»Aber wenn der Mann nun Katholik ist?« wandte Burghley ein.

»Oder einer von Philipps Spionen?« fügte Robert hinzu.

»Vielleicht ist seine Heilkunst Teufelswerk«, gab Heneage zu bedenken.

Man beschloß also, diesem Fenatus vorsichtshalber nicht zu gestatten, mich persönlich zu untersuchen, sondern ihn statt dessen zu beauftragen, ein Rezept aufzuschreiben, nach dessen Angaben einer unserer eigenen Leute die Arznei herstellen solle.

Fenatus teilte mit, daß er mit einem wirkungsvollen Mittel nicht dienen könne und es im Falle eines hohlen Zahns nur eine einzige Möglichkeit gebe, dem Schmerz ein Ende zu bereiten, und die bestehe darin, den Zahn zu ziehen. Falls Ihre Majestät dem chirurgischen Eingriff jedoch ablehnend gegenüberstehe, so könne man den Zahn auch mit Hilfe von Wachs lockern, müsse allerdings darauf achten, daß das Wachs mit keinem der anderen Zähne in Berührung komme. Dann solle mit dem Saft einer in Suffolk vorkommenden, unter dem Namen Bockshornklee bekannten Pflanze kräftig gespült werden, damit der Zahn noch lockerer werde und sich ohne Zuhilfenahme von Instrumenten mit Leichtigkeit entfernen lasse. Er schloß seine Ausführungen mit dem nochmaligen Hinweis darauf, daß der Schmerz nur zu beseitigen sei, wenn der Zahn beseitigt werde.

Die Methode wurde angewandt – ohne Erfolg. Der Zahn saß so fest wie eh und je und bereitete mir unerträgliche Schmerzen. Mein Staatsrat trat zusammen und beriet über den Zahn, als ob der Zahn die wichtigste aller Staatsangelegenheiten wäre, was mir gar nicht so abwegig erschien, da der Schmerz mich allmählich an den Rand der physischen und psychischen Erschöpfung brachte.

Burghley flehte mich an, den Zahn ziehen zu lassen, aber ich weigerte mich standhaft. Ich fürchtete, den Schmerz nicht ertragen zu können.

Das war der Stand der Dinge, als John Aylmer mir auf sehr ungewöhnliche Weise seine Verehrung bewies. Er sagte: »Majestät, das Ziehen eines Zahns ist durchaus keine so schmerzhafte Prozedur, wie Eure Majestät denken. Der Schmerz ist zwar heftig, aber von kurzer Dauer und weitaus weniger schrecklich als die anhaltende Qual, die Euch diese ständigen Zahnschmerzen bereiten. Ich bin ein alter Mann und besitze nur noch wenige Zähne, aber davon will ich gerne einen opfern, um Eure Majestät mit Hilfe eines praktischen Experiments von der Harmlosigkeit der Operation zu überzeugen. Euch zuliebe würde ich bereitwillig mein Leben opfern – was bedeutet also schon ein Zahn?«

Worauf er den Arzt rief, der ihm innerhalb weniger Minuten einen seiner Zähne zog. John Aylmer gab während der ganzen Prozedur keinen einzigen Schmerzensschrei von sich. Er saß ganz still und preßte nur ein Tuch gegen die Wange. Auf seinem lieben, gütigen Gesicht lag ein triumphierendes Lächeln.

Danach blieb mir keine andere Wahl, als mich ebenfalls der Operation zu unterziehen. Sie nahm wirklich nicht viel Zeit in Anspruch. Aylmer hatte recht: Ein kurzer, heftiger Schmerz war weitaus besser zu ertragen als endlose, zermürbende Pein.

Seine selbstlose Freundschaft erfüllte mich mit tiefer Dankbarkeit, und ich war sicher, daß ich niemals vergessen würde, welches Opfer John Aylmer mir zuliebe gebracht hatte. Wann immer ich ihm später begegnete, erkundigte ich mich, wie viele Zähne er noch besitze. Er gab mir jedesmal bereitwillig Auskunft und fügte hinzu, daß ich über jeden einzelnen Zahn, den er noch habe, nach Belieben verfügen könne.

Ich hatte Glück, Männer wie Aylmer um mich zu haben. Sooft ich, noch Jahre später, auf meine Regierungszeit zurückblickte, mußte ich daran denken, daß eins meiner größten Talente zeitlebends darin bestanden hatte, die Spreu vom Weizen zu trennen. Die hervorragendsten Männer Englands dienten mir – und damit ihrem Land, und ich habe nie vergessen, was ich diesen klugen und ergebenen Untertanen zu verdanken hatte. Je älter ich wurde, um so deutlicher erkannte ich ihren unschätzbaren Wert.

Unterdessen gab Robert sich eher mißmutig. Sein Haß auf

Simier war geradezu lächerlich. Er bezeichnete den Mann als albernen Fatzke, als Süßholz raspelnden Franzosen, als Stutzer, dem nichts so wichtig sei wie der Schnitt seines Mantels.

»Aber mein lieber Robert«, wandte ich ein, »Ihr kleidet Euch selbst auch nicht gerade schäbig.«

»Ich hoffe doch, daß ich nicht so gespreizt daherrede und so geziert einherstolziere wie Euer herziger kleiner französischer Kavalier.«

Ich tat so, als ob ich ihm böse wäre, und entgegnete kühl, ich dächte gar nicht daran, auf die Gesellschaft meines charmanten Freundes zu verzichten. Allein die Höflichkeit, so erklärte ich, gebiete es, jemanden, der mich in so romantischer Mission aufgesucht habe, zuvorkommend zu behandeln; außerdem gefalle mir seine Art, und seine Gesellschaft sei anregender als die gewisser anderer Leute.

Ich war fest überzeugt, daß Robert daraufhin zerknirscht seine Äußerungen zurücknehmen und voller Reue Mittel und Wege suchen werde, mein Wohlwollen wiederzuerlangen. Aber genau das tat er nicht. Statt dessen bat er darum, sich vom Hof zurückziehen zu dürfen. Ich erteilte ihm die Erlaubnis, stolz und herablassend.

Es kamen Gerüchte auf, der französische Abgesandte stehe mit den Mächten der Finsternis im Bunde, und alles deutete darauf hin, daß diese Gerüchte, die sich hartnäckig hielten, von dem eifersüchtigen Leicester in die Welt gesetzt worden waren. Aber die Menschen auf der Straße, die davon nichts wissen konnten, erzählten sich, man versuche, mich durch Zauberei zu der französischen Heirat zu bewegen, denn es sei ja hinreichend bekannt, daß die Königinmutter von Frankreich schwarze Magie betreibe.

Simier erkannte bald, daß solches Gerede sich nachteilig auf sein Liebeswerben auswirken mußte, und da er wenig Mühe hatte zu erraten, wer die Gerüchte verbreitete, beschloß er, sich zu rächen.

Er suchte mich eines Tages auf, und seine Augen funkelten vor Erregung – ein Zeichen seiner Freude, mich zu sehen, wie ich zunächst annahm. Er nahm meine Hand und küßte sie auf seine unvergleichlich feurige Art, die mir so gut gefiel, und erklärte, sein Herr werde von Tag zu Tag ungeduldiger.

»Wenn ich ihm schreibe und Eure Vorzüge schildere, überkommt ihn unendliches Verlangen, in den Genuß Eures Liebreizes zu kommen. Er kann nicht verstehen, weshalb Ihr so grausam seid, ihn mit ständig neuen Ausflüchten zu vertrösten. Majestät, ich flehe Euch an, sprecht endlich das erlösende Wort, das ihn zum glücklichsten Mann auf der ganzen Welt machen wird.«

Ich brachte die üblichen Einwände vor. Ich sei bereits eine alte Frau. Wir gehörten nicht derselben Religion an. Mein Volk stehe einer Heirat seiner Königin mit einem ausländischen Fürsten ablehnend gegenüber.

Simier unterbrach mich mit einer Handbewegung und sagte: »Ich möchte Eurer Majestät eine Frage stellen. Wäre es möglich, daß Ihr zögert, weil Ihr Euer Herz an einen anderen Mann verloren habt?«

Ich tat, als ob ich überrascht wäre. »Aber nein, ich verhandle zur Zeit mit keinem anderen Herrscherhaus wegen einer Heirat...«

»Ich denke nicht an ein Herrscherhaus. Ich denke vielmehr an jemanden aus Eurer engeren Umgebung... einen Eurer eigenen Untertanen. Ich meine den Grafen von Leicester, Majestät. Wie man hört, sollt Ihr so verliebt in ihn sein, daß er immer zwischen Euch und Eurem Ehemann stehen wird, solltet Ihr Euch je entschließen können, eine Ehe einzugehen.«

»Der Graf von Leicester ist seit vielen Jahren ein sehr guter Freund von mir!«

»Und doch hat er Geheimnisse vor Eurer Majestät.«

»Geheimnisse? Welche Geheimnisse?«

»Seine Heirat zum Beispiel.«

»Heirat!« rief ich, völlig unvorbereitet auf eine solche Nachricht, entsetzt aus.

»Majestät, der Graf von Leicester ist schon seit einigen Monaten mit jener Dame verheiratet, die zuvor unter dem Namen ›Gräfin von Essex‹ bekannt war.«

»Das kann nicht sein.«

»O doch, und es hat sich längst herumgesprochen. Anscheinend sind nur Eure Majestät noch nicht eingeweiht worden.«

Ich kann meine Gefühle nicht beschreiben. Daß er es hatte wagen können! Daß er mich so hatte hintergehen können! Robert... und diese Frau! Natürlich war es ihre Schuld. Sie hatte ihn sich geangelt... ihn verhext. Die Teufelin! Wie ich sie haßte!

Simier war die Besorgtheit selbst.

»Ich hätte es Euch schonender beibringen sollen«, gestand er zerknirscht. »Ich dachte, Ihr wüßtet es bereits... wie so viele andere auch. Es muß betrüblich sein, vom Verrat eines Untertanen zu erfahren, dem man vertraut hat. Ich bitte Euch, erlaubt, daß ich mich zurückziehe und Eure Hofdamen zu Euch schicke.«

Ich machte keinen Versuch, ihn aufzuhalten. Als er fort war und meine Hofdamen eingetroffen waren, rief ich: »Schickt Burghley zu mir... und Sussex... und Walsingham! Ich will sie sofort sprechen!«

Eine meiner Bedienten holte einen Sessel und versuchte, mich mit sanfter Gewalt zu zwingen, darin Platz zu nehmen. Sie hätte mir am liebsten auch noch ein Riechfläschchen unter die Nase gehalten, denn sie schien zu befürchten, ich sei einer Ohnmacht nahe. Ich schob sie ärgerlich beiseite.

Dann erschien Sussex in Begleitung Burghleys.

Ich fuhr sie an: »Habt Ihr gewußt, daß Leicester verheiratet ist? Er hat die Teufelin geheiratet, die ich zu meinen Vertrauten gezählt hatte!«

Sie sagten, sie hätten es gewußt.

»Alle haben es gewußt... außer der Königin!« schrie ich. »Mein Gott, wie kann ich nur je wieder zu denen Vertrauen haben, die ich einmal als meine Freunde bezeichnet habe?«

»My Lady... gnädigste Majestät...« stammelte Sussex, »wir haben Euch die Nachricht aus Sorge um Euch verheimlicht.«

»Sorge um mich! Während diese beiden elenden Verräter sich gegen mich verschwören!«

Sussex erwiderte sanft: »Aber es stimmt doch nicht, daß sie sich gegen Eure Majestät verschworen haben. Sie haben beschlossen zu heiraten, und das ist ihr gutes Recht. Sie sind schließlich nicht königlichen Geblüts und folglich auch nicht auf die Zustimmung ihres Staatsoberhauptes angewiesen.«

»Sie haben mich hintergangen! Sie haben die Königin hintergangen! Laßt Leicester auf der Stelle in den Tower werfen!«

Sussex schaute mich ernst an und schüttelte den Kopf.

»Habt Ihr mich verstanden!« schrie ich ihn an.

Er antwortete: »Ich habe Eure Majestät verstanden und muß Euch darauf aufmerksam machen, daß Ihr Leicester nicht einfach in den Tower werfen könnt, nur weil er etwas getan hat, das Euch mißfällt.«

Ich starrte Sussex feindselig an. »Und Ihr, Mylord, erdreistet Euch, mir vorzuschreiben, was ich zu tun und zu lassen habe?«

Er hielt meinem zornigen Blick stand. »Wenn ich überzeugt wäre, Eurer Majestät damit einen Dienst zu erweisen, würde ich auch das Risiko eingehen, Euer Mißfallen zu erregen.«

Sussex hatte schon immer etwas Würdevolles an sich gehabt. Er tat stets, was er für richtig hielt, und war stolz darauf. Ich sah, wie Burghley kaum merklich den Kopf schüttelte, eine Geste, mit der er mir zu verstehen gab, daß ich meinem Zorn nicht in der Weise freien Lauf lassen dürfe. Es ist unklug, schien er mir mitteilen zu wollen, anderen so deutlich zu zeigen, wie tief Euch Roberts Treulosigkeit verletzt hat.

Ich hatte Mühe, mich zu konzentrieren.

Sussex sagte gerade: »Eure Majestät müssen bedenken, welchen Eindruck eine Verhaftung Leicesters auf das Volk machen würde. Wenn die Menschen mitbekämen, wie sehr Ihr Euch ärgert, würden sie in Eurem Zorn eine Bestätigung all der häßlichen Gerüchte sehen, die damals über Euch und den Grafen im Umlauf waren. Ich mache Euch darauf aufmerksam, weil mein aufrichtiger Wunsch, Euch zu dienen, größer ist als die Furcht, Euren Unwillen hervorzurufen.«

»Was sagt Ihr, Burghley?« fragte ich.

»Sussex hat recht, Majestät. Ihr könnt einen Mann nicht

dafür bestrafen, daß er eine Ehe eingegangen ist, wenn keine zwingenden Gründe vorliegen, die dagegen sprächen.«

»All die Monate hindurch haben sie mich hintergangen. Sogar kürzlich noch... als ich in Wanstead zu Besuch war...«

Die beiden Männer schauten mich ernst an.

»Sie soll sich nie mehr an meinem Hof blicken lassen«, sagte ich. »Ich will ihr widerliches Gesicht niemals wiedersehen. Was ihn betrifft... so soll er sich nur ja nicht einbilden, ich ließe ihn ungestraft davonkommen. Er hat ab sofort bei Hofe nichts mehr zu suchen. Er soll sich in den Park von Greenwich zurückziehen. Laßt ihn Mireflore Tower aufsuchen. Da soll er bleiben.«

Sussex atmete erleichtert auf.

Der erste Schock war überstanden. Ich hätte mich am liebsten eingeschlossen und, abgeschirmt von neugierigen Blikken, meinem Kummer hingegeben. Noch nie hatte ich solche Qualen ausgestanden. Und fortwährend drängten sich mir Bilder auf, ohne daß ich mich dagegen hätte wehren können. Ich sah sie zusammen... diese Frau und meinen Robert. Wie lange sie wohl schon ihr falsches Spiel mit mir trieben und sich dabei ins Fäustchen lachten? Wie konnten sie es nur wagen! Das würde ich ihnen niemals verzeihen... beiden nicht... vor allen Dingen ihr nicht. Sie sollte ich am besten für alle Zeiten verbannen. Roberts Gesellschaft begann ich schon jetzt zu vermissen. Bei dem bloßen Gedanken, wie langweilig das Hofleben ohne ihn werden würde, überkam mich tiefe Trostlosigkeit. Vielleicht sollte ich ihm befehlen, an den Hof zurückzukehren, so daß die Teufelin gezwungen wäre, fern von ihm auf seine Rückkehr zu warten. Das wäre sicher lustig, denn da könnte sie lange warten. Dafür würde ich schon sorgen!

Ich suchte Roberts Schwester Mary auf. Sie war zutiefst beunruhigt, mich so aufgelöst anzutreffen. Ich sah, wie ihre Lippen hinter dem Schleier bebten, der ihr Gesicht verbarg.

Ich fauchte: »Dieser Lump... mich so zu täuschen... und diese Frau zu heiraten! Devereux' Tod kam ihm sehr gelegen, nicht wahr? Und nach allem, was ich für ihn getan habe... Wer wäre er denn schon, wenn ich nicht gewesen wäre?«

»Sir Robert Dudley«, entgegnete Mary ruhig, »Mitglied einer angesehenen Familie.«

»So angesehen, daß die meisten ihrer Angehörigen auf dem Schafott endeten... nachdem sie ihr Leben durch ihren eigenen Stolz verpfuscht hatten!« konterte ich scharf.

»Mein Großvater endete auf dem Schafott, um das Volk zu besänftigen, das ihn für die Steuern verantwortlich gemacht hatte, die ihm von Eurem Großvater auferlegt worden waren!«

»Lumpen!« schrie ich. »Die ganze Familie! Ich sollte mich glücklich schätzen, daß ich das gerade noch rechtzeitig erkannt habe!«

Sie sagte: »Wenn Eure Majestät mir jetzt gestatten wollen, mich zurückzuziehen... Ihr werdet verstehen, daß ich mir nicht länger anhören kann, wie meine Familie beleidigt wird.«

»Ihr redet von Beleidigungen! Wo Euer feiner Bruder nichts anderes getan hat, als immer nur zu nehmen... statt je auch nur das geringste zu geben.«

»Er hätte sein Leben für Eure Majestät hergegeben.«

»O ja, in der Tat! Der heilige Robert! Der geile Robert, der sich ausgerechnet an einer Hure vergreifen mußte!«

»So faßt Euch doch, Majestät...«

»Mich fassen? Ich wünschte, ich bekäme *sie* zu fassen! Ich würde sie in den Tower werfen lassen... alle beide... und sie in getrennten Zellen einsperren. Ich würde auf Sussex' gute Ratschläge pfeifen und sie hinter Schloß und Riegel bringen.«

»Eure Majestät sind viel zu klug, um so etwas zu tun.«

»Klug?« schrie ich. »Denen vertraut zu haben, die nichts anderes im Sinn hatten, als mich zu täuschen?«

Mary weinte still vor sich hin, und ich brachte es kaum fertig, sie anzusehen, denn so aufgewühlt ich auch war, konnte ich doch nicht vergessen, wieviel Leid sie mir zuliebe auf sich genommen hatte.

Ich wandte mich ab und zog mich in meine Gemächer zurück. Dort schloß ich mich ein, um mit meinem Kummer allein zu sein.

Am Tag darauf erfuhr ich, daß Mary den Hof verlassen

hatte, und ich fragte mich unwillkürlich, ob sie wohl zu ihm gegangen war. Sie besaßen einen ausgeprägten Familiensinn, diese Dudleys, und sie alle hingen mit abgöttischer Liebe an Robert. Sie waren der festen Überzeugung, daß niemand ihm das Wasser reichen könne, und – so wahr mir Gott helfe – dieser Ansicht war auch ich.

Bereits wenige Tage später hatte meine Wut auf Robert nachgelassen. Es war nicht seine Schuld, redete ich mir immer wieder ein. Es war diese Teufelin. Sie verfügte über besondere Zauberkräfte, und welcher Mann konnte denen schon widerstehen? Robert war den Verführungskünsten dieser Hexe zum Opfer gefallen.

Ich ließ ihm die Nachricht zukommen, er könne, wenn er wolle, Mireflore verlassen und nach Wanstead zurückkehren. Das tat er dann auch, und vermutlich traf auch sie wenig später dort ein. Wie mir berichtet wurde, war Mary Sidney bei ihnen. Zweifellos erörterten sie gemeinsam den Niedergang des Hauses Dudley. Und wenn schon! Sollten sie doch ruhig denken, Robert sei bei Hofe für alle Zeiten in Ungnade gefallen!

Ich nahm sein Porträt aus der kleinen Schachtel, in der ich es stets aufbewahrte. Wie gut er doch aussah. Und wie geschickt der Künstler jene vornehme Ausstrahlung eingefangen hatte, die kein anderer Mann, den ich je gesehen hatte, besaß. Ich mußte weinen, während ich das Bild betrachtete. Dann küßte ich es und legte es sorgfältig beiseite.

Danach stürzte ich mich, heftiger als je zuvor, in den Flirt mit Simier, dem ich liebevoll den Spitznamen ›mein Affe‹ gab.

Um aller Welt zu beweisen, wie gleichgültig mir Leicesters Heirat war, täuschte ich eine Fröhlichkeit vor, die ich nicht empfand, und schon bald wurde gemunkelt, Robert habe eine schreckliche Wut auf Simier, weil dieser mich so unverblümt von der Eheschließung in Kenntnis gesetzt habe. Natürlich hätte ich irgendwann davon erfahren müssen – das war wohl auch Robert klar. Vermutlich war er noch damit beschäftigt gewesen, sich zu überlegen, wie er mir die Neuigkeit am geschicktesten beibringen könne, und sich schlaue

Ausreden zurechtzulegen, die mir den Wind aus den Segeln nehmen sollten, als Simier ihm zuvorgekommen war.

Eines Tages, als ich auf meiner Bark die Themse entlangfuhr, gesellte sich unweit von Greenwich Simier zu uns. Wir lachten und scherzten, während wir flußaufwärts segelten und die Musikanten einen jugendlichen Sänger mit lieblichen Klängen begleiteten. Wann immer ich eine Spazierfahrt auf dem Fluß machte, kamen die Menschen aus ihren Häusern hervor, um mir zuzuwinken, und ich vergaß nie, ihnen zu zeigen, wie sehr ich mich freute und wie dankbar ich ihnen war, daß sie zu meiner Begrüßung herbeigeeilt waren. So war es auch an jenem Tag, und da das Wetter schön war, waren außer uns noch eine Menge anderer Boote auf dem Wasser.

»Die Beifallsrufe, mein kleiner Affe«, sagte ich zu Simier, der neben mir stand, »gelten mir und nicht etwa Euch.«

Er lächelte und erwiderte, er bezweifle, daß die Menschen ihn überhaupt wahrnähmen; meine strahlende Anwesenheit blende die Augen so sehr, daß meine gesamte Umgebung grau und konturenlos erscheine.

»Oh, sie sehen Euch schon«, entgegnete ich, »darüber besteht kein Zweifel. Aber vielleicht sind einige von ihnen nicht besonders erfreut, Euch zu sehen. Mein Volk begeistert sich nämlich nicht gerade für ausländische Heiratskandidaten. Ich erinnere mich noch deutlich, wie feindselig die Menschen der Heirat meiner Schwester mit Philipp von Spanien gegenübergestanden haben.«

»Gewiß, aber Euer Bräutigam kommt aus Frankreich, und das ist mit Spanien ganz und gar nicht zu vergleichen. Die Spanier sind ja so ernst und förmlich, nicht wahr? Das würdet Ihr von den Gesandten Frankreichs doch sicher nicht behaupten, Euer Gnaden, oder irre ich mich?«

»Zumindest nicht von meinem lieben kleinen Affen, so viel steht fest!«

Das höfische Geplänkel wurde von einem Pistolenschuß jäh unterbrochen. Er war offenbar von einem Boot ganz in unserer Nähe abgegeben worden. Keine Zwei Meter von mir entfernt sank einer meiner Bootsmänner ohnmächtig zu Boden.

Daraufhin brach ein unbeschreibliches Geschrei und Gezeter aus. Der Lärm war ohrenbetäubend. Simier war kreidebleich geworden und starrte mich entsetzt an.

»Eure Majestät sind unverletzt«, brachte er verstört hervor. »Gott sei Dank.«

»Die Kugel war für mich bestimmt...« flüsterte ich.

»Nein, Majestät, das glaube ich nicht. Ich denke, sie hat mir gegolten.«

Ich riß meinen Seidenschal vom Hals und reichte ihn einem der Bootsleute. »Verbindet sofort die Wunde dieses armen Mannes«, sagte ich, »und sorgt dafür, daß ihm ärztliche Hilfe zuteil wird.«

Um den Verletzten kümmerten sich bereits mehrere Leute, und es stellte sich heraus, daß beide Arme getroffen worden waren.

Später bestätigte man mir, ich sei die Ruhe selbst gewesen. Ja, in Augenblicken der Gefahr konnte ich sehr besonnen reagieren. Welch ein Unterschied zu der zeternden Furie, die wutentbrannt nach Rache geschrien hatte, nachdem ihr Robert Dudleys Treulosigkeit zu Ohren gekommen war!

Der Mann, der geschossen hatte, beteuerte lautstark seine Unschuld. Er habe niemanden verletzen wollen, betonte er immer wieder; der Schuß sei zufällig losgegangen.

Wir kehrten nach Greenwich zurück, wo man mich überredete, ein wenig zu ruhen.

Ich wußte, daß Simier Robert verdächtigte, einen Anschlag auf sein Leben verübt zu haben, aber ich konnte einfach nicht glauben, daß Robert mich auch nur der geringsten Gefahr ausgesetzt hätte. Dazu standen wir uns zu nahe. Dessen war ich mir ganz sicher. Und dafür, daß er ›sie‹ geheiratet hatte, gab es schließlich eine einleuchtende Erklärung: Er war zu dem Schluß gelangt, daß ich ihn doch nie erhören würde, und sie, diese mannstolle Schlampe, hatte ihm mit ihrer aufreizenden Sinnlichkeit den Kopf verdreht. Für die Sorte Frau besaß ich ein untrügliches Gespür. Und Robert war hilflos wie ein Kind, wenn so eine es auf ihn abgesehen hatte. Wie sollte es auch anders sein! Er war immerhin ein Mann. Wenn ich ihn hätte heiraten können, dann wäre alles ganz anders gekommen. Nein, Robert traf im Grunde gar keine Schuld.

Der Mann, der den Schuß abgefeuert hatte, wurde vor Gericht gebracht. Es stellte sich heraus, daß es sich um einen gewissen Thomas Appletree handelte, der hoch und heilig schwor, noch nie an irgendeiner Verschwörung beteiligt gewesen zu sein, und nachdrücklich versicherte, der Schuß habe sich durch Zufall gelöst. Er beteuerte, ihn treffe nicht die geringste Schuld an dem, was geschehen sei, und fügte hinzu, daß er die Waffe auf der Stelle gegen sich selbst gerichtet hätte, wenn er seiner geliebten Königin auch nur ein Haar gekrümmt hätte.

Da griff ich in die Verhandlung ein und ordnete an, den Mann zu begnadigen, da ich von seiner Unschuld überzeugt sei; seinen Brotherrn bat ich, ihn nicht zu entlassen.

»Eure Majestät sind die Güte und das Mitleid in Person«, erklärte Sussex. »Der Fall gibt nach wie vor Anlaß zu Zweifeln, und doch habt Ihr für den Angeklagten entschieden.«

»Mylord Sussex«, entgegnete ich, »das Vertrauen, das liebevolle Eltern in ihre Kinder setzen, kann und will ich als fürsorgliches Oberhaupt dieses Staates meinen Untertanen nicht verweigern.«

Diese Antwort war bald in aller Munde. Thomas Appletree – da war ich ganz sicher – würde für den Rest seines Lebens zu meinen glühendsten Verehrern zählen. Und das Volk liebte mich nach dem Zwischenfall auf der Themse mehr denn je.

Simier jedoch hielt hartnäckig an der Behauptung fest, das Unglück sei ein Anschlag auf sein Leben gewesen, den Leicester geplant habe, um sich dafür zu rächen, daß er, Simier, mich über die heimliche Heirat aufgeklärt habe.

Dann erreichte mich die Nachricht, Robert sei schwer erkrankt.

»Das geschieht ihm ganz recht«, erklärte ich. »Er hat es gar nicht anders verdient. Was ihn krank macht, ist sein schlechtes Gewissen. Hoffentlich macht es ihm noch recht lange zu schaffen!«

Dennoch verbrachte ich eine schlaflose Nacht. Ich malte mir aus, wie er, bleich und hohlwangig, auf seinem Krankenbett lag und nach mir rief, mich um Vergebung anflehte, sich nach einem einzigen zärtlichen Wort nach mir sehnte. Und wenn er nun nicht wieder gesund würde? Wenn er nun im Sterben lag? Was dann?

Gleich am nächsten Morgen beschloß ich, mich selbst von Roberts Gesundheitszustand zu überzeugen. Ich schickte eine Botschaft nach Wanstead, um meinen Besuch anzukündigen und der Teufelin – für den Fall, daß sie sich in Roberts Nähe aufhielt – die Warnung zukommen zu lassen, daß sie gut daran täte, sich aus dem Staube zu machen.

Wanstead ist nicht weit von London entfernt, und die Reise war nicht sonderlich anstrengend. Sobald ich das Haus erreichte, ließ ich mich unverzüglich zu Robert führen.

Er sah sehr blaß und erschöpft aus, wie er so dalag. Ich trat an sein Bett, hockte mich hin und nahm seine Hände.

»Robert!« rief ich bestürzt aus. »Ihr seid ja wirklich krank.«

Ich hatte nämlich schon halb geglaubt, er täusche nur eine Krankheit vor, um mein Mitgefühl zu erregen. Immerhin hatte ich in der Vergangenheit selbst ein beachtliches Talent im Vortäuschen von Unpäßlichkeiten entfaltet, und es war daher nicht weiter verwunderlich, daß ich solch raffiniertes Vorgehen auch bei anderen vermutete.

Er öffnete die Augen und lächelte matt. Dann murmelte er etwas, und ich mußte mich über ihn beugen, um zu verstehen, was er sagte.

»Gütigste Majestät... Ihr seid gekommen... um mich zu besuchen.«

Ich machte mir solche Sorgen, daß ich ihn ungewollt scharf anfuhr. »Natürlich bin ich gekommen. Das habt Ihr doch genau gewußt. Wider besseres Wissen bin ich zu Euch gekommen... obwohl Ihr ein solcher Narr seid.«

Ich berührte seine Stirn. Sie fühlte sich nicht heiß an. Gott sei Dank, dachte ich, zumindest hat er kein Fieber.

Ich sagte schroff: »Ich bleibe so lange, bis es Euch besser geht.«

Er lächelte und schüttelte traurig den Kopf – wie jemand, der weiß, daß sein Ende nahe ist.

Noch immer war ich mir der Echtheit seiner Erkrankung nicht sicher und hoffte im Grunde meines Herzens, er möge sich nur verstellen, denn den Gedanken, ihn zu verlieren, hätte ich nicht ertragen können. Ohne ihn wäre mein Leben so leer, und wenn diese Bettlägrigkeit tatsächlich ein raffiniert inszenierter Schwindel war, dann war sie zugleich ein Kompliment, denn sie bewies, wie sehr er sich bemühte, mich zurückzugewinnen. Ich vergab ihm. Und dann führte ich mir erneut vor Augen, daß Männer schwache Geschöpfe waren, mit denen eine Teufelin wie diese Hexe leichtes Spiel hatte.

»Also, mein lieber Robin«, sagte ich. »Ihr habt mit Sicherheit wieder zuviel gegessen und zuviel getrunken – und Euch überhaupt viel zu ungezügelt der sogenannten Fleischeslust hingegeben. Das hat jetzt erst einmal ein Ende. Ich werde persönlich für Eure Genesung sorgen, und mein Wort wird ab sofort in diesem Haus Befehl sein.«

Er lächelte zärtlich und, wie mir schien, glücklich.

»Na, seht Ihr«, sagte ich, »Ihr seht gleich viel besser aus.«

»Natürlich. Das macht Eure belebende Nähe.«

Ich blieb drei Tage bei ihm in Wanstead und pflegte ihn, und danach fühlte er sich, abgesehen von gelegentlichen leichten Gichtanfällen, wesentlich besser.

Es war an der Zeit, ein ernstes Wort mit ihm zu reden. »Robert«, sagte ich, »Ihr seid unvernünftig.«

Er schaute schuldbewußt drein. »Ich weiß«, entgegnete er reumütig.

»Ihr achtet nicht genügend auf Eure Gesundheit. Ihr schlagt Euch den Bauch voll – und was habt Ihr davon? Ihr bekommt ein rotes Gesicht und werdet fett. Wenn ich mich daran erinnere, wie Ihr aussaht, als Ihr zum erstenmal nach Hatfield kamt...«

»O ja, auch ich erinnere mich gut daran. Ich hatte meine Ländereien verkauft, um genügend Bargeld bereitzustellen, falls Ihr welches brauchtet.«

»Und ich habe Euch zu meinem Oberstallmeister gemacht. Damals wart Ihr noch schlank, Robert.«

»Wir werden eben alle älter – außer Euch.«

»Auch ich werde älter, Robert – aber ich kämpfe dagegen an. Ich weiß, es ist ein aussichtsloser Kampf, aus dem letzten Endes die Zeit als Sieger hervorgehen wird. Aber bis es soweit ist, werde ich mich tapfer schlagen, und das müßt Ihr auch, Robin... das müßt Ihr auch.«

»Wie sollte ich nur ohne Euch zurechtkommen?« sagte er gerührt.

»Sehr gut«, antwortete ich scharf, »Ihr habt ja nicht umsonst eine frisch angetraute Ehefrau. Ihr werdet sehr gut zurechtkommen, bis die Wölfin Euch die Zähne zeigt.«

Er sah mich traurig an.

»Wie konntet Ihr nur, Robin? Wie konntet Ihr mich so hintergehen?«

»Ihr habt mir jede Hoffnung genommen. Ihr habt mir so deutlich gezeigt, wie sehr Ihr den Franzosen bevorzugt.«

»Robert... was seid Ihr doch für ein Narr! Und Ihr wißt genau, warum, nicht wahr?«

»Ich wollte einen Sohn. Und ich konnte so nicht weiterleben... von der Hoffnung allein. Nach all den Jahren war mir klargeworden, daß sich meine Träume niemals erfüllen würden.«

»Aber wir gehören zusammen«, sagte ich, »Ihr und ich. Nichts kann daran etwas ändern. Nichts... niemand wird uns je auseinanderbringen können. Was auch immer geschehen mag. Das wißt Ihr ebensogut wie ich.«

Er nickte.

»Wir haben so viel gemeinsam durchgemacht«, fuhr ich fort. »Wir beide sind ein Teil Englands. Euer Leben und mein Leben sind miteinander verflochten. Und so wird es immer sein...«

»Ich weiß. Deshalb konnte ich es ja nicht mehr ertragen, von Euch kalt zurückgewiesen zu werden.«

»Ihr hättet Euch klarmachen sollen, was Ihr mir antut, bevor Ihr Euch zu diesem verhängnisvollen Schritt entschloßen habt.«

»Ihr wolltet mich ja nicht. Ihr hattet mich durch Euren Flirt mit diesem albernen Franzosen zutiefst verletzt.«

»Aber Ihr habt doch gewußt, warum ich mich so verhielt! Ihr seid ein Narr... ein eifersüchtiger Narr.«

»Ich gebe es zu.«

»Und jetzt befehle ich Euch, ganz gesund zu werden. Ihr sollt zu gegebener Zeit... an den Hof zurückkehren.«

»Liebste Majestät...«

Ich spürte, wie meine Gesichtszüge versteinerten. »Ich sagte ›Ihr‹«, erklärte ich bestimmt, »Ihr allein. Ich will diese Teufelin nie wiedersehen.«

Es dauerte nicht lange, und wir waren wieder miteinander versöhnt. Ich hatte mich damit abgefunden, daß er verheiratet war. Aber ich schwor mir, Lettice Knollys nie wieder Gelegenheit zu geben, sich am königlichen Hof blicken zu lassen, solange ich über ihn und England herrschte.

Die politischen Ereignisse nahmen eine ernsthafte Wendung. Wir konnten es uns allmählich nicht länger leisten, Anjou endlos hinzuhalten. Der Vertrag von Nérac war unterzeichnet worden, und das bedeutete, daß die Religionskriege, die Frankreich so lange in interne Auseinandersetzungen verwickelt hatten, beendet waren und die Franzosen folglich anderweitig aktiv werden konnten. Wir durften nichts unternehmen, was sie zu beleidigen drohte. Unser besonderes Interesse galt nach wie vor dem Widerstand der Niederlande gegen Philipps Ausdehnungspolitik. Hinzu kam, daß der König von Portugal ohne direkte Nachkommen gestorben war, was Spanien veranlaßte, begehrliche Blicke auf das Nachbarland zu werfen; und eine Annexion Portugals würde Spanien noch mächtiger machen, als es ohnehin schon war.

»So, wie die Dinge gegenwärtig liegen, dürfen wir die Franzosen auf keinen Fall vor den Kopf stoßen«, sagte Burghley. »Wir können diese Heirat nicht unbegrenzt hinauszögern. Eure Majestät müssen sich nun endlich entscheiden, und falls Ihr nicht wirklich vorhabt, diese Ehe einzugehen, wäre es besser, nichts weiter in dieser Angelegenheit zu unternehmen.«

»Und dadurch nicht nur die Königinmutter, sondern zugleich ganz Frankreich und meinen kleinen Anjou obendrein tödlich zu beleidigen? Wäre das klug?«

»Zumindest klüger, als später alles rückgängig zu machen. Sollten Eure Majestät also beschlossen haben, Anjou nicht zu heiraten, wäre es ratsam, jetzt darüber nachzudenken, wie wir die Verhandlungen am besten abbrechen können.«

»Überlaßt nur alles mir. Und laßt uns die nötigen Vorbereitungen treffen, den Herzog von Anjou in England willkommen zu heißen.«

Von da an waren alle überzeugt, daß ich in der Tat beabsichtigte, meinen kleinen französischen Prinzen zu heiraten. Simier sonnte sich in seinem Erfolg, und der Herzog und die Königinmutter wurden unverzüglich benachrichtigt, daß ich ungeduldig darauf wartete, meinen Bräutigam kennenzulernen.

Ich machte mich auf das Schlimmste gefaßt. Was ich über ihn gehört hatte, war nicht gerade ermutigend. Ich wußte, daß die Blattern sein Gesicht entstellt hatten, denn seine Mutter und ich hatten in unserem Briefwechsel Erfahrungen mit Heilsalben ausgetauscht. Ich wußte auch, daß er klein und häßlich war. Am ganzen Hof fragte man sich, wie eine Frau, die ihr Leben lang eine Schwäche für gutaussehende Männer gehabt hatte, nur ein so abstoßendes Geschöpf ertragen könne.

Als ich ihm dann tatsächlich gegenüberstand, war ich eher gerührt. Gewiß, er war einer der häßlichsten Männer, die mir je begegnet waren. Er war außergewöhnlich klein – und ich bewunderte doch große Männer so sehr. Seine Haut war von scheußlichen Pockennarben bedeckt – die vielgepriesenen Wundermittel waren, den Beteuerungen seiner Mutter zum Trotz, wirkungslos geblieben –, und zu allem Überfluß hatte die Krankheit nicht nur seine Haut verunstaltet, sondern auch seine Nase verformt, die so aussah, als ob sie der Länge nach gespalten wäre, und, da sie von Natur aus lang war, über den Mund zu reichen schien. Er erinnerte mich verteufelt an einen kleinen Forsch.

Dafür beeindruckte er mich andererseits durch die erlesensten Umgangsformen, die mir je an einem Menschen aufgefallen waren. Er verneigte sich mit Charme und vollendeter Anmut und schien sein wenig einnehmendes Aussehen einfach zu ignorieren; ja, er benahm sich gerade so, als wäre er sich seiner Häßlichkeit gar nicht bewußt, und versetzte damit auch seine Gesprächspartner in die Lage, über sein Äußeres hinwegzusehen. Sich mit ihm zu unterhalten, war ein Vergnügen, denn er war sehr gebildet und konnte sich glänzend ausdrücken; ich mußte zu meinem eigenen Erstaunen feststellen, daß ich seine Gesellschaft genoß. Wir beide müssen ein Bild für die Götter abgegeben haben – ich, groß und schlank, und dieser so viel kleinere Mann an meiner Seite, der mit jenem hingebungsvollen Blick zu mir aufschaute, mit dem die galanten Franzosen so unnachahmlich abgöttische Verehrung, Weltklugheit und gesellschaftlichen Schliff zugleich ausdrücken und im Vergleich zu dem die Komplimente meiner eigenen Landsleute linkisch und unbedarft wirken.

Da ich hinreichend auf die Häßlichkeit meines Verehrers vorbereitet war, konnte ich also nur noch angenehm überrascht werden, und ich gelangte in der Tat bald zu der Erkenntnis, daß mein französischer Prinz mir gar nicht so unsympathisch war. Ich gab ihm den Spitznamen ›mein kleiner Frosch‹, eine Bezeichnung, die ihn amüsierte, und ließ eine Brosche in Gestalt eines Frosches anfertigen. Sie glitzerte nur so von Diamanten und Edelsteinen, und ich erlaubte ihm, sie mir anzustecken. Jedesmal, wenn wir uns trafen, überzeugte er sich als erstes davon, ob ich die Brosche auch trug, und lächelte befriedigt, wenn er sie deutlich sichtbar am Ausschnitt meines Kleides entdeckte.

Ich wußte, daß ich meine Minister zur Verzweiflung brachte. Ich schäkerte hemmungslos mit dem jungen Herzog. Ich war ständig mit ihm zusammen. Ich zeigte deutlich, wie sehr ich seine Gesellschaft genoß. Vielleicht ahnte der kluge Burghley, daß Roberts Treulosigkeit noch immer an meinem Herzen nagte. Jedenfalls war die Aufmerksamkeit meines kleinen Froschprinzen Balsam für meine Seele, und ich machte kein Hehl daraus.

Indessen vergaß ich auch nicht für die Dauer eines kurzen Augenblicks, wie brisant die politische Lage war und welch verhängnisvolle Auswirkungen ein Zerwürfnis mit Frankreich für England haben könnte. Wir hatten genügend Spione in Spanien, und ich machte mir keine Illusionen darüber, welch tödliche Feindschaft Philipp von Spanien mir entgegenbrachte. Er hatte diejenigen, die mich beseitigen wollten, stillschweigend gewähren lassen; mehr als das, er hatte die Mordpläne meiner Gegner aktiv unterstützt. Wenn er in die Niederlande einmarschierte und seine Armeen erst die Nordprovinzen erreicht hätten, wäre es ihm ein leichtes, von dort aus nach England vorzudringen. Zwar hatte ich mein möglichstes getan, den Aufbau meiner Kriegsflotte voranzutreiben, aber ich wußte nur zu gut, daß sie der überlegenen Seemacht Spaniens nicht gewachsen war. Burghley hätte mich also gar nicht darauf aufmerksam zu machen brauchen, daß wir um jeden Preis einen Konflikt mit Frankreich verhindern mußten. Wären die Franzosen nicht so brennend daran interessiert gewesen, den Herzog von Anjou zum König von England zu machen, ich hätte ihnen sogar zugetraut, daß sie versuchen würden, in Schottland an Land zu gehen, sich mit den unzufriedenen Katholiken zu verbünden und die Befreiung Mary Stuarts in Angriff zu nehmen.

Von allen Seiten drohten Gefahren, und alles hing davon ab, wie lange ich es fertigbrächte, die zurückhaltende, aber nicht abgeneigte Braut zu spielen und meinen verliebten Froschprinzen bei Laune zu halten; nur so konnte ich die Franzosen in Schach halten und den Spaniern mit dem Schreckgespenst eines stabilen Bündnisses zwischen Frankreich und England Angst einjagen.

Doch selbst diejenigen unter meinen Ministern, die meinen Scharfsinn zu schätzen wußten und mein Talent im schlauen Taktieren und Ersinnen raffinierter Ausflüchte kannten, fragten sich besorgt, wie lange es mir wohl gelingen werde, meinen ›kleinen Frosch‹ mit leeren Versprechungen zu vertrösten.

Zum Glück sollte sein Besuch nur zwölf Tage dauern. Später würde er natürlich wiederkommen, und dann gäbe es keinen Grund mehr, die Heirat noch länger aufzuschieben – aber bis dahin würde mir schon etwas einfallen.

Mein Verhalten Anjou gegenüber, unsere zärtlichen Gesten, unsere verliebten Blicke – meine nicht minder als seine – hatten viele Menschen in der Annahme bestärkt, eine Heirat stehe unmittelbar bevor. Burghley, Bacon und die engsten Vertrauten unter meinen Beratern wußten zwar, daß ich nicht vorhatte zu heiraten, aber meine übrigen Untertanen zweifelten nun nicht mehr daran, daß ich mich zur Ehe entschlossen hatte. Und das war gut und richtig so, denn Catherine von Medici hatte zahlreiche Spione in England, und es war von größter Wichtigkeit, daß am französischen Hof nichts, aber auch gar nichts über meine wahren Absichten durchsickerte.

Meine Untertanen machten kein Hehl daraus, wie sehr ihnen der Gedanke an die bevorstehende Heirat zuwider war, und diesmal war ich – was nicht oft vorkam – wirklich im Begriff, die Geduld mit ihnen zu verlieren. Sie waren offenbar der Ansicht, der häßliche kleine Franzose habe mir den Kopf verdreht, und schienen die Verbindung um so lächerlicher zu finden, als der Altersunterschied zwischen uns so groß war, daß ich ohne weiteres seine Mutter hätte sein können. Als ob ich mir dessen nicht bewußt gewesen wäre! Sie dachten wohl, ich sei eine überspannte alte Jungfer, die sich nach der Liebe eines jungen Menschen sehnt. Dabei hatte ich die ganze Zeit über nichts anderes im Sinn, als ihnen und meinem ganzen Königreich einen Krieg zu ersparen! Oh, ich will gerne zugeben, daß ich die schmeichelhaften Komplimente und die überschwengliche Leidenschaft genoß, die mein Verhalten hervorrief. Ich streite nicht einmal ab, daß ich mir zuweilen einredete, die glühende Verehrung, die mir entgegengebracht wurde, sei echt. Das zu glauben, war sogar von größter Wichtigkeit, wenn ich meine Rolle überzeugend spielen wollte. Und ich spielte sie überzeugend – für England. Ich hatte nie ernsthaft die Absicht gehabt, irgend jemanden zu heiraten – nicht einmal Robert, und mein Entschluß, ledig zu bleiben, war endgültig. Dennoch mußte ich mit allen Mitteln zu verhindern versuchen, daß meine Feinde Verdacht schöpften und durchschauten, daß sie nur auf ein diplomatisches Täuschungsmanöver hereingefallen waren.

Ich war daher sehr verärgert, als ich auf eine Schmähschrift aufmerksam gemacht wurde; ihr Verfasser war ein gewisser John Stubbs, ein Protestant und Puritaner und im übrigen ein gebildeter junger Mann, der in Cambridge einen akademischen Grad erworben hatte. Daß er die Katholiken fürchtete und verabscheute, ging deutlich aus jeder Zeile des Textes hervor, aber ich erkannte auch, daß sein Pamphlet in erster Linie die Meinung anderer – möglicherweise recht einflußreicher Kreise – wiedergab. Derart mißverstanden zu werden, ohne irgend etwas tun zu können, das die Menschen veranlassen würde, ihre Meinung über mich zu revidieren, machte mich wütend.

Der Titel der Schmähschrift lautete: *Über den gähnenden Abgrund, in den eine neue französische Heirat England hinabzustoßen droht, sofern Gott, der Herr, nicht gegen die Eheschließung Einspruch erhebt und Ihrer Majestät die Sündhaftigkeit und Gefahr einer Verbindung mit Frankreich vor Augen führt.*

An sich enthielt die Abhandlung nichts, was als Verrat hätte ausgelegt werden können. Im Gegenteil, sie machte deutlich, daß Stubbs ein treuer Anhänger der Krone war. Er hatte sich nur von seinem Haß auf Katholiken und Franzosen hinreißen lassen, statt sich auf seinen gesunden Menschenverstand zu verlassen. Er sah in der angeblich bevorstehenden Heirat den ersten Schritt zur Versklavung unseres Landes und sprach – wörtlich – von ›unserer guten Königin Elizabeth, die, nichtsahnend und blind, wie ein armes Lamm zur Schlachtbank geführt wird.‹

Mich als armes Lamm zu bezeichnen, das nichtsahnend zur Schlachtbank geführt wird – das war allerdings der Gipfel. Ich, die ich seit meiner Thronbesteigung mein Land vor Kriegen bewahrt und meinem Volk mit unerschütterlicher Hingabe gedient hatte – ich sollte eine arme, vor Liebe sich verzehrende Närrin sein, eine schmachtende Mittvierzigerin, die so töricht war, sich einzubilden, ein junger Mann sei in sie verliebt? Mochte sie auch noch so beeindruckend und er noch so häßlich sein – das war eine Beleidigung, und ich war sehr erbost darüber.

Ich las weiter und erfuhr, daß ich inzwischen ohnehin zu alt sei, um noch Kinder zu bekommen, und daß überdies das Königsgeschlecht der Valois erblich belastet sei; die anfällige Gesundheit der Angehörigen des Hauses Valois sei Gottes Strafe für ihren unmoralischen Lebenswandel. Die Schmähschrift endete mit dem frommen Wunsch des Verfassers, der Himmel möge mir eine lange, segensreiche Regierungszeit gewähren und mich davor bewahren, meine Herrschaft mit einem machthungrigen Mann an meiner Seite zu teilen – das gelte vor allem für den französischen Monsieur.

Ich konnte Stubbs unmöglich des Verrats beschuldigen, aber seine Anspielungen auf mein Alter und der versteckte Vorwurf, ich sei wie ein verliebtes dummes Ding auf die Verführungskünste eines durchtriebenen Lüstlings hereingefallen, brachten mein Blut in Wallung.

Ich stellte Stubbs, seinen Verleger und den Drucker des Pamphlets vor Gericht, wo sie sich wegen der Verbreitung aufrührerischer und verleumderischer Äußerungen verantworten mußten. Sie wurden für schuldig befunden und dazu verurteilt, die Strafe zu erleiden, die meine Schwester eingeführt hatte, als ihre Heirat mit Philipp von Spanien eine Flut von Schmähschriften ausgelöst hatte: Dem Missetäter sollte die rechte Hand abgehackt werden.

Es war eine grausame Strafe, und es tat mir in der Seele weh, sie verhängen zu müssen. Aber es gelang mir nicht, meines maßlosen Zorns Herr zu werden.

Der Drucker wurde begnadigt. Er hatte nur gedruckt, was ihm zu drucken aufgetragen worden war. Im Fall des Verfassers und des Verlegers jedoch lagen die Dinge anders.

Nie werde ich jenen Tag im November vergessen, an dem das Urteil vollstreckt wurde. Es erfüllt mich noch heute mit Scham, und noch bevor das barbarische Geschehen beendet war, war mir klar, daß ich es hätte verhindern müssen. Und ich hätte es auch verhindert, wenn ich nicht das Gefühl gehabt hätte, von dem Verfasser des Pamphlets der Lächerlichkeit preisgegeben worden zu sein – ich, die ich nie etwas anderes gewollt hatte, als dem Wohl meines Volkes zu dienen. Als mein Zorn schließlich verraucht war, war es leider Gottes zu spät, Gnade vor Recht ergehen zu lassen.

Zuerst wurde Page, dem Verleger, danach Stubbs die Hand abgeschlagen; anschließend wurde die Wunde mit einem glühenden Eisen ausgebrannt. Page rief, als das Beil sein Handgelenk durchschlug: »Die Hand, die hier zu Boden fällt, ist die eines rechtschaffenen Engländers.« Stubbs sagte: »Gott schütze Königin Elizabeth.« Dann sanken beide Männer ohnmächtig zu Boden.

Als mir die Nachricht überbracht wurde, wie tapfer sie die qualvolle Prozedur über sich hatten ergehen lassen, überkam mich bittere Reue, denn ich wußte, daß dieses Urteil besser nie vollstreckt worden wäre. Es hatte mich – in weit höherem Maße als die Heirat, die die Gemüter so erregte – der Gefahr ausgesetzt, die Achtung meines Volkes zu verlieren. Selbst wenn meine Untertanen mich für so einfältig hielten, mich von den Schmeicheleien eines häßlichen kleinen Prinzen betören zu lassen, würden sie mich immer noch lieben. Einen Akt der Grausamkeit dagegen dürften sie wohl kaum mit derselben Nachsicht hinnehmen.

Jedesmal, wenn ich mich über mich selbst ärgerte, kam einer meiner weniger sympathischen Charakterzüge zum Vorschein: Ich versuchte, anderen die Schuld zuzuschieben. Ich schickte also nach Walsingham und fragte ihn, wieso er nicht gewußt habe, daß die Veröffentlichung einer Schmähschrift geplant gewesen sei. Verfügte er nun über einen Geheimdienst oder nicht? Wieso hatte er den Druck des Pamphlets nicht verhindern können?

Walsingham jedoch war – im Unterschied zu den meisten meiner Höflinge – kein Mensch, der ein Blatt vor den Mund zu nehmen pflegte. Ich glaube, er war sich – wie Burghley – nur allzugut darüber im klaren, daß ich ihn brauchte. Folglich ließ er mehr oder weniger durchblicken, daß er nicht nur gewußt habe, daß eine Schmähschrift herausgebracht werden sollte, sondern daß er auch die darin geäußerten Ansichten teile.

Das ärgerte mich, und ich empfahl ihm hämisch, sich auf einen baldigen Aufbruch nach Frankreich einzurichten, da er der Delegation angehören solle, die den Auftrag habe, die Verhandlungen über die Heirat voranzutreiben.

Der nächste, der mich kritisierte, war kein anderer als Philip Sidney. Daß ein Grünschnabel wie er die Dreistigkeit besaß, mir so unverblümt die Meinung zu sagen, verschlug mir die Sprache. Aber er war nun einmal ein kühner junger Mann – still, ernsthaft, gescheit und nicht zuletzt Roberts Neffe. Er schrieb: »Ich fürchte, Euer Verhalten wird Eure Untertanen mit Befremden, ja, mit Abscheu erfüllen, wenn sie erleben müssen, daß Ihr einen Franzosen und Papisten zum Mann nehmt. Schließlich weiß sogar der einfache Mann auf der Straße, daß besagter Franzose der Sohn der Jezabel unserer Tage ist und daß sein Bruder sich die Vermählung seiner eigenen Schwester* zunutze gemacht hat, um unsere Glaubensbrüder in Scharen kaltblütig hinzumetzeln...«

Ich wußte, wie sehr die Ereignisse der Bartholomäusnacht Philip Sidney aufgewühlt hatten, denn er war zu der Zeit in Paris gewesen. Als Protestant muß er damals Schreckliches durchgemacht haben, wenngleich er als Engländer vor den internen Streitereien der Franzosen einigermaßen sicher gewesen war.

Der Vorwürfe überdrüssig, legte ich den Brief beiseite. Ich fragte mich, ob Robert ihn wohl gelesen habe. Robert war natürlich auch gegen die Heirat, denn seine Macht würde erheblich beschnitten werden, falls ich mich zur Ehe entschlösse. Andererseits, mein lieber Robin, dachte ich traurig, wirst du mir trotz unserer Versöhnung nie wieder ganz so nahestehen wie früher, als du noch nicht mit dieser Teufelin verheiratet warst.

Was sollte ich nur mit Philip Sidney machen? Schließlich konnte ich ihm schlecht die rechte Hand abhacken!

Ich kam zu dem Ergebnis, daß es das beste wäre, den vorlauten Burschen für eine Weile ins Ausland zu schicken. Ich wollte ihn eine Zeitlang nicht sehen. Vielleicht würde er – wie meine übrigen Untertanen – irgendwann begreifen, daß mein haarsträubender Flirt mit dem Froschprinzen nur dazu diente, England vor einem Krieg zu bewahren.

Ich nahm die Nachricht, Robert sei Vater eines Sohnes geworden, mit gemischten Gefühlen auf. Zuerst freute ich mich mit ihm, denn ich wußte, daß er sich sehnlichst einen Sohn gewünscht hatte. Welcher Mann hat nicht den

* Gemeint ist die Hochzeitsfeier der Valois-Prinzessin Marguerite und des calvinistischen Bourbonenprinzen Henri von Navarra, zu der sich zahlreiche angesehene Hugenotten in Paris einfanden, die fast ausnahmslos dem Blutbad der Bartholomäusnacht zum Opfer fielen. (Anm. d. Übers.)

Wunsch, ein Abbild seiner selbst zu bestaunen? Robert war da keine Ausnahme. Ich erfuhr, daß in Leicester House eitel Jubel und Freude herrschten und daß für das Kind eigens eine Wiege angefertigt worden war; sie war angeblich mit dem kostbarsten roten Samt ausgeschlagen und mußte wohl sehr prächtig sein – wie überhaupt alles in Leicester House und in Roberts übrigen Residenzen vom Feinsten war.

Ich erinnerte mich noch genau an den Tag, an dem Robert Leicester House erworben hatte. Das war vor etwa zehn Jahren gewesen. Das Haus lag mitten in der Stadt, am ›Strand‹, und hatte wunderschöne Gärten, die sich bis ans Ufer des Flusses erstreckten. Robert und ich waren oft zwischen den Blumenrabatten spazierengegangen und zu den steinernen Treppenstufen hinuntergeschlendert, die vom Wasser der Themse umspült wurden. Dort hatten wir so manches Mal gestanden und den Booten zugeschaut, die den Fluß entlangsegelten.

Doch dann stellte ich mir ›sie‹ dort vor – die Teufelin, die sich etwas darauf einbildete, einen Sohn in die Welt gesetzt zu haben. Ein Sohn. Das sah ihr wieder einmal ähnlich! Und schon so bald nach der Hochzeit! Ich malte mir das süffisante, triumphierende Lächeln auf ihrem Gesicht aus, stellte mir ihre ausdrucksvollen Augen vor, die voller Stolz Bewunderung forderten. Und während ich an sie dachte, überkam mich solcher Zorn, daß ich mich nicht mehr über Roberts Triumph freuen konnte. Ich – ich allein – hätte die Mutter seines Kindes sein sollen. Ich hätte es auch sein können, doch um welchen Preis! Meine Unabhängigkeit, meine Macht als Königin – sie waren mein Leben. Auf sie hätte ich niemals verzichten können, nicht einmal um des Glücks willen, um das ich Lettice jetzt so beneidete.

Und wo war er? Etwa bei seiner Königin, um ihr seine Aufwartung zu machen? O nein, er spielte in Leicester House den stolzen Vater!

Gräfin von Leicester – ausgerechnet! Wie ich hörte, war ihr der Titel zu Kopf gestiegen. Sie herrschte über ihren eigenen kleinen Hofstaat in Leicester House... und in Wanstead... in Denbigh... in Kenilworth... wo immer sie sich gerade aufhielt. Und wer hatte ihm zu all seinen Reichtümern und selten prächtigen Häusern verholfen? Seine Königin! Ich hatte ihm alles gegeben... und war allein, kinderlos, während diese Teufelin ihren Triumph voll auskostete.

Meine Gedanken wanderten von Roberts neugeborenem Kind zu einem anderen. Zu dem Kind, dem ich in Kenilworth begegnet war und das Robert so auffallend ähnlich sah.

Douglass Sheffield! Wie war das noch gleich? Robert habe Douglass geheiratet – das war angeblich Douglass' Version der Geschichte. Robert bestritt natürlich, eine Ehe mit ihr eingegangen zu sein. Aber da war dieses Kind.

Angenommen, es hatte tatsächlich eine Heirat stattgefunden. Dann wäre Madam Lettice jetzt nicht wirklich Leicesters Frau, und der kleine Junge in seiner Wiege aus rotem Samt, das Kind, auf das sie so stolz waren, wäre ein Bastard.

Der Gedanke beruhigte mich. Ich schickte nach Sussex.

Als er erschien, sagte ich zu ihm, ich sei ein wenig beunruhigt wegen Lady Sheffield; ich hätte gehört, sie leide an einer geheimnisvollen Krankheit. Ich fragte ihn, ob er Näheres wisse.

Sussex erwiderte: »Eure Majestät brauchen sich um die Dame jetzt keine Sorgen mehr zu machen. Sie war krank, und ihre Krankheit war in der Tat sehr geheimnisvoll, so sehr sogar, daß bereits gemunkelt wurde, sie sei vergiftet worden. Doch inzwischen hat sie sich wie durch ein Wunder erholt und ist nun Lady Stafford. Sie hat Sir Edward Stafford geheiratet und scheint mit ihm sehr glücklich zu sein.«

»Ich bin froh, daß es ihr besser geht, aber ging nicht das Gerücht, sie sei bereits zuvor eine Ehe eingegangen?«

Sussex wußte ganz genau, daß ich von den Skandalen gehört hatte, in die Lady Stafford verwickelt gewesen war. Das war kein Wunder, denn schließlich betrafen sie auch Robert.

»Ihr Leben hat nun doch noch eine glückliche Wendung genommen«, begann Sussex.

»Das mag sein, aber wenn sie tatsächlich damals geheiratet hat und ihr Mann noch lebt, kann sie nicht mit Stafford verheiratet sein.«

Sussex sah mich bestürzt an, und ich fuhr fort: »Ich möchte, daß Ihr der Sache einmal nachgeht.«

Er wirkte noch immer verwirrt. »Eure Majestät erinnern sich gewiß, daß die Dame behauptet hat, mit dem Grafen von Leicester eine Ehe eingegangen zu sein.«

»Ich erinnere mich«, sagte ich, »und wenn dem wirklich so ist, muß Mylord Leicester zu seiner angetrauten Ehefrau zurückkehren.«

»Aber Leicester...«

»Hat der Form nach die Ehe mit der Gräfin von Essex geschlossen, ganz recht. Wenn er in Wirklichkeit aber zuvor Douglass Sheffield zur Frau genommen hat, so ist seine Ehe mit Lady Essex ungültig, und wenn nachgewiesen werden kann, daß er Lady Sheffield geheiratet hat, dann soll er auch zu ihr zurückkehren.« Dann verlor ich die Beherrschung und schrie: »Sie sollen entweder zusammen leben oder... er kann im Tower vermodern!«

Sussex schaute mich entsetzt an. Ich hatte mich gehenlassen und meine wahren Gefühle gezeigt, aber es kümmerte mich nicht. Alles, was ich wollte, war Rache – Rache an Lettice Knollys.

Ich bestand auf einer offiziellen Untersuchung. Lady Stafford sollte befragt werden, und ich wollte der Vernehmung beiwohnen. Sussex war dagegen. Er war einer der wenigen Männer bei Hofe, die es wagten, mir zu widersprechen, und er hatte mich schon so manches Mal zur Verzweiflung gebracht. Ich hatte ihn beschimpft, ihn sogar einen Dummkopf genannt und ihm ins Gesicht gesagt, er verdiene die Verbannung – und er hatte alle meine Verwünschungen mit stiller Ergebenheit hingenommen. Nur einmal, als ich ihm vorgeworfen hatte, ein Verräter zu sein, hatte er die Beschuldigung empört als ungerecht zurückgewiesen, und allem Anschein nach war es ihm völlig gleichgültig gewesen, ob er mich damit beleidigte oder nicht. Er war eben ein Mann, der offen seine Meinung sagte, ganz gleich, welche Unannehmlichkeiten er sich damit einhandelte. Dafür zollte ich ihm Respekt. Im Grunde seines Herzens wußte er, daß ich es nie fertigbrächte, ihn vom königlichen Hof zu verbannen. Ehrliche Männer waren rar, und Sussex war ein ehrlicher Mann, auch wenn er nicht über den bestechenden Scharfsinn Burghleys und Bacons und über den Charme Roberts, Hattons, Heneages oder der übrigen galanten Höflinge verfügte. Ich hätte mir keinen treueren Diener wünschen können.

Wie es also seine Art war, zögerte Sussex auch diesmal nicht, mich darauf hinzuweisen, daß er es für einen Fehler hielt, der Frage einer möglichen Heirat Leicesters mit Lady Stafford nachzugehen.

»Der Graf ist verheiratet, Lady Stafford ist verheiratet, und Eure Majestät täten gut daran, die Angelegenheit auf sich beruhen zu lassen.«

»Das kann ich wohl selbst am besten beurteilen, Mylord«, entgegnete ich in scharfem Ton.

»Unter den gegebenen Umständen, Majestät, meine ich...«

Ich brachte ihn zum Schweigen. Er spielte natürlich auf meine Freundschaft mit Robert an, die längst ein offenes Geheimnis war. Und er mißbilligte sie, denn von allen Männern bei Hofe konnte er Robert am wenigsten leiden. Er verabscheute Roberts Verschlagenheit; und doch hatte er sich seinerzeit bereit erklärt, einer Heirat zwischen ihm und mir zuzustimmen, weil er der Ansicht gewesen war, ich sei so verliebt in Robert, daß ich nur in der Ehe mit ihm mein Glück finden könne. Ich glaube, er war damals der Auffassung gewesen, daß eine umstrittene Heirat besser sei als gar keine und daß eine Verbindung zweier so leidenschaftlich ineinander verliebter Menschen, wie Robert und ich es zu sein schienen, gewiß mit Nachkommen gesegnet sein werde.

»Nun, Master Sussex«, sagte ich, »Ihr seid also gegen diese Vernehmung, weil Lady Stafford eine Verwandte Eurer Frau ist. Ist es nicht so? Eure Frau Gemahlin würde zu gerne einen Familienskandal verhindern.«

Sussex zögerte. Er gebe zu, meinte er, daß dieses Argument nicht ganz von der Hand zu weisen sei, aber der Hauptgrund für seine ablehnende Haltung sei die Tatsache, daß ich in die Angelegenheit verwickelt sei.

Ich wollte wissen, inwiefern.

»Man wird behaupten, daß es Euer Zorn auf Leicester war, der Euch zu diesem Schritt veranlaßt hat, weniger Euer Wunsch, die Wahrheit herauszufinden – die unbequeme Wahrheit, so wie die Dinge liegen.«

»Unbequem! Macht Ihr Euch gar keine Gedanken über Eure großartige Schwägerin... oder angeheiratete Cousine oder was auch immer? Glaubt Ihr etwa, ihr Ruf spiele keine Rolle? Eins laßt Euch gesagt sein, Mylord Sussex: Ich dulde keine Unmoral an meinem Hof.«

Da war ihm klar, daß ich entschlossen war, meinen Willen durchzusetzen, und folglich wurde Lady Stafford vorgeladen. Ich hörte interessiert zu, während Sussex ihr Fragen stellte. Immerhin war es ihm gelungen, mich zu einer geheimen Vernehmung zu überreden. Er hatte mich davon überzeugt, daß es früh genug wäre, die Angelegenheit vor Gericht zu bringen, wenn der Nachweis erbracht würde, daß Lady Stafford tatsächlich eine Ehe mit dem Grafen von Leicester eingegangen war. Wie immer hatte er recht.

Welch ein verschüchtertes Geschöpf diese Lady Stafford doch war! Ich fragte mich unwillkürlich, was Robert wohl an ihr gefunden haben mochte. Wenn ich sie mit mir verglich... oder mit Lettice... mit uns starken Frauen... Frauen, die etwas darstellten... dann konnte ich nicht umhin, mich zu fragen, was in aller Welt ihn an dieser... dieser grauen, verängstigten Maus gereizt hatte.

Sie machte einen ganz verstörten Eindruck und hatte offensichtlich große Angst. Sie sagte, sie sei mit Sir Edward Stafford verheiratet und sehr glücklich mit ihm.

»Aber ist es denn eine Heirat«, fragte Sussex, »wenn Ihr bereits mit dem Grafen von Leicester verheiratet seid?«

»Das war keine wirkliche Heirat.«

»Damals habt Ihr aber ausdrücklich betont, daß das Gegenteil der Fall sei«, gab Sussex ihr zu bedenken. »Was hat Euch bewogen, Eure Meinung zu ändern?«

»Ich habe mich geirrt...«

»Ein merkwürdiger Irrtum, wie mir scheint«, warf ich ein – ich konnte der Versuchung nicht widerstehen. »Wollt Ihr damit sagen, Ihr hättet nicht gewußt, ob Ihr verheiratet wart oder nicht?«

Sie wandte sich mir zu und fiel vor mir auf die Knie. Händeringend und tränenüberströmt stammelte sie: »Majestät, damals... habe ich geglaubt, ich sei verheiratet... aber jetzt... bin ich nicht mehr sicher. Man hat mir gesagt, die Ehe sei nicht gültig gewesen. Ich dachte...«

Ich warf Sussex einen gereizten Blick zu, und er begann sein erbarmungsloses Verhör. Ihre erste Begegnung mit Leicester, als sie beide in leidenschaftlicher Liebe zueinander entbrannten... sein unwiderstehlicher Charme... ihre bisherige Treue zu ihrem Mann... Leicesters Brief an sie – alles kam zur Sprache.

»Was stand in dem Brief?« wollte Sussex wissen.

»Daß er mich heiraten wollte, sobald mein Mann tot wäre.«

»Aber Euer Mann erfreute sich doch bester Gesundheit, oder etwa nicht?«

Sie nickte verzweifelt.

»Warum erwähnte er dann seinen Tod?«

»Er... er sagte, es werde nicht mehr lange dauern, bis wir rechtmäßig verheiratet wären.«

Ich trommelte ungeduldig mit den Fußspitzen. Ich war nicht daran interessiert, Robert in eine Mordanklage zu verwickeln. Ich wollte ihn nur von der Teufelin trennen.

»Wo ist dieser Brief?« fragte ich.

»Ich... ich weiß es nicht.«

Sie sagte mir nichts Neues. Die dumme Gans! Sie hatte den Brief verloren; ihre Schwägerin hatte ihn gefunden und ihrem Ehemann ausgehändigt, der sie daraufhin verließ und ihr drohte, sich von ihr scheiden zu lassen, dann aber plötzlich starb, bevor er Gelegenheit hatte, in London die Scheidung in die Wege zu leiten.

»Und als Ihr dann frei wart, habt Ihr den Grafen von Leicester geheiratet.«

»Ich... ich glaube, ja...«

»Habt Ihr Beweise?«

»Ich... ich habe ihm vertraut. Er sagte, wir seien verheiratet. Es kam mir wie eine Heirat vor. Aber vielleicht...«

»Ihr müßt doch im Besitz irgendwelcher Dokumente sein. Es müssen doch Urkunden ausgestellt worden sein.«

»Ich... ich weiß nicht. Ich habe keine Urkunde. Oh, bitte, Mylord, Majestät, laßt mich gehen... Ich habe einen guten Mann, der mich liebt. Ich will gar nichts von Mylord Leicester. Es war gar keine Heirat. Ich habe keine Dokumente...«

Sie brach in hemmungsloses Schluchzen aus.

Sussex sah mich an und sagte: »Ich glaube nicht, daß eine Fortsetzung dieser Vernehmung Sinn hätte, Majestät.«

Ich zitterte vor Erregung, aber ich sah ein, daß er recht hatte.

Lady Stafford bedeckte ihr Gesicht mit den Händen und fuhr fort zu weinen. »Ich weiß nichts... gar nichts«, schluchzte sie. »Ich kann nur immer wieder betonten, daß ich ihm vertraut habe. Er hat gesagt, es sei alles in Ordnung. Ich weiß nichts... ich kann weiter nichts sagen...«

»Die Frau ist ja hysterisch«, unterbrach ich ihr Gestammel. »Geht zu Sir Edward Stafford zurück, Lady Stafford«, befahl ich ihr.

Man geleitete sie hinaus.

Sussex stand vor mir. Obwohl er Leicester haßte, war er, glaube ich, doch recht froh über den Ausgang der Vernehmung. Dem Anblick dieser hilflosen, verzweifelten Frau hatte er sich in seiner Ritterlichkeit nicht verschließen können.

Ich zog mich in meine Gemächer zurück. Ich empfand nichts als kalte Wut, und mein Haß auf Lettice Knollys war größer denn je. Sie hatte – wieder einmal – gewonnen.

Aber ich werde schon noch mit dir abrechnen, drohte ich ihr im stillen. Du wirst Robert nicht halten können. Sein Platz ist hier bei Hofe, bei mir, und dahin wirst du, meine Teure, niemals zurückkehren!

Pater Parsons' haarsträubende Enthüllungen

Zwei Jahre waren seit Leicesters Heirat vergangen. Ich sorgte dafür, daß er ständig irgendwelche Verpflichtungen bei Hofe hatte, und machte meinen Vorsatz wahr, Lettice von allen höfischen Ereignissen auszuschließen und das Ehepaar so oft wie möglich zu trennen. Das war nicht weiter schwierig, denn wann immer ich es befahl, hatte er zu kommen; und was sie betraf, so blieb ihr gar nichts anderes übrig, als dem Hof fernzubleiben, da ich mich weigerte, sie zu empfangen. Wenn ich vorhatte, seinen Residenzen einen Besuch abzustatten, kündigte ich mein Erscheinen vorher an, so daß sie Gelegenheit hatte, das Haus zu verlassen, bevor ich eintraf. Ich genoß es, mir ihre Wut vorzustellen – sie muß groß gewesen sein. Wie ich hörte, pflegte sie einen glanzvollen Lebensstil, und ihre strahlende Erscheinung verlieh Leicesters ohnehin schon prächtigen Palästen vollendete Schönheit. Es hieß, sie halte Hof wie eine Königin. Die Vorstellung entlockte mir ein hämisches Lächeln. Eine Königin im Exil, dachte ich schadenfroh.

Ich konnte sie nicht vergessen. Jedesmal, wenn ich Leicester gegenüberstand, drängte sich mir ihr Bild auf. Er war mir so ergeben wie in alten Zeiten; dennoch fragte ich mich manchmal, wenn er neben mir ging oder ritt, ob er Lettice' Gesellschaft nicht vielleicht doch vorgezogen hätte.

Obwohl Roberts Verhalten darauf schließen ließ, daß er mich nach wie vor abgöttisch verehrte, konnte von Heirat zwischen uns nun nicht mehr die Rede sein. Das hinderte ihn jedoch keineswegs daran, mir mit gewohnter Inbrunst zu verstehen zu geben, daß er mich noch immer für die begehrenswerteste aller Frauen hielt.

Zum Neujahrsfest schenkte er mir fünfzehn große Goldknöpfe und drei Dutzend dazu passende kleinere; sie alle waren mit Rubinen und Diamanten verziert, die in Form von Liebesknoten angeordnet waren. So bezaubernd dieses

Geschenk an sich schon war, so unmißverständlich waren die Gefühle, die sich in ihm ausdrückten.

Ich konnte nicht widerstehen, Robert zu fragen, ob seine Frau ihm beim Aussuchen des Geschenks geholfen habe. Worauf er ganz ernst entgegnete, er allein habe die Knöpfe ausgewählt.

Oh, Robert, dachte ich verärgert, ich weiß ja, daß es in deinem Leben Frauen geben mußte, aber warum konntest du dich nicht mit flüchtigen Liebesabenteuern begnügen, wie du sie in Hülle und Fülle genossen hast? Warum mußtest du dich auf diese Liebschaft einlassen... mit dieser Frau?

Aber ich vermied es im allgemeinen, ihren Namen zu erwähnen, und sorgte dafür, daß er stets um mich war.

Im Herbst jenes Jahres machte ich die Bekanntschaft eines großartigen Mannes, dessen Leistung mich mit Stolz und Bewunderung erfüllte. Ich spreche von Francis Drake, einem jungen Mann aus Devon. Wenn ich ›jung‹ sage, so meine ich damit, daß er um die vierzig Jahre alt war; es ist bezeichnend, daß ich allmählich begann, Menschen mittleren Alters als jugendlich einzustufen.

Er war der berühmteste Seemann Englands... ja, ich möchte sagen, sogar der ganzen Welt, denn er hatte es fertiggebracht, den Erdball zu umsegeln.

Von seinem Plan, rund um die Welt zu segeln und Schätze aus fernen Ländern heimzubringen, hatte ich drei Jahre zuvor zum erstenmal gehört. Es war ein Vorhaben, das mir gefiel. Ich hatte für abenteuerlustige Menschen schon immer eine Menge übrig gehabt und war seit langem zu der Erkenntnis gelangt, daß die Stärke meines Landes in der Überlegenheit seiner Kriegsflotte liegen müßte. Wir waren eine Insel und folglich auf besonderen Schutz angewiesen. Daher hatte ich den Bau von Schiffen gefördert, und ich begrüßte es, wenn Männer wie Francis Drake auf ihnen die Meere erkundeten.

Ich hatte sogleich erkannt, daß Drake ein Abenteurer war – ein wagemutiger Mann mit kühnen Ideen und dem Mut, diese Ideen in die Tat umzusetzen. Sobald mir sein Vorhaben unterbreitet worden war, hatte ich Doktor Dee aufgesucht, der ein Buch mit dem Titel *Die hohe Kunst der Navigation* geschrieben hatte. Es war ein kluges und zugleich prophetisches Buch, und auf Anraten Doktor Dees und Christopher Hattons, der für Drakes Plan Feuer und Flamme war, sagte ich Drake meine Unterstützung zu.

Hatton übernahm die Aufgabe, die reibungslose Abwicklung der Vorbereitungen zu überwachen; er investierte selbst eine Menge Geld in das Unternehmen. Diese Entdekkungsreise reizte mich in mehr als nur einer Hinsicht, denn die Spanier hatten bereits begonnen, die noch unbekannten Erdteile zu erforschen, und ich betrachtete mein Land und Spanien seit langem als Rivalen. Wenn es uns gelänge, die Spanier zu überlisten – um so besser; und wenn unsere Männer ihren reich beladenen Galeonen draußen auf hoher See zufällig begegneten – wer sollte sie daran hindern, die spanischen Schatzschiffe zu plündern? Drake war genau der richtige Mann für eine solche Expedition. Mit den Geldmitteln, die ihm zur Verfügung gestellt wurden, rüstete er sein Schiff, die *Pelikan*, aus und wählte die Männer aus, die ihn auf seiner Reise begleiten sollten. Bevor er jedoch in See stach, taufte er sein Schiff Hatton zu Ehren in *Goldene Hindin* um: Die Hindin war eins von Hattons Wappentieren, und Hatton hatte die Expedition nicht nur finanziell ermöglicht, sondern Drake auch geholfen, so manchen politischen Widerstand zu überwinden, der das Unternehmen möglicherweise hätte gefährden können. Dabei war es allerdings erforderlich gewesen, meinen guten Burghley über die Reise im dunkeln zu lassen; er hätte mit Sicherheit alle nur denkbaren Einwände erhoben und das Vorhaben mit dem Hinweis auf geltendes Seerecht als gesetzwidrig scheitern lassen. Wahrscheinlich war ich im Grunde meines Herzens selbst eine Art Seeräuber, was erklärte, weshalb mir Männer wie Francis Drake so sympathisch waren.

Als Drake von seiner Weltumseglung zurückkehrte, war Hatton außer sich vor Freude. Der Erfolg der Expedition hatte unsere ehrgeizigsten Erwartungen übertroffen. All denen, die in das Unternehmen investiert hatten, winkte nun reicher Gewinn; der Ertrag überstieg die ursprünglichen Auslagen um sage und schreibe viertausendsiebenhundert

Prozent. Der Laderaum der *Goldenen Hindin* war bis zum Rand mit Edelsteinen und erlesenen Kostbarkeiten gefüllt, von denen nicht wenige von Schiffen stammten, die sich auf dem Heimweg nach Spanien befunden hatten. Diese Reise hatte mehr als nur Schätze eingebracht. Drake war es gelungen, dem Ruhm und Ansehen der von sich so überzeugten Spanier gewaltigen Schaden zuzufügen. Kein spanisches Schiff hatte die *Goldene Hindin* davon abhalten können, nach dreijähriger abenteuerlicher Reise unversehrt und mit so unermeßlichen Reichtümern an Bord in ihren Heimathafen zurückzukehren, daß sämtlichen Mitgliedern ihrer Besatzung ein Leben in Wohlstand sicher war.

Das erbeutete Gold sollte in einer Schatzkammer im Tower aufbewahrt werden. Der spanische Gesandte tobte. Christopher Hatton frohlockte. Ich war voll des Lobes für meinen ›alten Leithammel‹, der mich in den Besitz eines Vermögens gebracht hatte. Robert und Walsingham ließ ich eine königliche Urkunde aushändigen, die jedem von ihnen viertausend Pfund bewilligte. Burghley und Sussex waren die einzigen, die sich weigerten, Geschenke anzunehmen, die aus den erbeuteten Schätzen stammten. Burghley waren zehn Goldbarren, Sussex ein goldenes Tafelservice angeboten worden; beide erklärten, sie brächten es nicht fertig, sich an Diebesgut zu bereichern.

Ich hätte ihnen ihre Haltung übelnehmen können, aber ich respektierte sie. Ich war auf unbestechliche Männer wie sie nicht minder angewiesen als auf Abenteurer wie Francis Drake. Sie alle hatten ihre Rolle zu spielen. Ich war froh darüber, daß mir so viele tüchtige und dennoch grundverschiedene Männer mit Rat und Tat zur Seite standen.

Die *Goldene Hindin* wurde in Deptford auf Dock gelegt, und Drake bat mich um die Ehre, mich an Bord des Schiffes bewirten zu dürfen. Das war eine Einladung, die ich nach allem, was Drake für England getan hatte, nicht ablehnen konnte. Also besuchte ich den kühnen Seefahrer und nahm die Gelegenheit zum Anlaß, ihn an Deck der *Goldenen Hindin* zum Ritter zu schlagen. Danach gestattete ich ihm, mich zum festlichen Bankett zu geleiten. Ich war überrascht, daß er ein so kleiner Mann war – ich hatte erwartet, einen Riesen anzutreffen –, aber er steckte voller Temperament und Energie und strahlte Heiterkeit und gute Laune aus. Mit seinen großen, wachen braunen Augen, seinem braunen Haar und bärtigen Gesicht war er eine gewinnende Erscheinung. Es war nicht zu übersehen, daß er sich über seinen Erfolg freute – dazu hatte er auch allen Grund –, und er genoß ganz offensichtlich die vielen Ehrungen, mit denen er überhäuft wurde.

Ich mochte Sir Francis Drake. Er war genau der Mann, den ich brauchte; den hinterhältigen Spaniern war nicht zu trauen, und hinsichtlich ihres Friedenswillens waren ernsthafte Zweifel angebracht.

Meine Furcht vor den Spaniern ließ nach Drakes Rückkehr keineswegs nach – im Gegenteil, sie nahm begreiflicherweise zu. Ich wußte, daß die Spanier meine größten Feinde waren und für die unbesiegbaren Beherrscher der Meere gehalten wurden. Ich wußte auch, daß Philipp ein religiöser Fanatiker war.

Wenn ich mir über religiöse Dinge Gedanken machte, fiel mir unwillkürlich auch die Königin von Schottland ein, die sich noch immer in England befand. Es ist schwer zu sagen, ob die Bedrohung, die sie als meine Gefangene darstellte, wirklich geringer war als die Gefahr, die von ihr ausgegangen wäre, wenn sie frei gewesen wäre. Solange sie lebte, würde sie Mittelpunkt und Anlaß von Verschwörungen sein. Sie war nun einmal die Symbolfigur des katholischen Lagers. Männer mit so unterschiedlichen Beweggründen wie Robert und Burghley hatten mich wiederholt davor gewarnt, sie am Leben zu lassen. Die ideale Gelegenheit, sie loszuwerden, hatte sich mir anläßlich der Ridolfi-Verschwörung geboten; damals hatten die Ereignisse selbst mir die besten Gründe geliefert, mit denen ich ihre Hinrichtung hätte rechtfertigen können. Doch ich hatte mich nicht dazu durchringen können, ihr Todesurteil zu unterschreiben.

Niemand wußte besser als ich, welche Gefahr mir drohte. Gewiß, meine Untertanen waren größtenteils Protestanten. Aber ich durfte nicht vergessen, daß es auch heftigen Widerstand gegen den Protestantismus gab. Meine Feinde –

im eigenen Lande und im Ausland – waren die Katholiken, und da war die katholische Königin, deren Anhänger immer neue Verschwörungen anzettelten mit dem Ziel, sie auf Englands Thron – meinen Thron – zu setzen. Doch bevor es dazu käme, müßten sie mich aus dem Weg schaffen – also planten sie, mich zu ermorden. Der Papst selbst hatte meinen Feinden zur Durchführung dieses Vorhabens Geld und seinen Segen gegeben. Ständig brachen in allen möglichen Teilen des Landes Verschwörungen aus, und die Spanier lauerten nur auf eine Gelegenheit, sich einzumischen. Auch die Franzosen planten Anschläge auf mich – sie zögerten allerdings noch, sie auszuführen, solange mein Verhalten den Anschein erweckte, als seien ich und ihr kleiner Herzog von Anjou ein Liebespaar.

Um so wichtiger war es, diese wertvolle Beziehung nicht abzubrechen! Wie lange es mir wohl noch gelingen würde, die Romanze fortzusetzen? Noch konnte ich diese Frage nicht beantworten. Mir blieb nichts anderes übrig, als abzuwarten.

Unterdessen mußte ich vor den Katholiken auf der Hut sein.

Neue Gesetze wurden erlassen, die das Abhalten katholischer Gottesdienste untersagten, und es wurde verfügt, daß alle, die beim Besuch einer katholischen Messe ertappt würden, ein Bußgeld von hundertdreiunddreißig Pfund zu entrichten und außerdem mit einer Gefängnisstrafe von einem Jahr zu rechnen hätten. Diejenigen, die versuchen würden, meine Untertanen dazu zu bringen, sich von der Staatskirche abzuwenden – das war eine Warnung vor allem an die Adresse der Priester –, sollten des Hochverrats für schuldig befunden werden.

Ich wußte, daß in so manchen Landsitzen geheime Zusammenkünfte von Katholiken stattfanden und daß man dort Priester versteckt hielt, um sicherzustellen, daß weiterhin die Messe zelebriert werden könne. In vielen der alten Häuser waren Nischen und Ecken in Schlupfwinkel für Priester umgewandelt worden, in die diese sich jederzeit flüchten konnten, um der Verhaftung zu entgehen. Worüber sie wohl sonst noch redeten, wenn sie sich heimlich trafen? Ich hatte das ungute Gefühl, daß es nicht nur um Religion ging.

Ich wäre glücklicher gewesen, wenn ich nicht gezwungen gewesen wäre, diese Gesetze zu erlassen, denn es war immer mein Wunsch gewesen, mein Volk frei über die Art seiner Religionsausübung entscheiden zu lassen und individuelle Bedürfnisse und Überzeugungen zu respektieren. Die gegenwärtigen Maßnahmen waren mir von den Umständen diktiert worden. Ich wußte, mit welch unversöhnlichem Haß Philipp von Spanien mir gegenüberstand, und erkannte, wie notwendig es war, die Katholiken im Lande im Auge zu behalten. Es ließ sich nicht vermeiden: Wer gegen die Religionsgesetze verstieß, mußte vor Gericht gestellt werden.

Walsingham war überzeugt davon, daß es im ganzen Lande gärte und von Verschwörern nur so wimmelte, die sich zum Ziel gesetzt hatten, mich zu töten und Mary Stuart zur Königin von England zu machen. Er verdächtigte jeden katholischen Priester des Verrats. Das war natürlich übertrieben. Ich zweifelte nicht daran, daß viele dieser Männer sich um nichts anderes als ihre Religion kümmerten. Andererseits war nicht auszuschließen, daß sie Spione waren, und mir leuchtete durchaus ein, daß es wichtig war, ihnen auf die Spur zu kommen.

Viele der verhafteten Priester waren Jesuiten, und ich mußte immer wieder daran denken, wieviel Ärger und Qual sie sich und anderen hätten ersparen können, wenn sie sich damit begnügt hätten, sich auf dem Gebiet hervorzutun, das sie glänzend beherrschten – die Wissenschaft. Warum mußten sie sich nur in die religiösen Auseinandersetzungen einmischen? Warum konnten sie nicht geltendes Recht anerkennen und, wenn sie schon Kritik üben mußten, dies wenigstens heimlich tun?

Sie hatten schon etwas Vornehmes, diese Männer, das will ich gerne zugeben. Und doch waren sie Narren, Folter und Tod auf sich zu nehmen, wenngleich sie mit ihrem Märtyrertod ihrem Glauben einen weitaus besseren Dienst erwiesen als mit all ihren Predigten.

Ich konnte Anjou nicht endlos hinhalten, so sehr mir auch daran lag, Zeit zu gewinnen. Und noch heikler als die Beziehung zu Anjou war die Entwicklung der Dinge in den Niederlanden. Dieses bedauernswerte Land hatte mich wiederholt gebeten, ihm im Kampf gegen die Spanier beizustehen; ich hatte jedoch gezögert, meine Hilfe zuzusagen, da ich befürchtete, mein eigenes Volk dadurch in einen Krieg zu verwickeln. Den Franzosen graute zwar bei dem Gedanken an eine spanische Vorherrschaft in den Niederlanden, andererseits aber war Frankreich ein katholisches Land, und die Katholiken in Europa stelltten eindeutig eine Bedrohung für uns dar, denn es war nicht auszuschließen, daß sie sich verbünden und gemeinsam England angreifen würden. Zum Glück waren sie untereinander heftig zerstritten.

Mein kleiner Prinz war seiner Familie schon immer eher lästig gewesen. Weder seine Mutter noch sein Bruder waren ihm besonders zugetan, und sie müssen den Gedanken, ihn in die Niederlande zu schicken, damit er dem bedrängten Volk in seinem Kampf gegen Spanien beistehe, für einen schlauen Schachzug gehalten haben, da das letzte, was Frankreich sich wünschte, ein Sieg der ohnehin schon übermächtigen Spanier war. Außerdem hatte Anjou bereits mit dem protestantischen Glauben geliebäugelt, obwohl er in religiösen Dingen ebenso unzuverlässig war wie in anderer Hinsicht. Was also sprach dagegen, ihn unabhängig von Frankreich – wenn auch insgeheim von Frankreich unterstützt – in den Niederlanden Krieg gegen Spanien führen zu lassen?

Ich fand die Idee ganz ausgezeichnet. Was hätte mir Besseres passieren können, als daß Anjou für mich die Kastanien aus dem Feuer holte! Sollte er ruhig nach Herzenslust und so lange wie möglich für mich Krieg führen, solange er nicht den Verdacht erweckte, gemeinsame Sache mit Frankreich zu machen, denn der Gedanke an eine französische Vorherrschaft in den Niederlanden jagte mir noch größere Angst ein als die Aussicht auf einen Machtzuwachs Spaniens, da Frankreich weniger weit entfernt war als Spanien und England leichter angreifen konnte.

Es war eine sehr komplizierte und überaus heikle Angelegenheit, die äußerstes diplomatisches Geschick erforderte. Ich mußte dafür sorgen, daß Anjou in den Niederlanden eine Zeitlang beschäftigt wäre und daß er – auch und erst recht im Falle eines Sieges – auf meiner Seite stünde, nicht auf der Frankreichs.

Ich zweifelte nicht daran, daß die verschlagene Catherine von Medici bereits frohlockte, weil sie glaubte, durch das niederländische Abenteuer nicht nur ihren unbequemen Sohn loszuwerden, sondern gleichzeitig die Niederlande der französischen Krone einzuverleiben. Meine Aufgabe bestand nun darin, sie in der Ansicht zu bestärken, daß ihr genau das gelingen werde.

Aber sie wurde zunehmend ungeduldig. Walsingham berichtete mir, der König von Frankreich und seine Mutter reagierten mit wachsendem Unmut auf meine Verzögerungstaktik, was die geplante Heirat betreffe; sie behandelten die englischen Gesandten und auch ihn selbst bereits äußerst kühl. Statt sich damit zu begnügen, sich bei meinem Staatsrat zu beklagen, besaß Walsingham die Dreistigkeit, mir persönlich die Leviten zu lesen.

Ich mußte lächeln, als ich darüber nachdachte, wie mein Vater auf einen solchen Brief reagiert hätte: Walsingham wäre in akute Gefahr geraten, seinen Kopf auf den Richtblock legen zu müssen. Ich aber konnte sein Verhalten verstehen. Ich respektierte meinen ›Mohren‹. Er war ein mutiger und außerordentlich tüchtiger Mann; daher beschloß ich, seinen Kopf dort zu lassen, wo er mir am nützlichsten war, obwohl diese menschliche Geste mich zwang, meinen Zorn hinunterzuschlucken. Immerhin waren die Argumente, die Walsingham vorbrachte, vernünftig, und seine Ermahnungen führten mir deutlich vor Augen, daß ich mein Verwirrspiel nicht mehr viel länger würde fortsetzen können.

Es ärgerte mich, daß selbst meine fähigsten Minister meine ausgeklügelte Verzögerungstaktik nicht immer angemessen zu würdigen wußten. Ich war schließlich gezwungen, die eitle, kokette Frau zu spielen – was mir nicht sonderlich schwerfiel, da ich in gewisser Hinsicht genau das war –, aber über all dem eitlen Getue vergaßen sie offenbar, daß ich gleichzeitig eine schlaue Politikerin war. Sie brauchten nur auf die vergangenen drei Jahre zurückzublicken, um sich davon zu überzeugen, welche Vorteile ich meinem Land dadurch verschafft hatte, daß ich die Franzosen erfolgreich ferngehalten hatte und auf diese Weise unser Verteidigungssystem hatte ausbauen können. Darüber hinaus verfolgte ich Pläne, die meine Berater, wären sie eingeweiht gewesen, in Erstaunen versetzt hätten, denn mein kleiner Anjou neigte in Fragen der Politik dazu, sein Mäntelchen nach dem Wind zu hängen, und ich zweifelte nicht daran, daß er sich bedenkenlos auf die Seite derer schlagen würde, die ihm ein wenig Ruhm und Ansehen versprachen. Armer, häßlicher ›kleiner Frosch‹, von der Natur stiefmütterlich behandelt, vom Bruder um den Thron gebracht, auf den er sich wilde Hoffnungen gemacht hatte, von einer Mutter gegängelt, die ihre Kinder beherrschte und die Politik Frankreichs bestimmte. Ich würde meinen Ministern über kurz oder lang beweisen, wie klug meine Pläne mit Anjou waren, denn mein Erfolg würde mir recht geben... wenn sie sich nur noch eine Weile in Geduld faßten. Ich mußte das Spiel auf meine Art spielen, und die Spielregeln erforderten, daß ich zum gegenwärtigen Zeitpunkt weder meinem ›Mohren‹ noch meinem ›guten Geist‹ gegenüber irgendwelche Erklärungen abgeben konnte. Ich durfte auf keinen Fall durchblicken lassen, daß alles ganz anders war, als es den Anschein hatte, und wenn ich meine Rolle überzeugend spielen wollte, mußte ich mich mit ihr identifizieren.

Es wurde vereinbart, Anjou erneut nach England einzuladen und ihm diesmal eine endgültige Entscheidung nicht länger vorzuenthalten.

Walsingham kehrte aus Frankreich zurück. »Was seid Ihr doch für ein Halunke«, sagte ich zu ihm. »Zuerst habt Ihr Euch mit Händen und Füßen gegen diese Heirat gesträubt... schlimmer als alle anderen. Und nun betrachtet Ihr sie als das einzig Erstrebenswerte... als eine Art Besiegelung des Bündnisses mit Frankreich. Ihr seid unbeständig wie eine Wetterfahne, mein lieber ›Mohr‹.«

Er zeigte sich verwirrt, aber reuelos. Männer wie er tun, was sie für richtig halten, und niemand – ob König oder Königin – kann sie von ihrem Vorhaben abbringen.

Ich schlug ihm auf den Arm und sagte: »Wartet's ab. Ihr

werdet schon sehen.« Obwohl ich ihn getadelt hatte, wußte er doch nur zu gut, daß ich ihn als ergebenen Diener schätzte, und seine Treue wurde durch den Respekt, den er mir entgegenbrachte, noch vertieft, wenngleich er – wie die übrigen Mitglieder des Hofstaates – der Ansicht war, daß ich in dieser Heiratsangelegenheit zu weit gegangen sei. Mir war klar, daß es mir nicht leicht fallen würde, mich herauszureden. Niemand würde mir dabei helfen können, und noch war ich nicht ganz so weit. Noch war es von größter Wichtigkeit, die Franzosen hinzuhalten und den Spaniern Rätsel aufzugeben.

Als Anjou kurz nach seiner erfolgreichen Befreiung der belagerten Stadt Cambrai als stolzer Sieger in England eintraf, wurde er so empfangen, wie es dem zukünftigen Gemahl der Königin gebührte: Wir feierten seine Ankunft mit königlichem Gepränge. In Whitehall wurde ihm zu Ehren eine Festhalle errichtet, die die beeindruckende Summe von eintausendsiebenhundertvierundvierzig Pfund und neunzehn Shilling verschlang, und die Unterbringung der Gäste in luxuriösen Quartieren in der Nähe des Prachtbaus stürzte uns in zusätzliche Unkosten. Ich hieß Anjou mit einem aufwenigen Galadiner willkommen, und Leicester und Burghley gaben ihrerseits prächtige Bankette. Für den Fall, daß die Verständigung Schwierigkeiten bereitete, hatte Burghley einige begabte junge Dolmetscher verpflichtet, damit keinerlei Mißverständnisse entstünden und alle begriffen, daß es unser Wunsch war, unsere Gäste zu ehren. Unter den klugen jungen Leuten, die Burghley engagiert hatte, war einer, der sich bereits einen Namen gemacht hatte: der junge Francis Bacon, der Sohn von Nicholas Bacon und ein Neffe Burghleys, der mich kürzlich erst auf ihn aufmerksam gemacht hatte.

Wir gaben uns die größte Mühe, den Besuch Anjous zu einem glanzvollen, unvergeßlichen Ereignis zu machen. Niemand sollte auch nur den leisesten Verdacht schöpfen, daß ich in Wirklichkeit beabsichtigte, die Verhandlungen über eine Heirat abzubrechen. Der prächtigste Hausrat wurde aus den verschiedenen Residenzen nach Whitehall gebracht – Bilder, Teppiche, Tafelsilber, alles mögliche. Darüber hinaus hatten wir in reichem Maße für Unterhaltung gesorgt und veranstalteten außer den Banketten amüsante Kurzweil wie etwa Lanzenstechen und Bärenhatz.

Indem ich auf diese Weise die Franzosen in Sicherheit wiegte, versetzte ich meine Untertanen in helle Panik. Das war leider unvermeidlich. Zu gegebener Zeit würde ich ihnen alles erklären.

Anjou kehrte im Triumph nach Frankreich zurück, beflügelt von der Vorfreude, im Oktober – also sechs Monate später – erneut nach Egland zu reisen und die inzwischen vorbereiteten Dokumente vorzufinden, denen dann nur noch seine und meine Unterschrift fehlen würde.

Vom Kontinent drangen Gerüchte zu uns. Die Franzosen schienen allmählich nervös zu werden. Die Spanier ergingen sich insgeheim in hämischen Bemerkungen. Verzögerung, spotteten sie, nichts als Verzögerung; die Königin von England denkt gar nicht daran, den französischen Prinzen zu heiraten. Wie Burghley mir mitteilte, schlossen sie bereits Wetten darüber ab – hundert zu eins gegen die Eheschließung.

So konnte es nicht weitergehen. Meine Minister machten sich mittlerweile die größten Sorgen. Sie waren fast ausnahmslos zu der Überzeugung gelangt, daß eine Heirat unvermeidlich sei, und ich war geradezu gerührt, als ich erfuhr, daß einer der Hauptgründe ihrer Besorgnis die Vermutung war, ich könne versuchen, ein Kind zu bekommen, und dabei mein Leben in Gefahr bringen. Ihr Verhalten gab mir deutlich zu verstehen, daß ihnen an meinem Wohlergehen lag und sie ihre Königin nicht verlieren wollten.

Der Oktober nahte, und schließlich traf Anjou in Rye ein. Mein schlauer Walsingham, dieser Erzspion, hatte in kluger Voraussicht dafür gesorgt, daß genügend Freudenmädchen zur Verfügung standen, um die Franzosen zu beglücken. Wie sich dann herausstellte, machten diese Frauen nicht nur die Franzosen, sondern auch Walsingham und Burghley glücklich, denn sie gelangten in den Besitz geheimer Informationen, die uns aufschlußreiche Hinweise auf die Stimmung in Frankreich gaben. Wir erfuhren auf diese Weise, daß der französische Hof beabsichtigte, die Verhandlungen auf der Stelle abzubrechen, falls die geplante Heirat nicht endlich zustande käme.

Meine Minister waren offensichtlich fest davon überzeugt, daß ich mich in eine Situation gebracht hatte, aus der es keinen Ausweg gab. Sie schienen der Auffassung zu sein, daß mir jetzt nichts anderes mehr übrig blieb, als den Heiratstermin bekanntzugeben.

Natürlich war ich nach wie vor entschlossen, nicht zu heiraten, aber das wollte ich nicht zugeben... noch nicht.

Als Anjou und ich uns wiedersahen, begrüßten wir uns mit großer Zärtlichkeit. Er fiel vor mir auf die Knie und sah verzückt zu mir auf; auf seinem häßlichen Gesicht lag hingebungsvolle Verehrung.

Ich beugte mich zu ihm hinab, küßte ihn und versicherte ihm, daß ich mich danach gesehnt hätte, ihn wiederzusehen. Robert stand daneben, und ich stellte mit Genugtuung fest, daß er ziemlich grimmig dreinblickte.

»Laßt uns ein wenig auf der Galerie lustwandeln«, schlug ich Anjou vor. »Ich möchte wissen, wie Eure Reise verlaufen ist, und Euch sagen, wie sehr ich mich freue, Euch hier zu begrüßen.«

Anjou und ich waren, gefolgt von Robert und Walsingham, kaum ein paar Schritte gegangen, als Mauvissière, der französische Gesandte, unangemeldet eintrat. Er steuerte geradewegs auf mich zu und erklärte, er habe Anweisungen vom französischen König erhalten, mich zu bitten, unverzüglich und verbindlich darüber Auskunft zu geben, ob ich den Herzog von Anjou heiraten wolle oder nicht.

Genau darin aber lag die Schwierigkeit. Was sollte ich ihm nur sagen? Ich war aufgefordert, Farbe zu bekennen – und genau das zu tun war ich noch nicht bereit.

Also griff ich zu der einzigen Antwort, die die Frage zuließ. Ich sagte: »Ihr könnt Eurem König ausrichten: Der Herzog wird mein Ehemann.«

Daraufhin wandte ich mich meinem kleinen Prinzen zu, küßte ihn auf den Mund und steckte ihm einen meiner Ringe an.

Anjou war überwältigt vor Glück. Er nahm sogleich einen seiner eigenen Ringe ab und steckte ihn mir an den Finger.

Wir hatten uns verlobt.

»Kommt«, sagte ich zu ihm und führte ihn in einen Saal, in dem viele meiner Höflinge versammelt waren, und so laut, daß alle im Raum es hören konnten, berichtete ich ihnen von dem, was sich soeben ereignet hatte.

Die Nachricht verbreitete sich wie ein Lauffeuer. Die Königin hatte ihre Hochzeit angekündigt.

Robert kam in meine Gemächer gestürmt. Ich hatte ihn noch nie so verstört gesehen.

»Was wollt Ihr denn hier?« fuhr ich ihn an. »Was fällt Euch ein, hier so unangemeldet hereinzuplatzen?«

»Ich war Zeuge jener Szene auf der Galerie«, brachte er keuchend hervor.

»Szene? Mylord Leicester, ich weiß nicht, wovon Ihr sprecht!«

So gefiel mir mein Robert – rasend vor Zorn und Eifersucht. Jetzt konnte es nicht mehr die Krone sein, der er nachtrauerte, denn er war nun verheiratet. Dies war ein Ausbruch purer Eifersucht... Eifersucht, die allein der Frau in mir galt.

»Dieser... dieser alberne Frosch...« stammelte er.

Ich lachte nur und sagte: »Robert, Ihr seht aus, als ob Ihr jeden Moment zu explodieren drohtet. Euer krebsrotes Gesicht gefällt mir gar nicht. Um die Wahrheit zu sagen, es beunruhigt mich. Ihr werdet eines Tages noch einen Schlaganfall erleiden, und daran werdet Ihr selbst schuld sein. Ihr eßt zuviel... und Ihr trinkt zuviel. Wie oft muß ich Euch das noch sagen!«

Er faßte mich bei den Schultern. Was ich mir nur dabei gedacht hatte, dieser Kreatur zu gestatten, sich solche Freiheiten herauszunehmen, wollte er wissen. Da mochte er recht haben. Was man dem einen erlaubt, kann man dem anderen schlecht verweigern. In meinem ganzen Leben hatte mir niemand so nahegestanden wie Robert, und niemand würde mir jemals so nahestehen. Jetzt war ich endlich glücklich, denn Robert tobte vor Eifersucht – und er hatte Lettice vergessen, zumindest für kurze Zeit.

Er schrie: »Ich verlange eine Erklärung! Seid Ihr etwa seine Geliebte?«

Ich lachte ihm ins Gesicht, und er schüttelte mich. Eine Zeitlang war ich zu verblüfft, um zu antworten. Doch dann besann ich mich auf meine königliche Würde.

»Mylord Leicester«, entgegnete ich, »wer sich Freiheiten herausnimmt, seid Ihr. Vielleicht habe ich Euch zu sehr verwöhnt und Euch dadurch ungewollt zu der Annahme verleitet, Ihr besäßet Macht... Macht über mich. Da irrt Ihr Euch, Mylord. Ich könnte Euch auf der Stelle in den Tower werfen lassen. Und jetzt nehmt sofort die Hände von meinen Schultern.«

Er gehorchte und schaute mich vorwurfsvoll an; der Zorn war ihm noch deutlich ins Gesicht geschrieben.

»Seid Ihr die Geliebte dieses Mannes?« wiederholte er in fast flehendem Ton.

»Mylord Leicester«, erwiderte ich mit großer Würde, »ich liebe alle Menschen, die mir zugetan sind, und hoffe, auch von ihnen geliebt zu werden.«

Er sah so unglücklich aus. Er konnte den Gedanken einfach nicht ertragen, ich könne einem anderen gewährt haben, was ich ihm stets vorenthalten hatte. Es gelang ihm doch immer wieder, mein Herz zu rühren. Wirklich wütend machte er mich immer nur, wenn er fern von mir war.

»Robert«, sagte ich, »ich habe mir geschworen, als Jungfrau zu sterben. An diesem Vorhaben hat sich nichts geändert.«

Da nahm er meine Hand und küßte sie, und während er das tat, streichelte ich gedankenverloren seine dunklen Locken.

»Und nun geht«, forderte ich ihn zärtlich auf.

Mir war nun klar, daß das Spiel aus war. Anjous niederländische Mission war beendet. Die Franzosen hatten aufgehört, das Unternehmen zu finanzieren. Die Situation war eine andere geworden. Ich mußte Farbe bekennen. Wenige Tage nach dem Zwischenfall auf der Galerie gestand ich nach dem Aufstehen meinen Hofdamen, ich hätte eine schlaflose Nacht verbracht, und das war nicht einmal gelogen, denn ich hatte mir intensiv den Kopf darüber zerbrochen, wie ich den nächsten Auftritt zu inszenieren hätte.

Als der Herzog mich aufsuchte, schilderte ich ihm mit eindringlichen Worten, welch eine schreckliche Nacht ich verbracht hatte, und gab meiner Befürchtung Ausdruck, solch qualvolle Stunden kein zweites Mal ertragen zu können. Ich erklärte, daß ich zwischen widerstreitenden Gefühlen hin- und hergerissen gewesen sei und mich gezwungen sähe, das größte Opfer zu bringen, das eine Frau je gebracht habe. »Ich werde meinem Volk zuliebe den Gedanken an eine Heirat aufgeben«, verkündete ich ihm.

Er war völlig fassungslos und brachte eine Zeitlang kein Wort heraus. Ich konnte seine Verwirrung gut verstehen. Ich fuhr fort, daß ich mir klar darüber sei, daß ich eine Heirat bestenfalls um wenige Monate überleben würde, wies darauf hin, daß meine Untertanen mich brauchten und ich um ihretwillen auf das eheliche Glück verzichten müsse.

Es war alles ein solcher Unsinn. Kein Wunder, daß er verstört war. Als ihm jedoch bewußt wurde, daß ich das, was ich gesagt hatte, ernst meinte, brach er in Tränen aus und erklärte schluchzend, es wäre ihm lieber, wir wären beide tot, falls aus der geplanten Heirat nichts würde.

»Aber mein lieber kleiner ›Frosch‹«, tadelte ich ihn sanft, »Ihr dürft doch einer armen alten Frau in ihrem Königreich nicht mit dem Tod drohen.«

Er erwiderte: »Euch wollte ich ja auch gar nicht den Tod wünschen. Aber ich ließe mich eher in Stücke schneiden, bevor ich mich damit abfände, Euch nicht zu heiraten, und mich dadurch zum Gespött der ganzen Welt machte.«

Das war es also. Er hatte Angst, sich lächerlich zu machen.

»Ja, es ist traurig, unendlich traurig«, tröstete ich ihn. »Mein Herz gehört Euch, ›kleiner Frosch‹, und nun ist es gebrochen. Aber ich bin nun einmal Königin und gezwungen, meine Pflicht zu tun.«

»Aber nachdem die Verhandlungen so weit gediehen waren... Euer ganzes Volk weiß Bescheid. Und es scheint doch einverstanden...«

»Ich weiß, mein Kleiner. Überlaßt nur alles mir. Mein lieber kleiner Prinz, ohne Euch wird mein Leben sinnlos und leer sein.«

Vielleicht war ich ein wenig zu weit gegangen, denn flammende Röte überflutete sein zorniges Gesicht. Noch nie hatte er so grotesk ausgesehen, und nun, da Gram und Verzweiflung seine häßlichen Züge verzerrten, kam er mir erst recht wie ein hilfloser kleiner Frosch vor, den man soeben aus seinem herrlichen, idyllischen Teich verjagt hatte.

Seine Augen füllten sich erneut mit Tränen, die über seine pockennarbigen Wangen liefen. Ich nahm eins meiner Taschentücher und tupfte ihm die Augen ab.

»Aber, aber! Ihr seid doch ein großer Feldherr, vergeßt das nicht. Ihr werdet noch ruhmreiche Taten vollbringen. Da bin ich ganz sicher.«

In seiner Wut nahm er den Ring ab, den ich ihm geschenkt hatte, und warf ihn auf den Boden.

»Englische Frauen sind wie das Wetter hier«, rief er voller Bitterkeit aus, »heute eitel Sonnenschein und morgen kalt und unfreundlich.«

Der arme kleine Mann. Er war wirklich sehr verstört.

Dennoch mußte ich auch weiterhin äußerste Vorsicht walten lassen. Die Gefahr eines Bündnisses zwischen Frankreich und Spanien war noch nicht gebannt.

Ich fuhr fort, ihm das Gesicht abzutupfen, denn noch immer liefen ihm die Tränen über die Wangen. Tränen des machtlosen Zorns, wie ich feststellte. Armer kleiner Anjou. Ich konnte bereits hören, wie seine Mutter ihm vorwarf, wieder einmal versagt zu haben.

Ich sagte: »Vielleicht ist ja noch nicht aller Tage Abend...«

Sogleich flackerte in seinen Augen neue Hoffnung auf. Ob ich ihn doch noch eine Weile würde hinhalten können? Wenn mir das gelänge und wenn ich ihn dazu bewegen könnte, in die Niederlande zurückzukehren und dort weiter gegen die Spanier zu kämpfen, könnte Frankreich sich schwerlich mit Spanien verbünden. Sollte es tatsächlich möglich sein?

Er schaute bereits etwas zuversichtlicher drein. Er klammerte sich an diese eine, wilde Hoffnung; alles war besser, als von aller Welt als abgewiesener Liebhaber belächelt zu werden.

Es hätte ihn wenig getröstet, wenn er gewußt hätte, daß ich nie die Absicht gehabt hatte, ihn zum Mann zu nehmen. Ich hatte meine Rolle so überzeugend gespielt, daß er sich eingebildet hatte, ich würde ihn tatsächlich heiraten.

»Wir unterhalten uns später darüber«, versprach ich ihm.

Als er mich verließ, waren seine Tränen versiegt, und in seinem Herzen war neue Hoffnung erwacht.

Burghley, Walsingham und meinen übrigen Vertrauten verschlug es die Sprache, als sie erfuhren, was ich getan hatte. Robert war nicht sonderlich überrascht, wie mir schien, und wirkte eher belustigt. Vermutlich kannte er mich besser als die anderen.

»Ich habe ihm neue Hoffnung gegeben«, sagte ich.

»Er wird Euch bestimmt nie wieder glauben.«

»Mag sein. Aber wir müssen dem kleinen Mann helfen, seine Selbstachtung wiederzugewinnen. Und nun laßt mich einen Blick auf den Vertrag werfen, den Ihr aufgesetzt habt.«

Ich schaute mir die Unterlagen an und erklärte: »Eine Klausel fehlt noch, die unbedingt ergänzt werden muß. Die Franzosen müssen Calais zurückgeben.«

»Dazu werden sie nie bereit sein!« rief Hatton entgeistert aus.

»Natürlich nicht. Deshalb bestehe ich ja darauf. Nur der Verzicht auf Calais wird mich veranlassen, erneut über die Heirat nachzudenken.«

»Sie kämen nicht im Traum auf die Idee, uns Zugang zu ihrem Hoheitsgebiet zu verschaffen – so sehr sie auch an dieser Heirat interessiert sind.«

»Ganz recht. Genau das ist der Grund, weshalb wir jedes weitere Entgegenkommen von dieser wichtigen Bedingung abhängig machen. Wir haben es geschafft, Anjou in den Niederlanden für uns Krieg führen zu lassen. Wir haben ein Bündnis zwischen Frankreich und Spanien lange Zeit verhindern können. Und wir haben wertvolle Zeit gewonnen. Der Ausbau unserer Flotte geht zügig voran. Alles in allem hat uns die Aussicht auf diese französische Heirat gute

Dienste geleistet. Sicher, ich hätte die Verhandlungen gern noch eine Weile fortgesetzt – das wäre noch günstiger für uns gewesen. Aber das Ende unserer Probleme ist immerhin in Sicht. Also laßt uns dankbar sein für die Vorteile, die Anjous Werben uns verschafft hat.«

Sie waren verblüfft, aber die Bewunderung auf ihren Gesichtern war nicht zu übersehen.

Burghley sagte, sichtlich ergriffen: »Eines Tages wird das englische Volk erkennen, daß sein größter Herrscher eine Königin war – Elizabeth.«

»Und bis es soweit ist«, entgegnete ich, »begnüge ich mich gern mit der Zuneigung meines Volkes. Ich glaube, auf den Straßen wird bereits gefeiert; die freudige Nachricht, daß ich dem französischen Prinzen einen Korb gegeben habe, scheint sich wie ein Lauffeuer verbreitet zu haben. Nein, ich möchte nicht, daß mein kleiner Froschprinz allzusehr gedemütigt wird. Eigentlich habe ich den kleinen Mann nämlich recht gern gehabt. Er war so anregend und hatte solch gewinnende Umgangsformen – es würde einigen unter Euch nicht schaden, ihn sich zum Vorbild zu nehmen. Ich werde ihm Geld zur Verfügung stellen, damit er dem niederländischen Volk weiter beistehen kann. Sie sind in ihrem Kampf gegen die Spanier auf Hilfe angewiesen. Und sie haben uns wiederholt um Unterstützung gebeten. Nun denn, helfen wir ihnen, indem wir ihnen Anjou schikken! Mein kleiner Prinz soll fortfahren, für uns Krieg zu führen.«

Meine Minister kamen aus dem Staunen gar nicht mehr heraus, aber ihre Augen leuchteten vor Erregung.

»Wir werden darüber beraten müssen, wieviel Geld wir ihm geben können. Es darf keine zu geringe Summe sein. Wie Ihr wißt, bin ich dagegen, daß Engländer in den Krieg ziehen – aber ich bin sehr dafür, wenn andere es für sie tun.«

Ich freute mich über die unverhohlene Bewunderung in ihren Augen... Bewunderung und Stolz... auf mich, ihre Königin.

Ich schaute Robert an, und er lächelte mir zu.

Meinen ›kleinen Frosch‹ zu beschwichtigen, erwies sich als weniger schwierig, als ich gedacht hatte.

»Ihr habt uns allen weiß Gott bewiesen, welch ein glänzender Feldherr Ihr seid«, versicherte ich ihm.

Ich warf ihm einen prüfenden Blick zu. War das zu dick aufgetragen? Immerhin hatte er oft genug bewiesen, daß ausgerechnet das das letzte war, dessen er sich hätte rühmen können. Aber er hatte das Lob offenbar für bare Münze genommen. Vermutlich erinnerte er sich an seinen Sieg in Cambrai – den einzigen, den er je errungen hatte.

»Mein lieber ›kleiner Frosch‹«, fuhr ich fort, »Ihr werdet noch mehr, noch größere Triumphe feiern. Ihr werdet in den Niederlanden die Spanier bezwingen und als Held zu uns zurückkehren.«

Im Geiste sah er sich bereits als siegreichen Helden, der, vom Volk bejubelt und gefeiert, durch die Straßen Londons ritt. Und dann, zu guter Letzt, würde ich ihn doch noch heiraten, und er würde seinem Bruder und seiner Mutter stolz ins Gesicht lachen können. König von England! Ich war überzeugt davon, daß er bereits die Krone auf seinem Kopf spürte.

»Ich habe die Angelegenheit mit meinem Staatsrat erörtert, und wir sind übereingekommen, Euch sechzigtausend Pfund zu bewilligen. Die eine Hälfte des Betrages soll Euch binnen vierzehn Tagen nach Antritt Eurer Reise zur Verfügung gestellt werden, die andere Hälfte fünfzig Tage später.«

Er schien von dem Angebot sehr angetan zu sein, und wir lachten und plauderten wie zwei alte Freunde, deren herzliches Einvernehmen durch nichts je getrübt worden war.

Er machte jedoch keinerlei Anstalten, sich zu verabschieden, und da ich ihn loswerden wollte und mir plötzlich klarwurde, daß ihm ein gewisses Startkapital fehlte, veranlaßte ich, ihm auf der Stelle zehntausend Pfund auszuzahlen.

»Nun gibt es nichts mehr, was Euch zurückhalten könnte«, sagte ich. »Ich werde Euch eine Eskorte schicken, die von dem hervorragendsten Mann in meinem ganzen Königreich angeführt werden wird.«

Alle wußten, wer damit gemeint war.

»Und ich persönlich werde Euch bis Canterbury begleiten«, fügte ich hinzu.

Und so begab sich mein kleiner Herzog auf die Reise. Auf dem ganzen Weg nach Canterbury ritt ich zwischen ihm und Robert, der großartig aussah. Robert sah bei solchen Anlässen immer ganz prächtig aus. Er liebte nun einmal den Pomp und das Gepränge. Welch einen König er doch abgegeben hätte!

Die Menschen kamen aus ihren Häusern hervor, um uns zuzujubeln. Ich lächelte und winkte ihnen zu. Sie waren entzückt, meinen Verehrer fortgehen zu sehen, und scheuten sich nicht, es zu zeigen.

Ich fragte mich, ob nach ihm wohl noch einmal jemand um meine Hand anhalten werde. Ich bezweifelte es, und der Gedanke erfüllte mich mit Melancholie. Umworben zu werden, war ein Spiel, das mich schon immer fasziniert hatte. Ich hatte mich ihm stets mit Hingabe gewidmet und es nach Herzenslust genossen, weil ich wußte, daß ich es beenden konnte, bevor daraus Ernst wurde. Umworben zu werden, war wie eine Reise, deren Reiz darin lag, unterwegs zu sein – und nicht etwa anzukommen. Ich fragte mich unwillkürlich, ob Robert und Lettice wohl noch immer so viel Vergnügen aneinander fänden wie zu Beginn ihrer Beziehung. Er muß mächtig vernarrt in sie gewesen sein, um das Risiko einzugehen, sie zu heiraten und meinen heiligen Zorn auf sich zu ziehen!

Ich konnte mich eines Lächelns nicht erwehren. Die beiden sollten sich so bald nicht wiedersehen. Sie wußte mit Sicherheit, daß er mit mir zusammen nach Canterbury ritt und daß ich ihn auserwählt hatte, Anjou zu begleiten. Wie sehr sie sich danach sehnen mußte, an den Hof zurückzukehren! Von mir aus kannst du dich vor Sehnsucht verzehren, Lettice, dachte ich im stillen, den Gefallen tue ich dir nie.

Die Zeit war gekommen, Abschied zu nehmen, und ich umarmte Anjou betont zärtlich.

Ich sagte: »Gern gäbe ich eine Million Pfund dafür, wenn mein ›kleiner Frosch‹ wieder in der Themse schwämme.«

Worauf er entgegnete, er werde als strahlender Sieger zurückkommen, und dann solle Hochzeit gefeiert werden.

Ich schickte nach Robert.

»Und nun zu Euch, Mylord«, sagte ich. »Gebt gut acht, daß Ihr mich nicht wieder so kränkt wie kürzlich.«

Er blickte verdutzt drein und fragte ganz verwirrt, in welcher Weise er mich denn gekränkt habe.

»Indem Ihr Eure Gesundheit vernachlässigt habt«, belehrte ich ihn. »Ich habe Euch beim Essen zugesehen. Ihr konntet nicht schnell genug die Bissen, die Ihr im Mund hattet, hinunterschlucken, so gierig wart Ihr, eine neue Ladung in Euch hineinzuschaufeln. Ihr eßt nicht, mein Lieber, Ihr freßt. Und Ihr trinkt zu viel. Robert Dudley, so geht es nicht weiter.«

»Gütigste Majestät...« stammelte er.

»Ihr werdet Euch wundern, wie schnell meine Güte ein Ende hat, wenn Ihr nicht bald vernünftiger werdet. Und eins laßt Euch gesagt sein: Sollte mir zu Ohren kommen, daß Ihr wieder krank geworden seid, so werde ich Euch allein dafür verantwortlich machen.«

Er schaute mich an, und in seinen Blicken lag jenes sehnsüchtige Verlangen, das ich so gut kannte. Ich sagte liebevoll: »Robin, paßt auf Euch auf.«

Die Kavalkade setzte ihren Weg nach Dover fort, und als ich die Nachricht erhielt, das Schiff des Herzogs von Anjou sei ausgelaufen, begab ich mich in meine Gemächer und brach in schallendes Gelächter aus.

Zwei meiner Hofdamen, die mich lachen hörten, eilten herbei, und ich fiel beiden um den Hals und tanzte mit ihnen durchs Zimmer.

Ich hatte allen Grund zur Freude. Ich war einer großen Gefahr geschickt entgangen.

Aber restlos erleichtert war ich erst, als Robert glücklich zu mir zurückgekehrt war.

Burghley suchte mich auf, um mir zu berichten, daß er ihn gesehen und mit ihm gesprochen habe.

»Und wie sah er aus?« erkundigte ich mich.

»Er war gesund und guter Dinge, Majestät.«

»Ich bin froh, das zu hören.«

»Er sagte, Anjou sei ihm, als er sich von ihm verabschiedet habe, wie ein altes Frachtschiff vorgekommen, das auf eine Sandbank aufgelaufen sei und dort, abgetakelt und arg mitgenommen, ein Bild des Jammers biete.«

»Und das fand er wohl sehr komisch, wie?«

»Er erwähnte, der Herzog sei ihm recht albern vorgekommen.«

Ich entgegnete kalt: »Mylord Leicester hält sich wohl für etwas ganz Besonderes und bildet sich ein, sich über Ranghöhere lustig machen zu können. Er ist ein Verräter und genauso ein Halunke wie die übrigen Mitglieder seiner gräßlichen Familie.«

Burghley enthielt sich jedes Kommentars. Er wußte genau, daß alles, was ich über Robert sagte, liebevoll gemeint war und daß niemand ihn in meiner Gegenwart kritisieren durfte, ganz gleich, wie abfällig ich mich über ihn äußerte.

Ich fuhr fort: »Diesen glühenden Verehrer loszuwerden, war wohl ein ziemlich kostspieliges... Vergnügen?«

»Majestät«, erwiderte Burghley, »die Angelegenheit hat uns in der Tat eine Menge Geld gekostet. Doch wenn wir bedenken, was wir gewonnen haben, sind wir, glaube ich, gezwungen zuzugeben, daß der Preis, den wir gezahlt haben, geradezu lächerlich niedrig war.«

Ich lächelte, nickte und dachte im stillen: Ich werde sogleich nach Robert schicken und mir seine Version der Geschichte anhören. Der Gedanke daran, Robert wiederzusehen, versetzte mich jedesmal in gute Laune.

Sowohl Robert als auch mir war inzwischen klargeworden, daß die Zuneigung, die uns verband, niemals würde zerstört werden können, was auch immer geschehe. Sie würde auch in Zukunft vielleicht nicht von Streit und vorübergehender Entfremdung verschont bleiben, aber es würde niemals zum endgültigen Bruch kommen. Unsere Freundschaft war mit seiner und auch meiner Beziehung zu anderen Menschen nicht zu vergleichen. Was uns verband, war zweifellos ein tiefes Gefühl der Zusammengehörigkeit, und dieses Gefühl war nicht nur durch und durch leidenschaftlich und romantisch, sondern zugleich von besonderer Beständigkeit, da es nie zu dem geführt hatte, was die Menschen die Erfüllung nennen. Wie viele Menschen, die sich Hals über Kopf verlieben, machen die ernüchternde Erfahrung, daß die Glut erlischt, sobald der Rausch der Sinne Befriedigung findet! Unsere Liebe hingegen hatte nie aufgehört zu blühen, weil ihr das Übermaß erspart geblieben war, das sie zum Welken verurteilt hätte. Ob er Lettice wohl noch so verehrte wie damals, als er sie geheiratet hatte? Ganz sicher nicht – er erschien immer so prompt und so voller Begeisterung, wenn ich ihn rufen ließ.

Nie hatte er mich so verletzt wie an dem Tag, an dem er diese Ehe eingegangen war. Bei jedem anderen hätte dieser Schritt das Ende der Freundschaft bedeutet. Nicht so bei Robert. Meine Liebe zu ihm würde nur der Tod beenden können.

Robert war das Selbstvertrauen in Person. Seit ich zum Ausdruck gebracht hatte, daß meine Zuneigung unvermindert fortbestand, war er noch selbstgefälliger, noch egoistischer, noch ehrgeiziger geworden. Wäre es anders gewesen, hätte er mich sicher nicht in dem Maße fasziniert. Robert gab niemals auf. Es war ihm nicht gelungen, mich zu heiraten; also hatte er sich in seiner Verzweiflung Lettice zugewandt. Er wollte einen Sohn, der einmal den Thron erben würde, aber da er mit mir kein Kind haben konnte, mußte er mit einem Kind von Lettice vorliebnehmen. Das hinderte ihn jedoch keineswegs, weiterhin kühne Pläne zu schmieden, und als ich erfuhr, welcher Art seine jüngsten Bestrebungen waren, überkam mich fast eine solche Wut wie damals, als ich von seiner Heirat unterrichtet worden war.

Es war Sussex, der mich über Roberts Pläne aufklärte. Typisch Sussex. Er versäumte nie eine Gelegenheit, mir Neuigkeiten über Robert zuzutragen, die den Rivalen in ein schlechtes Licht zu rücken versprachen. Er hätte sich die Mühe sparen können. Ich kannte meinen Robert besser als irgend jemand sonst.

Sussex sagte: »Ich nehme doch an, daß Mylord Leicester die Wahl der zukünftigen Ehepartner seiner Kinder im Einvernehmen mit Eurer Majestät getroffen hat.«

Es verschlug mir die Sprache. »Ehepartner?« stammelte ich. »Was denn für Ehepartner?«

»Für seinen Sohn und seine Stieftochter.«

»Für seinen Sohn, der noch ein Säugling ist? Und für seine Stieftochter? Hat sie denn nicht erst kürzlich Lord Rich geheiratet?«

»Das war Penelope, die ältere Tochter, Majestät.«

»Ein dreistes Gör, dieses Mädchen. Und ganz die Mutter. Liederliches Gesindel... die ganze Bande. Penelope... Die hatte doch seinerzeit dem jungen Philip Sidney den Kopf verdreht. Ich erinnere mich, daß er ein paar Gedichte für sie geschrieben hat. Dann hat sie Rich geheiratet, und der junge Sidney hat Walsinghams Tochter den Hof gemacht. Von welchen Heiratsplänen sprecht Ihr?«

»Leicester hat noch eine Stieftochter, Dorothy. Und er ist dabei, seine Fühler in Richtung Schottland auszustrecken, denn er liebäugelt mit einer Verbindung zwischen seiner Stieftochter Dorothy und James, dem Sohn Marys von Schottland.«

Ich konnte es kaum fassen. Dorothy Devereux! Ein Abkömmling dieser Teufelin sollte Königin von Schottland werden – und, wenn es nach gewissen Leuten ginge, womöglich noch Königin von England! Was hatte Robert sich nur in den Kopf gesetzt? Er mußte verrückt sein, wenn er sich einbildete, ich würde solchem Ansinnen jemals zustimmen!

»Ich hielt es für angebracht, Eure Majestät über Mylord Leicesters ehrgeizige Pläne in Kenntnis zu setzen. Übrigens spielt er mit dem Gedanken, Arabella Stuart für seinen Sohn zu gewinnen.«

»Ich kann es einfach nicht glauben«, entgegnete ich. »Mylord Leicester hatte schon immer einen Hang zur Überheblichkeit. Das ist mir nicht neu. Er soll sofort zu mir kommen.«

Robert kam, die Beflissenheit in Person. Der Halunke konnte noch nicht wissen, daß ich von seinen neuesten Plänen Wind bekommen hatte. Vielleicht glaubte er auch, ich sei so vernarrt in ihn, daß ich zu allem, was er sich ausdächte, ja und amen sagen würde. Insgeheim mußte ich zugeben, daß ich durch mein eigenes Verhalten dieser Einstellung Vorschub geleistet hatte. Immerhin hatte ich mich nach meinem anfänglichen Wutausbruch mit seiner Heirat abgefunden, und die einzige Vergeltungsmaßnahme, zu der ich mich hatte durchringen können, war Lettice Knollys' Verbannung vom königlichen Hof gewesen. Ja, es leuchtete mir durchaus ein, daß Robert der Ansicht war, er könne machen, was er wolle, und dennoch meiner Zuneigung sicher sein. Es war an der Zeit, ihm eine Lektion zu erteilen.

Als er meinen Gesichtsausdruck bemerkte, zögerte er, denn ich starrte ihn feindselig an.

»Ihr schmiedet also Pläne, der Familie Eurer Frau zu höherem Ansehen zu verhelfen, Mylord Leicester«, bemerkte ich.

Er stutzte. Wie lange, fragte ich mich, mochte er wohl schon damit beschäftigt sein, hinter meinem Rücken Kontakte zu knüpfen und Intrigen zu ersinnen, um diese Heiraten zu ermöglichen? Das machte die ganze Angelegenheit nur noch schlimmer. Es war arglistige Täuschung. Genaugenommen war er ein abgefeimter Betrüger, mein Robert.

»Ich... äh... dachte, es sei nichts dabei... Und mein Sohn ist ja auch noch so klein...«

»Königskinder werden oft schon in der Wiege verlobt, und Heiraten zwischen Mitgliedern führender Familien können gar nicht früh genug beschlossen werden«, unterbrach ich ihn gereizt. »Aber es ist ein starkes Stück, Absprachen über königliche Heiraten zu treffen und ausgerechnet vor der Person geheimzuhalten, die als einzige das Recht hat zu entscheiden, ob die geplanten Verbindungen zustande kommen oder nicht! Ihr habt eine zu hohe Meinung von Euch, Robert Dudley. Ihr und diese Teufelin bildet Euch zuviel ein. Wie könnt Ihr es wagen, nach Mitteln und Wegen zu suchen, Eurem Sohn den Thron zu sichern!«

»Majestät, ich habe nie auch nur entfernt die Absicht gehabt...«

»Nein, Ihr habt nie auch nur entfernt irgendwelche unlauteren Absichten gehabt! Ihr wolltet nur Euren Sohn mit Arabella Stuart verheiraten. Ich kann mir sehr gut vorstellen, was in Eurem Kopf vorging, Mylord! Arabella Stuart ist schließlich die Tochter von Charles Stuart, und dessen Bruder Darnley war mit Mary von Schottland verheiratet. Außerdem ist Arabellas Vater der Enkel der Schwester meines Vaters. Blaues Blut, wie, Mylord? Thronansprüche! Und dazu noch englische Vorfahren. Die Engländer lieben englische Königinnen, nicht wahr? Und sollte James Stuart aus irgendeinem Grunde nicht die Thronfolge antreten, so könnte Arabella es ja schaffen! Eine doppelte Chance also... Dorothy Devereux als Braut für James und Euer Sohn als Bräutigam für Arabella. Welch eine Logik, Robert! Auf doppeltem Wege zum Erfolg. Aber zuerst muß natürlich die alte Dame den Weg freimachen... oder aus dem Weg geräumt werden. Was habt Ihr Euch dazu einfallen lassen, Herr Oberintrigant?«

Robert war kreidebleich geworden.

»Wie könnt Ihr nur so reden? Ihr wißt doch, daß ich jegliches Interesse am Leben verlöre, wenn Euch etwas zustieße.«

»Darüber würde ich mir an Eurer Stelle nicht den Kopf zerbrechen, Robert Dudley. Eure Teufelin... und ihre Brut... würden Euch ganz sicher trösten und dafür sorgen, daß Ihr am Glanz der Krone teilhättet.«

Er sagte: »Es war doch nur eine Idee. Wenn man Verantwortung für andere übernimmt, muß man sich auch bemühen, ihre Interessen so gut wie möglich zu vertreten.«

»O ja, allerdings. Aber eins laßt Euch gesagt sein: Ich werde alles tun, um zu verhindern, daß Eure Frau durch ihre Brut zu Ruhm und Ehre gelangt. Ihr werdet noch den Tag verwünschen, an dem Ihr sie geheiratet habt. Ihre Tochter ist keine Spur besser als sie... Erst verdreht sie Philip Sidney so sehr den Kopf, daß der verliebte Junge ihr ein Gedicht nach dem anderen widmet, und dann heiratet sie Rich... vermutlich, weil er seinem Namen alle Ehre macht und steinreich ist.«

»Sie hat lange gezögert, bevor sie Rich geheiratet hat«, wandte Robert ein.

»Ah ja? Sie hatte wohl ein Auge auf James von Schottland geworfen.«

»Ihr tut ihr Unrecht.«

»Daß ich nicht lache! Jedenfalls bin ich froh, daß Philip Sidney Walsinghams Tochter geheiratet hat und ihm diese Teufelsbrut erspart geblieben ist. Eure Schwester muß sehr erleichtert darüber sein. Und was Eure Pläne betrifft, daraus wird nichts. Habt Ihr mich verstanden?«

»Sie waren ohnehin noch nicht weit gediehen. Nur so eine Idee...«

»Robert Dudley, ich empfehle Euch dringend, Eure Fantasie zu zügeln. Eure ›Ideen‹ könnten Euch nämlich ziemliche Unannehmlichkeiten bereiten.«

Er antwortete nicht, und wie immer, wenn er niedergeschlagen war, tat er mir leid.

Ich war längst davon überzeugt, daß die kühnen Heiratspläne von ihr, nicht von ihm stammten. Schließlich waren es ihre Kinder, um deren glänzende Zukunft es ging.

Ich schickte ihn fort und gab mir Mühe, einen verärgerten Eindruck zu machen. Doch wenige Tage später war er wieder ein gern gesehener Gast bei Hofe, und es war, als ob jener Zwischenfall sich nie ereignet hätte.

In jenem Jahr erlitt ich einen schmerzlichen Verlust. Ich war allen meinen Vertrauten und Beratern von Herzen zugetan, und obwohl ich sie auf unterschiedliche Weise gern hatte, waren meine Gefühle für sie alle tief und aufrichtig. Sussex war einer der Männer, die ich immer bewundert hatte. Dabei war er eigentlich gar kein typischer Höfling; ich hatte nie mit ihm geschäkert und geflirtet – dennoch hatte ich ihn stets sehr geschätzt. Er war weder so überragend wie etwa Burghley und Bacon, noch verfügte er über Walsinghams Scharfsinn oder den Charme eines Robert Dudley, Hatton oder Heneage. Aber er war ein hochmoralischer Mensch, ein Mann von Prinzipien. Zwar waren wir oft aneinandergeraten, weil wir verschiedener Ansicht waren, aber gerade deswegen zollte ich ihm Respekt. Er war schon seit einiger Zeit krank, und ich haßte Krankheit. Ich fürchtete mich vor ihr. Alle wußten das und hüteten sich, in meiner Gegenwart über Krankheiten zu sprechen – mit Ausnahme von Robert, der keine Skrupel hatte, sich ihrer zu bedienen, um seine Haut zu retten, wenn er in der Klemme saß. Das war etwas anderes. Wirkliche Krankheit jedoch war ein bedrückendes Thema, und da die Mitglieder meines Hofstaats wußten, wie sehr mir vor ihr graute, benahmen sie sich so, als ob es sie nicht gäbe.

Mir war nicht entgangen, wie schwer Sussex nach Atem rang und sich dabei verzweifelt bemühte, sich seine Atemnot nicht anmerken zu lassen. Er war mittlerweile siebenundfünfzig Jahre alt – nicht viel älter als ich, genaugenommen sieben Jahre. Ein ernüchternder Gedanke.

Und dann kam der Tag, an dem man mich bat, ihn in seinem Haus in Bermondsex zu besuchen. Ich machte mich sofort auf den Weg und war zutiefst bekümmert, ihn so leidend anzutreffen.

Ich nahm seine Hand, und er versuchte, die meine zu küssen, aber ich konnte nicht mitansehen, wie er sich überanstrengte. »Nein, mein lieber Freund«, sagte ich, »ich verbiete es Euch. Ruht Euch lieber aus. Spart Euren Atem. Eure Königin befiehlt es Euch.«

»My Lady«, flüsterte er, »Euch zu dienen, war mir immer eine besondere Freude.«

»Das weiß ich sehr wohl«, entgegnete ich. »Und ich möchte, daß Ihr noch mehr für mich tut. Ich will, daß Ihr Euch von diesem Krankenlager erhebt und an den Hof zurückkehrt.«

Er schüttelte den Kopf. »Ich werde dieses Krankenlager nie mehr verlassen, Majestät.«

»Ihr seid noch zu jung, um zu sterben.«

»Ich bin im Dienst Eurer Majestät alt geworden.«

»Ach, kommt schon, Thomas Radcliffe, wir sind beide älter geworden. Aber ich bin noch nicht so alt, daß ich auf Euch verzichten könnte.«

»Ich spüre seit langem, daß der Tod mir auflauert, Majestät«, wandte er ein, »und was es mir so schwer macht, aus diesem Leben zu scheiden, ist der Gedanke, Euch nicht mehr dienen zu können. Ich sehe bereits, wie andere sich an Eurem Hof breitmachen...«

Ich schüttelte den Kopf. Er sah so traurig aus, und mir war sogleich klar, daß es Leicester war, auf den er anspielte und dem er unterstellte, einen schlechten Einfluß auf mich auszuüben. Und doch war es Sussex gewesen, der mich damals, als ich mich so sehr über Roberts Heirat aufgeregt hatte und entschlossen gewesen war, ihn in den Tower werfen zu lassen, zurückgehalten und zu der Einsicht gebracht hatte, daß es unklug gewesen wäre, meine Drohungen wahr zu machen. Damals hatte er Gelegenheit gehabt, sich an seinem Feind zu rächen; aber er hatte darauf verzichtet, weil er mir damit Schaden zugefügt hätte – und weil er stets und vor allem ein gerechter Mann war.

Ich vergoß bittere Tränen um ihn. »Ich kann es mir nicht leisten, meine besten Ratgeber zu verlieren«, sagte ich. »Ich hänge an ihnen. Und Ihr, Mylord, habt mir immer besonders nahegestanden.«

Ich verabschiedete mich mit großer Zärtlichkeit von ihm und versprach, jeden Tag einen Boten zu ihm zu schicken oder selbst vorbeizukommen, bis er wieder gesund wäre, denn seine Genesung lag mir sehr am Herzen.

Hatton war bei ihm, als es mit ihm zu Ende ging. Er berichtete mir von seinen letzten Worten. Sie galten mir und lauteten: »Ich gehe nun in ein anderes Leben ein und muß Euch verlassen. Hütet Euch vor dem Zigeuner. Er wird Euch verraten. Ihr kennt den Schurken nicht von der Seite, von der ich ihn kennengelernt habe.«

Mit ›Zigeuner‹ meinte er Robert, dem dieser Spitzname wegen seines dunklen Haars und seiner dunklen, funkelnden Augen gegeben worden war.

Der arme Sussex! Selbst angesichts des Todes brachte er es nicht fertig, seine Eifersucht auf den Mann zu überwinden, den ich mehr als alle anderen liebte.

Er starb einige Tage später.

Zu meiner großen Belustigung erfuhr ich, daß Dorothy Devereux ihrer gesamten Familie einen Strich durch die Rechnung gemacht hatte, indem sie sich über deren großartige Pläne hinweggesetzt hatte und mit John Perrots Sohn Thomas durchgebrannt war. Die jungen Leute hatten sich ineinander verliebt. Es war eine ungewöhnliche Geschichte, über die uns der Pfarrer von Broxbourne in Kenntnis setzte, in dessen Kirche das junge Paar sich heimlich hatte trauen lassen. Er berichtete, daß zwei Männer zu ihm gekommen seien und ihn um die Schlüssel zur Kirche gebeten hätten, was er jedoch abgelehnt habe. Draufhin seien die Unbekannten fortgegangen. Dem Pfarrer aber, dem die Bitte recht sonderbar vorgekommen sei, habe die Angelegenheit keine Ruhe gelassen, so daß er sich schließlich aufgemacht habe, um nach dem Rechten zu sehen. Dabei habe er festgestellt, daß die Kirchentür mit Gewalt aufgebrochen worden sei; in der Kirche selbst habe vor den Augen des verblüfften Pastors eine Trauungszeremonie stattgefunden – bei dem jungen Paar habe es sich, wie sich später herausstellte, um Dorothy Devereux und Thomas Perrot gehandelt.

»In der Tat«, sagte ich, »diese Dorothy hat Mut. Das muß man ihr lassen. Heiratet einfach Tom Perrot und entgeht damit der Ehe mit dem Thronerben Schottlands, den ihr Stiefvater so liebend gern für sie an Land gezogen hätte!«

Ich erzählte die Geschichte meinen Hofdamen, und wir lachten gemeinsam darüber. Sir John Perrot, der Vater des jungen Ehemanns, war angeblich ein enger Verwandter von mir. Ob das nun stimmte oder nicht, wird wohl immer ein Geheimnis bleiben, aber ich mußte zugeben, daß mir noch nie ein Mann begegnet war, der mehr Ähnlichkeit mit meinem Vater hatte. Es hieß, Sir John sei der uneheliche Sohn meines Vaters und einer Frau namens Mary Berkley, die später einen gewissen Thomas Perrot geheiratet habe. Sir John war ein wahrer Hüne von einem Mann; seine stattliche Statur war genau die meines Vaters. Abgesehen davon war er für seine Streitsucht bekannt. Er war ständig in irgendwelche Raufereien verwikkelt. Mein Vater hatte ihn zu seinen Lebzeiten gefördert, mein Halbbruder Edward hatte ihn zum Ritter geschlagen und ihm geholfen, als er in Geldschwierigkeiten gesteckt hatte. Und ausgerechnet den Sohn dieses Mannes hatte Dorothy geheiratet.

Ich hatte keine Mühe, mir Lettice' Zorn auszumalen, denn ich war ganz sicher, daß sie es gewesen war, die Robert angestachelt hatte, seinen überspannten Zielen nachzujagen.

Jenes Jahr war ein Jahr der Todesfälle.

Die erste Hiobsbotschaft war die Nachricht vom Dahinscheiden meines lieben ›kleinen Frosches‹. Mir war immer klargewesen, daß er kein Feldherr war. Sein Platz war, schlicht und einfach, bei Hofe gewesen. Es war grausame Ironie gewesen, diesem bedauernswerten kleinen Mann den Namen Hercule zu geben – obgleich er später François genannt worden war. Nicht einmal mittlerer Größe, von den Blattern entstellt, war er wie ein Mißgriff der Natur erschienen, eine Karikatur von einem Mann. Zwar hatte er dank einer vorbildlichen Erziehung über Bildung und gute Umgangsormen verfügt, doch irgendwie hatten diese Vorzüge den geradezu grotesken Widerspruch zwischen seinem Wesen und seinem Aussehen um so krasser hervorgehoben.

Ich hatte ihn schlecht behandelt, hatte seine Eitelkeit schamlos ausgenutzt, ihm erlaubt, sich einzureden, ich sei von ihm angetan... und das alles im Namen der Politik... und, nicht zu vergessen, um meine Eitelkeit zu befriedigen.

Und nun war er gestorben – nicht auf dem Schlachtfeld, sondern daheim in seinem Bett. Ich wußte, daß er ein ausschweifendes Leben geführt hatte, und sein unmoralischer Lebenswandel wirkte auf mich um so beklagenswerter, als er so häßlich gewesen war und für seine Orgien nur Partnerinnen gefunden haben konnte, die es auf seinen Reichtum und seine königliche Abkunft abgesehen hatten.

Ich trauerte um ihn und vergoß seinetwegen auch einige Tränen. Vielleicht war so manch einer unter meinen Vertrauten der Ansicht, meine Trauer sei bloßes Theater, aber dem war nicht so; ich empfand aufrichtigen Kummer.

Und dann ereignete sich ein weiterer Todesfall – einer, der den ganzen europäischen Kontinent erschüttern sollte. Wilhelm von Oranien wurde ermordet.

Sein Tod war eine unvorstellbare Tragödie für die protestantische Welt, denn er war einer ihrer angesehensten Führer gewesen – ein aufrechter Mann von vornehmer Gesinnung, der sein Leben der Verteidigung der Schwachen gegen die Starken gewidmet hatte. In seiner Jugend war er Katholik gewesen, und er hatte durch Henri II. von Frankreich erfahren, daß Frankreich und Spanien sich zum Ziel gesetzt hatten, die protestantische Bevölkerung beider Länder auszurotten. Das Blutbad, das in der Bartholomäusnacht stattgefunden hatte, war nur ein Schritt in die vereinbarte Richtung gewesen. Als Wilhelm hörte, daß der Herzog von Alba im Begriff war, ein Heer aufzustellen, und beabsichtigte, Holland zu überfallen, um die, wie er sie nannte, ›Ketzer‹ zu vernichten und die Inquisition in den Niederlanden durchzuführen, konvertierte er zum Protestantismus und wappnete sich für das nahezu aussichtslose Unternehmen, gegen Philipp von Spanien zu Felde zu ziehen. Er war entschlossen, alles, was er besaß, zu opfern – und dazu zählte er auch sein Leben –, um die Einheit und Freiheit seines Volkes zu verteidigen.

Aber die Spanier waren nicht aufzuhalten; Alba rückte mit zehntausend Truppen an und begründete sein blutiges Regiment, das er selbst den ›Rat der Unruhen‹, die Niederländer hingegen den ›Rat der Schlächter‹ nannten. Bereits nach kurzer Zeit hatte er zwanzigtausend religiöse und politische Gegner zum Tode verurteilt und hinrichten lassen.

Wilhelm von Oranien entzog sich diesem Schicksal durch die Flucht nach Deutschland, wo er sich bemühte, ein Heer zusammenzustellen, während daheim sein Volk dem gnadenlosen Regime der Spanier ausgeliefert war.

Niemand hatte mehr daran geglaubt, daß es Wilhelm jemals gelänge, sein Land wiederzugewinnen. Die Spanier regierten dort mit unnachgiebiger Härte; die blutige Inquisition beherrschte das Land, und auf grausamste Art und Weise wurden Menschen hingemordet, die nichts anderes verbrochen hatten – wenn es denn ein Verbrechen war, ich nannte es Charakterstärke –, als sich zu weigern, zum katholischen Glauben überzutreten.

Doch dann geschah etwas, auf das die Holländer mit Recht stolz waren. Zahlreiche Niederländer, die aus ihrem Land vertrieben worden waren, hatten sich zu Widerstandsgruppen zusammengeschlossen und führten den Krieg gegen die Spanier zur See fort. Sie hatte sich der Piraterie verschrieben und überfielen alle spanischen Schiffe, die sich

Holland näherten. Man nannte sie ›die Bettler des Meeres‹.* Sie eroberten die Stadt Briel zurück, befestigten sie und erklärten, sie wollten die Stellung für ›Vater Wilhelm‹ halten.

Das Ereignis war insofern ein Wendepunkt, als es den Spaniern vor Augen führte, daß der Sieg, den sie errungen hatten, nicht so überwältigend war, wie sie geglaubt hatten; außerdem gab es Wilhelm die Möglichkeit, nach Holland zurückzukehren. ›Wilhelm der Schweiger‹, wie seine Landsleute ihn nannten – denn er war ein Mann weniger Worte –, erlangte seine verloren geglaubte Macht zurück und wurde zum Regenten des Landes ausgerufen.

Sie waren ein tapferes Volk, diese Niederländer, und sie erfuhren Unterstützung durch die französischen Hugenotten, die, erfüllt von Abscheu angesichts des Massakers der Bartholomäusnacht, nach Holland kamen, um sich dem Kampf gegen die Spanier anzuschließen. Wilhelm war dringend auf Hilfe angewiesen. Er war auf der Suche nach Verbündeten. Das war der Stand der Dinge, als er sich hilfesuchend an uns gewandt hatte.

Ich war durchaus nicht abgeneigt, ihm zu helfen. Aber ich hatte wenig Lust, mein Volk in einen Krieg zu verwickeln, wie gerechtfertigt er auch sein mochte. Daher war ich auch so froh, als sich mir die Gelegenheit bot, Anjou nach Holland zu schicken. Auf diese Weise wurde ich nicht nur meinen unbequemen Verehrer los, sondern konnte zugleich eine gute Sache unterstützen.

Philipp muß Wilhelm den Schweiger gehaßt haben, den Mann, dessen Name auf seine Anhänger wie ein Talisman wirkte und Kräfte freisetzte, die an Zauberei grenzten. Er war der geborene Freiheitskämpfer. Sein Volk verehrte ihn abgöttisch. Er strahlte Entschlossenheit und die Bereitschaft

* Gemeint sind die sog. ›Wassergeusen‹: Der Begriff ›Geusen‹ (aus dem französischen *le gueux: der Bettler*) geht auf den verächtlichen Ausspruch eines königlichen Rats zurück, der das Erscheinen einer niederländischen Abordnung, die im Brüsseler Schloß um Abschaffung der Inquisition bitten wollte, mit der Bemerkung kommentierte: ›Es ist nur ein Bettlerhaufen‹ *(un tas de gueux)*. Die niederländischen Freiheitskämpfer nahmen daraufhin das Schimpfwort als Ehrennamen an. (Anm. d. Übers.)

aus, jedes Opfer zu bringen, das seinem Land die Unabhängigkeit zurückzugeben versprach.

Philipp wußte, daß solche Männer gefährlich waren, und sehnte sich verzweifelt nach einer Gelegenheit, ihn aus dem Weg zu schaffen. Es waren bereits viele Anschläge auf Wilhelms Leben verübt worden – jedoch keiner davon erfolgreich. Das Volk der Niederländer glaubte, Gott habe Wilhelm unter seinen besonderen Schutz gestellt, damit er sich als Retter ihres Landes erweise.

Das Glück schien auf seiner Seite – bis zu jenem furchtbaren Tag im Juli des Jahres 1584, als er in seiner eigenen Stadt Delft von einem gewissen Balthasar Gerrards erschossen wurde. Es war Ironie des Schicksals, daß Wilhelm erst kurze Zeit vorher noch von Gerrards um ein Almosen für einen armen Calvinisten gebeten worden war und bereitwillig gespendet hatte. Mit dem Geld, das sein Herrscher ihm gegeben hatte, hatte Gerrards dann eine Pistole gekauft und den großen Mann umgebracht.

Gerrards wurde auf der Stelle festgenommen und gefoltert. Er gestand, für Philipp spioniert zu haben, und wurde auf äußerst grausame Weise hingerichtet, denn die Niederländer hatten erkannt, daß er ihnen den schlimmsten Schaden zugefügt hatte, den man sich hätte denken können, und sie forderten Rache. Doch auch Rache rief Wilhelm den Schweiger nicht ins Leben zurück.

Als wir die Nachricht erhielten, berief Burghley sofort den Staatsrat ein.

Die Lage sei ernst, erklärte er. Wilhelms Tod bedeute, daß die Verantwortung, dafür zu sorgen, daß die Niederlande siegreich aus dem Kampf gegen Spanien hervorgingen, nun bei England liege.

Ich sträubte mich dagegen, mich dieser Meinung anzuschließen. Wenn das, was Burghley sagte, stimmte, wäre ein endlos dauernder Krieg auf holländischem Boden die Folge; England zum Kriegsschauplatz zu machen, das würde ich niemals zulassen. Ich malte mir aus, wie unsere Soldaten sinnlos ihr Leben lassen und wie Unsummen von Geld vergeudet würden... ohne daß nennenswerte Erfolge zu verbuchen wären. Wenn Wilhelm nicht in der Lage gewesen war, die Spanier zu vertreiben, wie sollten wir es dann schaffen?

»Er war unter den gegebenen Umständen sehr erfolgreich«, wandte Burghley ein. »Wenn er über mehr Truppen und Material verfügt hätte, wer weiß, was er hätte erreichen können?«

Meine Minister konnten meine Vorbehalte nicht gänzlich von der Hand weisen, führten mir jedoch die Gefahr vor Augen, die uns drohte, wenn es den Spaniern gelänge, ihre Fremdherrschaft in den Niederlanden endgültig zu festigen; dadurch, so gaben sie zu bedenken, würde Spanien beängstigend nahe an England heranrücken, und wir dürften niemals vergessen, daß unser gefährlichster Feind Philipp von Spanien sei.

Und wenn wir uns mit den Franzosen auf ein gemeinsames Vorgehen einigten? Immerhin war davon auszugehen, daß sie ebensowenig wie wir an einem Sieg Spaniens interessiert sein dürften.

Doch unsere Beziehungen zu Frankreich waren zur Zeit nicht die besten. Die Franzosen waren noch immer verärgert über die Demütigung, die ich dem Herzog von Anjou zugefügt hatte, und begannen offenbar erst jetzt zu durchschauen, daß ich nie die Absicht gehabt hatte, ihn zu heiraten, und nur mit ihm gespielt hatte, um Zeit zu gewinnen und abzuwarten, wie die Dinge in den Niederlanden sich entwickelten.

Außerdem war die Lage in Frankreich gegenwärtig recht unsicher, denn mit dem Tod Anjous hatten sich neue Konstellationen ergeben. Henri III. war kinderlos, und als Thronerbe galt der nächste männliche Verwandte, Henri von Navarra, ein Hugenotte.

Ich war sehr beunruhigt, als ich erfuhr, daß Holland in seiner Verzweiflung Henri III. die Herrschaft über die Niederlande angeboten hatte, falls er dem bedrängten Land militärische Hilfe zusagte. Dieser Vorschlag stürzte uns geradezu in Panik, denn der Gedanke an eine französische Vorherrschaft in den Niederlanden war fast so beängstigend wie der eines spanischen Regimes. Henri lehnte jedoch zu unserer großen Erleichterung ab; dennoch war die Lage mehr als brenzlig.

Ich war froh, als einige meiner Ratgeber von einer Einmischung abrieten. Zu ihnen gehörte auch Walsingham. Unsere Aussicht auf Erfolg sei gering, erklärte er, und es sei am gescheitesten, dafür zu sorgen, daß unser eigenes Land hinreichend geschützt sei. Er empfahl, den Bau weiterer Schiffe mit aller Macht voranzutreiben und England so uneinnehmbar zu machen.

Ich stimmte ihm vorbehaltlos zu und wies darauf hin, daß Henri III. ebenso kränklich veranlagt war wie sein Bruder. Sie waren eine ungesunde Familie, diese Valois. Falls der jetzige König sterben sollte, würde sich in Frankreich vieles ändern, denn mit Henri von Navarra würde ein Hugenotte den Thron besteigen.

Doch dann überbrachten Walsinghams Männer Neuigkeiten, die uns einen gehörigen Schrecken einjagten. Der Herzog von Guise hatte sich mit Philipp von Spanien verbündet, und es war offenbar beider erklärtes Ziel, nach dem Tod des Königs Henri von Navarra daran zu hindern, die Thronfolge anzutreten, und Frankreichs Hugenotten so radikal auszurotten, daß das Land innerhalb kürzester Zeit durch und durch katholisch würde. Angeblich planten sie außerdem, mit denselben Methoden den Katholizismus in ganz Europa durchzusetzen.

Angesichts derartig schwerwiegender Probleme tat ich, was ich in solchen Fällen immer tat. Ich griff zu Ausflüchten.

Ich erklärte, ich brauche Zeit, um in Ruhe darüber nachzudenken, was zu tun sei.

Ein weiterer Todesfall ereignete sich in jenem Jahr. Der arme Robert, er war untröstlich. Er war so stolz auf seinen kleinen Jungen gewesen. Jetzt bereute ich, ihn so scharf dafür getadelt zu haben, daß er versucht hatte, Arabella Stuart als Braut für seinen Sohn zu gewinnen.

Ich fand ständig Entschuldigungen für Roberts Verhalten. Welcher Vater, der diesen Namen verdiente, so fragte ich mich, würde für sein Kind nicht das Beste wollen?

Er kam eines Tages zu mir und sagte, er habe die Nachricht erhalten, daß sein Sohn krank sei, und bitte um die Erlaubnis, sich vom Hof zurückzuziehen. Ich erteilte sie ihm auf der Stelle und schickte ihn nach Hause; ich versprach ihm, für die schnelle Genesung des kleinen Jungen zu beten.

Ich glaube, sie waren beide bei dem kleinen Robert, als er starb. Sogar Lettice tat mir ein wenig leid. Sie war immerhin seine Mutter. Aber sie hatte noch mehr Kinder – vier an der Zahl, während der arme Robert nur dieses eine Kind hatte, von Douglass Sheffields Sohn einmal abgesehen.

Während jener Wochen mußte ich viel an Robert denken, und mir kam der Gedanke, daß er bei all seinem Ehrgeiz nie bekommen hatte, was er sich am sehnlichsten wünschte. Er hatte mit mir den Thron teilen wollen und ich hatte ihn daran gehindert, und je älter wir beide wurden, um so klarer wurde mir, daß ich weise gehandelt hatte. Er hatte sich bemüht, Ehepartner mit Rang und Namen für seinen Sohn und seine Stieftochter zu finden, und auch das hatte ich vereitelt. Dafür hatte ich ihn zum mächtigsten Mann im ganzen Lande gemacht – und zum reichsten. Nicht daß Robert selbst je das Gefühl gehabt hätte, reich zu sein! Je mehr er besaß, um so mehr gab er aus. Er liebte die Extravaganz, und um sie sich zu leisten, war ihm kein Preis zu hoch. Er gab ein Vermögen – und mehr – für die Instandhaltung seiner prächtigen Residenzen aus, für die das Beste gerade gut genug war.

Er hatte mehr Fehler als alle anderen Männer, die ich kannte.

Aber jetzt verdiente er mein ganzes Mitgefühl, und ich weinte um ihn.

Der Kleine wurde in der Beauchamp-Kapelle in Warwick beigesetzt.

Ich schickte nach Robert, und als er kam, bat ich meine Bedienten, uns allein zu lassen.

»Ich könnte mir vorstellen, daß Ihr jetzt Euren Schmerz mit mir teilen möchtet«, sagte ich, worauf er auf einem Schemel zu meinen Füßen Platz nahm, seinen Kopf gegen meine Knie lehnte und stille Tränen vergoß. Ich streichelte sein lockiges Haar und weinte mit ihm.

Ich sagte: »Redet ruhig, wenn Euch danach zumute ist, Robin, aber wenn Ihr lieber nicht sprechen wollt, soll es mir auch recht sein.«

Aber er wollte über seinen Sohn reden. Er berichtete mir, welch ein überaus aufgeweckter kleiner Kerl er trotz seiner zarten Gesundheit gewesen sei. Es überraschte mich, daß ein so robuster, kraftstrotzender Mann wie Robert ein schwächliches Kind in die Welt gesetzt hatte – aber so ist die Natur nun einmal. Er sprach auch von den Ängsten, denen er ständig ausgesetzt gewesen war, weil der Kleine zu Krämpfen geneigt hatte, und davon, daß das Kind nach jedem überstandenen Anfall ganz besonders geschwächt gewesen war.

»Robert, ein jeder von uns hat seine Last zu tragen«, sagte ich zu ihm. »Ihr habt auch viel, wofür Ihr dankbar sein könnt. Ich weiß, es ist ein grausamer Schicksalsschlag, aber die Zeit wird Euren Schmerz lindern.«

Er dankte mir für meine Anteilnahme, die, wie er sagte, der schönste Trost sei, den er sich vorstellen könne, und ich erwiderte, daß er doch inzwischen wissen müsse, daß ich immer für ihn da sei, wenn das Leben ihm übel mitspiele.

Er nickte und küßte meine Hand, und zwischen uns herrschte vollkommene Übereinstimmung. Wir spürten, daß unsere Liebe zueinander etwas sehr Kostbares war und daß sie erst ein Ende hätte, wenn einer von uns beiden stürbe und den anderen einsam und verzagt zurückließe.

»Seine Mutter verzehrt sich vor Gram«, sagte er.

»Das ist bei einer Mutter nur natürlich«, erwiderte ich.

»Sie leidet darunter, daß Ihr sie mit Verachtung straft. Wenn Ihr ihr erlauben könntet, an den Hof zurückzukehren, würde ihr das sicher sehr helfen, ihre Verzweiflung zu überwinden.«

Mein Mitgefühl war wie weggeblasen.

»Nein«, sagte ich kalt und bestimmt. »Für diese Frau ist kein Platz an meinem Hof.«

Er schwieg, und auch ich verstummte. Der Augenblick der Vertrautheit war vorüber. Er hatte den Zauber zerstört, indem er einer Schlange Zugang zu unserem Eden verschafft hatte.

Burghley war es, der mir die Schmähschrift zu lesen gab. Er war der Ansicht, sie dürfe mir nicht vorenthalten werden.

Ich hatte einen angenehmen Abend verbracht, obwohl die Trauer um unsere verstorbenen Freunde, den Herzog von Anjou und Wilhelm von Oranien, das gesellschaftliche Leben für eine Weile lahmgelegt hatte. Ich hatte mich mit äußerster Sorgfalt zurechtgemacht und mich für ein schwarzes Samtkleid entschieden, das mit Silberfäden und Perlen erziert war. Darüber trug ich eine Stola aus hauchdünnem silbernen Material. Sie war so zart und fein wie ein Spinnennetz; ein solches Kunstwerk zu erstellen hatte meine fleißigen Näherinnen viele Stunden Arbeit gekostet. Meine Halskrause glitzerte, denn sie war über und über mit goldenen und silbernen Sternen besetzt. Ich wußte, daß ich großartig aussah.

Ich zerbrach mir noch immer den Kopf darüber, wie ich mich den Niederlanden gegenüber verhalten sollte. Im Staatsrat herrschten die unterschiedlichsten Auffassungen über diese Frage, und Burghley schloß nicht aus, daß die Holländer mir die Herrschaft über ihr Land anbieten würden, nachdem ihr Versuch gescheitert war, Henri III. von Frankreich mit der Aussicht auf die niederländische Krone zu militärischem Beistand zu bewegen.

Ich dachte gerade über die Tragweite eines solchen Angebots nach, als Burghley zu mir kam und mich fragte, ob ich schon das unflätige Pamphlet gesehen hätte, das am ganzen Hof die Runde mache.

Ich verneinte dies und fragte ihn, wovon es handele.

Er antwortete, es trage den Titel *Abschrift eines Briefes, verfaßt von einem Magister der Schönen Künste der Universität zu Cambridge,* und es handele von den Missetaten eines gewissen Adligen.

»Leicester?« fragte ich.

Burghley nickte.

»Es tauchen doch immer wieder Leute auf, die Leicester in den Schmutz ziehen müssen«, bemerkte ich. »Er hat einfach zu viele Neider. Wer verbreitet denn nun schon wieder üble Nachrede?«

»Der Verfasser ist schwer auszumachen, aber angeblich stammt das Pamphlet von einem Jesuiten namens Robert Parsons.«

»Ich habe von ihm gehört. Er ist, soweit ich weiß, einer

von denen, die darauf brennen, England zum katholischen Glauben zurückzuführen; und er ist, wie die meisten seiner Ordensbrüder, offenbar entschlossen, dieses Ziel mit allen Mitteln zu verwirklichen – wie niederträchtig sie auch sein mögen. Ohne ihn und seinesgleichen wäre England ein glückliches Land. Nun denn, wo ist dieses Pamphlet?«

»Wenn Eure Majestät es wirklich sehen wollen, hole ich es; aber ich muß Euch warnen, die Lektüre ist nicht gerade erheiternd.«

»Woraus ich wohl schließen darf, daß ich darin erwähnt werde.«

Er schwieg.

»Bringt es mir sofort her«, sagte ich.

Und so gelangte ich in den Besitz jener Schmähschrift, des boshaftesten und ordinärsten Dokuments, das mir je unter die Augen gekommen war. Die in ihm enthaltenen Verleumdungen waren so absurd, daß ich das Gefühl hatte, es sei völlig bedeutungslos. Andererseits legten einzelne Abschnitte die Vermutung nahe, den gemeinen Anschuldigungen könne unter Umständen doch ein Körnchen Wahrheit zugrunde liegen. Aber der Jesuit Parsons war nicht klug genug vorgegangen: Hätte er sich damit begnügt, nur die einigermaßen überzeugenden Verdächtigungen aufzuzeichnen, dann wäre es ihm vielleicht gelungen, sein Ziel zu erreichen, das darin bestand, nicht nur Leicesters Ruf zu zerstören, sondern den meinen ebenfalls. Doch wie es so oft der Fall ist, wenn blinde Wut am Werke ist, war auch er zu weit gegangen.

Er spie Gift und Galle, und das nicht zu knapp. Dabei war Roberts Vergangenheit weiß Gott nicht so makellos, daß ein derartiger Haß erklärlich gewesen wäre. Trotz meines Zorns empfand ich eine gewisse Belustigung – und, ja, ich gebe es zu, auch Beunruhigung – darüber, daß Parsons' Verleumdungen solch offenkundigen Neid und abgrundtiefen Haß verrieten. Nicht gerade sehr klug von einem Mann, der behauptete, ein Mann Gottes zu sein.

Er hatte sich für Robert den Decknamen ›der Bär‹ ausgedacht, und sobald ich die einleitenden Sätze gelesen hatte, war mir klar, wovon der Rest des Textes handelte.

›Wir alle wissen, was der Bär am meisten liebt – seinen fetten Wanst...‹ Das war lächerlich. Gewiß, Robert hatte eine etwas übertriebene Vorliebe für das, was man das gute Leben nennt, aber er liebte vieles andere weitaus mehr – die Macht zum Beispiel, den Ruhm, materielle Güter. Und er hatte seinen verstorbenen Sohn geliebt, er liebte Lettice – und ganz sicher mich.

›Was seine Herkunft betrifft, so kann er sich nur zweier adliger Vorfahren rühmen, und beide haben ein schmachvolles Ende auf dem Richtblock gefunden...‹

Das stimmte – aber war es Roberts Schuld, daß sein Großvater hatte sterben müssen, damit das Volk beschwichtigt werden konnte, das ihn für die Steuern verantwortlich gemacht hatte, die mein Großvater seinen Untertanen auferlegt hatte? Seinen Vater hatte übermäßiger Ehrgeiz aufs Schafott gebracht – aber war etwa Robert daran schuld? Auch meine eigene Mutter hatte den Kopf auf den Richtblock legen müssen, und außer ihr noch viele andere Unschuldige. Dieser Jesuit war ein Narr.

›Er wurde bereits im zarten Alter zur Verschwörung gegen König Henrys Kinder aufgehetzt‹, fuhr Parsons fort.

Es traf in der Tat zu, daß Robert sich als Kind oft am königlichen Hof aufgehalten hatte, aber er war, seit wir uns kannten, stets für mich eingetreten und hatte später sogar seine Ländereien verkauft, um mir für den Fall, daß ich gezwungen wäre, meinen Thron zu verteidigen, mit Geld aushelfen zu können.

Es kostete mich Überwindung weiterzulesen, denn mir war klar, daß dieser Parsons auf meinen königlichen Rang keinerlei Rücksicht nehmen würde. Wie recht ich doch hatte! Nachdem er sich darüber ausgebreitet hatte, in welchem Maße Leicester seiner Familie Vorteile verschafft hatte, wandte er sich seiner Beziehung zu mir zu. All der boshafte Klatsch von früher, all die verleumderischen Unterstellungen waren wieder aufgerührt worden. Die Kinder, die gleich nach der Geburt umgebracht oder heimlich fortgeschafft worden waren... nichts hatte er ausgelassen. Je mehr ich las, um so wütender wurde ich.

Leicester sei ein Mörder, erklärte Parsons, der außer seiner Frau, die ihm im Wege gestanden habe, auch andere Menschen getötet habe. Es folgte eine Schilderung der angeblichen Umstände des Todes von Amy Robsart, die, wie der Verfasser betonte, auf Leicesters Befehl von dessen Dienern beseitigt worden war, weil Leicester frei sein wollte, um die Königin zu heiraten.

Zuvor hatte Parsons noch behauptet, Leicester habe mich behext und mit Hilfe der Magie zum willenlosen Opfer seiner sinnlichen Begierde gemacht. Er schien jedoch nicht weiter darüber nachgedacht zu haben, daß jeder vernünftige Mensch sich unwillkürlich fragen mußte, wieso er sich dieser Zaubermittel nicht bedient hatte, um die Heirat mit mir zu erzwingen, wo er doch Amy eigens zu diesem Zweck hatte umbringen lassen!

Auch Lord Sheffields Tod wurde in allen Einzelheiten beschrieben. Er sei ebenfalls auf Leicesters Anordnung hin ermordet worden, weil er damit gedroht habe, sich von seiner Frau scheiden zu lassen und Leicester öffentlich als ihren Liebhaber bloßzustellen. Also habe ein künstlich herbeigeführter Katarrh ihn für immer verstummen lassen. Lord Essex sei eine nach italienischem Rezept zubereitete Mixtur verabreicht worden; er sei gestorben, nachdem er erfahren habe, Lettice erwarte ein Kind von Leicester. Das Kind sei anschließend beseitigt worden. Lady Sheffield sei nahezu vergiftet worden; das beweise die Tatsache, daß ihr bereits die Nägel von den Fingern gefallen und das Haar büschelweise ausgegangen sei. Ihre Heirat mit Sir Edward Stafford habe ihr buchstäblich in letzter Minute das Leben gerettet. Jedermann wisse, daß im Fall Lady Sheffields wie auch im Zusammenhang mit dem mysteriösen Tod Amy Robsarts eine gerichtliche Untersuchung durchgeführt worden sei. Leicesters Helfershelfer hätten sich jedoch vor ihrem Auftraggeber gefürchtet und dafür gesorgt, daß die Wahrheit niemals ans Licht der Öffentlichkeit gelangte.

Was war dieser Jesuit doch für ein Narr! Die Verbrechen, die er Robert zur Last gelegt hatte, konnten zwar nicht bewiesen werden, wurzelten aber alle in unwiderlegbaren, vielleicht verzerrt dargestellten, aber immerhin einigermaßen plausiblen Tatsachen. Er aber gab sich damit nicht zufrieden. Er mußte mir unbedingt Kinder andichten, was insofern absurd war, als ich keinen einzigen unbeobachteten Schritt tun konnte und eine Schwangerschaft unmöglich vor den vielen Angehörigen des Hofstaats hätte verbergen können. Diese spezielle Skandalgeschichte war also purer Unsinn.

Parsons erfand die wahnwitzigsten Verbrechen. Eins der unsinnigsten, die er sich hatte einfallen lassen, betraf den Tod des Kardinals von Chatillon. Dabei war allgemein bekannt, daß der Kardinal Catherine von Medici im Weg gestanden hatte und daß diese Dame in dem Ruf stand, eine geschickte Giftmischerin zu sein. Weshalb schob er dann Robert die Schuld an seinem Tod zu? Das Ganze war ohne Sinn und Verstand. Parsons' wenig überzeugende Erklärung lautete, der Kardinal habe damit gedroht, Leicesters Versuch, meine Heirat mit dem Herzog von Anjou zu vereiteln, in der Öffentlichkeit bekannt zu machen; daraufhin seien Leicesters spionierende Giftmörder ausgezogen, um sich ›um ihn zu kümmern‹.

Ich war entsetzt und fasziniert zugleich. Diese Schauergeschichten waren nicht nur eine Verleumdung Roberts, sondern auch vieler anderer Menschen. Meiner Person zum Beispiel. Wenn dieser Jesuit gefaßt würde, würden ihn seine beleidigenden Äußerungen teuer zu stehen kommen. Auch John Dee, der Astrologe, war nicht verschont geblieben, ebensowenig Doktor Julio, Roberts Leibarzt, dem nachgesagt wurde, die Kunst des Giftmischens aus Italien nach England mitgebracht zu haben. Er wurde namentlich als einer der Komplizen genannt, die Robert angeblich geholfen hatten, seine Opfer ins Jenseits zu befördern.

Laut Pater Parsons war Robert in der Schwarzen Magie bewandert, ein Lüstling ohnegleichen, die Habgier in Person, ein machthungriger Mörder. Der Teufel selbst hätte nicht abschreckender charakterisiert werden können.

Je mehr ich las, um so lächerlicher erschienen mir die absurden Behauptungen. Andererseits erkannte ich sehr wohl, welche Gefahr dieses Pamphlet darstellen könnte, falls es meinen Feinden in die Hände fiele. Robert und ich standen einander zu nahe, als daß ich hätte hoffen können, mit seinen vermeintlichen Schandtaten nicht in Verbindung gebracht zu werden.

Alte Skandalgeschichten drohten wieder aufgewärmt zu werden. Man würde sich daran erinnern, wie Amy Robsart starb. Hätte ich damals Robert geheiratet, so wäre das das Ende meiner Regierungszeit gewesen, denn mein Volk hätte sich genauso von mir abgewandt, wie das schottische Volk sich von Mary Stuart abgewandt hatte, als sie Bothwell, Darnleys Mörder, zum Mann nahm. Was war sie doch für eine törichte Frau gewesen! Ich fragte mich, ob sie wohl so oft an mich dachte, wie ich an sie. Wahrscheinlich war das unvermeidlich, denn sie versuchte unablässig, aus den Gefängnissen zu fliehen, in denen ich sie untergebracht hatte.

Ob sie sich wohl je Gedanken darüber machte, wie sehr sich mein Leben und das ihre zu jener Zeit geglichen hatten, als ich so verliebt in Robert gewesen war und seine Frau, die unserem Glück im Wege stand, ein so schreckliches Ende gefunden hatte? Damals hatte ich erkannt, daß ihr Tod all meinen Hoffnungen auf eine Heirat mit Robert ein Ende setzte. Nur indem ich ihn nicht heiratete, konnte ich mich vom Verdacht der Mitschuld befreien. Denn wenn ich auf die Ehe mit ihm verzichtete, obwohl er frei war, wie hätte ich dann bei der Beseitigung seiner unerwünschten Ehefrau meine Hände im Spiel haben können? Wie anders doch Mary gewesen war! Sie hatte Bothwell geheiratet, noch bevor Darnleys Leiche kalt war. Dumme, eigensinnige Mary. Und kluge Elizabeth.

Jetzt aber brauchte ich meine ganze Klugheit, um zu entscheiden, was mit dem verleumderischen Pamphlet zu geschehen hätte. Sollte ich es der Lächerlichkeit preisgeben? Spott war immer eine gute Waffe – vielleicht sogar die beste, wenn sie geschickt eingesetzt wurde.

Dennoch konnte ich nicht tatenlos mitansehen, wie die Schmähschrift im ganzen Land von Hand zu Hand wanderte.

Ich erließ eine Verfügung, die die Verbreitung der Aufzeichnungen untersagte, die mittlerweile als *Pater Parsons' haarsträubende Enthüllungen* oder *Leicesters gute Werke* eine fragwürdige Berühmtheit erlangt hatten, und versicherte, daß meines Wissens der Inhalt des unflätigen Dokuments eine einzige Lüge sei.

Der junge Philip Sidney – er durfte sich inzwischen Sir Philip nennen, denn ich hatte ihm die Ritterwürde verliehen – verfaßte zur Verteidigung seines Onkels eine überaus eindrucksvolle und bewegende Gegendarstellung, in der er erklärte, daß er väterlicherseits von altem, angesehenem Landadel abstamme und Angehörige der besten Familien des Landes zu seinen Vorfahren zähle, daß er es jedoch als besondere Ehre empfinde, ein Dudley zu sein. Der liebe Philip Sidney! Ich hatte ihn schon immer gern gemocht, nicht zuletzt, weil er ein so glühender Bewunderer seines Onkels war. Er war ein so anständiger und so kluger junger Mann; es war undenkbar, daß er seine Zuneigung einem Menschen schenkte, der ihrer nicht würdig wäre. Es tat mir gut zu sehen, welch herzliche Freundschaft zwischen ihm und Robert bestand.

Doch niemand wollte Philip Sidneys Verteidigungsschrift lesen. Sie war nicht so reißerisch wie *Leicesters gute Werke*, und die Menschen interessieren sich nun einmal weitaus mehr für das Laster als für die Tugend.

Selbst mein Erlaß wurde nicht in vollem Umfang befolgt. Es gab immer wieder Leute, die es reizte, Geld damit zu verdienen, daß sie verbotene Literatur ins Land schmuggelten. So war es auch in diesem Fall, und ich hatte das Gefühl, daß es kaum jemanden in meinem Königreich gab, dem *Pater Parsons' haarsträubende Enthüllungen* kein Begriff waren.

Beunruhigend war ferner die Tatsache, daß das Pamphlet auch im Ausland Beachtung fand. Es dauerte nicht lange und es gab eine französische Fassung – *La Vie Abominable, Ruses, Meurtres etc. de Mylord de Leicester*. Und welch ein unglücklicher Zufall, daß mein englischer Gesandter in Frankreich ausgerechnet Sir Edward Stafford war, der Mann, der Douglass Sheffield geheiratet hatte!

Er befand sich in einem Dilemma. Er schrieb an Walsingham und Burghley und wies sie auf die Übersetzung hin; er fragte sie, ob die Existenz eines so schändlichen Dokuments, das eine Beleidigung seiner Königin und eines ihrer höchsten diplomatischen Vertreter darstelle, stillschweigend hingenommen werden dürfe. Andererseits gab er zu bedenken, daß seiner Frau, die ja in dem Pamphlet erwähnt werde, unnötig Kummer zugefügt würde, wenn man sich entschlösse, den Lügengeschichten Beachtung zu schenken. Seine Frau sei schon völlig verzweifelt gewesen, als der Erstdruck im Umlauf gewesen sei; die gegenwärtig verbreitete Neuauflage drohe sie ›um den Verstand zu bringen‹, und er befürchte ernsthaft, sie könne vor Gram sterben.

Als mir seine Briefe vorgelegt wurden, tat mir die arme Douglass Sheffield aufrichtig leid. Zwar wurde auch ich in besagtem Dokument verleumdet und wie Douglass der Mitschuld an einem Mord bezichtigt; ich war jedoch eine starke Frau, während sie, die Arme, ein Schwächling war. Wie sehr sie es bereuen mußte, Robert Dudley je kennengelernt und sich ihm im Überschwang der Gefühle hingegeben zu haben!

Doch was sollten wir tun? Das war die Frage.

Burghley sagte, ihm scheine, Stafford habe in seinem Brief die Antwort bereits gegeben: Man solle die Angelegenheit auf sich beruhen lassen und wie etwas behandeln, das viel zu belanglos sei, um lauthals widerlegt zu werden. Wie so oft, empfehle es sich, bildlich gesprochen, auch in diesem Fall, schlafende Hunde nicht aufzuwecken.

Ich nickte.

»Ja«, sagte ich, »Stafford hat ganz recht. Wenn wir diese Schmähschrift ignorieren, strafen wir sie mit der Verachtung, die sie verdient. Protestgeschrei und Wutausbrüche würden nur den Eindruck erwecken, wir nähmen die boshaften Lügen ernst, und womöglich den Verdacht nahelegen, wir hätte etwas zu verbergen.«

»Dann laßt uns Parsons' angebliche ›Enthüllungen‹ als das wirre Gefasel eines Fanatikers hinstellen.«

Genau das taten wir.

Aber das war keineswegs das Ende von *Pater Parsons' haarsträubenden Enthüllungen*. Sie sollten noch auf Jahre hinaus auf ungesetzlichem Wege gedruckt und neu aufgelegt werden und im ganzen Königreich erscheinen. Robert war jedoch selbstbewußt genug, sich über die gegen ihn erhobenen Beschuldigungen hinwegzusetzen. Vielleicht flößte er den Menschen jetzt sogar noch mehr Respekt ein als früher. Jedenfalls überlegten diejenigen, die ihm übelwollten, es sich sehr genau, bevor sie ihn beleidigten.

Robert machte sich nichts aus dem Skandal. Unbeirrt und unbeeindruckt setzte er seine glänzende Karriere fort.

Die Lage in den Niederlanden spitzte sich zu. Burghley hatte bereits angedeutet, daß wir bald nicht mehr umhinkönnten, uns zu einer unangenehmen Entscheidung durchzuringen.

Wie ich erwartet hatte, war mir die Herrschaft über die Niederlande angeboten worden, und eine Gruppe holländischer Abgesandter traf in England ein, um mich um Beistand anzuflehen. Die Holländer glaubten, das Angebot der Krone werde mich veranlassen zuzusagen; sie konnten nicht verstehen, daß ich für eine Politik des Friedens eintrat und den Krieg mit jeder Faser meines Herzens verabscheute. Wäre da nicht die ständige Bedrohung durch die Spanier gewesen, ich hätte keinen zweiten Gedanken an die Frage verschwendet, ob es sinnvoll sei, einzuschreiten oder nicht. Doch ich wußte, daß meine Minister recht hatten, als sie mich darauf aufmerksam machten, daß wir Spanien nicht erlauben dürften, die uneingeschränkte Oberherrschaft über ein Land an sich zu reißen, das nur einen Katzensprung von England entfernt war.

Also beschlossen wir, den Niederlanden zu helfen – mit Geld und auch mit Soldaten. Wenn der Krieg vorüber wäre, würden die Holländer uns unsere Unkosten auf den letzten Penny erstatten müssen. Bis diese glückliche Zeit jedoch anbräche, würden sie uns eine Stadt in jeder ihrer Provinzen als Pfand überlassen müssen.

Wir erklärten uns bereit, vierhundert Reiter, viertausend Fußsoldaten und siebenhundert Mann Garnisonstruppen zu entsenden. Später vergrößerten wir diese Zahl, denn es war klar, daß Verstärkung benötigt werden würde; ich versprach daher, weitere sechshundert Kavalleristen und tausend Infanteristen bereitzustellen.

Da ich Robert und auch Burghley einen Gefallen tun wollte, machte ich Philip Sidney zum Statthalter von Vlissingen und Burghleys ältesten Sohn, Thomas Cecil, zum Statthalter von Briel.

Viele meiner Ratgeber und Vertrauten gefielen sich in der Rolle der edlen Gönner, die stets bemüht waren, meine Aufmerksamkeit auf ihre Schützlinge zu lenken und den jungen Leuten auf diese Weise zu Förderung und Auszeichnung zu verhelfen. Selbst Burghley, der durchaus nicht machthungrig war, bildete, was den Hang zur Vetternwirtschaft betraf, keine Ausnahme. Ich hatte das Gefühl, daß er die glänzend begabten Söhne meines Großsiegelbewahrers Nicholas Bacon absichtlich von mir fernhielt, aus Angst, sie könnten seinen eigenen Sohn ausstechen – nicht Thomas, den älteren, sondern seinen verwachsenen kleinen Robert, der mir bereits aufgefallen war und den ich für einen außerordentlich talentierten jungen Mann hielt; wahrscheinlich war seine besondere Klugheit darauf zurückzuführen, daß seine körperliche Behinderung in ihm den Ehrgeiz geweckt hatte, sich durch seinen Verstand allein die Anerkennung zu sichern, zu der ihm seine äußere Erscheinung niemals würde verhelfen können.

Die große Frage war nun: Wer sollte das für die Niederlande bestimmte Heer befehligen? Ich wußte, daß Robert sehr daran interessiert war, aber ich zögerte, ihm die Aufgabe zu übertragen, weil ich den Gedanken, ihn nicht mehr um mich zu haben, unerträglich fand und weil mich die Möglichkeit, er könne in Gefahr geraten, in Angst und Schrecken versetzte.

Meine Berater waren jedoch der Ansicht, Robert solle das Kommando übernehmen.

Und da *Pater Parsons' haarsträubende Enthüllungen* noch immer aufs heftigste die Gemüter erregten, erschien es mir nicht verkehrt, Robert für eine Weile fortzuschicken.

Sowohl Burghley als auch Walsingham hielten ihn für eine herausragende Persönlichkeit; außerdem würde, wenn Robert den Oberbefehl erhielte, dem Volk begreiflich gemacht werden, welche Bedeutung wir der Unterstützung der Niederlande beimaßen. Und noch etwas sprach dafür, Robert in die Niederlande zu entsenden: Robert strebte nicht nur nach dem Ruhm, den ein solcher Feldzug versprach, er verfügte auch über genügend Mittel, um seine Beförderung zum Befehlshaber aus eigener Tasche zu finanzieren. Und obwohl er von Haus aus kein Heerführer war, würden ihm fähige Generäle zur Seite stehen.

Also wurde beschlossen, Robert in die Niederlande zu schicken.

Ich bestellte Robert zu mir und behielt ihn bis zu seiner Abreise bei mir. Es gebe noch so vieles zu besprechen, meinte ich. Selbst am Vorabend seines Aufbruchs sorgte ich dafür, daß er keine Gelegenheit hatte, nach Leicester House zurückzukehren, wo Lettice zweifellos auf ihn wartete, um zärtlich Abschied zu nehmen.

Ich blieb bei ihm, bis es für ihn Zeit wurde, sich auf den Weg nach Harwich zu machen, wo eine Flotte von fünfzig Segelschiffen vor Anker lag, um ihn ans Ziel der ersten Etappe seiner Reise zu bringen.

Später hörte ich, man habe ihm bei seiner Ankunft in Rotterdam einen begeisterten Empfang bereitet; die Flußufer seien von Menschen gesäumt gewesen, die Fackeln geschwenkt hätten, und der Jubel der Bevölkerung, so der Bericht, sei ohrenbetäubend gewesen.

Die armen Menschen, sie müssen große Angst ausgestanden haben. Und das war nur allzu verständlich; schließlich waren die fanatischen Spanier, die für ihre Grausamkeit bekannt waren, im Begriff, sie endgültig zu unterjochen. Wie Robert einen solchen Empfang genossen haben muß! Im Grunde seines Herzens hatte er sich immer gewünscht, König zu sein.

Ich fühlte mich krank und elend, als er fort war. Warum hatte ich ihn nur gehen lassen? Wenn er nun auf dem Schlachtfeld ums Leben kam? Dabei hatte er so blendend ausgesehen, als er, hoch zu Roß, die Kavalkade angeführt hatte; und als ich meinen Befürchtungen Ausdruck gegeben hatte, hatte er mit dem ihm eigenen Charme geantwortet, er bedauere, nicht tausend Leben zu besitzen und so des Vergnügens beraubt zu werden, mir jedes einzelne davon zur Verfügung stellen zu können.

Dennoch machte ich mir Sorgen, und mit dem Grübeln

kamen die Kopfschmerzen wieder. Ich wünschte verzweifelt, wir wären nie in die niederländischen Freiheitskämpfe hineingezogen worden. Ich hätte mich niemals eingemischt, wenn ich nicht berechtigte Furcht vor den Spaniern gehabt hätte, die von Tag zu Tag mächtiger wurden; angesichts dieser Bedrohung dankte ich Gott dafür, daß wir uns solch großartiger Seeleute wie Sir Francis Drake rühmen konnten, die die spanischen Schiffe kaperten und ausplünderten, wo immer sie ihnen begegneten. Schade nur, daß England nicht noch mehr solcher kühnen Seefahrer besaß, um die Spanier endgültig von den Weltmeeren zu vertreiben. Weshalb nur konnten diese Menschen nicht in ihrem eigenen Land in Frieden leben und mich und mein Land in Ruhe lassen? Warum nur mußten sie von diesem fanatischen Wunsch besessen sein, ihre Herrschaft und ihre Religion denen aufzudrängen, die sie gar nicht wollten?

Aber so war es nun einmal, und aus dem Grunde mußten prächtige Männer wie Robert Dudley in den Krieg ziehen.

Meine Gefühle schlugen jedoch jäh um, als ich die Nachricht erhielt, daß das niederländische Volk, das in Robert den Retter seines Landes sah, ihm fast unmittelbar nach seiner Ankunft Amt und Titel eines Generalgouverneurs der Vereinigten Provinzen* angeboten hatte – eben jene Regentschaft, die zuerst von Henri III. von Frankreich und danach von mir abgelehnt worden war. Und Robert hatte die Dreistigkeit besessen, den Ehrentitel anzunehmen, ohne sich mit mir zu beraten! Meine Wut vertrieb meine Besorgnis. Warum hatte ich mir wegen Robert nur solche Sorgen gemacht? Er war gar nicht in die Niederlande gereist, um dort Krieg zu führen – König hatte er werden wollen!

Ich schickte nach Thomas Heneage. Empört rief ich aus: »Was haltet Ihr von der neuesten Nachricht? Mylord Leicester hat den Ehrentitel angenommen, den ich zurückgewiesen habe. Vermutlich fühlt er sich bereits als König der Niederlande – und gebärdet sich entsprechend!«

* Es handelt sich um die nördlichen Provinzen, das heutige Holland, die sich 1581 in der Utrechter Union zusammenschlossen; die südlichen, vorwiegend katholischen Provinzen, das heutige Belgien, blieben hingegen spanisch. (Anm. d. Übers.)

Natürlich empfand Heneage insgeheim Schadenfreude; das taten sie alle, wenn sie merkten, daß ich wütend auf Robert war. Trotzdem hütete er sich, abfällig von Robert zu reden, denn er wußte ebensogut wie die übrigen Höflinge, daß ich in der Lage war, ihnen gehörig die Leviten zu lesen, wenn sie ihn angriffen.

»Ich werde ihm sofort schreiben«, erklärte ich, »und diesem ganzen Unsinn ein Ende machen. Ihr werdet ihm meinen Brief überbringen und ihm in aller Deutlichkeit sagen, wie verärgert ich bin.«

Daraufhin griff ich zu Feder und Papier und ließ meinem Zorn freien Lauf.

»Wir hätten uns niemals träumen lassen«, schrieb ich, »wären wir nicht durch eigene Erfahrung eines Besseren belehrt worden, daß ein Mann, der von uns selbst erhöht und vor jedem anderen Untertan dieses Landes in großzügigster Weise begünstigt wurde, auf so niederträchtige Art gegen unsere Anweisungen verstoßen würde, dazu noch in einer Angelegenheit, die aufs empfindlichste unsere Ehre berührt... Es ist unser ausdrücklicher Wunsch und Befehl, daß Ihr unverzüglich und ohne Widerrede Eurer Untertanenpflicht nachkommt und auf der Stelle ausführt, was immer der Überbringer dieses Briefes in unserem Namen von Euch verlangen wird. Und wagt nicht, Euch diesen Anordnungen zu widersetzen, oder Ihr werdet für Eure Starrköpfigkeit teuer bezahlen...«

Oh, ich würde dafür sorgen, daß ihm keine Peinlichkeit erspart bliebe! Er hatte den Ehrentitel öffentlich angenommen. Nun sollte er ebenso öffentlich auf ihn verzichten. Ich würde das ganze niederländische Volk wissen lassen, daß er mein Diener war, und niemand sollte es je vergessen.

Ich tobte und wütete. Aber ich glaube, diejenigen unter meinen Höflingen, die mich gut genug kannten, wußten, daß mein Zorn sich schnell legen würde und daß ich schon bald wieder um Roberts Gesundheit und seinen guten Ruf besorgt wäre.

Burghley mahnte zur Vorsicht. Wir sollten die Angelegenheit erst einmal in Ruhe erörtern. Wir dürften uns nicht zu übereilten Entscheidungen hinreißen lassen.

Es hätte nicht viel gefehlt, und ich hätte mich erweichen lassen. Wie glücklich er gewesen sein muß, als ihm die große Ehre zuteil wurde! Mein lieber Robert, er wird die Auszeichnung mit dem ihm eigenen Charme und mit Würde entgegengenommen haben. Ich wünschte, ich wäre dabeigewesen und hätte ihn sehen können. Doch dann wurde mir wieder bewußt, was er getan hatte. Er hatte eigenmächtig gehandelt. Und außerdem – wie konnte er Generalgouverneur der Vereinigten Provinzen sein, wenn sein Platz nicht in den Niederlanden, sondern hier in England, an meiner Seite, war?

Und dann kam mir etwas zu Ohren, das mich noch mehr erzürnte. Lettice war offenbar im Begriff, sich ihrem Mann anzuschließen, und sie schien sich mit all dem Pomp zu umgeben, der einer Königin zustand! Sie stellte gerade ihre Garderobe zusammen, und die Londoner Kaufleute eilten geschäftig zwischen ihren Läden und Leicester House hin und her, um ihr die prächtigsten Stoffe vorzulegen – natürlich nur die allerfeinste Ware, die für die Frau eines Mannes, der ein so erhabener Fürst war, gerade gut genug war. Sie hatte den Bau verschiedener Kutschen in Auftrag gegeben, die mit dem niederländischen Staatswappen und dem persönlichen Wappen Leicesters geschmückt werden sollten.

Madam Lettice konnte nur im Stil einer Königin reisen!

Das war mehr, als ich ertragen konnte, und ich verlor endgültig die Beherrschung. Ich schwor Stein und Bein, dafür zu sorgen, daß Madam Lettice ihre feinen Sachen schleunigst wieder auspacken würde. Aus der königlichen Reise würde nichts werden. Der Triumph würde ihr nicht vergönnt sein!

»Sie wird nicht zu ihrem König in die Niederlande reisen«, bemerkte ich grimmig. »Eher wird sie ihn im Tower wiedersehen, denn er ist seine Krone schon wieder los und wird in Kürze mit Schimpf und Schande nach England zurückkehren.«

Also wurde Lettice befohlen, die Vorbereitungen abzubrechen. Sie konnte die Kaufleute mit ihren edlen Stoffen getrost wieder nach Hause schicken. Sie konnte ihren

Schmuck wieder auspacken. Es sollte alles ganz anders kommen, als sie es sich erträumt hatte.

Heneage sollte sofort aufbrechen und Leicester mitteilen, daß er unverzüglich seine lieben Untertanen davon zu unterrichten habe, daß seine Königin, die allein in der Lage sei, ihm Macht zu verleihen oder zu entziehen, zu der Überzeugung gelangt sei, daß er voreilig, töricht und gegen ihren Willen gehandelt habe, als er sich mit einer Auszeichnung habe ehren lassen, die entgegenzunehmen ihm nicht zustehe. Er müsse Amt und Titel sofort zurückgeben.

Meine Wut auf Robert hatte sich fast schon gelegt, aber der Gedanke an Lettice' ›Triumphzug‹ hatte sie neu entfacht.

Burghley plädierte dafür, Heneage noch eine Weile zurückzuhalten. Heneage selbst war ebenfalls dafür. Ich wußte, daß Burghley frohlockt hätte, wenn Robert gedemütigt worden wäre, aber er ließ sich bei politischen Entscheidungen niemals von persönlichen Gefühlen beeinflussen. Gerade das machte ihn ja zu meinem wertvollsten Ratgeber.

Er wies darauf hin, daß es nicht ungefährlich sei, den Mann, den ich als meinen Stellvertreter in die Niederlande entsandt hatte, öffentlich bloßzustellen. Gewiß müsse Leicester das Amt des Generalgouverneurs aufgeben – eine solche Verantwortung könne England nicht übernehmen; aber ihm müsse Gelegenheit gegeben werden, dies möglichst unauffällig zu tun. Man werde irgendeine Ausrede erfinden müssen, die es Leicester erlaube, sich aus einer Situation zu befreien, in die er sich selbst in einem unbesonnenen Augenblick gebracht habe. Man müsse verlauten lassen, daß England durchaus nicht daran interessiert sei, die Verantwortung für die Niederlande zu übernehmen. Ihnen militärische Hilfe zu gewähren, das stehe auf einem ganz anderen Blatt. Schließlich befänden wir uns nicht im Krieg mit Spanien – wenn wir auch in den Niederlanden auf Seiten der Niederländer kämpften. Die Lage sei heikel. Leicesters Eigenmächtigkeit habe die Situation in gewisser Weise verschärft; um so mehr sollten wir darauf bedacht sein, sie nicht noch zu verschlimmern.

Das leuchtete mir ein. Überdies hätte ich es niemals übers

Herz gebracht, Robert durch eine öffentliche Demütigung zu verletzen. Ihm unter vier Augen einen Rüffel zu erteilen, würde völlig ausreichen.

Was war dieser Feldzug doch für eine Katastrophe! Ich hätte mich nie überreden lassen dürfen, in den Krieg zu ziehen – denn auf nichts anderes hatte ich mich eingelassen. Hatte ich nicht immer gewußt, daß niemand als Sieger aus einem Krieg hervorging? Ein Krieg kostete viel zu viele Menschenleben und verschlang unnötig viele Mittel; und der Gedanke daran, daß Geld und Munition vergeudet wurden, die anderweitig sinnvoller hätten verwendet werden können, machte mich zornig.

Außerdem war Robert alles andere als ein Soldat. Er war ein Mann des Hofes. Natürlich genoß er die festlichen Veranstaltungen, die Bankette und die Verehrung, die ihm entgegengebracht wurde. Aber deswegen hatten ihn die Holländer nicht kommen lassen. Sie wollten mit unserer Hilfe die Spanier aus ihrem Land vertreiben.

Ich hatte Robert erlaubt, sein Amt so lange zu behalten, bis ein Plan vorläge, wie seine Position am besten neu zu definieren sei. Nachdem mein erster Zorn verraucht war, war es, glaube ich, mein größter Wunsch, alle Beteiligten wissen zu lassen, daß ich mit Roberts unglückseliger Auszeichnung nichts zu tun hatte. Meine Gefühle für Robert waren allgemein bekannt, so daß davon auszugehen war, daß man mich verdächtigte, ihm diesen Ehrentitel verschafft zu haben. Ich legte deshalb besonderen Wert darauf klarzustellen, daß dem nicht so war, und erklärte mich nun bereit, den Staatsrat zu beauftragen, eine Lösung des Problems zu erarbeiten.

Robert war für die Aufgabe, die ihm übertragen worden war, einfach nicht geschaffen. Wir hätten ihn nie dorthin schicken sollen. Er verachtete die Holländer wegen ihrer ungeschliffenen Umgangsformen und bezeichnete sie in ihrer Gegenwart als Flegel und Tölpel. Er hatte nur noch einen Wunsch – nach Hause zurückzukehren.

Abgesehen davon war er, wie gesagt, kein Soldat und den Spaniern in keiner Weise gewachsen. Zwar gelang es ihm, die Stadt Grave zu befreien – ein Sieg, der ihn zu der Annahme veranlaßte, damit sei der ganze Feldzug entschieden und er könne sich nun getrost auf seinen Lorbeeren ausruhen. Aber es dauerte nicht lange, bis Alexander von Parma, Philipps Statthalter, Grave zurückeroberte und Robert, der die Schuld an der Niederlage bei allen anderen, nur nicht bei sich selbst suchte, heillos mit seinen Hauptleuten zerstritten war.

Es fiel mir nicht schwer, mir vorzustellen, wie sehr er das Leben bei Hofe vermißte.

Und dann ereignete sich etwas sehr Trauriges. Philip Sidney hatte seinen Onkel in die Niederlande begleitet, um sein Gouverneursamt in Vlissingen anzutreten. Ich malte mir aus, wie Robert mit ihm über meine Verärgerung wegen des Generalgouverneurstitels sprach; natürlich war zu vermuten, daß der junge Mann für seinen Onkel Partei ergriff, der in seinen Augen über jeden Tadel erhaben war. Welch eine großartige Kameradschaft die beiden doch verband! Je mehr ich darüber nachdachte, um so mehr wünschte ich mir, ich hätte mich nie auf dieses Abenteuer eingelassen; es brachte allen Beteiligten nichts als Unglück. Wenn es nach mir gegangen wäre, so hätte ich mich in meinem Königreich verschanzt. Ich hätte den Bau meiner Schiffe vorangetrieben und mein Land befestigen lassen, um für den Tag gerüstet zu sein, an dem die Spanier versuchen würden, England zu erobern. Burghley war überzeugt davon, daß sie kämen, und allmählich glaubte auch ich, daß er recht hatte.

O ja, das wäre vernünftiger gewesen, als im Ausland sinnlose Schlachten zu schlagen.

Philip Sidney muß sehr traurig gewesen sein, denn er hatte erst kürzlich seinen Vater und auch seine Mutter verloren. Beider Tod war mir sehr nahegegangen, besonders der meiner lieben Mary Sidney, deren aufopfernde Freundschaft ich nie vergessen würde. Wie ich den Tod haßte! Es war schon schlimm genug, wenn Menschen am Ende eines erfüllten Lebens in ihren Betten starben; aber erleben zu müssen, wie sie in unsinnigen Kriegen in der Blüte ihrer Jahre dahingerafft wurden, das war fast unerträglich.

Es geschah in Zutphen. Philip hatte frühmorgens sein Zelt verlassen und unglückseligerweise – wie sich später herausstellen sollte – Sir William Pelham getroffen, der vergessen hatte, den Beinharnisch anzulegen. Leichtsinnigerweise bot Philip ihm seinen an und erklärte unbekümmert, er benötige diesen Teil der Rüstung nicht. Wie sehr der törichte Junge sich doch irrte! Denn während der darauffolgenden Schlacht wurde er am Oberschenkel verwundet.

Philip Sidney hatte etwas von einem Heiligen – obwohl er damals jene Liebesgedichte für Penelope Rich, die Frau eines anderen Mannes, geschrieben hatte. Aber sie war ja die Tochter dieser Teufelin und daher möglicherweise im Besitz besonderer Zauberkräfte, die sie von ihrer Mutter geerbt hatte und mit denen sie den Männern den Kopf verdrehte.

Daß Philip Sidney Penelope verehrt hatte, daran bestand kein Zweifel, wenngleich ihm Walsinghams Tochter Frances eine gute Ehefrau war.

Es wurde berichtet, er habe, während er an sein Krankenlager gefesselt war, großen Durst bekommen und gebeten, man möge ihm etwas zu trinken bringen; als er jedoch im Begriff gewesen sei, das labende Getränk zu sich zu nehmen, habe er gesehen, wie ein Sterbender sehnsüchtige Blicke auf seinen Becher mit Wasser geworfen habe. Da soll er zu dem Mann gesagt haben: »Trinkt. Ihr habt es nötiger als ich.«

Menschen, die jung sterben, werden immer für Heilige gehalten. »Sie waren zu gut für diese Welt«, heißt es dann. Philip Sidney war da keine Ausnahme.

Robert ließ ihn auf sein Schiff tragen und nach Arnheim bringen. Frances Walsingham begab sich sogleich zu ihrem Mann, um ihn zu pflegen, obwohl sie zu der Zeit ein Kind erwartete. Sie war Philip eine gute Frau und hatte es nicht verdient, daß er derartig entflammt für Penelope Rich war, mochte diese Schwärmerei auch noch so platonisch sein.

Doch Philip Sidney starb trotz der aufopfernden Fürsorge und Pflege.

Ich wußte, daß Robert sehr um ihn trauerte.

Seit er mit Glanz und Gloria die Reise in die Niederlande angetreten hatte, hatte er nichts als Mißerfolg und Enttäuschung hinnehmen müssen.

Es wäre besser gewesen, wenn er England niemals verlassen hätte. Ich hätte mich nie überreden lassen sollen, den Holländern zu Hilfe zu eilen. Ich hätte mich auf mein Gefühl verlassen sollen, denn mein Gefühl hatte mich stets in meinem Wunsch nach Frieden bestärkt.

Ich haßte den Krieg mehr denn je. Meine Überzeugung, daß Kriege sinnlos waren und niemandem nützten, hatte sich wieder einmal bestätigt. Wenn da nicht die Spanier gewesen wären! Alle Überlegungen führten unvermeidlich zu Spanien zurück. Wie sehr wir uns auch für die Niederlande einsetzten, es würde die Spanier nicht abschrecken.

Dann wurden die turbulenten Ereignisse jener Tage von einem Anschlag überschattet, der als die Babington-Verschwörung in die Geschichte eingehen sollte. Und Mary Stuart bereitete mir plötzlich noch mehr Kopfzerbrechen als die Niederlande.

Fotheringhay

Wenn ich, was häufig vorkommt, die wichtigsten Ereignisse meines Lebens vor meinem geistigen Auge Revue passieren lasse, so muß ich immer wieder daran denken, wieviel ich doch meinen Ministern zu verdanken habe. Das Jahrhundert, in dem ich lebe, scheint eine Ära zu sein, die große Männer hervorgebracht hat, und ich bin so selbstbewußt, mir einzubilden, daß ich möglicherweise ein wenig dazu beigetragen habe. Bei allem Respekt, den meine engsten Berater stets meinen intellektuellen Fähigkeiten gezollt haben, haben sie doch niemals vergessen, daß ich eine Frau war, und meine Weiblichkeit als solche schien einen Beschützerinstinkt in ihnen zu wecken. Diese Männer hätten einem König zwar ebenso gut, aber dennoch anders gedient. Als Frau besaß ich einfach jenes gewisse zusätzliche Maß an Macht, das den Männern abging. Sie waren sich meiner Weiblichkeit immer bewußt. Sie kannten die Leidenschaftlichkeit, mit der ich liebte und haßte; meine berechenbare Unberechenbarkeit war ihnen vertraut – ich weiß, das klingt wiedersprüchlich, aber in Wirklichkeit ist es kein Widerspruch. Sie wußten, daß ich schnell in Wut geriet, aber sie wußten auch, daß mein Zorn sich oft ebensoschnell legte. Sie wußten, daß ich, wie sehr ich auch schimpfte und tobte, niemals aus den Augen verlor, was für Elizabeth – und damit für England – am besten war. Kurz, sie dienten mir mit jener besonderen Hingabe, die der Frau in mir galt. In gewisser Weise waren sie alle in mich verliebt, und das meine ich durchaus nicht leichtfertig oder kokett. Die Liebe dieser Männer zu mir hatte nichts mit Sinnlichkeit zu tun. Es war eine tiefe und dauerhafte Zuneigung.

Selbst meine schönen Schmetterlinge – Hatton, Heneage und auch Robert – waren Staatsmänner; Männer wie Drake und Raleigh waren meine verwegenen Abenteurer – und mehr als nur das. Die vielleicht wichtigsten von allen aber waren meine ernsthaften Ratgeber, allen voran Burghley und Walsingham. Ohne diese beiden wäre meine Regierungszeit, glaube ich, ganz anders verlaufen. Sie genossen beide besondere Privilegien: Ich gestattete ihnen zum Beispiel, meine Entscheidungen zu kritisieren, denn ich wußte, daß sie mir am besten dienen konnten, wenn uneingeschränkte Offenheit zwischen uns herrschte; abgesehen davon war das die einzige Basis, auf der sowohl Burghley als auch Walsingham bereit waren, mir zu dienen. Beide waren Männer von unantastbarer Integrität, und sie halfen mir dabei, die vom Schicksal mir zugedachte Rolle zu spielen.

Sir Francis Walsingham war ein strenggläubiger Protestant, ein kleiner, eher schmächtiger Mann, der zumeist einfache, schwarze Kleidung bevorzugte. Er ging ganz in seiner Arbeit auf, die darin bestand, mich und England zu beschützen und für Frieden und Wohlstand zu sorgen. Niemand liebte sein Vaterland mehr als Walsingham; es war eine leidenschaftliche Liebe, die ich mit ihm teilte.

Ansonsten sagte er stets frei heraus, was er dachte, und weigerte sich, seine Meinung zu ändern, nur weil sie nicht mit Wohlwollen aufgenommen zu werden versprach. Gerade das gefiel mir an ihm. Selbst wenn wir uns noch so heftig stritten und ich wie eine Furie auf ihn losging, beharrte er unerschütterlich auf seinem Standpunkt.

Ich hätte ihn in den Tower werfen lassen und ihm den Tod androhen können – Walsingham hätte dazu nur gesagt: »Majestät, natürlich müßt Ihr mit mir verfahren, wie Ihr es für richtig haltet, aber ich weiß dennoch ganz genau, daß Ihr Euch in diesem Fall irrt.«

Als ob ich es fertiggebracht hätte, ihm auch nur ein Haar zu krümmen! Dazu schätze ich seine Rechtschaffenheit, seinen Arbeitseifer und seine unablässige, ungeteilte Sorge um mein Wohlergehen viel zu sehr. Er war mein geliebter ›Mohr‹, und ich empfand es immer wieder als besonderes Vergnügen, in sein dunkelhäutiges Gesicht mit den strahlenden, dunklen Augen zu schauen, denen nichts zu entgehen schien.

Von all meinen Vertrauten stand Walsingham mir besonders nahe. Seit einigen Jahren war er nun bereits dabei, ein ausgeklügeltes, perfekt funktionierendes Spionagesystem aufzubauen – eine Aufgabe, für die er ideal geeignet war, denn er war ein Mann, der es liebte, im verborgenen zu arbeiten. Ausgangspunkt und Ziel seiner Pläne war das Bestreben, mir den Thron zu erhalten und die Zukunft eines protestantischen England zu sichern.

Seine Agenten waren nicht nur über ganz Europa, sondern auch über die Wirtshäuser und Vergnügungsviertel von ganz England verteilt, und er hatte immer und überall seinen Finger am Puls der Zeit. Nichts war so unbedeutend, daß es seiner Aufmerksamkeit entging; und obwohl er jährlich die beachtliche Summe von viertausend Pfund erhielt, reichte selbst dieser stattliche Betrag für seine Zwecke nicht aus, so daß er einen großen Teil seines eigenen Vermögens zuschoß, um die anfallenden Kosten zu decken.

Das Ziel, von dessen Verwirklichung er geradezu besessen war, bestand darin, die Rückkehr Englands zum Katholizismus zu verhindern. Insbesondere von zwei Personen ging seiner Ansicht nach die allergrößte Gefahr aus: von Philipp von Spanien und Mary von Schottland. Sein Geheimdienst war deshalb vor allem in Spanien aktiv. Er hatte Agenten in Madrid, La Coruña und Sanlucar einschließlich der Städte Cadiz und Sevilla sowie in Lissabon. Er ließ genauestens beobachten, was sich in Philipps Werften tat, und berichtete, daß Spanien im Begriff sei, eine gigantische Kriegsflotte, eine *Armada*, aufzubauen. Auch in Frankreich beschäftigte er verschiedene Agenten; das war ebenfalls ein Land, das wir im Auge behalten mußten. Darüber hinaus hatte er Spione in Deutschland und den Niederlanden. Folglich wußte ich immer genau Bescheid über alles, was sich in den Nachbarländern zutrug, und zwar lange bevor ich offiziell informiert wurde. Ich war mir völlig darüber im klaren, wie wichtig das für mich war.

Dennoch hatte ich den Eindruck, daß Walsingham in Mary von Schottland, der vom Rheumatismus geplagten Gefangenen in den zugigen Schlössern Englands, eine noch größere Bedrohung sah als in dem mächtigen König, der in seinem düsteren Escorial-Palast über den Lauf der Welt grübelte.

Er sagte einmal zu mir: »Solange dieses Teufelsweib lebt,

können weder Eure Majestät der Krone noch Eurer Majestät treue Diener ihres Lebens sicher sein.«

Ich hatte ihn wegen dieser Bemerkung getadelt und ihm vorgeworfen, er übertreibe; mir sei nicht entgangen, hatte ich zu ihm gesagt, daß Mary es auf eine Krone – und zwar auf meine – abgesehen habe, doch in Wirklichkeit sei sie nichts weiter als ein armseliges Geschöpf, das häufiger krank als gesund und außerdem meine Gefangene sei.

Das wies er jedoch weit von sich und vesicherte mir, daß Philipp ernsthaft plane, Mary zur Symbolfigur des katholischen Lagers zu machen.

»Hat er das nicht schon immer versucht?« wandte ich ein.

»Nicht mit dem blinden Eifer, den er in letzter Zeit an den Tag legt. Ein Konflikt mit Spanien wird wohl kaum zu vermeiden sein, Majestät. Philipp sucht – und plant – die Konfrontation. Weshalb sollte er sonst den Bau seiner Kriegsflotte mit solcher Macht vorantreiben? Uns droht Krieg, und es wäre besser, wenn Mary von Schottland sich nicht in unserem Land aufhielte und den Katholiken Englands als Aushängeschild und Zuflucht diente.«

Was Walsingham wollte, war Marys Tod. Dabei war er durchaus kein blutdürstiger Mann. Sein Wunsch, sie zu vernichten, entsprang rein rationalen Überlegungen: Sie stellte eine Bedrohung dar, und deshalb war es sinnvoll, nach Mitteln und Wegen zu suchen, sie loszuwerden.

Sein Ton war ein wenig vorwurfsvoll, denn er hatte mir in der Vergangenheit bereits gute – und berechtigte – Gründe geliefert, Mary dem Scharfrichter zu übergeben. Welch anderer Herrscher hätte sie nach der Ridolfi-Verschwörung, die zur Hinrichtung Norfolks geführt hatte, mit dem Leben davonkommen lassen? Ich hatte allen Grund gehabt, sie aufs Schafott zu schicken, und dennoch hatte ich mich gesträubt, das Todesurteil zu unterzeichnen. Und Walsingham fragte sich, warum.

Ja, wußte er denn nicht, daß mir jede Art von Blutvergießen zuwider war? Mary war immerhin eine Königin und dazu noch eine Verwandte. Ich hatte sie noch nie gesehen, und trotzdem spielte sie eine beherrschende Rolle in meinem Leben. Ich würde, solange ich lebte, keine Ruhe mehr finden und von Gewissensbissen gequält werden, wenn ich ihrer Hinrichtung zustimmte. Andererseits wußte ich sehr wohl, daß sie eine Bedrohung für mich darstellte. Ich wußte auch, daß sie mir nach dem Leben trachtete. Warum in aller Welt fiel es mir dann so schwer, ihren Tod zu beschließen, zumal meine engsten Freunde, denen mein Wohl so sehr am Herzen lag, mir eindringlich vor Augen führten, daß ihr Tod die einzig gescheite – und einzig sichere – Lösung war?

Ich wußte, daß Walsingham sich die größte Mühe gab, mir Beweise dafür zu liefern, daß Mary hinterhältig war und die Absicht hatte, mich ermorden zu lassen; ich wußte auch, daß er mir das Beweismaterial auf eine Art und Weise präsentieren würde, die es mir unmöglich machen würde, neue Ausflüchte zu erfinden, um die Unterzeichnung ihres Todesurteils weiter aufzuschieben.

Noch vor nicht allzulanger Zeit hatte Walsingham ein Komplott aufgedeckt, das in Paris geschmiedet worden war. Dabei handelte es sich keineswegs um eine zweite Ridolfi-Verschwörung – es war viel schlimmer. Einflußreiche Mächte waren darin verwickelt, wie zum Beispiel der Papst, Philipp von Spanien, Angehörige des Hauses Guise und einige führende Katholiken Englands, darunter auch jener boshafte kleine Jesuit Parsons, der *Leicesters gute Werke* verfaßt und in Umlauf gebracht hatte.

Dank Walsinghams ausgezeichnetem Spionagenetz gelang es uns herauszufinden, was im einzelnen vor sich ging, und einen katholischen Edelmann namens Francis Throckmorton zu verhaften. Walsingham hatte ihn in den Tower werfen lassen, wo er gefoltert wurde und schließlich gestand, mit der Familie Guise unter einer Decke gesteckt und geplant zu haben, in England einzufallen und Mary auf den Thron zu setzen.

Mary war an diesem Komplott beteiligt und hatte sogar mit den Verschwörern korrespondiert.

Es bestand also, wie Walsingham ausdrücklich hervorhob, keinerlei Grund, sie nicht wegen Hochverrats vor Gericht zu stellen. Nichts wäre leichter, als ihre Schuld nachzuweisen, und auf Verrat stand die Todesstrafe.

Trotz alledem konnte ich mich nicht entschließen, sie zum Tode verurteilen zu lassen. Throckmorton wurde hingerichtet. Mary blieb am Leben.

Ich hatte durchaus Verständnis für Walsinghams Erbitterung und seinen Wunsch, die Lage möge sich derart zuspitzen, daß ich keine vernünftigen Argumente mehr würde vorbringen können, die es mir erlaubten, die Augen vor dem zu verschließen, was sich längst als unausweichliche Schlußfolgerung erwiesen hatte.

Ich versuchte, mir vorzustellen, wie Mary wohl inzwischen aussehen mochte. Sie war mittlerweile vierundvierzig Jahre alt, jünger als ich. Es war viel von ihren Krankheiten die Rede. Der Rheumatismus bereitete ihr angeblich unsagbare Qualen, was nicht weiter verwunderlich war, da einige der Schlösser, in denen sie untergebracht war, nicht nur kalt, sondern auch feucht waren. Es war kaum anzunehmen, daß sie – wie ich – über die nötigen Pflegemittel verfügte, um ihr gutes Aussehen zu bewahren, und obwohl ihr, wie die Dichter behaupteten, besonderer Liebreiz in die Wiege gelegt worden war, zweifelte ich nicht daran, daß sie längst nicht mehr die strahlende Schönheit war, die einst die Welt bezaubert hatte.

Dennoch verfügte sie über jenes gewisse Etwas, das bereits in jungen Jahren ihre besondere Anziehungskraft ausgemacht hatte. Solange sie der Obhut der Shrewsburys anvertraut gewesen war, hatte es heftige Auseinandersetzungen gegeben. Das war bei einer Frau wie Bess Hardwick an sich nicht weiter erstaunlich; in diesem Fall hatte Bess jedoch Mary und ihren eigenen Mann beschuldigt, ein Liebespaar zu sein – ein Vorwurf, den Shrewsbury mit Nachdruck zurückgewiesen hatte und der mir, da ich Shrewsbury kannte, reichlich unwahrscheinlich erschien. Die Shrewsburys hatten sich inzwischen getrennt, aber der Grund dafür war wohl weniger Mary als ein Streit um Geld und Besitz gewesen. Shrewsbury schien jedenfalls überaus erleichtert, sowohl seine Frau als auch die schottische Königin los zu sein. Wie Walsingham mir berichtete – er legte Wert darauf, die gesamte diplomatische Korrespondenz mit dem Ausland zu überwachen –, hatte Shrewsbury in einem Brief an den spanischen Gesandten seiner großen Freude darüber Ausdruck verliehen, sich die beiden Teufelinnen, seine Frau und Mary von Schottland, vom Halse geschafft zu haben, und das klang für mein Empfinden nicht gerade wie das Bekenntnis eines leidenschaftlichen Liebhabers.

Wie dem auch sein mochte, wo immer Mary sich aufhielt, gab es Ärger mit den Männern. Also wurde Shrewsbury abberufen und Sir Ralph Sadler die Aufgabe übertragen, Mary zu bewachen. Er war über siebzig, und alles sprach dafür, daß er einen strengen Kerkermeister abgeben würde. Mich amüsierte der Gedanke, zu beobachten, ob es der rheumageplagten, vierundvierzigjährigen Mary Stuart wohl gelänge, ihn mit ihrem legendären Charme zu betören.

Obwohl ich zum damaligen Zeitpunkt nicht wußte, was sich wirklich ereignete, erfuhr ich doch später in allen Einzelheiten davon, und mir wurde klar, daß Walsingham nach der Throckmorton-Angelegenheit schlecht die Hände in den Schoß legen und den Dingen ihren Lauf lassen konnte. Um meiner Sicherheit und der Zukunft Englands willen war er entschlossen, Mary Stuart aufs Schafott zu bringen. In gewissem Sinne schmiedete er sein eigenes Komplott, und diesmal traf er alle Vorkehrungen, um auch das geringste Risiko auszuschließen.

Einer seiner fähigsten Spione war ein Mann namens Gilbert Gifford. Gifford war ein besonders wertvoller Agent, da er nicht nur Katholik war, sondern auch für das Priesteramt ausgebildet worden war und zwanglos mit den katholischen Familien des Landes verkehrte, deren Vertrauen er genoß.

Walsingham beauftragte Gifford, einen gewissen Thomas Morgan zu bespitzeln, einen walisischen Katholiken, der auch an der Ridolfi-Verschwörung beteiligt gewesen war. Irgendwie war es ihm damals gelungen, zu fliehen und sich in Paris niederzulassen, wo er eine Anstellung bei dem Erzbischof von Glasgow fand, der zugleich Marys Gesandter in Paris war. Von dort aus schickte er verschlüsselte Botschaften an Mary und sorgte dafür, daß ihre Briefe an den Papst weitergeleitet wurden und einflußreiche katholische Kreise in England erreichten.

Als Walsingham mich von Morgans Geheimtätigkeit in

Kenntnis setzte, bestärkte ich ihn in dem Entschluß, diesen Mann festzunehmen und nach England zurückzuholen, um ihm den Prozeß zu machen, aber das war nicht so einfach.

Just zu jener Zeit stand Morgan mit William Parry in Verbindung. William Parry war ebenfalls Katholik und als Abgeordneter der Stadt Queensborough in Kent Mitglied des Parlaments. Er war stets für Toleranz gegenüber Katholiken eingetreten, und im Grunde meines Herzens stimmte ich ihm zu. Auch ich hatte den Wunsch, meinen Untertanen größtmögliche religiöse Freiheit zu gewähren, befürchtete jedoch zugleich, daß der fanatische Glaubenseifer der Katholiken dem Land zum Verhängnis werden könne, vor allem dann, wenn die berüchtigte Inquisition eingeführt zu werden drohte, die wie kaum eine andere Einrichtung Elend und Schrecken über die Welt gebracht hatte.

Als das Parlament ein Gesetz gegen Jesuiten, katholische Priesterseminare und sonstige halsstarrige Eiferer erließ, erhob sich Parry und prangerte die Verfügung vor versammeltem Hause als ›anrüchige, gefährliche Maßnahme‹ an, die ›den Verdacht auf Verrat nahelege und dem englischen Volk nichts als Unheil beschere‹. Die Parlamentsabgeordneten waren über solch aggressiven Protest verblüfft, und Parry wurde festgenommen. Ich ordnete jedoch an, ihn wieder auf freien Fuß zu setzen, denn mir lag nichts daran, Menschen wegen ihrer religiösen Überzeugungen einsperren zu lassen, und solange sie keine Unruhestifter waren – was man von Parry nicht behaupten konnte –, sah ich keinen Grund, sie ihrer Freiheit zu berauben.

Knapp sechs Wochen nach Parrys Freilassung fanden Walsinghams Männer heraus, daß Parry plante, mich anläßlich eines meiner Ausritte im königlichen Park zu ermorden. Er wurde verhaftet und hingerichtet, doch bevor er starb, beschuldigte er Thomas Morgan, an dem Mordplan beteiligt gewesen zu sein. Ich wandte mich daher unverzüglich an die Franzosen mit der Bitte Morgan auszuliefern. Das lehnten sie ab. Ihr einziges Zugeständnis an mein Ersuchen war, daß sie ihn in der Bastille einsperrten. Das schien jedoch keine besonders harte Strafe zu sein, denn Morgan durfte in seiner Gefängniszelle Besucher empfangen. Diese Tatsache brachte Walsingham auf eine Idee, und wenig später stattete Gifford Morgan einen freundschaftlichen Besuch ab; nachdem unser Auslieferungsgesuch abschlägig beschieden worden war, konnten wir, wie Walsingham erklärte ebensogut aus der Not eine Tugend machen.

Walsingham hatte bereits Briefe abgefangen, die zwischen Morgan und der Königin von Schottland ausgetauscht worden waren – ein Zeichen dafür, daß es den Franzosen mit der Verhaftung Morgans offenbar nicht allzu ernst gewesen war; möglicherweise – so Walsinghams Vermutung – verschonten sie ihn auch in der Absicht, ihn gegen uns auszuspielen. Jedenfalls lag es nahe, Morgan dazu zu bringen, den Katholiken Gifford ins Vertrauen zu ziehen und zu bitten, den Austausch der Briefe zwischen Mary und ihm, Morgan, zu bewerkstelligen. Wie zu erwarten war, ging Morgan in die Falle, die Walsingham ihm so schlau gestellt hatte: Er vertraute sich Gifford bedingungslos an.

Dieser geniale Schachzug war typisch für Walsinghams Art vorzugehen. Gifford war über einen langen Zeitraum hinweg systematisch auf seine Aufgabe vorbereitet worden, und er spielte seine Rolle gut. Er kehrte schließlich nach England zurück, wo er schon bald mit den verschiedensten katholischen Gruppen Kontakt pflegte. Er war bei angesehenen katholischen Familien auf deren Landsitzen zu Gast. Er wurde in ihre Geheimnisse eingeweiht – sie alle wurden Walsingham zugetragen.

Dann wurde er nach Chartley geschickt, wo Mary sich zu der Zeit aufhielt.

Ich erinnerte mich noch gut an Chartley. Das war der Ort, den ich im Anschluß an jenen wunderbaren Aufenthalt in Kenilworth aufgesucht hatte. Es war das Zuhause dieser Teufelin gewesen – damals, als sie noch mit Essex verheiratet war. Inzwischen besaß sie natürlich viel prächtigere Residenzen, wie zum Beispiel Wanstead, Leicester House und Schloß Kenilworth. Der bloße Gedanke, daß sie nun Herrin über all diese großartigen Schlösser war, brachte mein Blut in Wallung.

Doch zurück zu Gifford. Der arme Sir Ralph Sadler hatte sich so bitter über seinen schlechten Gesundheitszustand beklagt und so inständig darum gebeten, von der Aufgabe, die schottische Königin zu bewachen, entbunden zu werden, daß ich schließlich nachgegeben und Sir Amyas Paulet beauftragt hatte, seine Stelle einzunehmen. Sir Amyas war ein strenggläubiger Protestant, genaugenommen ein Puritaner. Er war früher einmal mein Gesandter in Paris gewesen, und Mary war äußerst erbost darüber, daß sie ausgerechnet einem Mann wie ihm übergeben werden sollte, denn während seiner Pariser Zeit hatte er ihre Anhänger nicht gerade besonders freundlich behandelt.

Allerdings! dachte ich. Immerhin hat er ja mir, der Königin von England, gedient und nicht der Königin von Schottland! Ich schrieb Mary einen Brief, in dem ich ihr versicherte, daß Sir Amyas während seines Aufenthalts in Frankreich seine Pflichten vorbildlich erfüllt habe und daß ich sicher sei, daß er sich ihr gegenüber ebenso verantwortungsbewußt verhalten werde.

Trotzdem war mir klar, daß sie alles andere als erfreut darüber sein mußte, einem solch abweisenden Mann ausgeliefert zu sein – dazu noch einem, den, wie ich Hatton gegenüber bemerkte, ihr verblassender Charme vermutlich ohnehin kaltließ.

Es war höchst aufschlußreich, die Briefe zu lesen, die in Chartley einrafen und von dort abgesandt wurden – sie alle gelangten über Gifford an Walsingham. Und es amüsierte mich sehr, zu erfahren, daß Mary nichts unversucht ließ, den armen alten Amyas mit ihrer berühmten Anziehungskraft zu umgarnen. Ihrer eigenen Darstellung war zu entnehmen, daß sie Paulet für einen Mann hielt, der sich für wenig anderes als seine eigene Selbstgerechtigkeit zu interessieren schien und es strikt ablehnte, sich bestechen zu lassen und in der Hoffnung auf Vorteile irgendwelche Zugeständnisse zu machen.

Gifford unterhielt sich lange und oft mit Mary. Sie vertraute ihm ihre Befürchtung an, ihre Korrespondenz könne Amyas Paulet mißtrauisch gemacht haben, und sie fragte sich besorgt, ob ihr Kerkermeister wohl die Möglichkeit habe, ihre Briefe abzufangen, da ihre Spione herausgefunden hätten, daß eine Fülle geheimer Informationen an die falsche Adresse gelangt sei. Sie zögere daher, wirklich wichtige Dinge schriftlich mitzuteilen, solange sie nicht ganz sicher sein könne, daß die Nachricht den Empfänger erreiche.

Das brachte Walsingham auf eine Idee. Sollte Mary doch ruhig glauben, ihre Briefe würden aus dem Schloß geschmuggelt, ohne Paulet in die Hände zu fallen – dann verlöre sie ihre Bedenken und nähme bei dem, was sie schriebe, kein Blatt mehr vor den Mund.

Es war ein glänzender Einfall, und Gifford besprach sich mit einem katholischen Bierbrauer der Gegend, der seine Unterstützung zusicherte. Es wurden regelmäßig volle Bierfässer ins Schloß geliefert und leere von dort fortgebracht. Was also spräche dagegen, die Fässer heimlich mit wasserdichten Behältern auszustatten? Auf diese Weise könnten Marys Briefe in den leeren Fässern das Haus verlassen, ohne den geringsten Verdacht zu erregen, und die Antworten träfen in den gefüllten Fässern ein.

So kam es, daß wir in vollem Umfang von der Babington-Verschwörung unterrichtet wurden.

John Savage war der erste, dessen Name uns zu Ohren kam. Er war ein glühender Katholik, der an der Seite Alexander Farneses, des Herzogs von Parma, für den Triumph des Katholizismus in den Niederlanden gekämpft hatte und der davon überzeugt war, England nur durch meine Ermordung zum katholischen Glauben zurückführen zu können. Dieser Mord war das Ziel all seiner Bestrebungen. Anläßlich eines Aufenthalts in London nahm er Kontakt mit John Ballard, einem Jesuiten, auf, der seinerseits einer Gruppe junger Männer angehörte, deren Anführer Anthony Babington war. Sie schmiedeten Pläne, sowohl mich als auch meine führenden Minister zu töten und die Katholiken Englands zur Rebellion anzustacheln. Zweck und Sinn dieses Vorhabens war, Mary zu befreien und zur Königin von England zu machen.

Ballard stand in enger Verbindung mit Sympathisanten auf dem europäischen Festland, die sich bereit erklärt hatten, den Aufstand zu unterstützen, sobald ich beseitigt wäre und Mary an der Spitze eines Heeres stünde. Zu denen, die ihre Hilfe zugesichert hatten, gehörten Philipp von Spanien und der Papst – und natürlich die Franzosen, denn die Familie Guise war nur allzu interessiert daran, eine Angehörige ihres Hauses zur Königin von England zu machen.

Es gab also zwei Verschwörergruppen – eine unter Savage und eine zweite, an deren Spitze Anthony Babington stand. Gifford gelang es, beide geschickt zusammenzubringen, so daß wir unsere ungeteilte Aufmerksamkeit einem einzigen Komplott widmen konnten.

Während des gesamten Monats Juni jenes Jahres fanden heimliche Treffen der Verschwörer statt – manchmal in Wirtshäusern, gelegentlich in Giles's Field*, oft auch in Babingtons Haus im Stadtteil Barbican, denn Babington war ein recht begüterter junger Mann, der es sich leisten konnte, seine Freunde fürstlich zu bewirten.

In seiner Jugend hatte er einige Zeit im Schloß von Sheffield zugebracht, als Mary dort gefangengehalten wurde; er war ihr Page gewesen. Wie nicht anders zu erwarten, hatte sie ihn mit ihrem Charme betört, und in jenen Tagen muß er den Entschluß gefaßt haben, alles in seiner Macht Stehende zu tun, um ihr zur Flucht aus ihrem Gefängnis und zu meinem Thron zu verhelfen.

Der törichte Junge!

Und sein späteres Verhalten sollte sich als noch törichter erweisen. Welch ein Jammer, daß junge Leute oft so irregeleitet handeln und in ihrem jugendlichen Leichtsinn Fehler begehen, für die sie später mit dem Leben bezahlen müssen.

Walsingham war außer sich vor Freude – obwohl das eigentlich nicht die richtigen Worte sind, um seine Stimmung zu beschreiben; Walsingham war jede Art von offen zur Schau gestellter Begeisterung fremd. Dafür strahlte er eine tiefe Befriedigung aus. Er deutete an, er werde mir schon bald etwas überaus Wichtiges zu berichten haben.

Er war – dank der präparierten Fässer des Brauers – in den Besitz von Briefen gelangt, aus denen eindeutig hervorging, daß Babington plante, mich zu ermorden. Spanien be-

* Ein heute noch existierender, mittelalterlicher Stadtteil Londons nahe dem Barbican-Viertel. (Anm. d. Übers.)

stärkte ihn darin und sicherte ihm jede erdenkliche Hilfe zu. Meine Beseitigung und die Ermordung meiner bedeutendsten Minister wurden in diesen Briefen als vorrangiges Ziel genannt, und zu denen, die Babington als erste aus dem Weg räumen würde, zählten mit Sicherheit Burghley und Walsingham. Ihr Tod – und natürlich der meine – sollte den Katholiken als Zeichen zum offenen Aufstand dienen.

Walsingham fuhr fort, mit den Verschwörern sein Spiel zu treiben, ohne sie auch nur für einen Moment aus den Augen zu verlieren. Sie waren dreizehn an der Zahl, Savage und Ballard eingeschlossen. Sie selbst waren allerdings der Ansicht, sie seien vierzehn, denn sie glaubten, Gifford gehöre zu ihnen.

Walsingham gab mir zu verstehen, daß Mary Stuart hoffnungslos in das Komplott verwickelt war und daß sie – diesmal endgültig – verloren wäre, wenn das verschwörerische Unternehmen aufflöge, was zum gegebenen Zeitpunkt der Fall wäre.

Der erste, der verhaftet wurde, war Ballard. Er wurde in den Tower geworfen und gefoltert. Walsingham wollte unbedingt ein Geständnis von ihm, und das bekam er auch, aber der Mann weigerte sich strikt, auch nur einen seiner Mitverschworenen zu verraten. Nicht daß es darauf angekommen wäre. Walsingham kannte sie ohnehin alle und wartete nur auf den richtigen Zeitpunkt, sie hinter Schloß und Riegel zu bringen.

Sein vorrangiges Ziel bestand darin, schlüssige Beweise zusammenzutragen, die Mary unwiderlegbar belasteten, und aus diesem Grunde plante er, ihre Räume gründlich durchsuchen zu lassen. Es wurde daher vereinbart, daß Paulet ihr gegenüber so tun sollte, als ob er um ihre Gesundheit besorgt wäre, und ihr mitteilen sollte, daß man daran denke, sie aus Chartley fortzubringen und in Tixall unterzubringen, wo sie der Obhut Sir Walter Ashtons unterstellt wäre, der ihr mit dem größten Vergnügen seine Gastfreundschaft gewähren würde, und wo es ihr sicher gestattet wäre, auch ein wenig auszureiten und zu jagen. Natürlich wußte sie, daß sie in Tixall nicht minder streng bewacht werden würde als in Chartley, aber dennoch muß sie den Ortswechsel begrüßt haben, der zumindest für ihre angeschlagene Gesundheit von Vorteil war.

Während ihrer Abwesenheit wurde in Chartley ihr gesamtes Hab und Gut genauestens durchsucht. Dabei wurden Dokumente und zahlreiche Briefe gefunden, die ausgereicht hätten, sie ein für allemal zugrunde zu richten. Unabhängig davon hatte Walsingham jedoch in so viele belastende Schriftstücke Einsicht genommen, daß er allein aufgrund des bereits vorliegenden Beweismaterials Anlaß genug gehabt hätte, sie aufs Schafott zu schicken.

Unterdessen war Babington der Verdacht gekommen, daß man ihn und seine Freunde beobachte. Außerdem war Ballard spurlos verschwunden. Babington hatte daher das ungute Gefühl, man sei der Verschwörung auf die Spur gekommen, und er wandte sich an Walsingham mit der Bitte, ihm einen Paß auszustellen, damit er nach Frankreich reisen und dort, wie er sagte, den Feinden der Königin nachspionieren könne. Er versicherte, er wisse, wo sie zu finden seien, und sei überzeugt, als guter Katholik Zugang zu den katholischen Hochburgen zu haben.

Walsingham fand diese Entwicklung nicht uninteressant. Er fragte sich, ob Gifford in Verdacht geraten sei, da Babington sich anbot, dieselbe Aufgabe zu übernehmen, mit der Gifford betraut worden war.

Er reagierte jedoch nicht sogleich. Er war von Natur aus ein Geheimniskrämer und beauftragte einige seiner persönlichen Bedienten zu versuchen, Babingtons Bekanntschaft zu machen, ihn mit Einladungen zum Essen zu überhäufen, ihm großzügig alkoholische Getränke zu spendieren – kurz, ihn zum Reden zu bringen und zu veranlassen, irgendwelche Geheimnisse auszuplaudern.

Einem von ihnen gelang es daraufhin, in einem Wirtshaus mit Babington ins Gespräch zu kommen und mit ihm Freundschaft zu schließen, und die gewünschte Einladung kam zustande.

Doch dann entwickelte sich Walsinghams Vorhaben ein wenig anders als geplant. Babington trank zwar mit seinen Gastgebern, aber im Unterschied zu ihnen betrank er sich nicht, und ihm muß der Verdacht gekommen sein, daß zwischen seinem Antrag auf einen Paß und der Einladung zum fröhlichen Gelage ein Zusammenhang bestehen müsse. Da er sich gerade in Walsinghams Haus aufhielt, ergriff er die Gelegenheit, sich in dessen privatem Studierzimmer umzusehen, und während er den Schreibtisch des großen Mannes durchstöberte, entdeckte er unter den zahlreichen dort liegenden Papieren eine Liste, auf der sich sein eigener Name befand. Neben seinem Namen fiel ihm ein handschriftlicher Vermerk auf, den er nicht zu deuten wußte.

Doch was er gesehen hatte, reichte ihm. Von nun an würde er mit äußerster Vorsicht zu Werke gehen müssen. Walsingham hatte offenbar von der Verschwörung Wind bekommen, und da es um Kopf und Kragen ging, entschloß sich Babington zur Flucht. Er stahl sich aus Walsinghams Haus und suchte bei einem seiner katholischen Freunde in Harrow Zuflucht. Dort veränderte er sein Aussehen, indem er sein Gesicht mit Walnußöl färbte und sein Haar kurz schnitt, und beschloß, zusammen mit seinem Freund abzuwarten und sich versteckt zu halten, bis das Kesseltreiben – sofern ein solches geplant war – vorüber wäre.

Es dauerte jedoch nicht lange, bis auch er festgenommen wurde. Walsingham war viel zu gut über ihn und seine Freunde informiert, als daß er lange im dunkeln getappt hätte. Und schon bald saßen Babington und seine Mitverschworenen im Tower.

Das Urteil konnte nur ›schuldig‹ lauten. Das Beweismaterial, das Walsingham gegen die Verschwörer zusammengetragen hatte, war erdrückend. Und zutiefst verstrickt in den Plan, mich und meine Minister zu ermorden, die spanischen Armeen zu Hilfe zu rufen und England unter einer neuen Königin zum katholischen Glauben zurückzuführen, war niemand anders als Mary Stuart selbst.

Walsingham triumphierte.

»Nun gibt es für sie keine Rettung mehr«, sagte ich, als ihre Mitverschworenen, wie bei Verrätern üblich, ausnahmslos zum Tod durch Erhängen und Vierteilen verurteilt wurden.

Auf einem Feld im Norden des Stadtteils Holborn versammelten sich die Menschen in Scharen, um der Hinrichtung beizuwohnen. Ballard war der erste, an dem die grausamste aller Todesstrafen vollstreckt wurde, während Babington gezwungen war zuzusehen. Als Ballards letzter Schmerzensschrei verhallt war und sein verstümmelter Körper aufgehört hatte zu zucken, war Babington an der Reihe.

Auch er erlitt unsagbare Qualen. Als mir von seinem Ende berichtet wurde, war mir ganz elend zumute, und ich ordnete spontan an, daß die übrigen Verschwörer erst gevierteilt werden sollten, nachdem der Tod eingetreten sei; sie sollten lediglich den Tod durch Erhängen bewußt erleben.

Ich war froh, in letzter Minute diese Entscheidung getroffen und damit meinen Untertanen den weiteren Anblick solch grausigen Geschehens erspart zu haben. Sie sollten sich nicht daran erinnern, daß ich es gewesen war, die die schrecklichen Strafen verhängt hatte.

Das war das Ende der Babington-Verschwörung, die im Grunde genommen auf ein Komplott Walsinghams und seinen verzweifelten Versuch zurückging, Mary von Schottland aufs Schafott zu bringen.

Doch Mary war noch immer am Leben. Dabei war sie nicht weniger schuldig als Babington selbst. Was sollte nur mit ihr geschehen?

»Wir dürfen ihr nie wieder Gelegenheit geben, das Leben Eurer Majestät zu bedrohen«, sagte Burghley.

»Ein zweites Mal könnte uns weniger Glück beschieden sein«, fügte Walsingham hinzu. »Dann könnte sie nämlich tatsächlich Erfolg haben. Eure Majestät müssen einsehen, daß die Lage zu ernst ist, um auf die leichte Schulter genommen zu werden.«

Ich sah es ein. Aber ich bedauerte zutiefst, tun zu müssen, wozu sie mich drängten.

Fünf Tage nach Babingtons und Ballards grausigem Ende in Holborn wurde Mary von Schottland nach Fotheringhay gebracht.

Ich wünschte, ich hätte bei ihrer Gerichtsverhandlung in Fotheringhay anwesend sein können. Aber dazu konnte ich mich nicht entschließen. Nachdem wir einander all die Jahre, die sie in England zugebracht hatte, niemals gesehen hatten, war jetzt wohl kaum der geeignete Zeitpunkt für eine persönliche Begegnung. Also beauftragte ich sowohl Walsingham als auch Burghley, die dem Prozeß beiwohnten, mich umfassend über alle Einzelheiten zu informieren, was sie mir versprachen.

Die Verhandlung fand in der großen Halle der Festung zu Fotheringhay statt. Walsingham hatte veranlaßt, daß auf der Estrade ein Thronsessel aufgestellt wurde. Damit sollte deutlich gemacht werden, daß die Richter, die die Verhandlung führten, in meinem Auftrag handelten, auch wenn ich selbst nicht anwesend war.

Für die Gefangene war ein mit rotem Samt bezogener Stuhl bereitgestellt worden, doch sobald sie den Saal betrat, ging sie, ohne lange zu überlegen, auf den Thronsessel zu, weil sie glaubte, er sei für sie aufgestellt worden. Als man ihr erklärte, daß es sich um den Thron der Königin von England handele, entgegnete sie: »Ich bin die rechtmäßige Königin von England und daher sollte ich dort Platz nehmen.«

Was war sie doch für eine törichte Frau! Sie legte ein Verhalten an den Tag, das die Richter gegen sie einnehmen mußte, noch bevor ihr Proezß begann.

»Wie sah sie aus?« fragte ich Burghley.

Er antwortete: »Wie eine Königin.«

»Schön?« wollte ich wissen.

»Ja, ich glaube, das kann man sagen.«

Der Mann konnte einen zur Verzweiflung bringen! Wie sollte sie schön ausgesehen haben? Sie war immerhin vierundvierzig Jahre alt und von schwerem Rheumatismus geplagt, denn sie hatte lange Jahre – waren es zwanzig? – in kalten, feuchten Kerkern zugebracht.

»Wie war sie gekleidet?« wollte ich als nächstes wissen.

Das war eine Frage, die er beantworten konnte. »In schwarzen Samt«, antwortete er.

»Und was trug sie auf dem Kopf?«

»Nun ja... eine weiße Haube... die irgendwie einer Muschel ähnlich sah.«

Ich wußte, was er meinte. Ich hatte einmal eine Skizze gesehen, auf der sie mit dieser Kopfbedeckung dargestellt war.

Die verschiedenen Punkte der Anklage gegen sie wurden verlesen. Sie sei an einer Verschwörung beteiligt gewesen, die das Ziel gehabt habe, die Königin von England zu ermorden und ihr Land ins Unglück zu stürzen; sie habe die Absicht gehabt, die Krone an sich zu reißen und das Reich zum katholischen Glauben zurückzuführen. Sie wurde gefragt, was sie zu diesen Anschuldigungen zu sagen habe.

Mary erwiderte hochmütig, sie sei nicht als Gefangene nach England gekommen, sondern sie habe mich aufgesucht, um mich um Hilfe zu bitten. Sie sei eine Königin und niemandem Rechenschaft schuldig als Gott allein. »Ich kann mit gutem Gewissen behaupten«, fügte sie hinzu, »daß ich der Verbrechen nicht schuldig bin, derer man mich anklagt.«

Doch dann wurde ihr die Wahrheit in allen abstoßenden Einzelheiten vorgehalten – die ganze Geschichte der Babington-Verschwörung, vom Anfang bis zum Ende. Sie stritt ab, in das Komplott verwickelt gewesen zu sein – nur um zu erfahren, daß ihre Briefe, die angeblich so gut in den Bierfässern versteckt gewesen waren, abgefangen worden waren und nun zweifelsfrei ihre Schuld bewiesen.

Danach machte Burghley sie darauf aufmerksam, daß sie sich ferner strafbar gemacht habe, als sie die Embleme Englands in ihrem Wappen geführt und sich als Königin von England bezeichnet habe; worauf sie erwiderte, daß sie keine andere Wahl gehabt habe, da ihr Schwiegervater, Henri II. von Frankreich, ihr befohlen habe, so zu handeln, und sie gezwungen gewesen sei, ihm zu gehorchen.

»Aber«, fuhr Burghley unbeirrt fort, »selbst nachdem Ihr Frankreich verlassen hattet und nach Schottland zurückgekehrt wart, habt Ihr nicht aufgehört, auf den englischen Thron Anspruch zu erheben.«

»Ich wüßte nicht, weshalb ich auf etwas verzichten sollte, das mir von Rechts wegen zusteht«, entgegnete sie scharf.

Wie starrköpfig sie doch war! Und wie dumm! Aber so war sie schon immer gewesen. Hätte sie damals aus dem Mord an Darnley die Lehre gezogen, die ich aus Amy Robsarts Tod gezogen hatte, so wäre sie vermutlich Königin von

Schottland geblieben und jetzt nicht gezwungen, in der Halle des Schlosses zu Fotheringhay um das nackte Überleben zu kämpfen.

Man gestattete ihr, ihren Standpunkt vorzutragen und Argumente zu ihrer Verteidigung vorzubringen. Aus dem, was mir zu Ohren kam, schloß ich, daß sie eine sehr müde und enttäuschte Frau sein mußte. Ich glaube, ihr lag nicht mehr sehr viel daran, um ihr Leben zu kämpfen. Sie bemerkte traurig, man habe sie seit dem Tag ihrer Ankunft in England gedemütigt und wie eine Gefangene behandelt, und sie sehne sich danach, frei zu sein. Sie erklärte, sie habe nichts mit dem Plan, mich zu ermorden, zu tun gehabt. Es sei allerdings zutreffend, daß sie Katholikin sei, und ihr Glaube bedeute ihr mehr als alles auf der Welt. Sie streite nicht ab, mit ausländischen Fürsten in brieflichem Kontakt gestanden zu haben. Sie sei eine kranke und müde Frau, die nur noch den einen Wunsch habe, frei zu sein und in Frieden zu leben. Sie betonte, niemals auch nur entfernt daran gedacht zu haben, mir den Tod zu wünschen.

Die Verhandlung endete mit Walsinghams Ankündigung, er werde mich über das Ergebnis unterrichten. Natürlich war sie schuldig – aber es war an mir, das Urteil zu bestätigen.

Und genau da lag das Problem. Ich wollte ihren Tod – aber ich wollte nicht mit ihm in Verbindung gebracht werden.

Das Gericht von Fotheringhay hatte sie für schuldig erklärt. Die sichergestellte Korrespondenz hätte belastender nicht sein können. Sie hatte es zweifellos verdient zu sterben. Und dennoch...

Die Richter von Fotheringhay beschlossen, sich zu vertagen und den Ort der Verhandlung in die Sternkammer des Palastes zu Westminster zu verlegen, wo das Urteil verkündet werden sollte. Das geschah am 25. Oktober. Jenen Tag werde ich nie vergessen, denn es war der Tag, an dem Mary Stuart zum Tode verurteilt wurde.

Ich wurde von allen Seiten bedrängt. Walsingham triumphierte. Nun könnten wir endlich eine der größten Bedrohungen des englischen Throns aus dem Weg räumen, denn es sei unwiderlegbar bewiesen, daß diese Frau einen Anschlag auf mein Leben verübt habe, und das sei Verrat. Sie habe mit ausländischen Herrscherhäusern in Verbindung gestanden. Sie habe den englischen Protestantismus zugrunde richten und durch den katholischen Glauben ersetzen wollen. Was sei verräterischer als ein solches Vorhaben! Die Hinrichtung müsse unverzüglich stattfinden. Es sei höchst unklug, noch länger zu zögern. Auch der Königin von Schottland gegenüber sei es gnädiger, das Todesurteil umgehend zu vollstrecken, denn sie müsse sich ihrer Schuld und der unvermeidlichen Strafe bewußt sein.

Mir leuchteten all diese Argumente ein. Mir war klar, daß sie um meiner Sicherheit und der meines Landes willen sterben mußte – und doch wäre ich es, der man noch Generationen später vorwerfen würde, sie umgebracht zu haben.

Wenn sie doch nur eines natürlichen Todes stürbe! Wenn es mir doch erspart bliebe, meinen Namen unter den Hinrichtungsbefehl zu setzen!

Ich zögerte, aber man ließ mir keine Ruhe. Sogar von Robert traf ein Brief aus den Niederlanden ein. Er schrieb, er denke unentwegt an mich. Er könne sich gut vorstellen, in welchem Dilemma ich mich befände. Ich dürfe nicht glauben, er habe kein Verständnis für die Gefühle, die mich zutiefst bewegten. Aber Mary von Schottland stelle eine Bedrohung dar – nicht nur für mich, sondern für alle Engländer, die nicht dem katholischen Glauben angehörten. Ich müsse das Todesurteil unterzeichnen.

»Majestät, Ihr müßt es unterzeichnen«, drängten auch Walsingham, Burghley, Bacon... und wie sie alle hießen.

Und noch immer zögerte ich.

Mein Staatssekretär, William Davison, suchte mich auf und teilte mir mit, daß Amyas Paulet ihn angefleht habe, mich zu bitten, das Todesurteil unverzüglich zu unterzeichnen. Er könne die angespannte Lage kaum noch ertragen. Täglich werde mit dem Eintreffen des Hinrichtungsbefehls gerechnet, täglich mache sich die schottische Königin aufs neue darauf gefaßt, das Schafott zu betreten, und dennoch vergehe ein Tag nach dem anderen, ohne daß eine Entscheidung gefällt werde.

»Davison«, sagte ich, »ich sträube mich, meine Unterschrift unter dieses Dokument zu setzen, und zwar aus Gründen, die Euch sehr wohl bekannt sind. Ich wünschte, es gäbe eine Möglichkeit, mir diese unangenehme Pflicht zu ersparen.«

Davison sah mich bestürzt an. Ich konnte ihn nicht besonders gut leiden, und er zählte durchaus nicht zu meinen Günstlingen. Ihm fehlte der Charme meiner galanten Kavaliere, und obwohl er tüchtig war, verfügte er doch nicht über den kühlen, klaren Verstand meiner klugen Berater.

Seine Begriffsstutzigkeit machte mich ungeduldig. Burghley hätte sofort verstanden, was ich meinte.

»Wir wissen alle über den schlechten Gesundheitszustand der Königin von Schottland Bescheid«, klärte ich ihn auf. »Sie ist schließlich keine junge Frau mehr. Und Paulet ist für sie verantwortlich. Könnte man ihn nicht überreden, uns in dieser heiklen Angelegenheit einen Gefallen zu tun?«

Davison stammelte: »Ihr meint... die Königin soll... heimlich... aus dem Weg geräumt werden?«

»Ich habe mich doch wohl klar genug ausgedrückt«, entgegnete ich. »Laßt Paulet eine Nachricht zukommen... aber diskret. Ich bin sicher, daß mein Vorschlag ihm einleuchten wird.«

Bei meinem kühnen Plan hatte ich jedoch eins außer acht gelassen – Paulets Selbstgerechtigkeit. Sein erbärmliches Gewissen geriet in Konflikt mit seinem Pflichtgefühl.

Er war geradezu empört und gab zu verstehen, er könne sich nicht überwinden, eine Tat zu begehen, die sowohl Gott als auch das Gesetz verurteilten.

»Gott bewahre mich davor«, schrieb er, »ohne Rückhalt durch das Gesetz und ohne Hinrichtungsbefehl Blut zu vergießen und mich dadurch nicht endenden Gewissensqualen auszusetzen und meinen armen Nachkommen Schande zu machen.«

Ich sah ein, daß ich die Entscheidung nicht endlos aufschieben konnte. Ich mußte damit aufhören zu versuchen, Außenstehende von der Richtigkeit meines Handelns zu überzeugen. Die Menschen, die mir wirklich etwas bedeuteten, würden ohnehin nicht auf die Idee kommen, mich zu kritisieren – meine protestantischen Untertanen wollen Mary Stuarts Tod ebensosehr wie ich.

Also unterzeichnete ich den Hinrichtungsbefehl, und um acht Uhr morgens an einem Tag im Februar betrat Mary Stuart die Halle des Schlosses zu Fotheringhay, wo der Scharfrichter sie erwartete.

Sobald ich von ihrem Tod erfuhr, überkamen mich erbarmungslose Gewissensbisse.

Ich war es gewesen, die ihr Todesurteil unterschrieben hatte. Die Nachwelt würde sich meiner als der Frau erinnern, die für Mary Stuarts Tod verantwortlich war. Es war zwecklos, zu versuchen, mein Gewissen dadurch zu besänftigen, daß ich mir vor Augen hielt, daß sie es gewesen war, die meinen Tod geplant hatte – und nicht umgekehrt. Ich konnte einfach nicht vergessen, daß ich meine Unterschrift unter das Dokument gesetzt hatte, ohne das sie jetzt noch am Leben wäre. Die einzige Möglichkeit, mir Erleichterung von meinen seelischen Qualen zu verschaffen, bestand darin, daß ich mir einredete, ihre Hinrichtung nicht gewollt zu haben. Ich suchte verzweifelt nach jemandem, dem ich die Schuld zuschieben konnte. Ich schickte nach Davison, aber man sagte mir, er leide an einem Anfall von Schüttellähmung und halte sich zur Zeit nicht bei Hofe auf.

Ich wußte, daß er zu dieser Krankheit neigte, und zweifelte nicht daran, daß die Umstände des Todes von Mary Stuart den neuerlichen Anfall ausgelöst hatten. Dennoch steigerte ich mich in einen blinden Haß gegen diesen Mann hinein, und als Christopher Hatton mich aufsuchte, entlud sich meine Verwirrung und Verzweiflung in einem Gefühlsausbruch, in dessen Verlauf ich beteuerte, welchen Kummer mir der Tod meiner Verwandten bereite.

Hatton war viel zu sehr ein Mann des Hofes, um sich die geringste Überraschung anmerken zu lassen. Auch er hatte mir – wie alle meine engsten Vertrauten – seinerzeit dringend nahegelegt, den Hinrichtungsbefehl zu unterzeichnen. Die Heftigkeit meiner Gemütserregung muß ihn ein wenig aus der Fassung gebracht haben, aber da er nun einmal Hatton mit den vollendeten Umgangsformen war, enthielt er sich jeden Kommentars und wartete ab, um mir Gelegenheit zu geben, ihm mein Herz auszuschütten.

»Davison, dieser Dummkopf... Er hat genau gewußt, daß er den Vollstreckungsbefehl nicht an Paulet weiterleiten sollte... und er hat es doch getan.«

Hatton schaute nachdenklich drein. Ich konnte ihm ansehen, was in ihm vorging. Er dachte: Weshalb habt Ihr das Todesurteil dann unterschrieben? Aber er hütete sich natürlich, das laut zu sagen. Kluger, taktvoller Hatton!

»Er konnte gar nicht schnell genug damit losstürzen«, fuhr ich fort, »obwohl ich ihm ausdrücklich befohlen hatte, das Dokument so lange zurückzuhalten, bis ich ihm erlauben würde, es freizugeben.«

Dabei war es in Wirklichkeit gar nicht so gewesen. Ich war nur zu der Überzeugung gelangt, daß es mir so am liebsten gewesen wäre, und hatte mir eingeredet, daß Davison es hätte wissen müssen. Hätte er es wirklich wissen müssen? Er war schließlich kein Gedankenleser. Und er verfügte nicht über den Scharfsinn eines Burghley oder Walsingham.

»Die Königin von Schottland ist hingerichtet worden, und schuld daran ist Davison. Ich will, daß man ihn in den Tower wirft.«

Hatton entgegnete: »Er ist ein kranker Mann, Majestät. Er hat Eure Anweisungen möglicherweise falsch verstanden, aber...«

»Ich will, daß er in den Tower gesperrt wird«, unterbrach ich ihn.

Und Hatton war viel zu klug, um sich auf einen Streit mit mir einzulassen.

Rückblickend schäme ich mich. Es ist ein Zeichen von großer Schwäche, sich für ein bestimmtes Vorgehen zu entscheiden und dann zu versuchen, es zu rechtfertigen, indem man es anderen anlastet. Wie immer hatte ich auch im Fall Mary Stuarts getan, was mein gesunder Menschenverstand mich zu tun gedrängt hatte. Das Problem war, daß mir das Schicksal dieser Frau so naheging. Ich hatte sie so sehr beneidet. Sie war vom Glück so überaus begünstigt – und doch so sehr vom Pech verfolgt gewesen. Der Anspruch der Tudors auf den englischen Thron hatte von jeher auf tönernen Füßen gestanden. Viele behaupteten, Königin

Katharine* sei nie wirklich mit Owen Tudor verheiratet gewesen. Ebenso viele waren der Ansicht, mein Vater sei in Wirklichkeit niemals mit meiner Mutter verheiratet gewesen und ich sei nichts weiter als ein Bastard. So etwas nagt an einem Menschen. Der Anspruch der Stuarts hingegen war rechtmäßig, denn die Stuarts waren unbestreitbar königlichen Geblüts. Dann war da noch Marys legendäre Schönheit, die auf alle Männer einen solch überwältigenden Eindruck machte. Natürlich hatte auch ich meine Verehrer, aber im Grunde meines Herzens hatte ich nie so ganz den Verdacht loswerden können, daß der Glanz einer Krone und die damit verbundene uneingeschränkte Macht den unwiderstehlicheren Anreiz darstellten. O ja, ich hatte sie in so mancherlei Hinsicht beneidet... und bedauert. Ich mußte oft daran denken, wie wohl ihre Kindheit und ihre Mädchenjahre am eleganten französischen Königshof ausgesehen haben mochten, und stellte so manchen Vergleich zwischen ihrer und meiner Jugend an, wenn ich mich der entscheidenden Jahre erinnerte, in denen mein Leben ständig von der Axt des Scharfrichters bedroht gewesen war. So behütet ihre Jugendjahre gewesen waren, so beschwerlich waren die meinen verlaufen. Doch dann hatte ich im Triumph den Thron bestiegen, während aus Mary eine umstrittene Königin und später, zwanzig Jahre lang, eine machtlose Gefangene wurde. Ich hatte längst keinen Grund mehr, sie zu beneiden, und doch konnte ich mich dieses Gefühls nicht restlos erwehren. Ich hatte mich in Gedanken so oft mit ihr beschäftigt, und die Tatsache, daß ich nun nie mehr Gelegenheit haben sollte, sie kennenzulernen, vertiefte auf unerklärliche Weise das geheimnisvolle Gefühl der Zusammengehörigkeit, das uns verband.

Was war sie doch für eine törichte Frau gewesen! Im Grunde hatte sie, wenn ich es recht bedachte, keine einzige kluge Entscheidung in ihrem Leben getroffen. Sie hatte sich blindlings ins Unglück gestürzt. Gewiß, sie hatte Liebhaber

* Gemeint ist die französische Prinzessin und Ehefrau König Henrys V., deren Sohn Edmund aus ihrer zweiten Ehe mit Owen Tudor der Vater des späteren Königs Henry VII., Großvater des berühmten Henry VIII. und Urgroßvater Elizabeths I. werden sollte. (Anm. d. Übers.)

gehabt, aber keiner von ihnen hatte ihr je etwas anderes als Leid und Verzweiflung gebracht – mit Ausnahme vielleicht des kleinen François, der sie abgöttisch geliebt hatte. Doch das war in ihrer frühen Jugend gewesen, als sie noch der umschwärmte Liebling des französischen Königshofs war.

Solange sie lebte, hatte sie mir keine Ruhe gelassen, und selbst jetzt da sie tot war, verfolgte sie mich noch, und zwar auf eine Art und Weise, die mein Gewissen so sehr belastete, daß ich einen Kranken für einen Fehler verantwortlich machte, den er niemals begangen hatte. Er hatte nie etwas anderes als seine Pflicht getan, und dennoch beschimpfte und verwünschte ich ihn und bestand darauf, den armen gelähmten Mann in den Tower werfen zu lassen.

Burghley war entsetzt. Er kam zu mir und teilte mir unmißverständlich mit, daß ich gut daran täte, Davison unverzüglich auf freien Fuß zu setzen.

»Davison hat seine Pflicht vernachlässigt«, erklärte ich.

»Eure Majestät haben den Hinrichtungsbefehl unterschrieben, was völlig richtig und dringend notwendig war. Davison hat ihn nur an Paulet weitergeleitet.«

»Er wußte genau, daß das nicht in meinem Sinne war.«

»Haben Eure Majestät ihm das ausdrücklich gesagt?«

»Dazu bedurfte es keines ausdrücklichen Hinweises. Seit wann ist im übrigen Mylord Burghley befugt, sich zum Richter über seine Königin aufzuwerfen?«

Er schwieg, war aber offensichtlich beunruhigt.

»Ich bitte Eure Majestät inständig, Davison freizulassen«, sagte er ganz ruhig.

Aber die Bitte konnte ich nicht erfüllen. Meinem Sekretär die Schuld zuzuschieben, verschaffte mir ein gewisses Maß an Erleichterung, und ich sehnte mich nach Erleichterung. Ich konnte nachts nicht mehr schlafen. Ich träumte von Mary Stuarts kopflosem Körper und sah im Traum ihre starren Augen anklagend auf mich gerichtet.

Zu wissen, daß Davison im Tower saß, tröstete mich irgendwie, und ich klammerte mich an diesen Trost.

Man warf ihm Pflichtversäumnis und Gehorsamsverweigerung vor und stellte ihn in der Sternkammer vor Gericht. Er sagte aus, daß ich den Hinrichtungsbefehl unterschrieben und ihm gegenüber bemerkt hätte, ich wolle nun nicht länger damit behelligt werden, was er als Anweisung verstanden habe, mir das Dokument kein zweites Mal vorzulegen. Er versicherte, daß das alles sei, was er in der Angelegenheit zu sagen habe, und daß er nach bestem Wissen und Gewissen gehandelt habe.

Er wurde zu einer Geldstrafe von sechstausendsechshundertsechsundsechzig Pfund Sterling verurteilt und in den Tower zurückgebracht, wo sein weiteres Schicksal in mein Belieben gestellt war.

Eins jedoch tat er nicht – und das war eigentlich erstaunlich, denn er hätte es ohne weiteres tun können: Er verzichtete darauf zu erwähnen, daß ich ihn beauftragt hatte, Paulet den Vorschlag zu machen, die Königin von Schottland unauffällig aus dem Weg zu räumen.

Ich hatte mich Davison gegenüber schlecht benommen. Doch solange ich mir einreden konnte, die Vollstreckung des Todesurteils an Mary Stuart nie gewollt zu haben, gelang es mir, mein Gewissen zu beruhigen. Und wie die meisten Menschen, die anderen ein Unrecht zugefügt haben, so verabscheute auch ich die Person, die ich ungerecht behandelt hatte – danach mehr als je zuvor. Ich überhäufte Davison in Gedanken mit Vorwürfen und suchte – und fand – zahllose Beweise seiner Schuld. Das war charakterlos, ich gebe es zu, und ich haßte Charakterlosigkeit – bei mir selbst noch mehr als bei anderen. Aber diese Angelegenheit quälte mich in einem solchen Maße, daß ich mein aufgewühltes Gewissen nur noch mit Unwahrheiten besänftigen konnte.

Davison war mein Sündenbock. Aber indem ich ihn zum Sündenbock machte, befreite ich mich von meinen Alpträumen. In meiner Fantasie sprach ich mich von der Schuld frei, die Hauptverantwortung für den Tod Mary Stuarts, der Königin von Schottland, zu tragen. Es beruhigte mich ganz ungemein.

Ein großer Sieg und eine große Tragödie

Robert war heimgekehrt, und seine Rückkehr machte mich sehr glücklich. Die Freude, ihn wiederzusehen, überwog bei weitem den Groll, den ich seinerzeit wegen seines Verhaltens empfunden hatte. Es war immer wieder dasselbe, wenn es um Robert ging. Ich konnte noch so wütend auf ihn sein – wenn er dann vor mir stand, sich tief verneigte, zu mir aufschaute und mir in die Augen sah, kam es mir jedesmal sehr töricht vor, ihn je fortgeschickt zu haben. Wir waren inzwischen beide nicht mehr so jung, daß wir es uns leisten konnten, kostbare Lebenszeit zu verschwenden. Ich würde ihn so schnell nicht wieder fortlassen.

Er erfreute sich – wie sollte es anders sein – wieder meiner höchsten Gunst. Das niederländische Unternehmen hatte sich als eine unvorstellbare Katastrophe erwiesen. Ich hatte schon immer gewußt, daß Kriege wenig einbrachten, und war von Anfang an gegen den Feldzug gewesen; die Spanier zu besiegen, war alles andere als einfach – selbst in den Niederlanden, in denen sie fern der Heimat waren.

Von Walsingham erreichten mich beunruhigende Berichte über den Stand der spanischen Kriegsvorbereitungen. Auf wen sollten sie einen Angriff planen, wenn nicht auf England? Diese Annahme wurde durch die Tatsache bestätigt, daß sie im Begriff waren, eine mächtige Armada aufzubauen mit dem Ziel, England zu vernichten.

Ich war froh, mich auf Männer wie Sir Francis Drake verlassen zu können – Freibeuter der Meere, die in Wirklichkeit längst gegen die Spanier Krieg führten, indem sie ihre Schiffe kaperten, ihre Schätze raubten und ihnen zeigten, daß die Engländer geborene Seefahrer und den Spaniern trotz ihrer beeindruckenden Armada gewachsen waren. Drake hatte unermeßliche Reichtümer mit nach Hause gebracht, und dafür war ich dankbar, denn ich benötigte dringend Geld; der niederländische Krieg hatte Unsummen verschlungen – es war meiner Ansicht nach alles eine riesige, sinnlose Verschwendung gewesen, und ich befand mich folglich in einer großen finanziellen Zwangslage. Doch trotz aller Geldsorgen war ich immer noch nicht so mittellos wie Philipp, und das war ein beruhigender Gedanke.

Drake war soeben von einer seiner Expeditionen zurückgekehrt und hatte reiche Beute mitgebracht, lauter Schätze, die er den Spaniern geraubt hatte. Auf dem Heimweg hatte er einen Abstecher nach Cadiz gemacht und, wie er sagte, ›dem König von Spanien den Bart versengt‹. Das bedeutete, daß er über die im Hafen liegenden Schiffe hergefallen war, dreiunddreißig davon versenkt oder verbrannt hatte und mit vieren, die er reich mit Vorräten beladen hatte, nach England zurückgekehrt war.

Was er mitbrachte, waren aber nicht nur materielle Güter, sondern auch verläßliche Angaben darüber, daß Spanien sich in größter Eile auf einen Krieg mit England vorbereitete und daß der Angriff zur See stattfinden sollte. Drake riet dringend dazu, Philipp jetzt ein für allemal Einhalt zu gebieten, und äußerte die Überzeugung, daß unsere Schiffe vielleicht nicht so imposant seien wie die spanischen Galeonen, daß sie es aber durchaus mit der spanischen Flotte aufnehmen könnten, wenn die Zeit gekommen sei, ihre Seetüchtigkeit zu erproben.

Unterdessen kamen auch jüngere Männer an den Hof, um ihr Glück zu suchen. Das bedeutete jedoch nicht, daß sie die alten Vertrauten – Robert, Hatton, Heneage – verdrängten. Ich liebte sie alle. Und die Tatsache, daß die Freunde von früher allmählich alt wurden, führte keineswegs dazu, daß ich sie weniger gern hatte. Als Walsingham krank wurde und Burghley beim Ausritt einen Sturz erlitt, machte ich mir die größten Sorgen; ich besuchte sie beide und warf ihnen vor, nicht besser auf ihre Gesundheit achtgegeben zu haben. Ich war wie eine Mutter zu ihnen, und sie wandten sich an mich, wenn sie Trost brauchten. Ich ließ sie nie im Stich, denn ich wußte, daß auch sie mich niemals im Stich lassen würden. Es war schon eine Freundschaft ganz besonderer Art, die mich mit meinen engsten Vertrauten verband, und sie blieb nur denen vorenthalten, die – wie etwa Davison – es nie geschafft hatten, Zugang zu dem magischen engsten Freundeskreis zu finden.

Zu den Neulingen bei Hofe gehörten zwei der aufregendsten jungen Männer, die mir je begegnet waren. Der eine war Robert Devereux, der andere Walter Raleigh.

Robert – mein Robert – hatte seinen Stiefsohn, Robert Devereux, an den Hof geholt, offenbar in dem Wunsch, ich möge ihm gewogen sein. Ich weiß selbst nicht recht, weshalb ich auf Anhieb Sympathie für ihn empfand – immerhin war er der Sohn meiner schlimmsten Feindin, jener Teufelin, die ich nach wie vor mit glühendem Haß verfolgte und die seit ihrer Heirat mit Robert von meinem Hofe verbannt war.

Er hatte etwas Gewinnendes, dieser Robert Devereux – der Graf von Essex, der diesen Titel seit seinem neunten Lebensjahr trug, nachdem sein Vater unter recht mysteriösen Umständen in Irland ums Leben gekommen war – vergiftet, wie der Verfasser von *Leicesters guten Werken* sich ausdrückte.

Der Junge war siebzehn Jahre alt gewesen, als Robert ihn mir zum erstenmal offiziell vorgestellt hatte, und ich hatte mich sogleich an das bezaubernde Kind erinnert, das mir damals aufgefallen war, als ich nach jenem unvergeßlichen Aufenthalt in Kenilworth einige Tage in Chartley zugebracht hatte.

Er war ein überaus attraktiver junger Mann, und ich mußte, wenn auch widerstrebend zugeben, daß er das gute Aussehen seiner Mutter geerbt hatte. Er hatte eindeutig ihr kastanienbraunes Haar und ihre dunklen Augen. Außerdem fiel er durch seine ungewöhnliche Art zu gehen auf: Er machte sehr lange Schritte und ging dabei leicht gebeugt, den Kopf ein wenig nach vorne geneigt. Ich hatte in meinem Leben viele ansehnliche junge Männer kennengelernt, aber dieser hier war etwas ganz Besonderes. Er gefiel mir vom ersten Augenblick an – es war fast so wie damals, als ich Robert auf Anhieb gemocht hatte. Bisher waren mir nur zwei Männer begegnet, zu denen ich mich auf so romantische Weise hingezogen gefühlt hatte. Einer davon war Thomas Seymour gewesen, der andere – natürlich – Robert. Robert und ich waren gleichaltrig, und nun, da wir nicht mehr die Jüngsten waren, war uns beiden klar, daß sich an unseren Gefühlen füreinander niemals etwas ändern würde. Niemand würde mir jemals so viel bedeuten wie er. Und doch überkam mich bei dem bloßen Gedanken an Essex ebenfalls jenes beglückende Herzklopfen – was äußerst merkwürdig war, da er der Sohn der Frau war, die ich am meisten auf der Welt haßte. Vielleicht war es eben diese Tatsache, die meinen Begegnungen mit Essex besonderen Reiz verlieh. Ich konnte mir meine Gefühle nicht anders erklären, aber daß es sie gab, war nicht zu leugnen.

Normalerweise hätte ich jemandem wie ihm die kalte Schulter gezeigt – immerhin war es offensichtlich, daß *sie* an einer glänzenden Laufbahn ihres Sohnes bei Hofe interessiert war. Aber wie dem auch sein mochte, er faszinierte mich vom ersten Augenblick an, genauso wie vor all den Jahren in Chartley.

Er war sehr unreif, und ich merkte sofort, daß er nicht das Zeug zum Politiker hatte. Er gehörte zu den Menschen, die zuerst reden und dann über die Wirkung ihrer Worte nachdenken; damit fehlte ihm die entscheidende Voraussetzung für eine Karriere bei Hofe. Ich bekam zufällig einmal mit, wie jemand über ihn sagte: »Er ist ein schlechter Schüler seines Meisters, Mylord Leicester – *der* hat nicht die Angewohnheit, sein Herz auf der Zunge zu tragen.«

Ich glaube, damit war Robert treffend charakterisiert. Niemand konnte sich besser verstellen als er. Bei Robert konnte man nie restlos sicher sein. Vielleicht war es das, was ihn so unwiderstehlich machte. Essex dagegen war leicht zu durchschauen. Mir kam oft der Gedanke, daß ihm diese Eigenschaft irgendwann einmal zum Verhängnis werden könnte.

Und dann war da noch jener andere Neuling bei Hofe, der gutaussehende, dunkle, hochbegabte Walter Raleigh. Er war um die Dreißig, als er mir zum erstenmal auffiel, und aus eben diesem Grunde war er an den Hof gekommen – in der Hoffnung, sein Glück zu machen. Er war einfach der Typ Mann, dem man Beachtung schenkte. Er war recht groß, gut gebaut und sah außergewöhnlich gut aus. Er hatte dichtes schwarzes Haar und die frische Gesichtsfarbe eines Mannes vom Lande; am eindrucksvollsten aber war seine verblüffende Vitalität – er schien über doppelt soviel Energie zu verfügen wie normale Sterbliche.

Ich machte seine Bekanntschaft, als ich in Begleitung einiger meiner Hofdamen und männlichen Bedienten einen Spaziergang unternahm. Wir waren gerade an einem vom Regen aufgeweichten Feldweg angelangt und überlegten, wie wir ihn am besten überqueren könnten, ohne allzusehr Schuhe und Kleidung zu beschmutzen. Just in dem Moment erschien Raleigh. Er trug einen prächtigen Plüschumhang, der offensichtlich neu war, nahm ihn mit theatralischer Geste von den Schultern und breitete ihn über dem schlammigen Stück Weg aus, so daß ich trockenen Fußes meinen Spaziergang fortsetzen konnte.

Ich nahm die extravagante Gefälligkeit – wie immer – huldvoll entgegen, obwohl mir völlig klar war, daß der galante junge Mann, geblendet von der Aussicht auf königliche Gunst, nur allzu gern seinen teuren Mantel opferte, mochte er auch noch so kostbar sein.

Aber es war ihm gelungen, meine Aufmerksamkeit zu erregen, und als ich mich nach ihm erkundigte, erfuhr ich, daß er Walter Raleigh aus Devonshire war, der Grafschaft, aus der auch mein großartiger Francis Drake stammte; da beschloß ich, diesen kühnen jungen Mann näher kennenzulernen.

Ich fand heraus, daß er kein unbeschriebenes Blatt mehr war. Bei einem Mann seines Temperaments war das wohl unvermeidlich. Er war ein Hitzkopf, aber – im Unterschied zu Essex – dabei nicht leichtsinnig. Ich traute Raleigh ohne weiteres die Fähigkeit zu, wohlüberlegt zu handeln. Er war wesentlich klüger als mein charmanter Essex. Er war geistreich, seine Komplimente waren amüsant und seine Unterhaltung sprühte vor Witz. Er hatte weit größere Aussichten auf eine erfolgreiche Laufbahn bei Hofe als Essex. In jungen Jahren hatte er einmal einen Streit mit Thomas Perrot gehabt; die Auseinandersetzung war in eine handfeste Schlägerei ausgeartet und hatte beide Raufbolde für ein paar Tage ins Fleet-Gefängnis gebracht. Danach war er im Zusammenhang mit einem Tennisspiel mit einem Mann namens Wingfield aneinandergeraten, was einen kurzen Aufenthalt Raleighs im Marshalsea-Gefängnis zur Folge gehabt hatte. Er hatte zweifellos ein bewegtes Leben geführt, das ihm nicht nur Ehre eingebracht hatte; andererseits hatte er als Seefahrer mancherlei Auszeichnung erworben.

Während seiner frühen Jahre bei Hofe hatte er Unterstützung durch Leicester erfahren, den Raleighs Elan ebenfalls beeindruckt hatte, und sich mit dem Grafen von Oxford angefreundet, der allerdings einen ziemlich schlechten Ruf hatte, da er sich Burghleys Tochter gegenüber abscheulich benommen hatte; ich hielt ihn für einen wahren Schurken, obwohl er einer meiner Günstlinge war. Raleigh und er bekamen jedoch bald Streit, und die Freundschaft schlug in Feindschaft um.

Die beiden waren sehr eifersüchtig aufeinander, aber das kam unter meinen Favoriten häufig vor. Es lag in der Natur unserer wechselseitigen Beziehung, daß leicht Eifersucht aufkam. Manchmal benahmen sich meine Günstlinge wirklich wie beleidigte Liebhaber. Doch das machte mir nichts aus. Ich war nun einmal eine Frau, die es genoß, von vielen Verehrern umworben zu werden, und vielleicht ein wenig dazu neigte, Rivalitäten zu schüren.

Ich schätzte Raleighs Gesellschaft sehr. Er gehörte zu den Männern, die hoch hinauswollten. Dagegen hatte ich nichts einzuwenden. Ein Mann, der es zu etwas bringen will, muß ehrgeizig sein.

Eines Tages ritzte er mit einem Diamanten in eine Fensterscheibe die Worte ein:

»Gern stürzt das Glück die, die den Aufstieg wagten.«

Ich antwortete ihm, indem ich, ebenfalls mit Hilfe eines Diamanten, den ich trug, ergänzte:

»Das Glück winkt dem Mutigen, nicht dem Verzagten.«

Da wandte er sich mir mit leuchtenden Augen zu, und in dem Augenblick liebte ich ihn, denn er verkörperte die Eigenschaften, die ich an einem Mann am meisten bewunderte.

Ich sagte: »Ihr werdet den Aufstieg schaffen, Walter Raleigh. Und ich glaube nicht, daß Ihr fallen werdet... jedenfalls nicht allzu tief.«

Worauf er sich verneigte und mir versicherte, er sei bereit, die höchsten Höhen des Himmels zu erstürmen und in die Tiefen der Hölle hinabzusteigen, solange er mir nur dienen dürfe.

Wenig später verlieh ich ihm die Ritterwürde; er hatte die Auszeichnung wohl verdient und war sehr stolz auf sie. Oh, meine Höflinge – Raleigh ebenso wie alle anderen – registrierten genauestens, wem wann welche Ehrung zuteil wurde! Essex bat nie um Privilegien; wenn ihm irgendeine Auszeichnung angeboten wurde, nahm er sie an, und zwar mit der größten Selbstverständlichkeit und ohne besondere Dankbarkeit zu bekunden. Raleigh äußerte seine Wünsche mit unverfrorener Direktheit.

Einmal sagte ich zu ihm: »Ich frage mich, wann Ihr wohl aufhört, Euch wie ein Bettler zu benehmen, Raleigh.«

Und er erwiderte: »Wenn Eure Majestät aufhören, die Wohltäterin zu spielen.«

Er lachte, und ich lachte mit ihm. Ich konnte nicht anders. Unterhaltungen wie diese waren typisch für die Beziehung, die zwischen uns bestand.

Unterdessen hatte Burghley mir seinen Sohn Robert vorgestellt. Natürlich hoffte auch er auf meine wohlwollende Förderung. Ich erkannte sogleich, daß Robert Cecil zu den klugen Köpfen zählte. Er hatte wenig von einem Höfling. Er war klein und schmächtig und litt an einer leichten Rückgratverkrümmung, die durch den Schnitt der Herrenmäntel, die zu der Zeit in Mode waren, noch zusätzlich betont wurde. Sein Hals war ebenfalls ein wenig schief, und außerdem hatte er einen Spreizfuß – unter all den gutaussehenden Männern wirkte er ein wenig gnomenhaft. Damit stand sein Spitzname für mich fest. Ähnlich wie Raleighs theatralische Geste mit dem Mantel hatte in seinem Fall sein wenig einnehmendes Äußere meine Aufmerksamkeit erregt – obwohl er als Burgleys Sohn auch unabhängig von seinem Aussehen auf die Dauer kaum unbemerkt hätte bleiben können. Ich war sehr gerührt zu beobachten, mit welcher Liebe mein guter alter Freund Burghley an dem Jungen hing. Ich liebte ihn dafür um so mehr und nahm mir fest vor, alles in meiner Macht Stehende zu tun, um dem ›kleinen Gnomen‹

den Weg zu ebnen. Mir war sogleich klar, daß es mir ein leichtes sein würde, denn ich erkannte schnell, daß sich hinter dem bleichen Gesicht ein wacher Verstand verbarg. Auch ohne die Fürsprache seines Vaters würde Robert Cecil es an meinem Hof weit bringen.

Dann waren da noch die beiden jungen Bacons, Anthony und Francis. Vor allem Francis war ein kluger Kopf, neigte aber zur Besserwisserei – ein Charakterzug, den ich nicht besonders mochte. Burghley bemühte sich nach Kräften, die beiden jungen Männer im Hintergrund zu halten und daran zu hindern, Robert Cecils Karriere im Wege zu stehen; ich wußte, daß Burghley die Hoffnung hegte, die nächste freiwerdende Stelle von Bedeutung für seinen eigenen Sohn zu sichern.

Francis Bacon gelang es dennoch, auf sich aufmerksam zu machen, indem er eine Abhandlung verfaßte, die den Titel trug *Wohlmeinender Rat an Königin Elizabeth* – an sich schon eine Unverschämtheit. Die Schrift enthielt eine Darlegung seiner politischen Ansichten, bestach jedoch durch Überzeugungskraft und rhetorischen Schliff, und ich gratulierte ihm zu dem Aufsatz. Er war inzwischen zum Parlamentsabgeordneten der Stadt Taunton und zum Mitglied der Gray's Inn, einer der vier Rechtsschulen Londons, aufgestiegen und damit befugt, vor dem hohen Gericht zu Westminster als plädierender Anwalt aufzutreten.

Doch von all den interessanten jungen Männern, die sich zu jener Zeit bei Hofe aufhielten, faszinierten mich Walter Raleigh und Robert Devereux, der Graf von Essex, am meisten.

Das Jahr schritt fort, und ein Gedanke beherrschte zunehmend die Gemüter: die wachsende Bedrohung Englands durch Spanien. Alle fragten sich besorgt: Weshalb bauten die Spanier die beeindruckendeste Armada, die es je gegeben hatte? Darauf konnte es nur eine Antwort geben: um uns anzugreifen.

Es lag in der Natur der Dinge, daß Philipp und ich Feinde waren. Um so merkwürdiger war es deshalb, daß er sich damals, als er noch mit meiner Schwester verheiratet gewesen war, zu mir hingezogen gefühlt hatte. Später hatte er mir, glaube ich, nie verziehen, daß ich seinem Heiratsantrag nicht voller Entzücken zugestimmt hatte. Wenn ich das getan hätte, wäre er nicht gezwungen gewesen, so viel Geld für den Bau seiner Armada auszugeben. Dann hätte er England einfach an sich gerissen die Inquisition eingeführt und mein Land zu einer spanischen Provinz gemacht. Als ob ich das je zugelassen hätte! Als ob ich jemals mein Land Philipp von Spanien zum Geschenk machen würde... wie meine Schwester in ihrer Verblendung es getan hatte!

Zu jener Zeit kursierte das Gerücht, ein junger Mann namens Arthur Dudley genieße am königlichen Hof zu Madrid ein gewisses Ansehen. Er behauptete, mein Sohn zu sein; als seinen Vater gab er Leicester an. Er erklärte, er sei im Palast Hampton Court zur Welt gekommen und auf Anordnung meiner damaligen Hofdame und Vertrauten Kat Ashley von einem ihrer Diener an Kindes Statt angenommen und aufgezogen worden. Er war etwa siebenundzwanzig Jahre alt und – nach allem, was man hörte – nichts weiter als ein gewöhnlicher Aufschneider. Philipp muß gewußt haben, daß er ein Hochstapler war, aber vermutlich hielt er es für einen klugen Schachzug, mich mit allen Mitteln in Verruf zu bringen. Daher tat er so, als glaube er dem jungen Mann, und gewährte ihm an seinem Hof Gastfreundschaft; die sechs Kronen, die er täglich für seinen Unterhalt aufbrachte, hielt er zweifellos für eine gute Investition.

Die Geschichte war so absurd, daß ich nur darüber lachen konnte; dennoch machte sie beängstigend deutlich, daß mit jedem Monat, der verstrich, die Spannungen zwischen England und Spanien zunahmen und die Gefahr wuchs. Ich wußte – und meine Berater wußten es ebensogut –, daß der Tag der Abrechnung nicht mehr fern sein konnte.

Indessen hatten Walsinghams Spione alle Hände voll zu tun. Die Armada war fertig und seeklar. Da kam plötzlich in Madrid das Gerücht auf, zwei Männer hätten einem Jesuitenpater gegenüber erklärt, eine Vision gehabt zu haben. Die Geständnisse seien unabhängig voneinander gemacht worden, und die Männer, die die Beichte abgelegt hätten, seien einander unbekannt gewesen, aber beide hätten dieselbe Vision beschrieben. Sie hatten angeblich eine gewaltige Seeschlacht gesehen, in der die spanische Armada in eine Auseinandersetzung mit einer anderen Kriegsflotte verwikkelt gewesen war. Die Schlacht soll heftig getobt haben, und es soll lange Zeit unklar gewesen sein, welche Seite den Sieg davontragen würde, doch dann seien Engel mit großen Flügeln vom Himmel herabgekommen, hätten sich auf den Decks der spanischen Schiffe niedergelassen, Loblieder angestimmt und verkündet, sie seien gekommen, um den Verteidigern des wahren Glaubens im Kampf gegen die Ungläubigen beizustehen.

»Ich wette, unsere Seeleute nehmen es jederzeit mühelos mit den Engeln auf«, bemerkte ich, und alle lachten.

Mir war klar, daß wir den Ausbruch des Konflikts nicht länger verhindern konnten. Wir mußten uns auf einen Krieg gefaßt machen. Ich hatte das Gefühl, der Krise und zugleich dem Höhepunkt zuzustreben, auf den meine gesamte bisherige Regierungszeit ausgerichtet gewesen war. Der Ausgang der bevorstehenden Schlacht würde darüber entscheiden, ob England ein freies Land und ich Königin über mein geliebtes Volk bleiben sollte oder nicht.

Der Gedanke, ich könne verlieren, war mir nie ernsthaft gekommen. Nein, all die Macht und die Drohgebärden Spaniens konnten mich nicht einschüchtern. Ich hatte ja meine Männer – und was für Männer! Ich bin überzeugt, daß kein Monarch jemals die Unterstützung solcher Kämpfer gehabt hat noch je haben wird. Meine Helden würden England für mich retten. Das wußte ich genau.

Ich machte Robert zum Generalleutnant meiner Truppen, um allen zu verstehen zu geben, daß ich nach wie vor größtes Vertrauen in ihn setzte, ganz gleich, was in den Niederlanden geschehen sein mochte. Ich wußte, daß der bevorstehende Krieg hauptsächlich zur See geführt werden würde, denn bei dieser Auseinandersetzung ging es um Seemacht – und Religion. Meine Männer würden darum kämpfen, der Intoleranz von Herrschern wie Philipp Einhalt zu gebieten. Sie würden gegen die Daumenschrauben und all die anderen schrecklichen Folterinstrumente kämpfen, die die Waffen der Inquisition waren. Sie kämpften für die Freiheit, für ihre Königin und ihr Land und für das Recht, selbst darüber zu entscheiden, wie sie ihr Leben lebten. Das war eine Motivation, die Kampfgeist entfachte. Ob die Spanier einen ähnlichen Ansporn hatten? Ich bezweifelte es.

Ich hatte Lord Howard von Effingham zum Befehlshaber der Flotte ernannt; ihm standen Drake, Frobisher und Hawkins, die besten Seefahrer der Welt, zur Seite. Auch wir verfügten über eine Kriegsmarine – natürlich nicht über eine so beeindruckende wie Spanien, aber Kriege werden schließlich nicht aufgrund eines überwältigenden äußeren Eindrucks gewonnen. Die Männer sind es, die eine Flotte zu dem machen, was sie ist.

Ich hatte solche Männer – und das Talent, die richtigen Männer für die richtigen Aufgaben auszuwählen, so daß sie mir in idealer Weise dienen konnten. Ich glaubte durchaus, daß es uns gelingen könnte, die Spanier zu besiegen, obwohl ich ihre Macht keineswegs unterschätzte. Sie besaßen die größte Armada der Welt; sie waren erfahrene Seefahrer. Doch ›die größte Armada‹ bedeutete nicht unbedingt ›die beste Armada‹, und für meine Engländer legte ich meine Hand ins Feuer – sie würden es jederzeit mit den Spaniern aufnehmen.

Zu allem Überfluß erhob Philipp noch Anspruch auf den englischen Thron; er begründete diese absurde Forderung mit dem Hinweis darauf, daß John von Gents* Töchter in die Herrscherhäuser Portugals und Kastiliens eingeheiratet hatten, was ihn zum rechtmäßigen Erben des Hauses Lancaster mache**. Mir war immer etwas unbehaglich zumute,

* John von Gent, ein Sohn König Edwards III. und Herzog von Lancaster, war der Stammvater der Lancaster-Dynastie: Sein Sohn, der spätere Henry IV., verdrängte seinen Vetter, den schwachen König Richard II., vom Thron; sein Enkel, Henry V., führte die Lancaster-Herrschaft fort, bis dessen Sohn, der schwache König Henry VI., gezwungen war, die Regierung weitgehend an Richard, den Herzog von York, abzutreten. Richard von Yorks Sohn Edward IV. leitete die Herrschaft des Hauses York ein, auf das dann die Tudors mit Henry VII., Henry VIII. und Elizabeth I. folgten.

** Philipp II. von Spanien war der Sohn Kaiser Karls V. und dessen Frau, Isabella von Portugal; Karl V. wiederum war der Sohn Philipps des Schönen von Burgund und seiner Frau Juana, einer Tochter Isabellas von Kastilien und Erbin der Reiche Kastilien und Aragon. (Anmerkungen d. Übers.)

wenn jemand Anspruch auf meinen Thron erhob; immerhin gründete sich meine eigene Herrschaft nicht auf so unumstößliche Rechte, daß ich es mir hätte leisten können, rivalisierende Ansprüche als lächerlich abzutun. Philipps Verhalten erwies sich jedoch als höchst unbesonnen, denn es führte nur dazu, daß ihm die Schotten ihre Sympathien entzogen: Sie waren nicht im geringsten daran interessiert, ihm zu helfen, die englische Krone an sich zu reißen, da ihrer Ansicht nach einer der Ihren, Mary Stuarts Sohn James, der rechtmäßige Thronerbe war.

Inzwischen hatte der Papst für Philipp Partei ergriffen. Sein Ziel war, mich zu stürzen, und er versuchte, das gesamte katholische Europa gegen mich aufzuwiegeln. Einige Mitglieder meines Staatsrates machten daraufhin den Vorschlag, alle führenden Katholiken Englands niederzumetzeln, um einen Aufstand zu verhindern – es also zu einer Art zweiter Bartholomäusnacht kommen zu lassen.

Ich wies dieses Ansinnen spontan zurück. Immerhin hatte ich – so hoffte ich zumindest – meinem Land zu einer gewissen religiösen Toleranz verholfen. Zwar waren Gottesdienste nach katholischer Liturgie offiziell verboten, aber in allen anderen Bereichen des Lebens waren die Katholiken gute Untertanen. Wie sich später herausstellte, tat ich gut daran, den Vorschlag jener Staatsräte abzulehnen, denn viele englische Katholiken erwiesen sich als wertvolle Verbündete im Kampf gegen den spanischen Aggressor.

Mittlerweile kursierten die wildesten Gerüchte, und im ganzen Land herrschte eine äußerst angespannte Atmosphäre. Ich wünschte mir fast, der Krieg möge endlich ausbrechen, denn ich hatte das Gefühl, daß dann die Anspannung der Erleichterung weichen würde. Um so entsetzter war ich, als mir zu Ohren kam, ich hätte einen Unterhändler nach Rom entstandt, damit dieser sich mit dem Papst einige – etwas Derartiges wäre mir nicht im Traum eingefallen! Ich war das Oberhaupt der Kirche Englands und dachte nicht daran, mich von einem Ausländer verdrängen zu lassen. Daher befahl ich dem Bischof von London, den Papst von der Kanzel der St. Pauls-Kirche herab zu verfluchen und mit dem Bann zu belegen.

Schiffe! Das war es, was wir jetzt brauchten. Dank unserer weisen Voraussicht verfügten wir zwar seit Jahren über eine beachtliche Kriegsflotte, aber Drake hatte noch mehr Schiffe gefordert, und er hatte recht. Also bat ich mein Volk um Schiffe. Es war ermutigend und bewegend zugleich, als mir die Stadt London, die ich um fünftausend Mann und fünfzehn Schiffe bat, ohne zu zögern zehntausend Mann und dreißig Schiffe anbot. Die großzügige Geste machte in beredter Weise die Stimmung deutlich, die im Volk herrschte, als wir uns anschickten, der Armada die Stirn zu bieten.

Die Spanier prahlten mit ihrer vermeintlichen Überlegenheit. Sie erklärten, es werde eine Schlacht zu Wasser und eine zu Lande geben, und dann werde England ihnen gehören. Ich hütete mich, so prahlerisch daherzureden. Ich hielt Überheblichkeit für gefährlich, für eine Herausforderung des Schicksals. Aber ich war außerordentlich zuversichtlich. Walsinghams Männer waren unermüdlich damit beschäftigt, die Geheimnisse der Spanier ans Licht zu bringen, und meine Freude kannte keine Grenzen, als ich vom Tod des Marquis von Santa Cruz erfuhr, des spanischen Admirals, der den Oberbefehl über den geplanten Einsatz gegen England hatte, denn er war einer der fähigsten Seeleute überhaupt. Wenn er nicht gewesen wäre, hätte der Angriff auf unser Land längst stattgefunden, doch Santa Cruz hatte großen Respekt vor der Kühnheit und dem Ruf Drakes, den die Spanier *El Draque*, den Drachen, nannten, und von voreiligen Unternehmungen abgeraten. Er wollte dafür sorgen, daß seine Armada tatsächlich unbesiegbar wäre, und um das zu erreichen, brauchte er Zeit.

Philipp hatte ihm damals Säumigkeit vorgeworfen, was Santa Cruz tief verletzt hatte, denn er war ebenso eifrig darauf bedacht gewesen, England zu vernichten, wie sein Herr – er war nur der Klügere von beiden gewesen. Dann wurde er, möglicherweise vor Gram, krank und starb. Für Spanien war das ein großer Verlust, für uns ein Vorteil.

Am liebsten hätte ich frohlockt und laut ausgerufen: Gott steht auf unserer Seite. Aber ich tat es nicht. Man soll den Tag nicht vor dem Abend loben. Welches Kriegsglück uns letztlich auch beschert sein mochte, niemand sah so deutlich wie ich voraus, welch bittere Schlacht noch vor uns lag.

Philipps nächster Schritt bewies, wie unrealistisch seine Einstellung war, denn er ernannte den Herzog von Medina Sidonia zum Befehlshaber seiner Armada, nicht etwa, weil dieser sich durch militärische Erfahrung oder Geschicklichkeit ausgezeichnet hätte – er verfügte über beide Eigenschaften in höchst begrenztem Maße –, sondern weil er einer der vornehmsten Familien Spaniens angehörte.

Gewiß, auch ich hatte mit Howard von Effingham den Sproß eines der angesehensten Adelsgeschlechter unseres Landes zum Befehlshaber der Flotte gemacht, aber er war ein fähiger Mann, dessen Familie seit Generationen in der Tradition der englischen Kriegsmarine verwurzelt war. Sowohl sein Vater, Lord William, als auch sein Großvater, Thomas, der Herzog von Norfolk, hatten den Rang eines Lord Großadmirals innegehabt und in diesem Amt hohe Auszeichnungen erworben. Und mein Vizeadmiral war der verwegene Sir Francis, dessen bloßer Name die Spanier in Angst und Schrecken versetzte.

Ich war, wenn ich mich mit Philipp verglich, überzeugt, die besseren Karten zu haben. Außerdem waren meine Männer von dem Wunsch beseelt, ihr Vaterland zu verteidigen, und eine solche Zielsetzung beflügelt oft mehr und führt häufiger zum Erfolg als die pure Lust an der Eroberung.

Wir bereiteten uns vorsichtshalber nicht nur auf eine Seeschlacht, sondern auch auf einen Krieg zu Lande vor. Wir befestigten gefährdete Stützpunkte wie Gravesend und schickten Schiffe in die Flußmündungen, um die feindliche Flotte daran zu hindern, ins Landesinnere vorzudringen. Im ganzen Land wurden Vorkehrungen getroffen, eine Invasion zu vereiteln, für den Fall, daß es unseren tapferen Seeleuten nicht gelingen sollte, den Feind zur See zu schlagen. Es war sehr beglückend für mich, den Kampfgeist meiner Untertanen mitzuerleben und zu wissen, daß ich auf ihren Beistand zählen konnte.

Ich selbst war Oberbefehlshaber meiner Streitkräfte; gleich unter mir stand Robert als Generalleutnant der beiden Heere – Lord Hunsdon hatte den Oberbefehl über die zweite der Armeen. Robert schrieb mir aus Tilbury; es war ein Brief, den ich immer aufgehoben habe, denn seine Worte waren die des Mannes, der mich liebte, nicht nur die des Heerführers. Er erläuterte, wie wir seiner Ansicht nach vorgehen sollten, falls es den Spaniern gelänge, englischen Boden zu betreten, aber aus jeder Zeile sprach seine zärtliche Sorge um mich. Nachdem er im einzelnen dargelegt hatte, wie die verschiedenen Truppenverbände zu marschieren hätten, wenn wir gezwungen wären, auf Abruf einsatzbereit zu sein, schrieb er:

›... indessen wäre es, sofern Eure Majestät nicht abgeneigt sind, hilfreich, wenn Ihr zwei oder drei Tage hier verbringen könntet, um das Lager und die Forts zu besichtigen und den Soldaten Mut zuzusprechen. Immerhin ist Tilbury kaum mehr als vierzehn Meilen von Eurer Residenz in Havering entfernt... Zuletzt einige Worte in eigener Sache. Ihr wißt, liebste Königin, daß nichts auf der Welt mich so beglückt wie Eure Freundschaft und Euer Wohlwollen...‹

Ich las den Brief immer und immer wieder. Dann küßte ich ihn, faltete ihn zusammen und legte ihn beiseite.

Und ich machte mich auf den Weg nach Tilbury.

Ich inspizierte meine Gruppen. Neben mir ritt Robert, stattlich und gutaussehend wie eh und je, und vor mir der Graf von Ormond mit dem Zeremonienschwert, während ein Page meinen mit einem Federbusch verzierten Helm trug. Ich hatte auf eine Kopfbedeckung verzichtet und trug einen glänzenden Harnisch aus Stahl und einen ausladenden Reifrock. Als meine Soldaten mich erblickten, brachen sie in nicht enden wollende Beifallsrufe aus, was mich so bewegte, daß ich den Tränen nahe war. Wieder einmal wurde mir bewußt, daß mir seit meiner Thronbesteigung von meinem Volk eine Zuneigung entgegengebracht wurde, die kaum einem anderen Herrscher je zuteil geworden war. Ich hatte mich stets bemüht, mir diese Sympathien zu erhalten und in den Augen meiner Untertanen als vorbildliche Königin dazustehen. Ich wußte, sie verziehen mir meine Fehler; was für sie zählte, waren meine Vorzüge – und darin besteht ja bekanntlich die wahre Liebe.

Ich merkte ihnen an, daß sie auf eine Ansprache warteten, und ich richtete mit klarer, deutlicher Stimme das Wort an sie:

»Mein geliebtes Volk! Einige meiner treuen Diener, die um meine Sicherheit besorgt sind, haben mir, aus Angst, ich könne Verrätern in die Hände fallen, geraten, mich von bewaffneten Mengen möglichst fernzuhalten. Aber ich versichere Euch, solange ich lebe, werde ich meinem geliebten und treuen Volk kein Mißtrauen entgegenbringen. Mögen Tyrannen ihre Untertanen fürchten! Ich habe mich immer so verhalten, daß ich, bei Gott, meine größte Stärke und meinen sichersten Schutz stets in den treuen Herzen und dem guten Willen meiner Landsleute gefunden habe. Und deshalb bin ich auch jetzt zu Euch gekommen, nicht etwa zu meiner Zerstreuung oder meinem Vergnügen, sondern weil ich entschlossen bin, im Schlachtgetümmel mitten unter Euch allen zu leben oder zu sterben und für meinen Gott, mein Königreich und mein Volk meine Ehre einzusetzen und, wenn nötig, mein Leben zu opfern. Ich weiß, ich habe nur den Körper einer schwachen Frau, aber ich habe das Herz und den Mut eines Königs – eines Königs von England! Für den Herzog von Parma, den König von Spanien oder irgendeinen anderen Fürsten Europas, der es wagen sollte, in mein Reich einzufallen, empfinde ich nur tiefste Verachtung, und ehe ich zulasse, daß meinem Land durch mein Verschulden solche Schmach zugefügt wird, will ich lieber selbst zu den Waffen greifen. Ich selbst will Euer General und Richter sein und jeden einzelnen von Euch für seine Verdienste belohnen. Ich weiß, daß Ihr für Eure Bereitwilligkeit allein Lohn und Lorbeerkränze verdient habt, und ich gebe Euch mein Wort – das Wort einer Königin –, daß Ihr angemessen belohnt und geehrt werden sollt. Bis es so weit ist, wird mich mein Generalleutnant würdig vertreten, der vornehmste und verdienstvollste Untertan, dessen Ergebenheit je ein Fürst hat in Anspruch nehmen dürfen. Ich zweifle weder an Eurem Gehorsam ihm gegenüber noch an Eurer brüderlichen Eintracht im Heerlager oder Eurer Tapferkeit auf dem Schlachtfeld; und ich versichere Euch, daß uns schon bald ein großartiger Sieg über die Feinde meines

Gottes, meines Königreiches und meines Volkes sicher sein wird.«

Lauter Jubel brach aus. Ich war noch nie so stolz gewesen, so entschlossen, sie gut zu behandeln. Ich liebte sie ebensosehr wie sie mich.

Einer der Männer rief: »Gibt es auch nur einen Engländer, der nicht bereit ist, für eine so ruhmreiche Sache zu kämpfen oder sein Leben für diese heldenhafte Königin zu opfern?«

Der Zwischenruf machte deutlich, wie die Stimmung im Volke war. Es war eine Stimmung, die Sieg verhieß.

Die Ereignisse jener Tage haben sich mir tief eingeprägt; ich werde sie niemals vergessen. Ebensowenig, glaube ich, wird die Welt sie vergessen. Solange von England die Rede sein wird, wird man sich ihrer erinnern. Sie werden uns für alle Zeiten als Sternstunden unserer Geschichte im Gedächtnis bleiben und allen anderen Nationen als Beispiel dienen.

An einem sonnigen Freitagnachmittag, genauer gesagt am 19. Juli des Jahres 1588, traf Kapitän Flemings Pinasse mit vollen Segeln im Hafen von Plymouth mit der Nachricht ein, die spanische Armada sei am Horizont gesichtet worden. Die ganze Stadt war außer sich vor Aufregung – mit Ausnahme ihres Admirals, Sir Francis Drake, der gerade auf einem Hügel oberhalb der Stadt Bowls spielte.

Es mag sein, daß ich ein wenig ungeduldig reagierte, als man mir zum erstenmal davon berichtete, wie Drake sich geweigert hatte, das Spiel zu unterbrechen, und wie er auf seine unbekümmerte Art erklärt hatte, daß noch genügend Zeit sei, das Spiel zu beenden *und* die Spanier zu schlagen.

Aber so war Drake nun einmal. Und es war eben jene lässige Art, die seinen Männern Respekt und seinen Feinden Schrecken einflößte. Was immer er in Wirklichkeit empfinden mochte, er benahm sich stets so, als ob er felsenfest vom Sieg überzeugt wäre und einen anderen Ausgang der Schlacht nicht in Betracht zöge.

Am Samstag beteten in allen Kirchen des Landes die Menschen zu Gott, er möge uns einen Sieg bescheren. In ganz England gab es wohl kaum einen Mann oder eine Frau, die sich nicht darüber klar waren, was es für sie bedeuten würde, wenn die Spanier siegten. Alle meinten es ernst mit ihren Gebeten; ihre Gedanken waren bei unseren Seeleuten. Oh, Gott, beteten wir, laß nie, nie zu, daß der Feind in unser Land eindringt.

Ich hatte von Anfang an das Gefühl, daß die stürmische See unser Verbündeter war. Sie hatte uns schon so manches Mal vor drohender Gefahr gerettet. Deshalb war es auch keiner ausländischen Macht je gelungen, in unser Land einzufallen – abgesehen vielleicht von den normannischen Eroberern; andererseits waren wir selbst ja die Normannen, jedenfalls zum Teil, denn unsere Nation ging ja auf verschiedene Volksstämme zurück, auf die Angeln, Sachsen, Jüten, die Römer und die Normannen... In den Adern eines Engländers floß das Blut all dieser Menschen, so daß ich wahrheitsgemäß behaupten konnt, daß kein feindliches Heer *uns* je besiegt hatte. Und so sollte es auch bleiben!

Ich betete für die Besatzungen meiner Schiffe. Ich ging alle Namen einzeln, in alphabetischer Reihenfolge durch. Ich gedachte der *Achat*, der *Antilope* und der *Arche* ebenso wie der *Vorhut*, des *Weißen Bären* und des *Weißen Löwen*.

»Ich bitte dich, mein Gott, beschütze meine Männer. Gib meinen Schiffen den Sieg, den wir so verzweifelt herbeisehnen. Nimm dich meiner großen Seehelden an. Behüte meinen Howard, meinen Hawkins, meinen Frobisher und meinen unvergleichlichen Drake. Gib ihnen den Verstand, den sie benötigen, um kluge Entscheidungen zu treffen, und die Stärke, diese Entscheidungen in die Tat umzusetzen.«

Ich mußte im stillen lächeln. Meine Gebete zu Gott waren im Grunde nichts anderes als Anweisungen, wie er sich zu verhalten hätte; ich behandelte ihn wie einen Untertan, den ich besonders schätzte.

»Lieber Gott«, betete ich, »dein Wille geschehe, aber bitte entschließe dich, meinen großartigen Männern beizustehen.«

Es kam zu einer Reihe unbedeutender Gefechte. Ich verbrachte so manche schlaflose Nacht, nur um am Tag darauf zu erfahren, daß wieder nichts entschieden war. Gewiß, wir hatten den spanischen Schiffen erheblichen Schaden zugefügt. Sie waren längst nicht mehr so siegessicher wie vorher. Ihre Versuche, die englische Flotte vernichtend zu schlagen, scheiterten so jämmerlich, daß sie zunehmend hofften, Parma möge es gelingen, sich einen Weg durch die von Schiffen blockierten Flußmündungen zu bahnen und mit seinen Truppen England zu erobern.

Die Spanier litten weitaus mehr unter dem unfreundlichen Wetter als unsere Seeleute, und sie mußten feststellen, daß ihre beeindruckenden Galeonen im Vergleich zu unseren kleineren, wendigen Schiffen klobig waren. Diejenigen unter ihnen, die gefangengenommen wurden, gaben zu, daß die Besatzungen der spanischen Schiffe eine geradezu panische Angst vor *El Draque* hatten; kaum weniger graute ihnen vor *Juan Achines*, womit sie John Hawkins meinten, der sie, ebenso wie Drake, das Fürchten gelehrt hatte, als er während seiner Weltumseglungen ihre Schiffe gekapert und geplündert hatte.

Die Schlacht war hart. Meine Männer hatten bereits mehrere spanische Schiffe erbeutet, während wir noch keinen einzigen Verlust erlitten hatten. Obwohl unsere Flotte sich nicht mit der Armada messen konnte, waren wir den Spaniern gegenüber im Vorteil. Wir kämpften in heimischen Gewässern für unser Land. Uns konnten die ungünstigen Witterungsverältnisse – im Unterschied zu den Spaniern – nichts anhaben. Meine Admiräle konnten nach eigenem Ermessen die Entscheidungen treffen, die sie in Anbetracht der jeweiligen Lage für richtig hielten, und alle Gelegenheiten nutzen, die sich boten, während Medina Sidonia ohne jeden Handlungsspielraum strikt an Philipps Anweisungen gebunden war. Sicher, es kam vor, daß meine Admiräle nicht immer einer Meinung waren. Es wäre auch kaum zu erwarten gewesen, daß Abenteurer wie Drake und Hawkins sich widerspruchslos gewissen Gepflogenheiten angepaßt hätten, die für einen Adelssproß wie Howard selbstverständlich waren. Sie gerieten des öfteren aneinander, und einmal verweigerte mein dreister Drake Howard sogar ausdrücklich den Gehorsam, weil er der Überzeugung war, daß die Ausführung des Befehls katastrophale Folgen gehabt hätte.

Drake behielt recht. Er war nun einmal mein überragendster Seemann. Noch heute kann ich nicht an jene schrecklichen und doch so wunderbaren Tage zurückdenken, ohne Drake vor mir zu sehen.

Unser größter Vorteil bestand darin, daß wir die Schlacht in unseren eigenen Gewässern austrugen, während die Spanier fern der Heimat kämpfen mußten. Als ihnen die Vorräte ausgingen, bestand für sie wenig Hoffnung auf Nachschub – wir hatten solche Probleme nicht. Vermutlich war das auch der Grund, weshalb sie den Plan faßten, zuerst die Insel Wight zu erobern, um dort ein Standquartier einzurichten, von dem aus sie ihre Schiffe versorgen könnten.

Die Spanier müssen sich in einer geradezu jämmerlichen Lage befunden haben. Parma war es nicht gelungen, zu ihnen zu stoßen, da die Holländer sein Vordringen blockiert hatten, und die anfängliche Euphorie der spanischen Soldaten war in Ernüchterung umgeschlagen. Wo blieben nun die Engel mit ihren kühnen Versprechungen?

Wir beschlossen, die Armada in Brand zu setzen, indem wir brennende Boote an sie heranbrachten. Es war nicht das erste Mal, daß diese Methode erfolgreich angewandt wurde.

Ich erfuhr erst im nachhinein, in welcher Eile meine Kapitäne diesen Entschluß in die Tat umsetzen mußten. Sie hatten einfach nicht genügend Zeit, die kleinen Schiffe, die sie benötigten, aus Dover holen zu lassen; die Verzögerung, die mit einem solchen Aufwand verbunden gewesen wäre, hätte jeden Vorteil zunichte gemacht. Daher bot jeder Kapitän eins seiner Schiffe an, um die Durchführung des Plans zu ermöglichen. Drake stellte die *Thomas* zur Verfügung, Hawkins bot ebenfalls ein Schiff an, und auf diese Weise konnte das Vorhaben gelingen.

Es war eine mondlose Nacht, die Flut fiel und vom Ufer her wehte eine Brise zu den dicht beieinander liegenden Schiffen der Armada hinüber. Es herrschten also ideale Bedingungen. Schon bald trieben acht in Flammen stehende Boot direkt auf die Spanier zu und setzten ihre Schiffe in Brand. Die Luft war erfüllt vom Lärm explodierender Artillerie, sobald die ersten brennenden Boote die feindlichen Galeonen erreicht hatten.

Die Folge war ein unbeschreibliches Chaos unter den

Schiffen der spanischen Armada. Sie kappten in ihrer Panik die Ankertaue und versuchten – ziellos und planlos –, die Flucht zu ergreifen. Dabei verwirrten sich ihre Takelagen, und sie behinderten sich gegenseitig bei dem verzweifelten Bemühen, den brennenden Booten auszuweichen. Sidonia feuerte eine Kanone ab, um in all dem Durcheiander zumindest ein gewisses Maß an Ordnung wiederherzustellen, aber niemand hörte auf ihn; alle spanischen Kapitäne waren einzig und allein darauf bedacht, ihre Schiffe außer Reichweite des Feuers zu bringen. Auf diese Weise war es den brennenden Booten gelungen, innerhalb weniger Stunden den überwältigenden Sieg herbeizuführen, den zu erringen meine tapferen Seeleute sich seit Tagen bemühten.

Meine Männer waren gerade im Begriff, sich auf den letzten Angriff vorzubereiten, als Howard bemerkte, daß eine spanische Galeasse Mühe hatte, sich den überstürzt fliehenden anderen Schiffen anzuschließen, und da er reiche Beute witterte, unterbrach er seine Vorbereitungen zum Gefecht, um das Schiff zu kapern. Das war ein großer Fehler, denn die Besatzung der Galeasse bestand aus Männern, die sich zu wehren wußten. Außerdem hatte Howard durch sein Zögern Drake Gelegenheit gegeben, den entscheidenden Sieg davonzutragen und so zum Helden des Tages zu werden. Er hatte sich selbst um seinen Anteil am Ruhm gebracht, zumal er einen weiteren Irrtum beging: Nachdem er den begehrten Preis erbeutet hatte, überließ er einem der kleineren Schiffe die Aufgabe, den Schatz zu hüten. Da die Eroberung jedoch nicht unweit von Calais und folglich recht weit von der englischen Küste entfernt stattfand, näherten sich bald französische Boote, die ebenfalls an der Beute interessiert waren; und obwohl die Engländer sich tapfer schlugen, waren sie schließlich durch Artillerie, die vom Festland aus abgefeuert wurde, gezwungen, den Rückzug anzutreten. Howards ganzes Unternehmen hatte sich damit als Zeitverschwendung erwiesen. Drake hätte einen solchen Fehler, glaube ich, nicht begangen. Er muß sich ins Fäustchen gelacht haben, als er mit sämtlichen Flottengeschwadern über die schwer angeschlagene spanische Armada herfiel.

Die folgende Schlacht war zwar nicht so schnell beendet,

wie sie es hätte sein können, wenn Howard den Flottenverband nicht verlassen hätte, aber an ihrem Ausgang war nun nicht mehr zu zweifeln.

Zeitweilig hatte es so ausgesehen, als ob wir nicht nur den Sieg davontragen, sondern außerdem noch reiche Beute machen würden – genug, um die Kosten der aufwendigen militärischen Unternehmung zu decken. Doch das war uns nicht vergönnt. Es kam nämlich ein Sturm auf. Bis jetzt war das Wetter unser Verbündeter gewesen – und bis zu einem gewissen Grade war es das immer noch, aber fest stand auch, daß es uns um die ersehnten Reichtümer brachte. Unsere Seeleute hatten alle Hände voll zu tun, sich und ihre Schiffe in Sicherheit zu bringen, und als der Wind sich schließlich legte, mußten wir feststellen, daß zahlreiche Schiffe der einst so stolzen Armada entweder gesunken waren oder bereits auf die flämische Küste zutrieben.

Es war also der Wind, der die Schlacht beendete. Und wenn wir auch die reichen Schätze verloren hatten, die wir zu erbeuten gehofft hatten, so hatten wir doch einen ruhmvollen Sieg errungen.

Ich komme nun zum traurigsten Abschnitt meines Lebens. Danach war nichts mehr so wie früher.

Natürlich war es mir ein Anliegen, die Retter meines Königreichs zu belohnen. Ich setzte Howard ein Gehalt aus und ernannte Essex zum Ritter des Hosenbandordens, denn auch er hatte seinen Beitrag zum Sieg geleistet. Aber derjenige, den zu belohnen mein größter Wunsch war, war Robert. Zwar hatte er nicht an der Seeschlacht teilgenommen, aber er war für die Verteidigung zu Lande verantwortlich gewesen und hatte sich unermüdlich für unsere Sicherheit eingesetzt.

Ich plante, ihn zum Vizekönig von England und Irland zu machen und ihn so mit einer Machtfülle auszustatten, wie sie niemandem in England je zuvor verliehen worden war. Als ich ihm die Ernennung ankündigte, entging mir seine Freude nicht; es tat mir gut, ihn so glücklich zu sehen, obwohl ich mir andererseits ein wenig Sorgen machte, denn er sah schlechter aus als sonst. Sein Gesicht war ungewöhnlich blaß, was um so beunruhigender war, als er normalerweise wie das blühende Leben aussah.

Ich sagte: »Mit Euch stimmt etwas nicht.«

Er entgegnete, er glaube, sich eine fiebrige Erkältung zugezogen zu haben, als er mit seinem Heer in der Nähe der Salzsümpfe in der Grafschaft Essex stationiert gewesen sei.

Ich gab ihm eine besonders wirkungsvolle Arznei mit, die mir selbst erst kürzlich noch empfohlen worden war, als mich höchst unangenehme Kopfschmerzen geplagt hatten.

»Ihr müßt auf Eure Gesundheit achten«, sagte ich zu ihm und fügte hinzu: »Das ist ein Befehl, Robert.«

Er lächelte mir unendlich liebevoll zu, und obwohl ich von inniger Freude erfüllt war, gelang es mir doch nicht, das leise Unbehagen abzuschütteln, das mich stets überkam, wenn ich das Gefühl hatte, seine Gesundheit lasse zu wünschen übrig. Ich warf ihm vor, nicht genügend auf sich achtzugeben; wenn er die Absicht habe, sich mein Wohlwollen zu verscherzen, solle er nur so weitermachen, tadelte ich ihn zärtlich.

In jenen Tagen standen wir einander sehr nahe. Das war eigentlich immer so gewesen, aber der Sieg über die spanische Armada hatte uns deutlicher denn je vor Augen geführt, wie tief unsere Gefühle füreinander waren und wieviel wir einander bedeuteten.

Ich hätte mir denken können, daß die neue Ehrung, mit der ich Robert auszuzeichnen gedachte, einen Sturm der Entrüstung auslösen würde.

Burghley sprach sich entschieden dagegen aus und fand sowohl bei Hatton als auch bei Walsingham glühende Unterstützung. Die geplante Ernennung verleihe einem einzelnen viel zuviel Macht, wandte Burghley ein.

Sie sei äußerst unklug, bestätigte Hatton.

»Es kommt noch so weit, daß Leicester uns alle regiert«, erklärte Walsingham unverblümt.

Da wurde mir klar, daß ich in meiner Liebe zu Robert möglicherweise ein wenig zu weit gegangen war, und da die Ernennung noch nicht offiziell ausgesprochen war, beschloß ich, die Angelegenheit zunächst einmal eine Weile ruhen zu lassen.

Robert war bitter enttäuscht, und ich tat mein Bestes, ihn zu trösten.

»Eure Gesundheit geht vor«, sagte ich zu ihm. »Werdet erst einmal gesund, Robin, und dann reden wir erneut darüber.«

Wir kamen zu dem Ergebnis, daß er fürs erste in Buxton am besten aufgehoben wäre, wo er heilende Bäder nehmen könnte, die ihm bereits in der Vergangenheit Linderung verschafft hatten. Also sagte er mir Lebewohl und machte sich auf, um die nötigen Reisevorbereitungen zu treffen.

Einige Tage nach seiner Abreise erhielt ich einen Brief von ihm. Ich las ihn immer und immer wieder und werde ihn für alle Zeiten aufbewahren. Wann immer mein Blick auf die vertraute Handschrift fällt, sehe ich meinen geliebten Robert ganz deutlich vor mir.

›Ich bitte Eure Majestät in aller Demut‹, schrieb er, ›Eurem armen alten Diener zu verzeihen, daß er sich in seiner Trostlosigkeit erkühnt‹« – die beiden ›o‹ in *Trostlosigkeit* waren so geschrieben, daß sie zwei Augen darstellten, mein Spitzname für ihn, den zu hören ihn immer beglückt hatte –, ›sich nach Eurem Befinden zu erkundigen und in Erfahrung zu bringen, wieweit Ihr von den Schmerzen befreit seid, die Euch unlängst plagten. Euer Wohlergehen ist für mich das Allerwichtigste auf dieser Welt, und ich bete täglich zu Gott, er möge Euch gute Gesundheit und ein langes Leben gewähren.

Was mich betrifft, so bekämpfe ich meine trostlose Lage, indem ich weiterhin Eure Medizin einnehme; ich stelle bereits fest, daß sie mir mehr hilft als alle anderen Mittel, die mir je verabreicht worden sind. Ich hoffe, durch die Bäder vollständig geheilt zu werden, und werde nicht müde, auch in Zukunft für das Glück und Wohlergehen Eurer Majestät zu beten, deren Fuß ich in Demut küsse.

In Rycott, wo Ihr einst weiltet, bricht an diesem Donnerstagmorgen auf, um seine Reise fortzusetzen, Eurer Majestät treuester und ergebenster Diener.
Robert Leicester.‹

Er hatte den Brief am 29. August geschrieben. Am 4. September war er bereits tot.

Ich war wie betäubt, als man mir die Nachricht überbrachte. Ich konnte es nicht fassen. Es mußte ein geschmackloser Scherz sein. Robert – tot! Das war unmöglich. Er war immer die Lebendigkeit in Person gewesen. Und er war erst fünfundfünfzig Jahre alt – ungefähr so alt wie ich. Ihn niemals wiederzusehen! Nie wieder seine Stimme zu hören! Nie wieder rätseln zu müssen, welche Geheimnisse seine unergründlichen Augen verbargen!

Ich schickte alle meine Bedienten fort und schloß mich in meinen Gemächern ein. Niemand sollte an meiner Trauer teilhaben. Ich legte mich auf mein Bett und dachte an Robert... an die Zeit, als wir Kinder gewesen waren und am Hof meines Vaters miteinander getanzt hatten... an jene bangen Wochen, die ich als Gefangene im Tower verbracht hatte und in denen er mir nahe gewesen war... an den Tag, an dem er mich aufgesucht und mir sein Geld zu Füßen gelegt hatte... an die Feierlichkeiten meiner Thronbesteigung, als ich – mit Robert an meiner Seite – hoch zu Roß Einzug in London gehalten hatte. So viele Erinnerungen. Und sonst war mir nichts geblieben.

Ich nahm seinen Brief und las ihn – einmal, zweimal, immer wieder. Ich küßte ihn und weinte, bis er naß von Tränen war. Dann schrieb ich darauf die Worte ›Sein letzter Brief‹ und legte ihn in eine Schmuckschatulle. Ich würde ihn ewig aufbewahren. Später würde er mich vielleicht trösten; jetzt bewirkte er nur, daß mir die Ungeheuerlichkeit des Verlustes, den ich erlitten hatte, um so schmerzlicher bewußt wurde.

Danach holte ich alle Geschenke hervor, mit denen er mich im Laufe der Jahre beglückt hatte. Jedes einzelne war etwas ganz Besonderes für mich gewesen, weil er es für mich ausgesucht hatte. Da war das goldene Armband, das mit lauter Rubinen und Diamanten besetzt war. Er hatte es mir im Jahre 1572 geschenkt, zur Erinnerung an meine Thronbesteigung vierzehn Jahre zuvor, und in einem purpurroten Samtkästchen überreicht, das mit venezianischer Stickerei verziert war. Im Jahr darauf hatte er mir eine Halskette – ebenfalls aus Rubinen und Diamanten – geschenkt.

Ich legte beide Schmuckstücke an und dachte an die vergangenen Zeiten. Ich konnte ihn noch genau vor mir sehen, wie er seinen hübschen dunklen Lockenkopf zu mir hinunterbeugte, um mir das Halsband umzulegen.

Dann war da der Fächer aus weißen Federn, dessen Griff auf der einen Seite mit zwei prächtigen Smaragden und auf der anderen mit Rubinen und Diamanten verziert war – immer wieder Rubine und Diamanten.

Ich nahm Roberts Geschenke Stück für Stück in die Hand, all die herrlichen Dinge, mit denen er mich erfreut hatte und die allesamt Zeichen seiner großen Liebe zu mir waren.

Und nun, dachte ich, wird es nie wieder ein Geschenk von Robert geben.

Welche Ironie des Schicksals! Gott hatte mir diesen überwältigenden Sieg über die Armada geschenkt und dann, gleich darauf, den Menschen genommen, den ich, vielleicht am meisten auf der Welt, liebte. Wirklich am meisten auf der Welt? Wenn ich ehrlich vor mir selbst war, mußte ich zugeben, daß es mein Land war, das ich mehr als alles auf der Welt liebte, mehr als mein eigenes Leben, mehr als Robert. Und Gott hatte mir auf eindrucksvollste Weise seine Güte bewiesen, als er meinen Männern günstige Winde geschickt hatte, mit deren Hilfe es ihnen gelang, die mächtige, angeblich unüberwindliche Armada in alle Himmelsrichtungen zu zerstreuen und die spanische Bedrohung ein für allemal zu bannen. Doch zugleich hatte Er mir diesen schrecklichen, grausamen Schlag versetzt.

Er hatte mir Robert genommen.

Die Zeit verstrich, aber ich nahm es kaum wahr. Es klopfte wiederholt an meiner Tür, aber ich kümmerte mich nicht darum. Ich hätte niemandes Gesellschaft ertragen können.

Ich weiß nicht mehr, wie lange ich mich weigerte, meine Umwelt zur Kenntnis zu nehmen. Ich weiß auch nicht, ob ich auf das Klopfen hätte reagieren und die draußen Wartenden einlassen sollen.

Burghley rief mir durch die verschlossene Tür hindurch etwas zu. Er bat mich inständig, die Tür zu öffnen. Aber ich saß nur versteinert da. Es war mir alles völlig gleichgültig. Mich beherrschte nur ein Gedanke: Robert ist tot.

Wie aus weiter Ferne drang Burghleys Stimme an mein Ohr.

»Majestät, um Gottes Willen öffnet die Tür. Seid Ihr krank? Wir flehen Euch an, laßt uns herein!«

Aber ich rührte mich nicht. Ich mußte immerzu nur an Robert denken – Robert, der kürzlich noch so lebendig gewesen und nun tot war.

Ich hörte, wie draußen auf dem Gang erregt geflüstert wurde. Dann gab es einen gewaltigen Krach, und die Tür flog auf.

Burghley stand vor mir. Er stürzte auf mich zu und rief auf: »Gott sei Dank! Wir hatten schon das Schlimmste befürchtet.« Dann fiel er vor mir auf die Knie. »Verzeiht mir, Majestät. Aber wir haben uns große Sorge gemacht. Majestät, Ihr müßt aus Eurer Erstarrung erwachen. England braucht Euch.«

Und während ich ihn ansah – meinen müden alten ›guten Geist‹, der seit so vielen Jahren mein guter Freund war –, wurde mir klar, daß er recht hatte.

Ich reichte ihm die Hand. Er nahm sie und küßte sie.

»Ihr habt ganz recht«, sagte ich. »Ich muß mich um die Regierungsgeschäfte kümmern.«

Das Leben hatte mich wieder.

Schon bald rankten sich Gerüchte um seinen Tod, die mich so wütend machten, daß ich gelegentlich für eine Weile meine Schmerz vergaß. Sollte es tatsächlich möglich sein? Ihm war so oft unterstellt worden, Menschen, die ihm angeblich im Wege gestanden hatten, ins Jenseits befördert zu haben, daß viele sich die Frage stellten, ob ihm letzten Endes selbst das Schicksal zum Verhängnis geworden sei, das andere durch ihn erlitten hatten.

Wäre es wirklich denkbar, daß Robert ermordet worden war?

Ich mochte es nicht glauben. Es war mit Sicherheit nichts als dummes Geschwätz. Und darunter hatte ich im Laufe meines Lebens weiß Gott genug gelitten – und Robert nicht minder. Doch das Gerücht hielt sich hartnäckig.

Seine Frau, diese Teufelin Lettice Knollys, hatte sich, nach allem, was man hörte, einen Liebhaber zugelegt – ausgerechnet den Oberstallmeister ihres Mannes, den jungen Christopher Blount.

Wie konnte sie es nur wagen! Wie konnte eine Frau, die mit dem wunderbarsten Mann im ganzen Land verheiratet gewesen war, nur so schamlos sein, ihren Namen – und den ihres Mannes – aufs Spiel zu setzen, indem sie sich auf ein Liebesverhältnis einließ! Nie zuvor hatte ich sie so verabscheut wie jetzt. So sehr ich sie damals dafür gehaßt hatte, daß sie mir Robert weggenommen hatte, um so mehr haßte ich sie nun dafür, daß sie ihn mit jemandem betrogen hatte, der ihm in jeder Hinsicht unterlegen sein mußte, denn wer konnte Robert schon das Wasser reichen?

Es wurde gemunkelt, Robert habe sie auf frischer Tat ertappt und beschlossen, sich an ihr zu rächen; sie aber habe ihn raffiniert dazu gebracht, selbst aus dem vergifteten Becher zu trinken, der ihr von ihm zugedacht worden sei.

Es konnte nicht wahr sein. Niemand hätte so etwas je fertiggebracht. Ich weigerte mich zu glauben, daß er vergiftet worden war. Auch die Ärzte hielten ein Fieber für die Todesursache, und ich wußte, daß er es sich in den Salzsümpfen von Essex zugezogen hatte. Er hatte kurz vor seiner Abreise nach Buxton selbst noch davon gesprochen.

Und dennoch hätte ich es am liebsten geglaubt. Ich hätte sie so gern noch mehr gehaßt, als ich es ohnehin schon tat.

Einer von Roberts Dienern sagte aus, er habe gesehen, wie die Gräfin ihrem Mann einen Becher gereicht habe und wie der Graf, nachdem er daraus getrunken habe, ohnmächtig zusammengebrochen sei.

Ich traute ihr das ohne weiteres zu, und wenn es stimmte, daß sie ein Verhältnis mit einem jungen Mann hatte... Wie oft hatte ich ihn gewarnt, daß die falsche Schlange eines Tages sein Verderben sein würde!

Zu ihrer Entlastung erbrachte die Autopsie den Nachweis, daß sich keinerlei Gift in seinem Körper befand; dennoch würden meine Zweifel sich nie restlos ausräumen lassen, denn ich wußte nur zu gut, daß der schlaue Doktor Julio, Roberts Leibarzt, es wie so viele Italiener verstand, Gifte zu mischen, die töteten, ohne die geringste Spur zu hinterlassen.

Ich haßte sie, weil seine Liebe zu ihr so groß gewesen war, daß er es gewagt hatte, sich meinen Zorn zuzuziehen und sie zu heiraten. Aber noch größer wäre mein Haß, wenn es gelänge zu beweisen, daß sie seinem Tod nachgeholfen und mir dadurch den einzigen Menschen genommen hatte, den ich geliebt hatte, wie ich keinen anderen jemals würde lieben können.

Als sein Testament verlesen wurde, deutete nichts darauf hin, daß er von ihrer Untreue gewußt hatte, denn er hatte Vorkehrungen getroffen, die gewährleisteten, daß sie gut versorgt wäre, und es gab keinerlei Beweise dafür, daß er einen Nebenbuhler hatte.

Wie war ich gerührt, als ich seine Zeilen las:

›... vor allem aber habe ich meiner geliebten und gütigen Königin zu danken, die mich – nach Gott – zu dem gemacht hat, was ich bin, und die mir stets eine überaus großzügige und huldvolle Herrin war...‹

Er überhäufte mich mit Lob, indem er versicherte, daß das größte Glück seines Lebens darin bestanden habe, mir dienen zu dürfen, und daß er Gott bitte, mich mit einem langen Leben und der längsten Regierungszeit zu belohnen, die je einem englischen Herrscher beschieden gewesen sei und in Zukunft vergönnt sein werde.

Danach wandte er sich an seine Frau:

›Abgesehen von der Verehrung, die ich Ihrer Majestät entgegenbringe, gilt meine Liebe meiner Frau, für die ich längst nicht in dem Maße sorgen kann, wie ich es gern möchte, für die ich aber alles tun werde, was in meinen Kräften steht, denn sie ist mir immer eine treue, liebevolle, aufopfernde und gehorsame Ehefrau gewesen. Und so hoffe ich, daß mein letzter Wille bewirken möge, das sie nach meinem Dahinscheiden mit derselben Zärtlichkeit an mich zurückdenkt, mit der ich ihr zu meinen Lebzeiten zugetan war...‹

Als er dieses Testament aufgesetzt hatte, konnte er nichts von ihrer Untreue gewußt haben – sofern sie ihm wirklich untreu gewesen war. Er hatte ihr Wanstead, das Anwesen Drayton Basset in Staffordshire sowie zwei weitere Landsitze – Balsall und Long Itchington in Warwickshire – vermacht. Kenilworth allerdings bekam sie nicht, und darüber war ich froh. Was mich überraschte, war, daß er Douglass Sheffields Sohn als seinen leiblichen Sohn anerkannte; auch für ihn hatte er angemessen gesorgt. Und obwohl er Kenilworth seinem Bruder Ambrose, dem Grafen von Warwick, vererbt hatte, hatte Robert festgelegt, daß die prachtvolle Residenz nach dessen Tod in den Besitz seines unehelichen Sohnes, besagten Roberts aus der Verbindung mit Lady Sheffield, übergehen solle.

Lettice kann diese Verfügung nur zähneknirschend zur Kenntnis genommen haben. Der verlockendste Preis, das großartige Kenilworth, war ihr entgangen.

Ich dagegen war erleichtert. Ich hätte es nicht ertragen können, sie mir in dem wunderschönen Schloß vorzustellen, in dem ich mit Robert solch herrliche Tage verbracht hatte.

Nun war sie also frei ... frei für ihren Liebhaber. Natürlich konnte die schamlose Person ihn nicht sogleich heiraten – das tat sie knapp ein Jahr nach Leicesters Tod. Oh, sie war schon ein unverschämtes Weibsbild. Irgendwie bewunderte ich sie, aber noch mehr haßte ich sie – mehr denn je.

Wie sich herausstellte, war Robert tief verschuldet. Allein seine Schulden gegenüber der Krone beliefen sich auf mehr als fünfundzwanzigtausend Pfund. Er hatte mich immer mit den ausgefallensten, kostbarsten Geschenken überhäuft, und es rührte mich sehr, als die Einsicht der Akten ergab, daß er, abgesehen von den Kosten, die er für die Instandhaltung seiner großartigen Residenzen hatte aufbringen müssen, das meiste Geld für mich ausgegeben hatte. Natürlich hatten seine Schlösser und Landsitze Unsummen verschlungen. Er besaß die wertvollsten Gobelins und Wandteppiche, die ich jemals außerhalb der königlichen Paläste gesehen hatte. Ja, einige Räume in Leicesters Residenzen waren sogar noch prunkvoller eingerichtet als die im Schloß zu Greenwich oder im Palast Hampton Court.

Ich hatte mich immer darüber gefreut, daß er wie ein König gelebt hatte, auch wenn ich ihm die Genugtuung verweigert hatte, selbst König zu werden.

Einige seiner Landsitze waren an Lettice Knollys gefallen – warum also sollte sie nicht für seine Schulden aufkommen? Ich gab daher bekannt, daß ich auf einer vollständigen Begleichung von Lord Leicesters Schulden bestand und daß die gesamte Schuldenlast auf den Schultern der im Testament so ausdrücklich gepriesenen ›liebevollen, aufopfernden und gehorsamen Ehefrau‹ ruhte.

Wie nicht anders zu erwarten, erklärte sie unverzüglich, sie verfüge nicht über die Mittel, die Schulden ihres verstorbenen Ehemannes zu bezahlen; worauf ich sie darauf hinwies, daß sie mit all den prachtvollen Residenzen, die nun ihr gehörten, auch Wertgegenstände geerbt hatte, deren Verkauf nichts im Wege stehe. Die Veräußerung all der großartigen Kunstschätze, der erlesenen Teppiche und Gobelins und der luxuriösen Himmelbetten, ließ ich sie wissen, werde zweifellos Leicesters Schulden tilgen.

Ich hatte keine Mühe, mir ihre Wut auszumalen! Ich stellte sie mir vor, wie sie in Wanstead den Blick über ihre neuerworbenen Reichtümer schweifen ließ. Wie muß sie damals triumphiert haben, als es ihr gelungen war, den reichen Leicester zu heiraten! Nun, jetzt war es an der Zeit, ihr klarzumachen, daß er all sein Vermögen und seinen Ruhm mir zu verdanken hatte; und wenn ich sie aufforderte, auf die Wertgegenstände, an denen ihr so viel lag, zu verzichten, um die Schulden ihres Mannes zu begleichen, dann blieb ihr gar nichts anderes übrig, als dieser Aufforderung Folge zu leisten.

Ich hatte ihr ihre Arroganz heimgezahlt, und das bereitete mir eine gewisse Genugtuung; meine Tränen um Robert trocknete mein Triumph jedoch nicht.

Wäre er doch nur an meiner Seite gewesen! Wie sehr hätte ich dann die Festveranstaltungen genossen, die überall im Lande zu Ehren des großartigen Sieges über die spanische Armada stattfanden.

Die beeindruckendste dieser Feierlichkeiten war der Dankgottesdienst in der St. Pauls-Kirche, zu dem mich die Mitglieder meines Geheimen Staatsrates sowie die Bischöfe, Richter und Adligen des Landes begleiteten. Es war ein prächtiger Zug durch die Londoner Innenstadt, bei dem das ganze Zeremoniell höfischer Veranstaltungen zur Entfaltung kam. Ich saß in einer prunkvoll ausgestatteten offenen Sänfte, die die Form eines Throns und einen Baldachin hatte, der einer Krone nachempfunden war. Die Sänfte wurde von zwei weißen Pferden gezogen, und mir zur Seite ritt mein kürzlich ernannter, neuer Oberstallmeister, Robert Devereux, der Graf von Essex.

Es tröstete mich ein wenig, ihn anzusehen. Natürlich war er nicht Robert, aber er besaß einen unverwechselbaren, undefinierbaren Charme, und ich hatte einfach eine Schwäche für ihn. Zwar verfügte er nicht über Roberts verbindliche Manieren – im Gegenteil, nur ganz wenige unter meinen Höflingen waren von einer so unverblümten Direktheit wie Essex; er war in seiner Art zu reden völlig kompromißlos, sogar seiner Königin gegenüber. Aber er bewunderte mich. Darüber bestand kein Zweifel; seine Augen und seine Gesten verrieten es mir. Und da er ein junger Mann von solch schonungsloser Offenheit war, mußten die Gefühle, die er ausdrückte, echt sein. Bei allen anderen wäre mir der Verdacht gekommen, sie seien nur auf ihren persönlichen Vorteil aus; Essex wäre nicht auf die Idee gekommen, so zu tun, als bewundere er mich, wenn er nicht wirklich Bewunderung empfunden hätte. In gewisser Hinsicht war Essex in mich verliebt. Das mag verrückt klingen – immerhin war er ein junger Mann und ich eine alte Frau. Aber es war eine besondere Art von Liebe. Es war eine Liebe, die nichts mit jener körperlichen Anziehung zu tun hatte, die mir zuwider gewesen wäre. Es war eher eine Art Verehrung. Vielleicht galt diese Verehrung meinem königlichen Rang, vielleicht auch meiner Charakterstärke; manchmal schien er auch von meiner äußeren Erscheinung geblendet zu sein. Ich funkelte stets von Juwelen. Ich trug ständig irgendwelche Smaragde, Rubine und Diamanten. Meine Kleider waren über und über mit schimmerndem Perlenbesatz verziert, und sogar meine Spitzenkragen glitzerten von lauter winzigen Diamanten. Ich verkörperte – im wahrsten Sinne des Wortes – auf glänzende Weise königliche Würde und Hoheit. Aber Essex bewies mir gegenüber auch eine besondere Art von

Anhänglichkeit, die mit der Zuneigung anderer nicht zu vergleichen war. Alle meine ›schönen Schmetterlinge‹ – Raleigh, Hatton, Heneage, Oxford – benahmen sich so, als ob sie in mich verliebt wären. Einige waren es, glaube ich, auch. Hatton zum Beispiel war sein Leben lang unverheiratet geblieben, nicht etwa, weil er – wie Robert – gehofft hatte, ich würde ihn zum Mann nehmen; nein, ganz einfach, weil er mich liebte. Ich fand das rührend. Der gute alte Hatton! Und auch Burghley, Walsingham und all die anderen... auch sie sahen in mir ihre geliebte Königin und dienten mir mit treuer Hingabe. Bei Essex aber kam noch etwas anderes hinzu. Seine Gefühle für mich hatten etwas Romantisches, und das half mir mehr als alles andere, den schlimmsten Schmerz zu überwinden, den Roberts Tod mir zugefügt hatte. Dafür war ich Essex dankbar.

Daher freute ich mich auch, ihn an meiner Seite reiten zu sehen. Er sah ausgesprochen vornehm und attraktiv aus mit seinem dichten, kastanienbraunen Haar und seinen großen, ausdrucksvollen dunklen Augen – Lettice' Augen, wie ich, ein wenig irritiert, zugeben mußte. Dennoch tat es mir nicht leid, daß der junge Mann, an dem ich solchen Gefallen fand, ihr Sohn war.

Wir passierten das Tor von Temple Bar*, wo mir vom Oberbürgermeister und den Ratsherren ein würdevoller Empfang bereitet und, nach der traditionellen Übergabe der Schlüssel, das Szepter überreicht wurde.

In der ganzen Stadt, von den Rechtsschulen bis zur St. Pauls-Kirche, waren die Straßen aufwendig geschmückt, und die Menschen drängten sich, um mir zuzujubeln. Während die Geistlichen die Litanei sangen, betrat ich, beschirmt von meinem Baldachin, die Kirche; danach lauschte ich der Predigt, die der Bischof von Salisbury hielt. Das Thema, über das er predigte, lautete: »Herr, du hast deine Winde geschickt und die Feinde zerstreut.«

Was, genaugenommen, gar nicht stimmte, dachte ich.

* Gemeint ist die heute nicht mehr existierende Abgrenzung (englisch: *bar*), die das Gelände der juristischen Fakultät, insbesondere die als *Inner* und *Middle Temple* bekannten Rechtsschulen, vom ›Strand‹ trennte. (Anm. d. Übers.)

Den Hauptanteil an jenem Sieg hatten in Wirklichkeit meine tapferen Seehelden; die Winde, die die Armada schließlich in alle Himmelsrichtungen zerstreuten – und zwar *nachdem* sie von uns geschlagen worden war –, waren eigentlich eher dafür verantwortlich, daß wir die ersehnte Beute verloren hatten, die reichen Schätze der Spanier, die wir so gut hätten gebrauchen können, um die Kosten der militärischen Auseinandersetzung zu decken.

Nach dem Gottesdienst begab ich mich zum Palast des Bischofs von London. Der Jubel der Menschen in den festlich geschmückten Straßen war ohrenbetäubend, und mir wurde wieder einmal bewußt, daß mir die Liebe meiner Untertanen sicher war, welchen Schicksalsschlägen ich auch immer ausgesetzt sein mochte.

Ich hatte allen Grund zur Freude, und mein Glück wäre vollkommen gewesen, wenn Robert dagewesen wäre, um es mit mir zu teilen.

Ich mußte mich zwingen, nicht ständig an ihn zu denken, und versuchte, in dem großen Sieg, den wir als Nation errungen hatten, die Entschädigung für mein privates Leid zu sehen. Es war uns gelungen, die Gefahr zu bannen, die uns jahrelang bedroht hatte. Die Spanier hatten viel zu schwere Verluste erlitten und eine zu beschämende Niederlage hinnehmen müssen, um auf den Gedanken zu kommen, uns noch einmal anzugreifen. Mein Volk verehrte mich. Es liebte mich. Wohl kaum ein anderer regierender Monarch wurde von seinen Untertanen so sehr geliebt wie ich.

Das bewies sich erneut, als ich wenige Tage später von einer Sitzung des Staatsrates in meinen Palast zurückkehrte. Es war Dezember und bereits dunkel. Vor mir lag einladend mein hell erleuchtetes Schloß.

Irgend jemand hatte unter den Einwohnern Londons das Gerücht verbreitet, daß diese Gelegenheit hätten, mich flüchtig zu Gesicht zu bekommen, wenn sie nur geduldig vor den Toren des Palastes auf mich warteten. So kam es, daß ich von einer riesigen Menschenmenge begrüßt wurde, die bei meinem Anblick in lauten Jubel ausbrach.

Viele von ihnen riefen: »Gott schütze Eure Majestät!«

Ich ließ meine Karosse anhalten und antwortete: »Gott segne Euch alle, meine lieben Untertanen.«

Daraufhin brachen alle vor dem Palast Versammelten in nicht enden wollende Beifallsrufe aus. »Gott schütze Eure Majestät!« dröhnte es von allen Seiten. Es war ohrenbetäubend.

Ich war tief bewegt. Ich hob die Hand, und es trat augenblicklich Stille ein.

»Meine lieben Landsleute«, sagte ich, »Ihr könntet sicherlich einen Fürsten zum Herrscher haben, der weiser ist als ich, aber Ihr würdet nie einen finden, der Euch mehr liebt.«

Sie umringten mich von allen Seiten. Ich lächelte und winkte ihnen zu, und es entging ihnen nicht, daß ich ebenso gerührt war wie sie. Einigen standen die Tränen in den Augen; ich wußte, daß sie bereit gewesen wären, für mich zu sterben.

Das gab mir neuen Mut. Zwar hatte ich den Menschen verloren, der Glück und Freude in mein Leben gebracht hatte, aber das Leben mußte weitergehen. Ein Herrscher, dem nach dreißigjähriger Regierungszeit noch immer alle Herzen so zuflogen – ein solcher Herrscher konnte sich in der Tat glücklich schätzen.

Es amüsierte mich zu erfahren, daß in Spanien der Versuch unternommen wurde, dem Volk weiszumachen, der Herzog von Medina Sidonia habe einen großartigen Sieg über die Engländer errungen und dabei sogar *El Draque* gefangengenommen. Philipp herrschte offenbar über ein Land von Dummköpfen. War den Spaniern denn nicht klar, daß die Armada, deren Unbesiegbarkeit ihnen eingeredet worden war, hoffnungslos vernichtet und verloren war?

Wo waren denn all ihre stolzen Schiffe geblieben? Wo waren diejenigen, die so prahlerisch verkündet hatten, England im Sturm zu erobern? Viele von ihnen ruhten längst unten auf dem Meeresgrund.

Eine Nation, die sich mit vermessenen Vorhaben brüstet und sich dann als solch erbärmlicher Verlierer erweist, stellt sich selbst ein Armutszeugnis aus.

Ich beschloß, den überwältigenden Sieg über die Armada nicht in Vergessenheit geraten zu lassen, und ließ daher eine Gedenkmedaille prägen. Auf ihr waren die fliehenden spanischen Schiffe dargestellt, und sie trug die Inschrift: *Venit, Vidit, Fugit.* Julius Caesar hatte die berühmten Worte gesprochen: *Veni, Vidi, Vici* – ›ich kam, sah und siegte‹. Meine Medaille ließ die Welt wissen, daß die spanische Armada kam, sah und floh.

Ich war nicht so vermessen, mir einzubilden, der Sieg über die Spanier sei allein mein Verdienst gewesen. Ich wußte sehr wohl, daß wir unseren Erfolg unseren tüchtigen Seeleuten und meinen klugen Ministern zu verdanken hatten. Aber ich hatte an der Spitze des Unternehmens gestanden. Ich war für meine Männer zur Symbolfigur geworden. Ich war die Königin, für die sie kämpften. Und ich konnte selbstbewußt behaupten daß ich zum nationalen Triumph meinen Teil beigetragen hatte.

Die Freudenfeste nahmen kein Ende, doch aus meinem Leben war der Frohsinn gewichen. *Er* war nicht mehr da. Ich sollte meinen geliebten Robin niemals wiedersehen.

Der Aufstieg des Grafen Essex

Rückblickend frage ich mich, weshalb ich Essex so sehr geliebt habe. Wahrscheinlich, weil ich einen Ersatz für Robert suchte. Dabei war es eine ganz und gar vergebliche Suche, weil Robert nicht zu ersetzen war – außerdem war ich nicht mehr die junge Frau von fünfundzwanzig Jahren, die sich so sehr verliebt hatte, daß sie um ein Haar bereit gewesen wäre, sogar ihren Thron mit dem Mann ihrer Träume zu teilen.

Essex sah gut aus. Sein Name war Robert. Und er war so ganz anders als all die anderen jungen Männer an meinem Hof. Er konnte ausgesprochen mürrisch sein und unterschied sich allein dadurch von den übrigen Höflingen. Was mich daran so betörte, weiß ich selbst nicht recht. Vielleicht war es die Tatsache, daß er *ihr* Sohn war, die nicht aufhörte, an meinem Herzen zu nagen, und in mir den Wunsch wachrief, ihn für mich zu gewinnen und ihr dadurch zu entfremden.

Was auch immer der Grund gewesen sein mochte, fest stand, daß ich mich zu ihm mehr als zu allen anderen hingezogen fühlte – mehr sogar noch als zu dem schneidigen und oft arroganten Raleigh, der ihm im Wettstreit um meine Gunst dicht auf den Fersen war.

Essex war absolut kompromißlos. Ich erinnere mich an einen Zwischenfall, der sich kurz nach unserer ersten Begegnung in Chartley zugetragen hatte, als er noch ein Junge war. Er war gerade bei Hofe vorgestellt worden, und ich beugte mich zu ihm hinab, um ihn zu küssen, denn er fiel schon damals durch sein gutes Aussehen auf. Er aber wehrte sich – sanft, aber bestimmt – gegen diese Geste der Zuneigung. Damals amüsierte mich sein Betragen. Später erkannte ich, daß es ein erster warnender Hinweis darauf war, was in Zukunft von ihm zu erwarten wäre. Ich erinnere mich ferner, daß er in meiner Gegenwart seine Kappe aufbehielt und daß man sie ihm gewaltsam vom Kopf reißen mußte, weil er sich weigerte, sie abzunehmen.

Vielleicht hätte mir das zur Warnung dienen sollen.

Er war außerdem ein Trotzkopf und machte kein Hehl daraus. Die Tatsache, daß er in meiner besonderen Gunst stand, veranlaßte ihn, sich Freiheiten herauszunehmen, die ich oft als so dreist empfand, daß ich ihn am liebsten nach Hause geschickt hätte, um ihm eine Lektion zu erteilen. Wenn Robert dagewesen wäre, hätte ich das sicher auch getan. Dann hätte ich auf Essex verzichten können. Aber so, wie die Dinge lagen, halfen mir die Gespräche mit Robert Devereux und sogar seine provozierende Gleichgültigkeit gegenüber meinem königlichen Rang ein wenig, jenen anderen, unvergleichlichen Robert zu vergessen – und ich sehnte mich so sehr danach, vergessen zu können.

Essex war eigensinnig, zugleich aber impulsiv, und er hatte nichts Berechnendes; auch darin unterschied er sich von den übrigen Höflingen. Einem jungen Mann wie ihm war ich in meinem ganzen Leben noch nicht begegnet. Ich wußte sehr wohl, daß es ein Fehler war, ihm seine Launen allzu bereitwillig nachzusehen, doch jedesmal, wenn ich seine schlanke, leicht gebückte Gestalt von weitem sah, wenn ich in seine strahlenden Augen schaute und die bewundernden Blicke darin sah, an deren Aufrichtigkeit ich nicht zweifelte, da ihm jede Verstellung fernlag – dann wurde mir warm ums Herz und ich fühlte mich ein wenig glücklicher, soweit von Glück überhaupt die Rede sein konnte, seit Leicester von mir gegangen war.

Wie starrköpfig und unbeherrscht Essex sein konnte, zeigte sich deutlich während eines Besuchs in North Hall, einem Landsitz des Grafen von Warwick. Essex' Schwester, Penelope Rich, hielt sich gerade dort auf, und ich legte wenig Wert darauf, sie zu empfangen – zum einen, weil sie Lettice' Tochter war, was allein schon Grund genug für mich war, sie zu verabscheuen, zum anderen, weil sie ein ehebrecherisches Verhältnis mit Charles Blount unterhielt, dem nach dem Tode seines älteren Bruders der Titel Lord Mountjoy zugefallen war. Mountjoy zählte zu meinen Favoriten, denn er war ein kultivierter und gutaussehender junger Mann, und eben weil ich ihn mochte, nahm ich ihm seine Affäre mit Penelope Rich sehr übel. Wenn sie ihr Verhältnis wenigstens geheimgehalten hätten, dann wäre alles nicht so schlimm gewesen; aber Penelope hatte nach einem in aller Öffentlichkeit ausgetragenen Streit ihren Mann verlassen und war mit Mountjoy zusammengezogen.

»Der Apfel fällt nicht weit vom Stamm«, war mein wenig schmeichelhafter Kommentar, als mir von der Angelegenheit berichtet wurde. Ich reiste also mit verschiedenen Mitgliedern meines Hofstaats nach North Hall, wo uns Essex persönlich begrüßte, der eigens vorausgeeilt war, um uns willkommen zu heißen.

Der Grund für so viel Eifer wurde mir bald klar. Er wollte mir mitteilen, daß seine Schwester sich in North Hall aufhielt, und mich bitten, sie zu empfangen.

Ich hätte ihn herzlicher begrüßt, wenn er meinetwegen gekommen wäre, und nicht, um ein gutes Wort für seine Schwester einzulegen; daher entgegnete ich nur kühl, daß ich nicht daran interessiert sei, seiner Schwester in North Hall zu begegnen, und daß ich es für wünschenswert hielte, wenn sie für die Dauer meines Aufenthalts ihre Räume nicht verlassen würde.

Ihm schoß das Blut in die Wangen. Er wollte wissen, weshalb ich Mountjoys Gesellschaft duldete und seiner Schwester die kalte Schulter zeigte.

Ich erwiderte, daß ich keine Lust hätte, mich mit ihm zu streiten, und wandte mich zum Gehen. Aber, hartnäkkig wie er war, wich er nicht von meiner Seite. Ich sei unfair gegenüber seiner Familie, warf er mir vor. Ich weigerte mich ja auch, seine Mutter bei Hofe zu empfangen, obwohl sie – offiziell – nichts getan habe, was mich hätte kränken können.

Ich konnte schlecht antworten: Sie hat Robert geheiratet und war ihm nicht einmal treu. Daher gab ich einem meiner Bedienten durch eine Geste zu verstehen, daß er Essex' Platz an meiner Seite einnehmen solle; folglich blieb Essex nichts anderes übrig, als aus dem Weg zu gehen und sich weiter hinten im Zug einzureihen. Sein Zorn kannte keine Grenzen mehr, als ich gleich nach meiner Ankunft im Schloß Anweisungen gab, Penelope Rich solle sich ja nicht erdreisten, mir unter die Augen zu kommen, solange ich in North Hall zu Gast sei, da ich nicht den geringsten Wert darauf legte, sie zu sehen.

Er war und blieb ein Hitzkopf, unfähig einzusehen, wann es klüger war, zu schweigen und einzulenken. Diese Uneinsichtigkeit sollte ihm noch zum Verhängnis werden. Beim Abendessen schnitt er erneut das leidige Thema an. Welchen Grund ich hätte, seine Schwester nicht zu empfangen, wollte er wissen. Ob ich es nicht ungerecht fände, sie für etwas zu bestrafen, das sie nicht verbrochen habe. Im Unterschied zu ihr hätte ich Mountjoy keine Vorwürfe gemacht. Ob ich etwa Frauen gegenüber voreingenommen sei...

»Majestät«, flehte er, »ich bitte Euch inständig, meine Schwester zu empfangen... mir zuliebe.«

Ich spürte deutlich, wie viele der Anwesenden gespannt auf meine Antwort warteten. Sie lauerten förmlich auf eine Gelegenheit, sagen zu können: Sie ist genauso vernarrt in Essex wie seinerzeit in Leicester. Dabei wäre Robert nie so töricht gewesen, mich immer und immer wieder mit einem Anliegen zu bedrängen, zu dem ich mich bereits unmißverständlich geäußert hatte.

Ich entgegnete daher: »Ihr irrt Euch, Mylord Essex, wenn Ihr glaubt, mich zu etwas überreden zu können, das zu tun ich nicht bereit bin. Ich denke gar nicht daran, mir nachsagen zu lassen, ich hätte Eure Schwester empfangen, nur um Euch einen Gefallen zu tun.«

»Das ist ein Vorwand!« rief er aufgebracht aus. »In Wirklichkeit wollt Ihr sie nicht empfangen, weil Ihr die Gesellschaft dieses Halunken Raleigh meiner Gesellschaft vorzieht!« Er schrie inzwischen so laut, daß alle es hörten. »Ihr tut doch alles, um dem Piraten jeden Wunsch zu erfüllen. Ihr würdet doch auf der Stelle meine Schwester und mich mit Schimpf und Schande davonjagen, wenn der Dorftrottel es von Euch verlangte...«

»Schweigt, dummer Junge«, unterbrach ich ihn. »Ich befehle Euch, kein weiteres Wort über diese Angelegenheit zu verlieren.«

Aber er dachte gar nicht daran zu schweigen. Er fuhr fort,

Raleigh wüst zu beschimpfen, denn die beiden verfolgten einander mit einer Eifersucht, wie ich sie noch nie erlebt hatte – und an meinem Hof hatten sich schon so manche Eifersuchtsszenen abgespielt. Und so groß mein Zorn auch war, so machte ich mir doch Sorgen um Essex, denn Raleigh gehörte ebenfalls zur Gruppe der Höflinge, die mich nach North Hall begleitet hatten. Zum Glück befand er sich gerade außer Hörweite, aber ich hatte keine Mühe, mir vorzustellen, wie die beiden, wütender als zwei Kampfhähne, aufeinander losgingen, wild entschlossen, dem Gegner den Garaus zu machen.

Auch ich verlor nun die Geduld – was inzwischen noch häufiger vorkam als früher. Ich fuhr Essex an: »Wie könnt Ihr es wagen, mich anzuschreien! Wie könnt Ihr Euch nur erdreisten, andere auf diese Art und Weise zu beschimpfen! Haltet sofort den Mund! Oder Ihr werdet Euch wundern, wie schnell Ihr von meinem Hof verschwunden sein werdet. Und was Eure Schwester betrifft – die ist keine Spur besser als Eure Mutter. Ihr seid in der Tat eine feine Familie, und ich täte, glaube ich, gut daran, mir Euch allesamt vom Halse zu halten. Das Gescheiteste wäre, Euch auf der Stelle hinauszuwerfen!«

»Dann werft mich doch hinaus!« schrie er zurück. »Ich habe ohnehin keine Lust, einer Herrin zu dienen, die ehrlose Abenteurer ermutigt, um sie herumzuschwarwenzeln. Raleigh wird das sehr recht sein. Na schön, dann werdet doch mit Euren Günstlingen glücklich. Ich jedenfalls gehe, und ich nehme meine Schwester mit.«

Keiner der Anwesenden hatte einen solchen Auftritt je miterlebt. Jeder, der sich eine solche Unverschämtheit erlaubt hätte, wäre unverzüglich festgenommen worden.

Aber Essex sah so jung aus, wie er mit zornig blitzenden Augen dastand. Deshalb begnügte ich mich damit zu bemerken: »Dieser Junge ist nicht nur töricht, sondern lästig obendrein«, und kehrte ihm den Rücken zu.

Worauf er mit langen Schritten den Raum verließ.

Am nächsten Morgen erfuhr ich, daß er North Hall verlassen hatte. Er hatte seine Schwester in Begleitung eines Freundes nach Hause geschickt und war selbst nach Sandwich aufgebrochen, um von dort aus in die Niederlande weiterzureisen.

Ich schickte sogleich einen Wachtrupp aus, der ihn zurückholen sollte.

Sie erwischten ihn gerade noch rechtzeitig, denn er befand sich bereits an Bord eines Schiffes, das im Begriff war, in See zu stechen. Als er hörte, daß ich ihm befahl, sofort zurückzukehren, weigerte er sich trotzig, meinen Anweisungen Folge zu leisten; die Wache machte ihm jedoch klar, daß sie ihn zwingen würde mitzukommen, falls er sie nicht freiwillig begleitete.

Also kehrte er zurück, und zu gegebener Zeit ließ ich ihn rufen.

Er kam – völlig unbeeindruckt von meinem Zorn.

»Was seid Ihr doch für ein dummer Junge«, wies ich ihn zurecht. »Tut so etwas nie wieder, oder ich werde Euch in den Tower werfen lassen. Ich habe lange genug Nachsicht walten lassen und Eure Launen geduldig ertragen, aber ich warne Euch – überspannt den Bogen nicht.«

Er zog sich schmollend zurück, doch es dauerte nicht lange, bis ich ihm verzieh, und schon bald erfreute er sich wieder meiner Gunst – als ob es nie einen Streit gegeben hätte.

Er war einer jener jungen Männer, die ständig für Aufruhr sorgten. Einige Zeit zuvor hatte er einen heftigen Streit mit Mountjoy – damals noch Charles Blount – gehabt. Ich hatte Blount vom ersten Augenblick an gemocht. Er sah nicht nur gut aus, sondern besaß auch großen Charme und war obendrein noch klug – mit anderen Worten, er verfügte über all die Eigenschaften, die ihm Zugang zu meinem engsten Freundeskreis verschafften. Seine Gesellschaft bereitete mir solches Vergnügen, daß ich ihm zum Zeichen meiner Gunst eine goldene Schachfigur schenkte, die er deutlich sichtbar am Aufschlag seines Mantels befestigte.

Zu der Zeit hielt Essex sich selbst jedoch für den Günstling, den ich, wie er glaubte, allen anderen vorzog, und entsprechend eifersüchtig reagierte er auf die Aufmerksamkeit, die ich Blount schenkte. Er wäre nicht Essex gewesen, wenn er sich auch nur die geringste Mühe gegeben hätte, seine Gefühle zu verbergen.

In Gegenwart mehrerer Höflinge ließ er die Bemerkung fallen: »Offenbar läuft inzwischen jeder Dummkopf mit einer Auszeichnung herum, die ihn als Günstling der Königin ausweist.« Natürlich wurden seine Worte unverzüglich Blount zugetragen; der wiederum verlor keine Zeit, Essex zum Duell zu fordern.

Ich erfuhr erst im nachhinein von dieser Auseinandersetzung, sonst hätte ich das Duell verhindert. So aber nahmen die Ding ihren Lauf, mit dem Ergebnis, daß Blount Essex besiegte und verwundete, wenn auch nur leicht.

Mein Zorn war unbeschreiblich. Obwohl ich es durchaus genoß, wenn meine jungen Männer aufeinander eifersüchtig waren, entsetzte mich der Gedanke, sie könnten zu Schaden kommen. Daher las ich beiden gehörig die Leviten und schloß sie für eine Weile vom Hofleben aus.

»Es ist, weiß Gott, höchste Zeit«, schimpfte ich, »daß jemand Essex von seinem hohen Roß herunterholt und dem arroganten Kerl bessere Manieren beibringt.« In Wirklichkeit war ich jedoch maßlos erleichtert, daß keiner der beiden Duellanten ernsthafte Verletzungen davongetragen hatte. Das Ende der Geschichte war, daß Essex, unberechenbar wie er nun einmal war Worte des Lobes und der Bewunderung für seinen Gegner fand, und von da an wurden die beiden gute Freunde. So führte letzten Endes der Streit zwischen den beiden dazu, daß Blount Essex' Familie näher kennenlernte, sich in Penelope verliebte und mit ihr zusammenzog.

Nach Roberts Tod ertappte ich mich immer häufiger dabei, daß ich die alten Freunde unter meinen Ministern sorgenvoll beobachtete und mich trüben Gedanken darüber hingab, wer wohl als nächster von mir ginge. Manchmal bezweifelte ich, daß es mir je gelingen würde, auch nur für einen von ihnen einen würdigen Ersatz zu finden. Roberts Platz konnte ohnehin niemand anders einnehmen – das stand völlig außer Frage, aber zwischen Robert und mir hatte auch eine Beziehung ganz besonderer Art bestanden. Robert war einmalig. Aber auch Burghley, Walsingham, Heneage, Hatton... Männer, die mir treu gedient hatten, waren auf ihre Art außergewöhnlich. Jeder einzelne von ihnen hatte seine unverwechselbaren Vorzüge, und niemand wußte ihre Freundschaft und ihren Rat besser zu schätzen als ich.

Um Walsingham machte ich mir die größten Sorgen. Er mußte inzwischen an die sechzig Jahre alt sein, und er war nie von robuster Gesundheit gewesen. Er hatte zeit seines Lebens unaufhörlich gearbeitet und sich niemals geschont. Der Geheimdienst, den er aufgebaut hatte, war der beste in ganz Europa. Wir hätten den Sieg über die Armada nie errungen, wenn wir nicht so genau und so umfassend über jeden einzelnen Schachzug der Spanier und über die Geheimdiplomatie unterrichtet gewesen wären, die hinter den abweisenden Mauern des Escorial-Palastes betrieben wurde. Walsingham hatte seine Leute in alle nur denkbaren Positionen eingeschleust, und ihre Hinweise waren für uns von unschätzbarem Wert gewesen.

Und nun ließ die Gesundheit des armen Walsingham erschreckend nach. Er hatte sich das ganze Jahr über schon nicht wohl gefühlt, trotz seiner Beschwerden jedoch den ständigen, engen Kontakt mit seinen Spionen in allen europäischen Ländern aufrechterhalten.

Als er im April in seinem Londoner Haus in der Seething Lane starb, war ich untröstlich.

Erneut war ein guter Freund und geschätzter Minister von mir gegangen. Das war die Tragik des Alterns, daß die Zahl der Freunde sich langsam, aber stetig verringerte, wie Blätter, die beim Herannahen des Winters eins nach dem andern von den Bäumen fielen.

Und man selbst blieb zurück und fragte sich: Wer wird der nächste sein?

Walsingham hatte in seinem Testament den Wunsch geäußert, man möge ihn schlicht und ohne kostspieligen Prunk beerdigen, da er tief verschuldet sei und wenig von Wert zu vererben habe. Er hatte sein gesamtes Vermögen mit vollen Händen für den Ausbau seines Geheimdienstes ausgegeben, denn ihm war sehr daran gelegen gewesen, die Organisation in einem Maße zu vervollkommnen, das mit staatlichen Mitteln allein nicht zu verwirklichen war. Auf diese Weise war wenig übriggeblieben, das er seiner Familie hätte hinterlassen können.

Er wurde am späten Abend und, wie er es sich gewünscht hatte, in einer schlichten Zeremonie in der St.Pauls-Kirche beigesetzt.

Ich zog mich in meine Gemächer zurück und trauerte um ihn. Wie sehr bedauerte ich jetzt, zu seinen Lebzeiten nicht mehr für ihn getan zu haben. Ich hätte mich eingehender nach seiner finanziellen Lage erkundigen sollen. Nun, da es zu spät war, erschien es mir schäbig, ihm all die Jahre erlaubt zu haben, sein privates Vermögen zum Wohle des Staates zu opfern. Aber so war er nun einmal. Wenn jemals ein Mann sein Vaterland geliebt hatte, dann war er es.

Ich nahm mir vor, mich um seine Tochter Frances zu kümmern.

Sie war eine nette, zurückhaltende junge Frau, und ich mochte sie um ihrer selbst willen, nicht nur, weil ich mich ihrem Vater gegenüber verpflichtet fühlte. Schon damals hatte ich in ihr die ideale Ehefrau für Philip Sidney gesehen, denn sie war nicht nur schön, sondern auch liebenswert, und ich war froh gewesen, als Sidney sie geheiratet hatte und endlich von der gräßlichen Penelope Rich loskam.

Frances Walsingham und Philip Sidney bekamen eine Tochter – sie mußte inzwischen ungefähr sieben Jahre alt sein –, ein reizendes Kind, dessen Patin ich übrigens war. Und als Philip in den Niederlanden verwundet wurde, reiste Frances die erneut schwanger war, ihm nach, um ihn zu pflegen. Das Schicksal wollte es jedoch, daß er starb und sie zu allem Unglück noch das Kind verlor, das sie erwartete, und dabei selbst fast gestorben wäre.

Seitdem lebte sie zurückgezogen bei ihrer Mutter, und ich hielt es für eine gute Idee, sie an den Hof zu holen und mich nach einem neuen Ehemann für sie umzusehen. Das war ich Walsingham schuldig, zumal seine Witwe und seine Tochter alles andere als reich waren.

Bereits kurze Zeit, nachdem Frances an den Hof gekommen war, fiel mir an ihr etwas auf, das mich in Erstaunen versetzte. Zuerst konnte ich es kaum glauben. Sie war ein so überaus anständiges Mädchen, und bislang war von keinem Bewerber um ihre Hand die Rede gewesen. Wenn es irgendeinen Heiratskandidaten mit ernsten Absichten gegeben hätte, wäre ich ohnehin die erste gewesen, die es erfahren hätte. Und Frances gehörte ganz gewiß nicht zu den Frauen, die sich auf ein Liebesabenteuer außerhalb der Ehe einließen. Das war völlig undenkbar. Was hätte mein armer ›Mohr‹ dazu gesagt!

Ich beschloß, zunächst einmal abzuwarten und sie zu beobachten. Vielleicht litt sie ja nur an einer kleinen Unpäßlichkeit. Immerhin hatte sie nach dem Verlust ihres Kindes viel durchgemacht. Sie war damals sehr krank gewesen. Es war also durchaus möglich, daß das, was ich jetzt an ihr zu entdecken glaubte, nichts weiter als eine Folge jener früheren Tragödie war.

Doch irgendwann konnte ich nicht mehr daran zweifeln, daß mein Verdacht gerechtfertigt war.

Ich ließ sie holen und sagte: »Frances, fehlt Euch etwas?«

»Nein, Majestät«, antwortete sie, ohne zu zögern.

»Kommt her«, forderte ich sie auf.

Sie kam ein wenig verwirrt auf mich zu, und ich faßte an ihren Bauch.

»Ich frage mich nun schon seit einiger Zeit«, sagte ich, »ob da drinnen nicht etwas heranwächst, das eine tugendhafte Witwe eigentlich nicht mit sich herumtragen sollte.«

Frances war so verblüfft, daß sie puterrot wurde.

»Aha!« rief ich aus. »Ich hatte also recht. Ihr schuldet mir wohl eine Erklärung, junge Frau.«

Frances aber stand stolz aufgerichtet vor mir und sah mich nur herausfordernd an.

Ich war so wütend, daß ich sie ohrfeigte. Wie sehr hatte ich mich doch in ihr getäuscht! Ich hatte sie für eine stille, bescheidene, sittsame Witwe gehalten, und wenn meine Hofdamen heimliche Liebesbeziehungen unterhielten, konnte ich ausgesprochen zornig werden. Vielleicht lag das daran, daß ich selbst unverheiratet war. Ich weiß es nicht. Mit Neid hatte es nichts zu tun, denn ich hätte um nichts in der Welt mit ihnen tauschen mögen... und doch ärgerte es mich maßlos, wenn andere sich den sogenannten Freuden der Liebe hingaben.

Ich fuhr sie ungeduldig an: »Nun rückt schon mit der Sprache heraus. Wer war es?«

Frances' Antwort versetzte mich in Erstaunen. Sie schaute noch selbstbewußter drein und sagte: »Mein Mann.«

»Euer Mann!« Das durfte doch nicht wahr sein! Schon wieder eine dieser heimlichen Eheschließungen, die ich so haßte! Wie konnten diese Weibsbilder es nur wagen, hinter meinem Rücken zu heiraten, ohne meine Erlaubnis einzuholen! War ich nicht die erste, die sie zu unterrichten hatten, wenn sie beabsichtigten zu heiraten?

»Wieso bin ich nicht um meine Zustimmung zu dieser Heirat gebeten worden?« fragte ich.

Frances schaute noch selbstgefälliger drein, und ihr hübsches Gesicht verriet ungewohnten Trotz, als sie erwiderte: »Ich war der Ansicht, meine Person sei zu unbedeutend, als daß ich mich hätte verpflichtet fühlen müssen, Eure Majestät in Kenntnis zu setzen.«

»Zu unbedeutend! Habe ich Eurem Vater nicht wie einem Freund vertraut? Hat er sich nicht stets meiner höchsten Wertschätzung erfreut? Habe ich mich ihm zuliebe nicht immer um Euch gekümmert? Zu unbedeutend, weiß Gott!«

Ich ohrfeigte sie erneut. Sie wich ein paar Schritte zurück, und der Anblick ihrer flammend roten Wange steigerte nur noch meine Wut.

Ich packte sie beim Arm und schüttelte sie.

»Habe ich nicht seit dem Tod Eures Vaters alles in meiner Macht Stehende für Euch getan? Ich hätte Euch sogar standesgemäß verheiratet. Zu unbedeutend, in der Tat, um meine Aufmerksamkeit zu rechtfertigen! Und nun sagt mir endlich, wer der Mann ist, der Euch geschwängert hat. Ich dulde keine Unmoral an meinem Hof!«

Sie weigerte sich jedoch, darauf zu antworten, und allmählich beschlich mich leises Unbehagen.

Ich schrie sie an: »Nun reicht's mir aber! Los, Mädchen, seinen Namen! Oder muß ich Euch zwingen zu reden?«

Da fiel sie vor mir auf die Knie und vergrub ihr Gesicht in meinem Rock. Jetzt begann sie mir doch leid zu tun. Sie war ganz offensichtlich verzweifelt, und ich erinnerte mich daran, daß sie während ihrer Ehe mit Sidney ziemlich darunter gelitten haben mußte, daß ihr Mann ausgerechnet Penelope

Rich all diese glühenden Liebesgedichte gewidmet hatte. Ich mußte daran denken, welch große Mühe sie sich gegeben hatte, ihn gesund zu pflegen, und wie er dann doch in Zutphen gestorben war und sie außerdem noch das Kind verloren hatte... Ja, sie tat mir leid. Vielleicht hatte sie sich einsam gefühlt... Ihr Mann! Ob der Schurke tatsächlich ihr Mann war, erschien mir höchst fraglich. Wie auch immer, ich würde ihn schon zwingen, sie zu heiraten – sofern er nicht bereits verheiratet war –, und dafür sorgen, daß die Hochzeit noch vor der Geburt des Kindes stattfände.

»Wollt Ihr es mir nun sagen, Frances?« fragte ich sie, wesentlich sanfter.

Sie blickte gequält zu mir auf und nickte.

»Nun?« ermunterte ich sie.

Sie begann, sichtlich verwirrt, unzusammenhängend zu reden. »Wir sind uns in den Niederlanden begegnet... Er war bei der Armee... Er war mit Philip zusammen... Wir haben uns näher kennengelernt... Wir haben uns verliebt... Dann haben wir... geheiratet...«

»Wer ist es?« wollte ich wissen.

Sie zögerte eine Sekunde oder auch zwei. Dann antwortete sie so leise, daß ich sie kaum verstehen konnte: »Mylord Essex.«

»Essex!« entfuhr es mir.

Sie stand verängstigt auf und wich ein paar Schritte zurück. Dann drehte sie sich auf dem Absatz um und rannte, so schnell sie konnte und ohne mich groß um Erlaubnis zu bitten, fort.

Essex! dachte ich. Mein Essex. Und ausgerechnet mit diesem Mädchen, Walsinghams Tochter, mußte er anbändeln. Anbändeln? Geheiratet hatte er sie, wenn das, was sie sagte, stimmte. Wie konnte er es wagen – ohne mir auch nur ein Wort zu sagen... ohne mich um Erlaubnis zu bitten! Der Verräter! Der Schuft! Mir die ganze Zeit über glühende Verehrung vorzuschwindeln... und sich in Wirklichkeit mit diesem Mädchen zu vergnügen... sie zu heiraten!

Ich schrie: »Essex soll kommen!«

Er erschien in aller Gemütsruhe und legte dabei jene Lässigkeit an den Tag, die mich zugleich entzückte und ärgerte.

Vermutlich hätte er meine Hand ergriffen und geküßt, wenn ich ihn nicht so finster angestarrt hätte.

»Aha«, bemerkte ich kalt, »da ist ja unser frischgebackener Ehemann.«

Ich merkte ihm an, wie ihm allmählich die Zusammenhänge klarwurden, und was mich daran so wütend machte, war, daß es ihm offensichtlich völlig gleichgültig war. Er wußte, daß ich von seiner Heirat erfahren hatte, und tat die Angelegenheit mit einem Achselzucken ab. Wie anders hatte doch Leicester reagiert, als ich ihn wegen seiner Heirat mit Lettice Knollys zur Rede gestellt hatte. Er hatte versucht, sich in Ausflüchte zu retten. Aber ihn hatte ich schließlich auch oft genug abgewiesen, und er war zerknirscht und nach Kräften bemüht gewesen, mir begreiflich zu machen, daß ich die Frau seiner Träume war und es stets bleiben würde, wer auch immer sein Leben teilte. Im Fall des Grafen Essex war von Heirat nie die Rede gewesen. Andererseits war er der große Favorit unter meinen Günstlingen, und ich hatte unmißverständlich darauf hingewiesen, daß ich über alle Heiratspläne meiner bevorzugten Höflinge unterrichtet zu werden wünschte.

Er sagte betont gleichgültig: »Ihr wißt also Bescheid?«

»Eure schwangere Frau hat es mir gesagt.«

»Nun ja, es konnte schließlich nicht ewig ein Geheimnis bleiben, nicht wahr?«

»Und warum mußte es überhaupt ein Geheimnis sein?«

»Weil ich befürchtete, Eure Majestät könnten die Eheschließung mißbilligen.«

»Eure Befürchtungen bestanden zu Recht.«

»Dabei dachte ich, Ihr hättet Frances gern. Immerhin seid Ihr doch die Patin von Sidneys Tochter. Und Walsingham war einer Eurer fähigsten Staatsmänner, dessen Verdienste Ihr immer lobend hervorgehoben habt.«

»Einfach zu heiraten... ohne meine Zustimmung... wie konntet Ihr nur! Ausgerechnet Ihr!«

Er entgegnete kühl: »Majestät, ich bete Euch an. Ihr seid für mich eine Göttin, und keine Frau der Welt kann sich auch nur entfernt mit Euch vergleichen. Ich liebe und verehre Euch seit meiner Kindheit, als ich Euch in Chartley zum erstenmal begegnete. Euch zu dienen ist die Freude und Erfüllung meines Lebens...«

»Was Euch nicht daran hindert, hinter meinem Rücken zu handeln.«

»Ich bin ein Mann, der sein eigenes Leben leben muß, und dazu gehört, daß ich heirate, wen ich will.«

»Wenn ich eins hasse, dann Falschheit.«

»Falschheit war niemals beabsichtigt gewesen. Frances' Vater war mit der Eheschließung einverstanden.«

»Daran zweifle ich nicht. Ihm konnte es nur recht sein, seine Tochter gut versorgt zu wissen.«

»Wir hielten seine Zustimmung für ausreichend.«

»Ihr seid unverschämt!« schrie ich ihn an. »Ihr habt es an meinem Hof zu höchsten Ehren gebracht. Ich war es, die Euch all diese Privilegien verschafft hat. Ich habe Euch zu dem gemacht, was Ihr jetzt seid. Vergeßt nicht, daß ich Euch ebenso schnell ins Nichts hinabstoßen kann, wie ich Euch erhöht habe.«

»Das ist wahr«, entgegnete er leichthin. »In dem Fall muß ich mich der Entscheidung Eurer Majestät beugen, was auch immer Ihr für meine Zukunft geplant haben mögt.«

»Warum nur diese Heimlichkeiten, Essex?«

»Nun, ich weiß doch, wie aufbrausend Eure Majestät sein können, und ich hatte verständlicherweise keine Lust, mir Euren Zorn zuzuziehen.«

»Ihr seid ein Flegel!« fuhr ich ihn an.

»Ich bin kein Flegel, Majestät«, korrigierte er mich mit einem etwas herablassenden Lächeln. »Ich bin nur so offen und ehrlich, wie Ihr es mir immer empfohlen habt. Wäre ich zu Euch gekommen und hätte Euch um Erlaubnis gebeten, Frances zu heiraten, so hättet Ihr ganz sicher ›nein‹ gesagt. Und dann wäre ich gezwungen gewesen, Euch den Gehorsam zu verweigern. So habe ich lediglich Euren Unwillen erregt.«

Ich war verletzt und verärgert. Wie konnte ich nur so töricht sein, mein Herz an diesen dreisten jungen Mann zu verlieren!

Ich sagte: »Es ist nicht nur Eure Geheimniskrämerei, die ich so unerträglich finde. Ich hatte große Pläne mit Euch. Ich hatte bereits eine standesgemäße Heirat für Euch ins Auge gefaßt... und Ihr habt nichts Eiligeres zu tun, als Euch an dieses Mädchen zu binden...«

»Walsinghams Tochter.«

»Und arm wie eine Kirchenmaus.«

»Ich mache mir nicht viel aus Reichtümern.«

»Aus königlicher Gunst ebensowenig, wie mir scheint. Ich nehme an, daß Ihr nun gern einige Zeit mit Eurer Frau verbringen möchtet... was in Anbetracht ihres Zustandes nur allzu verständlich ist. Wir werden daher bei Hofe wohl eine Weile auf Eure Anwesenheit verzichten müssen.«

Damit war er entlassen. Verbannt.

Er verneigte sich tief und zog sich mit großer Würde zurück.

Ich war tagelang niedergeschlagen. Essex' Verbannung erinnerte mich an die alten Zeiten, als Leicester hin und wieder vom Hofleben ausgeschlossen gewesen war. Was war nur so faszinierend an diesen beiden Männern? Über welche Art von Zauber verfügten sie, der das Leben ohne sie öde und leer erscheinen ließ?

Gegenwärtig trat Raleigh verstärkt in Erscheinung, und er war in der Tat ein charmanter junger Mann, ein höchst anregender Gesprächspartner und ein galanter Kavalier, dessen Verhalten mir gegenüber eher dem eines Liebhabers glich. Seine Gesellschaft war Balsam für meine Seele und half mir, den Gedanken an Essex' und Frances' traute Zweisamkeit zu verdrängen, der mir keine Ruhe ließ. Vielleicht sollte ich Raleighs Freundschaft pflegen und meine bezaubernden jungen Männer ermutigen, mein Herz zu erobern und Essex die Favoritenrolle streitig zu machen. Er war einfach zu weit gegangen – nicht nur dadurch, daß er diese Ehe eingegangen war, sondern in seinem ganzen Benehmen mir gegenüber.

Die arme Frances! dachte ich so oft. Wenn man den Gerüchten Glauben schenken will, hat sie sich einen schönen Schürzenjäger angelacht. Sie sollte besser nicht vergessen, daß Essex der Sohn seiner Mutter, jener Teufelin, ist.

Ich stürzte mich hemmungslos ins Vergnügen und tanzte

ausgelassen mit meinen jungen Männern. Ich erkundigte mich nicht nach Essex. Aber in Wirklichkeit war ich traurig und deprimiert. Wie sehr sich das Leben doch geändert hatte! Mein geliebter Robert war tot. Walsingham war tot. Und der gute alte Hatton war krank – es stand sogar ziemlich schlecht um ihn. Nichts würde je wieder so sein wie früher.

Hatton war vor einiger Zeit in Ungnade gefallen. Der Anlaß war geradezu lächerlich gewesen – es ging um Geld, das er der Krone schuldete. Ich hatte stets darauf bestanden, daß Schulden zurückgezahlt wurden. Sogar beim abendlichen Kartenspiel achtete ich, wenn ich gewann, peinlich darauf, daß die Verlierer mir den mir zustehenden Betrag auszahlten. Daß Hatton sich in finanziellen Schwierigkeiten befand, war mir gar nicht bekannt gewesen. Alle meine Höflinge pflegten einen so aufwendigen Lebensstil und gaben ihr Geld mit so vollen Händen aus, daß ich immer den Eindruck hatte, sie seien reicher, als sie behaupteten.

Hatton hatte erklärt, er sehe sich außerstande, seinen Zahlungsverpflichtungen nachzukommen, und ich hatte auf einer Begleichung seiner Schulden bestanden.

Die Folge war, daß seine Krankheit sich sehr verschlimmerte und er bettlägerig wurde; ich war vollends entsetzt, als ich erfuhr, daß die Ärzte seinen Zustand als überaus ernst bezeichneten.

Ich begab mich sofort zum Ely-Palast. Er lag im Bett, und seine Bedienten bemühten sich gerade, ihn dazu zu bewegen, einen kräftigenden Molketrank zu sich zu nehmen. Ich machte mir die größten Sorgen, als ich sah, daß seine Hände so sehr zitterten, daß er kaum in der Lage war, die Suppentasse zu halten.

Sobald ich an sein Bett trat, nahm man ihm die Schüssel aus der Hand, und er versuchte aufzustehen. Das untersagte ich ihm jedoch auf der Stelle. Dann schickte ich seine Diener fort und setzte mich zu ihm ans Bett.

Ich hätte weinen können, als ich sah, welche Spuren der Verwüstung die Schmerzen im Gesicht meines einst so gutaussehenden Tanzpartners hinterlassen hatten.

»Eure Majestät erweisen mir eine große Ehre...« begann er.

»Seid still«, unterbrach ich ihn. »Das Reden ist doch viel zu anstrengend für Euch. Mein lieber alter ›Hammel‹, Ihr macht ja schöne Geschichten. Ihr müßt schleunigst gesund werden, hört Ihr? Ich befehle es Euch. Wir vermissen Euch bei Hofe.«

Er lächelte nur und schüttelte den Kopf, und mich erfaßte unendliche Traurigkeit.

»Meine ›Augen‹ haben mich verlassen. Mein ›Mohr‹ weilt nicht mehr unter uns. Ich möchte wenigstens meinen guten alten ›Leithammel‹ behalten.«

»Eure Majestät haben mich sehr glücklich gemacht.«

»Ich würde eher sagen, wir haben einander im Laufe der Jahre glücklich gemacht.«

Dann wechselte ich das Thema. »Nun aber genug davon«, erklärte ich. »Was ist das hier für ein Trank?« Ich nahm die Schüssel, schnupperte daran und stellte fest, daß es sich um ein bekanntes und bewährtes Hausmittel handelte. »Ich kenne diesen Brei«, sagte ich, »er hat mir selbst oft genug geholfen, gesund zu werden. Eßt jetzt davon. Er wird dafür sorgen, daß Ihr wieder zu Kräften kommt.«

Er versuchte erneut, die Schüssel zu halten, aber seine Hände zitterten so sehr, daß es ihm nicht gelang, den Löffel zum Munde zu führen. Also nahm ich ihm die Schale ab und fütterte ihn.

»So ist es fein«, sagte ich, als ob ich mit einem Kind spräche, »macht schön den Teller leer.«

Und er befolgte, etwas verlegen lächelnd, meine Anweisung.

»Eure Majestät sollen sich nicht mit solch niedrigen Verrichtungen abgeben.«

»Niedrige Verrichtungen!« wies ich ihn liebevoll zurecht. »Ihr seid einer meiner engsten Freunde, und ich liebe meine Freunde. Ein jeder von ihnen ersetzt mir den Ehemann und Sohn, den ich nie gehabt habe und nun nie mehr haben werde.«

Ich sah, wie ihm die Tränen über die Wangen liefen. Er war sehr gerührt.

Ich beugte mich über ihn, gab ihm einen Kuß auf die Stirn

und sagte zu ihm: »Ihr müßt Eurer Königin gehorchen, Herr Lordkanzler, und sie befiehlt Euch, gesund zu werden.«

Doch diesmal verweigerte Christopher Hatton mir den Gehorsam.

Sein Dahinscheiden schmerzte mich tief... mehr, als ich geglaubt hatte. Jetzt waren nur noch wenige Freunde meiner eigenen Generation am Leben. Zwar gingen neue Sterne am Horizont des höfischen Universums auf, doch war ich mir keineswegs sicher, ob mir diese jungen Leute mit derselben unerschütterlichen Treue dienen würden wie die vertrauten Gefährten meiner Jugend. Sie waren von anderem Schlage – Essex, Raleigh, Mountjoy und wie sie alle hießen... Nein, die gute alte Zeit neigte sich dem Ende zu. Das Leben würde nie wieder so glanzvoll und glücklich sein wie früher.

Hattons Tod war nicht nur ein persönlicher Verlust, sondern auch ein schwerer Schlag für die ganze Nation. Weil er so blendend ausgesehen hatte und ein so hervorragender Tänzer gewesen war, war er oft unterschätzt worden. Dabei war er, bevor er Lordkanzler wurde, ein ausgezeichneter Vize-Großkämmerer gewesen, der sämtliche höfischen Festlichkeiten und Zeremonien mit meisterlicher Hand organisiert hatte – ein weiterer Grund für manche, ihn nicht recht ernst zu nehmen. Ich aber hatte von Anfang an gewußt, daß er ein tüchtiger Staatsmann war, der ebenso klar wie ich erkannt hatte, daß eine der größten Gefahren, die unserem Land drohten, die Uneinigkeit in Glaubensfragen war, die andere Nationen – Frankreich zum Beispiel – längst in einen Bürgerkrieg gestürzt hatte. Das hätte uns in England gerade noch gefehlt. Wir mußten uns mit Puritanern und Papisten herumschlagen, und ich hätte nicht sagen können, welche der beiden Sekten mir mehr zuwider war. Hatton und ich hatten darin übereingestimmt, daß ein Religionskrieg in England um jeden Preis verhindert werden müsse, da wir das Bekenntnis zu einer bestimmten Glaubensrichtung für eine Gewissensentscheidung hielten, die jeder einzelne für sich zu treffen habe. Gerade wegen seiner toleranten Einstellung in religiösen Fragen war Hatton in Verdacht geraten, ein heimlicher Katholik zu sein. Doch das war nicht der Fall. Er dachte nur so wie ich, und wir waren, was die Religion betraf, uneingeschränkt einer Meinung.

Hatton hatte sich immer darum bemüht, Extreme – gleich welcher Art – zu vermeiden, und ich hatte ihn darin bestärkt. Außerdem war er ein glänzender Redner gewesen. Nun gut, er war materiellem Reichtum nicht abgeneigt gewesen. Wer ist das schon? Er war seinerzeit sehr erpicht darauf gewesen, das Londoner Anwesen des Bischofs von Ely zu erwerben, und ich hatte beschlossen, es ihm zu geben, da ich der Ansicht war, er könne einen repräsentativen Wohnsitz gebrauchen, um gegebenenfalls Gäste aus dem Ausland – und natürlich seine Königin – angemessen zu empfangen und zu beherbergen. Das Grundstück galt als eins der reichsten in ganz England; es umfaßte einen mehrere Morgen großen Weingarten und ausgedehntes Ackerland sowie einen Palast mit einer eigenen Kapelle.

Es war mir ein großes Vergnügen gewesen, Hatton diesen Besitz zu übertragen. Er war ein so verläßlicher Diener und treuer Freund gewesen, und was mich an ihm besonders gerührt hatte, war, daß er zeit seines Lebens unverheiratet geblieben war. Er hatte immer erklärt, er könne nur eine Frau lieben – und sei es auch nur aus der Ferne: seine Königin. Einen schöneren Liebesbeweis hätte ich mir nicht wünschen können.

Er war ein kluger Politiker gewesen, wobei es sein persönliches Pech gewesen war, daß er im Schatten noch größerer Staatsmänner hatte stehen müssen; Männer wie Burghley und Walsingham – und vor allem natürlich mein unvergleichlicher Leicester – hatten seinen Ruhm stets überstrahlt.

Ja, sein Tod war ein weiterer, bitterer Verlust.

Ich sehnte mich nach vergnüglicher Abwechslung – also holte ich Essex an den Hof zurück.

Ich erkundigte mich nach dem Kind, das inzwischen zur Welt gekommen war, und bekundete mein Entzücken darüber, daß es ein Junge geworden war, der auf den Namen Robert getauft werden sollte.

Essex und ich verstanden uns so gut wie früher. Wir spielten miteinander Karten und Schach und machten dabei die

Nacht zum Tage. Aber ich weigerte mich, die neue Lady Essex zu empfangen. Also blieb Frances dem Hof fern. Soweit ich unterrichtet war, lebte sie ganz in der Nähe bei ihrer verwitweten Mutter – wie damals vor ihrer Heirat.

Was mich mit Freude und Stolz erfüllte, war, daß mein Volk mich weiterhin liebte, obwohl ich allmählich alt wurde. Ich hatte im Laufe der Zeit einige Zähne verloren. Meine Haut war nicht mehr so glatt wie früher, wenngleich sie nie die vornehme Blässe verloren hatte, auf die ich so stolz war und die ich geschickt zu erhalten wußte. Und mein Haar wurde dünner, so daß ich verstärkt auf Haarteile und vor allem Perücken zurückgreifen mußte. Doch sooft ich mich meinem Volk zeigte, wurde ich mit Jubel und Beifall begrüßt. Der Sieg über die Spanier hatte die Menschen in Hochstimmung versetzt. Gewiß, auch andere Monarchen hatten Schlachten gewonnen, doch keiner von ihnen hatte sich je so in die Herzen seiner Untertanen gestohlen wie ich.

Wieviel mir diese Zuneigung bedeutete, war mir am Tag meiner Thronbesteigung bewußt geworden, und ich hatte es nie vergessen. In meinen Privatgemächern konnte ich ein wahrer Drache sein – und war es oft genug auch. Unter meinen Hofdamen gab es kaum eine, die ich noch nie geschlagen oder so heftig gekniffen hatte, daß sie vor Schmerz aufgeschrien hatte. In ihrer Gesellschaft gab ich mir nicht die geringste Mühe, mich zu beherrschen, und wenn ich mich ärgerte, machte ich meinem Herzen Luft und ließ meinem Zorn freien Lauf. Das traf auch auf meine Auftritte im Parlament zu. Auch dort war meine Laune völlig unberechenbar. Bei meinen Reisen durch mein Land aber zeigte ich mich meinem Volk immer von meiner besten Seite. Meine Untertanen konnten mir noch so absurde Bittschriften überreichen; sie konnten mir sogar ins Gesicht sagen, was ihnen an mir nicht gefiel – ich hörte mir alles, was sie mir mitzuteilen hatten, aufmerksam und mit all der Freundlichkeit und Geduld an, die ich aufbringen konnte. Natürlich spielte ich nur eine Rolle – die der großen, gütigen Königin –, aber ich wußte genau, daß es dieses unermüdliche Bemühen um die Gunst des Volkes war, das mir die Sympathie meiner

Untertanen sicherte, und ich war entschlossen, mir diese Sympathie niemals zu verscherzen.

Darin lag das Geheimnis meines Erfolgs als Herrscherin. Mein Großvater hatte, solange er König war, darunter gelitten, daß er unter recht dubiosen Umständen an die Macht gelangt war; ihm hatte ständig die Angst im Nacken gesessen, es könne jemand Anstalten machen, ihm die Krone zu entreißen. Mein Vater hatte diese Angst nicht gekannt. Er hatte sich stets als Herrscher von Gottes Gnaden empfunden. Zudem hatte er über einen natürlichen Charme verfügt und zugleich den Eindruck grenzenloser Macht erweckt; auf diese Weise hatte er es verstanden, die Anerkennung seines Volkes zu gewinnen. Er hatte mit eiserner Faust und unerschütterlichem Selbstbewußtsein regiert und dadurch in seinen Untertanen das Gefühl geweckt, seine Herrschaft würde ewig währen. Ich dagegen gewann mein Volk für mich, indem ich mich um seine Liebe bemühte, und nichts auf der Welt bindet die Menschen enger aneinander als die Liebe.

Ich versuchte immer, im Interesse meines Volkes zu handeln. Wir waren gegen die Katholiken im Lande vorgegangen; wir hatten spionierende Priester in ihren Schlupfwinkeln in den Adelssitzen der vornehmen katholischen Familien aufgespürt und vor Gericht und zum Teil an den Galgen gebracht. Ich hatte alldem zugestimmt, weil ich wußte, daß es der Wunsch des Volkes war. Die Furcht vor dem Katholizismus war tief in den Herzen meiner Untertanen verwurzelt, und sie würde wohl so schnell nicht auszurotten sein. Noch konnten die Menschen die schrecklichen Scheiterhaufen nicht vergessen, die während der Regierungszeit meiner Schwester überall errichtet worden waren. Außerdem war es einigen unserer Seeleute gelungen, aus der spanischen Gefangenschaft zu entkommen, und von ihnen erfuhren wir, welch grauenhafter Folterinstrumete sich die Inquisition bediente. Nein, damit wollten wir in unserem friedlichen Land nichts zu tun haben, und wir beteten zu Gott, er möge uns solche Greuel für alle Zeiten ersparen. Die Katholiken durften nicht die Oberhand gewinnen, obwohl es unter ihnen auch gute Untertanen gab, die uns im Kampf gegen die Spanier loyal zur Seite gestanden hatten.

Eine Landplage anderer Art waren die Puritaner, die ich zutiefst verabscheute. Sie wollten das öffentliche Leben beeinflussen – oder, besser gesagt, lahmlegen –, indem sie den ›englischen Sonntag‹ einzuführen gedachten. Jahrmärkte, Jagdveranstaltungen, Bootsfahrten, Hahnenkämpfe, Bärenhatz und was es sonst noch an beliebter Kurzweil gab – nichts sollte mehr erlaubt sein. Der Staatsrat hätte dieser Maßnahme womöglich zugestimmt, wenn ich nicht dagegen Einspruch erhoben hätte. Ich wußte genau, was die Menschen, die mir während meiner vielen Reisen durch das ganze Land zugejubelt hatten, davon hielten, und ich ergriff für sie Partei. Sie hatten hart gearbeitet, betonte ich. Sie hatten an den Sonntagen ein wenig Erholung verdient und sollten sich einmal in der Woche die Zeit so vertreiben, wie es ihnen Spaß machte. Ich wußte, daß ich recht hatte, als ich mein Veto einlegte – nicht nur gegen den ›englischen Sonntag‹, sondern auch, als jemand die Todesstrafe für Ehebruch, Gotteslästerung und die Äußerung ketzerischer Ansichten forderte.

Nein, nein und nochmals nein! ereiferte ich mich. Damit drohten wir uns ja die Zwänge aufzuerlegen, vor denen wir uns hatten schützen wollen. Was veranlaßte denn unsere Männer, so zu kämpfen, wie sie gegen die Spanier gekämpft hatten? Wie war es denn zu erklären, daß eine kleine Zahl von Seeleuten mit einer bestenfalls durchschnittlich ausgerüsteten Flotte einen so großartigen Sieg errungen hatte? Die Antwort war: Sie kämpften für die Freiheit.

Nein, ich wollte kein kleinliches Gezänk um religiöse Fragen. Ich wollte Frieden, keinen Krieg! Ich wollte Freiheit, Glück und Wohlstand für mein Volk. Und dazu gehörte auch die freie Religionsausübung, die in das Ermessen jedes einzelnen gestellt sein mußte. Solange meine Untertanen Christi Gesetze befolgten, sah ich keinen Grund, sie nicht für gute Christen zu halten – ganz gleich, auf welche Weise sie Gott verehrten.

Am liebsten hätte ich all den engherzigen Sauertöpfen zugerufen: Laßt sie doch, um Himmels willen, gewähren!

Denen zum Trotz, die beabsichtigten, die Theater zu schließen, scharte ich eine Truppe von Schauspielern um mich, die zu meinem persönlichen Vergnügen Stücke aufführten. Ich nannte sie die ›Truppe der Königin‹.*

Ich freute mich noch immer auf meine Rundreisen durch mein Land, denn ich legte größten Wert darauf, mich meinem Volk zu zeigen. In allen Städten und Dörfern, durch die mein Weg mich führte, herrschte jedesmal eitel Jubel und Freude, und ich gestehe, daß es kaum etwas gab, das ich mehr genoß als Huldigung und bewundernde Verehrung.

Der Staatsrat versuchte nun schon seit geraumer Zeit, mich zu überreden, unseren Streit mit Spanien auf spanischem Territorium auszutragen. Dagegen hatte ich mich lange gewehrt, weil ich jede Art von Krieg ablehnte, aber schließlich erklärte ich mich doch einverstanden, da ich mir von diesem Feldzug gewisse Vorteile versprach.

Seit 1581 lebte Don Antonio, der entthronte König von Portugal, in England im Exil. Don Antonio war der uneheliche Sohn des Bruders des früheren Königs, aber wegen seiner Unehelichkeit hatten die Spanier ihn nicht anerkannt und die portugiesische Krone für ihren eigenen König beansprucht, dessen Mutter die Schwester des verstorbenen Königs gewesen war. Also hatte Philipp den Herzog von Alba nach Portugal geschickt, wo es ihm ohne besondere Mühe gelungen war, das Land zu erobern.

Don Antonio und ich hatte lange Gespräche miteinander geführt. Er sehnte sich danach, seinen Thron zurückzugewinnen. Er erzählte mir, wie sehr die Portugiesen die Spanier haßten, und versicherte mir, daß sich das ganze Land gegen Spanien erheben würde, wenn es ihm nur gelänge zurückzukehren; nach den empfindlichen Einbußen, die die Spanier durch den Untergang der Armada erlitten hätten, werde es ein leichtes sein, ihnen eine neue vernichtende Niederlage zu bereiten und ihn, Don Antonio, wieder auf den Thron zu setzen.

Drake wurde zu den Beratungen über dieses Problem hinzugezogen, und ihm ging es bei solchen Unternehmungen

* Bei den *Queen's Men* handelte es sich um eine Theatertruppe, der auch Shakespeare möglicherweise als junger Schauspieler und Bühnenautor angehört hat. (Anm. d. Übers.)

vor allem darum, Schätze zu erbeuten. Dagegen hatte ich nichts einzuwenden. Auch ich war nicht abgeneigt, meine Staatskasse mit spanischen Reichtümern aufzufüllen; ich war an ihrem Gold und ihren Juwelen interessiert, um für die Bedürfnisse meiner Untertanen aufkommen zu können, ohne ihnen drückende Steuern auferlegen zu müssen.

Und Drake, der alte Pirat, wußte, wie man Schätze erbeutete. Also stimmte ich zu, und es wurde vereinbart, daß Sir Francis Drake den Oberbefehl zur See haben sollte, während die Landstreitkräfte Sir John Norris unterstellt sein würden.

Ich steckte sechzigtausend Pfund in das Unternehmen. Einige der Generäle brachten eine Summe von etwa fünfzigtausend Pfund auf, und die Stadt London und andere Hafenstädte des Landes stellten gemeinsam einhundertsechsundvierzig Schiffe zur Verfügung.

Auch Essex äußerte den Wunsch, an dem Feldzug teilzunehmen, und ich mußte über seine Begeisterung lächeln.

»Ich denke, Ihr solltet Euer Leben besser nicht aufs Spiel setzen«, sagte ich. »Euer Platz ist hier bei Hofe.«

Aber er gab keine Ruhe. Er setzte mir Tag und Nacht zu. Er wolle so gern dabei sein. Er brauche das Geld. Er werde bestimmt auf reiche Schätze stoßen. Vor allem aber wolle er es den Spaniern heimzahlen.

»Nein«, entschied ich, »Ihr werdet nicht gehen.« Ich verlor die Geduld mit ihm und befahl ihm, das Thema nicht wieder anzuschneiden.

Daran hielt er sich, und ich schloß daraus, daß er endlich zur Einsicht gekommen sei. Wie sehr ich mich doch irrte!

Die Vorbereitungen für die Expedition waren getroffen, und die Schiffe lagen in Plymouth vor Anker, bereit zum Auslaufen. Erst da erfuhr ich, was geschehen war.

Essex' Schwager, Lord Rich, überbrachte mir einen Brief, der an mich adressiert war und unverkennbar Essex' Handschrift trug. Essex hatte Lord Rich den Schlüssel zu dem Schreibtisch zugesandt, in dem er den Brief aufbewahrt hatte, und den Schlüssel erst abgeschickt, als er längst auf und davon war.

Er sei nun einmal fest entschlossen gewesen, an dem

Feldzug teilzunehmen, schrieb er. Und seine Kampflust erkläre sich nicht nur aus dem patriotischen Wunsch, zum Ruhm Englands beizutragen, sondern auch aus der nüchternen Tatsache, daß er sich in einer verzweifelten finanziellen Lage befinde, da er tief verschuldet sei. Seine Schulden beliefen sich auf mindestens dreiundzwanzigtausend Pfund. Ich sei immer gut zu ihm gewesen, und deshalb wolle er mich nicht erneut um Geld anbetteln. Er sei schließlich nicht so habgierig wie gewisse andere Leute. (Das war eine Spitze gegen Raleigh, der niemals Hemmungen hatte, um das zu bitten, was er haben wollte.) Er habe einfach gehen müssen. Er sei gezwungen, sein Glück zu machen. Und er vertraue darauf, ich würde ihm verzeihen, daß er gegen meinen ausdrücklichen Wunsch gehandelt habe.

Ihm verzeihen! Wütend war ich auf ihn. In meinem ganzen Leben war es nicht ein einziges Mal vorgekommen, daß Robert – mein Robert – sich mir so dreist widersetzt hatte. Wie konnte dieser arrogante kleine Emporkömmling es nur wagen, sich so zu benehmen!

Ich würde ihm schon zeigen, was es hieß, meine Anweisungen zu mißachten.

Ich schickte sofort Wachen aus mit dem Befehl, ihn zurückzuholen, und sein Großvater, Sir Francis Knollys, machte sich persönlich auf den Weg nach Plymouth.

Schließlich erfuhr ich, daß er tagelang heimliche Vorbereitungen getroffen hatte. Um keinen Verdacht aufkommen zu lassen, hatte er dann im Hause seines Schwagers, Lord Rich, zu Abend gegessen, denn er hatte offenbar befürchtet, beobachtet zu werden. Und während er mit Lord Rich speiste, warteten draußen Essex' Sekretär und ein Stallknecht mit Pferden, um ihn in fliegender Eile nach Plymouth zu begleiten. Sie legten neunzig Meilen mit den Pferden zurück, dann nahm Essex an einer der Kurierstationen ein Postpferd und schickte seine Bedienten mit den Pferden und einem Brief an Lord Rich nach London zurück; der Brief enthielt den Schlüssel zu dem Schreibtisch, in dem Essex das Schreiben an mich hinterlegt hatte, damit dieses mir nach seiner Abreise ausgehändigt werde.

Drake und Norris wußten, daß ich Essex verboten hatte,

an dem Feldzug teilzunehmen, und ich verließ mich darauf, daß sie ihn mir zurückschickten. Aber dazu hatten sie gar keine Gelegenheit, denn Essex, der geahnt hatte, daß sie ihn nie an Bord lassen würden, hatte sich heimlich mit Kapitän Roger Williams in Verbindung gesetzt und ihn überredet, ihn mitzunehmen. Auf diese Weise war Essex auf Williams' Schiff, den *Schnellen Pfeil*, gelangt, das unverzüglich in See stach.

Er hatte mir also wieder einmal die Stirn geboten. Oh, wie war ich zornig! Ich schwor mir, dafür zu sorgen, daß er sich das nie wieder erlauben würde.

Kriege zahlen sich nie aus. Das hätte ich meinen kampflustigen Helden gleich sagen können, noch bevor aus der Vorbereitung der Expedition bitterer Ernst wurde; und ich erinnerte sie daran, daß ich mich zu dem Feldzug nur hatte überreden lassen, weil sie mich mit ihren beharrlichen Bitten schließlich zermürbt hatten.

Zumindest hoffte ich, das Unternehmen werde genügend Beute einbringen, so daß sich der Aufwand letzten Endes doch noch gelohnt hätte.

Ich machte mir ständig Sorgen um Essex. Er tat oft so tollkühne Dinge, und ich wußte, daß er von Natur aus leichtsinnig war. Er war jemand, der bedenkenlos die absurdesten Risiken einging, und ich wünschte mir so sehr, ihn wieder bei mir zu haben. Natürlich war mir klar, daß es töricht von mir war, mein Herz an ihn zu verlieren, aber ich vermißte Robert so sehr und sehnte mich verzweifelt danach, einen Ersatz für ihn zu finden. Ich brauchte einfach jemanden, dem ich meine ganz besondere Liebe schenken konnte, und ich hatte mich für Essex entschieden; daß ich damit nicht die glücklichste Wahl getroffen hatte, brauchte mir niemand zu sagen.

Obwohl ich nie auf die Idee gekommen wäre, in ihm den Liebhaber zu sehen, als den ich mir Robert ohne weiteres hätte vorstellen können, brachte er mir doch jene einzigartige Zuneigung entgegen, deren Zauber der Bewunderung abging, die die übrigen Höflinge für mich empfanden. Und da er ein junger Mann war, der Schmeichelei und Verstellung ablehnte, konnte ich sicher sein, daß es sich um echte Zuneigung handelte.

Ich schickte gleich mehrere Eilboten hinter Drake und Norris her mit dem dringenden Befehl, mir den Ausreißer umgehend zurückzubringen. Aber Essex war natürlich längst außer Reichweite, und es dauerte einige Zeit, bis der Rest der Flotte den *Schnellen Pfeil* eingeholt hatte; und dann war kein Schiff verfügbar, das ihn nach England hätte zurückschicken können.

Ich schrieb Essex einen zornigen Brief, in dem ich ihm Pflichtversäumnis und Undankbarkeit vorwarf und ihm unter Androhung von Strafe befahl, unverzüglich dorthin zurückzukehren, wo sein Platz sei – an meinen Hof.

Als er diesen handschriftlich von mir verfaßten Brief erhielt, sah er wohl ein, daß jeder weitere Widerstand zwecklos war, und machte sich auf den Heimweg.

Der Feldzug war ohnehin so gut wie beendet. Die Portugiesen hatten Don Antonio nicht den erwarteten Empfang bereitet. Sie haßten zwar die spanische Fremdherrschaft, waren aber zu phlegmatisch, um etwas dagegen zu unternehmen.

Das ganze Unternehmen hätte sich als völlige Katastrophe erwiesen, wenn Sir Francis Drake nicht gewesen wäre – er brachte genügend Kriegsbeute mit nach Hause und verhinderte so, daß die Expedition als sinnloses Abenteuer in die Geschichte einging.

Ich war entschlossen, Essex gehörig die Leviten zu lesen und ihn so lange vom Hof zu verbannen, bis es mir beliebte, ihn zurückzurufen. Als ich ihn dann aber wiedersah, als er, noch ein wenig blaß von den Strapazen der Schlacht, vor mir kniete und mit seinen ausdrucksvollen dunklen Augen liebevoll und bewundernd zu mir aufblickte, ließ ich mich doch erweichen.

Ich war gerührt und froh, ihn wieder bei mir zu haben.

Alles, was ich zu ihm sagte, war: »Tut so etwas nie wieder. Wenn Ihr mir noch einmal den Gehorsam verweigert, könnte das das Ende Eurer Karriere bei Hofe bedeuten.«

Bereits wenige Tage später stand er so hoch in meiner Gunst wie eh und je. Und um ihn daran zu hindern, sein

Glück erneut in fremden Ländern zu suchen, verpachtete ich ihm das Weingut, das Robert vor seinem Tode gehört hatte und das ihm so reiche Erträge einzubringen versprach, daß er – so hoffte ich zumindest – seine Schulden würde begleichen können und es in Zukunft nicht nötig hätte, über seine Verhältnisse zu leben.

Aber Essex war von Unrast getrieben. Er war für das Hofleben nicht geschaffen. Ihm fehlte sowohl Roberts Ehrgeiz als auch sein Feingefühl. Außerdem verfügte er bei weitem nicht über Roberts Verstand. Wie hatte ich mir nur einbilden können, irgend jemand könne Roberts Platz einnehmen?

Und doch faszinierte er mich. In gewisser Weise war er für mich wie ein Sohn – ein mißratener Sohn, den ich deswegen nicht minder liebte und dessen Gesellschaft mich glücklich machte. Er schaffte es wie kein anderer, meine Stimmung zu heben. Durch ihn fühlte ich mich wieder jung, geliebt und begehrenswert.

Abgesehen davon beglückte er mich mit seinen wohlmeinenden Ratschlägen. So erklärte er mir zum Beispiel ganz unbefangen, ich hätte Davison unrecht getan. Der Mann habe es nicht verdient, im Tower eingesperrt zu sein. Er sei nicht schuld daran gewesen, daß Mary von Schottland hingerichtet worden war. Damit berührte er einen wunden Punkt: Die ganze Angelegenheit war noch immer ein Alptraum für mich, und ich weigerte mich, an Davison auch nur einen Gedanken zu verschwenden. Ich konnte es nicht ertragen, wenn sein Name in meiner Gegenwart erwähnt wurde – also sprach niemand von ihm. Das war auch Essex bekannt, und dennoch suchte er mich auf und empfahl mir, Davison aus dem Gefängnis zu entlassen und ihm den Ministerposten zu geben, der seit Walsinghams Tod unbesetzt war. Was war er doch für ein verrückter, verwegener Kerl! Ich hatte allen Grund, um ihn zu zittern. Wie ich später erfuhr, hatte er an James von Schottland geschrieben und ihn gebeten, seinen Einfluß in jener Angelegenheit geltend zu machen. Ja, war ihm denn nicht klar, daß diejenigen, die ihm übelwollten, ihn damit in der Hand hatten, daß sie ihn jederzeit beschuldigen konnten, mit einer fremden Macht in

Verbindung zu stehen, und diesen Kontakt als Verrat hinstellen konnten?

Ich muß gestehen, daß es ihm beinahe gelungen wäre, mich umzustimmen. Ich fühlte mich in der Tat schuldig, Davison schlecht behandelt zu haben. Ich hätte das begangene Unrecht gern wiedergutgemacht; das Ministeramt, für das Davison gut geeignet gewesen wäre, wäre eine angemessene Entschädigung für die Ungerechtigkeit gewesen, die er erlitten hatte.

Ich sprach mit Burghley über den Vorschlag. Er war dagegen. Er war der Ansicht, Davison sei ganz und gar ungeeignet für das Amt; er sei zwar recht tüchtig, aber eben nicht überragend. Und während ich noch nach Argumenten suchte, die für die Ernennung Davisons sprachen, fiel es mir wie Schuppen von den Augen: Burghley wollte den Posten für seinen Sohn Robert! Und er hatte natürlich recht. Robert Cecil, dieser gnomenhafte kleine Mann mit dem buckligen Rücken und der krummen Haltung, verfügte über dasselbe Urteilsvermögen und dieselben ausgewogenen Ansichten wie sein Vater. Er hatte von klein auf von seinem Vater gelernt, und mir war klar, daß es unvermeidlich Ärger mit Burghley gäbe, wenn jemand anders als Robert Cecil die Stelle bekäme.

Folglich ging Davison leer aus, aber er durfte zumindest den Tower verlassen und nach Hause zurückkehren. Er zog sich in sein Haus in Stepney in der Nähe von London zurück und verbrachte dort noch viele Jahre.

Essex aber war weiterhin auf der Suche nach Abenteuern, und als Henri IV. von Frankreich mich um militärischen Beistand bat, wollte er sogleich mit einem Heer aufbrechen, um für den König zu kämpfen, der Henri III. nach dessen Tod auf den Thron gefolgt war. Da Henri IV. Hugenotte war, sah er in England einen natürlichen Verbündeten in seinem Kampf gegen die katholische Liga, deren erklärtes Ziel es war, ihm aufgrund seiner Religion die Krone zu entreißen. »Wir müssen ihm unbedingt zu Hilfe eilen«, meinte Essex. »Er teilt doch unsere religiösen Überzeugungen. Er wäre bestimmt für alle Zeiten unser Freund, wenn wir ihm jetzt helfen würden, seinen Thron zu verteidigen.«

Seine Augen leuchteten vor Begeisterung. Wie naiv er doch war. Wußte er denn nicht, daß Freundschaften unter Königen nur so lange bestanden, wie sie als nützlich angesehen wurden? Andererseits stimmte es schon: Wir waren nicht im geringsten daran interessiert zuzulassen, daß die Katholiken Frankreichs die Oberhand gewännen. Zwar hatten wir Spanien besiegt, aber ein katholisches Frankreich könnte eine nicht minder ernst zu nehmende Bedrohung darstellen. Essex warf sich mir zu Füßen und flehte mich an, ihm zu erlauben, den Oberbefehl über eine Armee zu übernehmen. Seine Freunde – und vermutlich auch seine Mutter – rieten ihm jedoch dringend davon ab, sich in ausländische Angelegenheiten einzumischen. Er solle lieber Leicester, Walsingham und Burghley nacheifern, empfahlen sie ihm; das seien Männer nach dem Herzen der Königin. Ich glaube, sie hatten erkannt, daß Essex nicht das Zeug zum Heerführer hatte. Er war zu unbesonnen, zu impulsiv, zu leichtsinnig.

Alle Warnungen aber hielten ihn nicht davon ab, weiter zu bitten und zu betteln, und nachdem offiziell beschlossen worden war, Henri zu unterstützen, gab ich schließlich nach und gestattete Essex, das Unternehmen zu leiten.

Es war ein trauriger Tag für mich, als er von Dover aus mit einem Heer von viertausend Mann in See stach.

In seiner Begleitung befand sich Lettice' zweiter Sohn, Walter Devereux, und ich fragte mich, wie ihr als Mutter zumute sein mochte, als sie zusehen mußte, wie ihre beiden Jungen in den Krieg zogen.

Ich wartete sehnsüchtig auf Nachricht aus Frankreich. Nach allem, was man hörte, fand Henri Essex sympathisch, und die beiden schienen sich blendend zu vergnügen. Es wurde aber offenbar nicht nur gefeiert, sondern auch gekämpft, und während eines unbedeutenden Gefechts in der Nähe der Stadt Rouen wurde der junge Walter Devereux tödlich verwundet.

Als ich davon erfuhr, empfand ich fast so etwas wie Mitleid für Lettice, denn ich war davon überzeugt, daß sie ihre Kinder liebte.

Ich erfuhr auch, daß Essex, verwegen wie er war, die Gefahr gesucht hatte und dabei zweimal nur knapp der Gefangennahme entgangen war. Er war bei seinen Soldaten sehr beliebt, denn er teilte sämtliche Unannehmlichkeiten, denen auch sie ausgesetzt waren. Außerdem nahm er Ehrungen für verdienstvolles Verhalten auf dem Schlachtfeld vor – eine Amtshandlung, zu der er nicht befugt war.

Ich veranlaßte Burghley, ihm in meinem Namen einen strengen Brief zu schreiben und eine solche Amtsanmaßung zu verbieten. Er hatte nicht das Recht, Auszeichnungen vorzunehmen. Das war ausschließlich das Privileg des Staatsoberhauptes.

Ich gab meinem Mißfallen so deutlich Ausdruck und forderte ihn so barsch auf, nach Hause zurückzukehren, daß er schließlich keine Ausreden mehr fand, sich meinem Befehl zu widersetzen.

Er war – wie immer – voll überschäumender Begeisterung, als er in England eintraf, und dachte gar nicht daran, sich für das, was er getan hatte, zu entschuldigen. Und ich war – wie immer – so entzückt, ihn wiederzusehen, daß ich mich mit ein paar tadelnden Worten begnügte und ihm erneut meine uneingeschränkte Gunst zuteil werden ließ.

Er aber brannte darauf, nach Frankreich zurückzukehren. Also ließ ich ihn ziehen, jedoch nicht ohne ihm – wie seinerzeit Robert – ausdrücklich ans Herz zu legen, gut auf sich aufzupassen.

Zum Glück war er ein junger Mann, dessen Begeisterung für eine Sache schnell nachließ. Als ich ihn wenig später aufforderte, zurückzukehren und den Oberbefehl an jenen Roger Williams abzutreten, auf dessen Schiff er von Plymouth nach Portugal hatte fliehen wollen, folgte er zu meiner eigenen Überraschung meinem Befehl bereitwillig, ja geradezu freudig.

Ich glaube, er hatte endlich eingesehen, daß seine Freunde recht gehabt hatten, als sie ihm geraten hatten, sein Glück bei Hofe zu suchen, wo die Liebe seiner Königin ihm die Wege zu ebnen und seine Karriere zu fördern versprach.

Ich mußte oft an Christopher Hatton denken, der mich so sehr verehrt hatte, daß er niemals geheiratet hatte. Ich wünschte, ich wäre gegen Ende seines Lebens netter zu ihm gewesen. Es muß sein Herz gebrochen haben, als ich ihm kalt den Rücken gekehrt hatte – damals, als er mich um eine Gnadenfrist gebeten hatte, weil er jene lächerliche Summe nicht hatte aufbringen können, um seine Schulden zurückzuzahlen. Als es dann mit ihm zu Ende ging, hatte ich ihn zwar besucht und sogar eigenhändig gefüttert, aber da war es bereits zu spät für einen solchen Liebesbeweis gewesen. Ich fragte mich manchmal, ob meine Herzlosigkeit nicht doch seinen Tod beschleunigt hatte, denn er war ein sensibler Mensch gewesen und hatte mich aufrichtig geliebt.

Die jungen Leute, die sich jetzt an meinem Hof tummelten, waren weitaus weniger ehrfurchtsvoll. Sie traten forsch auf und waren oft ausgesprochen dreist – das traf zumindest auf Essex zu, der so ganz anders war als die Gefährten meiner jungen Jahre. Robert, Heneage, Hatton... das waren romantische Verehrer gewesen. Heutzutage hatte man eher den Eindruck, daß die jungen Männer zuerst an sich selbst dachten.

Ich wünschte, ich hätte mein Herz nicht in dem Maße an Essex verloren. Vielleicht wäre es besser gewesen, wenn ich einem anderen meine besondere Zuneigung geschenkt hätte. Raleigh zum Beispiel. Er war, wie viele meinten, sogar noch betörender als Essex. Er war groß, hatte das gesunde, frische Aussehen eines Mannes vom Lande, eine schneidige Art und einen wachen Verstand. Ich persönlich fand selbst seinen Akzent bezaubernd, der verriet, daß er aus Devonshire stammte; seine eifersüchtigen Rivalen allerdings machten sich darüber lustig und nannten ihn verächtlich einen Bauerntölpel.

Er war in der Tat eine beeindruckende Erscheinung und ein Mann von großer Intelligenz. Ich war froh, ihn in meiner Nähe zu haben. In den Jahren, in denen Essex sich so leichtsinnig in seine verwegenen Abenteuer gestürzt hatte, hatte ich Raleigh ermutigt, mir den Hof zu machen, und es hatte mich insgeheim amüsiert zu beobachten, wie die beiden Konkurrenten um meine Gunst einander mit ihrer Eifersucht verfolgten.

Raleigh war nicht nur ein geborener Höfling, sondern auch ein Abenteurer. Er war nach Christopher Hattons Tod zum Hauptmann der Königlichen Leibgarde aufgerückt und zum Ritter geschlagen worden; er besaß im Durham House einen herrschaftlichen Wohnsitz und hatte erst kürzlich einen auf neunundneunzig Jahre befristeten Pachtvertrag abgeschlossen, der ihn zum Herrn des Schlosses von Sherborne machte. Außerdem hatte er in Nordamerika eine Kolonie gegründet, die er mir zu Ehren Virginia* genannt hatte. Ich werde nie vergessen, wie er von seiner Entdeckungsreise heimkehrte und mir von den Abenteuern erzählte, die er erlebt hatte. Er hatte sich eine merkwürdige Angewohnheit zugelegt, die er von den Eingeborenen übernommen hatte und die er mir näher erklärte: Sie hatte mit einem Kraut zu tun, das die Bewohner Amerikas *Yppowoc* nannten. Ich hatte bereits davon gehört, als Sir John Hawkins es zum erstenmal mit nach England gebracht hatte, aber Raleigh war es zu verdanken, daß es hierzulande bekannt wurde und Verbreitung fand. Angeblich wirkte es beruhigend, wenn man es in eine Pfeife stopfte und rauchte. Es war der berühmte Tabak. Aber noch ein zweites Gewächs war aus dem fernen Virginia zu uns gekommen, und das erschien mir weitaus nützlicher als das begehrte Genußmittel. Das war die Kartoffel, die John Hawkins etwa zur gleichen Zeit mitgebracht hatte wie den Tabak; aber erst seit Drake sie in großen Mengen importiert hatte, war sie bei uns Engländern bekannt und beliebt.

Raleigh knüpfte große Hoffnungen an die Entdeckung jener Kolonie. Es sei meine Kolonie, betonte er, die nach mir benannt worden sei; und er verriet mir, daß er vierzigtausend Pfund aus eigener Tasche aufgebracht habe, um dem neuentdeckten Land eine Existenzgrundlage zu verschaffen. Um so enttäuschter war er, als seine Kolonisationsversuche scheiterten. Von Richard Hakluyt, dem Navigator, Kartographen und Schriftsteller, stammte der Ausspruch, nur mit dem Geldbeutel eines Fürsten sei die Kolonisation Virginias erfolgreich zu verwirklichen.

* Elizabeth ließ sich gern als die ›jungfräuliche Königin‹ *(the Virgin Queen)* feiern. (Anm. d. Übers.)

Ich war jedesmal hocherfreut, wenn meine Männer ihr eigenes Vermögen zum Wohle des Staates ausgaben, wenngleich niemand sich dabei so sehr in Unkosten stürzte, wie Walsingham es seinerzeit getan hatte. Meiner Ansicht nach zeugte ein solches Opfer von wahrer Vaterlandsliebe.

Raleigh war von Natur aus ein Abenteurer, und ich erkannte, daß er von viel zu großem Unternehmungsgeist beseelt war, um sich in England häuslich niederzulassen. Daher schickte ich ihn nach Irland, jener Brutstätte der Zwietracht, wo er sein Organisationstalent so erfolgreich wie kein anderer vor ihm darauf verwandte, bei einem Volk für Ruhe und Ordnung zu sorgen, das entschlossen schien, sich gegen jede Art von Disziplin zu wehren, und nichts anderes im Sinn hatte, als Unfrieden zu stiften.

Er hatte gute Arbeit geleistet. Und er hatte die Kartoffel in Irland eingeführt – der Boden dort war offenbar für den Kartoffelanbau gut geeignet, so daß Tausende von Menschen mit Nahrung versorgt werden konnten. In Irland freundete Raleigh sich auch mit dem Dichter Edmund Spenser an, einem jungen Mann, der mich interessierte, weil Leicester ihn sehr geschätzt hatte, seit Philip Sidney ihn mit seinem Werk bekanntgemacht hatte. Robert hatte sich damals für ihn verwendet und ihm eine Stelle als Privatsekretär bei Lord Grey de Wilton beschafft, der zum Vizekönig von Irland ernannt worden war; so kam es, daß Edmund Spenser sich zufällig in jenem Land aufhielt, als auch Raleigh dort war.

Und nun war Raleigh nach England zurückgekehrt, charmanter und unternehmungslustiger als je zuvor, voller Pläne – und voller Eifersucht auf Essex, die mich insofern amüsierte, als ich der Ansicht war, daß ein wenig Rivalität Essex nicht schaden könne, der sich offenbar einbildete, einen alleinigen Anspruch auf meine Freundschaft zu haben.

Raleigh war ebenso besessen von der Idee, die Spanier zu bezwingen, wie Drake. Er dachte ständig darüber nach, wie man sie am besten angreifen und ihrer Schätze berauben könnte. Auch sie verfügten über furchtlose Eroberer, die neue Erdteile entdeckt hatten; auch sie waren hervorragende Seefahrer. Männer wie Drake und Raleigh aber wollten

Spanien übertrumpfen und England die politische Vormachtstellung und die führende Rolle auf dem Gebiet der Welteroberung sichern. England – nicht Spanien – sollte die Beherrscherin der Meere sein.

Ich war nach wie vor überzeugt davon, daß Kriege heller Wahnsinn waren und auch den Siegern nichts als Leid brachten. Dieser Wettstreit um die Seeherrschaft jedoch wurde unter Freibeutern ausgetragen, und ein Monarch konnte notfalls abstreiten, mit den Kaperfahrten dieser Männer auch nur das geringste zu tun gehabt zu haben. O ja, diese Beutezüge waren etwas ganz anderes. Sie waren keine kriegerischen Auseinandersetzungen im herkömmlichen Sinne. Im Grunde meines Herzens wußte ich, daß der Konflikt zwischen Spanien und England alles andere als ein unbedeutender Streit war. Es war ein gewaltiger Streit, und es ging dabei nicht nur um Gebietsansprüche oder Religion – es ging um eben jene Seeherrschaft. Es ging uns darum, Seewege für England zu erschließen und zu sichern, unsere Küsten zu schützen und unser Land zur größten Seemacht der Welt zu machen. Männer wie Drake und Raleigh hatte das begriffen und rissen in ihrer Entschlossenheit die Nation mit. Sie wollten Schätze erbeuten. Sie wollten Kriegsruhm erlangen. Vor allem aber wollten sie England zur Beherrscherin der Meere machen – und darin lag ihre Größe.

Ich liebte meine verwegenen Abenteurer und war hin- und hergerissen zwischen dem Bedürfnis, ihre Gesellschaft bei Hofe zu genießen, und dem zwiespältigen Wunsch, sie auf Kaperfahrt zu schicken und dabei unvermeidlichen Gefahren auszusetzen.

Als daher Raleigh mit dem Vorschlag an mich herantrat, einen neuen Beutezug zu unternehmen und Schätze für England zu erobern, bestärkte ich ihn zunächst in seinem Vorhaben. Als dann aber der Zeitpunkt seiner Abreise näherrückte, gelangte ich zunehmend zu der Überzeugung, nicht auf ihn verzichten zu können. Er war einfach ein zu geistreicher Gesellschafter und eine zu große Zierde des Hofes, als daß ich ihn hätte gehen lassen können. Also gab ich Anweisungen, daß die Schiffe zwar auslaufen sollten, aber ohne Raleigh; Frobisher und Sir John Borough sollten an seiner Stelle die Expedition leiten.

Raleigh muß darüber verstimmt gewesen sein, aber er wäre nicht Raleigh gewesen, wenn er sich auch nur das geringste hätte anmerken lassen. Er beteuerte galant, daß meine Nähe ihn voll und ganz für das Abenteuer entschädigte, an dem teilzunehmen ihm verwehrt worden sei.

Ich war wirklich auf dem besten Wege, mein Herz an ihn zu verlieren, zumal seine Umgangsformen so viel verbindlicher waren als die des Grafen Essex. Deshalb verletzte mich seine Falschheit um so mehr.

Nicholas Throckmortons Tochter Elizabeth war eine meiner Hofdamen und ein außergewöhnlich hübsches Mädchen dazu. Ich hatte mir fest vorgenommen, zu gegebener Zeit einen passenden Ehemann für sie zu finden – allein schon, weil ich glaubte, es ihrem Vater schuldig zu sein.

Zufällig stellte ich jedoch fest, daß sie sich immer häufiger geistesabwesend benahm, was ganz und gar untypisch für sie war. Die Lage spitzte sich zu, als sie einige Haarnadeln fallen ließ, mit denen ich meine Haarteile festzustecken pflegte. Ich warf ihr Ungeschicklichkeit vor, und sie murmelte irgendeine Entschuldigung, aber an ihrer Zerstreutheit änderte sich nichts. Es war nicht das erste Mal, daß ich eine meiner jungen Damen wegen offenkundiger Geistesabwesenheit tadeln mußte, und mir kam sogleich ein bestimmter Verdacht. Die Erklärung lag auf der Hand: Das Mädchen hatte einen Liebhaber, und wenn mich nicht alles täuschte, hatte die Romanze die Grenze der Schicklichkeit bereits überschritten.

Ich nahm mir vor, sie zur Rede zu stellen.

»Ihr stellt Euch in letzter Zeit sehr ungeschickt an, Bessie«, sagte ich zu ihr.

»Ich bitte Eure Majestät um Verzeihung«, erwiderte sie.

»Ich möchte wetten, Euer Verhalten hat seinen Grund.«

Sie wurde rot. Das dumme Dinge! Sie hatte sich sogleich verraten.

»Nun«, fuhr ich fort, »Ihr solltet mir besser erzählen, was geschehen ist. Es ist in solchen Fällen klüger, alles zu gestehen, bevor es zu spät ist. Ist es in Eurem Fall bereits zu spät, Bess Throckmorton?«

Sie stammelte etwas Unverständliches und lief erneut rot an; da wußte ich Bescheid.

»Wer ist der Schurke?« wollte ich wissen.

Sie stand mit gesenktem Blick vor mir, ein Bild des Jammers und das schlechte Gewissen in Person.

»Ihr wißt, daß ich keine Unzucht an meinem Hof dulde!« schrie ich sie an.

Dann verpaßte ich ihr eine so gepfefferte Ohrfeige, daß sie ins Taumeln geriet. »Kommt her«, forderte ich sie auf. »Näher.« Ich packte sie bei den Schultern und schüttelte sie. »Nun redet endlich. Wer ist es?«

Sie stammelte: »Eure Majestät müssen mir vergeben, aber... aber...«

»Aber was?«

»Ich... ich kann es Euch nicht sagen.«

»Ihr könnt es mir nicht sagen?« Ich war außer mir vor Zorn. Ich faßte sie beim Ohr, und sie schrie vor Schmerz auf, als ich ihr heftig ins Ohläppchen kniff. Ihre Augen füllten sich mit Tränen.

»Majestät«, begann sie erneut, »wir... wir lieben uns...«

»Und Ihr glaubt, das sei eine Entschuldigung für schlechtes Betragen? Wer ist es? Ich rate Euch, es mir endlich zu sagen, Mädchen. Wie könnt Ihr es nur wagen, trotzig dazustehen und mir eine Antwort zu verweigern?«

»Majestät, ich hatte nicht die Absicht...«

»Heraus damit«, befahl ich ihr, und sowohl dem Ton meiner Stimme als auch meinen wütenden Blicken konnte sie entnehmen, daß es sinnlos war, sich mir noch länger zu widersetzen.

»Es ist Walter, Majestät.«

»Raleigh!« entfuhr es mir.

Ich empfand nur kalte Wut. Wie sich doch alles im Leben wiederholte! Robert und Lettice Knollys. Dann Essex und Frances Walsingham. Und nun Raleigh und dieses törichte Geschöpf. Diese jungen Männer... mit ihren großartigen Beteuerungen, mich mehr zu lieben als irgend jemanden sonst auf der Welt... und in Wirklichkeit trieben sie es mit meinen Hofdamen!

»Ihr seid eine Schlampe«, sagte ich. »Macht, daß Ihr fortkommt!«

Das ließ sie sich nicht zweimal sagen und rannte aus dem Zimmer.

Dann rief ich der Wache zu: »Seht nach, wo Raleigh ist. Und schickt ihn auf der Stelle zu mir!«

Er erschien wenig später, höflich und zuvorkommend wie immer.

Ich fuhr ihn an: »Der Herr Abenteurer hat also ein Mädchen verführt, das von seinen Eltern meiner persönlichen Obhut anvertraut worden ist.«

»Bess hat also mit Euch gesprochen«, entgegnete er nur.

»Gesprochen? Ich mußte der kleinen Schlampe das Geständnis mühsam entlocken. Und was Euch betrifft – Ihr seid eine falsche Schlange. Ich will Euer verschlagenes Gesicht so schnell nicht wiedersehen.«

Er begann zu protestieren. O ja, er wußte mit Worten umzugehen. Er war schon immer ein Meister der geschliffenen Formulierung gewesen. Das war ja auch einer der Gründe, weshalb ich mich so zu ihm hingezogen gefühlt hatte. Aber jetzt war ich verletzt und wütend. Seine wohlklingenden Liebesbeteuerungen bedeuteten nichts – gar nichts. Sie umschrieben mit schönen, leeren Worten nur den berechnenden Gedanken: Was springt für mich dabei heraus, wenn ich der eitlen Alten geschickt schmeichle?

Meine Wut kannte keine Grenzen mehr, und ich schrie: »Werft ihn in den Tower!«

Genauso hatte ich reagiert, als Robert Lettice geheiratet hatte. Damals war es dem guten alten Sussex gelungen, mich davon zu überzeugen, daß ich nicht einfach einen Untertan in den Tower sperren lassen konnte, nur weil er geheiratet hatte.

Raleigh hatte keinen solch weisen Fürsprecher. Aber er hatte ja auch nicht geheiratet. Hier ging es eindeutig um Verführung.

Sollte er doch im Tower vermodern! Was ging es mich an. Es gab schließlich genug andere gutaussehende junge Männer, die nur darauf warteten, mir den Hof machen zu dürfen. Weshalb sollte ich einem unter vielen nachtrauern?

Die Geschichte endete damit, daß Bess Throckmorton vom Hofe verbannt und Raleigh in den Tower geschickt wurde. Und Essex war wieder einmal der strahlende Sieger, der unumstrittene Favorit, dem kein ernstzunehmender Rivale den Rang ablaufen konnte.

Der Aufenthalt am französischen Hof hatte Essex verändert. Sein Leben und Denken war entscheidend durch den König von Frankreich geprägt worden, den er sich zum Vorbild genommen hatte und der – nach allem, was man hörte – ein sehr beeindruckender Mann sein mußte. Er besaß – wie ich – das außergewöhnliche Talent, die Herzen seiner Untertanen in einem Maße zu erobern, das die Menschen veranlaßte, auch in Not und Unglück zu ihm zu halten. Dabei war er ein einfacher Mann. Er beanspruchte im rauhen Alltag des Schlachtgeschehens keine Sonderrechte; er bestand seinen Soldaten gegenüber nicht auf Förmlichkeiten; aus seinem ganzen Auftreten sprach eine Grundeinstellung, die besagte: Ich bin einer von Euch. Ich leide mit Euch. Ich teile Euer Los. Wir gehören zusammen. Rein zufällig bin ich königlicher Abstammung und damit Euer Herrscher.

Das war die richtige Art, das Volk für sich zu gewinnen. Henri wußte ebenso wie ich, daß es der Mann auf der Straße war, der darüber entschied, ob ein Monarch sicher auf seinem Thron saß oder nicht.

Aber er hatte eine große Schwäche, und das war seine Liebe zu den Frauen. Er besaß unzählige Mätressen und war ständig auf der Suche nach neuen Eroberungen. Er ging mit einer an Besessenheit grenzenden Hingabe in seinen Liebesabenteuern auf, und solange sie dauerten, gab es für ihn nichts Wichtigeres auf der Welt. Gewöhnlich dauerten sie nicht allzu lange.

Als Essex nach England zurückkehrte, hatte er ein gewisses Maß an Aufrichtigkeit eingebüßt, und er war habgierig geworden. Außerdem war aus ihm ein Frauenheld geworden. Er vernachlässigte die arme Frances schändlich, und es kam vor, daß er in Skandale mit der einen oder anderen meiner Hofdamen verwickelt war. Man ersparte mir Einzelheiten darüber, und ich zog es vor, den Vorfällen nicht nachzugehen. Zugleich umwarb er mich mit einer Kunstfertigkeit, die mir bislang an ihm nicht aufgefallen war, und obwohl ich das Gefühl hatte, daß er mir nach wie vor aufrichtige Zuneigung entgegenbrachte, erschien er mir kälter, ehrgeiziger. Mit anderen Worten: Der Essex, der nach Frankreich aufgebrochen war, um mit Henri IV. in den Krieg zu ziehen, war nicht derselbe, der aus Frankreich zu mir zurückgekehrt war.

Die Cecils erwiesen sich zunehmend als Essex' Feinde. Es sprach sehr für Robert Cecil, daß ich dazu übergegangen war, ihn und seinen Vater als ›die Cecils‹ zu bezeichnen. Burghley hatte seinem Sohn eine ausgezeichnete Erziehung angedeihen lassen und ihm bereits in jungen Jahren beigebracht, so zu denken und zu handeln, wie er selbst dachte und handelte. Das konnte mir nur recht sein. Ich wußte ja, daß ich früher oder später auf meinen ›guten Geist‹ würde verzichten müssen; und in Anbetracht dieser Unausweichlichkeit war es tröstlich, davon ausgehen zu können, daß mir sein Sohn mit Rat und Tat zur Seite stehen würde, wenn er selbst nicht mehr da wäre.

Raleigh saß im Tower und stellte insofern keine Bedrohung dar. Allem Anschein nach war Essex jedoch entschlossen, sich mit den Cecils anzulegen, und daher auf der Suche nach Gleichgesinnten; eine Clique von Anhängern begann sich bereits um ihn zu scharen.

Meine Liebe zu Essex machte mich dennoch niemals blind für seine Schwächen. Mir wurde schon bald klar, daß er nicht über genügend Ausdauer und Zielstrebigkeit verfügte, um den Cecils ernsthaft Konkurrenz zu machen; also beschränkte er sich darauf, alles zu versuchen, um sie in meinen Augen schlechtzumachen – ein vergebliches Bemühen.

Er hatte inzwischen die nähere Bekanntschaft der beiden Bacons gemacht – Anthony und Francis, Burghleys Neffen. Beide waren intelligente junge Männer, vor allem Francis, wie mir schien. Was ihnen jedoch trotz aller Bildung abging, waren gepflegte Umgangsformen, und Francis fiel mir mit seiner ständigen Einmischung in politische Angelegenheiten besonders auf die Nerven. Beide waren verärgert, weil sie gehofft hatten, ihr Onkel werde ihnen den Weg für eine glänzende Laufbahn bei Hofe ebnen. Dazu war er wohl auch bereit; andererseits aber war er eifrig bemüht, seinen eigenen Sohn zu fördern und mit Argusaugen darüber zu wachen, daß niemandem Gelegenheit gegeben wurde, dem jungen Cecil die Karriere streitig zu machen.

Für Francis hätte sich sicher eine sinnvolle Beschäftigung finden lassen, aber er war zu sehr von sich eingenommen, zu festgelegt in seinen Ansichten und zu wenig bereit, den einmal eingenommenen Standpunkt zu revidieren – und das gefiel mir nicht.

Doch dann ereignete sich etwas, das in mir helles Entsetzen auslöste. Henri IV. wechselte seinen Glauben mit der zynischen Bemerkung, Paris sei eine Messe wert.

Und ich hatte ihn noch unterstützt! Ich hatte ihm Essex mit Soldaten, Waffen und Geld geschickt, um der protestantischen Sache einen Dienst zu erweisen, um dafür zu sorgen, daß kein weiteres katholisches Nachbarland den Frieden in unserem Lande bedrohte. Und nun hatte er eine Kehrtwendung vollzogen... seiner Religion um einer Krone willen abgeschworen!

Ohne mir Zeit zu nehmen, in Ruhe über alles nachzudenken, schrieb ich dem König von Frankreich voller Abscheu einen Brief, der aus meiner Empörung kein Hehl machte.

»Welch verhängnisvolle Entscheidung!« tadelte ich ihn. »Mein Gott, wer hätte es für möglich gehalten, daß weltliche Überlegungen Euch veranlassen könnten, Euer Seelenheil aufs Spiel zu setzen...«

Sobald ich den Brief abgeschickt hatte, bereute ich bereits, ihn geschrieben zu haben, denn ich erinnerte mich an die Zeit, bevor ich Königin wurde, als ich selbst zum Schein zum katholischen Glauben übergetreten war, nur um mein Leben zu retten. Was hatte Henri denn schon verbrochen? Er hatte erkannt, daß die Franzosen von Natur aus Katholiken waren – ebenso wie die Engländer von Natur aus Protestanten waren – und daß sie niemals einen König anerkennen würden, der Hugenotte war. Folglich hatte er sich mit der ihm eigenen Mischung aus Unbekümmertheit und gesundem Menschenverstand gesagt: Nun gut, Ihr seid entschlossen, nur einen katholischen König anzuerkennen, und ich bin entschlossen, Euer König zu sein; also muß ich Katholik werden.

Und genau das hatte er getan.

In Wirklichkeit waren wir einander ähnlich. Wie oft hatte ich erklärt, daß es unwichtig sei, in welcher Form man Gott verehre, und daß es einzig und allein die christliche Grundhaltung sei, die zähle! Henri hatte sich im Grunde genommen gar nicht von seinem Glauben abgewandt – er hatte sich nur der katholischen Art und Weise, Gott zu dienen, zugewandt. Er war ja viel zu klug, um diesen Schritt nicht zu tun! Ich konnte mir lebhaft vorstellen, wie er bei der Lektüre meines Briefes in schallendes Gelächter ausbrechen würde, denn ihm war ebenso klar wie mir, daß auch ich mich zum katholischen Glauben bekannt hätte, wenn England einen katholischen Monarchen hätte haben wollen, und daß ich nur deshalb protestantisch war, weil mein Land es wünschte.

Dennoch war ich beunruhigt. Meine Empörung hatte, genaugenommen, ihren Ursprung in meiner Beunruhigung. Ich tröstete mich jedoch mit dem Gedanken, daß Henri sich gewiß nicht als ein solcher Fanatiker wie Philipp erweisen würde; ich war ganz sicher, daß er viel zu vernünftig wäre, auch nur in Erwägung zu ziehen, in unser Land einzufallen.

Unterdessen hatte Essex sich eingehend über Walsinghams Geheimdienst informiert, denn er wußte, welche Schlüsselrolle dieser Organisation in unserem Konflikt mit Spanien zugefallen war. Er sah sich bereits als ein zweiter Walsingham, als Herr über ganze Scharen von Spionen, die ihm aus allen Teilen Europas Bericht erstatteten, so daß er als erster Bescheid wüßte, wenn England je bedroht werden sollte.

Natürlich konnte er Walsingham nicht das Wasser reichen. Vermutlich hatte Frances ihm viel von ihrem Vater erzählt und ihn so auf die Idee gebracht, in seine Fußstapfen zu treten.

Im Zusammenhang mit diesen Nachforschungen, die er mit großem Eifer betrieb, suchte er mich auf, um mir eine erstaunliche Geschichte zu erzählen, bei der es um Doktor Roderigo Lopez, meinen Leibarzt, ging. Der Mann war etwa zur Zeit meiner Thronbesteigung nach England gekommen, und es hatte nicht lange gedauert, bis er in medizinischen Kreisen aufgrund seiner Geschicklichkeit Aufmerksamkeit erregt hatte. Kurz darauf war er Anstaltsarzt im St. Bartholomew-Hospital geworden, wo er sich nicht nur durch seine erfolgreichen Aderlässe und seine geschickte Verabreichung entschlackender Mittel, sondern auch durch die Einführung eines überaus wirksamen Heilmittels mit weitverzeigtem Anwendungsbereich einen Namen gemacht hatte. Dieses Heilmittel war unter der Bezeichnung *Arceus' Absud* bekannt. Doktor Lopez hatte mir seinerzeit davon berichtet, denn ich interessierte mich für solche Dinge, und er fand in mir stets eine aufmerksame Zuhörerin. Überhaupt, mochte ich ihn gern, so daß ich mich weigerte, Essex zu glauben, als dieser zu mir kam und mir erzählte, Lopez sei ein spanischer Spion, der von Philipp beauftragt worden sei, unter die Medizin, die er für mich zubereite, Gift zu mischen.

Mir war bekannt, daß Essex bei seinem Bemühen, Walsingham nachzuahmen und Spione in alle Teile der Welt zu entsenden, auch mit besagtem Arzt Kontakt aufgenommen und versucht hatte, ihn für seine Pläne zu gewinnen. Er hatte ihn dazu bewegen wollen, nach Spanien zurückzukehren und sich in die Hofhaltung des Königs einzuschleichen. Das wäre auch durchaus zu bewerkstelligen gewesen, denn Lopez war längst ein berühmter Mann. Auf diese Weise hätte er mühelos für Essex spionieren können.

Ich wußte davon, weil Doktor Lopez selbst es mir gesagt hatte. Und ich war sehr erbost: Wieder einmal hatte Essex, statt mich zu fragen, eigenmächtig gehandelt.

Ich ließ Essex kommen und wies ihn scharf zurecht: Er solle sich anderswo nach Spionen umsehen und nicht versuchen, mir einen der besten Ärzte wegzunehmen, die ich je gehabt hätte.

Etwa um die Zeit traf Antonio Perez, ein spanischer Adliger, der sich von Philipp verfolgt fühlte, in England ein, und Lopez bot sich als Dolmetscher an.

Das brachte Essex auf die Idee, es seien spanische Spione

in Perez' Haushalt eingeschleust worden, die mit dem Auftrag, mich zu vergiften, nach England geschickt worden seien. Das wollte er nun beweisen.

»Der Doktor hat einen wertvollen Edelstein erhalten. Es soll sich um ein Geschenk des Königs von Spanien handeln«, teilte er mir mit.

Worauf ich erwiderte: »Der Doktor hat viele dankbare Patienten – mich selbst eingeschlossen.«

»Ihr werdet schon sehen, daß ich recht habe«, entgegnete Essex, verärgert und beleidigt. Ich fragte mich wirklich, was mich veranlaßte, sein arrogantes Benehmen widerspruchslos hinzunehmen.

Ich schickte nach dem Doktor und war besonders nett zu ihm. Er war ein so freundlicher, sanfter Mann, und ich sah keinen Grund, mich ihm gegenüber abweisend zu verhalten, nur weil er ein portugiesischer Jude war.

Essex aber war kein Mann, der so schnell nachgab, und er schreckte auch nicht davor zurück, weiterhin eigenmächtig zu handeln.

Es gelang ihm, ein Mitglied des Haushalts von Antonio Perez verhaften zu lassen. Dabei handelte es sich um einen gewissen De Gama, und Essex besaß die Unverfrorenheit, ihn ausgerechnet zu einem Zeitpunkt festnehmen zu lassen, als er gerade Lopez besuchte, so daß die Verhaftung in Lopez' Haus stattfand.

Essex war nun felsenfest davon überzeugt, daß Lopez in düstere Machenschaften verwickelt war, und bemühte sich – mit Erfolg – um die Erlaubnis des Staatsrates, das Haus des Doktors zu durchsuchen. Er war am Boden zerstört, als die Durchsuchung nichts Belastendes ergab.

Ich triumphierte. Ich schickte nach Essex und sagte ihm auf den Kopf zu, daß ich ihn für einen Hitzkopf hielt und er kein Recht habe, anderen Leuten Verbrechen anzulasten, die er nicht beweisen könne. Ich fügte hinzu, daß er gut daran täte, sich bessere Manieren zuzulegen.

»Ihr irrt Euch!« rief er erbost aus.

Wie konnte er es nur wagen! Niemand hatte das Recht, der Königin vorzuwerfen, sie irre sich.

»Und Ihr seid anmaßend!« schrie ich ihn an.

Worauf er entgegnete: »Ich bin so anmaßend, wie es mir Spaß macht, wenn es darum geht, meine von Gott gesandte Königin zu beschützen.«

Und er entfernte sich mit einer tiefen Verbeugung.

Er benahm sich völlig unmöglich, doch seine letzte Bemerkung oder eher die Art und Weise, auf die er sie vorgebracht hatte, rührte mein Herz. Er hatte mich wirklich gern, und er war von einer erfrischenden Offenheit – eine willkommene Abwechslung in Anbetracht der Speichelleckerei, die mich auf Schritt und Tritt verfolgte.

Essex fuhr unermüdlich in dem Bemühen fort, Lopez des Verrats zu überführen. Ein weiterer Bedienter von Antonio Perez wurde festgenommen und so lange gefoltert, bis er schließlich aussagte, Lopez gehöre einer Gruppe von Verschwörern an, deren erklärtes Ziel es sei, mich zu vergiften.

Da blieb mir nichts anderes mehr übrig, als Lopez zu verhaften und in den Tower sperren zu lassen. Seine Gerichtsverhandlung fand im Londoner Rathaus statt. Essex bestand darauf, persönlich den Vorsitz zu führen. Die Anklage vertrat Sir Edward Coke, der Zweite Kronanwalt.

»Dieser Arzt«, erklärte Coke schließlich, »ist ein meineidiger, verbrecherischer Schurke und ein noch schlimmerer Verräter als Judas.«

Robert Cecil berichtete mir vom Ausgang der Verhandlung.

»Er ist für schuldig befunden worden, Majestät«, sagte er, »des Verrats schuldig.«

Die Mitteilung machte mich sehr traurig. »Wer hätte geglaubt, kleiner Gnom, daß jemand, dem stets so viel an meinem Wohl zu liegen schien, die ganze Zeit nichts anderes im Sinn gehabt haben soll, als meinen Tod zu planen?«

Dennoch war ich von Lopez' Schuld keineswegs überzeugt. Essex war derjenige gewesen, der wild entschlossen war, den Doktor des Verrats zu überführen, seit dieser sich geweigert hatte, als Spion für ihn zu arbeiten. Und ich habe immer Geständnissen mißtraut, die mit Hilfe der Folter erzwungen werden. Ich verabscheute die Folter – andererseits mußte ich zugeben, daß sie wichtig war. Doch wer konnte den Beweisen glauben, die sie an den Tag brachte?

Mir war sehr unbehaglich zmute, wenn ich an Lopez dachte. Er wurde, wie erwartet, zum Tod verurteilt, und als man mir den Hinrichtungsbefehl vorlegte, konnte ich mich nicht dazu durchringen, ihn zu unterzeichnen. Also tat ich, was ich bereits im Fall Mary Stuarts getan hatte: Ich zögerte die Unterschrift hinaus.

Essex hörte nicht auf, mir zuzusetzen. Lopez stelle eine Gefahr dar, gab er zu bedenken.

»Und wenn nun jemand auf die Idee käme, ihn zu retten? Wenn es ihm gelänge, zu fliehen und zu seinen spanischen Auftraggebern zurückzukehren? Bedenkt doch nur, über welch eine Fülle von geheimen Informationen er verfügt! Majestät, Ihr müßt das Todesurteil unterschreiben.«

»Und Ihr, Essex«, entgegnete ich, »müßt endlich aufhören, mir zu sagen, was ich zu tun und zu lassen habe. Niemand hat das Recht, der Königin vorzuschreiben, wie sie zu handeln hat.«

»Essex schon.«

»Hütet Eure Zunge, Mylord«, wies ich ihn zurecht. »Sie könnte sonst eines Tages noch Euer Verderben sein.«

Er antwortete darauf mit einer Beteuerung, die er bereits in einem seiner Briefe an mich vorgebracht hatte und die ich so ergreifend fand, daß ich sie immer wieder las.

»Selbst wenn Eure Majestät sich von mir abwendeten, würde ich mich doch nie von Euch abwenden. Solange Ihr mir erlaubt, Euch zu gestehen, daß ich Euch liebe, macht diese Liebe mich zum glücklichsten Menschen auf der Welt. Solltet Ihr mir jemals diesen Wunsch abschlagen, so mag es dazu kommen, daß Ihr mir das Leben nehmt, aber es wird nie so weit kommen, daß Ihr mir meine Treue raubt, denn die ist unerschütterlich. Mögt Ihr auch eine noch so große Königin sein, über so viel Macht verfügt selbst Ihr nicht, daß Ihr mich dazu brächtet, Euch weniger zu lieben.«

Mein Zorn war verflogen. Er liebte mich wirklich. Verstellung lag ihm fern. Er würde mir nie mit so bewegenden Worten seine Liebe erklären, wenn er es nicht ehrlich meinte.

Ich war gerührt. Zugegeben, er war vorlaut – aber er war es mit der ehrlichen Absicht, mir zu dienen. Was war daran auszusetzen?

Ich nahm einen Ring von meinem Finger, einen Rubin, der von einer Vielzahl funkelnder Diamanten eingefaßt war. Ich hing an diesem Ring, weil die ungewöhnliche Fassung ihn einzigartig machte.

Dann nahm ich Essex' Hand und steckte ihm den Ring an den kleinen Finger.

»Dieser Ring besiegelt unsere Freundschaft«, sagte ich zu ihm. »Solltet Ihr jemals in Schwierigkeiten geraten und meiner Hilfe bedürfen, so schickt ihn mir zurück. Dann werde ich mich an diesen Augenblick erinnern und daran, wie Ihr mir ewige Liebe geschworen habt. Meine ganze Liebe ist in diesem Ring. Ich werde Eure Worte niemals vergessen und Euch sogleich zu Hilfe eilen, wenn dieses Schmuckstück in meine Hände gelangt.«

Er nahm meine Hand und küßte sie. Noch am selben Abend unterschrieb ich Lopez' Todesurteil.

Er wurde zur Hinrichtungsstätte in Tyburn geschleift, und bevor er gehängt und gevierteilt wurde, hielt er eine Ansprache, in der er der schaulustigen Menge versicherte, daß er nie die Absicht gehabt habe, mir irgendwelchen Schaden zuzufügen, und daß er mich liebe, wie er Jesus Christus liebe.

Jemand in der Menge rief: »Judas! Du hast Jesus Christus nie geliebt!«

Und alle dort Versammelten legten seine Worte als Eingeständnis seiner Schuld aus.

Sein Tod machte mir noch lange Zeit zu schaffen, denn noch immer war ich nicht restlos davon überzeugt, daß er jemals vorgehabt hatte, mich zu vergiften. Wenn das wirklich seine Absicht gewesen war, dann verfügte ich über eine schlechte Menschenkenntnis. Ich versank in Melancholie – wie immer, wenn ich einen Hinrichtungsbefehl unterzeichnet hatte, ohne mir ganz sicher zu sein, daß der Verurteilte auch tatsächlich schuldig war.

Ich wußte, daß Lopez eine Frau und fünf Kinder hatte, und ich ordnete an, daß sie das gesamte Hab und Gut, das er hinterlassen hatte, behalten sollten. Später sorgte ich dafür, daß sein Sohn als Pfarrer seinen Lebensunterhalt verdienen konnte.

Der Verräter

Raleigh saß nach wie vor im Tower, und ich hatte nicht die Absicht, seine Freilassung anzuordnen. Ich war noch immer sehr wütend auf ihn und entschlossen, an ihm ein Exempel zu statuieren. Essex konnte das nur recht sein! Er hatte denselben Fehltritt begangen, doch statt ebenso hart bestraft zu werden, erfreute er sich größerer Gunst als je zuvor. Das mußte Raleigh verbittern.

Robert Cecil fragte mich, ob ich nicht der Ansicht sei, daß Raleigh genug für sein Vergehen gebüßt habe.

»Immerhin war es kein politisches Verbrechen, Majestät«, gab er zu bedenken.

»Ich dulde nun einmal keine Unmoral an meinem Hof, junger Mann«, erwiderte ich kühl, »und damit ist das Thema beendet.«

Natürlich hatte Raleigh zu der Gruppe von Höflingen gehört, die für die Cecils gegen Essex Partei ergriffen hatten. Er war ein fähiger Mann, und ich konnte mir gut vorstellen, daß sie ihn vermißten. Trotzdem – ich hatte einfach keine Lust, ihn auf freien Fuß zu setzen, obwohl mir Gerüchte zu Ohren kamen, er vergehe vor Gram in seinem Gefängnis im Tower.

»Vielleicht, weil er seine kleine Gespielin, Bessie Throckmorton, vermißt?« fragte ich.

»Er sagt, weil er von Eurer Majestät huldvoller Gegenwart ausgeschlossen ist.«

»Wohlklingende Worte. Darauf hatte Raleigh sich immer gut verstanden.«

Er hatte eindeutig gute Freunde, die bemüht waren, ihm zu helfen, und mir nur zu gern solche Äußerungen zutrugen.

Man berichtete mir, Raleigh habe mich kurz zu Gesicht bekommen, als ich in meiner königlichen Bark den Fluß entlanggefahren sei. Er habe hinter seinem vergitterten Fenster gestanden und sei von tiefer Traurigkeit erfaßt worden. Er habe gesagt, er wisse nun aus eigener Erfahrung, welche Qualen Tantalus ausgestanden habe. Einmal muß er einen verzweifelten, aber vergeblichen Versuch unternommen haben, aus seinem Gefängnis zu fliehen; natürlich kam er nicht weit – die Wachen fingen ihn bald wieder ein.

»Sie werden wohl in Zukunft ein noch wachsameres Auge auf ihn haben«, war mein Kommentar zu dem Vorfall.

Wenig später teilte Robert Cecil mir mit, er habe einen Brief von Raleigh erhalten. »Er erwähnt Eure Majestät«, bemerkte er vielsagend.

»Tatsächlich?« entgegnete ich gleichgülitg.

»Genaugenommen, Majestät, spricht und schreibt er von nichts anderem«, war die Antwort.

»Nun, zweifellos hat er hinter Schloß und Riegel mehr Gelegenheit, über meine Wünsche nachzudenken, als in meinem Königsschloß.«

»Er ist nun einmal ein Mann, Majestät«, fuhr Cecil beharrlich fort, »und Männer erliegen hin und wieder der Versuchung.«

Natürlich hatte er recht. In Roberts und Essex' Fall hatte ich ja durchaus Verständnis für diese menschliche Schwäche gehabt. Aber was mich so wütend machte, war, daß diese Männer mir weiszumachen versuchten, daß ich das Ziel ihrer Träume und ihr Lebensinhalt sei, während sie in Wirklichkeit mit meinen liebestollen Hofdamen in irgendwelchen Ecken herumlungerten.

Offenbar merkte Cecil, daß mein größter Zorn sich gelegt hatte, denn er fügte hinzu: »Ich wäre dankbar für die Erlaubnis, Eurer Majestät seinen Brief zeigen zu dürfen.«

Ich streckte wortlos die Hand aus.

›Wie kann ich es nur, fern von ihr, allein in diesem Gefängnis aushalten... ich, der es gewohnt war, ihre Gesellschaft zu genießen, sie wie Alexander reiten, wie Diana jagen, wie Venus einherschreiten zu sehen, während der sanfte Wind das blonde Haar um ihre zarten Nymphenwangen spielen ließ. Ich sah sie so manches Mal wie eine Göttin im Schatten ruhen oder, betörend wie Orpheus, auf der Laute spielen. Doch ein einziger Fehltritt hat mich ins Elend gestürzt. All mein Glück ist dahin. Vorbei ist die Zeit der

Liebesschwüre, der Seufzer, des Schmachtens, der verzehrenden Sehnsucht. Sollte so viel Seligkeit nicht eine einzige beklagenswerte Schwachheit aufwiegen können?«

Mir gefiel, was ich da las. Raleigh hatte schon immer ein Talent gehabt, mit blumigen Worten umzugehen. Natürlich war mir klar, daß er den Brief in der Hoffnung verfaßt hatte, er möge mir ausgehändigt werden. Er konnte sich darauf verlassen, daß sein Freund Cecil alles versuchen würde, seine Freilassung zu erreichen, um Essex' scheinbar unaufhaltsamem Aufstieg ein Ende zu setzen. Immerhin war Raleigh Essex' einziger ernstzunehmender Rivale gewesen. Ich durchschaute die Zusammenhänge sehr wohl. Nichtsdestoweniger stimmte mich sein Brief milde, und es rührte mich zu erfahren, wie sehr er sich danach sehnte, an den Hof zurückzukehren.

Ich gab Cecil den Brief kommentarlos zurück.

»Wären Eure Majestät so gütig, darüber nachzudenken...« begann er zaghaft.

»Ja, ja«, erwiderte ich, »ich werde es mir überlegen, aber ich verspreche nichts.«

Dennoch ließ ich mir zwei Monate Zeit, bevor ich Anweisungen gab, ihn aus dem Tower zu entlassen. Und selbst dann weigerte ich mich noch, ihn bei Hofe zu empfangen.

Wie man mir mitteilte, hatte er inzwischen Bess Throckmorton geheiratet.

»Es wurde auch Zeit«, war alles, was ich dazu zu sagen hatte.

Das junge Paar zog nach Sherborne, aber ich wußte genau, daß er davon träumte, wieder am königlichen Hof ein und aus zu gehen. Irgendwann würde ich ihm vermutlich erlauben zurückzukehren... zu gegebener Zeit.

Essex bedrängte mich pausenlos mit der Bitte, seine Mutter bei Hofe zu empfangen. Ich weigerte mich mit eiserner Beharrlichkeit. Frances Walsingham und Bessie Throckmorton würde ich vielleicht irgendwann einmal verzeihen können; Lettice Knollys aber war eine Frau, der ich niemals vergeben würde. Sie wiederzusehen, wäre mehr, als ich ertragen könnte. Ich wußte, daß sie noch immer eine Schönheit war.

Sie hatte sich, kaum daß sie die Trauer um Robert abgelegt hatte, wieder verheiratet; ihre Beziehung zu Christopher Blount war allerdings bereits vor ihrer Eheschließung Gegenstand wenig schmeichelhafter Gerüchte gewesen. Für mich würde sie immer die Teufelin sein, die ich haßte.

Aber sie war auch Essex' Mutter. Es kam mir, sooft ich darüber nachdachte, wie eine Ironie des Schicksals vor: Die beiden Männer, die ich in meinem Leben am meisten geliebt hatte, waren mit Lettice aufs innigste verbunden gewesen – sie war des einen Frau gewesen, des anderen Mutter. Ihre Rolle als Mutter konnte ich ihr verzeihen, die als Ehefrau nie. Robert war der Mann meiner Träume gewesen – er würde es immer bleiben. Mit seinem Tod hatte mein Leben seinen Reiz verloren. Und sie war die Frau an seiner Seite gewesen. Er hatte sie geheiratet, obwohl er gewußt hatte, daß er mich damit zutiefst verletzen würde. Er hatte seine Karriere bei Hofe aufs Spiel gesetzt – ihretwegen. Vielleicht war er sich meiner unerschütterlichen Treue so sicher gewesen. Trotzdem war er ein gewaltiges Risiko eingegangen... ihr zuliebe... dieser schamlosen Teufelin zuliebe, der man nachsagte, bereits zu Roberts Lebzeiten Blount schöne Augen gemacht und, schlimmer noch, Roberts Tod nachgeholfen zu haben.

Ein solches Weib empfangen? Ihr die Ehre erweisen, sie bei Hofe willkommen zu heißen? Das zu verhindern, stand zumindest noch in meiner Macht!

Außerdem hatte sie sich angemaßt, wie eine Königin zu leben. Sie hatte versucht, mir den Rang streitig zu machen – nicht nur, indem sie mir Robert weggenommen hatte, sondern auch dadurch, daß sie sich einen überaus glanzvollen Lebensstil zugelegt hatte. Wenn ich an all die Unverschämtheiten dachte, die sie sich mir gegenüber geleistet hatte! Sie an den Hof holen? Nie, schwor ich mir. Doch Essex fing immer und immer wieder davon an. Er besaß kein Gespür dafür, wann es an der Zeit war einzulenken.

Ich pflegte ihn in solchen Fällen zum Schweigen zu bringen, und dann spielte er gewöhnlich den Beleidigten. Manchmal blieb er tagelang dem Hof fern und gab vor, krank zu sein. Ich glaube, er benutzte diesen Vorwand genauso, wie seinerzeit Robert – und ich selbst in den Tagen der Gefahr – ihn benutzt hatten. Und ebenso wie bei Robert war ich auch bei ihm nie ganz sicher und stets in Sorge und Zweifel darüber, ob seine Krankheit nun echt oder nur vorgetäuscht war.

Als er wieder einmal krank war – er sah tatsächlich ziemlich elend aus, wie er so blaß in seinem Bett lag –, gestand er mir, daß er sich große Sorgen um seine Mutter mache, die sehr unglücklich darüber sei, daß ich sie vom Hofleben ausgeschlossen hätte.

Er machte dabei einen so betrübten Eindruck, daß ich dem Wunsch nicht widerstehen konnte, ihn zu trösten. Also sagte ich: »Übermorgen werde ich wieder meinen gewohnten Gang von meinen Privatgemächern zum Audienzsaal machen. Dabei wird es sich nicht vermeiden lassen, den Menschen zu begegnen, die sich auf der Galerie eingefunden haben, um mich zu sehen.«

Er strahlte mich an. »Liebste Majestät«, sagte er, und sein Lächeln war so glücklich, daß ich eine Anwandlung von Eifersucht nicht unterdrücken konnte. Er liebte seine Mutter. Das stand außer Zweifel.

»Und Ihr werdet mit ihr sprechen? Oh, wenn Ihr das tätet – es würde ihr so viel bedeuten. Dann könnte sie an den Hof zurückkehren.«

Ich entgegnete: »Es ist, wie Ihr wißt, üblich, daß ich auf dem Weg zum Audienzsaal mit dem einen oder anderen der dort Versammelten ein Wort wechsle.«

Er ergriff meine Hand und küßte sie leidenschaftlich.

Als ich ihn verlassen hatte, ärgerte ich mich über mich selbst. Ich hatte praktisch zugesagt, Lettice Knollys zu empfangen! Dabei haßte ich die Frau. Der bloße Gedanke an sie beschwor ihr Bild herauf – Lettice an der Seite Roberts. Wieviel schlimmer mußte es erst sein, ihr persönlich zu begegnen!

Er hatte mir das Versprechen abgeschmeichelt. Warum in aller Welt hatte ich mich dazu hinreißen lassen? Weil er so blaß aussah. Weil er mir leid tat. Weil ich ihm etwas Nettes sagen wollte. Ja, was hatte ich denn eigentlich gesagt? Ich hatte nicht ausdrücklich versprochen, mit ihr zu reden. Ich hatte nur daran erinnert, daß ich mich, wie so oft, von meinen Gemächern zum Audienzsaal begeben würde. Und daß mir dort auf der Galerie gewöhnlich verschiedene meiner Untertanen vorgestellt wurden... oder auffielen. In solchen Fällen richtete ich natürlich das Wort an sie. Aber ich hatte nicht mein Wort gegeben, mit *ihr* zu sprechen.

Der Tag des besagten Zeremoniells war gekommen. Ich hielt mich in meinen Gemächern auf, wo meine Hofdamen damit beschäftigt waren, mir beim Ankleiden zu helfen. Und die ganze Zeit dachte ich: Dort draußen wartet sie. Was sie wohl anhaben wird? Mit Sicherheit etwas Hübsches, das ihr steht. Sie hatte schon immer einen guten Geschmack gehabt und das Talent, im einfachsten Kleid schön auszusehen. Sie machte bestimmt noch einen jugendlichen Eindruck. Sie war ja auch jünger als ich. Doch auch sie würde alt werden...

Welchen Grund hatte ich eigentlich, sie zu begrüßen?

»Sind viele Leute auf der Galerie versammelt?« fragte ich.

Eine meiner Hofdamen antwortete, daß sich die übliche Menschenmenge eingefunden habe.

Ich gähnte. Allmählich wurde es Zeit aufzubrechen. In wenigen Minuten würde ich meiner Feindin gegenüberstehen.

Ich fühlte mich überrumpelt. Was bildete Essex sich eigentlich ein? Ich war ihm gegenüber viel zu nachsichtig. Er hielt sich wohl für unwiderstehlich. Er war überhaupt viel zu sehr von sich eingenommen. Ich täte gut daran, ihm eine Lektion zu erteilen.

»Ich glaube, ich verzichte heute auf den Gang zum Audienzsaal«, sagte ich zu meinen Hodamen. »Eine von Euch sollte die Leute draußen wissen lassen, daß ich heute nicht auf der Galerie erscheinen werde.«

Alle waren überrascht, hüteten sich aber, sich ihr Erstaunen anmerken zu lassen.

Meine Anweisung wurde auf der Stelle ausgeführt, und die Menschen, die auf der Galerie auf mich gewartet hatten, gingen nach Hause – unter ihnen auch Lettice Knollys.

Ich mußte laut lachen. Das dürfte Lettice hinreichend klargemacht haben, daß ihr Sohn mich nicht völlig in der

Hand hatte. Und vielleicht würde sie ein für allemal begreifen, daß ich nicht den Wunsch hatte, sie wiederzusehen.

Als Essex erfuhr, was geschehen war, kam er wutentbrannt in den Palast gestürmt. Er sah unbestreitbar blaß und mitgenommen aus, aber das hatte ihn nicht daran gehindert, sein Krankenlager zu verlassen, um seinem Ärger Luft zu machen.

O ja, er war schon ein sehr hitzköpfiger junger Mann, und ich wunderte mich selbst über die Nachsicht, die ich ihm entgegenbrachte. Eines Tages, fürchtete ich, würde er in seiner Unbeherrschtheit zu weit gehen...

Er fuhr mich an: »Ihr habt mir Euer Wort gegeben... und es nicht gehalten!«

»Mylord Essex«, entgegnete ich in scharfem Ton, »bedenkt, mit wem Ihr sprecht, bevor Ihr mit Eurer Tirade fortfahrt.«

»Ich spreche mit einer Frau, die so wenig für mich übrig hat, daß sie nicht bereit ist, mir auch nur den geringsten Gefallen zu tun.«

»Ihr undankbarer Flegel! Wie oft habe ich Euch schon einen Gefallen erwiesen – und alles andere als einen geringen!«

»Ich hatte mir dieses Treffen so sehr gewünscht... für meine Mutter. Ich möchte, daß Ihr freundlich zu ihr seid, sie zurück an den Hof holt. Ich habe Euch darum gebeten, und Ihr habt mir versprochen, das Wort an sie zu richten.«

»Ich habe lediglich gesagt, daß es sich ergeben könnte, daß ich auf meinem Weg zum Audienzsaal mit dem einen oder anderen meiner Untertanen ein Wort wechseln würde, wie es meine Gewohnheit ist, wenn ich mich auf der Galerie sehen lasse. Aber ich habe mich gar nicht auf der Galerie gezeigt.«

»Das habt Ihr absichtlich getan, weil Ihr genau wußtet, daß sie dort sein würde.«

»Hütet Eure Zunge, Essex. Und verschwindet auf der Stelle. Ihr beleidigt mich.«

Er verließ den Raum mit langen Schritten und murmelte im Weggehen, er lege gar keinen Wert darauf, sich irgendwo aufzuhalten, wo er nicht erwünscht sei. Dem Gauner Raleigh würde ich jeden Wunsch von den Augen ablesen, ihm aber die bescheidenste Bitte abschlagen.

Erneut versuchte ich, sein Betragen zu rechtfertigen. Er gehörte ins Bett. Er hatte Fieber. Er war erschöpft und überreizt. Aber in Wirklichkeit war er von Natur aus anmaßend und unbesonnen, und er redete, ohne vorher nachzudenken.

Dann erhielt ich jedoch die Nachricht, daß er ernstlich krank sei, und sogleich wurde ich von heftigen Gewissensbissen gequält. Ich besuchte ihn und sah selbst, daß es ihm nicht gut ging. Diesmal bestand kein Zweifel darüber, daß seine Krankheit echt war, und mich überkam schreckliche Angst, er könne mir genommen werden – wie mir Walsingham, Hatton und mein geliebter Robert genommen worden waren.

Ich versprach ihm vorschnell, seiner Mutter eine Privataudienz zu gewähren.

Die Wirkung meiner Worte grenzte an ein Wunder. Fieberhaft küßte er meine Hände. Er beteuerte verzückt, ich sei die gütigste, schönste Dame auf der Welt, und er liebe mich so hingebungsvoll, wie er niemals einen anderen Menschen würde lieben können. Er würde am liebsten für mich sterben... sofort auf der Stelle. Nichts würde ihn glücklicher machen.

Ich war sehr gerührt, versicherte ihm jedoch, daß er mir eine größere Freude dadurch bereiten könnte, daß er gesund würde.

Dann begann ich, über die bevorstehende Begegnung mit Lettice nachzudenken, und stellte zu meiner eigenen Überraschung fest, daß ich mich geradezu darauf freute. Ich war gespannt, mich mit eigenen Augen zu überzeugen, inwieweit die Jahre bei ihr ihre Spuren hinterlassen hatten. Ich war inzwischen über sechzig; demnach mußte sie in den Fünfzigern sein. War sie wirklich acht Jahre jünger als ich? Sie war immer eine außergewöhnlich schöne Frau gewesen, und ich ging davon aus, daß sie sich darauf verstand, ihr gutes Aussehen zu erhalten. Das war ganz sicher der Fall. Immerhin schien es ihr gelungen zu sein, den neuen Ehemann, den sie sich angelacht hatte, dauerhaft zu fesseln, und er war zwanzig Jahre jünger als sie!

Ich überlegte mir, welche Garderobe ich für das Treffen auswählen sollte. Ich wollte so majestätisch wie möglich erscheinen – Madam Lettice durfte auch nicht für die Dauer eines kurzen Augenblicks vergessen, daß sie ihrer Königin gegenüberstand.

Ich entschied mich für ein Kleid aus weißem Brokat, dessen weite, mit rotem Satin gefütterte Ärmel aufs vorteilhafteste meine Hände zur Geltung brachten. Meine herrlichen Hände, auf die ich so stolz war und die am wenigsten mein Alter verrieten! Sie waren noch immer ganz zart und weiß, und ich hatte sie stets für den größten meiner körperlichen Vorzüge gehalten; meine Kleider waren ausnahmslos so geschnitten, daß meine Hände alle Blicke auf sich zogen. Und wenn sie mit kostbaren Ringen geschmückt waren, sahen sie besonders schön aus. Mein Kleid war über und über mit Perlen besetzt, die in ein kunstvolles Geflecht feiner Goldfäden eingearbeitet waren. Das geschlitzte Mieder war mit rotem Samt unterlegt. Um meine Taille, die noch genauso schlank war wie zu der Zeit, als ich ein junges Mädchen war, trug ich einen mit Edelsteinen besetzten Gürtel, und meine Halskrause glitzerte nur so von Diamanten.

Ich war bereit, meine Feindin zu empfangen.

Sie kniete vor mir, ganz in Blau gekleidet, mit einem passenden Hut, auf dem sich eine elegante Feder kräuselte – eine noch immer jugendliche, anmutige Erscheinung. Mir fiel sogleich auf, daß ihr Haar noch die alte Fülle und jenen bezaubernden Farbton hatte. Vermutlich verfügte sie über ein entsprechendes Tönungsmittel. Sie schien das Geheimnis der ewigen Jugend entdeckt zu haben, das sah ihr wieder einmal ähnlich! Allem Anschein nach hatte sie einen guten Apotheker, der sie mit den Tinkturen versorgte, die sie benötigte. Ihre dunklen Augen waren so, wie ich sie in Erinnerung hatte, groß und strahlend.

»Ihr dürft Euch erheben, Cousine«, sagte ich.

Auch ich erhob mich, und wir standen uns Auge in Auge gegenüber. Ich berührte ihre Schultern und küßte sie auf die Wange, wie die Etikette es vorschrieb. Sie errötete ein wenig. Für den Bruchteil einer Sekunde glaubte ich, ein triumphierendes Glitzern in ihren Augen wahrzunehmen.

Dann setzte ich mich und wies auf einen Schemel. Sie nahm Platz, jedoch nicht ohne sorgfältig darauf zu achten, daß die Falten ihres weiten Rockes malerisch fielen.

»Ich habe Euch lange nicht gesehen«, sagte ich.

»Sehr lange nicht, Majestät«, antwortete sie.

»All die Jahre, seit er tot ist...« fuhr ich fort. Es war seltsam, daß ich in ihrer Gegenwart nur an Robert denken konnte »Ihr habt Euch schnell getröstet«, fügte ich, fast zornig, hinzu.

Sie senkte wortlos den Kopf.

»Ihr seid wie meine Tante, Mary Boleyn. Männer, immer nur Männer. Nun ja, es ist lange her... Aber manchmal kommt es mir wie gestern vor. Wie ist er gestorben?«

»Er ist ganz friedlich eingeschlafen.«

»Es hat Gerüchte um seinen Tod gegeben«, sagte ich und schaute sie durchdringend an.

»Es hat ständig Gerüchte um ihn gegeben.«

»Das stimmt. Er war so anders als alle anderen. Welch ein Mann! Einen wie ihn hat es nie gegeben... noch wird es ihn je geben. Ich trauere noch immer um ihn... nach all den Jahren.«

Sie nickte teilnahmsvoll.

Dann sagte sie: »Ich möchte Euch danken, Majestät, für alles, was Ihr für meinen Sohn getan habt. Ich hoffe, er enttäuscht Euch nicht.«

»Essex ist ein charmanter junger Mann«, entgegnete ich. »Aber ein Hitzkopf. Ihr solltet ihm klarmachen, daß ein solches Naturell nicht ungefährlich ist.«

»Ich bin mir dessen sehr wohl bewußt, Majestät, und es bereitet mir große Sorge.«

»Ihr habt temperamentvolle Kinder, Lettice. Mir scheint, sie geraten nach ihrer Mutter. Nach dem armen Walter Devereux ganz sicher nicht. Das war ein sanfter Mann... und er hat so gar nicht zu Euch gepaßt, Cousine. Aber das habt Ihr ja schnell genug selbst herausgefunden, nicht wahr? Immerhin habt Ihr noch ein paar bezaubernde Kinder von ihm bekommen, bevor er verschied. Sein Tod war eine furchtbare Tragödie... aber andererseits... hatte er für Euch seinen Zweck erfüllt, oder etwa nicht?«

Ich warf ihr einen scharfen Blick zu. Ob Robert mit Devereux' Tod etwas zu tun gehabt hatte? Ob auch sie ihre Hände im Spiel gehabt hatte? Sie war ein faszinierendes Geschöpf. Das mußte ich zugeben. Ihre Schönheit war absolut zeitlos. Vielleicht lag das an ihren vollkommen ebenmäßigen Gesichtszügen. Kein Wunder, daß sie in jungen Jahren mit ihrem Aussehen – mit dem prachtvollen Haar und den strahlenden Augen – eine geradezu unwiderstehliche Anziehungskraft auf die Männer ausgeübt hatte. Robert konnte man keine Vorwürfe machen. Eher hätte ich mir selbst Vorwürfe machen müssen. Ich hätte Robert jederzeit haben können – wenn da nicht die eine große Frage gewesen wäre, die mich, hätte ich ihn geheiratet, mein Leben lang gequält hätte: Woran war Robert mehr interessiert, an mir oder an meiner Krone? Sie hatte ihm keine Krone bieten können; er hatte durch eine Heirat mit ihr nur verlieren können – und doch hatte er sie zur Frau genommen.

Ich sagte: »Der Tod Eures Sohnes hat mich schmerzlich berührt.«

Trauer spiegelte sich in ihrem Gesicht wider, und ich dachte: Sie liebt ihre Kinder wirklich.

Sie antwortete: »Sein Tod hat mich tief getroffen, aber er wollte unbedingt mit seinem Bruder in den Krieg ziehen. Er hat Robert angebetet. Alle lieben ihn abgöttisch.«

»Ja, Essex hat Charme«, stimmte ich ihr zu. »Er könnte es weit bringen... wenn er nicht so leichtsinnig wäre.« Wir waren unbewußt zu Verbündeten geworden; ich hatte sie doch tatsächlich gebeten, mich darin zu unterstützen, Essex zur Vernunft zu bringen. Das war eindeutig ein Zeichen dafür, daß ich mich um ihn sorgte – in einer Weise, die weder klug noch vernünftig war. Ich täte gut daran zu sagen: Soll er doch seine Fehler machen und dafür bezahlen. Aber ich liebte diesen Jungen nun einmal. »Er redet zu unbedacht daher«, fuhr ich fort. »Er ist so unvorsichtig, und ich fürchte, daß ihm das noch einmal große Unannehmlichkeiten bereiten könnte.«

»Ich weiß das sehr wohl«, stimmte sie mir besorgt zu, und

uns verband wieder die alte Vertrautheit aus längst vergangenen Tagen, als wir nichts weiter als Cousinen waren, als ich sie an meinen Hof geholt hatte und von ihrer Schönheit bezaubert gewesen war, weil Schönheit mich immer fasziniert hatte, ganz gleich, welches Geschlecht sie verkörperte. Damals hatte ich mich aufgrund der Blutsverwandtschaft, die zwischen uns bestand, zusätzlich zu ihr hingezogen gefühlt. »Oh, Majestät«, gestand sie mir, »ich mache mir große Sorgen um ihn.«

»Er denkt viel an Euch«, sagte ich zu ihr. »Zumindest ist er ein anhänglicher Sohn. Warnt ihn. Gebt ihm zu verstehen, daß er es sehr weit bringen kann, weil er charmant ist und ich eine Schwäche für ihn habe... aber er muß aufpassen, daß ihm seine Unbesonnenheit nicht zum Verhängnis wird. Es könnte sonst sein, daß selbst ich eines Tages nicht mehr rettend eingreifen kann.«

Sie stand auf, kniete vor mir nieder und küßte mir die Hand. Und als sie zu mir aufsah, stellte ich fest, daß ihr Gescht schmerzverzerrt war. In dem Augenblick erschien mir ihre Schönheit gar nicht mehr so makellos, und das machte sie in meinen Augen um so liebenswerter.

Ich tröstete sie. »Wir werden unser Bestes tun, diesem eigensinnigen Jungen zu helfen... wir beide.«

Unsere Liebe zu ihm bewirkte, daß wir einander für die Dauer eines kurzen Augenblicks sehr nahe waren.

Doch der Augenblick ging vorüber, und ich bemerkte kalt: »Ihr habt nach Leicesters Tod keine Zeit verloren, Euch mit einem anderen einzulassen.«

»Ich war einsam, Majestät.«

»So einsam wie bereits vor seinem Tod, wie?«

»Er war so oft bei Hofe, fern von mir.«

»Er hat es selbst so gewollt«, entgegnete ich. »Ich hoffe, Ihr habt mit Eurem neuen Ehemann eine gute Wahl getroffen.«

»Wir sind seit vielen Jahren verheiratet.«

»O ja, ich erinnere mich. Leicesters Leiche war kaum kalt, als Ihr den jungen Blount zum Mann nahmt. Ihr seid also glücklich in dieser dritten Ehe? Was seid Ihr doch für eine heiratslustige Frau!«

»Ich führe eine glückliche Ehe«, erklärte sie.

»Und Eure Tochter«, fuhr ich fort, »auf die solltet Ihr besser auch ein Auge haben. Lady Rich, nicht wahr?... Oder war der Name Mountjoy?«

»Lady Rich«, erwiderte sie.

»Ah ja, richtig, Rich ist der Ehemann. Mountjoy heißt der Geliebte... Ich war mir nicht ganz sicher, weil man sie überall nur mit Mountjoy sieht. Sie wohnt bei ihm, wie man hört.«

Sie schwieg.

»Und Eure jüngere Tochter... Einfach so davonzulaufen und Perrot zu heiraten! Ich muß schon sagen, Lettice, Eure Kinder sind eine unternehmungslustige Brut.«

»Sie haben mir immer sehr viel Freude gemacht«, entgegnete sie ruhig. »So ist das nun einmal mit Kindern. Wir können als Eltern nicht erwarten, daß sie nur Glück in unser Leben bringen und uns die Sorgen erspart bleiben, die mit ihrer Erziehung verbunden sind.«

Da stand sie vor mir – eine Frau, die dreimal verheiratet gewesen war und mehrere Kinder hatte, von denen eins mein Essex war. Und hier stand ich, die Königin, die trotz all ihrer Macht weder Mann noch Kind hatte. Ihr Leben und das meine – dazwischen lagen Welten. Ich empfand eine vorübergehende Anwandlung von Neid, und doch wußte ich genau, daß ich meine Krone keinem Mann und auch keinem Kind zuliebe aufs Spiel gesetzt hätte – nicht einmal für Robert, und auch nicht für Essex.

Ich hatte mit einemmal genug von ihr. Sie deprimierte mich. Es war Zeit, das Gespräch zu beenden.

»Essex hat mich überredet, Euch zu empfangen, Lettice«, sagte ich, »und ich habe ihm diesen Wunsch erfüllt. Nach all den Jahren haben wir also wieder miteinander gesprochen.«

Ich reichte ihr meine Hand zum Kuß. Damit gab ich ihr zu verstehen, daß die Audienz vorüber war.

Essex strahlte vor Glück.

»Majestät, liebste Majestät! Ihr habt mir meinen Herzenswunsch erfüllt. Oh, ich bete Euch an! Meine Mutter ist ja so glücklich. Euch wiederzusehen war alles, was sie sich gewünscht hatte.«

»Ich habe Eure Mutter Euch zuliebe empfangen«, erklärte ich ihm.

»Und wie sehr ich Euch dafür danke! Aus tiefstem Herzen sage ich Euch Dank.«

Welch einen Wirbel er um die Audienz machte, die ich seiner Mutter gewährt hatte! Allmählich verlor ich die Geduld. Außerdem hatte mich das Wiedersehen mit Lettice ziemlich deprimiert. Es hatte zu viele Erinnerungen an Robert wachgerufen. Ich hatte nach dem Gespräch mit ihr eine schlaflose Nacht verbracht; all die Ereignisse der Vergangenheit waren mir plötzlich wieder gegenwärtig, auch jener verhängnisvolle Tag, an dem ich herausgefunden hatte, daß er mich hintergangen – genauer gesagt, im Stich gelassen – hatte, um sie zu heiraten.

Das Wiedersehen mag für Lettice Knollys ein Grund zur Freude gewesen sein; für mich war es das ganz sicher nicht.

Ich beschloß, Essex' Launen nicht noch einmal nachzugeben. Ich wollte Lettice Knollys niemals wiedersehen. Für mich würde sie nie etwas anderes sein als die Teufelin, die mir die schönsten Jahre meines Lebens vergällt und mich um mein Glück mit Robert gebracht hatte.

»Meine Mutter sagt, es sei ein so beglückendes Gespräch gewesen.«

»Ich wüßte nicht, was daran beglückend gewesen sein soll«, entgegnete ich kalt. Er hätte an meinem Ton merken müssen, daß es gefährlich war, das Thema weiterzuverfolgen, doch wann hatte Essex jemals Fingerspitzengefühl bewiesen?

»Sie freut sich schon auf ihren nächsten Besuch bei Euch.«

»Das wird eine lange Vorfreude werden. Es wird keinen nächsten Besuch für sie geben.«

Er sah mich erstaunt an. »Aber Ihr habt sie doch empfangen! Sie ist an den Hof zurückgekehrt.«

»Mein lieber Essex, Eure Mutter kann nur dann an den Hof zurückkehren, wenn ich es ihr erlaube.«

»Aber das werdet Ihr doch!«

»Nein, ich habe es mir anders überlegt.«

»Was?«

Der junge Mann war wirklich auf dem besten Wege, sich

blindlings ins Unglück zu stürzen. Er mußte unbedingt lernen, sich zu beherrschen.

Ich bemerkte kühl: »Ich habe Euch den Gefallen getan, um den Ihr mich gebeten habt. Ich habe Eure Mutter empfangen, und damit ist das Thema beendet. Wir haben miteinander gesprochen, und darüber hinaus gibt es nichts, was ich ihr noch zu sagen hätte. Und merkt Euch eins: Ich habe nicht das geringste Interesse daran, sie wiederzusehen.«

Er starrte mich entgeistert an. Dann schoß ihm das Blut in die Wangen. Er war im wahrsten Sinne des Wortes sprachlos vor Verblüffung, und das war vielleicht sein Glück, denn wenn er in dem Moment etwas gesagt hätte, wäre es sicherlich etwas gewesen, das ich ihm nicht hätte verzeihen können.

Dann drehte er sich auf dem Absatz um und stürzte aus dem Zimmer, ohne mich um Erlaubnis zu bitten, sich zurückzuziehen.

Burghley suchte mich auf, um privat etwas mit mir zu besprechen. Er wirkte ein wenig beunruhigt.

Der arme Burghley! Man sah ihm inzwischen sein Alter an. Sein Bart war jetzt ganz weiß und seine einst geschmeidige, aufrechte Gestalt gebückt. Ich war jedesmal sehr gerührt, wenn ich ihn sah. Er hatte seine Jugend und seine Gesundheit geopfert, um mir zu dienen, und ich schwor bei Gott, niemals zu vergessen, was ich diesem Mann verdankte.

Er hatte im Laufe seines Lebens so viele Sorgen gehabt, und dabei war er ein so guter Ehemann und Vater gewesen. Er hatte ein Herz für Kinder und seine eigenen mit besonderer Sorgfalt erzogen. Auch seine Enkelkinder waren unter seiner Obhut aufgewachsen – die Kinder jenes ehrlosen Grafen von Oxford, der Burghleys Tochter geheiratet hatte; es war eine unglückselige Verbindung gewesen, die Burghley nichts als Leid gebracht hatte. Auch um mein Wohlergehen hatte er sich stets hingebungsvoll bemüht. Ihm verdankte ich die treuen Dienste seines Sohnes Robert, meines ›kleinen Gnomen‹, der die Aufgaben seines Vaters übernehmen und mit demselben – oder fast demselben – Sachverstand erfüllen würde, wenn mein guter alter Freund eines Tages das Zeitliche segnete.

Wenn Burghley und ich unter uns waren, machte ich aus meiner Zuneigung zu ihm kein Hehl. Er sollte wissen, wie dankbar ich für all das war, was er für mich und mein Land getan hatte.

Ich bedauerte, daß Essex den Cecils nicht wohlgesinnt war. Ich hätte es begrüßt, wenn er mit Burghley zusammengearbeitet hätte. Aber das war offenbar ein frommer Wunsch. Es gab wohl auf der ganzen Welt keine gegensätzlicheren Naturen als Essex und die beiden Cecils.

Als Burghley mich also um eine Unterredung bat, befürchtete ich sogleich, daß es erneut Ärger mit Essex gegeben hatte.

»Bitte nehmt Platz, lieber Freund«, forderte ich ihn auf. »Ich weiß doch, wie sehr das Stehen Euch ermüdet.«

Er machte dankbar von der Einladung Gebrauch.

»Bevor Ihr mir Euer Anliegen vortragt«, sagte ich, »beruhigt mich in einem Punkt: Habt Ihr die Arznei eingenommen, die ich Euch empfohlen habe?«

»Ich versichere es Euch, Majestät.«

»Nun gut, ich hoffe, sie hilft Euch. Mein ›guter Geist‹, Ihr müßt mehr auf Eure Gesundheit achten. Warum gönnt Ihr Euch nicht mehr Ruhe? Ihr habt doch Euren tüchtigen Sohn, der Euch einen Großteil Eurer Arbeit abnehmen kann.«

»Es macht mich sehr glücklich zu hören, daß Eure Majestät mit meinem Sohn zufrieden sind.«

»Mein ›kleiner Gnom‹ ist ein überaus kluger Kopf. O ja, ich bin sehr von ihm angetan, Master Cecil, und nicht nur, weil er gute Arbeit leistet. Er ist schließlich Euer Sohn, und das macht ihn in meinen Augen zu etwas ganz Besonderem.«

Doch nun waren genug der Höflichkeiten ausgetauscht. Burghley kam zur Sache, und wie ich befürchtet hatte, ging es um Essex.

»Seit Walsingham von uns gegangen ist, wird uns täglich aufs neue schmerzlich bewußt, welch hervorragende Dienste er geleistet hat«, sagte Burghley, »wenngleich gewisse

Leute bei Hofe eifrig bemüht sind, dafür zu sorgen, daß keinerlei Verschwörungen angezettelt werden, die das Leben Eurer Majestät gefährden könnten...«

»Essex gehört zu denen, die es sich zum Ziel gesetzt haben, sich darum zu kümmern«, bemerkte ich.

»Ach ja, Essex, Majestät...« Er schwieg und mich überkamen böse Vorahnungen. »Ich habe eine sehr beunruhigende Entdeckung gemacht, und das ist auch der Grund, weshalb ich Euch aufgesucht habe. Essex steht in brieflichem Kontakt mit dem König von Schottland.«

»Das ist unmöglich!« entfuhr es mir.

»Leider nein, Majestät, ich verfüge über Beweise. Ich hatte seit langem einen begründeten Verdacht, und nun ist es mir gelungen, einen Teil der Korrespondenz sicherzustellen.«

»Worum ging es in dem Briefwechsel?«

Burghley schaute mich an und zuckte die Achseln.

»Der Briefwechsel begann, als Essex sich in den Kopf gesetzt hatte, die Begnadigung Davisons zu erreichen, und den König von Schottland gebeten hatte, sich seinen Bitten anzuschließen, da die Gefangenschaft Davisons in unmittelbarem Zusammenhang mit der Hinrichtung der Mutter des Königs stand. Seitdem... sind weitere Briefe hin und her gegangen.«

»Wie seid Ihr darauf gekommen?«

»Ich habe einen Spitzel, einen gewissen Thomas Fowler, am schottischen Königshof eingeschleust, der die Briefe abgeschrieben und mir die Kopien zugesandt hat. Allem Anschein nach ist die treibende Kraft bei der ganzen Angelegenheit Lady Rich. Ihr Mann ist ebenfalls darin verwickelt.«

»Aber sie lebt doch mit Mountjoy zusammen.«

»Das ist richtig, Majestät. Was Penelope Rich jedoch mit ihrem Mann verbindet, ist die Freude am Intrigieren. Die ganze Familie hält zusammen, um ein Ziel zu verwirklichen – den Aufstieg des Grafen Essex. Sie haben sich übrigens Decknamen zugelegt: Penelope Rich ist Rialta; Lord Rich heißt Ricardo. Eure Majestät nennen sie Venus, und Essex ist der ›müde Ritter‹.«

»Das klingt ja geradezu verrückt.«

»Es ist nicht so verrückt, wie es sich anhört, Majestät. Essex ist der ›müde Ritter‹, weil er es leid ist von Euch abhängig zu sein. Er sehnt sich nach Abwechslung.«

»Die kann er haben!« schrie ich. »Er kann sich sofort ins Exil begeben. Da findet er die Abwechslung, die er braucht!«

»Wenn ich Eurer Majestät einen Rat geben darf...«

»Gewiß, mein Freund.«

»Noch enthält der Briefwechsel mit dem schottischen König nichts, was als Verrat ausgelegt werden könnte. Mir ist jedoch klar, daß Penelope Rich – übrigens eine Intrigantin, wie sie im Buche steht – versucht, sich bei James von Schottland einzuschmeicheln, den viele für den aussichtsreichsten Anwärter auf den englischen Thron halten. Ich glaube, daß das der eigentliche Grund für diese Korrespondenz ist.«

»Sie warten also darauf, daß ich sterbe, nicht wahr?«

»Es scheint so.«

»Verräterpack! Schurkengesindel! Bei Gott, wenn irgend jemand in den Tower gehört, dann diese Sippe!«

»Gewiß, Majestät, sie verstoßen aufs schändlichste gegen ihre Untertanenpflicht. Dennoch bitte ich Euch, Ruhe zu bewahren. Ich möchte, daß dieser Briefwechsel fortgesetzt wird. Wer weiß, vielleicht ergibt sich ja schon bald etwas Einschlägiges. Solange wir sie in dem Glauben lassen, ihre Intrige sei bislang unentdeckt, werden sie fortfahren, einander zu schreiben, und auf diese Weise werden wir, wenn wir nur Augen und Ohren offenhalten, herausfinden, welche Hintergedanken sie haben, welcher Art genau ihre Verschwörung ist und welche Hilfe sie sich von James erhoffen. Wir dürfen uns nur nicht verraten, indem wir sie wissen lassen, daß wir ihnen auf der Spur sind. Ich bin sicher, daß ein solches Vorgehen auch im Sinne Walsinghams wäre.«

»Mein lieber, lieber ›Mohr‹! Wie sehr wünschte ich mir, er weilte noch unter uns.«

»Amen. Dennoch, Majestät, seid Ihr nach wie vor von treuen Dienern umgeben, die bereit sind, alles für Euch zu tun.«

»Und mein ›guter Geist‹ ist der treueste von allen.«

»Dann habe ich also Eurer Majestät Erlaubnis, diese Angelegenheit weiterhin geheimzuhalten? Die Verschwörer – sofern sie sich als solche erweisen – dürfen keinerlei Hinweise erhalten, daß wir ihr Geheimnis gelüftet haben?«

»Ganz recht, so soll es sein«, bestätigte ich.

»Übrigens habe ich hier noch einen Brief, den Essex von Sir Francis Bacon erhalten hat und in dem Bacon Essex Ratschläge erteilt, wie er sich Euch gegenüber geschickter verhalten könne. Ich denke, der Inhalt wird Euch amüsieren. Abgesehen davon dürfte er Euch Aufschluß darüber verschaffen, was in den Köpfen dieser jungen Männer vorgeht.«

»Dieser Brief erreichte Euch über dieselben Mittelsmänner?«

»Ich habe viele Freunde, denen es ein Anliegen ist, darüber zu wachen, daß Eure Majestät sich in jeder Hinsicht sicher fühlen können.«

Bei der Lektüre von Bacons Brief empfand ich tatsächlich eine gewisse Belustigung. Er belehrte Essex darüber, wie er mit mir umzugehen habe. Allzu dick aufgetragene Schmeichelei, so empfahl er, sei unangebracht; Essex' Auftreten lasse oft zu deutlich erkennen, daß es ihm mehr um charmante Komplimente als um aufrichtige Worte gehe. Das müsse sich ändern. Zwar brauche er Hattons oder Leicesters Verhalten nicht sklavisch nachzuahmen, aber da diese beiden Höflinge die Kunst des Schmeichelns vollendet beherrscht hätten, könne er Essex nur raten, sie sich zum Vorbild zu nehmen.

Francis Bacon müsse sich wohl für besonders schlau halten, war alles, was ich zu diesem jungen Mann zu sagen hatte. Was Essex betraf, so verletzte sein Verhalten mich mehr als alles andere.

Ich half Burghley beim Aufstehen. Seine Gelenke waren sehr steif.

Ich umarmte ihn liebevoll, als er sich von mir verabschiedete.

»Wir werden allmählich alt, mein Freund«, sagte ich. »Wir merken es selbst... und andere auch.«

Meine Gefühle für Essex waren nicht mehr dieselben. Zwar konnte ich mich nicht gänzlich von ihm lösen, denn es gelang ihm noch immer, mich zu betören, und in seiner Gesellschaft fiel es mir nach wie vor leicht, seine Fehler zu übersehen. Doch zuweilen wurde ich den Verdacht nicht los, daß er nur auf meinen Tod lauerte. Er wünschte sich einen neuen König – den jungen James –, und er und seine Schwester gaben sich ja bereits die größte Mühe, sich seiner Gunst zu vergewissern, wenn die Zeit für seine Thronbesteigung gekommen wäre.

Was war sein Verhalten doch niederträchtig! Wie konnte er nur vorgeben, mich zu lieben! Und wie dumm war es doch von mir, mich diesem grausamen jungen Mann zuzuwenden, nur weil ich Leicester so sehr vermißte.

Zur Zeit stellte er einer meiner Hofdamen nach, einem Fräulein Bridges. Ich tat so, als ob ich nicht mitbekäme, was vor sich ging, obwohl die beiden sich nicht die geringste Mühe gaben, ihr Verhältnis geheimzuhalten. Wie ich hörte, war die arme Frances über die Untreue ihres Mannes sehr verzweifelt. Der Tag, an dem sie Essex geheiratet hatte, war für sie alles andere als ein glücklicher Tag gewesen.

Er war in der Tat der Sohn seiner Mutter. Was konnte man von der Höllenbrut dieser Teufelin auch anderes erwarten!

Ich schloß Fräulein Bridges für einige Tage vom Hofleben aus – nicht wegen ihrer Beziehung zu Essex, denn davon wußte ich ja offiziell nichts, sondern weil sie einem Tennisspiel von der königlichen Privatgalerie aus zugesehen hatte, was insofern ein Verstoß gegen die höfische Etikette war, als Hofdamen, die dort Platz nehmen wollten, ausdrücklich vorher um Erlaubnis zu bitten hatten.

Essex war nicht entgangen, daß ich verärgert war, denn das Tennisspiel, dem die junge Dame zugeschaut hatte, war einer seiner eigenen sportlichen Auftritte gewesen. Und da ich seit Burghleys Enthüllungen ausgesprochen kühl zu ihm war, zog er sich vom königlichen Hof mit der Begründung zurück, er habe sich bei dem Turnier überanstrengt und erneut Fieber bekommen.

Unterdessen herrschte Henri IV., nachdem er seine Religion gewechselt hatte, weitgehend unangefochten über die Franzosen, und wie ich war er der Überzeugung, daß Wohlstand und wirtschaftliche Blüte nicht durch Kriege herbeizuführen waren. Daher bemühte er sich um Friedensverhandlungen mit Spanien, zu denen er auch mich zu überreden versuchte.

Burghley war dafür, Essex dagegen. Burghley erklärte, wir hätten Frieden bitter nötig, und außerdem bringe der Frieden einem Land weitaus größere Vorteile als der Krieg. Essex hingegen hielt eine leidenschaftliche Rede, in der er in überschwenglichen Worten an die Tapferkeit der Engländer erinnerte, die die Spanier schon einmal besiegt hätten und auch in Zukunft dazu in der Lage seien.

Da tat Burghley etwas Seltsames, das später als Prophezeiung in die Geschichte einging.

Er nahm ein Gebetbuch und blätterte darin. Dann reichte er Essex das aufgeschlagene Buch und verwies auf den Spruch: ›Männer, die für das Blutvergießen eintreten, werden in der Blüte ihrer Jahre hinweggerafft.‹

Doch im Augenblick beschäftigten uns dringlichere Probleme als die Frage eines Friedensvertrags mit dem fernen Spanien. Burghley machte darauf aufmerksam, daß es in Irland erneut gärte, und forderte, nicht nur einen starken Mann als Vizekönig zu benennen und dorthin zu entsenden, sondern der Angelegenheit unverzüglich uneingeschränkte Aufmerksamkeit zu widmen.

Der Hof hielt sich gerade in Greenwich auf. Daher berief ich dort eine Sitzung des Staatsrates ein.

Ich erklärte, daß meiner Einschätzung nach Sir William Knollys der Mann sei, der sich am besten dazu eigne, das Irlandproblem zu lösen, denn er habe sich bereits in der Vergangenheit als verläßlich, klug und aufrichtig erwiesen.

Robert Cecil stimmte mir voll und ganz zu und empfahl, Sir William unverzüglich in die aufständische Provinz zu entsenden.

Er hatte kaum ausgeredet, da erhob Essex bereits Protest. Knollys sei nicht der richtige Mann, sagte er. Seiner Ansicht nach sei es besser, Sir George Carew zu benennen.

Im Sitzungssaal trat Stille ein. Robert Cecil wirkte bestürzt, mir aber wurde sogleich klar, welche Beweggründe Essex veranlaßt hatten, so heftig zu reagieren. In letzter Zeit ertappte ich mich wiederholt dabei, daß ich mir Gedanken darüber machte, welche Motive wohl hinter Essex' Handeln stecken mochten. Sir William Knollys war sein Onkel, auf dessen Unterstützung bei Hofe er zählen konnte; deshalb wollte er ihn natürlich nicht verlieren. Man konnte sagen, daß Knollys der Gruppe um Essex angehörte, während George Carew für die Cecils Partei ergriffen hatte. Auf Carew verzichten zu müssen, wäre für die Cecils ein schwerer Verlust; Knollys zu verlieren wäre nicht minder nachteilig für Essex.

Ich hatte mir jedoch längst ein abschließendes Urteil gebildet und war der festen Überzeugung, daß Knollys unser bester Mann war. Außerdem ärgerte es mich, daß Essex die Dreistigkeit besaß, meinen Vorschlag abzulehnen und seine eigenen Vorstellungen dagegenzuhalten. Daher entschied ich bestimmt: »Knollys soll sofort benachrichtigt werden und unverzüglich Vorbereitungen treffen, nach Irland aufzubrechen.«

»Aber das ist ein Fehler!« rief Essex aufgebracht aus. Er benahm sich wirklich wie ein verzogener kleiner Junge, der das Spielzeug, das er sich so sehr wünscht, nicht bekommen hat.

Ich sah, wie die Empörung in seinen Augen aufblitzte und ihm die Zornesröte ins Gesicht stieg, bevor er mir demonstrativ den Rücken zukehrte und Anstalten machte, den Raum zu verlassen.

Die Anwesenden hielten schockiert den Atem an. Ich konnte es kaum fassen, daß er es gewagt hatte, so weit zu gehen. Aber es gab eine Grenze. Diesmal war er zu weit gegangen. Ich erhob mich, ging auf ihn zu und verpaßte ihm eine schallende Ohrfeige.

»Und nun«, fuhr ich ihn an, »schert Euch zum Teufel.«

Damit war die Auseinandersetzung jedoch keineswegs beendet. Er schaute mich an, und sein Gesicht war wutverzerrt. Dann griff er zu seinem Schwert, als ob er mich angreifen wollte.

»So etwas hätte ich mir nicht einmal von König Henry,

Eurem Vater, gefallen lassen«, schrie er. »Das ist eine Demütigung, die ich niemandem jemals verzeihen könnte – oder wollte –, niemandem! Erst recht nicht einem Frauenzimmer, auch wenn es sich dabei um die Königin von England handelt!«

Ich war so verblüfft, daß ich einige Sekunden lang wie gelähmt war, unfähig, irgend etwas zu sagen oder zu tun. Als ich mich schließlich von meinem Schrecken erholt hatte und mich anschickte, die Wache zu rufen, war er bereits aus dem Saal gerannt.

Etwas Derartiges hatte es noch nie gegeben. Der Vorfall sorgte am ganzen Hof für Gesprächsstoff. Alle sagten: Das ist das Ende des Grafen Essex.

Natürlich hätte er es verdient, in den Tower gesperrt zu werden. Wie einen gemeinen Verräter sollte man ihn hinrichten! Aber ich war viel zu erschüttert, um einen klaren Gedanken – geschweige denn, einen Entschluß – zu fassen.

Er ist nur ein dummer Junge, redete ich mir immer und immer wieder ein.

Er ist ein gefährlicher Hitzkopf, warnte mich mein klügeres Selbst. Denk doch nur an die Briefe, die er dem König von Schottland geschickt hat. Was hat deine Liebe zu ihm dir denn gebracht außer Kummer und Ärger? Er bringt nur Unglück über diejenigen, die mit ihm zu tun haben. Die arme Frances Walsingham! Sie kann einem leid tun. Sogar mit seiner Mutter kann man Mitleid haben.

Ich wußte, daß seine Freunde ihn zu überreden versuchten, sich mit mir auszusöhnen. Hätte er mich doch nur um Verzeihung gebeten – ich hätte ihn vermutlich mit offenen Armen aufgenommen. Ich mußte zugeben, daß ich seine Gesellschaft vermißte. Doch die Wochen vergingen, ohne daß er Anstalten machte, den Schmollwinkel zu verlassen, in den er sich beleidigt zurückgezogen hatte.

Und dann geschah etwas, das meine Sorge um ihn vorübergehend in Vergessenheit geraten ließ: Robert Cecil suchte mich auf, um mir mitzuteilen, daß es um seinen Vater sehr schlecht stehe.

Ich begab mich sogleich zu seinem Haus am ›Strand‹ und war entsetzt zu sehen, wie krank mein guter alter Freund war. Er lag im Bett, und seine entschuldigenden Blicke gaben mir zu verstehen, wie untröstlich er war, nicht aufstehen zu können, um mich zu begrüßen. Ich nahm seine armen, geschwollenen Hände in die meinen und küßte sie.

»Mein lieber, lieber Freund«, sagte ich zu ihm, »ich habe erst durch meinen ›kleinen Gnomen‹ erfahren, wie krank Ihr seid. Wenn ich eher gewußt hätte, wie es um Euch steht, wäre ich längst vorbeigekommen.«

»Eure Majestät sind gütig, mich zu besuchen.«

»Ich werde Euch auch weiterhin besuchen ... so lange, bis es Euch besser geht.«

Doch er schüttelte nur traurig den Kopf und sagte: »Von diesem Krankenlager werde ich mich nicht mehr erheben.«

»Unsinn! Ich verbiete Euch, so zu reden. Ihr müßt wieder gesund werden. Ihr habt mir so viele Jahre mit Rat und Tat zur Seite gestanden. Was sollte ich nur ohne Euch anfangen?«

Ich sah ihm an, wie gerührt er war. Ich war es auch.

Dann stand ich auf und erkundigte mich, welches Essen man gewöhnlich für ihn zubereitete. Man sagte mir, er könne nur flüssige Speisen zu sich nehmen, und auch davon nur geringe Portionen. Seine Hände seien so geschwollen, daß er kaum in der Lage sei, einen Löffel zum Munde zu führen.

Ich gab Anweisungen, ihm einen Haferschleim zu kochen, den ich für besonders nahrhaft hielt; als das Gericht fertig war, brachte ich es ihm persönlich an sein Krankenbett, und ich fütterte meinen Minister, als ob er ein kleines Kind wäre.

Er gestand mir, daß der Gedanke, mir nicht länger dienen zu können, ihm den Abschied von dieser Welt besonders schwer mache.

»Keine Königin hat je einen treueren Diener gehabt«, versicherte ich ihm. »Mein ›guter Geist‹, ich war nicht immer nur freundlich zu Euch, nicht wahr? Ich habe Euch oft genug beschimpft und manchmal sogar verwünscht. Aber ich habe nie aufgehört, Euch zu lieben. Und ich habe nie vergessen, welch einen geschätzten Freund ich an Euch habe.«

Ich blieb an seinem Bett sitzen und starrte ins Leere. Es war nun nicht mehr zu übersehen, daß sein Ende nahe war.

Er sagte: »Robert wird Euch ein gewissenhafter Ratgeber sein. Ich habe ihn in der Absicht erzogen, aus ihm einen treuen Diener Eurer Majestät zu machen. Er ist klug und von schneller Auffassungsgabe.«

Ich nickte. Der arme Burghley. Er war ein so guter Mensch und hatte dennoch in diesem Leben wenig Dank für seine Güte erfahren. Er hatte seine Familie geliebt und gut für sie gesorgt. Seine Hauptsorge aber hatte stets meinem Wohlergehen gegolten. Sie hatte ihn veranlaßt, seinen zweitältesten Sohn, Robert, zum Staatsmann zu erziehen, da er genau wußte, daß sein Erstgeborener, Thomas, ein eher haltloser junger Mann war und nicht über die Begabung verfügte, die ihn befähigt hätte, in die Fußstapfen seines Vaters zu treten. Ich war überzeugt davon, in dem ›Gnomen‹ einen der verläßlichsten Staatsdiener überhaupt gefunden zu haben – aber er war nicht sein Vater. Einem wie Burghley würde ich nie wieder begegnen.

Und nun ging es mit ihm zu Ende. Ich würde erneut einen Freund verlieren – und vielleicht den weisesten Ratgeber von allen. Ich fühlte mich einsam und verlassen. Einer nach dem anderen stahlen sie sich davon.

Während seiner letzten Tage besuchte ich ihn, sooft ich konnte, und wenn ich einmal keine Gelegenheit hatte, persönlich bei ihm hereinzuschauen, schickte ich eine meiner Hofdamen, die ich beauftragte, sich nach seinem Befinden zu erkundigen und ihm stärkende Mittel und liebevolle Botschaften von mir zu überbringen.

Ich war sehr, sehr traurig und mußte fortwährend an Burghley denken und daran, daß er mich bald für immer verlassen würde.

Am Tag, an dem er starb, händigte Burghleys Sohn Robert mir einen Brief aus, den sein Vater ihm kurz vor seinem Tode geschrieben hatte. Zu dem Zeitpunkt war Burghley bereits so schwach gewesen, daß er seine Worte des Abschieds nur noch seinem Sekretär diktieren konnte, aber unterschrieben hatte er den Brief – soweit seine geschwollenen Hände es zuließen – persönlich: ›Dein dich liebender Vater, Burghley, dessen Kräfte zunehmend erlahmen.‹

›Ich bitte dich inständig‹, ermahnte er seinen Sohn in jenem Brief, ›Ihre Majestät wissen zu lassen, daß die Güte, die sie mir zeit meines Lebens entgegengebracht hat, so groß und so einmalig war, daß mein Bemühen, ihr ihre Freundlichkeit zurückzuzahlen, kläglich scheitern muß. Obwohl sie nun nie mehr Mutter werden wird, hat sie doch, indem sie mich mit ihrer fürstlichen Hand gefüttert hat, bewiesen, daß sie eine liebevolle Pflegerin ist; und wenn ich einst gar nicht mehr in der Lage sein sollte, mich zu ernähren, werde ich mich dafür um so mehr anstrengen, ihr auf Erden treu zu dienen. Wird mir auch das versagt, so hoffe ich, ihr und der Kirche Gottes im Himmel dienen zu können...‹

In einer Nachschrift hatte er hinzugefügt:

›Diene Gott, indem du der Königin dienst, denn mit jeder anderen Art von Treue verschreibst du dich dem Satan.‹

Ich schaute zu Robert Cecil auf. Mir standen die Tränen in den Augen.

Ich sagte zu ihm: »Mein Schmerz ist ebensogroß wie der Eure.«

Wie sehr ich doch gerade in jenen Tagen Leicester vermißte! Die gute alte Zeit war für immer dahin. Die Menschen meiner Umgebung waren nicht mehr dieselben. Sie enttäuschten mich. Die, die mir am liebsten gewesen waren, hatten mich verlassen – Hatton, Heneage, mein geliebter Leicester, und nun Burghley.

Gewiß, Burghleys Sohn, Robert Cecil, war mir geblieben, aber er war alles andere als ein schöner Mann, und ich hatte nun einmal eine Schwäche für gutaussehende Menschen. Essex – ja, Essex war äußerlich ein Adonis, aber so unbesonnen und unzuverlässig, daß er mir mehr Schmerz als Freude bereitete. Er spielte noch immer, fern vom Hofe, den Beleidigten. Hätte er doch nur ein wenig Demut, ein wenig Reue gezeigt – wie gern hätte ich ihm verziehen.

Henry Wriothesley, der Graf von Southampton, war ebenfalls ein gutaussehender Mann und außerdem einer, der gute Aussichten gehabt hätte, meine Gunst zu gewinnen, denn er war klug und ein Freund der Schönen Künste. Er hatte sich zum Gönner meines Lieblingsdichters und -bühnenschriftstellers, William Shakespeare, erklärt, und diese noble Geste rechnete ich ihm hoch an. Aber er war leichtsinnig und arrogant und erlaubte sich Dinge, die nicht gerade danach angetan waren, meine wohlwollende Billigung zu finden.

Dabei hätte ich gerade ihn fördern können, denn sein leidenschaftliches Interesse galt der Literatur. Doch er war ein wilder junger Mann, den es zu allen möglichen zwielichtigen Schauspielern und Stückeschreibern hinzog und der sich in den anrüchigsten Vierteln Londons herumtrieb. Auf seine Weise war auch er ein Abenteurer, aber anders als Raleigh oder Drake. Er war ein Mann, der das Leben von all seinen Seiten kennenlernen wollte. Ich ärgerte mich über ihn, denn ihm konnte nicht entgangen sein, daß ich mich für ihn interessierte. Ihm aber war das Hofleben völlig gleichgültig. Er zog die Gesellschaft seiner Dichterfreunde vor und machte kein Hehl daraus.

Im übrigen hatte er sich mit Essex angefreundet, und das veranlaßte mich erst recht, ihn mit mißtrauischer Besorgnis zu beobachten. Ich hatte das ungute Gefühl, daß Southampton einen schlechten Einfluß auf Essex ausübte, zumal er sich, wie man hörte, zu seinem eigenen Geschlecht hingezogen fühlte. Von seinen zahlreichen Liebesverhältnissen mit Männern, die meinem Hof angehörten, und solchen, die ihm nicht angehörten, war ständig die Rede, und das allein war für mich mehr als Grund genug, seiner Freundschaft mit Essex mit ausgesprochenem Unbehagen gegenüberzustehen.

Meine Abneigung gegen Southampton ließ nicht gerade nach, als mir zu Ohren kam, daß er Lord Grey de Wilton zum Duell gefordert hatte.

Zum Glück erfuhr ich rechtzeitig davon, so daß ich einschreiten konnte, bevor es zu der Auseinandersetzung kam. Ich ließ sowohl Southampton als auch Wilton mitteilen, daß sie ihre Kräfte aufsparen sollten, um mir zu dienen, statt ihr Leben wegen privater Zerwürfnisse aufs Spiel zu setzen.

Ich hätte etwas darum gegeben, Southampton loszuwerden. Er wurde mir von Tag zu Tag unsympathischer. Zum einen fand ich seine Männerfreundschaften widerwärtig – er umgab sich ständig mit Leuten wie Francis Bacon, und die wiederum waren Freunde von Essex. Zum anderen war Southampton pausenlos in irgendwelche Streitereien verwickelt. Wenn er sich nicht gerade selbst mit jemandem zankte, konnte man sicher sein, daß er andere dazu ermunterte. Einer seiner Freunde, Sir Charles Danvers, brach einmal einen Streit mit einem Adligen aus Hampshire vom Zaun und tötete den Mann; bevor Danvers der Prozeß gemacht werden konnte, war es Southampton gelungen, den Mörder außer Landes zu bringen.

Ich war daher ganz erleichtert, als sich für Southampton ein untergeordneter Posten in meiner Botschaft in Paris finden ließ. Während seiner Abwesenheit stellte ich jedoch fest, daß eine meiner Hofdamen, Elizabeth Vernon, schwanger geworden war. So etwas machte mich jedesmal wütend, und als ich dem Mädchen endlich mit Schlägen und Ohrfeigen das süße Geheimnis entlockt hatte, eröffnete sie mir zu meinem Entsetzen, daß der Verführer kein anderer als Southampton war.

Ich jagte sie mit Schimpf und Schande davon, nur um kurz darauf zu erfahren, daß Southampton, den man über ihre mißliche Lage unterrichtet hatte, in aller Eile von Paris nach Hause zurückgekehrt war und sie geheiratet hatte.

Wieder einmal war ich nicht um Erlaubnis gebeten worden! Ich war so zornig, daß ich das junge Paar eine Zeitlang im Fleet-Gefängnis einsperren ließ. Beider Aufenthalt dort war zwar nur von kurzer Dauer, aber zumindest war es mir gelungen, Southampton unmißverständlich klarzumachen, daß seine Aussichten auf eine Karriere bei Hofe sich ein für allemal zerschlagen hatten.

Ich wollte Essex wiedersehen. Essex sollte an den Hof zurückkehren. Ich wäre so froh gewesen, wenn er auch nur die geringste Reue gezeigt hätte. Ich hätte seine Entschuldigung sofort und gerührt angenommen. Aber offenbar war das von einem stolzen jungen Mann wie ihm zuviel verlangt.

Er erschien jedoch zu Burghleys Beerdigung. Mehr als fünfhundert Menschen folgten dem Leichenwagen, und zu denen, die dem großen Staatsmann die letzte Ehre erwiesen, zählte – unübersehbar – auch Essex, der einen auffälligen schwarzen Trauermantel mit einer großen Kapuze trug. Man berichtete mir, er sei von Kummer überwältigt gewesen – möglicherweise, wie zynische Beobachter vermuteten, mehr über sein eigenes Los als über den Tod des Mannes, in dessen Haus er aufgewachsen war.

Nach dem Begräbnis hatte er sich nach Wanstead begeben, um dort zurückgezogen zu leben, solange er gezwungen war, dem Hof fernzubleiben.

Hätte er doch nur mit einem Wort zu erkennen gegeben, daß er sein wirklich unerhörtes Benehmen bedauerte – nur zu gern hätte ich sein beleidigendes Auftreten als jugendlichen Leichtsinn entschuldigt. Aber er tat nichts dergleichen. Er war viel zu stolz zuzugeben, daß er einen Fehler begangen hatte.

Damals dachte ich oft: Was soll nur aus Essex werden? Er steht sich selbst am meisten im Wege.

Dann erreichte mich die Nachricht, er sei in Wanstead schwer erkrankt. Als Grund wurde von einigen, die ihn näher kannten, seine Verbannung vom königlichen Hof genannt. O ja, er war fraglos arrogant und starrköpfig, aber er war Essex, der betörende junge Mann, dem ich mich verzweifelt und hilfesuchend zugewandt hatte, als der Schmerz, den Leicesters Tod mir zugefügt hatte, am größten gewesen war.

Also gestattete ich ihm, an den Hof zurückzukehren, und deutete an, daß ich für mein Teil bereit sei, jenen haarsträubenden Vorfall, der mit der Ohrfeige in Gegenwart der Staatsräte geendet hatte, als vergeben und vergessen anzusehen.

Aber es gibt Dinge, die man nicht vergißt. Ich wußte, noch bevor er eintraf, daß ich mich an jene Szene erinnern würde, solange ich lebte. Und als er dann zu mir zurückkehrte, blaß und hohlwangig und so arrogant wie immer, stellte ich fest, daß ich Leicester schmerzlicher vermißte als jemals zuvor. Mir war klargeworden, daß niemand Robert ersetzen konnte und daß es Unsinn war, so zu tun, als ob es dennoch möglich wäre.

Irland befand sich wie gewöhnlich im Aufruhr. Wir hatten bis jetzt noch niemanden – weder Sir William Knollys noch sonst jemanden – dorthin entsandt, aber allmählich wurde es Zeit, dies endlich zu tun. Ich beabsichtigte, Lord Mountjoy die Aufgabe zu übertragen, in Irland für Ruhe und Ordnung zu sorgen, denn er war trotz seines skandalösen Verhältnisses mit Penelope Rich ein außerordentlich tüchtiger und zuverlässiger Mann, und ich traute ihm durchaus Erfolg bei der Bewältigung dieses überaus schwierigen Problems zu.

Und so unglaublich es klingen mag, Essex erhob schon wieder Einwände gegen meinen Entschluß!

»Nein, Majestät«, protestierte er, »Mountjoy ist nicht der richtige Mann. Er verfügt über keinerlei Kriegserfahrung. Außerdem hat er gar nicht genug Grundbesitz, um sich eine große Gefolgschaft leisten zu können. Er ist überhaupt viel zu sehr an literarischen Dingen interessiert, um einen guten Soldaten abzugeben.«

Was war ich wütend auf ihn! Er schien gar nicht auf die Idee zu kommen, ich könne ihn, obwohl ich ihm erlaubt hatte, an den Hof zurückzukehren, inzwischen in einem völlig anderen Licht sehen. Und genau das war der Fall. Ich liebte ihn nicht mehr so wie früher. Gewiß, ich war nach wie vor bereit, ihm meine Zuneigung zu schenken, weil ich mit der Leere, die Leicesters Tod hinterlassen hatte, nicht leben konnte. Aber ich hatte eine wichtige Entdeckung gemacht. Ich hatte erkannt, daß eine große Liebe sich ereignet, aber nicht erzwingen läßt. Ich mußte mich damit abfinden, daß es die vollendete Harmonie, die zwischen mir und Leicester bestanden hatte und nach der ich mich so sehnte, für mich nie mehr geben würde. Die große Liebe ist etwas, das man nur einmal im Leben erlebt, wenn man Glück hat. Ich sollte ihr nie wieder begegnen.

Ernüchtert betrachtete ich den dreisten jungen Mann, der vor mir stand. O ja, er sah blendend aus – auf seine verwegene Art, die mir so gut gefiel. Und ich war eine Frau von sechsundsechzig Jahren. Sollte es mir noch einmal gelingen, in einem Mann jene romantische Liebe zu erwecken, die Leicester mir entgegengebracht hatte? Nein, nie wieder, mußte ich vor mir selbst zugeben. Damit war es endgültig vorbei.

Ich wandte mich Essex zu und sagte: »Mylord Essex, ich stelle fest, daß Euch mein jüngster Vorschlag, das Irlandproblem zu lösen, ebensowenig gefällt wie meine früheren Entscheidungen in dieser Angelegenheit. Wie ich sehe, haltet Ihr Mountjoy für ungeeignet, die ihm zugedachte Aufgabe zu bewältigen. Nun gut, dann muß ich wohl jemanden anders benennen.«

Ich sah, wie ein süffisantes Lächeln um seine Lippen spielte, und dachte: Ja, Essex, für dich bin ich nichts weiter als eine törichte, verliebte alte Frau. In gewisser Weise stimmt das auch. Aber du unterschätzt die Stimme der Vernunft in mir, der meine Torheiten niemals entgehen und die mich noch immer vor den schlimmsten Irrtümern gewarnt hat.

Laut sagte ich: »Ja, ganz recht, Euch, Mylord. Ich habe soeben beschlossen, Euch nach Irland zu schicken.«

Er war verblüfft. Das hatte er nicht gewollt. Er hätte sich viel lieber an meinem Hof eingenistet und durch mich das Land regiert. Die Tatsache, daß ich ihm jenen beleidigenden Auftritt verziehen hatte, schien ihn in der Annahme bestärkt zu haben, er könne sich jede Flegelei erlauben, ohne seiner Karriere dadurch im geringsten zu schaden. Zugegeben, so sah es wohl aus. Er bildete sich offenbar ein, über noch mehr Einfluß bei Hofe zu verfügen als seinerzeit Leicester.

Als er jedoch begriff, daß der Irlandfeldzug nicht zu umgehen sein würde, begab er sich – das mußte man ihm lassen – mit wahrer Begeisterung an die Vorbereitung des Abenteuers.

Er stellte mit großem Eifer seine Gefolgschaft zusammen, und ich nahm mit Interesse zur Kenntnis, daß er seinen Stiefvater, Christopher Blount, ausersehen hatte, ihn nach Irland zu begleiten. Wie man hörte, verband diese beiden eine tiefe Freundschaft. Blount soll Essex geradezu vergöttert haben – wie alle übrigen Mitglieder der Familie auch. Ich fragte mich, wie der Teufelin wohl bei dem Gedanken zumute sein mochte, zusammen mit dem Sohn auch den Ehemann zu verlieren.

Interessant zu hören war auch, daß Southampton ebenfalls mit von der Partie sein sollte. Nun gut, dachte ich, damit wären wir den Unruhestifter erst einmal für eine Weile los.

Im März war es dann so weit. Essex brach nach Irland auf, und als seine Kavalkade Islington erreichte, kam ein schweres Unwetter auf; es begann so heftig zu regnen, daß seine Männer nur noch die Flucht ergreifen und sich in Sicherheit bringen konnten. Die Einheimischen schüttelten darüber die Köpfe und deuteten, nichts Gutes ahnend, den Zwischenfall als Vorzeichen, daß die Expedition sich als Fehlschlag erweisen werde.

Wie sich später herausstellte, hatten sie gar nicht so unrecht.

Nachdem sich die erste Begeisterung gelegt hatte, mußte wohl auch Essex zugeben, daß ihm die Aufgabe nicht lag, die ihm übertragen worden war. Er wußte, daß es ein hoffnungsloses Unterfangen war, ein Volk wie die Iren zur Vernunft bringen zu wollen. Und er machte Fehler. Er war für den Auftrag ungeeignet. Ich wünschte, ich hätte Mountjoy entsandt. Das war ein kluger, besonnener junger Mann, der zuerst nachdachte und dann handelte.

Außerdem hatte Essex sich angewöhnt, diejenigen unter seinen Männern, die ihm nahestanden, mit Auszeichnungen zu ehren. So hatte er zum Beispiel seinen Stiefvater zum Feldmarschall gemacht – eine geradezu lächerliche Ernennung, von der Blount nie zu träumen gewagt hätte, wenn er nicht mit Essex verwandt und eng befreundet gewesen wäre. Ich war stets der Devise gefolgt, nur Menschen zu begünstigen, die ich mochte *und* die gute Arbeit leisteten. Aber es war müßig, von Essex solch kluge Erkenntnis zu erwarten.

Dann teilte er mir mit, er habe die Absicht, Blount zum Mitglied des irischen Staatsrates zu machen. Worauf ich ihm umgehend ausrichten ließ, daß eine solche Ernennung unter gar keinen Umständen in Frage komme.

Das Ganze endete damit, daß Christopher Blount nach England zurückkehrte. Seine Gesundheit lasse zu wünschen übrig, erklärte Essex. Ob das nun stimmte oder ob Essex damit nur seinem Mißmut Luft machen wollte, weiß ich nicht. Und da ich keine Lust hatte, mich mit Lettice Knollys' neuem Ehemann eingehender zu befassen – es sei denn, um ihm zu verbieten, Aufgaben zu übernehmen, denen er nicht gewachsen war –, ließ ich die Sache auf sich beruhen.

Doch dann erreichte mich eine noch haarsträubendere Nachricht. Essex hatte den Grafen von Southampton zum General der berittenen Truppen ernannt, obwohl ihm hätte klar sein müssen, daß ich eine solche Auszeichnung mißbilligte. Wie konnte er es nur wagen, einem Mann wie Southampton derartige Machtbefugnisse zu verschaffen – einem, dem ich persönlich die kalte Schulter gezeigt hatte! Die Ehrung hätte Lord Grey zuteil werden sollen, einem verdienten Mann, der eindeutig über das größere militärische Talent verfügte und Southampton auch in mancherlei anderer Hinsicht überlegen war.

Was bildete Essex sich nur ein? Der Feldzug selbst war ihm offenbar völlig gleichgültig. Das einzige, wofür er sich interessierte, war, seine Freunde mit Ehrungen zu überhäufen. Einen Mann auszuzeichnen, der bei mir in Ungnade gefallen war und der sich mir offen widersetzt hatte – das war wirklich der Gipfel!

Ich schrieb ihm sofort einen Brief, in dem ich ihm verbot, die Ernennung vorzunehmen.

Essex antwortete, sie sei bereits ausgesprochen worden und könne nicht rückgängig gemacht werden.

Zu allem Überfluß kam mir dann noch zu Ohren, daß Southampton, dem die Trennung von Elizabeth Vernon nicht zu bekommen schien, sich mit den ansehnlichsten Männern, die an dem Feldzug teilnahmen, angefreundet hatte. Er teile sein Zelt mit einem sehr gutaussehenden jungen Rittmeister namens Piers Edmonds und – so mein Informant – vertreibe sich die Zeit damit, mit ihm zu schmusen und Zärtlichkeiten auszutauschen.

Ich war entsetzt. Ich forderte Essex auf, Southampton umgehend den Oberbefehl über die berittenen Truppen zu entziehen; diesmal bewirkten der scharfe Ton meines Briefes und meine unmißverständlichen Worte, daß selbst Essex die Notwendigkeit einsah, meinen Anweisungen zu gehorchen.

Es war kein Wunder, daß sich das Irlandabenteuer als ein gigantischer Fehlschlag erwies.

Schon bald stellte sich heraus, daß die Ernennung des Grafen Essex zum Vizekönig von Irland ein Irrtum katastrophalen Ausmaßes gewesen war.

Essex dachte nicht daran, die Vereinbarungen zu respektieren, die ich mit Unterstützung des Staatsrates getroffen hatte. Er ging seine eigenen Wege – und es waren natürlich die falschen Wege. Überall erlitt er Niederlagen. Er versuchte, sich damit herauszureden, daß vor Beginn entscheidender Schlachten Krankheiten unter den Soldaten ausgebrochen seien oder daß ungünstiges Wetter seine Pläne vereitelt habe.

Weshalb er den Feind dann nicht angegriffen habe, solange die Truppen in besserer gesundheitlicher Verfassung gewesen seien, wollte ich wissen. Und weshalb er mit dem wichtigsten Feldzug bis zum Einbruch des Winters gewartet habe, weshalb er nicht im Juli oder August losgezogen sei. Anscheinend war ihm keine Jahreszeit recht gewesen. Ein Bote traf aus Irland ein, um mir zu berichten, daß Essex inzwischen mit Hugh O'Neill, dem Grafen von Tyrone und einem der mächtigsten irischen Stammesfürsten, verhandele, statt ihn zu bekämpfen; er habe ihm zuvor bei Ardee von Angesicht zu Angesicht gegenübergestanden, ihn jedoch nicht angegriffen, da seine Streitkräfte denen Tyrones zahlenmäßig deutlich unterlegen gewesen seien. Dabei hätte er wissen müssen, daß Tyrone es sich zur Gewohnheit gemacht hatte, Absprachen nur zu treffen, um sie dann nicht einzuhalten! Abgesehen davon hatte Essex gar nicht das Recht, ohne Anweisungen aus England überhaupt irgendwelche Abmachungen zu treffen.

Essex war ein hoffnungsloser Fall. Sein ganzes Verhalten brachte mich zur Weißglut. Es wurde bereits gemunkelt, er leiste den Iren längst bessere Dienste als den Engländern, und das bedeutete mit anderen Worten, daß man ihn für einen Verräter hielt.

Es war der Tag vor St. Michaelis, und ich hielt mich gerade im Nonesuch-Palast auf. Ich war soeben aufgestanden und hatte an meinem Frisiertisch Platz genommen, während meine Hofdamen sich um mich versammelten, um mir beim Ankleiden behilflich zu sein.

Ich gähnte, denn ich war noch ein wenig müde. Mein Haar, das inzwischen ganz weiß geworden war, hing ungekämmt und strähnig herunter. Und während ich in meinem Nachthemd dasaß, flog plötzlich die Tür auf, und ein Mann kam ins Zimmer gestürzt; er wirkte schmutzig und zerzaust, und die Strapazen eines langen Ritts waren ihm deutlich anzusehen. Im ersten Moment dachte ich, es handele sich um einen Attentäter. Dann erkannte ich den Mann.

»Essex!« rief ich entgeistert aus.

»Majestät!« Er warf sich mir zu Füßen und küßte mir leidenschaftlich die Hand.

Er komme geradewegs aus Irland, brachte er keuchend hervor. Er befürchte, das Opfer übler Verleumdungen geworden zu sein. Daher sei er die ganze Nacht durch geritten. Er sei soeben erst am Nonesuch-Palast eingetroffen. Er habe es einfach nicht abwarten können, seine schöne, bezaubernde Königin endlich wiederzusehen.

Schöne, bezaubernde Königin! Eine alte Frau von sechsundsechzig Jahren, mit blassem, ungeschminktem Gesicht und weißem, schütterem, wirr im Gesicht hängendem Haar!

Er muß große Angst haben, sonst würde er nicht so daherreden, dachte ich im stillen. Sein Erscheinen kann nur bedeuten, daß in Irland die Hölle los ist.

Dann kam mir zu Bewußtsein, wie ich aussehen mußte. Noch nie zuvor hatte er mich in solch unordentlichem Aufzug gesehen – weder er noch sonst jemand, mit Ausnahme eines jungen Mannes, der mich einmal vom Garten aus an meinem Fenster erblickt hatte, doch das war Jahre her, und damals war ich noch eine wesentlich jüngere Frau gewesen. Plötzlich wurde mir klar, daß mein Anblick ihn ebenso erschreckt haben mußte wie der seine mich, wenn auch aus einem anderen Grunde.

Mein erster Gedanke war, ihn so schnell wie möglich loszuwerden. Er durfte mich so nicht sehen, das könnte ich nicht ertragen. Welch ein Kontrast! Die Frau, der er hier gegenüberstand, sollte jene strahlende Göttin mit den juwelenbesetzten, glitzernden Roben und Spitzenkragen und dem herrlichen roten Lockenkopf sein? Er gab sich Mühe, mich nicht anzusehen. Offenbar hatte mein Anblick ihn so sehr verblüfft, daß er seine eigenen Probleme für eine Weile vergaß und sich vorstellte, wie mir zumute sein mochte.

Ich blieb ganz still sitzen und redete beruhigend auf ihn ein; so würde ich ihn am schnellsten loswerden. Ich würde mich später um ihn kümmern, versprach ich ihm sanft, dann könne er mir alles in Ruhe erzählen.

Nachdem er gegangen war, blieb ich noch eine Zeitlang regungslos sitzen. Die Begegnung mit ihm hatte mir einen solchen Schrecken eingejagt, daß ich an allen Gliedern zitterte. Dann griff ich zu einem Handspiegel und schaute mich an. Es war ein grauenhafter Anblick. Mein Gesicht war kreidebleich. Mein dünnes, graues Haar hing mir in wirren Strähnen um die Schultern. Mein Spiegelbild machte schonungslos deutlich, was ich war – eine müde alte Frau.

Wie konnte er es nur wagen, einfach so hereinzuplatzen! Er glaubte wohl, er könne sich alles erlauben und ungeschoren davonkommen!

Nein, Essex, schwor ich mir, diesmal bist du zu weit gegangen. Diesen Auftritt verzeihe ich dir nie.

An jenem Tag gab ich mir besondere Mühe mit meiner Morgentoilette, und als ich mich schließlich anschickte, mich zum Audienzsaal zu begeben, funkelte ich nur so von Juwelen. Wenn man genau hinsah, konnte man erkennen, daß meine Wangen leicht gerötet waren. Diese Röte, die meinen Augen zusätzlichen Glanz verlieh – war das der Zorn auf den Mann, er es gewagt hatte, hinter die Maske der Königin zu blicken? Niemand hatte mich je zuvor so gesehen. Ich hatte geglaubt, niemand würde mich je so sehen. Und er – er hatte die Dreistigkeit besessen! Nein, das würde ich ihm niemals verzeihen. Von nun an würde ich jedesmal, wenn ich ihm begegnete, mir selbst gegenüberstehen und mich so sehen, wie er mich gesehen hatte – alt, schmucklos, ohne eine Spur von Schönheit und Anmut.

Er erwartete mich bereits. Seine Augen leuchteten vor Erregung. Ich dachte: Er bildet sich doch wahrhaftig ein, er brauche mir nur zuzulächeln, und schon verfiele ich seinem Charme. In seinen Augen bin ich gar keine Königin, denn er stellt sich über mich.

Ich werde Euch jetzt eine Lektion erteilen, Mylord Essex, die Ihr nie im Leben vergessen werdet, dachte ich grimmig.

Er kniete vor mir nieder. Ich reichte ihm meine Hand, und er küßte sie leidenschaftlich. Dann sah er zu mir auf, doch ich blickte starr über seinen Kopf hinweg in die Ferne.

»Schönste Königin...« begann er.

Ich unterbrach ihn kalt: »Ihr könnt Euch erheben, Essex.«

»Ich wollte Euch sprechen...« begann er erneut, »da ist so vieles, was ich Euch erklären muß...«

Ich entgegnete kurz angebunden: »Erklärt es dem Staatsrat.«

Er konnte es nicht fassen. Ich sah, wie ihm das Blut ins Gesicht schoß. Er konnte einfach nicht glauben, daß ich so mit ihm geredet hatte.

Ich wandte mich Robert Cecil zu und zog ihn ins Gespräch. Essex blieb zurück, verstört, verärgert, beleidigt. Alle Blicke waren auf uns gerichtet. Alle Anwesenden hatten erwartet, ich würde ihn herzlich begrüßen. Alle hatten damit gerechnet, daß der verlorene Sohn wieder einmal mit offenen Armen empfangen und für seine Fehler noch fürstlich belohnt werden würde. Sie wußten ja nicht, was er an jenem Morgen gesehen hatte. Aber ich wußte es und würde es nie vergessen. Sooft ich ihm in Zukunft begegnete, würde ich mich daran erinnern. Und ich wollte mich nicht erinnern.

Er wurde vom Staatsrat vernommen, und seine Aussage wurde mir vorgelegt. Ich erklärte sie für wenig überzeugend, und mein Urteil fand allgemeine Zustimmung.

Essex wurde vom Hof fortgeschickt und im York-Palast unter Hausarrest gestellt. Ich zog mitsamt meinem Hofstaat nach Richmond und versuchte, nicht an Essex zu denken.

Dafür war ich meinen Hofdamen gegenüber um so gereizter! Meine Laune besserte sich erst dann wieder, wenn ich prächtig gekleidet und aufwendig zurechtgemacht war, was mich jedoch nicht davon abhielt, mir jedesmal neu den Kopf darüber zu zerbrechen, welches Kleid ich anziehen sollte. Da ich, wenn ich mich recht erinnere, an die zweitausend Kleider besaß, fiel mir die Wahl nie leicht. Und wenn das Kleiderproblem schließlich gelöst war, mußte ich mich für eine passende Perücke entscheiden – aus einer Kollektion von achtzig Modellen.

Erst wenn mir eine elegante, juwelenbeladene, strahlende Erscheinung aus dem Spiegel entgegenlächelte, wurde mir ein wenig leichter ums Herz.

Ich weigerte mich, an Essex zu denken. Und sehen wollte ich ihn erst recht nicht.

Als man mir berichtete, er sei krank, konnte ich nur höhnisch lachen. Wurde er nicht immer dann krank, wenn er vom Pech verfolgt war? Oh, ich weiß, bei Robert war es nicht anders gewesen. Wie oft war ich nicht zu ihm geeilt, um ihn zu pflegen, wenn es irgendwelche Unstimmigkeiten zwischen uns gegeben hatte! Dennoch hatte ich ihm nie Vorwürfe gemacht. Wie hätte ich das auch tun können, wo ich doch oft genug selbst zu dieser List gegriffen hatte! Ich hatte Roberts Krankheiten stets mit einem nachsichtigen Lächeln hingenommen, denn sie bewiesen ja im Grunde nur, daß er ohne meine Freundschaft nicht leben konnte. Robert war jedesmal wirklich verzweifelt gewesen, wenn wir im Streit auseinandergegangen waren.

Essex hingegen... Wenn er tatsächlich krank war, dann hatte er es nicht anders verdient. Er war ein arroganter Kerl und er überschätzte sich. Wie konnte ausgerechnet er sich nur einbilden zu wissen, was für Irland das Beste war, nachdem er dort größeres Unheil angerichtet hatte als alle seine Vorgänger zusammen? Und, was noch schlimmer war, wie konnte er sich erdreisten, mich einfach in meinen Privatgemächern zu überfallen, ohne sich zu vergewissern, ob ich auf seinen Besuch vorbereitet war?

Die alte Lady Walsingham suchte mich auf, und ich begrüßte sie herzlich, denn sie war meinem lieben ›Mohren‹

immer eine gute Frau gewesen. Sie bat mich, ich möge Essex erlauben, an seine Frau zu schreiben, die gerade ein Kind zur Welt gebracht hatte.

Ich antwortete kühl: »Er steht unter Hausarrest. Unter solchen Fällen ist das Schreiben von Briefen untersagt. Im übrigen kann ich mir nicht vorstellen, daß die Gräfin von Essex Wert darauf legt, mit einem Mann zu korrespondieren, der sie so sehr vernachlässigt hat. Essex ist ebensowenig ein treuer Ehemann, wie er ein treuer Untertan ist.«

Lady Walsingham weinte, aber ich ließ mich von ihren Tränen nicht erweichen. Essex hatte die arme Frances schlecht behandelt. Ich hatte nicht das Gefühl, daß er sich in Irland sonderlich bemüht hatte, ihr lange Briefe zu schreiben.

Daraufhin schickte Frances mir eine Brosche in der Hoffnung, das Schmuckstück werde mein Herz rühren. Das dumme Ding! Ich besaß Schmuck im Überfluß – und selbst wenn es nicht so gewesen wäre, hätte ich nicht im Traum daran gedacht, einem jungen Mann gegenüber Milde walten zu lassen, der mich in eine so peinliche Lage gebracht hatte wie Essex. Daß sie nicht mehr Stolz hatte! Wie konnte sie sich noch zu seiner Fürsprecherin machen, nachdem er sie schamlos mit ständig wechselnden Geliebten betrogen und nicht einmal ein Hehl daraus gemacht hatte, wessen Bett und Gesellschaft er vorzog! Ungerührt schickte ich ihr die Brosche zurück.

Auch seine Schwestern Penelope und Dorothy ließen nicht lange auf sich warten: Sie erschienen, schwarz gekleidet, um für ihn Fürsprache einzulegen. Ich weigerte mich nicht, sie zu empfangen, denn ich sah sogleich, daß sie sich um ihren Bruder große Sorgen machten. Es war schon erstaunlich zu beobachten, mit welcher Zuneigung die Menschen an Essex hingen.

Ich unterhielt mich freundlich mit den beiden und versicherte ihnen, daß ich ihre Sorge durchaus verstehen könne. Andererseits machte ich ihnen unmißverständlich klar, daß ich ihren Bruder für einen Taugenichts hielt; er habe sich meinen Befehlen widersetzt, und nun befasse sich der Staatsrat mit seinem Fall.

Penelope erklärte schluchzend, ich könne ihn retten, indem ich Gnade vor Recht ergehen ließe. Worauf ich sie nur kalt musterte und bemerkte: »Die Königin hat es nicht nötig, sich von ihren Untertanen sagen zu lassen, was sie kann oder nicht kann.«

Ich merkte, wie sie in Panik geriet. Nun glaubte sie offenbar, sich nicht nur vergeblich für ihren Bruder eingesetzt, sondern ihm sogar mehr geschadet als genützt zu haben, und ich fügte etwas liebenswürdiger hinzu: »Ihr könnt jetzt gehen. Sein Schicksal liegt in den Händen der Staatsräte. Ich verstehe Euren Schmerz. Und ich weiß, daß Ihr nur deshalb vorlaut wart, weil Ihr ihn liebt.«

Ermutigt traten sie die Heimreise an. Sie schienen die Tatsache, daß ich sie freundlich empfangen hatte, für ein gutes Zeichen zu halten.

Aber ich dachte nicht daran, ihn wiederzusehen. Ich wußte, daß ein einziger Blick in seine Augen mich erneut mit der Erinnerung an jenen Morgen quälen würde, an dem er mich so gesehen hatte, wie ich wirklich war.

Essex wurde im York-Palast vor Gericht gestellt. Er wurde beschuldigt, mit dem Grafen von Tyronne unehrenhafte und gefährliche Verhandlungen geführt und der Regierung seines Landes Verachtung entgegengebracht zu haben. Ferner wurde ihm vorgeworfen, den Grafen von Southampton gegen den Willen der Königin mit weitreichenden Machtbefugnissen ausgestattet und verschiedenen seiner Gefolgsleute die Ritterwürde verliehen zu haben, ohne dazu befugt gewesen zu sein. Obwohl die Verhandlung keine offizielle Gerichtsverhandlung war, muß es Essex geärgert haben, daß der kluge Anwalt Francis Bacon darin die Anklage vertrat. Bacon scheint später versucht zu haben, sich dafür zu rechtfertigen, daß er als Ankläger des Mannes aufgetreten war, der ihn als Freund betrachtete; indem er die Interessen der Königin vertreten habe, so argumentierte er wohl, sei es ihm gelungen, sich das Vertrauen seiner Herrscherin zu bewahren, und von diesem Vertrauen hoffe er später Gebrauch zu machen, um Essex zu helfen. Wie dem auch sein mochte, das Ergebnis der Verhandlung war, daß Essex gezwungen wurde, alle Ämter niederzulegen, die er innehatte, und bis auf weiteres im York-Palast unter Hausarrest gestellt wurde.

Trotz alledem brachte ich es nicht fertig, ihn so aus meinen Gedanken und meinem Herzen zu verdrängen, wie ich es gern getan hätte. Ich hatte ihn geliebt – obwohl ich wußte, daß er zu unbedarft war, um in seinen ehrgeizigen Plänen unterstützt zu werden. Er war zu leidenschaftlich und zu freimütig. Wenn er sich von seiner nettesten Seite zeigte, glich er einem leichtsinnigen, aber liebenswerten Schuljungen; schlimmstenfalls benahm er sich flegelhaft. Von Politik hatte er keine Ahnung; dafür war er von unbegrenzter Eitelkeit, und daß er auf das weibliche Geschlecht ungeheuer anziehend wirkte, stand ohnehin außer Frage. Ich hatte ihn zuweilen wie einen Geliebten behandelt – fast so wie seinerzeit Leicester; doch er hatte nie begriffen, daß ich nur ein Spiel spielte. Er war so kurzsichtig wie alle Kleingeister, die sich für Giganten unter lauter Pygmäen halten. Es war einfach lächerlich, daß jemand wie er sich einbildete, klugen Staatsmännern wie Cecil das Wasser reichen zu können. Was war er doch für ein Narr gewesen. Und weil die Frauen ihn liebten, glaubte er, mich beherrschen zu können!

Unterdessen war Mountjoy nach Irland geschickt worden, und ich war erleichtert, als sich herausstellte, daß er offenbar im Begriff war, die ihm übertragene schwierige Aufgabe erfolgreich zu bewältigen. Hoffentlich erinnerte Essex sich jetzt daran, daß ich von Anfang an vorgehabt hatte, Mountjoy zu entsenden! Wie sehr er es wohl bereute, damals so heftig gegen meinen Vorschlag protestiert zu haben!

Es widerstrebte mir, seinen Hausarrest zu einem Dauerzustand werden zu lassen. Daher ordnete ich drei Monate später an, ihn freizulassen; ich verwehrte ihm jedoch weiterhin den Zugang zu allen Staatsämtern und verbot ihm, sich bei Hofe sehen zu lassen.

Selbst Essex muß spätestens zu dem Zeitpunkt klargeworden sein, daß seine Karriere als Höfling beendet war.

Es ging ihm schlecht. Seine Gesundheit ließ arg zu wünschen übrig. Er befand sich in finanziellen Schwierigkeiten, die dadurch, daß sein Kontakt mit den einflußreichsten Männern bei Hofe unterbunden worden war, nicht gerade geringer wurden. Bisher war eine seiner größten Einnahmequellen die Pacht des Süßweinzolls gewesen, die ich ihm überlassen hatte und um die ihn viele beneideten. Ich hatte mit ihm einen Pachtvertrag über zehn Jahre geschlossen, und diese Frist lief nun ab. Sollte der Vertrag nicht verlängert werden, wäre er bald hoffnungslos verschuldet. Also schrieb er mir einen Brief, in dem er mich bat, den Pachtvertrag zu erneuern.

Aber weshalb sollte ich dieses begehrte Privileg jemandem zum Geschenk machen, der nichts anderes im Sinn zu haben schien, als sich meinen Wünschen zu widersetzen? Abgesehen davon war mir zu Ohren gekommen, daß er in seinem Hause unzufriedene Leute um sich scharte – Männer, die auf den Staat, also auf mich, nicht gut zu sprechen waren; danach zu urteilen, was mir gelegentlich berichtet wurde, müssen im Hause des Grafen Essex wilde Diskussionen stattgefunden haben.

Ich lehnte es ab, den Pachtvertrag zu erneuern.

Manchmal versuchte ich, mir vorzustellen, wie Lettice in jenen Tagen zumute gewesen sein mochte. Welche Sorgen sie sich um ihren Sohn gemacht haben mußte! Sie war ja eine kluge Frau, daher konnte ihr nicht entgangen sein, daß er geradewegs ins Verderben rannte. Eines stand jedenfalls fest: Er würde nie wieder an den Hof zurückkehren, mochte auch der eine oder andere denken, es könne ihm noch einmal gelingen. Daß sein Stern untergegangen war, daran zweifelten vor allem diejenigen, die miterlebt hatten, wie sehr ich an Leicester gehangen hatte; sie waren damals maßlos verwundert darüber gewesen, daß ich ihn nach seiner Heirat, über die ich mich so furchtbar aufgeregt hatte, zurück an den Hof geholt und sogar zu der alten Vertrautheit mit ihm zurückgefunden hatte. Diese Leute begriffen nicht, daß das etwas ganz anderes gewesen war. Meine Liebe zu Leicester war eine tiefe, dauerhafte Liebe gewesen. Meine Beziehung zu Essex hingegen war ein Traum, ein schöner Schein, eine lächerliche Illusion, die meinem verzweifelten Wunsch entsprungen war, noch einmal jung zu sein und eine Liebe zu erleben, wie ich sie mit Leicester erlebt hatte.

Essex selbst war es gewesen, der die Illusion zerstört und

die nüchterne Wirklichkeit heraufbeschworen hatte, als er einer alten Frau gegenübergetreten war.

Der Traum war ausgeträumt – und das konnte nur das Ende des Grafen Essex bedeuten, sofern dieser sich nicht damit begnügte, irgendwo fern vom königlichen Hof ein stilles, unauffälliges Leben zu führen. Das allerdings war mehr als unwahrscheinlich.

Er schrieb mir nach wie vor flehende Briefe, und nach wie vor ließ seine Gesundheit zu wünschen übrig. Doch obwohl ich ihm von Zeit zu Zeit zur Stärkung etwas Fleischbrühe schicken ließ, ging mein Mitleid nicht so weit, daß ich seinen Bitten nachgab.

Er hatte sich einige meiner Hofdamen zu Feindinnen gemacht – vermutlich Mädchen, die er verführt und dann verlassen hatte –, und diese jungen Damen hatten keine Hemmungen, Klatsch über ihn weiterzutragen, der ein schlechtes Licht auf ihn warf. Auf diese Weise erfuhr ich etwas, das mich zutiefst schockierte: Die Verehrung, die er mir bisher entgegengebracht hatte, war in Verleumdung umgeschlagen.

Man berichtete mir, er habe mich eine alte Frau genannt, deren Geist inzwischen genauso verkrüppelt sei wie ihr Gerippe.

Und das war der Mann, der mich vor nicht allzu langer Zeit noch als seine ›schöne, bezaubernde Königin‹ bezeichnet hatte!

Offenbar war ihm klargeworden, daß es keine Hoffnung auf eine Versöhnung zwischen uns gab. Wäre er klüger gewesen, so wäre er zu dieser Erkenntnis bereits an dem Tag gelangt, an dem er in mein Schlafzimmer gestürmt gekommen war und eine alte Frau angetroffen hatte. Doch wann war er jemals klug gewesen? Wann hatte er jemals dazugelernt?

Zwielichtige Gestalten gingen im Hause des Grafen Essex ein und aus – verzweifelte und daher zu allem fähige Männer, die von Ruhm und Reichtum träumten und wußten, daß sie wenig Aussicht hatten, diesen Traum an meinem Hof zu verwirklichen. Also sahen sie sich anderweitig nach fürstlichen Gönnern um: Einige von ihnen schlugen sich auf die Seite der Infanta von Spanien, um deren fragwürdige Ansprüche auf den englischen Thron sie viel Aufhebens machten; andere hofierten James von Schottland, der als mein nächster Verwandter die größten Aussichten hatte, König von England zu werden.

Es erschien mir unfaßbar, daß Essex, so unverantwortlich er auch oft handelte, tatsächlich so verrückt sein sollte, eine Rebellion zu planen. Und doch war es so, und er hatte eine beachtliche Anhängerschaft – all die verkrachten Existenzen, die es an meinem Hof zu nichts gebracht hatten. Der dumme Junge! Wenn je einer sich sein eigenes Grab geschaufelt hatte, dann er.

Als seine Mitverschworenen die Schauspieler des *Globe*-Theaters überredeten, William Shakespeares Drama *König Richard der Zweite* aufzuführen, vermutete ich sogleich, daß das Thema des Stücks, die Absetzung eines gekrönten Monarchen, dem Volk vor Augen führen sollte, wie einfach es doch sei, einen König loszuwerden und einen anderen an seine Stelle zu setzen.

Raleigh, Essex' Erzfeind, kam ganz aufgeregt zu mir. Er sei die Themse hinabgerudert, erzählte er, und als er an Essex House vorübergefahren sei, habe man auf ihn geschossen. Raleigh war bei Sir Fernando Gorges zu Besuch gewesen, einem guten Freund von Drake und einem Mann, der trotz seines Namens aus einer alteingesessenen Familie stammte, die bereits zur Zeit König Henrys I. nach England gekommen war; er selbst war ein treuer Diener der Krone, der während seiner Amtszeit als Gouverneur von Plymouth Drakes Bekanntschaft gemacht hatte. Dieser Gorges hatte Raleigh anvertraut, daß Essex versucht habe, ihn für seine dunklen Pläne zu gewinnen.

»Majestät«, sagte Raleigh, »Essex stellt zunehmend eine Gefahr dar. Wie Gorges berichtet, sind eine Reihe von Verschwörungen im Gange, und was er davon gehört hat, hat ihm gar nicht gefallen. Er sagt, es werde nicht ohne Blutvergießen abgehen. Und, Majestät, Ihr wißt ja selbst, zu welchen Wahnsinnstaten Essex fähig ist.«

»Ich glaube«, erwiderte ich, »es wird Zeit, daß ich mir die Verschwörer von Essex House einmal vorknöpfe.«

Ich berief den Staatsrat ein und beauftragte vier seiner Mitglieder, Essex einen Besuch abzustatten. Zu der Gruppe gehörten Sir Thomas Egerton, der Königliche Großsiegelbewahrer, und John Popham, der Lord Oberrichter. Beider Auftreten erfuhr zusätzliches Gewicht durch die Würde des Amtes, das sie bekleideten. Sie sollten von Sir William Knollys, Essex' Onkel, begleitet werden, der dem rebellischen Grafen aufgrund der verwandtschaftlichen Beziehung zweifellos ein gewisses Maß an Sympathie entgegenbringen würde. Außerdem sollte noch der Graf von Worcester, ein früherer Freund von Essex, mit von der Partie sein. Ich wählte bewußt diese Männer aus und hoffte, Essex werde verstehen, weshalb ich gerade sie zu ihm schickte; sie hatten größere Aussichten als jemand wie Raleigh, eine friedliche Lösung des Konflikts herbeizuführen.

Gleichzeitig ordnete ich jedoch an, Truppen aufzustellen, die sich bereit halten sollten, um nötigenfalls Essex House zu erstürmen.

Dann kümmerte ich mich, wie jeden Tag, um die Regierungsgeschäfte.

Essex empfing meine vier Abgesandten und versuchte, ihnen weiszumachen, daß es ihm nur darum gehe, sich zu schützen, da sein Leben bedroht werde, worauf Egerton seinen Hut aufsetzte – ein Zeichen, daß er im Begriff war, eine Amtshandlung vorzunehmen – und die übliche Erklärung abgab:

»Ich befehle allen hier Anwesenden unter Berufung auf den von ihnen geleisteten Treueid, sofort ihre Waffen niederzulegen und nach Hause zu gehen. Ich mache darauf aufmerksam, daß alle Untertanen die Pflicht haben, meiner Aufforderung nachzukommen und sich als treue Diener der Königin zu erweisen.«

Es war für Essex die letzte Gelegenheit – nicht, mein Wohlwollen wiederzuerlangen, dazu war es zu spät und das wußte er auch –, sondern sein Leben zu retten.

Aber wieder einmal stand er sich selbst im Wege.

Er stieß die Staatsräte beiseite und verließ das Haus in Begleitung zweihundert bewaffneter Männer, unter denen sich auch sein Stiefvater, Christopher Blount, befand.

Mir wurde später davon berichtet, wie er durch die Straßen von London geritten war und die Einwohner der Stadt aufgefordert hatte, aus ihren Häusern herauszukommen und sich ihm anzuschließen; er hatte wohl allen Ernstes geglaubt, James von Schottland werde ihm zu Hilfe eilen und eine Armee schicken. O ja, er war mein Feind, und er hatte kaltblütig geplant, mich abzusetzen und, wenn nötig, zu töten. Es war eine bittere Erkenntnis, daß dieser junge Mann, den ich geliebt hatte und in dem ich einen zweiten Robert gesehen hatte, sich als so skrupellos erweisen konnte.

Glaubte er denn wirklich, die Einwohner Londons ausgerechnet gegen *mich* aufhetzen zu können, nur weil er selbst sich bei ihnen einmal einer gewissen Beliebtheit erfreut hatte? Ich war schließlich seit mehr als vierzig Jahren ihre geliebte Königin. Sie verehrten mich. Diese Londoner waren nicht dümmer als die Menschen in den übrigen Teilen meines Königreichs – oder Europas – und wußten nur allzugut, daß ich es gewesen war, die ihnen Frieden und Wohlstand gebracht und durch einen überwältigenden Sieg zur See dafür gesorgt hatte, daß sie sich sicher fühlen konnten. Ja, bildete er sich denn tatsächlich ein, diese Menschen würden mir in den Rücken fallen, nur weil ein dummer Junge mit mir nicht in Frieden leben konnte? Glaubte er wirklich, daß man mich stürzen würde, um eine spanische Prinzessin oder einen jungen Mann aus Schottland an meine Stelle zu setzen?

Sein kleiner Aufstand war bald unterdrückt. Sir Christopher Blount wurde verwundet und gefangengenommen; bereits wenig später befanden sich Essex und Southampton und mit ihnen eine Reihe anderer Verschwörer im Tower.

Natürlich war er schuldig. Er war ein Verräter, der eine Verschwörung gegen die Krone angezettelt hatte, der versucht hatte, das Volk gegen sein Staatsoberhaupt aufzuwiegeln, und der die Ermordung der Königin in der Absicht geplant hatte, einen anderen an ihre Stelle zu setzen. Es gab keine andere Bezeichnung dafür: Es war schnöder Verrat. Dem Gericht blieb daher gar nichts anderes übrig, als Essex und mit ihm Southampton und Christopher Blount für schuldig zu erklären. Sie wurden zum Tode verurteilt, und wieder einmal war es meine bittere Pflicht, die Hinrichtungsbefehle zu unterschreiben.

Ich beschloß, Southamptons Leben zu schonen, denn ich war sicher, daß er von Essex überredet worden war, sich an der Verschwörung zu beteiligen. Sein Urteil wurde schließlich in lebenslängliche Gefängnisstrafe umgewandelt. An Christopher Blount dagegen sollte das Todesurteil vollstreckt werden.

Ich wußte genau, daß viele glaubten, ich würde Essex' Hinrichtungsbefehl nicht unterzeichnen. Sie erinnerten sich daran, wie sehr ich mich gesträubt hatte, Mary Stuarts Todesurteil zu unterschreiben. Sie glaubten, ich sei, wenn es um Gefühlsdinge ging, nichts weiter als eine schwache Frau; sie wiesen darauf hin, wie oft ich Leicester verwünscht und anschließend verziehen hatte. Gewiß, ich war treu, wenn es um Herzensangelegenheiten ging, und es stimmte, daß ich ihm immer und immer wieder verziehen hatte. Aber es gab da einen entscheidenden Unterschied. Ich hatte Essex nicht in dem Maße geliebt, wie ich Leicester geliebt hatte. Meine Liebe zu Robert war etwas sehr Reales gewesen; meine Liebe zu Essex war nur ein Hirngespinst. Ich hatte versucht, mir einzureden, ich sei wieder jung und begehrenswert, und als dieser dreiste junge Mann so ungehobelt in meine Privatgemächer vorgedrungen war, hatte er einen Traum und mit ihm sich selbst zerstört.

An einem kalten Februartag verließ Essex sein Gefängnis im Tower, um den Gang zum Richtblock anzutreten.

Er sah sehr elegant aus in seinem blauen Samtumhang, seinem Anzug aus Satin und seinem schwarzen Hut. Er bestieg das Schafott bemerkenswert tapfer und gefaßt, was man von seinem Verhalten nach der Urteilsverkündung nicht gerade behaupten konnte. Da hatte er alle möglichen Leute, darunter auch seine Schwester, wild beschuldigt, ihn in dunkle Machenschaften hineingezogen zu haben. Da hatte er auch Sir Francis Bacon mit Vorwürfen überhäuft, den er für seinen Freund gehalten hatte und der in der Gerichtsverhandlung als Vertreter der Anklage aufgetreten war.

»Oh, mein Gott, habe Erbarmen mit mir, dem erbärmlichsten Geschöpf auf Erden«, betete er.

Dann nahm er seinen Hut ab und wandte sich an die Umstehenden.

»Mylords und Ihr, meine Brüder vor dem Herrn, die Ihr Zeugen meiner gerechten Strafe sein werdet, ich gestehe beim Ruhm und bei der Ehre Gottes, daß ich nichts als ein verabscheuenswerter Sünder bin und daß meine Sünden zahllos sind wie der Sand am Meer, daß ich meine Jugend vertan habe, indem ich mich dem Stolz, der Fleischeslust, der Unmoral, der Prahlerei und so manch anderen Lastern hingegeben habe...

Herr Jesus, vergib uns allen, und vergib vor allem mir, dem erbärmlichsten aller Geschöpfe... Der Herrgott schenke Ihrer Majestät eine lange, glückliche Regierungszeit und segne sie sowie die ehrwürdigen Vertreter der Kirche und des Staates. Und ich flehe dich an, o Herr, und bitte alle Menschen, über mein Verhalten gegenüber Ihrer Majestät mit Nachsicht zu urteilen; ich schwöre vor Gott und bei meinem Seelenheil, daß ich weder den Tod der Königin gewollt noch je die Absicht gehabt habe, ihr körperlichen Schaden zuzufügen. Ich gebe jedoch zu, von meinen Richtern gerecht behandelt und zu Recht verurteilt worden zu sein. Und ich wünsche mir, daß die Welt mir vergeben möge, so wie auch ich bereitwillig und von ganzem Herzen der Welt vergebe...«

Nachdem er seine Halskrause und seinen Umhang abgelegt hatte, trat der Henker vor und bat ihn nach altem Brauch um Verzeihung.

»Waltet nur Eures Amtes«, erwiderte er. »Ich verzeihe Euch. Ihr verhelft nur der Gerechtigkeit zum Sieg.«

Dann zog er sein Wams aus und war nur noch mit seiner scharlachroten Unterjacke bekleidet. In seinem letzten Gebet flehte er Gott um Demut und Ergebenheit an.

Hätte er auf diese Tugenden doch nur während seines wilden Lebens Wert gelegt! Dann hätte er nicht dort zu stehen brauchen, wo er jetzt stand.

Er kniete auf dem Stroh nieder und legte seinen Kopf auf den Block. Das war das Ende des Grafen Essex.

Das Ende naht

Er war tot, aber ich konnte ihn nicht vergessen. Ich sah im Traum sein betörendes Gesicht, und wenn ich erwachte, wurde mir bewußt, daß ich ihn nie wiedersehen sollte; dann erfaßte mich tiefe Trauer.

Alle starben um mich herum – alle die, die ich geliebt hatte, und es sah so aus, als ob es mein Schicksal wäre, sie alle zu überleben. Wie lange noch? fragte ich mich manchmal. Ich war nun achtundsechzig Jahre alt. Nicht viele wurden so alt. Mein Ende konnte nicht mehr allzu fern sein.

Solche Gedanken beschäftigten mich vor allem in schlaflosen Nächten, und dann drängte sich mir unwillkürlich die Frage auf: Was wird geschehen, wenn ich tot bin? Wer wird mein Nachfolger sein? Es durfte keinen Krieg geben. Kriege waren des Teufels. Und England war nun schon so lange vom Krieg verschont geblieben, daß ich befürchten mußte, das Volk könne vergessen, welch ein Segen der Frieden ist.

Englands nächster Monarch würde wohl *ihr* Sohn sein. Er war der rechtmäßige Thronfolger. Zum Glück war er in Schottland als Protestant erzogen worden, so daß seine Religionszugehörigkeit keine Probleme aufwerfen dürfte.

Wie seltsam! Mary Stuarts Sohn – James der Sechste von Schottland und der Erste von England. Ich fragte mich, was für ein Mensch er wohl sein mochte. Der Sohn einer der törichtsten Frauen und des Dummkopfs Darnley! Sie hatte mich verächtlich einen Bastard genannt – und viele teilten vermutlich diese Ansicht, auch wenn sie sich hüteten, es laut zu sagen –, aber ich hatte zumindest einen großen König zum Vater und eine Mutter, die eine der faszinierendsten Frauen Englands gewesen sein mußte, da mein Vater ihretwegen mit der Kirche Roms gebrochen hatte. Der Bruch mit Rom – er hatte sich als Segen erwiesen. Es war besser für England, von Rom unabhängig zu sein, und ich war sicher, daß die Engländer ihrer Königin Elizabeth später einmal für diese Unabhängigkeit dankbar sein würden.

Noch jemand aus meinem Freundeskreis wurde in jenem Jahr ernstlich krank – die Gräfin von Nottingham. Ich hatte sie sehr gern und erinnerte mich voller Dankbarkeit an die wertvollen Dienste, die ihr Mann, Howard von Effingham, zur Zeit des Konflikts mit Spanien seinem Land geleistet hatte. Ich besuchte sie, und während ich an ihrem Bett saß, wurde mir klar, daß sie etwas auf dem Herzen hatte.

Ihre Hände waren heiß und fiebrig, ihr Atem keuchend, ihr Blick verstört. Ich sagte zu ihr: »Versucht doch, Euch zu beruhigen, meine Liebe. Ihr braucht Euren Atem noch.«

Aber sie kam nicht zur Ruhe, und es überraschte mich nicht, als sie schließlich hervorbrachte: »Da ist etwas, das ich Euch sagen muß.«

Und dann kam es heraus. Sie habe, gestand sie mir, ein schreckliches Geheimnis und werde in ihrem Grab keine Ruhe finden, wenn ich ihr nicht zuvor verziehen hätte, denn sie sei sicher, daß sie bald sterben müsse.

Ich forderte sie auf, mir zu erzählen, was sie belaste, und ihr Gewissen zu erleichtern, konnte mir jedoch kaum vorstellen, daß sie mir jemals irgend etwas angetan haben könnte.

Sie sagte: »Es war der Ring...«

Ich beugte mich über sie. »Welcher Ring?« fragte ich sie.

»Er... er hätte Euch ausgehändigt werden sollen. Sir Robert Carey hatte ihn eigens durch einen Boten geschickt... der ihn meiner Schwester geben sollte, die zum Kreise Eurer Bedienten zählte.«

Sie stockte und ich sagte: »Ja, ganz recht, Eure Schwester, die liebe Lady Scrope.«

Sie schloß für einen Moment die Augen. »Aber er brachte den Ring mir... weil er mich mit meiner Schwester verwechselte... und ich nahm ihn... und als ich ihn meinem Mann zeigte, sagte er, ich dürfe ihn Euch nicht geben... weil er sterben müsse, damit England nicht ins Verderben gestürzt werde.«

»Wer denn? Wer sollte sterben?«

»Der Graf von Essex«, antwortete sie.

Da begann ich allmählich zu verstehen, und ich spürte,

wie die Angst vor dem, was sie nun sagen würde, mich erstarren ließ.

»Der Graf von Essex hatte Sir Robert Carey anvertraut, daß Ihr ihm verzeihen würdet ... daß Ihr sein Leben retten würdet ... wenn Ihr ... den Ring erhieltet. Er mußte Euch ... den Ring schicken.«

»Oh, mein Gott«, murmelte ich.

»Vergebt mir, Majestät. Mein Mann verbot mir, Euch den Ring auszuhändigen. Er sagte, Essex sei der geborene Rebell. Er sei im Begriff, das Land in eine Revolution zu stürzen ... Er sei genauso gefährlich wie seinerzeit Mary Stuart. Sogar noch gefährlicher ... weil er beim Volk beliebt sei ... Und er sei so unverantwortlich ... er mache die wildesten Sachen ...«

»Also behieltet Ihr den Ring, und ich erfuhr nie, daß er mich um Hilfe angefleht hatte.«

Sie nickte. »Ich habe verfügt, daß der Ring Euch nach meinem Tod zugeschickt werden soll. Aber nun, da Ihr persönlich gekommen seid ... und so freundlich ... so gut zu mir seid ... mußte ich dieses Geständnis ablegen. Es hat mich die ganze Zeit belastet ... Ich könnte nicht sterben, ohne mein Gewissen erleichtert und Eure Majestät gebeten zu haben, mir zu verzeihen.«

Ich war wie gelähmt. Ich wußte genau, daß ich seinen Hinrichtungsbefehl niemals unterschrieben hätte, wenn er auch nur das geringste Anzeichen von Demut gezeigt und mich um Verzeihung gebeten hätte. Wie oft hatte ich gebetet, er möge zumindest eine Andeutung von Reue erkennen lassen und mir so Gelegenheit geben, ihn zu retten. Einmal hatte ich mich geweigert, das Todesurteil zu unterzeichnen, und die Entscheidung dann tagelang hinausgeschoben. Ein einziges Zeichen von ihm hätte alles geändert. Aber ich hatte geglaubt, er verharre starrköpfig in seiner Uneinsichtigkeit. Dabei hatte er die ganze Zeit gehofft ... der Ring werde mich milde stimmen. Er hatte in seinem Gefängnis im Tower gelegen und auf eine Antwort von mir gewartet – eine Antwort, die nie kam. Er muß in der Annahme gestorben sein, ich hätte mein Versprechen gebrochen, ihm zu Hilfe zu kommen, wenn er mir je durch den Ring die Botschaft zukommen ließe, daß er in Not sei.

Ich hätte die kranke alte Frau eigentlich hassen müssen, aber ich konnte es nicht. Es war ja nicht ihre Schuld. Ihr Mann hatte ihr befohlen, den Ring zurückzubehalten. Und er hatte zweifellos recht gehabt. Natürlich war er Essex' Feind gewesen, aber Essex hatte viele Feinde gehabt – nicht nur Effingham, auch Cecil, vor allem Cecil, und außer ihm eine Reihe von Männern, die meine engsten Freunde und damit Freunde Englands waren. Hätte ich den Ring zu Gesicht bekommen, ich bin sicher, meine Gefühle hätten über meinen Verstand gesiegt. Vielleicht sollte ich dankbar dafür sein, daß mir sein Anblick erspart worden war und ich die Entscheidung hatte treffen können, die, wie ich im Grunde meines Herzens wußte, für mein Land die Rettung war.

Sie lag da und schaute mich flehend an. Das einzige, wonach sie sich jetzt sehnte, um in Frieden sterben zu können, war ein Wort der Verzeihung von mir.

Ich nahm ihre Hand und küßte sie. Dann sagte ich: »Das alles gehört nun der Vergangenheit an. Er ist tot... und auch wir werden es bald sein.«

Sie lächelte erleichtert.

Am nächsten Tag teilte man mir mit, daß sie gestorben war. Schon wieder war ein Freund von mir gegangen.

Ich durfte nicht ständig an ihn denken. Und doch malte ich mir immer wieder aus, wie anders alles hätte kommen können. Wenn ich den Ring erhalten und erfahren hätte, daß er sich reuevoll an mich gewandt hatte, wäre er jetzt noch am Leben. Aber was hatte es für einen Zweck, sich solchen Gedanken hinzugeben? Es war vorbei. Er hatte sich zu denen gesellt, die ich geliebt hatte und die mich vor ihm verlassen hatten.

Manchmal fühlte ich mich sehr einsam, obwohl ich ständig von Mitgliedern meines Hofstaats umgeben und selten auch nur einen Augenblick allein war.

Doch zum Glück war meine Gesundheit zufriedenstellend. Ich hatte alle Hände voll zu tun und verbrachte so manche Stunde mit meinem Staatsrat. Die Regierungsgeschäfte erforderten meine ganze Aufmerksamkeit. Mountjoy schien seine Aufgabe in Irland mit Erfolg zu meistern, wenngleich die Spanier uns erneut die Zähne zeigten und – den Gerüchten zufolge – drohten, uns an unserer verwundbarsten Stelle anzugreifen, und das war nun einmal Irland. Loyalität war von den Iren nicht zu erwarten! Das war ein Volk, das sich bereitwillig den Spaniern ausliefern würde, nur um uns Engländer zu ärgern; dabei wußten sie genau, daß sie unter dem spanischen Joch erst recht ihrer Freiheit beraubt sein würden.

Ich erfreute mich so großer Beliebtheit wie eh und je. Nach Essex' Tod hatte ich mich besorgt gefragt, ob ich wohl weiterhin auf die Zuneigung meines Volkes würde zählen können, denn seltsamerweise hatten die Menschen Essex trotz seiner vielen Fehler geliebt und als eine Art romantischen Helden verehrt. Sie trauerten um ihn, und es kursierten schon bald Balladen, die sein abenteuerliches Leben verherrlichten. Dennoch tat das der Liebe, die meine Untertanen mir entgegenbrachten, keinen Abbruch. Die Engländer waren ein realistisches Volk und sahen ein, daß ich gar keine andere Wahl gehabt hatte, als jenen Hinrichtungsbefehl zu unterschreiben.

Ich erklärte dem Parlament gegenüber, daß Gott mich zwar zur Königin erhoben habe, wofür ich dankbar sei, daß ich aber besonderen Stolz und besondere Freude darüber empfände, daß meine Herrschaft sich auf die Liebe meines Volkes gründe.

Meine geliebten Untertanen! Ich hatte niemals vergessen, wieviel sie mir bedeuten – und sie wußten es.

Ich konnte also glücklich und zufrieden sein – zumindest so glücklich, wie es einer einsamen alten Frau möglich ist.

Es war ein gutes Jahr. Mountjoy bereitete der Armee des Grafen von Tyrone eine vernichtende Niederlage und setzte damit dem irischen Aufstand erfolgreich ein Ende. Die Folge war, daß auch die Spanier ihre Invasionspläne aufgaben. Wir hatten einige überragende Siege zur See davongetragen und dabei verschiedene spanische Schiffe gekapert und beträchtliche Schätze erbeutet. Und als der Herbst kam und die Ernte eingebracht wurde, konnten wir so reiche Erträge erzielen wie seit Jahren nicht.

Ich war so voller Schwung und Energie wie seit langer

Zeit nicht mehr. Ich genoß jeden einzelnen Tag und war entschlossen, das Beste daraus zu machen. Meiner äußeren Erscheinung widmete ich noch größere Sorgfalt als bisher, und sooft ich eins meiner zauberhaften, von Juwelen funkelnden Kleider und meine prachtvolle, lockige, rote Perükke trug, versicherten meine Hofdamen mir bewundernd, daß ich wie ein junges Mädchen aussähe – und ich fühlte mich wieder jung.

Ich ging oft und gern spazieren. Ich tanzte drei oder vier Galliarden, ohne außer Atem zu kommen. Abends, wenn ich – zugegebenermaßen – ein wenig müde war, sah ich gelegentlich den anderen beim Tanzen zu; dann wippte ich im Takt der Musik mit dem Fuß und mußte mich sehr beherrschen, nicht aufzuspringen und mich den Tänzern anzuschließen.

»Ihr macht längst nicht so hohe Sprünge wie ich, als ich so alt war wie Ihr«, tadelte ich sie.

Während des ganzen Jahres 1602 fühlte ich mich erstaunlich wohl. In England waren Frieden und Wohlstand schon fast zur Gewohnheit geworden. Meine Tage waren mit lauter Dingen ausgefüllt, die mich anregten und mit Zufriedenheit erfüllten. Nur des Nachts wurde die Vergangenheit wieder lebendig, und ich dachte voll Trauer an all die zurück, die mich verlassen hatten.

Als dann der Winter ins Land zog, merkte ich, wie meine Gesundheit nachließ. Ich wurde zunehmend vergeßlich und konnte mich nicht einmal mehr an die Namen der Menschen erinnern, die ich gut kannte. Ich ermüdete schnell, und manchmal verspürte ich ein unangenehmes Trockenheitsgefühl im Mund, als ob ein Fieber meinen Körper von innen heraus verbrennen würde.

Ich versuchte, mich mit Weihnachtsvorbereitungen abzulenken, aber mich hatte eine solche Mattigkeit befallen, daß ich schnell die Lust verlor.

Inzwischen schlief ich auch schlecht und lag oft lange wach. Dann dachte ich viel über die Vergangenheit nach, und zuweilen fühlte ich mich tatsächlich in die bewegten Tage meiner Jugend zurückversetzt. Ich durchlebte noch einmal die Zeit meiner Thronbesteigung, die vielleicht die schönste meines ganzen Lebens gewesen war. Mit welcher Freude und Zuversicht hatte ich damals der Zukunft entgegengesehen!

Ich hatte dem herzhaften Schlemmen noch nie viel abgewinnen können; jetzt hatte ich meine Mühe, überhaupt etwas zu mir zu nehmen. Meine Hofdamen machten in ihrer Besorgnis aus jeder Mahlzeit eine Staatsaktion, und ich war viel zu erschöpft, um sie deswegen zu tadeln.

Eines Nachts, als ich wieder einmal nicht schlafen konnte, bemerkte ich plötzlich ein seltsames Licht in meinem Schlafzimmer, und als meine Augen sich an die Helligkeit gewöhnt hatten, sah ich, daß das Licht von einer Gestalt ausging. Diese Gestalt war ich selbst – außergewöhnlich zart und zerbrechlich und doch von einem überirdischen Strahlen erfüllt.

Ich mußte unwillkürlich denken: Leicester, Burghley, Hatton, Heneage, Essex... einer nach dem anderen sind sie von mir gegangen. Und nun bin ich an der Reihe.

Am nächsten Morgen sprach ich mit einer meiner Bedienten über meine Vision. War es Lady Scrope... oder Lady Southwell? Ich weiß es nicht mehr. Ich vergaß solche Dinge fast immer sofort wieder. Ich fragte sie, ob sie jemals während der Nacht Erscheinungen gehabt habe, und meine Frage brachte sie derart aus der Fassung, daß es ihr nicht gelang, ihre Bestürzung zu verbergen, und einige Sekunden lang konnte ich ihr von den Augen ablesen, was sie dachte.

Ich sagte: »Bringt mir einen Spiegel, denn Spiegel lügen nicht. Das unterscheidet sie von Höflingen.«

Sie reichte mir einen Spiegel, und ich schaute prüfend mein Gesicht an – das Gesicht einer alten Frau von fast siebzig Jahren... alt, bleich, ungeschminkt, müde... und bereit, die Augen für immer zu schließen.

Ich fühle, daß das Ende nahe ist. Nie habe ich etwas deutlicher gespürt. Ich merke, wie der Tod darauf lauert, mich zu holen.

Ich werde nicht weiterschreiben. Diese Zeilen werden die letzten sein. Ich sitze nur noch da und lasse mein Leben an mir vorüberziehen, die Gefahren meiner Jugend, meine ruhmreichen Jahre als Königin, die traurigen Ereignisse der letzten Zeit. Leicester, denke ich so oft, du hättest mich nicht verlassen dürfen. Du hättest bei mir bleiben sollen, so daß wir gemeinsam von der Bühne hätten abtreten können.

Vieles ist über mich gesagt worden. Es hat zahllose Gerüchte um mich gegeben. Aber vielleicht ist das nur natürlich, denn an Könige und Königinnen erinnern die Menschen sich lange, von ihnen sprechen sie noch Jahre nach ihrem Tod. Ihre belanglosesten Gesten werden zum Gegenstand eingehender Betrachtungen und Bewertungen und gehen als gut oder schlecht, bewundernswürdig oder verdammenswert in die Geschichte ein – je nachdem, welchen Standpunkt der Chronist vertritt. Auch mein Leben wird die Gemüter bewegen. Doch niemand wird die Größe gewisser Ereignisse in Zweifel ziehen können, und die Wahrheitsliebenden werden meine Regierungszeit als glanzvoll und segensreich bezeichnen.

Und was wird man über mich sagen? Ich war nie wie andere Frauen. Ich hatte nie den Wunsch, mich einem Mann unterzuordnen. Im Gegenteil, ich habe immer von den Männern Unterwerfung verlangt. Ich bin eine gute Königin gewesen, weil ich mein Volk geliebt habe und mein Volk meine Liebe erwidert hat. Aber ich bin sicher, daß die Menschen, insbesondere die Männer, sagen werden: Warum hat sie nie geheiratet? Es muß doch einen Grund geben, weshalb sie alle Heiratsanträge abgelehnt hat! Ja, es hat einen Grund gegeben, aber man wird mir nicht glauben, weil alle Menschen dazu neigen, von sich auf andere zu schließen. Und die meisten messen der körperlichen Liebe eine solch überwältigende Bedeutung bei, daß sie sich einfach nicht vorstellen können, daß es Menschen gibt, denen sie nicht so wichtig ist. Ich hatte nie das Verlangen, sie kennenzulernen. Das wird man mir ganz sicher nicht abnehmen, aber es ist die Wahrheit. Ich habe mich immer gern mit Männern umgeben, weil ich Männer ebensogern mochte wie Frauen – wenn nicht noch lieber. Ich fand es herrlich, wenn sie mir den Hof machten, mir schmeichelten, sich rettungslos in mich verliebten. Das war der Schlüssel zu meinem Herzen und zu meiner Gunst; eine Ausnahme bildeten nur meine klugen Ratgeber, deren überragenden Verstand ich zu schätzen wußte. Ansonsten zog ich es vor, unablässig umworben, aber nie erobert zu werden. Ist die Festung erst eingenommen, ist die Schlacht verloren – das war meine Devise. Ich war entschlossen, keinem Mann zu erlauben, mich je zu besitzen. Sieger konnte immer nur einer sein – und das war etwas, das ich mir nicht nehmen lassen wollte. Die Männer sollten sich unablässig um mich bemühen, aber nie über mich triumphieren. Meine Unabhängigkeit ging mir über alles, mein Leben lang. Alle körperlichen Bedürfnisse waren mir ziemlich gleichgültig. Ich aß und trank, um mich gesund und am Leben zu erhalten, aber im Grunde machte ich mir nichts aus Essen und Trinken. Mir lag nichts an jenem kurzlebigen Genuß, der mit der Befriedigung der Sinne einhergeht – in welcher Form auch immer.

Ich herrschte über die Männer, nicht sie über mich; darin unterschied ich mich von meiner beklagenswerten Verwandten, Mary von Schottland. Doch nun war ich am Ende des Weges angekommen und konnte in Dankbarkeit und Demut sagen: *Nunc dimittis,** und in unbekannte Dimensionen aufbrechen.

Eins muß ich noch erwähnen, das mich ausgesprochen amüsiert hat, nämlich das Gerücht, ich sei in Wirklichkeit gar keine Frau, sondern ein Mann. Ja, darüber muß ich wirklich lachen! Ich bin eine gute und weise Königin gewesen. Ich habe meinen Untertanen zu Glück und Wohlstand verholfen – in einem Maße, das sie vor meinem Regierungsantritt nicht gekannt hatten. Ich habe mich stets um Toleranz bemüht – zugegeben, nicht immer erfolgreich, aber das lag daran, daß ich es in einzelnen Fällen für gefährlich hielt, Milde walten zu lassen. Und eben weil ich so viel erreicht habe, sagen nun die Männer: »Das kann niemals das Werk einer Frau gewesen sein; nur ein Mann kann so klug und weise sein.« Und trotz meiner unbestreitbaren

* Evangelium nach Lukas (2,25): *Nunc dimittis servum tuum, Domine* (»Nun entläßt du deinen Diener, o Herr«); Ausspruch des greisen Simeon, der in Frieden sterben konnte, nachdem Gottes Prophezeiung sich erfüllt und er mit eigenen Augen den Messias gesehen hatte. (Anm. d. Übers.)

und, wie ich meine, oft sogar übertriebenen Weiblichkeit behaupten sie: »Sie muß ein Mann gewesen sein!«

Es wird sogar gemunkelt, ich sei nicht ganz normal gewesen; eine körperliche Mißbildung sei daran schuld gewesen, daß ich keine Kinder hätte bekommen können, und das sei der Grund gewesen, weshalb ich mit der körperlichen Liebe nie etwas im Sinn gehabt hätte.

Wie sehr sie sich doch irren, alle miteinander! Alle... mit Ausnahme des Gesandten Marys von Schottland, Melville, der vor vielen Jahren einen Ausspruch getan hat, den ich nie vergessen werde.

»Ich kenne Eure stolze Denkungsart«, hat er gesagt. »Ihr glaubt, daß Ihr im Falle einer Heirat nur noch Königin von England wärt; so aber seid Ihr König und Königin zugleich. Ihr duldet keinen Herrscher über Euch, der es wagte, Euch Befehle zu erteilen.«

Wie recht er doch hatte! Und dem Vorsatz, mir die Herrschaft über mein Land nicht aus der Hand nehmen zu lassen, bin ich immer treu geblieben. Nicht einmal meine Liebe zu Robert konnte mich veranlassen, schwach zu werden und meine Krone mit einem Mann zu teilen.

Meine Krone und meine Jungfräulichkeit – beide gingen mir über alles, beide war ich entschlossen zu verteidigen, und beide bewahrte ich mir.

Und nun spüre ich immer deutlicher, daß es mit mir zu Ende geht. Ich wurde am Vorabend des Tages geboren, der als Geburtstag der Jungfrau Maria gefeiert wird. Ob mein Todestag wohl Mariä Verkündigung sein wird? Es sähe der ›jungfräulichen Königin‹ ähnlich, ihr Leben an einem solchen Fest zu beschließen.

Ich lege jetzt meine Feder nieder, denn meine Kräfte schwinden.